JN278832

財務会計の
理論と実証

ウィリアム・R・スコット[著]

太田康広+椎葉 淳+西谷順平[訳]

Financial Accounting Theory, 4th ed.
William R. Scott

中央経済社

Financial Accounting Theory, 4th edition by William R. Scott

Copyright © 2006 by Pearson Education Canada,Inc., Toronto, Ontario.
Japanese translation rights arranged with Pearson Education Canada, Inc.
through Japan UNI Agency, Inc.,Tokyo.

日本語版への序文

　私の財務会計理論テキストの日本の読者に挨拶することができて喜んでいます。この本が翻訳されることは大変な名誉です。

　この本は，財務報告が社会において重要な役割を果たしているという事実にもとづいています。財務報告は，投資家に情報を提供して，資本市場の適切な運営を促進していると同時に，経営者の行動をチェックして，責任をもって業績をあげるよう動機づけています。

　会計研究のほか，経済学，行動科学，ゲーム理論といった分野の学術研究の結果，財務報告が果たす役割についてかなりのことがわかってきました。私は，こういった学術研究の成果をわかりやすい言葉で説明し，これらの成果が会計実務にとって意味のあるものだと示そうとしてきました。私の狙いは，会計専門家を取り巻く複雑な経済的・政治的環境を読者に深く理解してもらうことにあります。この環境は絶えず変化していますので，この環境が変化しないという前提にもとづいていると，会計専門家は，財務報告の要請に応えられなくなってしまいます。

　経済活動のグローバル化が進展し，世界の金融システムと経済的厚生が相互に依存しあう傾向が強まるとともに，財務報告を取り巻く環境の変化は，将来，確実に大きくなるでしょう。公正価値会計，経営者の業績測定，リスクの測定のような新しいニーズに応えるため，会計基準を継続的に改訂していく必要があります。日本，カナダ，その他の国の会計専門家は，投資家や経営者に対して誠実で公平な態度を維持したまま，このような新しいニーズに応えるため，一緒に活動していかなければなりません。

　この本に興味を持っていただいて，ありがとうございました。

ウィリアム・R・スコット

まえがき

　この本は，カナダ公認一般会計士協会における財務会計理論コースの講義ノートにもとづいている。筆者は，この講義ノートを準備しているうちに，長年蓄積された証券市場の研究や情報経済学ベースの研究によって，財務会計が社会においてどのような役割を果たしているかについてかなりのことがわかってきたと実感した。また，ビジネスにおいて頻繁に観察される「情報の非対称性」という現象をきちんと扱わないと財務会計の理論は構築できないと考えるようにもなった。

　むずかしいのは，この大量の研究を統一的なフレームワークのもとにうまくまとめて，実務家を目指している学生にも理解できるように説明することと，こういった研究が，会計実務や学生のキャリアにとっても重要なのだと説得力をもって示すことである。

　この本は，どうやらこの目的を達成できたようである。長いあいだ，公認一般会計士養成プログラムで採用されてきただけでなく，ウォータールー大学やクィーンズ大学をはじめとするいくつかの大学において，学部上級生や修士レベルの財務会計理論コースのテキストとして広く使われてきた。筆者にとって嬉しいことに，学生は，この本を読むだけで内容を理解できるので，講師が講義中に一字一句ていねいに説明しなくていいということが多かったようだ。これによって，講義時間に余裕ができるため，それぞれの講師が興味を持っている分野の説明を加えたり，新聞記事，実務論文や学術論文を使って，特定のトピックについて掘り下げて議論できるようになる。

　筆者は，この本を博士課程のセミナー・コースでも使ってみた。もちろん，本文で引用した学術論文に集中してセミナーを行うわけである。それにもかかわらず，学生は，本書の統一的なフレームワークが，個々の論文が研究の全体像の中のどこに位置しているのか理解する上で役に立つと評価してくれた。本書では，重要な学術論文を取り上げて説明しており，また，議論の背景となる学術論文も数多く紹介している。多少の例外をのぞいて，研究の方法論的な側面を軽視しているので，厳密な方法論について教えたい教員は，本

書で紹介している学術論文を読書課題に指定するといいかもしれない。

　この第4版においては，最近の学術論文を引用して論じ，新しい会計基準をカバーし，以前の版について受け取ったコメントや以前の版を使って講義した経験にもとづいて説明のしかたを改めた。大きく変更したのは，第8章のエージェンシー理論の部分と第9章，第10章の経営者報酬や利益マネジメントの部分である。そのほかの変更は，エンロンやワールドコムの粉飾決算の議論を含めたこと，実務と理論がどう関係しているのかを説明するコラムを書き直したこと，会計基準の国際的コンバージェンスの議論を含めたことである。特定の問題に深入りしたくない読者のために，読まずにスキップしてもかまわないセクションの数を増やした。

　このようにあちこち改訂したにもかかわらず，本書は，以前の版の構造，章立て，市場を重視した全体像などを大体において維持している。しかし，企業倫理の議論を多少は追加しておいた。以前の版は，企業倫理の問題を，主に，フル・ディスクロージャー，有用性，協調行動，評判といった問題をとおして議論していて，明示的に取り扱っていなかった。そこで，これらの問題と企業倫理の関係を明確にしたわけである。この版では，最近の証券市場の非効率性の議論も取り込んだものの，会計専門家がディスクロージャーについて意思決定をする場合においては，投資家の合理性と効率的証券市場の理論が，今でも一番役に立つという立場を維持している。また，投資家の意思決定に有用な情報を提供することは，財務会計の重要な役割であるが，経営成績のモニタリングと動機づけも，同じくらい重要だという主張もそのままである。

謝辞

　筆者は，本書の執筆にあたり，多くの人に助けていただいた。最初に，長年にわたる激励とサポートをしてくれたカナダ公認一般会計士協会に感謝したい。

　ピアソン・エディケーション・カナダの，Loli Will, Stephen Broadbent, Cheryl Jackson, Shirley Corriveau, Cat Haggert, Michelle Hodgson, Anita Smale, Trish Ciardullo, Carolyn Sebestyen, Jennifer Stimson に感謝する。査読をしてくれた Maureen P. Gowing（コンコーディア大学），J. Roderick Tilley（マウント・セイント・ビンセント大学），Dr. Ian Hutchinson（アーケイディア大学），

Irene Wiecek（トロント大学ミシサガ校），Dr. A. L. Dartnell (FCGA), Kathryn Pedwell（オタワ大学），David Senkow（レジャイナ大学）に感謝する。ウォータールー大学のオンタリオ勅許会計士協会寄付講座の財政援助のおかげで，講義負担を減らすことができ，本書の原稿を準備することができた。クィーンズ大学ビジネス・スクールの財政援助にも謝意を表する。

　また，多くの同僚や学生からの助言やフィードバックにも感謝している。とくに，Sati Bandyopadhyay, Phelim Boyle, Dennis Chung, Len Eckel, Haim Falk, Steve Fortin, Jennifer Kao, David Manry, Patricia O'Brien, Bill Richardson, Gordon Richardson, Dean Smith, Dan Thornton に感謝したい。Dick VanOfferen には，初期の原稿に有益なコメントをくれたことをとくに感謝する。

　筆者は，本書のもとになっている研究をしてくれた数多くの研究者に感謝している。すでに書いたように，本書は，数多くの研究論文を解説し，引用している。しかし，筆者が引用しなかった論文の中にも優れたものはたくさんある。引用しなかったからといって，こうした研究者の財務会計理論に対する貢献を軽視する意図はない。たんに，紙幅の制約と筆者の知識不足から，このような研究のすべてを取り上げられなかったにすぎないのである。

　何度も改訂したにもかかわらず，原稿をたくみに素早く喜んでタイプしてくれた Carolyn Holden や研究補助をしてくれた Jill Nucci にも感謝する。

　最後に，この本にいたる長い学習プロセスにつきあってくれた妻と家族に感謝したい。

ウィリアム・R・スコット

目　次

日本語版への序文　i
まえがき　iii

第1章　はじめに ── 1

1.1　本書の目的 …………………………………………………… 1
1.2　歴史的展望 …………………………………………………… 2
1.3　倫理的行動について ………………………………………… 14
1.4　財務会計と財務報告において情報が与える
　　　いろいろな影響 …………………………………………… 16
1.5　会計研究の役割 ……………………………………………… 17
1.6　情報の非対称性の重要性 …………………………………… 18
1.7　財務会計理論における基本問題 …………………………… 19
1.8　基本問題に対する対策としての規制 ……………………… 20
1.9　本書の構成 …………………………………………………… 22
　　　1.9.1　理想的状況 …………………………………………… 22
　　　1.9.2　逆選択 ………………………………………………… 22
　　　1.9.3　モラル・ハザード …………………………………… 24
　　　1.9.4　基準設定 ……………………………………………… 25
1.10　財務会計理論の会計実務に対する関連性 ………………… 25

第2章　理想的状況の会計 ── 27

2.1　概要 …………………………………………………………… 27
2.2　確実性下の現在価値モデル ………………………………… 28

II　目次

| | | 2.2.1 | 要約 | 34 |

　2.3　不確実性下の現在価値モデル　35
　　　　2.3.1　要約　45
　2.4　石油やガスに適用される埋蔵量認識会計 (RRA)　45
　　　　2.4.1　RRA の一例　45
　　　　2.4.2　要約　50
　　　　2.4.3　RRA に対する批判　51
　　　　2.4.4　要約　55
　2.5　取得原価主義会計の再検討　56
　　　　2.5.1　取得原価主義会計の挑戦　56
　　　　2.5.2　これらの課題に対する会計人の反応　61
　　　　2.5.3　要約　61
　2.6　真実の利益は存在しない　62
　2.7　理想的状況の会計についての結論　64

第3章　財務会計に対する意思決定有用性アプローチ　65

　3.1　概要　65
　3.2　意思決定有用性アプローチ　66
　　　　3.2.1　要約　68
　3.3　単一個人意思決定理論　68
　　　　3.3.1　意思決定理論の適用　69
　　　　3.3.2　情報システム　73
　　　　3.3.3　情報の定義　77
　　　　3.3.4　要約　79
　3.4　合理的でリスク回避的な投資家　79
　3.5　ポートフォリオ分散の原理　82
　　　　3.5.1　要約　89
　3.6　最適な投資意思決定　90

| | | | 3.6.1 | 要約 | 93 |

3.7	ポートフォリオ・リスク	94
	3.7.1	ベータの計算と解釈	94
	3.7.2	ポートフォリオの期待値と分散	97
	3.7.3	証券の数が増えたときのポートフォリオ・リスク	99
	3.7.4	要約	100

| 3.8 | 意思決定有用性アプローチに対する職業会計団体の反応 | 100 |
| | 3.8.1 | 要約 | 105 |

| 3.9 | 意思決定有用性についての結論 | 105 |

第4章 効率的証券市場 — 107

| 4.1 | 概要 | 107 |

4.2	効率的証券市場	109
	4.2.1	効率性の意味	109
	4.2.2	市場価格はどのようにしてすべての入手可能な情報を完全に織り込むのか？	112
	4.2.3	要約	116

4.3	効率的証券市場の財務報告にとっての意義	116
	4.3.1	意義	116
	4.3.2	要約	120

4.4	証券価格の情報提供性	120
	4.4.1	論理的な矛盾	120
	4.4.2	要約	125

| 4.5 | 資本資産価格形成モデル | 125 |

4.6	情報の非対称性	130
	4.6.1	情報の非対称性の詳細	130
	4.6.2	要約	134

- 4.7 良好に機能する証券市場の社会的重要性 ……………… 134
- 4.8 フル・ディスクロージャーの例 ……………………… 136
  - 4.8.1 はじめに ……………………………………… 136
  - 4.8.2 経営者による分析と検討 ……………………… 137
- 4.9 効率的証券市場についての結論 ……………………… 154

第5章 意思決定有用性についての情報パースペクティブ ──────── 159

- 5.1 概要 ……………………………………………… 159
- 5.2 研究課題のアウトライン ……………………………… 161
  - 5.2.1 市場が反応する理由 ……………………………… 161
  - 5.2.2 市場の反応をどのように発見するのか？ ………… 163
  - 5.2.3 市場全体に影響する要因と企業固有の要因に分ける ……………………………………………… 164
  - 5.2.4 リターンと利益を比較する ……………………… 166
- 5.3 Ball and Brown (1968) の研究 ……………………… 168
  - 5.3.1 方法と知見 ……………………………………… 168
  - 5.3.2 因果関係と相関関係 ……………………………… 171
  - 5.3.3 Ball and Brown (1968) の成果 ………………… 172
- 5.4 利益反応係数 ……………………………………… 173
  - 5.4.1 市場の反応が異なる理由 ………………………… 174
  - 5.4.2 ERC 研究の含意 ………………………………… 181
  - 5.4.3 投資家の利益予想を推定する …………………… 182
  - 5.4.4 要約 ……………………………………………… 185
- 5.5 非経常項目，一時項目，および異常項目 ……………… 186
- 5.6 「最良の」会計方針についての注意点 ………………… 189
- 5.7 RRA の情報内容 …………………………………… 192
- 5.8 情報パースペクティブについての結論 ………………… 198

第6章 意思決定有用性についての測定パースペクティブ ―― 201

- 6.1 概要 ―― 201
- 6.2 証券市場は効率的か？ ―― 203
  - 6.2.1 はじめに ―― 203
  - 6.2.2 プロスペクト理論 ―― 205
  - 6.2.3 ベータは死んだのか？ ―― 209
  - 6.2.4 資本市場の過剰なボラティリティ ―― 212
  - 6.2.5 株式市場バブル ―― 213
  - 6.2.6 効率的証券市場のアノマリー ―― 214
  - 6.2.7 証券市場の非効率性が財務報告に対して意味すること ―― 219
  - 6.2.8 証券市場の効率性についての結論 ―― 219
- 6.3 測定パースペクティブを支持するその他の理由 ―― 222
- 6.4 財務諸表情報の価値関連性 ―― 222
- 6.5 Ohlsonのクリーン・サープラス理論 ―― 225
  - 6.5.1 企業価値をあらわす3つの公式 ―― 225
  - 6.5.2 利益の持続性 ―― 230
  - 6.5.3 企業価値を推定する ―― 234
  - 6.5.4 クリーン・サープラス・モデルについての実証研究 ―― 240
  - 6.5.5 要約 ―― 242
- 6.6 監査人の法的責任 ―― 242
- 6.7 測定パースペクティブについての結論 ―― 248

第7章 経済的帰結と実証会計理論 ―― 251

- 7.1 概要 ―― 251
- 7.2 経済的帰結の興隆 ―― 253
  - 7.2.1 要約 ―― 255

- 7.3 従業員ストック・オプション ……………………………………… 256
- 7.4 石油・ガス産業における成功部分原価会計に対する株式市場の反応 ……………………………………………… 265
- 7.5 効率的市場理論と経済的帰結の関係 …………………………… 268
- 7.6 実証会計理論 (PAT) …………………………………………… 269
  - 7.6.1 PAT の概要 ……………………………………………… 269
  - 7.6.2 PAT における 3 つの仮説 ……………………………… 276
  - 7.6.3 PAT における実証研究 ………………………………… 280
  - 7.6.4 PAT の機会主義的行動による説明と効率的契約による説明の区別 ……………………………………… 286
- 7.7 経済的帰結と実証会計理論 (PAT) についての結論 …… 290

第8章 コンフリクトの分析 ── 293

- 8.1 概要 …………………………………………………………………… 293
- 8.2 ゲーム理論を理解する …………………………………………… 295
- 8.3 経営者と投資家のコンフリクトを分析する非協力ゲームのモデル ……………………………………………………… 298
  - 8.3.1 要約 …………………………………………………… 306
- 8.4 協力ゲーム理論のいくつかのモデル …………………………… 306
  - 8.4.1 はじめに ……………………………………………… 306
  - 8.4.2 エージェンシー理論：所有者と経営者との雇用契約 ………………………………………………… 307
- 8.5 経営者の情報優位 ………………………………………………… 324
  - 8.5.1 利益マネジメント …………………………………… 324
  - 8.5.2 利益マネジメントをコントロールする …………… 330
- 8.6 議論と要約 …………………………………………………………… 333
- 8.7 エージェンシー理論：債権者と経営者との貸付契約 …………………………………………………………… 335
  - 8.7.1 要約 …………………………………………………… 337

8.8	会計に対するエージェンシー理論の含意	338
	8.8.1 Holmström のエージェンシー・モデル	338
	8.8.2 契約の硬直性	341
8.9	効率的証券市場の理論と経済的帰結との整合性	343
8.10	コンフリクトの分析についての結論	345

第9章 経営者報酬 ──────────── 349

9.1	概要	349
9.2	インセンティブ契約は必要か？	350
9.3	経営者報酬制度	354
9.4	経営者報酬の理論	371
	9.4.1 エージェンシー理論の再検討	371
	9.4.2 経営者の業績評価に用いる利益と株価の相対割合	371
	9.4.3 短期的努力と長期的努力	374
	9.4.4 経営者報酬におけるリスクの役割	379
9.5	報酬についての実証研究	385
9.6	経営者報酬の政治学	388
9.7	経営者報酬についての結論	394

第10章 利益マネジメント ──────────── 397

10.1	概要	397
10.2	利益マネジメントのパターン	401
10.3	ボーナス目的の利益マネジメントについての証拠	402
10.4	利益マネジメントに対するその他の動機	412
	10.4.1 投資家からの業績期待の達成	412
	10.4.2 財務制限条項への抵触回避	413
	10.4.3 新規株式公開	416

10.5 利益マネジメントの良い面 …………………………………… 417
10.6 利益マネジメントの悪い面 …………………………………… 424
10.6.1 機会主義的利益マネジメント ………………………… 424
10.6.2 経営者は市場の効率性を受け入れているか？ ……… 427
10.6.3 会計専門家に対する示唆 ……………………………… 430
10.7 利益マネジメントについての結論 …………………………… 431

第11章 基準設定: 経済的問題 ─────────── 433

11.1 概要 ……………………………………………………………… 433
11.2 経済活動に対する規制 ………………………………………… 435
11.3 情報生産への私的インセンティブ …………………………… 437
11.3.1 情報生産を特徴づける方法 …………………………… 437
11.3.2 契約による情報生産インセンティブ ………………… 439
11.3.3 市場による情報生産インセンティブ ………………… 442
11.3.4 フル・ディスクロージャーに対する証券市場
         の反応 …………………………………………………… 444
11.3.5 その他の情報生産インセンティブ …………………… 446
11.3.6 要約 ……………………………………………………… 459
11.4 市場の失敗原因 ………………………………………………… 459
11.4.1 外部性とただ乗り ……………………………………… 459
11.4.2 逆選択問題 ……………………………………………… 461
11.4.3 モラル・ハザード問題 ………………………………… 462
11.4.4 意見の一致 ……………………………………………… 462
11.4.5 要約 ……………………………………………………… 463
11.5 情報はどれぐらいあれば十分なのか？ ……………………… 463
11.6 分権的規制 ……………………………………………………… 467
11.7 経済的問題についての基準設定の結論 ……………………… 468

目次 IX

第12章 基準設定：政治的問題 —————————————— 471

- 12.1 概要 …………………………………………………… 471
- 12.2 規制についての2つの説 ……………………………… 473
  - 12.2.1 公共利益説 ……………………………………… 473
  - 12.2.2 利益団体説 ……………………………………… 474
- 12.3 カナダとアメリカにおける基準設定 ………………… 475
  - 12.3.1 カナダ勅許会計士協会（CICA）……………… 475
  - 12.3.2 オンタリオ証券委員会（OSC）………………… 478
  - 12.3.3 財務会計基準審議会（FASB）………………… 479
  - 12.3.4 証券取引委員会（SEC）………………………… 481
- 12.4 国際会計基準審議会（IASB）………………………… 481
  - 12.4.1 IASBの設立および目的 ………………………… 481
  - 12.4.2 IASBの構造 ……………………………………… 482
  - 12.4.3 IASBの権限 ……………………………………… 482
  - 12.4.4 会計基準の国際的コンバージェンス ………… 483
- 12.5 規制理論との関係 ……………………………………… 486
- 12.6 対立と妥協 ……………………………………………… 487
  - 12.6.1 利害対立の例 …………………………………… 487
  - 12.6.2 包括利益 ………………………………………… 493
  - 12.6.3 要約 ……………………………………………… 497
- 12.7 細則主義と原則主義 …………………………………… 497
- 12.8 基準設定のための判断条件 …………………………… 498
  - 12.8.1 意思決定有用性 ………………………………… 498
  - 12.8.2 情報の非対称性の低減 ………………………… 499
  - 12.8.3 新基準の経済的帰結 …………………………… 501
  - 12.8.4 基準設定の政治的側面 ………………………… 502
  - 12.8.5 要約 ……………………………………………… 502
- 12.9 結論とまとめ …………………………………………… 503

参考文献 505

訳者あとがき 525

索 引 529

第1章

はじめに

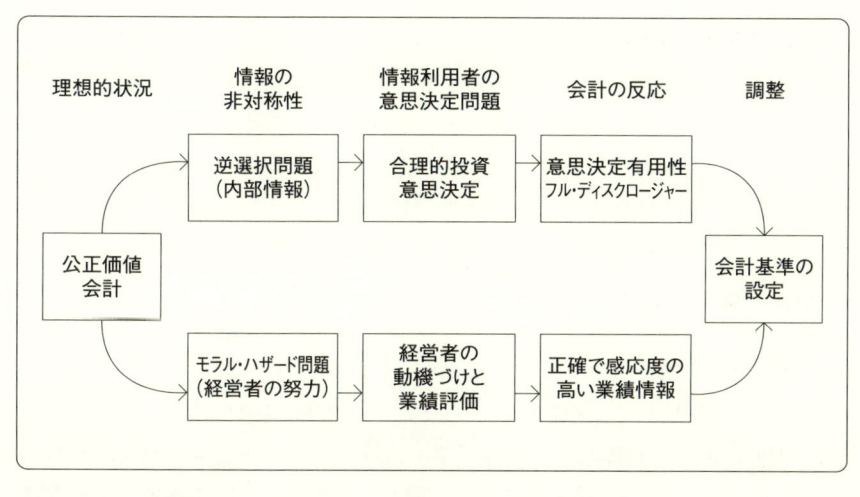

図 1.1　第 1 章の構成

```
理想的状況      情報の        情報利用者の     会計の反応        調整
              非対称性       意思決定問題

              ┌─────────┐   ┌─────────┐   ┌─────────┐
           ┌─→│逆選択問題 │──→│合理的投資│──→│意思決定有用性│──┐
           │  │(内部情報)│   │意思決定 │   │フル・ディスクロージャー│  │
┌──────┐  │  └─────────┘   └─────────┘   └─────────┘   │
│公正価値│──┤                                          ├──→┌─────────┐
│会計   │  │                                          │    │会計基準の│
└──────┘  │  ┌─────────┐   ┌─────────┐   ┌─────────┐   │    │設定     │
           │  │モラル・ハザード問題│──→│経営者の │──→│正確で感応度の│──┘    └─────────┘
           └─→│(経営者の努力)│   │動機づけと│   │高い業績情報│
              └─────────┘   │業績評価 │   └─────────┘
                            └─────────┘
```

1.1　本書の目的

　本書は，会計についての本ではあるが，どのように会計処理をするかについての本ではない。すでに会計処理と実務慣行について学んだ学生は，経済全体を公正で効率的にするために，財務会計がどのような役割を果たしているのかについて検討するコースを，少なくとも1つ履修する必要がある。本

書の目的は，会計情報の利用者と企業の経営陣の利害が異なっていることを意識しながら，現代の財務会計を取り巻く環境を読者に理解してもらうことにある。

1.2 歴史的展望

会計には長い歴史がある。複式簿記システムを最初に完全に記述したのは，イタリアの修行僧・数学者であったルカ・パチョーリ[1]が1494年に書いた書籍である[2]。パチョーロは，そのシステムを発明したわけではない。複式簿記システムは，長いあいだに徐々に発達してきたものである。最初に発達した部分は，たとえば，売掛金勘定である。現金は実在するモノであり，売掛金は法律上の債権であり，現金の増加は売掛金の減少に等しいので，そのような取引の仕訳においては「借方と貸方」に何を書けばよいのかわかりやすい。しかし，商品の売上や費用の発生のような取引の記録が行われるようになるためには，もっと長い時間が必要であった。売上の場合，現金や売掛金勘定が増加し，在庫品が減少するのは明らかである。しかし，販売価額と売上原価の差額はどうしたらいいのだろうか。売上によって生じる利益は，実在するモノではなく，法律上の権利でもない。複式簿記システムがこのような取引を扱うには，利益や資本といった抽象的な概念をつくりだす必要があったのである。パチョーロの時代までには，現在使われているシステムによく似た完全な複式簿記システムが完成していた。利益が累積したものとしての資本や，資本の変化率としての利益というようなシステムの抽象的な性質が，その当時の数学者の興味を引きつけていた[3]。この「ベニスの方法」は，パチョーロのシステムと呼ばれて，それ以後，数学のテキストに頻繁に記述されている。

1494年以後，複式簿記システムはヨーロッパ全土に拡がり，パチョーロの書籍は1543年に英語に翻訳された。この次の時代に，会計の重要な発展が起こったのはイギリスであった。

イギリスにおいては，18世紀のはじめ頃までには，継続的に事業を営んでいて，株主の責任が有限で，株式の譲渡が可能なジョイント・ストック・カン

---

[1]【訳注】姓名ともに記すときは「パチョーロ家のルカ」という意味で「ルカ・パチョーリ」と姓が複数形になるが，姓だけで記すときは「パチョーロ」と単数形で書く。

[2] パチョーロについての情報や，彼の簿記についての論文の翻訳とそのイタリア語版については，Brown and Johnston (1963),『会計におけるパチョーロ』を見よ。

[3] 数学的知識のある読者は，この関係が微分積分学の基本定理に似ていることがわかるだろう。

パニーの概念が確立されていた。株式が譲渡可能であったため、これに続いて、株式を売買する株式市場が発達していく。株式を売買するにあたって、投資家が企業の財務情報を必要としていたのは明らかである。こうして、財務会計は、商人が自分の営業活動を管理するためのシステムから、企業の日々の営業には関わっていない投資家へ情報を伝達するシステムへと、時間をかけて徐々に変化しはじめた。企業が提供する財務情報が信頼できるかどうかは、企業と投資家の共通の関心事であったので、財務情報の信頼性を確保するため、監査業務や政府規制が発達していくことになる。この点について、1844年の会社法は注目すべきものであった。この法律によって、監査済みの貸借対照表を提供することがはじめて要求されたのである。もっとも、数年後にその条項は削除され[4]、1900年代のはじめにいたるまで、ふたたび法制化されることはなかった。そのあいだ、自主的な情報開示が一般的であったものの、会計基準が存在しなかったため、その実効性は疑わしかった。この点は、たとえば、配当可能利益の計算において固定資産の減価償却費を控除するかどうかについて議論があったことからも明らかだろう（裁判所は、控除する必要はないものとした）。

　20世紀になると、財務会計の発展の主な舞台は、急速な経済成長を遂げていたアメリカへと移る。1909年の合衆国法人税法の導入は、利益計算の普及にあたって大きな推進力となる。Hatfield (1927, p.140) が述べているように、この法律の影響で、企業経営者は、減価償却費を利益から控除することを受け入れるようになった。

　それにもかかわらず、アメリカにおける会計は、相対的に規制されないままの状態が続き、財務報告も監査も自主的なものにとどまっていた。しかし、1929年の株式市場の暴落とそれに続く大恐慌が大きな変化をもたらした。もっとも注目すべき点は、1934年の証券取引所法が、ディスクロージャーを中心とした規制体制によって投資家を保護するため、証券取引委員会 (Securities and Exchange Commission: SEC) を設立したことである。

　Merino and Neimark (1982) は、SEC設立にいたる事情を調査した。その過程で、彼らは1920年代以前の証券市場の慣行を報告している。自主的なディ

---

[4] この条項が削除されたということは、企業は情報を株主に提供すべきでないということではなく、どういう情報がどれだけ提供されるのかは、企業と株主のあいだで決められるということである。法律上の要求がなくても、実際には、市場の力によって、十分、情報開示が行われると考えられていた。

スクロージャーが広く行われていたのは明らかであった。この点については，Benston (1973) も同じように述べている。しかし，Merino and Neimark (1982) は，このようなディスクロージャーは，「潜在的な競争」を激化させるような規制を避けたいという大企業の思惑によるものだと論じている。

フル・ディスクロージャーを求めるような規制があると，新規参入を検討中の別の企業に，どの事業の収益性が高いのか知られてしまうので，結果として競争が激しくなるだろう。おそらく，大企業は，自発的ディスクロージャーによって，当局が規制をしようとするのを牽制しつつ，高い収益を隠すことができると考えていた。つまり，投資家に情報を提供することは，ディスクロージャーの主な狙いではなかったのである。むしろ，まぎらわしい報告をやめようという「自主規制」がある状況で，事情に精通したインサイダーが証券価格を決定する「二重構造」によって，投資家は「保護」されていた。残念なことに，自主規制はいつも効果的であるとはかぎらない。Merino and Neimark (1982) は，決算操作やそのほかの不正の例を数多く挙げている。こうした不正会計が 1929 年の株価暴落の主な原因であると広く信じられている。

よって，1934 年の証券立法は，潜在的な競争激化を恐れず，決算操作を統制することで，投資家にもっと高品質の情報を提供しようとするものだったと考えることができよう[5]。

当時批判された 1920 年代の慣行の 1 つに，固定資産がしばしば再評価されたということがある。そして，こうした固定資産の価値は 1929 年の暴落で大きく損なわれることになる。大恐慌の結果として，会計業界が学んだことは，価値はあっという間に失われるということであった。その結果，取得原価主義会計が強化されることになる。取得原価主義は，1940 年に出版された，有名な Paton and Littleton のモノグラフ『会社会計基準序説』において格調高く記述されている。このモノグラフは，継続企業の概念にもとづいて，優雅な筆致で説得的に取得原価主義会計の意義を説いたものである。実現したという客観的な証拠が得られるまで収益を認識しないこと，実現した収益とその

---

[5]実際には，Merino and Neimark (1982) は，はるかに深い問題を提起している。いろいろな人が分散して企業の株式を保有するならば，ますます巨大で強力になる企業の存在を，個人主義，私有財産，民主制といった，広く支持されている考え方と調和させられると長いあいだ考えられてきた。これによって，庶民がコーポレートガバナンスのプロセスに参加できるというのである。しかし，1929 年の株式市場暴落と，それに続いて，利益操作や粉飾決算が発覚したため，証券市場に対する公共の信頼を回復し，企業の有力な利害関係者に受け入れられるような新しいアプローチが必要とされるようになった。Merino and Neimark (1982) は，SEC の創設は，そのような新しいアプローチが具体化したものだと論じている。

収益を獲得するために費やされた費用を対応させるという費用と収益の対応，そして，対応する収益が実現するまで，貸借対照表上の未実現の利得や損失を繰り延べることといった取得原価主義会計の重要な性質は，継続企業の概念によって正当化される。結果として，損益計算書は，企業の収益力の当期に実現した分を一定の信頼性をもって表示することになる。

ときどき，Paton and Littleton のモノグラフは，取得原価主義会計以外の会計システムを締め出してしまうという意味で，あまりに説得的すぎるといわれることがある。本書の中でも述べるが，取得原価主義は今でも原則的な資産評価基準である。公正価値(fair value) 会計や，貸借対照表をふたたび重要視する動きは，最近，始まったばかりである。「公正価値」という語は，市場価値，将来収入の割引現在価値，ときには数理モデルによる資産・負債の評価額をあらわす一般的な言い方である[6]。

大恐慌の結果，会計士業界は，SEC が規制する環境で，どのように生き残っていくかを学んだ。SEC は，アメリカにおいて，企業がしたがう会計基準や手続きを決定する権限を持っている。もし，SEC がこの権限を直接行使することを選んでいたら，会計士業界の威信と影響力は大きく損なわれ，財務報告は職業的判断のいらないたんなる計算になってしまう。結果として，会計士業界は，会計基準設定にほとんど影響力を行使できなくなってしまっていたことだろう。しかし，SEC は，基準設定権限を会計士業界に委ねることを選択した（現在も委ねている）[7]。しかし，会計士業界がこの委譲された権限を維持するためには，投資家を保護し，投資家に情報を提供し，資本市場の適切な運営に資するような財務報告環境を維持する上で，同業界が満足すべき成果を挙げていると SEC が確信していなければならない。そこで，会計実務が依拠している，あるいは，依拠すべき会計基準を求める作業が始まったのである。この作業によって，企業が別々の会計方針を選択するという不斉合を減らし，新しい財務報告問題[8]に対する会計基準を，場当たり的に設定す

---

[6]CICA ハンドブックのセクション 3860.05 は，金融商品の公正価値を定義して，取引対象について知識のある主体が，強制されることなく自発的に，利害関係のない相手と合意するだろう金額としている。この用語は，アメリカの現在の会計基準設定機関である財務会計基準審議会 (FASB) が，年金資産について財務会計基準書 (SFAS)87 号 (1986) で導入し，金融商品については SFAS 107 (1992) で導入したものである。

[7]これは，SEC が会計基準に無関心であるということではない。もし，会計士業界が設定した会計基準が SEC の望む基準から大きく離れているとき，SEC は基準設定プロセスを乗っ取らなくてもかなりの圧力をかけることができる。この点については，脚注 8 を見よ。

るのではなく，基本的な原則から演繹して設定できるようにすることで，実務を改善することができると考えられていた。

会計士業界は，こうした基本的な原則を発見しようと，長期間にわたって熱心に活動してきたが，あまり成功してきたとはいえない[9]。実際，会計原則の定義についての合意すらなく，ただ，会計原則を羅列するのみである。

その結果として，1960年代までの会計理論と会計研究は，どのような会計原則と実務が「最善」であるかについての先験的な議論がほとんどであった。たとえば，財務諸表に対する価格変動やインフレーションの影響を考慮すべきだろうか，もし，そうだとしたらどのように影響を財務諸表に反映させるべきだろうか？この議論は，少なくとも1920年代にまでさかのぼることができる。企業が保有する個々の資産・負債の公正価値を認識し，結果として計算される保有利得や損失を損益計算に含めるべきだという意見もある。また，インフレーションによってもたらされた貨幣の購買力の変化を認識すべきだという意見もある。インフレーションが激しい時代においては，現金や売掛金のような貨幣性資産は，これらの資産を回収したときや支払いに充てたときに入手できる財貨・サービスの量が，これらの資産を得たときに得られただろう財貨・サービスの量よりも少なくなるという意味で，購買力を失っている。逆に，企業は，買掛金や長期借入金などの貨幣性負債について購買力利得を得ることになる。こうした利得や損失を区別して報告した方が企業の真の業績を表示できるという議論があった。さらに，個別価格変動とインフレーションによる価格変動の両方とも考慮すべきだという議論もある。しかし，企業の経営者などから，こうした提案に反対意見が表明されることもある。大恐慌の経験などから，公正価値の推定やインフレーションの測定には信頼性がないので，こうした数値にもとづいて調整計算しても，企業業績（つまり経営者の業績）をより的確に測定できるようになるとはかぎらないと

---

[8] アメリカにおける投資税額控除についての議論がいい例である。1962年歳入法は，固定資産に対する現行投資額の7%の税額控除を企業に認めた。問題となったのは，税額控除に相当する分だけ，当期の税費用を減少させるのか，それとも，投資税額控除の一部または全部を，税額控除が適用された固定資産の耐用年数をとおして配分するのかという点であった。会計原則審議会 (APB) は，会計原則審議会意見書 (APB)2号を設定して，後者の会計処理を要求した。しかし，SECは反対を表明し，投資税額控除の会計処理について，大きな裁量を認めるような，SEC自身の会計基準を設定した。会計原則審議会は，妥協して，いずれの会計処理をも認めるAPB 4を1964年に発行する。会計基準設定機関が自覚していたとおり，基本的な問題は，投資税額控除の適切な会計基準が演繹できるような基本的な会計原則が存在しないことにあった。

[9] アメリカにおける，SEC設立から現在までの，会計原則探求の詳しい記述については，Storey and Storey (1998) を見よ。

いう議論である。

それにもかかわらず，多くの国の会計基準設定機関は，価格変動の効果についてのディスクロージャーを要求した。たとえば，カナダにおいては，1982年に設定された，CICAハンドブックのセクション4510が，棚卸資産と固定資産の公正価値と，インフレーションの結果生じる購買力損益を注記において開示することを要求していた。セクション4510は後年削除される。しかし，この条項が削除されたのは，議論に決着がついたからというよりはむしろ，この条項が導入されて以後，インフレーションが落ち着いたからであった。

価格変動会計のような議論において，根本的に問題となっているのは，いろいろある代替的な会計方法の中から適切なものを選ぶための理論的根拠がほとんどないということである。これは，会計業界が基本的な会計原則について合意を形成できていないからである。

しかし，同じ頃，ほかの領域では大きな進展が起こりつつあった。とくに，統計学の分野では，不確実性下における合理的意思決定理論が発達した。この理論は，新しい情報を受け取ったとき，個人がどのように信念を改訂するかを記述する。経済学やファイナンスの分野では，効率的市場の理論が発達してきた。Arrow (1963) の一般可能性定理のおかげで，真実の利益や完璧な会計基準など存在しないことがわかり，最高の会計原則を探し求めることは決してたどりつけない「蜃気楼」を追いかけることだということになった。これらの理論は，1960年代後半の会計理論にとりいれられて，(真実の財務会計情報ではなく) 意思決定に有用な財務会計情報という考え方につながっていく。意思決定有用性という考え方を最初に提唱したのは，1966年に出版されたアメリカ会計学会 (American Accounting Association: AAA)[10]のモノグラフ，「基礎的会計理論に関するステートメント」(A Statement of Basic Accounting Theory: ASOBAT) である。財務会計基準審議会 (Financial Accounting Standards Board: FASB) の財務会計基準の概念フレームワークのような，会計原則の基礎となる現代の文書は，意思決定有用性の考え方にもとづいている。

経済学の一分野として，不完全情報の経済学が発展したことも同じように重要である。この分野では，ある個人が別の個人に対して情報優位にあると

---

[10]アメリカ会計学会は，会計学者の組織であって，FASBのように会計基準設定権限を持っているわけではない。それにもかかわらず，会計の実務家は，のちに，意思決定有用性の概念を採用した。トゥルーブラッド委員会報告として知られる，Study Group on the Objectives of Financial Statements (1973) を見よ。

いうことを厳密に定式化する。この分野の発展は，エージェンシー理論の発展にもつながり，そのおかげで，財務報告や会計基準設定における企業の経営陣の利害を正確に理解できるようになった。

　これらの理論によると，すでに述べた価格変動をどのように会計報告したらよいかという問題に対する答えは，その会計報告がどの程度，優れた投資判断に結びつくかによって決定するということになる。また，どのような解決策も，経営陣の利害を考慮して決定しなければならないだろう。

　カナダにおいては，財務報告制度は，アメリカとは異なる道筋をたどって発展してきたが，最終的な状況はアメリカの状況と似ている。カナダの財務報告ルールは，連邦レベルの会社法や州レベルの会社法に規定されており，さらには，これらの法律が準用しているイギリスの会社法にも依存している。財務報告を規制する最終的な権限は立法機関にある。しかし，1946 年，カナダ勅許会計士協会 (Canadian Institute of Chartered Accountants: CICA) の会計・監査研究委員会，つまり，現在の会計基準審議会 (Accounting Standards Board: AcSB) は，財務会計問題についての公報を発行しはじめる。この公報は，カナダの会計士に最善の慣行を伝えるものであって，当時は法律上の強制力を持っていなかった。1968 年，これらの公報は，CICA ハンドブック にまとめられることになる。当初，CICA ハンドブックのルールは自主的なものであったが，権威あるルール集であったため，無視することはむずかしかった。CICA ハンドブックは，時間をかけて徐々にカナダにおける一般に認められた会計原則 (Generally Accepted Accounting Principles: GAAP) の権威ある文書であると認知されるようになっていった。そしてついに，各州の証券委員会や会社法が正式に CICA ハンドブックの権威を認めることになる。たとえば，1975 年，連邦レベルで規制される会社に対して，カナダ営利会社法は，同法の報告規定を充たすために，CICA ハンドブックを遵守することを要求した。最終的な会計基準設定権限を持つ主体が，その権限を民間の職業団体に委ねているという結果だけみれば，アメリカの状態と同じである[11]。

　近年，いくつかの事件が財務報告制度に大きな影響を与えている。1990 年代後半の株式市場の活況と 2000 年代初頭の暴落に続いて，こうした事件は起

---

[11]厳密にいえば，AcSB は CICA に財政的に依存しているが，FASB はアメリカ公認会計士協会 (American Institute of Certified Public Accountants: AICPA) から財政的に独立した民間機関である。AICPA は，カナダの CICA に相当するアメリカの職業会計団体である。

こった。この暴落の最中，多くの企業，とくにハイテク産業の企業の株価が大きく下落した。たとえば，ゼネラル・エレクトリック (General Electric Corp.) の株価が，2000 年 8 月の約 55 米ドルから 2002 年の 10 月の約 21 米ドルまで落ちたのに対し，通信業界のノーテル・ネットワーク (Nortel Networks) の株価は同じ期間に 82 米ドルから 44 米セントまで落ち込んだ。

　株式相場暴落の一因は，数多くの財務報告上の不正やミスが明らかになったことであった。こうした不正やミスの多くは，収益の認識についてのものである。収益の認識は長年にわたって会計理論や実務において問題とされてきている。Palmrose and Scholz (2004) は，1955 年から 1999 年の期間における 492 社のアメリカの会社の過年度損益修正を調査し，もっとも一般的な修正項目は，収益についての修正であることを発見した。これは，部分的には，GAAP における収益認識基準があいまいで一般的なせいである。たとえば，ある資産の所有にともなう重要なリスクと便益が資産の買い手に移転され，代金の回収が合理的に確定されたとき，収益を認識することが可能であるとされている。

　1990 年代後半から 2000 年代初頭における株式市場の上昇期において，多くの企業，とくに，利益を計上したことがまったくないか，ほとんどないような新規設立企業が，収益の急激な増加を報告することで，投資家に好印象を与えて，株価を吊り上げようとした。のちに，株式相場が暴落したとき，計上された収益の多くは，まだ認識基準を充たしていなかったので，取り消される必要があったのである。

　そのほかにも，数多くの，さらに深刻な財務報告の不正が明るみに出てきた。これらのうち，とくに 2 つの事例が注目に値しよう。エンロン (Enron Corp.) は，天然ガスを配送する大規模なアメリカ企業であった。1980 年代のアメリカで，天然ガス市場が大きく規制緩和されたのを受けて，エンロンは，天然ガス供給業者と利用者のあいだの仲介業者として大きく事業を拡張することに成功した。この事業により，天然ガス価格が変動するリスクを管理することが可能になる。たとえば，エンロンは，公益企業や天然ガス供給業者に対して，長期固定価格契約を結んでいた。のち，エンロンは，このビジネス・モデルを，鉄鋼，電力，天候先物など，さまざまな取引へと拡張していった。エンロンの株価は，劇的に上昇し，2000 年後半には，1 株約 90 米ドルにまで高まった。この急速な事業拡張の資金需要を充たすため，そして，自

社の株価を維持するため，エンロンは，巨額の資本と着実に増加する利益のどちらをも必要としていた。新規市場に進出しても，いつも利益があがるとはかぎらないので，目標を達成するのが困難な状況になると，損失を隠すインセンティブが出てくる[12]。

実務における理論 1.1

2002年7月に，大規模インターネット・サービス・プロバイダであるクエスト・コミュニケーションズ・インターナショナル (Qwest Communications International Inc.) は，SEC の調査を受けていることを明らかにした。同社の株式はただちに32パーセントも下落した。2003年2月，SEC はクエスト社の役員数名を不正会計のかどで告発する。2001年から2002年にかけて，収益予測や利益予測に合わせるために，収益を水増し計上した嫌疑である。

ここで使われた手法の1つは，長期間にわたる設備とサービスの販売を2つの部分に分けて認識することだった。長期間にわたってサービスを提供する義務を負っているにもかかわらず，設備について収益の全額をただちに認識するのである。また別の手法は，サービスに原価と等しい価格を付け，すべての利益をすぐに認識される設備の売上に付けるというものである。しかし，同社は，その「販売された」設備について，顧客を陳腐化リスクから保護する義務を負っていた。さらに別の手法は，光ファイバー・ケーブルを購入した顧客が将来そのケーブルを交換する権利を持っているにもかかわらず，ケーブルの売上を認識するものである。今から振り返ってみれば，クエストの収益認識実務は，控えめにいっても，タイミングが早すぎるものだった。

2004年6月，SEC は告発された役員の一部と和解したと発表した。たとえば，ある役員は「不当利得」のうち20万ドルを払い戻し，さらに15万ドルの罰金を支払った上で，将来，同じ不正会計を繰り返さないことに同意したとのことである。

---

[12] エンロンのビジネス・モデルについてのより詳しい議論については，Healy and Palepu (2003) を見よ。

こうした状況に直面して，エンロンは，不正な手法に手を染めてしまった。1つの手法は，さまざまな特別目的事業体(Special Purpose Entities: SPE)を設立することである。これらは，特別な目的のために設立されたリミテッド・パートナーシップであり，エンロンの上級役員によって実質的に支配されていた。エンロンがSPEに対する債権と引き換えに，自社の株式を提供することで，これらのSPEの資金はまかなわれていた。SPEは，エンロンの株式を担保として借入れを行い，その借入資金を使って，エンロンからの債務を返済していた。このような方法で，エンロンの負債の多くは，エンロンの貸借対照表にはあらわれず，代わりにSPEの帳簿に計上されていたのである。

さらに，エンロンは，SPEを経営したりサービスを提供することによって，手数料を受け取り，さらに，投資利益も計上していた。この投資利益は，とくに注目に値する。このSPEは，保有するエンロンの株式に対して公正価値会計を適用することで，エンロン株式の評価益を利益に計上していた。このSPEの持分権者として，エンロンは，SPEの利益の保有割合相当額を，自社の利益として計上していた。結局，エンロンは，自社の株式の評価益を報告利益に含めることができたのである[13]。

もちろん，SPEは，エンロンの連結財務諸表に含まれるべきであり，そして，もしSPEがエンロンの連結財務諸表に含まれていれば，こうした不正手段の効果は消滅するだろう。SPEが連結されれば，SPEの負債はエンロンの連結貸借対照表に計上され，エンロンが受け取った手数料は，対応するSPEの費用と相殺され，エンロンのSPEに対する投資勘定は，エンロンの資本勘定から控除されただろう。

しかし，エンロンは，おそらく監査人と合意の上で，SPEを連結していなかった。2001年の後半，エンロンはSPEを連結することを発表したが，これは明らかに，SECの尋問に対応するためであった。この発表によって，エンロンの負債は，6億2,800万ドル程度増加し，資本は11億ドルも減少し，過去に報告された利益は大きく減少した。エンロンは，ただちに投資家の信頼を完全に失った。エンロンの株価はほとんどゼロまで下落し，同社は2001年12月に破産申請を行った。

2つめの大きな不正会計事例は比較的簡単なものである。ワールドコム

---

[13]【訳注】日本の読者は，エンロン事件とライブドア事件の類似性に気がつくかもしれない。ライブドアも，SPEを通じて自社株式売却益を利益計上していた。

(WorldCom Inc.) は，アメリカの大規模通信業者で，1999 年から 2002 年の時期に，約 110 億ドルも利益を過大計上していた。このうち，約 40 億ドルは，ただちに費用化すべきネットワークの維持管理費用等を資産計上することによって生じたものであり，これは報告利益と営業キャッシュ・フローのどちらをも過大評価する手法であった。そのほか，33 億ドルの過大利益は，減損の生じた項目に対する引当金を減らすことによって生じていた。これらの不正が明るみに出ると，投資家の信頼が失われ，ワールドコムは 2002 年に破産申請を行った。

こうした不正会計事件は，該当企業の財務諸表が監査済みで，GAAP に準拠しているとの監査意見が付されているにもかかわらず生じたものである。その結果，財務報告や資本市場の運営に対する一般の信頼は大きく揺らいだ。

投資家の信頼が失われた結果，規制が強化されることになった。もっとも注目すべき例は，2002 年にアメリカ議会を通過したサーベインズ・オクスリー法 (Sarbanes-Oxley Act) である[14]。この広範囲にわたる法律は，以上に述べたような不正会計事件を未然に防ぐことで，投資家の信頼を回復することを目的にしている。この目的を達成するため，同法は，コーポレート・ガバナンスを改善し，監査の機能を強化している。同法の重要な規定の 1 つに，公開企業会計監視審議会 (Public Company Accounting Oversight Board: PCAOB) の設立がある。この組織には，監査基準を設定し，公開企業の監査人を検査・統制する権限がある。また，同法は，情報システム・サービスや企業価値評価のような監査以外のサービスを監査人がクライアントに提供することを制限している。さらに，監査人が報告する相手は，被監査企業の経営陣ではなく，監査委員会になった。監査委員会は，企業から独立した取締役によって構成されなければならない。

サーベインズ・オクスリー法には，企業の財務報告は「重要な修正項目すべて」を含み，重要なオフバランスの債務すべてと「連結されていない主体」との関係を開示しなければならないという規定がある。さらに最高経営責任者 (CEO) と最高財務責任者 (CFO) は，財務諸表が企業の経営成績と財政状態を適正に表示していることを保証しなければならない。

会計基準設定機関も，公共の信頼を回復するように行動を起こし始めてい

---

[14]【訳注】サーベインズ・オクスリー法は，SOX または SOX 法と略されることがある。また，アメリカ企業改革法という訳も見かける。

る。たとえば，カナダでは，会計基準審議会 (AcSB) は，おそらく，エンロンやワールドコムのような不正会計事件を未然に防止しようという狙いで，2つの新しい会計基準を設定した。2003年に設定された CICA ハンドブックのセクション 1100 は，カナダにおける GAAP の意義を明確にし，企業が GAAP から逸脱することのないようにしている。セクション 1100 の採用以前には，GAAP を採用すると誤解を生じやすい財務諸表になってしまうと主張することで，GAAP から逸脱した会計方針を採用する余地があった。同じ頃に設定されたハンドブックのセクション 1400 は，財務諸表が企業の財政状態と経営成績を適正に表示することを要求し，適正に表示するということには，重要な取引について，取引が企業の財務諸表に与える影響が理解できるように十分な情報を提供することが含まれると述べている。セクション 1400 の内容は，上で説明したサーベインズ・オクスリー法の一部と類似のものである。

このセクションのはじめに述べたように，1929 年の株式相場暴落の帰結の 1 つは，取得原価主義会計の強化であった。よって，最近の株価暴落や公正価値会計の濫用の結果，2000 年代においても，もっと保守的な会計実践への揺り戻しが起きるかどうかが問題となる。Basu (1997) は，保守主義を定義して，利益を計上する場合には，損失を計上する場合よりも，高度な検証可能性を要求することとし，結果として，純資産を公正価値よりも低い金額で評価し続けることになると述べている。この定義によれば，取得原価主義会計は，保守主義的な要素を含んでいる。たとえば，棚卸資産は，公正価値ではなく，取得原価で評価されるため，その資産が販売したときに受け取ることができる金額よりも低い金額で評価されることになる。これは，取得原価主義会計が，(売上のような) 客観的な証拠が入手可能になるまで資産の公正価値の増加を認識しないからである。しかし，取得原価主義会計においても，たとえば，棚卸資産に対する低価基準の適用のように，損失を認識することはある。ただし，会計基準設定機関は引き続き，公正価値会計を導入し続けているので，2000 年の暴落以来，取得原価主義会計へ回帰しているという証拠はほとんどない[15]。それにもかかわらず，あとに見るように，会計学者は望ましい会計方法として，保守主義を見直し始めている。最近の会計不祥事が

---

[15] しかし，これらの基準の多くは，たとえば，固定資産やのれんについての上限テストのように，資産を公正価値へ切り下げるものであって，公正価値へ切り上げるものではないことに注意が必要である。未実現の公正価値評価益と評価損についての非対称的な取扱いは，取得原価主義会計よりも強いかたちの保守主義であると考えることができる。

財務報告制度に与えた影響の全体像は，まだよくわからないといえよう。

このようなさまざまな発展段階をへて，現在の財務会計と財務報告の環境が整ってきた。そして，それが本書のテーマである。

1.3 倫理的行動について

エンロンやワールドコムの不祥事や，それにともなう財務報告に対する公共の信頼が失われたことによって，どうやって信頼回復を図るかという問題が生じている。1つの答えは，上で説明したサーベインズ・オクスリー法のような規制の増加である。しかし，経理担当者や監査人の**倫理的行動** (ethical behaviour) も必要とされている。これは，多くの経理担当者が不正会計を指示したり，関与したり，少なくとも不正の事実を知っていたからである。また，このような財務諸表が監査人によって，GAAPを遵守しているものとして適正意見を付与されてきた。

倫理的行動というのは，経理担当者や監査人が「正しいことをする」ことである。この文脈では，これは，経理担当者や監査人が，企業やクライアントの利害が公共の利益とぶつかるときにも，公共の利益を優先しようと，誠実で独立した態度を保つことを意味している。

誠実さや独立性には社会的側面があることを認識することは重要である。つまり，社会というものは，共有された信念や共通の価値観に依存しているものである。このような考え方は，17世紀の哲学者トーマス・ホッブスの著作『リバイアサン』にまでさかのぼることができる。ホッブスによれば，人間がそれぞれ利己的な個人としてふるまえば，利己的な力とその力による脅しがあちこちで見られるような社会になってしまい，人間同士の協調行動はなくなってしまうだろう[16]。また，ホッブスは，すべての人間の相互交渉を予想してルールを決めることが不可能である以上，規則，規制，司法といったものは，協調行動を回復するのに十分ではないと論じた。ここで，追加的に必要とされるものは，協調行動が公共の利害にかなうと人々が認識することである。

---

[16]【訳注】トーマス・ホッブスは，人間の自然状態を万人の万人に対する闘争と規定し，この混乱状況を避けるためには，人間が生来の権利として保有する自然権を，社会契約によって政府に委託すべきであるという社会契約論を提唱した。リバイアサンは，旧約聖書に出てくる海の怪物で，この著作では，国王（政府）の比喩的表現である。

ホッブスの議論に出てくる利己的な力は，明らかに，エンロンやワールドコムの不祥事においても見られる。財務報告を統制するルール（すなわち GAAP）はすでに存在していた。しかし，GAAP は，遵守されなかったり，表面上は遵守されてはいても，その実質は曲げられたりしたのである。ルールを破った人がいたために，協調行動は崩壊してしまったのであり，ルールを破った人には，誠実さも独立性もなかったのである。それは，ルールを破った人にとって，少なくとも短期的には利益があったが，社会全体の利益には反していた。ホッブスは，こうした会計不祥事が繰り返されないようにするためには規制の増加だけでは十分ではないと予測している。倫理的行動もまた必要なのである。

しかし，倫理的行動には時間的な側面があることにも注意しなければならない。経理担当者が，自分の利害のためにした行動であっても倫理的なものになることがある。これは，自分の行動の影響について長期的な見方を取ったときに起こりうることである。たとえば，ある経理担当者が，企業の環境債務を過小評価するように指示されたものとしよう。短期的には，いわれたとおりにすることで，仕事を維持し，昇進し，給与が高くなるなど，経理担当者にメリットがあるだろう。しかし，長期的な視点に立てば，汚染の拡大をとおして将来の世代が被害をこうむり，環境債務が一般に知られるようになったとき，株価が下落することで株主も被害をこうむる。また，財務報告に対する信頼が失われてすべての株式の価格が下落することで，一般の投資家も被害をこうむる。その経理担当者も，解雇されたり，職業団体からの懲罰や除籍処分を受けたり，会計業界全体の名誉が損なわれて，報酬が減ったりするだろう[17]。このような長期のコストを考慮すると，自己の利害のための行動と倫理的行動は同じものとなる。

本書では，社会に利益をもたらすような，フル・ディスクロージャー，財務諸表の有用性，協調行動，評判といった観点で議論を進めることが多い。このような財務報告の望ましい性質を確保するように行動することで，経理担当者は倫理的な行動を取ることにもなるのである。

---

[17]【訳注】ここで，経理担当者が公認会計士のような有資格者として扱われているのは，カナダにおいては，経理担当者に公認一般会計士が多いからである。公認一般会計士は，企業経理のための実力認定資格であって，監査のための資格ではない。監査のための資格は，勅許会計士である。

1.4 財務会計と財務報告において情報が与える いろいろな影響

　会計を取り巻く環境は，大変に複雑であり，かつ，大変にむずかしいものである。会計を取り巻く環境が複雑なのは，会計の最終成果物が**情報**(information)という影響力の大きな重要な財だからである。情報というものは，関係者にいろいろな影響を与えるものであるが，それは，情報に対する個人の反応がまちまちだということが一因である。たとえば，洗練された投資家[18]は，将来の企業業績の予測に有用であるという理由で，資産や負債を公正価値で評価することを肯定的に評価するかもしれない[19]。しかし，公正価値情報の信頼性が低いとか，たんに取得原価主義会計情報に馴染んでいるという理由で，そのほかの投資家はあまり肯定的ではないかもしれない。さらに，公正価値で報告しなければならない経営者は，まったく否定的な評価を下すかもしれない。普通，経営陣は，公正価値の変動による未実現の損益は利益の変動性を高め，企業の業績を反映していないため，経営努力を評価する場合には，利益から排除されるべきだと主張して，未実現損益の計上に反対するものである。経営陣の仕事の一部は，公正価値の変化を予想し，こうした変化から企業を保護することであるから，このような主張は，いくらか虫のいいものだろう。たとえば，経営陣は現在の価格上昇や金利の変化に対してヘッジすることもできるのである。それにもかかわらず，経営陣の反対意見は根強い。結果として，経理担当者は，企業業績を予測しやすいような利益を計算するか，経営陣の企業資源についての受託者会計責任を果たすような利益を計算するかというジレンマに悩むことになる。

　情報が関係者にいろいろな影響を与えるのは，情報が個人の意思決定に影響を与えるだけにとどまらないことも一因である。情報は，意思決定に影響を与えることで，証券市場や経営者市場のような市場の運営の効率性に影響を与えるのである。市場がうまく機能することは，経済の効率性や公正性に

---

　[18]【訳注】会計やファイナンスの学術研究に通じていない読者には「洗練されている (sophisticated)」という表現が奇異に感じられるかもしれない。通常，会計やファイナンスにおいて，「洗練された投資家」とは，情報処理能力が高く，情報の意味について深読みする投資家を指す。「洗練された投資家」に対応する概念は「ナイーブな (naïve) 投資家」であり，情報処理能力が低く，情報の表面的な意味しか理解できない投資家を指す。

　[19]市場がうまく機能していれば，市場価格が上昇するか下落するかの確率は半々である。このように，現在の市場価格は，将来の市場価格，将来の企業業績の一番良い予測値である。

したがって，財務会計担当者の仕事は，財務報告に利害関係を持っている別々のグループから，互いに相容れないような圧力が存在する複雑な環境で，何とか生き残って，成功することである。本書は，投資家や経営者や経済全体に対して財務報告が与える影響を経理担当者がしっかり理解していれば，生き残る確率や成功する確率が高くなると主張する。環境を理解するかわりに，財務報告を取り巻く環境を与件として受け入れるという方法もある。しかし，財務報告環境はつねに変化し，発展しているので，現状をありのまま受け入れる方法は，あまりに近視眼的にすぎるだろう。

1.5　会計研究の役割

　会計理論の本が，学術雑誌に載っているような会計研究を参照するのは当然である。研究が果たす役割をどのように考えるかについて，2つの補完的な考え方がありうる。1つめは，会計研究が会計実務に与える影響を考えることである。たとえば，意思決定有用性アプローチは，CICAハンドブックのセクション1000やアメリカのFASBの概念フレームワークの基礎となっている。このアプローチの本質は，投資家が適切な意思決定ができるように情報を提供するべきだということである。公開企業の現在の年次報告書を，1960年代に発行された年次報告書と比較してみれば，意思決定有用性が会計理論において重要な概念と考えられるようになった過去25年間に，どれほどディスクロージャーが充実したか理解できるだろう。

　しかし，ディスクロージャーの増加は，「偶然に起こった」ものではない。セクション1.2で説明したように，どのような情報が有用なのかを指し示す，投資意思決定の理論や資本市場の理論にもとづいており，さらに，この理論は，実証研究によって徹底的に検証されてきたのである。実証研究は，平均的にいって，投資家は，理論が予測するように，財務会計情報を利用していることを明らかにしてきた。

　しかし，会計研究が実務に影響を与えているということとは別に，研究の役割について2つめの重要な考え方がある。これは，会計を取り巻く環境をより深く理解するのが会計研究の役割であるとして，現在の会計環境を議論の当然の前提とはしない。たとえば，利害調整のモデルについての基礎研究，

とくにエージェンシー理論のモデルのおかげで，財務報告における経営者の利害や，経営陣を動機づけたりコントロールしたりする上で経営者報酬制度が果たす役割や，そのような報酬制度が会計情報を利用する方法について，我々の理解が深まった。次に，会計方針の選択についての経営者の利害や，なぜ経営者が会計利益を歪めたり，操作したいと望むのか，あるいは，「最終的な利益」を操作する能力を持ちたがるのかについての理解が進んだ。本書では，このような2つの見方のどちらも採用する。場合によっては，重要な研究論文を選んで，その内容を直観的に説明し，財務会計の理論と実務の全体的なフレームワーク中でどのように位置づけられるのかを説明する。また，本書の議論が基礎としている研究論文を引用するだけにとどめる場合もある。興味を持った読者は，そうした論文を読むことによって，さらに学習を進めることが可能だろう。

1.6　情報の非対称性の重要性

　この本は，情報経済学にもとづいている。情報経済学は，ビジネス上の取引の当事者の一方が，取引相手と比べて情報優位な立場にあるを厳密に取り扱う分野である。こういう状況では，経済は**情報の非対称性** (information asymmetry) によって特徴づけられるといわれる。ここでは，大きく分けて，2つのタイプの情報の非対称性を検討することにしよう。

　その1つめは**逆選択**(adverse selection) である。財務報告においては，企業経営者やそのほかのインサイダーが，企業の現在の状況や将来の見込みについて，外部の投資家が知っている以上のことを知っているときに逆選択が生じる。経営者やその他のインサイダーが，外部の投資家を犠牲にして，情報優位性を利用する方法にはさまざまなものがある。たとえば，経営者は，投資家へ公表する情報を歪めたり操作したりして，自分が保有するストック・オプションの価値を増やすといった非倫理的な行動を取ることもできる。経営者は，外部投資家を犠牲にし，インサイダーを儲けさせるために，一部の投資家や証券アナリストに情報を早期開示することもできる。このような不正があると，普通の投資家は適切な意思決定をするのがむずかしくなる。したがって，投資家が，偏向した情報開示や一部インサイダーに対する「えこひいき」を心配するようになると，企業の株式を購入することに慎重になり，

結果として，証券市場がうまく機能しなくなってしまう。ここで，財務会計は，内部情報を外部情報へタイムリーかつ信頼できるように変換することで，逆選択をコントロールするメカニズムであると考えることができる。

> **逆選択**(adverse selection) は，情報の非対称性の1つのタイプであって，そこでは，ビジネス上の取引の一方の当事者が，取引相手に対して情報優位にある。

2つめのタイプの情報の非対称性は**モラル・ハザード** (moral hazard) である。モラル・ハザードは，多くの状況下で発生する。たとえば，社債発行企業が義務を怠って，社債権者は損をするかもしれない。財務会計の文脈では，ほとんどの大企業の特徴である，所有と経営が分離した状況でモラル・ハザードが生じる。株主や債権者が，経営者の努力の程度と質を自分自身で直接観察するのは事実上不可能である。となると，経営者は，企業の業績が悪いことをすべて自分のコントロールが及ばない要因のせいにして，経営努力をサボる誘因があるだろう。こういうことが起こると，投資家にとっても，経済の効率的運営の観点からも，深刻な事態になるのは明らかである。そこで，会計利益を，経営者の業績や受託者責任の指標とすることができる。会計利益は，2通りの補完的なやり方で，モラル・ハザードをコントロールする。1つには，利益が，経営者が業績をあげるように動機づけを行う経営者報酬制度の基礎資料として機能するということがある。2つめは，努力をサボる経営者は，会計利益が減少するため，評判が悪くなり，長期的には，経営者市場での価値が下がるように，経営者市場へ情報を伝えることが挙げられる。

> **モラル・ハザード**(moral hazard) は，情報の非対称性の1つのタイプであって，そこでは，ビジネス上の取引の一方の当事者が，取引を履行するために自分がとった行動を観察することが可能であるが，取引相手は行動を観察することができない。

1.7 財務会計理論における基本問題

投資家に情報を提供し，逆選択をコントロールするのに，一番有用な利益が，経営者の業績を測定し，モラル・ハザードをコントロールするのに最善の

利益と同じであるとはかぎらないことがわかっている。これは，Gjesdal (1981) によって認識されていた。投資家の利害にかなうのは，より適切な投資意思決定と資本市場のより良い運営につながるような情報である。公正価値情報が合理的な水準で信頼できるものであれば，資産・負債，そして将来の業績について最新の情報を提供し，インサイダーが公正価値の変動を利用して利益をあげる能力を制限するという点で，公正価値会計が投資家の利害にかなうものである。

　他方，経営者の利害にかなうのは，企業を経営するにあたって経営者がどれほどの努力をしたかについて多くの情報をもたらす指標であり，このような情報は，効率的な経営者報酬契約を可能にし，経営者市場のより良い運営に役立つものとなる。しかし，公正価値会計を採用すると利益の変動が大きくなり，取得原価情報と比べると，歪んだ情報提供や利益の操作が容易に入り込んでしまうだろう。こうした効果によって，経営者の努力水準について，利益がもたらす情報が減少してしまう。このように，経営者を統制するという観点からは，取得原価主義会計のような変動性の少ない保守的な利益尺度の方が，経営者の努力を評価する上で，目的にかなうものなのかもしれない。

　最終的な利益が1つしか計算できないことを前提とするならば，財務会計理論における基本問題は，このような会計情報の異なった役割をどのように調和させるかという点にある。

1.8　基本問題に対する対策としての規制

　この基本問題に対しては2つの対策がある。1つは，「問題なんてない」と考えることである。つまり，どれだけの，どのような情報を企業が提供すべきなのかを市場の力に委ねてはどうかということである。投資家やその他の財務諸表の利用者は情報の需要者であると考えることができ，経営者は情報の供給者だと考えることができる。したがって，りんごや自動車の市場と同様，需要と供給の力によって，生産される数量を決定することができるはずである。

　実際のところ，市場に委ねるという考え方は，投資家が保護され，経営者市場や証券市場がうまく機能するように，市場の力が逆選択やモラル・ハザード問題を十分にコントロールすることができるというものである。たしかに，

1.8 基本問題に対する対策としての規制

あとの章で説明するとおり，経営者は，驚くほど多くの方法で，信頼できる情報を提供することが可能である。さらに，投資家は全体として，ある情報が企業の将来の業績に対してどのような意味を持つかを探り当てることについて，驚くほど洗練されている。したがって，この見方によれば，規制のない市場における価格は，企業価値や経営者の市場価値を合理的に反映していることになる。

2つめの対策は，情報というものは，市場の力だけでは，モラル・ハザードや逆選択の問題を適切にコントロールできないような，複雑で重要な財であるという認識の下，投資家を保護するために**規制**(regulation)を導入しようというものである。この考え方は，会計基準を設定することに直接つながる。本書では，会計基準設定を，一般に認められた会計原則を決定する規制であると考える。

もちろん，ホッブスの議論（セクション1.3）で見たように，規制することで，投資家が完全に保護されるとは期待できない。したがって，最適な規制の程度を決定することは，大変にむずかしい社会選択問題である。現時点では，基本問題に対するこれら2つの対策のどちらが正しいのかよくわからない。確実にいえることは，会計についてのかなりの規制が存在し，新しい会計基準が導入されるスピードはまったく衰えていないということである。したがって，社会は，どれくらい規制をしたらよいかという疑問に答えを出してきたようである。

しかし，現代は規制緩和の時代である。近年，かつては規制緩和など考えることもできなかった輸送，通信，金融サービス，発電といった主要産業においてかなりの規制緩和が行われてきた。規制にはコストがかかるので，情報「産業」においても同じような規制緩和が行われるべきではないのかと考えることは重要である。しかし，この事実は，会計基準設定機関によって無視されることが多い。ここでも，また，規制のメリットが規制のコストを上まわるかどうか，答えは出ていない。しかし，本書のあとの章で，この問題を論じることにしよう。

1.9　本書の構成

　図 1.1 は，以上に述べた財務会計理論の研究のフレームワークが，本書において，どのように使われるのかをまとめたものである。表には，大きく分けて 4 つの部分がある。これらを順に説明しよう。

1.9.1　理想的状況

　情報の非対称性があるとき会計に生じる問題を検討する前に，理想的状況では，会計がどのようになるのかを検討しておくことは意味がある。これは，図 1.1 の一番左のボックスに描かれている。理想的状況というのは，完全かつ完備な情報によって特徴づけられる経済，つまり，情報の非対称性や，公正で効率的な市場運営を妨げるその他の障害がない経済を意味している。そのような状況は，「ファースト・ベスト」と呼ばれることもある。そこでは，資産や負債は，期待将来キャッシュ・フローの現在価値によって評価され，裁定取引によって，現在価値と市場価値が等しくなるように調整される。投資家と経営者は，財務報告を必要としないので，規制はまったく必要ない。

　残念ながら，いや，おそらく幸いなことに，理想的状況は，現実世界では一般的ではない。それにもかかわらず，理想的状況の分析は，もっと現実的な「セカンド・ベスト」の会計と比較するための有用なベンチマークを提供してくれる。たとえば，本書では，財務報告において公正価値会計が実際に利用されている例を多く見ることになる。石油やガスの埋蔵量に適用される現在価値会計は 1 つの例である。さらに，近年，金融商品に対して公正価値会計を適用することが求められるなど，現在価値会計の適用事例は増加しつつある。理想的状況の会計を分析することは，実務が公正価値会計に移行しつつあるから有用なだけでなく，より重要なこととして，公正価値会計が必要とする理想的状況が成り立たないときに，どのような問題や困難が生じるのか理解する上で有用である。

1.9.2　逆選択

　図 1.1 の上部の 3 つのボックスは，本書のフレームワークの 2 つめの要素をあらわしている。それは，逆選択の問題である。セクション 1.6 で論じたように，逆選択は，企業と企業外部の投資家とのコミュニケーションの問題である。ここで会計が果たす役割は，有用で費用対効果の高い情報を投資家

やその他の財務諸表利用者に提供することで,「競技場の地ならし」をすることである。

　財務会計が逆選択問題をコントロールする上でどのように役に立つのかを理解するためには,投資家がどのように意思決定を行うのかを理解しておくことが望ましい。投資家がどのような情報を必要としているかを知ろうとするなら,投資家の意思決定プロセスについての知識が必要とされるからである。投資家の意思決定の研究は,大きな研究課題である。それは,直観に頼る方法から,「耳寄りな情報」によるもの,急に現金が必要となるといった偶然の事象,コンピューター・ベースの洗練されたモデルにいたるまで,投資家がさまざまな方法で意思決定するからである。

　本書で採用するアプローチは,ほとんどの投資家は**合理的**(rational) であると仮定するものである。これは,投資家が富から得られる期待効用や満足を最大化するように意思決定するという仮定である。こうした合理的投資意思決定の理論は広く研究されてきている。合理性の仮定をおく場合であっても,すべての投資家が合理的に意思決定すると考えているわけではない。実際,多くの投資家が,富から得られる期待効用を最大化するという意味では合理的に行動しないことが少しずつ明らかになりつつある。しかし,合理的意思決定の理論は,十分な情報を与えられた上で意思決定したいと思っている投資家の平均的な行動をうまく描き出しており,このことは,厖大な実証研究によって裏づけられているのである。

　合理的な投資家にとって有用な情報を報告するという考え方は,**意思決定有用性**(decision usefulness) アプローチと呼ばれている。セクション 1.2 で述べたように,このアプローチは,FASB の概念的フレームワークのような主要な会計基準設定機関の基準書の基礎となっている。

　意思決定有用性アプローチにおいても 2 通りの考え方がある。1 つは,**情報パースペクティブ**(information perspective) である。このパースペクティブにおいては,ディスクロージャーの形式は問題ではなく,財務諸表本体で開示されるほか,埋蔵量認識会計や MD&A（経営者による分析と検討）のように,注記や,追加的ディスクロージャーのかたちで開示されてもかまわないと考える[20]。合理的な投資家は,平均的にいって,どのような形式で開示されていようとも公表情報の意味をきちんと理解できる程度に,十分に洗練さ

れているとみなされる。

しかし，近年，リース，年金，退職後給付，金融商品というように，公正価値評価が使われることが多くなってきた。これは，意思決定有用性についての**測定パースペクティブ** (measurement perspective) と呼ばれる。このパースペクティブは，財務諸表本体に計上される項目を公正価値で評価することで，意思決定有用性を強化しようという考え方である。このパースペクティブが示す傾向が，会計業界が1920年代，1930年代の教訓を忘れてしまったということを意味するのか，あるいは，巨大データベースにもとづいた統計解析や数学モデルを利用して公正価値を見積もるような測定ツールの進歩や，サーベインズ・オクスリー法のような新しい規制が，セクション1.2で論じたような公正価値会計に関わる最近の不祥事を抑制するのに役に立つということを意味するのか，現段階で明言することはむずかしい。こうした不正会計事件が測定パースペクティブの普及を遅らせたり，逆転させたりするかどうかは，時間が経ってみないとわからない。

1.9.3 モラル・ハザード

図1.1の下の3つのボックスは，本書の3番目の部分をあらわしている。ここでの，情報の非対称性の問題は，企業を経営する上で，経営者が費やす努力水準を観察できないことから生じるモラル・ハザードである。つまり，経営者の意思決定問題は，株主にかわって企業を経営するために，どれだけの努力を払うべきかを決定することである。経営努力は観察できないために，経営者はサボる誘因を持つかもしれない。しかし，利益は，経営者の業績を反映するので，経営者の努力水準の間接的な指標として機能する。したがって，情報利用者の意思決定問題は，経営者を動機づけ，経営者の業績を評価するために，財務報告をどのように利用するかということである。経営者の業績について情報を提供するためには，会計利益は，正確であって，かつ，経営者の業績に応じて変化するものでなければならない。

---

[20]厳密にいえば，「財務諸表」という語は，財務諸表に対する注記を含んでいる。本書では，財務諸表内部でのディスクロージャーに言及するときには，「財務諸表本体」という語を使うことにしよう。したがって，企業がある資産を帳簿上公正価値で評価して，その結果を貸借対照表で表示していれば，その企業は公正価値を財務諸表本体で表示していることになる。もし，その企業が公正価値を注記で開示しているだけであれば，公正価値は財務諸表で開示されているのかもしれないが，財務諸表本体で開示されているわけではないことになる。

1.9.4 基準設定

ここまでくると，財務会計理論の基本問題がどういう理由で生じているのかについて，より明確に理解することができる。投資家は，資産・負債の取得原価よりも公正価値に関心があるが，それは公正価値が，将来の企業業績と投資リターンについて，入手可能な最善の指標を提供するからである。しかし，すでに述べたように，経営者は，資産・負債の帳簿価額の修正から生じる損益が，経営者自身の業績を反映していないと感じるかもしれない。会計基準設定機関は，投資家と経営者のあいだの互いにぶつかりあう利害を調整する立場に立たされる。この点が，図 1.1 の一番右側のボックスに描かれている。

1.10　財務会計理論の会計実務に対する関連性

以上で記述したフレークワークは，本書における財務会計理論の説明をまとめる方法を提供してくれる。しかし，その理論が会計実務に関連していることを読者に示すのも本書の使命である。財務会計の基礎をなす，さまざまな理論や研究を，わかりやすい言葉で記述して説明し，理論や研究が実務に関連していることを，数多くの会計実務の例をとおして示していく。たとえば，第 3 章では，投資家がどのようにして合理的な意思決定を行うのかを記述し，それから，この意思決定理論が FASB の概念フレームワークの基礎になっていることを示す。本書では，ある会計基準を説明し，批判的に検討することも多い。会計基準の内容を学習できるだけでなく，それらの会計基準が基礎としている理屈を押さえておけば，基準をより深く理解することができ，より適切に適用することが可能になる。

近年は，財務会計理論にとって，挑戦しがいのある，心踊るような時期であった。すでに説明した情報経済学的な研究によって，経済における財務会計の重要な役割についてきわめて多くのことがわかってきた。本書を読むことで，会計の役割を深く理解し，正当に評価することができるのであれば，本書は目的を達成したことになる。

第 2 章

理想的状況の会計

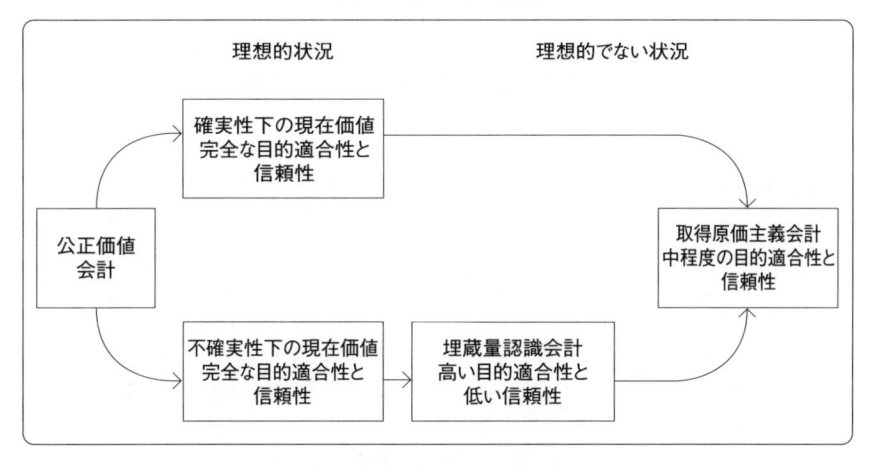

図 2.1 第 2 章の構成

```
理想的状況                    理想的でない状況

         ┌─────────────┐
    ┌───▶│ 確実性下の現在価値 │───────────────────┐
    │    │ 完全な目的適合性と │                   │
    │    │    信頼性     │                   ▼
┌───┴──┐ └─────────────┘              ┌─────────────┐
│公正価値│                              │取得原価主義会計│
│ 会計  │                              │中程度の目的適合性と│
└───┬──┘ ┌─────────────┐ ┌──────────┐  │   信頼性    │
    │    │ 不確実性下の現在価値│ │埋蔵量認識会計│ └─────────────┘
    └───▶│ 完全な目的適合性と │▶│高い目的適合性と│──────▲
         │    信頼性     │ │ 低い信頼性 │
         └─────────────┘ └──────────┘
```

2.1 概要

まず，理想的状況において，現在価値モデルを考察することから財務会計理論の勉強を始めることにしよう。理想的状況における現在価値モデルは，財務諸表の利用者にとってもっとも**目的適合的な情報** (relevant information) はどういうものかという上限を示してくれる。ここで，目的適合的な情報というのは，企業の将来の経済的見通し，つまり，企業の配当，キャッシュ・フ

ローや収益性についての情報と定義する。

関心があるのは，目的適合的な財務諸表が，どういう条件の下で，信頼できるものとなるのかである。ここで**信頼できる情報** (reliable information) というのは，正確でバイアスのない情報のことである。また，資産や負債の市場価格が企業価値と等しくなるような条件も調べることにする。あとで定義される理想的状況がこれである。通常，理想的状況は成立していないが，その場合には，資産評価や利益測定において，根本的な問題が生じることになる。図2.1は，この章の構成の概略を示す図である。

2.2 確実性下の現在価値モデル

現在価値モデルは，経済学やファイナンスで広く使われており，長年にわたって，会計にかなりの影響を与えてきた。まず，確実性下の簡単なモデルを考察することにしよう。「確実性」という言葉は，企業の将来のキャッシュ・フローやこの世界における利子率が，正確に予測され，広く知られていることを意味している。こうした状況を**理想的状況** (ideal conditions) と呼ぶことにする。

例 2.1. [確実性下の現在価値モデルの理論的説明]

1つの資産だけを保有し，負債のない企業PV社を考える。PV社の資産は，2年間にわたって，毎年年度末に100ドルのキャッシュ・フローを生み出し，2年後の残存価値はゼロになるものとする。この世界における無リスク利子率が10%だと仮定しよう。時点0（資産の耐用年数の初年度の期首）において，企業の将来のキャッシュ・フローの現在価値をPA_0であらわすと，

$$PA_0 = (100 \div 1.10) + (100 \div (1.10)^2)$$
$$= 90.91 + 82.64$$
$$= 173.55$$

したがって，現在価値表示の開始貸借対照表は次のようになる。

```
                    PV 社
                   貸借対照表
                  時点 0 現在
固定資産（現在価値）  173.55    株主資本           173.55
```

次に，1年後の時点1を考えよう。この時点では，企業の資産から得られる残りのキャッシュ・フローの現在価値は次のようになっている。

$$PA_1 = 100 \div 1.10$$
$$= 90.91$$

この企業の初年度の損益計算書は次のとおりである。

```
                    PV 社
                  損益計算書
                   年度 1
     キャッシュ・フロー              100.00
     減価償却費                      82.64
     当期純利益                      17.36
```

減価償却費は，$173.55 - 90.91 = 82.64$ と計算される。つまり，減価償却費は，耐用期間中，その資産が生み出す将来キャッシュ・フローの現在価値の減少分である。この計算方法は，通常の方法とは異なっているが，この例のように，将来のキャッシュ・フローが確実に知られ，無リスク利子率が固定されているような理想的状況では，これが適切な方法である。

そして，年度1の期末の貸借対照表は次のようになる。

PV 社
貸借対照表
年度 1 の期末現在

金融資産			株主資本	
現金預金		100.00	期首在高	173.55
固定資産			当期純利益	17.36
期首在高	173.55			
減価償却累計額	82.64	90.91		
		190.91		190.91

この貸借対照表は，企業が配当を支払っていないことを前提としている。配当を払っている場合は，現金預金と株主資本の額を配当の額だけ減少させることで簡単に調整できる。

例 2.1 については，次の点に注意しよう。

1. どの年度の期末においても，固定資産の正味簿価は公正価値に等しい（公正価値の定義は，セクション 1.2 を見よ）。ここで，公正価値は，資産が生み出す将来のキャッシュ・フローを 10%で割り引いた現在価値である。減価償却費は，その年度を通じた現在価値の変化額である。
2. その年度の利益は，その年度のキャッシュ・フロー 100 から資産の現在価値の減少分 82.64 を引いたものに等しい。これは，$PA_0 \times 10\% = 173.55 \times 10\% = 17.36$ にも等しいことに注意しよう。この金額は，**利子としての所得** (accretion of discount) と呼ばれ，期首の現在価値に利子率を掛けた額に等しい。利子としての所得が生じるのは，現金収入の流列が年度末には期首よりも 1 年分近くなっているからである。時点 0 において，企業は 17.36 ドル稼得することが期待されているので，この 17.36 ドルは「事前利益」あるいは**期待利益**(expected net income) と呼ばれることがある。もちろん，確実性下では将来の事象すべてが知られているので，期待利益は，「事後利益」あるいは**実現利益** (realized net income) に等

しくなる。

3. **目的適合的**な (relevant) 財務諸表は，企業の将来の経済的見通しについて，投資家に情報を提供する財務諸表として定義される。例 2.1 における情報は，完全に目的適合的である。まず，基本的に，将来どれくらいの投資収益が見込めるのかは，企業の将来の配当の流列によって決まることに注意しよう。投資家に収益をもたらすのは配当であり，その現在価値が企業価値を決定する。

ここで，配当のタイミングが配当の現在価値に影響を与えるため，企業の配当政策が企業価値に影響を与えるように思われるかもしれない。しかし，理想的状況では，配当は企業価値に影響を与えない。この性質は，**配当無関連性**(dividend irrelevancy) と呼ばれる。

理想的状況で，なぜ配当が企業価値に影響を与えないのかを理解するために，次のことに注意しよう。投資家が，受け取った配当を，企業が配当として支払わなかった現金によって稼ぐことができる収益と同じレートで運用することができるかぎり，投資家の企業に対する持分全体の現在価値が，配当のタイミングから独立になる。先ほどの例では，利子率が1つしかないために，この条件が成立している。実際，企業からのキャッシュ・フローは，究極的には投資家に分配される「現金プール」の規模を決定するのであって，その現金プールが，すぐに配当されようと，あとから配当されようと問題にはならないのである。その現金が今年配当されるのであれば，投資家がその配当を原資に 10%の収益を稼ぐことができる。その現金がもっとあとに配当されるのであれば，配当されなかった現金を原資に，企業が 10%の収益を稼ぐことになり，投資家は企業に対する持分がその額だけ増加することによって増加額を享受することができる。どちらの場合であっても，投資家に帰属する現在価値は変わらない。

企業が配当できるのはキャッシュ・フローがあるからなので，配当無関連性が成り立つ条件下では，キャッシュ・フロー情報は，配当情報と同じように目的適合的である。したがって，例 2.1 の財務諸表は完全に目的適合的である。

4. 会計専攻の読者は，企業の利益が企業価値評価において何の役にも立っていないように見えることを不思議に思うかもしれない。これは，まっ

たくそのとおりであって，利益は，確実性の条件下ではまったく何の役にも立たないのである。それは，将来のキャッシュ・フローが知られているので，これを割り引くことで貸借対照表価額を決定できるからである。利益は，たんなる利子としての所得にすぎず，まったくどうでもよいものである。実際，理想的状況では，貸借対照表が目的適合的な情報のすべてを含んでおり，損益計算書は何の情報も含んでいない[1]。投資家は期首の貸借対照表価額に利子率を掛ければ利益の額を知ることができるので，たとえ，利益が「真実で正確」であったとしても，何の情報ももたらさないことになる。いいかえると，企業の将来の経済的見通しを予測する上で，投資家にとって役に立つ情報は，利益にはまったく含まれていないということである。これは，仮定によって，すでに投資家に知られていた情報である。これは重要な点なので，あとでもう一度議論することにしよう。もし理想的状況が成り立たないとすると，損益計算書ははるかに重要な役割を果たすことになるといっておけば今は十分だろう。

5. **信頼できる**(reliable)財務諸表を，正確でバイアスがかかっていない財務諸表と定義しよう。将来のキャッシュ・フローと利子率が確実に知られていると仮定しているので，例2.1の情報は完全に信頼できるものである。信頼性には，2つの要素があることに注意しておこう。1つは，正確性，つまり，財務諸表にまちがいやノイズが少ない程度である。ノイズは，企業の会計システムにおけるまちがいや予測におけるまちがいから生じることがある。また，ノイズは，まちがいがまったくない場合にも生じる。これは，予測しようとしている数値に非常に大きな変動がある場合に生じる。たとえば，ある資産の貸借対照表価額を決定するときに，現在価値や現在の市場価格が使われていると考えよう。これらの数字にバイアスがかかっていないとしても，これらの変動しやすい価値尺度は，確実性下の理想的状況でなければ，市場価格の変化などの事後的な事象によって，まちがっていたことが明らかになるかもしれない。もちろん，確実性下の理想的状況ではこのようなことは起こらない。

---

[1] 同じことを反対から論じることもできる。もし企業の将来の損益計算書と利子率が確実に知られていれば，これらは目的適合的な情報すべてを含んでおり，貸借対照表は容易に逆算できる。実際には，どちらの財務表も，もう1つの財務表に必要とされる情報を含んでいるのである。しかし，確実性下の理想的状況では，貸借対照表がより基本的な財務表であると考えられる。

信頼性のもう1つの要素は，バイアスがかけられていたり操作がされていたりしないことである。信頼性がない情報は，2つの相互に関連した意味合いで，投資家にとって有害である。1つには，不正確な情報は，あとで改訂が必要になることが挙げられる。これは，投資家の現在の意思決定にとって好ましくない。2つめに，経営者が，財務諸表情報をバイアスをかけていたり操作していたりするならば，これも投資家にとって好ましくないことになる。情報が完全に信頼できるとき，どちらの問題も生じることはない。

確実性下の理想的状況では，将来のキャッシュ・フローや利子率が広く知られているので，ノイズが生じる余地はない。結果として，現在価値や市場価格は，あとから起こる事象によって，まちがっていたことが明らかになるようなことはない。また，どのようなまちがいも，財務諸表情報を偏らせようとする経営者の操作もただちに探知されることになるだろう。

6. 将来のキャッシュ・フローが確実に知られており，経済全体の利子率が与えられているような理想的状況では，資産の市場価格は，その現在価値に等しくなる。この点を理解するために，次のような議論を考えよう。利子率が10%であることを前提にすると，時点0において，この資産に対して173.55ドルを超える額を支払おうとする人はいないだろう。もし誰かが173.55ドルを超える額を支払おうとするならば，その人は10%未満の収益を得ることになる。また，その資産の所有者は，173.55ドル未満の金額で資産を売ることはないだろう。173.55ドル未満の金額で売るくらいなら，その資産を持ち続けて10パーセントの収益を得た方がいいからである。もし資金が必要であれば，この資産を担保として，10パーセントの利子率で借入れを行うことができるはずである。したがって，唯一の均衡市場価格は，173.55ドルである。この議論は，**裁定 (arbitrage)** 原則の簡単な例になっている。もし，同一の財またはサービスをある市場で買い，別の市場で売るだけで利益が得られるとするならば，その利益は裁定利益と呼ばれる。しかし，将来のキャッシュ・フローと利子率が広く知られていれば，自分の効用を最大化しようとする人々がすぐに得られる利益を求めて争う結果，市場価格のちがいは消えてなくなると考えるのが妥当だろう[2]。

7. 裁定取引のおかげで，資産の公正価値を決定する方法が2通りあることになる。まず，例2.1のように，その資産から得られる将来のキャッシュ・フローの現在価値を計算することができる。これを**直接アプローチ**(direct approach) と呼ぶ。かわりに，市場価格を使うこともできる。これを，**間接アプローチ** (indirect approach) と呼ぼう。理想的状況では，これら2つのアプローチの計算結果は同じになる。

8. PV社は，1つの資産だけを保有し，負債を持っていないので，その企業の市場価値もまた，金融資産[3]と固定資産から得られる将来のキャッシュ・フローの現在価値の合計に等しく，時点0で173.55ドルとなるだろう。したがって，PV社の時価総額も173.55ドルになる。より一般的には，企業が複数の資産を持っている場合，企業の時価総額は，金融資産の価値に，無形資産も含めた固定資産から得られる将来の結合キャッシュ・フローの現在価値を加えたものから，負債の現在価値を引いたものに等しい。時点0以後の時点においても，企業の時価総額は，金融資産と固定資産の合計から負債を控除したものであり続ける。しかし，配当政策によって，金融資産の額がちがってくることに注意しよう。企業が利益のすべてを配当として支払わなければ，企業は再投資した資産から収益を稼得することになる。また，配当無関連性についての上記の議論も参考にしよう。

2.2.1 要約

例2.1の目的は，将来のキャッシュ・フローが確実にわかっており，その世界における利子率が固定されているような理想的状況では，目的適合的で，かつ，信頼できる財務諸表を作成することが可能であると示すことにある。裁定取引によって，ある資産の市場価格が，その資産の将来のキャッシュ・フ

---

[2]裁定取引を説明するために，ABC社の株式がトロントでは10ドルで売られていて，同じ株式がニューヨークで10.50（カナダ）ドルで売られていると仮定しよう。株式売買手数料を無視すると，ABC社の株式は，トロント市場で10ドルで購入でき，ニューヨークで10.50ドルで売却することができるので，1株あたり0.50ドルの利益がである。しかし，需要が大きいため，トロントでは株価がすぐに上がり，供給が大きいために，ニューヨークでは株価がすぐに下がることになる。この需要と供給の変化のために，2つの市場の市場価格は等しくなるはずである。

[3]ここでは，唯一の金融資産は現金預金である。一般に，金融資産は，売掛金や債券のような固定額面の投資勘定のように，その価値が貨幣額によって固定されている資産である。株式投資のような別の資産も，市場価格が容易に得られる場合には金融資産とみなされる。買掛金や借入金，発行社債などのような金融負債も同じように定義される。

ローの現在価値に等しくなるよう調整される。したがって，企業の時価総額は，企業が保有する金融資産に，固定資産の価値を加え，負債の価値を引いたたものに等しくなる。

利益は，その期のキャッシュ・フローに，期中の金融資産と固定資産の価値変動を加減したものであり，それはその企業の期首の時価総額に利子率を掛けたものに等しい。利益は，完全に計算することができるものの，投資家も自分自身で利益を簡単に計算することができるので，その数字はまったく情報内容を持っていない。企業の価値を決定する，すべての重要事実は貸借対照表に載っている。配当無関連性のために，これらの結論は，企業の配当政策から独立である。

2.3 不確実性下の現在価値モデル

現在価値モデルを不確実性下へ拡張しておくことも有益である。1つの大きな例外をのぞいて，例 2.1 から得られたコンセプトのほとんどは不確実性下でも成り立つ。また，例を使って説明しよう。

例 2.2. [不確実性下の現在価値モデルの理論的説明]

例 2.1 の設定に，毎年，景気が悪くなったり，よくなったりするという設定を加えよう。景気が悪いときには，その年のキャッシュ・フローは 100 ドルになる。しかし，景気がいい場合には，その年のキャッシュ・フローが 200 ドルになるものとしよう。毎年，景気が悪くなる確率とよくなる確率はそれぞれ 0.5 であると仮定する。この仮定によって，景気の状態は，この例の 2 年間のあいだで独立であることがわかる。つまり，年度 1 の景気は，年度 2 の景気に実現確率[4]に影響を与えない。

景気の動向のように，不確実な将来事象は，**自然の状態**(states of nature)，または簡単に**状態**(states) と呼ばれる。この例における状態は，毎年，次のいずれかになる。

状態 1: 不況
状態 2: 好況

---

[4]統計的独立という仮定は，この例においては決定的に重要なものではない。少し複雑にはなるものの，条件付き確率を導入して，年度 2 の景気実現確率を年度 1 の景気動向に依存させることが可能である。たとえば，年度 1 の景気がよければ，年度 2 の景気がよくなる確率が高くなるかもしれない。

誰もどちらの状態が実現するのかコントロールできないことに注意しよう。誰もコントロールできないから，自然の状態と呼ぶのである。状態のほかの例としては，天候，政府の方針，供給業者のストライキ，設備の故障などがある。現実の世界では，起こりうる状態の数はかなり多い。しかし，この2つの状態の例は，基本的な考え方を理解する上で十分である。自然の状態は，不確実でコントロールできない将来の事象であって，その実現が企業のキャッシュ・フローに影響するようなものをモデル化するための工夫である。

　時点0においては，どの状態が実現するのか誰にもわからないが，起こりうる状態の集合は広く知られているものと仮定する。つまり，誰もが，企業のキャッシュ・フローに影響するような，将来の事象にどういうものがあるのかを理解している。誰もどの状態が実現するのか確実には知らないが，どのような状態が実現するにしても，その状態はある集合の要素であるということは知られているのである。さらに，実現した状態は，広く知られているものと仮定する。つまり，誰もが，どの状態が実際に実現したのかを知ることになる。最後に，状態の生起確率は**客観的** (objective) で，それが広く知られているものと仮定する。ここで，客観的というのは，景気の実現が長期間にわたって繰り返されるとき，不況が実現する相対頻度が0.5であるということである（好況についても同様である）。例として，偏りのないサイコロを2つ振ることを考えよう。このとき，我々は，2つの目の合計が，たとえば，7になる確率が1/6であり，もし，サイコロを何回も繰り返して振るならば，2つの目の合計が7であるケースが1/6の相対頻度で生じてくることを知っている。ここで，客観確率が意味しているのは，1回サイコロを振った場合の結果が，サイコロの状態について何の情報も与えないということである。我々は，すでに，サイコロに偏りがないことを知っている。したがって，次にサイコロを振ったときに合計が7である確率も1/6のままであり，ほかの目が出る確率も変化しない。

　こうした仮定は，「ファースト・ベスト条件」としても知られる，理想的状況の概念を不確実性下へ拡張するものである。要約すると，次のようになる[5]。

　　不確実性下の理想的状況 (ideal conditions) は，次の要素によっ

---

[5] ファースト・ベスト経済を達成するためには，これよりもいくらか弱い仮定で十分である。しかし，ここでの目的は，利益はきちんと定義できるものの，それが情報内容を持っていないケースが成り立つための十分条件を見つけることにある。

て特徴づけられる。(1) 企業の将来キャッシュ・フローを割り引くときに使う固定された利子率，(2) 包括的で一般に広く知られた自然の状態の集合，(3) 客観的で広く知られた状態確率，(4) 実際に生じた状態が広く観察可能であること。

この理想的状況を別の観点から考えると，自然の状態についての条件付きで将来のキャッシュ・フローが知られているという点をのぞけば，確実性下の理想的状況と同じである。つまり，もし状態1が実現すれば，キャッシュ・フローが100ドルになる等の設定が知られているのである。PV社の将来のキャッシュ・フローは10%で割り引かれるものと仮定しよう。

こうした理想的状況を前提として，時点0におけるPV社の将来キャッシュ・フローの**期待現在価値** (expected present value) を計算することができる。

$$PA_0 = 0.5\left(\frac{100}{1.10} + \frac{200}{1.10}\right) + 0.5\left(\frac{100}{1.10^2} + \frac{200}{1.10^2}\right)$$
$$= (0.5 \times 272.73) + (0.5 \times 247.93)$$
$$= 136.36 + 123.97$$
$$= 260.33$$

PV社の開始貸借対照表は次のようになる。

PV 社
貸借対照表
時点0 現在

固定資産（現在価値）	260.33	株主資本	260.33

ここで，時点0の資産の市場価格と企業価値が，貸借対照表と同じように260.33ドルになるのかどうか考えることにも意味があろう。配当無関連性を前提とすれば，これが企業の期待価値になるので，そのとおりと答えたくなる。しかし，不確実性下では，セクション2.2の確実性下のモデルでは問題にならなかった点が追加的に問題になる。それは，投資家がリスク回避的であるかもしれないという点である。時点0における企業価値の期待値は260.33

ドルであるが，下に述べるとおり，年度1の期末における企業の期待価値は，この年の経済が不況なのか好況なのかによって，236.36 ドルか 336.36 ドルのどちらかになる。確実な 260.33 ドルと，236.36 ドルと 336.36 ドルの確率半々のギャンブルを比べたとき，どちらを選択しても気にならないほど，これらが同じだと感じられるかどうか自問してみよう。この確率半々のギャンブルの現在価値は，

$$PA_0 = 0.5 \times \frac{236.36}{1.10} + 0.5 \times \frac{336.36}{1.10}$$
$$= (0.5 \times 214.87) + (0.5 \times 305.78)$$
$$= 107.44 + 152.89$$
$$= 260.33$$

となり，確実な金額と同じになる。しかし，ほとんどの人は確実な方を選ぶだろう。そっちのほうがリスクが少ないからである。したがって，投資家が全体としてリスク回避的で，リスクのある企業をその現在価値未満で評価するために，企業の時価総額は，260.33 ドルよりは低くなるはずである。

この章では，投資家がリスク中立的であると仮定して，こういった複雑な事情を無視することにする。つまり，投資家は，上記の確実な現金と確率半々のギャンブルのどちらを選択しても気にならないほど，同じくらいのものだと感じるのである。このとき，時点0における企業の時価総額は，260.33 ドルになる。会計は，企業の期待値だけでなく，企業のリスクの程度についても，投資家に情報を与えるものなので，投資家がリスク中立的であるという仮定は，のちに緩和することになる。セクション 3.4 で，リスク回避的な投資家を導入し，リスクが企業価値評価に与えるインパクトについては，セクション 4.5 で説明する。今は，投資家のリスク選好に関係なく，将来キャッシュ・フローの現在価値，あるいはより一般的に，企業の将来の業績が，投資家にとって目的適合的な情報であるといっておけば十分である。

リスク中立的な評価を前提とすると，裁定原則によって，企業の資産の市場価格や企業価値が 260.33 ドルに等しくなる。投資家がリスク回避的な場合であっても，裁定原則は成立するが，市場価格は，260.33 ドル未満に切り下げられるだろう。

設例に戻って，年度1の利子としての所得，つまり，期待利益が $0.10 \times$

260.33 = 26.03 であることを確認しよう。これは，確実性下のケースと同様である。

年度1の期末には，資産から得られる残りのキャッシュ・フローの期待現在価値は，

$$PA_1 = 0.5\left(\frac{100}{1.10} + \frac{200}{1.10}\right) = 136.36$$

になる。

年度1の実現した状態が不況であったと仮定すると，PV社の年度1の実現損益計算書は次のようになる。

PV 社
損益計算書
（不況）
年度1

キャッシュ・フロー	100.00
減価償却費 (260.33 − 136.36)	123.97
当期純損失	23.97

期末の貸借対照表は次のとおりである。

PV 社
貸借対照表
（不況）
年度1の期末現在

金融資産			株主資本	
現金預金		100.00	期首在高	260.33
固定資産			当期純損失	23.97
期首在高	260.33			
減価償却累計額	123.97	136.36		
		236.36		236.36

ふたたび，裁定取引によって，資産の市場価格は136.36ドルになり，企業の時価総額は236.36ドルとなる。企業は配当を支払わないと仮定し続けることにしよう。確実性下のケースと同じように，理想的状況では，企業が配当を払っても払わなくても大きなちがいはない。つまり，配当無関連性はここでも成り立つのである。

不確実性のケースと確実性のケースでの大きなちがいは，期待利益と実現利益が不確実性下では，必ずしも等しくならないという点にある。この点をさらに調べるために，状態1を前提にして，利益を計算する別の方法を考えよう。

PV社
損益計算書
（不況）
年度1

利子としての所得 (0.10 × 260.33)		26.03
不況の結果としての異常利益		
期待キャッシュ・フロー (0.5×100+0.5×200)	150	
実現キャッシュ・フロー	100	50.00
当期純損失		23.97

期待外キャッシュ・フローのマイナス50ドルは，この年度の利益に対して50ドルの「ショック」を与えることになる。マイナス50ドルの利益ショックは，**異常利益**(abnormal earnings)，あるいは同じことではあるが，**期待外利益**(unexpected earnings)と呼ばれる。このショックは，期待利益を26.03ドルから23.97ドルの損失へと減少させる。この計算において，年度1の利益は，期待利益から不況の実現によって生じた50ドルの異常利益を控除したものとなる。

この例では，異常利益は**持続**(persist)しないことに注意すべきである。つまり，その効果は，それが実現した期に完全に消滅してしまうのでる。たとえば，経済活動に影響を与えるような増税によって不況が生じたのであれば，

それが利益に与える異常な効果は数年間にわたって継続するかもしれない。設例を単純にするために，ここではこのような継続的効果を無視することにする。しかし，第5章と第6章で持続性概念についてもう一度検討することになろう。

会計入門の頃から馴染み深い，利益を計算するもう1つの方法は，資本取引を調整した上で，その年の貸借対照表上の純資産の変化を計算することである。この例でいうと，

$$利益 = 236.36 - 260.33 - 0 = -23.97$$

となる。ここで資本取引はゼロである。したがって，すべての資産と負債の現在価値を知っていれば，現在価値ベースの利益を計算することが可能である。

次に，経済が好況のときの会計を考察しよう。年度1の期末には，残りのキャッシュ・フローの現在価値は，やはり136.36であるので，年度1の損益計算書は，次のようになる。

PV 社
損益計算書
（好況）
年度1

キャッシュ・フロー	200.00
減価償却費 (260.33 - 136.36)	123.97
当期純利益	76.03

利益の代替的計算方法にしたがうと次のようになる。

```
                    PV 社
                  損益計算書
                   (好況)
                   年度 1
利子としての所得                    26.03
好況の結果としての異常利益 (200 − 150)    50.00
当期純利益                        76.03
```

異常利益 50 ドルは，年度 1 の実際のキャッシュ・フローと期待キャッシュ・フローの差額である。この異常利益のおかげで利益が増加し，76.03 ドルになった。

年度末の貸借対照表は次のとおりである。

```
                      PV 社
                    貸借対照表
                     (好況)
                  年度 1 の期末現在
金融資産                      株主資本
現金預金            200.00    期首在高         260.33
固定資産                      当期純利益         76.03
期首在高     260.33
減価償却累計額  123.97  136.36
                   336.36                 336.36
```

ここでもまた，裁定取引のおかげで，時点 1 の企業の時価総額は，投資家がリスク中立的であれば，336.36 ドルになるだろう。

例 2.2 について，次の点に注意しておこう。

1. 財務諸表は，完全に目的適合的で，かつ，完全に信頼できるものである。貸借対照表価額が期待将来キャッシュ・フローにもとづいており，配当無関連性が成り立っているため，これらの財務諸表は目的適合的である。理想的状況では，現在価値の計算は正確でバイアスがかかっていないので，これらの財務諸表は信頼できるものである。これは，自然の状態の完全な集合や客観的な状態生起確率が知られており，利子率が固定されているので，現在価値の計算にまちがいが起こることはなく，また，経営者も操作できないからである。企業に関連するすべての将来の状態が特定されていて，状態生起確率が客観的で，かつ，一般に知られているため，期待現在価値が，のちに生じる事象によって，まちがっていたと証明されることはありえない。もちろん，ここでいう信頼性は，事前の意味における信頼性である。時点0で計算された時点1の価値の期待値は，一般に，時点1の実際の価値とは等しくならず，時点1の実際の価値は，どの状態が実現するかに依存して決まる。それにもかかわらず，投資家の意思決定目的については，期首における現在価値こそが必要とされるものであり，これは，この例においては，完全に信頼できるものである。
2. 確実性のケースと同様，貸借対照表上の公正価値を計算する方法には2つのものがある。つまり，期待現在価値を直接計算することもできるし，市場価格を利用することもできる。理想的状況では，裁定取引のおかげで，2つの方法は同じ結果になる。
3. 期待利益と実際の利益が一致するとはかぎらないにもかかわらず，異常利益が次期以降に影響しないかぎり，損益計算書は何の情報内容も持っていない。投資家が今年実現した状態が何かを知っているとすれば，投資家は実現した利益がいくらになるか計算するのに十分な情報を持っていることになる。この計算は，まったく機械的なもので，いかなる会計方針の決定も必要とされない。
4. やや先走りの感はあるが，ここで，どうすれば損益計算書が情報内容を持つようにすることができるのかを考えよう。損益計算書に情報内容を持たせるために必要なことは，状態生起確率が客観的であるという仮定を緩めるだけでよい。この仮定を緩めると，第3章で厳密な意味で導入される**主観的確率**(subjective probabilities)の領域に入ることになる。このとき，企業の期待将来業績を計算するために使える「できあい」の状態

確率が投資家にはわからなくなってしまう。よって，投資家は，入手可能な情報を利用して，これらの確率を自分で見積もらなくてはならなくなる。景気の状態を長期間にわたって繰り返し観察したときに，投資家が割り当てる確率と同じような相対頻度で，悪い状態と良い状態が実現するという保証はもうどこにもない。その理由は，もちろん，個人の知識と予測能力には限界があるからである。状態生起確率が主観的であれば，結果として計算される期待値も主観的になることに注意しよう。つまり，企業価値も主観的なものになる。

　企業の将来の業績は，単純な，偏りのないサイコロ振りよりもはるかに複雑で予測が困難なものであるから，主観的確率を仮定するのは，客観的確率を仮定するよりも合理的である。投資家は，自分の予測がまちがっていることもあると思っているので，自分が見積もった確率を変更させるような情報源にいつも気を配ることになる。損益計算書は，そのような情報源の1つである。状態生起確率が主観的なときには，損益計算書は，状態生起確率がどのようになるのかについての情報を提供することがありうる。たとえば，例2.2において，この年，76.03ドルの利益があったと知った人は，将来，好況が起きる確率を増やすかもしれない。

　もし，この説明がわかりにくいなら，サイコロを振る例に戻って考えよう。ただし，今回は，サイコロが偏りのないものなのかどうかわからないものとする。このとき，サイコロの目の合計が7になる確率はどれくらいだろうか？明らかに，この確率はもはや客観的なものではない。ありとあらゆる情報と過去の経験にもとづいてその確率を評価しなければならなくなる。しかし，損益計算書を見るのと同じように，サイコロを振った結果には何か情報が含まれているので，何回かサイコロを振ってみたあとには，サイコロに偏りがあるのかどうかについて，以前よりよくわかるようになるだろう。たとえば，5回サイコロを振るごとに1回ずつ，サイコロの合計が7になるとすれば，合計が7になる主観的確率を，おそらく，1/6より増やしたくなるだろう。サイコロの本当の状態についてわかってくると，将来のサイコロの目の合計を予測するのに役に立つ。同じように，企業の状態についてよくわかってくると，将来の企業の業績や投資収益を予測するのに役に立つのである。第3章では，将来の企業業績についての主観確率を改訂するために，投資家がどのよう

2.3.1 要約

例 2.2 の目的は，不確実性を厳密に取り扱うように，自然の状態と客観的確率の概念を使って，現在価値モデルを拡張することにあった。理想的状況の定義は，起こりうる自然の状態の集合が完全に知られていて，将来のキャッシュ・フローの金額がどの状態が実現するのかに依存しているように拡張されなければならない。また，理想的状況では，客観的な状態生起確率が仮定され，どの状態が実現したのかについても広く知られていると仮定されている。こうした設定においては，確実性下の現在価値モデルの論理がそのままあてはまる。投資家がリスク中立的だと仮定した場合，市場価格が期待キャッシュ・フローにもとづいているという点だけが例外である。

確実性下のケースと不確実性下のケースの主なちがいは，不確実性下においては，期待利益と実現利益の数字が一致するとはかぎらないという点にあり，これらの利益の差は異常利益と呼ばれている。それにもかかわらず，現在価値にもとづいた財務諸表は，不確実性下においても目的適合的であり，かつ，信頼できるものであり続ける。現在価値にもとづいた財務諸表は，期待将来キャッシュ・フローにもとづいたものであるから，目的適合的である。また，これらの財務諸表は，客観的に期待将来キャッシュ・フローを評価しており，確実性下のケースと同様，経営者による操作が不可能であるという意味で，信頼できるものである。これらすべての結論は，配当の無関連性が引き続き成り立つために，企業の配当政策から独立である。

2.4 石油やガスに適用される埋蔵量認識会計 (RRA)

2.4.1 RRA の一例

ここまでの議論を読んで，現実の世界では理想的状況など成立していないと指摘したくなった読者も多いだろう。これはまったくそのとおりである。それにもかかわらず，会計実務は，主な資産や負債に対して公正価値を適用する方向へ進んでいる。たとえば，CICA ハンドブックのセクション 3461 や，アメリカにおける FASB の財務会計基準書 (SFAS) 87 および 106 は，障害などについて退職者に支払われる退職後給付，年金やヘルスケアについて，期待

将来給付支払額にもとづいて財務報告するように要請している。また，SFAS 133 は，すべての金融デリバティブを公正価値で評価するように要求しており，類似の会計基準がカナダにおいても草案段階にある。

このように公正価値採用の動きがあるものの，理想的状況が成立しない状況下で，現在価値モデルを適用しようとすると，信頼性についての深刻な問題にぶつかることになる。この問題を説明するために，石油会社やガス会社に適用される埋蔵量認識会計を検討することにしよう。

1982 年，FASB は，上場石油会社と上場ガス会社の事業について補足情報の開示を要求する SFAS 69 を設定した。SFAS 69 の興味深い点は，企業の石油・ガスの確定埋蔵量から生じる将来収入の推定現在価値の開示が要求されていることである。その推定額は「標準指標」として知られている。おそらく，この基準書の意図するところは，伝統的な取得原価主義にもとづく財務諸表に含まれる情報よりも，将来のキャッシュ・フローについて，もっと目的適合的な情報を投資家に提供しようということである。石油・ガス資産の取得原価は，その価値とあまり関係がなさそうなので，石油会社やガス会社は特に，このタイプの補足情報を必要としていると論じることもできる。

石油会社やガス会社が確実性下の条件で事業を営んでいると考えるのはほとんど不可能である。よって，例 2.2 で説明された不確実性下の現在価値モデルとの関係で SFAS 69 を考察することにしよう。石油やガスの埋蔵量に適用される現在価値会計は，**埋蔵量認識会計** (reserve recognition accounting: RRA) として知られている。

まず，チーフテン・インターナショナル (Chieftain International, Inc.) の 2000 年の年次報告書から抜き出した表 2.1 を考えよう。チーフテンは，トロント証券取引所とアメリカのアメリカン証券取引所に上場しているカナダの会社である。割り引かれていない将来の純額キャッシュ・フローが示され，それから 10%で割り引かれた，このキャッシュ・フローの現在価値が示されていることに注意しよう。将来キャッシュ・フローを見積もるときに，SFAS 69 は，現在価値計算において（埋蔵資源が汲み上げられて販売されたときの予想価格ではなく）年度末の石油・ガス価格を使うことを要求している。その推定額のリスクについては何の情報も与えられていない。つまり，自然の状態や確率については何の情報も与えられておらず，ただ期待値計算の結果だけが与えられているのである。

表 2.1 チーフテン・インターナショナルの将来の純額キャッシュ・フローの推定値の現在価値

12 月 31 日	2000	1999	1998
将来キャッシュ・インフロー	2,096	677	402
将来の製造・開発コスト	(329)	(274)	(186)
将来の法人税	(544)	(63)	–
将来の純額キャッシュ・フロー	1,223	340	216
10%割引因子	(374)	(115)	(63)
標準指標	849	225	153

出所: チーフテン・インターナショナルの 2000 年年次報告書。許可を得て複製。

　このディスクロージャーは，理論的な例 2.2 にかなりの程度うまく一致しているように見える。チーフテンの 2000 年 12 月 31 日の現在価値ベースの貸借対照表が準備されるとするなら，「石油・ガスの確定埋蔵資産」として現れるだろう金額が，この 849 ドルである。これは，例 2.2 の時点 1 における固定資産の 136.36 ドルという評価額に対応する。しかし，チーフテンが使っている 10% という割引率は，経済全体における唯一の利子率ではないことに注意する必要がある。それどころか，この割引率は，おそらく企業間で比較できるようにするために，SFAS 69 によって要求されているものである。また，すでに述べたように，これは，チーフテンのすべての資産ではなく，確定埋蔵資源に対してのみ，あてはまる数字である。

　次の表 2.2 は，標準指標の変化を表示している。

　この表を理解するために，例 2.2 において，好況が実現したと仮定して，当期の固定資産の簿価の変化を表 2.3 に示しておく。

　次に，表 2.2 に示されたチーフテンの標準指標の変化を表 2.3 のフォーマットに合わせて調整し，表 2.4 に示す。

　これらの数字を，表 2.1 や表 2.2 のチーフテン・インターナショナルのオリジナルの数字と比べることにしよう。この年に発生した開発コスト 28 百万ドルは，期首の現在価値の中で認められていた開発コストの支出の結果として

表 2.2　チーフテン・インターナショナルの将来の純額キャッシュ・フローの割引現在価値の変化額

	2000	1999	1998
期首の標準指標	225	153	200
変化の原因			
製造原価控除後の売上	(103)	(61)	(45)
価格と製造原価の純変化額	710	83	(80)
費用控除後の拡張と新規発見分	224	83	30
将来開発費用の推定値の変化額	(39)	(23)	(16)
当期発生した開発コスト	28	10	23
推定数値の改訂分	88	(8)	(17)
利子としての所得	22	15	20
埋蔵資源の購入分	11	−	3
開発時期の変更	14	15	(4)
法人税の純変化額	(331)	(42)	39
期末の標準指標	849	225	153

出所: チーフテン・インターナショナルの 2000 年年次報告書。許可を得て複製。

増加した現在価値をあらわしている。

　推定額の変化額 442 百万ドルは注意深く検討しなければならない。とくに，数量，価格，費用，法人税などの推定値の改訂を含め，多数の変更があることに注意しよう。また，これらの変更金額はかなり大きいことにも注意しておく。たとえば，価格および製造原価の純変化額 710 百万ドルは，2000 年の期首の現在価値の 3.16 倍である。これらの変化の金額や規模が，理想的状況を仮定した例 2.2 とチーフテンが事業活動を営んでいる「現実世界」との主なちがいである。本書でも，この点をすぐに再検討することになる。

　利子としての所得は，例 2.2 と同様に期首の現在価値の 10%であることに注意しておこう。

2.4 石油やガスに適用される埋蔵量認識会計 (RRA)　49

表 2.3　例 2.2 における当期の固定資産の簿価の変化（好況時）

期首の固定資産現在価値（時点 0）		260.33
減算：年度 1 の売上（営業キャッシュ・フロー）		200.00
		60.33
加算：		
利子としての所得	26.03	
期待外キャッシュ・フロー	50.00	76.03
期末の固定資産現在価値（時点 1）		136.36

表 2.4　チーフテン・インターナショナル　2000 年 12 月 31 日期の標準指標（単位百万ドル）

期首の標準指標現在価値			225
減算：当期の売上（営業キャッシュ・フロー）			103
			122
加算：			
利子としての所得		22	
当期中の追加獲得埋蔵資源の現在価値			
(224+11)		235	
当期開発コスト		28	
期待外項目—前期埋蔵資源の価値変化			
価格および製造原価の純変化額	710		
推定数量の改訂	88		
将来開発コストの変化	(39)		
時期その他の変更	14		
法人税の純変化額	(331)	442	727
期末の標準指標現在価値			849

　最後に，確定石油・ガス資源から得られたチーフテンの 2000 年の現在価値ベースの利益はいくらになるだろうか。これは，表 2.5 のとおり，かなり単純に計算できる。

表 2.5　チーフテン・インターナショナル　2000 年 12 月 31 日期の損益計算書（単位百万ドル）

営業キャッシュ・フロー	103
当期開発コスト	(28)
減価償却「費」（当期の埋蔵資産現在価値の増加額 (849 − 225)）	<u>624</u>
確定石油・ガス資源からの利益	<u><u>699</u></u>

別の様式の損益計算書は次のとおりである。

期待利益—利子としての所得		22
異常利益		
当期中の追加獲得埋蔵資源の現在価値	235	
期待外項目—前期埋蔵資源の価値変化	<u>442</u>	<u>677</u>
確定石油・ガス資源からの利益		<u><u>699</u></u>

　ここでもまた，推定値の変化が利益に大きな影響を及ぼしているのは明らかである。それは，期待利益の 31 倍もの金額に達している。この期の減価償却費がマイナスであることにも注意しておこう。現在価値会計の下では，マイナスの減価償却費が計上されることがあるが，それは，たんに，現在価値がその年を通じて増加したということを意味している。

2.4.2　要約

　チーフテン・インターナショナルが，RRA によって石油・ガスの事業会計を行った手続きは，不確実性下の理論的な現在価値モデルと大部分一致するが，それは，過去の推定値に大規模な変更を加える必要があるという点で異なっている。

2.4.3 RRA に対する批判

経営者の反応

推定値を変更する必要があるという点が，RRA のアキレス腱である。とくに，石油会社の経営者は，一定の留保をつけて疑いの目で RRA を見ていた。チーフテンの 2000 年の RRA ディスクロージャーについている次の文章が一例である。

> 埋蔵量，将来の生産量，将来の開発費用や製造費用についての推定値が不正確であることと，将来の生産物の価値評価についての仮定のために，このデータの信頼性はかなり損なわれています。このように計算された価値は，公正価値の推定値とは考えられていません。したがって，当社は，この情報を，単純に利用することに対して注意を促します。

SFAS 69 はアメリカの会計基準なので，なぜチーフテンは RRA 情報を提供したのだろうと不思議に思うかもしれない。しかし，同社の株式はアメリカン証券取引所に上場されているので，同社はアメリカのディスクロージャー規制にしたがわないといけないのである。また，同社は，アメリカの投資家が慣れ親しんでいる情報を提供したいと考えているかもしれない。いったん，RRA 情報が準備されてしまえば，この情報をカナダの投資家に提供するのにほとんど追加的なコストはかからない。

投資家にとっての有用性

経営陣が RRA について懐疑的なのは明らかだが，だからといって，RRA が投資家に対して有用な情報を提供していないとはいえない。確かに，RRA 情報は取得原価情報よりも目的適合的ではあるので，RRA 情報が有用である可能性はある。RRA 情報がどれくらい目的適合的であるかを調べるために，表 2.5 が示すチーフテン・インターナショナルの 2000 年の現在価値ベースの利益と，表 2.6 に要約した，チーフテンの石油・ガス事業[6]についての取得原価ベースの利益とを比較しよう。

現在価値の計算が確定埋蔵資源についてのものだけ限定されているため，2

---

[6]SFAS 69 は，石油・ガス事業の結果を取得原価ベースで報告することも求めている。

表 2.6　チーフテン・インターナショナル　2000 年 12 月 31 日期の石油・ガス事業から得られた利益（単位百万ドル）

事業の成果 12 月 31 日	2000	1999	1998
顧客への総売上	117	75	62
製造原価	(17)	(19)	(18)
減耗償却および減価償却費	(44)	(68)	(48)
法人税	(20)	6	2
当期純利益	36	(6)	(2)

出所: チーフテン・インターナショナルの 2000 年年次報告書。許可を得て複製。

つの利益の比較はむずかしくなっている。しかし，表 2.6 の取得原価ベースの利益 36 百万ドルと表 2.5 の現在価値ベースの利益 699 百万ドルを取り上げよう。石油やガスが販売されているならば，その埋蔵資源が確定したものなのは明らかだから，この比較には意味があると思われる。

　現在価値ベースの利益は，取得原価ベースの利益よりもはるかに大きいことがわかる。このちがいは何によって説明できるだろうか？ それは，**収益認識**(revenue recognition) 基準のちがいによって説明できる。RRA の下では，埋蔵資源が確定したときに収益が認識され，確定埋蔵資源の市場価格の変化は，それが生じた期の利益に含められる。表 2.2 によれば，確定埋蔵資源の現在価値は，2000 年中に 624 百万ドル増加している。この増加の理由は，主として，この年度中の石油・ガスの価格上昇（と数量の増加）である。この価格上昇が確定埋蔵資源の現在価値を 710 百万ドル（法人税は 331 百万ドル）増加させており，これが現在価値ベースの利益が取得原価ベースの利益を上まわっている金額のほとんどに相当する。よく知られているとおり，取得原価主義会計の下では，確定埋蔵資源の価値上昇分は，その確定埋蔵資源が汲み上げられ販売されるまでは損益計算書にあらわれてこない。他方，現在価値ベースの損益計算書は，価値増加分を早く認識するのである。このように，現在

2.4 石油やガスに適用される埋蔵量認識会計 (RRA)

価値情報は，目的適合性が高いために，投資家の意思決定に有用である可能性がある。

収益の認識と資産の評価は，同じコインの別々の面である。我々は，直前のパラグラフのように，収益認識のタイミング（コインの貸方側）を論じることもできる。あるいは，埋蔵資源が RRA のように現在価値で評価されるべきか，取得原価主義会計のように原価で評価されるべきか（コインの借方側）を論じることもできる。目的適合性と信頼性についても，似たような議論が可能である。収益側でいえば，収益を早く認識すると，投資家が将来のキャッシュ・フローについて情報を早く受け取ることができるので，目的適合性が高くなる。しかし，収益を早く認識すると，収益の推定値が改訂される可能性が高くなるため，信頼性は低くなる。資産の側でいえば，埋蔵資源を現在価値で評価すると目的適合性が高くなるが，セクション 2.4.1 で見たように推定値が大幅に改訂になるなど，信頼性は低くなるのである。同様に，例 2.1 も例 2.2 も，資産を現在価値で評価することに注目してきたが，理想的状況では，将来のキャッシュ・フローにもとづいて現在価値計算が行われるので，固定資産が取得されると同時に収益が認識される点を強調することもできる[7]。

投資家が収益の認識に注目しているのか，資産の評価に注目しているのかにかかわらず，もし RRA 情報が実際に有用なのであれば，RRA 情報が開示されたときに，チーフテンの株価に何らかの反応が観察されるはずである。ここでは，現在までのところ，有用性の証拠を見つけるのは困難だったといっておけば十分だろう。

検討

すでに述べたように，経営陣が RRA 情報について懸念を表明していることは，何かがおかしいことを示唆している。なぜ，経営陣は投資家にとってかなり目的適合的な情報について懸念を持つのだろうか？ 主な理由は，チーフテンが例 2.1 や例 2.2 のような理想的状況でビジネスを行っているわけではないことにある。チーフテンの経理部が理想的状況と同じ手法を適用しようとしたときに直面した難題を想像してみよう。第 1 に，SFAS 69 は，10 パー

---

[7]【訳注】もっとも，例 2.1 や例 2.2 では，創業者利得にあたる正味現在価値相当分が，貸借対照表上の資本に計上されていた。

54　第 2 章　理想的状況の会計

セントという固定レートでキャッシュ・フローを割り引くことにしているものの，現実世界における利子率は固定されていない。第 2 に，石油・ガス会社がビジネスを行っている環境は複雑なので，例 2.2 の状態が 2 つしかない単純な集合と比べると，将来の生産の量や価格やタイミングに影響を与える自然の状態の集合ははるかに大きくなる。SFAS 69 は，年度末の価格を使って評価するように要求することで，この種の複雑さをいくらか緩和しようとしている。しかし，埋蔵量や埋蔵資源の汲み上げのタイミングなどの情報は必要である。第 3 に，実現した状態が広く一般に観察可能だということはありそうにない。設備の故障や，製造上の問題や，小規模な石油の流出は，企業の内部情報にとどまりがちである。結果として，企業の外部の関係者は，推定値の変化が正確で偏りのないものなのか確認する方法がまったくない。とくに，RRA 情報は監査されていないのである[8]。

　第 4 の問題は，さらに本質的なものである。客観的な状態生起確率が入手できないのである。したがって，チーフテンのエンジニアや経理担当者は主観的な状態生起確率を見積もる必要があり，結果として計算される標準指標それ自体が主観的な推定値になってしまう。

　理想的状況と同じ手法を適用するのはむずかしいので，RRA 情報の信頼性は大きく損なわれてしまう。この点は，表 2.4 において，数量や価格の推定値の改訂が非常に大きいことにあらわれている。これは，期待将来キャッシュ・フローの推定が不可能だからではない。最終的には，RRA 情報は開示されている。客観的な確率がわからないために，こうした推定値が改訂されることになって，目的適合性が増加するのも意味がなくなってしまうほど，信頼性が低下してしまうのである。重要な点は，理想的状況が成り立たないときには，完全な目的適合性と信頼性は同時に達成できないという点にある。片方を高めるためには，もう一方を減らすほかないのである。

2.4.4　要約

　RRA は，投資家に目的適合的な情報を提供しようという大胆な試みである。表面的には，現在価値情報は，不確実性下の理論的な現在価値モデルとかなり正確に一致しているように見える。しかし，さらに詳しく見てみると，数

---

[8] しかし，表 2.2 のように，推定値の変化は，RRA の下で分離して報告される。不正確な推定値や偏った推定値を計算するインセンティブのある経営者であっても，次年度以降に推定誤差が生じることがわかっている。

実務における理論 2.1

　ロイヤル・ダッチ・シェルのケースを使って，埋蔵量の推定値が主観的なものであることを説明しよう。シェルは，長期間にわたって評価の高い会社であったが，2004年1月に「確定」埋蔵資源の20パーセントを減らして，それを「見込みの高い」埋蔵資源に分類し直したとき，同社の評価は大きく損なわれた。この発表のあと，同社は何度か確定埋蔵資源を減らすことになる。明らかに，同社は1997年来，競合他社が埋蔵資源を獲得していくのに遅れまいと確定埋蔵資源を過大計上してきたのである。このような過大計上は，（同社が遵守していると主張している）SECの規則があいまいだから可能であった。SECの規則は，現在の経済上・ビジネス上の条件が，埋蔵資源を確定したものと分類するのに「合理的に確実」であることを要求している。そして，埋蔵資源の量は，監査されていないのである。

　このスキャンダルの結果，同社の会長と採掘・開発部門長が解任され，SECが1億5000万米ドルの暫定的な罰金を課すことになり，投資家がシェルの将来の業績についての確率を下方に改訂した結果，同社の株価は大きく落ち込むことになる。シェルの埋蔵資源情報の目的適合性はあまりにも高かった一方で，経営者によるバイアスのため信頼性は非常に低かったのである。

値の推定について深刻な問題があることがわかる。これは，石油・ガス会社は，理論モデルにおいて仮定されているような理想的状況でビジネスを行っているわけではないからである。結果として，埋蔵資源情報は目的適合性を獲得すると同時に，信頼性を失ってしまい，その結果として，大幅な推定値の改訂が必要とされることになる。目的適合性と信頼性という2つの望ましい情報特性は，互いにトレードオフの関係にある。

2.5　取得原価主義会計の再検討

　セクション2.4におけるRRAの検討から明らかなように，現実問題とし

て，完全に目的適合的でかつ信頼可能な財務諸表を作成することは不可能である。したがって，目的適合性と信頼性のどちらかを優先するほかない。取得原価主義会計は，信頼性を優先したものと考えることができる。取得原価主義会計の下では，棚卸資産，長期投資，無形資産を含めた固定資産といった主な資産の評価基準は，取得原価か，取得原価から費用配分した金額を引いた金額であったことを思い出そう。負債の側でも，長期借入金は，借入れ時の利子率にもとづいていて，以後の利子率の変化に合わせて簿価が調整されていないという意味では，取得原価で評価されている。

取得原価主義会計の下では，資産や負債の取得原価は企業にとって客観的な数字であって，現在価値計算に比べると推定誤差やバイアスが少ないので，相対的に信頼性の高いものであるといえる。しかし，残念ながら，取得原価は目的適合性に欠けている。取得原価，市場価格，現在価値は，資産や負債を取得した時点では，ほとんど同じかもしれないが，市場価格と現在価値は，市場の条件が変化するにつれて，時間とともに変化していく。それにもかかわらず，会計においては，一定の信頼性を獲得するため，かなりの程度の目的適合性を犠牲にしつつ，主な資産項目について取得原価主義を採用し続けている。つまり，取得原価主義会計は，信頼性を確保するために目的適合性を犠牲にするものだといえる。

2.5.1 取得原価主義会計の挑戦

RRA のような現在価値会計と取得原価主義会計（あるいはそのほかの会計）の主なちがいは，資産評価において変化を認識するタイミングである。現在価値会計は，会計に対する貸借対照表アプローチであって，それはまた，**測定パースペクティブ** (measurement perspective) とも呼ばれる。つまり，資産や負債の価値の増加（または減少）は，それが生じたときに，将来のキャッシュ・フロー（価値の本質）を割り引いて，貸借対照表に計上することによって認識（測定）される。したがって，利益は，その期の現在価値の純変動額である。

しかし，取得原価主義会計は，損益計算書アプローチであって，それはまた，**情報パースペクティブ** (information perspective) とも呼ばれる。このパースペクティブの下では，価値の未実現の増加は貸借対照表上で認識されることはなく，利益は実体経済の業績よりも遅れることになる。この性質のこと

を**認識の遅れ**(recognition lag) と呼ぶ。つまり，会計は，価値の増加が，売上やキャッシュ・フローの増加として実現するまで待つということである。したがって，利益計算は，収益とそれを稼得するための費用を対応させるプロセスとなる。損益計算書は，企業が生み出した価値の現在の実現分についての情報を提供するので，より重要な役割を果たすものと考えられている[9]。

理想的状況が成り立っていない場合の問題は，現在価値会計に比べて，取得原価主義会計が（投資家の主要な関心事である）企業の将来の経済的見通しについてより良い情報を提供するのかどうかということである。会計学者はこの問題について長年議論してきた。この点は，第6章で取り扱う。今は，損益計算書アプローチが優勢だといっておけば十分だろう。上で述べたように，1つの議論は，取得原価が相対的に信頼性が高いというものである。もっと根本的な議論としては，取得原価主義会計は，当期のキャッシュ・フローを並べ替えて，このキャッシュ・フローが暗示している長期の持続的な収益稼得能力をあらわすようにする方法であるということがある。そして，持続的な収益稼得能力が将来の経済的見通しを評価する上での基礎情報を提供するわけである。

当期のキャッシュ・フローを並べ替え，収益と費用を対応させるために，会計担当者は**アクルーアル**(accruals) を計算しなければならない。しかし，ここで，取得原価主義会計は大きな難問に突きあたる。通常，収益と費用を対応させる方法は1つではないのである。この事実のために，取得原価主義会計にもとづく利益が持続的な収益稼得能力を明らかにできるのかどうかわからなくなってしまう。この点の説明のため，以下の3つの例を考えよう。

固定資産の減価償却

費用収益対応の重要な例として，固定資産の減価償却が挙げられる。費用収益対応の原則によれば，利益を計算するために，当期の収益から固定資産の減価償却費を控除する必要がある。しかし，システマティックかつ合理的に償却せよという曖昧な指示を別にすると，どれだけ減価償却したらよいかについて，費用収益対応の原則は何も語らない。たとえば，CICA ハンドブックのパラグラフ 3061.28 は，減価償却は，一定の耐用年数を持つ固定資

---

[9] 貸借対照表アプローチと損益計算書アプローチについてのもっと詳細な議論や，どのように費用と収益を対応させたらよいのかという疑問に対して損益計算書アプローチが十分に答えることができないという点については，Storey and Storey (1998) を見よ。

産の性質や企業の使用方法の性質にあわせて適切に，合理的でシステマティックな方法で行わなければならないと述べている。

この曖昧さの結果として，定額法や倍率法[10]など，様々な減価償却方法を，実務上，利用することが認められている。

もし，財務諸表上，固定資産を現在価値評価することが認められていたとしたら，減価償却法は1つだけしか必要ないだろう。それは，例2.1や例2.2で説明したように，期中に，その資産から得られる将来の収入の現在価値が変化した額に応じて，資産額を増減させる方法である。通常は，この方法によって，固定資産の価値を高い信頼性をもって測定することは不可能なので，さまざまな減価償却方法が利用されるわけである。このため，企業を比較する前に，企業がどの減価償却方法を使用しているのか確かめなければならないので，企業間の収益性の比較がむずかしくなる。これは，企業の経営者が，減価償却方法の選択やその変更を通じて，ある程度，報告利益を操作する余地があることを意味している。したがって，上で検討したように，取得原価ベースの財務諸表は，現在価値ベースの財務諸表や市場価格ベースの財務諸表よりも信頼性の高いものだといえそうであるが，経営者が取得原価主義会計の代替的な会計方針の中から何を選択するかによって，報告する利益を自分の目的を達成するように操作できる程度に応じて，取得原価主義会計の信頼性は損なわれることになる。つまり，取得原価主義会計は，価値評価をともなう方法よりも信頼性が高いかもしれないが，それは完全に信頼できるものではないということである。

将来の税金負債

1953年のカナダで，企業が，税務申告上，最大の固定資産費用控除を計上しながら，財務報告用の財務諸表で自由に減価償却方法が選ぶことを法人税法が認めたとき，大規模な会計論争が起こった。それ以前には，企業は，財務報告用の財務諸表で計上した減価償却費を超える固定資産費用控除を損金算入することは認められていなかったのである。1953年改正に応じて，ほとんどの企業は，財務報告目的では定額法を採用し，税務申告上は，最大の固定資産費用控除を計上した。ここで，固定資産費用控除は，倍率法の計算方

---

[10]【訳注】倍率法 (double declining-balance method) は，定額法の初年度の償却率の倍の償却率を利用する加速償却法である。日本では加速償却法としては定率法を使うことが多く，倍率法はあまり一般的ではないが，北米においてはよく使われる減価償却方法の1つである。

法にしたがっているので，法人税の会計問題が生じることになる。ある資産の耐用年数の前半に，最大の固定資産費用控除を損金算入することによって節約された税額は，恒常的な節約ではなくて，後年，固定資産費用控除が資産の定額法の減価償却費を下まわるようになったときに支払わなければならない税金負債を作り出すのである。

問題となったのは，税金負債を企業の財務諸表に計上（し，結果として，法人税を増や）すべきかどうかである。まず，取得原価主義会計における費用収益対応の原則は，法人税を実際に財務諸表に計上される減価償却費と対応させることを求めているので，税金負債を計上し，これに対応する法人税を増加させるべきだという意見があった。しかし，費用収益対応の原則は，税金負債の計上を求めていないという意見もあった。たいていの場合（たとえば，企業が成長しているために，固定資産費用控除が定額法の減価償却費よりも大きいままの場合），将来のどの時点かにおいて，節約した税額を支払わなければならなくなる確率は低いからである。将来，支払う必要のなさそうな費用を収益と対応させることには意味がないと主張されたのである。この論争は，CICAハンドブックが，税金負債を計上するよう要求した1963年まで続くことになる。

現在，CICAハンドブックのパラグラフ3465.10は，企業は，資産または負債の額が元に戻ったり決済されたりすることによって生じる将来の税金負債を認識しなければならないものとしている。

将来の税金負債の問題が生じた根本的な理由は，取得原価主義会計において，複数の減価償却方法が認められていることにある。この問題は，企業が財務報告で採用する方法が，通常は，税務目的で認められている方法と異なっているために生じたのであった。理想的状況の現在価値会計のように，減価償却の方法が1種類しかないのであれば，企業の財務報告と税務申告は同じになり，減価償却についての税金負債の問題は生じなかっただろう。

石油・ガス会計における全部原価法と成功部分原価法

取得原価主義会計の下では，資産の取得原価をその資産の耐用年数にわたって償却して収益と対応させるため，資産の取得原価を知る必要がある。すでに指摘したように，通常，資産の取得原価は高い信頼性をもって決定することができる。しかし，資産の取得原価がいくらかよくわからないケースもあ

る。石油・ガス会計には，この点について，興味深く重要な例がある。

石油・ガスの埋蔵資産の取得原価を決定する方法は基本的に2つある。**全部原価法**(full-cost method) は，失敗に終わった採掘コストも含めて，（例外はあるものの）すべての埋蔵資源探索コストを資産化する方法である。この方法は，うまく資源探査に成功した油田・ガス田のコストは，それを発見するために掘削し失敗したケースのコストを含んでいると考えるものである。これに対して，**成功部分原価法** (successful-efforts method) は，資源探査に成功した油田・ガス田のコストのみを資産化し，失敗したケースのコストは発生期の期間費用とする方法である。この方法の根拠は，失敗に終わった採掘例を資産と考えるのはむずかしいという点にある。

明らかに，これら2つの方法のどちらを採用するかによって，石油・ガスの埋蔵資産の取得原価に大きなちがいが生じることがあり，結果として，減耗償却費も大きくちがうことになりうる。そして，異なる企業は異なる方法を使っているかもしれないので，このことは，石油・ガス企業の報告利益を比較するのをむずかしくしている。しかし，ここでは，取得原価主義会計は，いずれの方法が望ましいのかについて答えを出すことができないことに注意しておこう。取得原価主義は，石油・ガス埋蔵資源の取得原価が確定されなければならないと要請しているにすぎない。それは，取得原価がどのようなものであるべきかについて特定の方法を要請するものではないのである。実際，カナダでもアメリカでも，両方の方法が認められている。

RRA を使うことにすれば，全部原価法と成功部分原価法の対立は解消されることに注意しておこう。RRA は，石油・ガスの埋蔵資源をその現在価値で評価する。RRA は，取得原価ベースのアプローチではないので，どのように取得原価を決定するかという問題は生じないのである。RRA の下では，減価償却費は，その期間の石油・ガス埋蔵資産の現在価値の変化である。

2.5.2 これらの課題に対する会計人の反応

十分な信頼性をもって，現在価値ベースの完全な財務諸表を作成するのは不可能なようなので，取得原価主義会計のフレームワークは，これからも長いあいだ，採用され続けることになろう。したがって，主な会計団体は，取得原価主義会計の問題点に対して，取得原価主義会計のフレームワークを維持したまま，財務諸表をもっと有用にすることで対応しようとしてきた。こ

のことは，どのような資産・負債も，現在価値や市場価格で評価できないということを意味するのではない。実際，第6章で検討するように，財務諸表において公正価値を利用する機会は増えている。それにもかかわらず，固定資産，無形資産や長期負債など，主な資産・負債は，引き続き取得原価ベースで評価されているので，取得原価主義会計が現在も会計の基本的なフレームワークであるということができるだろう。

取得原価主義会計の有用性を増加させようと，フル・ディスクロージャーという方法が採用されてきた。投資家は，会計方針の開示によって，たいていの資産・負債に対して認められている複数の会計方法の中から，少なくとも，企業がどの方法を選択したのかを知ることが可能である。また，投資家が現在の業績から将来の業績を予測する助けになるよう，**補足情報** (supplementary information) が開示されている。セクション2.4で検討したRRAのディスクロージャーは，そのような補足情報の一例である。

2.5.3　要約

財務報告において取得原価主義会計が引き続き使用され続けるのは，信頼性の高い現在価値ベースの財務諸表を準備するのが不可能だからだと考えられる。取得原価主義会計を採用するのは，目的適合性と信頼性のバランスを考慮した結果である。取得原価ベースの資産価額は，将来キャッシュ・フローの割引現在価値とあまり類似点がないので，完全な目的適合性は達成されない。しかし，不正確な計算やバイアスが混入する可能性も排除されていないので，完全な信頼性もまた達成されていない。利益の測定は，単純な「利子としての所得」の計算ではなく，費用と収益を対応させるプロセスであって，通常，費用収益対応の原則は，同じ項目に複数の異なった会計方法の適用を認めている。会計基準設定機関は，会計方針選択の余地を狭めるために，唯一の会計方法を強制するよう求めることもよくある。

実務上，取得原価主義会計を使い続けることを前提として，取得原価主義のフレームワークをさらに有用にしようという努力が続けられてきている。有用性を増加させるための1つの方法は，取得原価主義のフレームワークを維持しながら，投資家が将来の経済的見通しを得る上で役に立つように，年次報告書におけるディスクロージャーを拡充することである。

2.6 真実の利益は存在しない

現在価値基準によって，完全な財務諸表一式を準備するためには，企業の資産と負債を現在価値基準によって評価し，(配当のような資本取引を調整したあとの）企業の現在価値の変化として利益を計算する必要があることを思い出そう。しかし，RRA の検討において，たとえ 1 種類の資産についてであっても，現在価値アプローチを適用するのはむずかしいことがわかった。もし，現在価値アプローチをすべての資産と負債に適用するなら，適用の問題は一層困難なものとなる。

このことから，利益は，きちんと定義された経済的な概念としては存在しないという重要で興味深い結論が導き出される。たとえば，表 2.5 におけるチーフテン・インターナショナルの 2000 年の RRA による利益 699 ドルを考えよう。2000 年の利益の計算の元となった推定値に，次の年に予期できない変更が加えられるときに，この金額がきちんと定義された「真実の」利益だといえるだろうか。

根本的な問題は，客観的な状態生起確率が存在しないことである。もし客観的な確率があれば，資産や負債の現在価値は，起こりうるすべての将来の事象とそれに対する確率を考慮したものになり，企業が直面する不確実性を正しく反映したものとなる。この場合には，会計情報は完全に目的適合的であると同時に完全に信頼可能なものとなり，真実の経済的利益が存在することになる。

間接的なアプローチとして，現在価値ではなく，市場価値の変化にもとづく利益計算によって，真実の経済的利益を計算する方法が考えられるが，このアプローチは，企業のすべての資産・負債に対して市場価値が存在するわけではないという**不完備市場** (incomplte markets) の問題に直面する。たとえば，原油 1 バレルに対応する市場価格は存在するかもしれないが，チーフテンの油田の市場価格はいくらだろうか。埋蔵量，市場価格，汲み上げコストについての不確実性を考慮しつつ，油田の市場価格を計算しようとするならば，RRA が直面したのと同じ問題にぶつかることになる。結果として，すぐに使えるような市場価格は入手できない。もし，企業のすべての資産・負債の市場価値がわからないのであれば，市場価値にもとづいた利益測定は不可能である。Beaver and Demski (1979) は，市場が不完備なとき，利益が定義で

きないことを厳密に示している[11]。

　客観的な確率が存在しない以上，将来の企業業績についての主観的な推定がなされることになる。このような推定値は，不正確でバイアスのかかったものかもしれない。結果として，現在価値にもとづいた会計上の推定値が，何とか目的適合性を維持しようとすれば，信頼性を失うことになる。

　したがって，2つめの結論として，主な営業資産・負債についての取得原価主義会計はより有用な方法であると信じられているということが挙げられる。こうした資産・負債に対する取得原価主義会計は実務に深く根づいているからである。目的適合性がいくらか失われるだろうが，それ以上に，信頼性が増加するものと期待されているのである。

　読者は，真実の利益が存在しないという主張によって嫌な気分になるかもしれない。我々は，存在しないものを測定することに，自分自身の人生を捧げるべきだろうか。しかし，理想的状況が成立していないことはむしろ喜ばしいことである。もし，理想的状況が成り立つとすれば，会計専門職など必要ない！ 例2.1や2.2で論じたように，理想的状況が成立しているのであれば，利益には何の情報内容もない。現在価値の計算やそれに関連する利益計算は，あらかじめプログラムしておくことが可能である。必要なのは，状態集合と状態生起確率とどの状態が実現したのかという知識だけであって，これらさえ知られていれば会計専門職など必要ない。したがって，利益測定について，「もしそれをあらかじめ計算できるのであれば，それは必要でない」ということが可能である。

　理論的に正しい利益概念が存在しないために，会計は，欲求不満のたまるものであると同時に魅力的なものにもなっている。会計方針について意見が一致しないため，不満が生じることもあろう。別々の利用者は，目的適合性と信頼性に異なったウェイトをおくことが多い。そのため，同じ事象に対する会計方法が複数あることが多い。他方，きちんと定義された利益の概念が存在しないために，資産評価や利益測定のプロセスに多くの「判断」が必要とされるということは，会計を魅力的なものにもしている。会計を価値あるものにしているのはこの判断であり，これが会計専門職が成立する根拠を与えているのである。

---

[11]これに反する議論については，Ohlson (1987) を見よ。

2.7 理想的状況の会計についての結論

　職業会計人は，利益が存在するかどうかという疑問にあまりこだわることなく，取得原価主義にもとづいた財務諸表を一層有用にすることに多くの努力を費してきた。次に，意思決定有用性の検討に進むことにしよう。

第3章

財務会計に対する意思決定有用性アプローチ

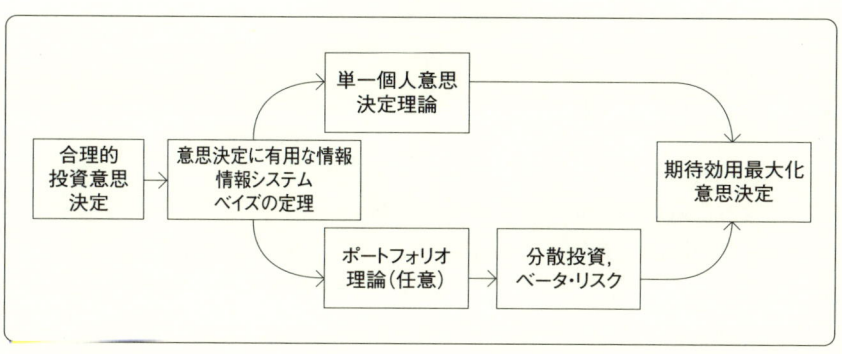

図 3.1 第 3 章の構成

3.1 概要

　第 2 章では，現在価値モデルは，実際に適用するとなると，深刻な問題があるという結論になった。そもそも，現在価値基準にもとづいた完全な財務諸表が作成できるかどうかも疑わしい。企業全体を現在価値基準で評価できないということは，実際に会計が行われる複雑な現実社会では，理論的にきちんと定義された利益の概念が存在していないということである。

　この章では，この問題をどうしたらよいかについて検討を始めよう。第 2 章で，取得原価主義会計は，公正価値を測定しようという時価ベースや現在価値ベースのアプローチほどには目的適合性は高くないとしても，信頼性の

高い情報をつくりだすという面では，おそらく，多くの人が考える以上に有意義なものだと述べた。

多くの資産・負債に取得原価主義会計が適用されるとすると，問題は，取得原価にもとづいた財務諸表をどうやったら一層「有用な」ものにできるかである。これは，会計における重要な概念，**意思決定有用性** (decision usefulness) の概念につながっている。この概念をきちんと理解するために，経済学やファイナンスの（現在価値モデル以外の）理論を検討する必要がある。有用性とは何かよくわかっていなければ，財務諸表を有用にすることなどできないだろう。また，情報の正確な定義も必要となる。意思決定理論と資本市場理論は，有用な財務諸表情報という概念を理解する助けとなるだろう。

この章の主な目的は，意思決定理論と資本市場理論を紹介し，これらが会計とどう関係しているかについて検討することである。のちに述べるように，主な会計基準設定機関は，会計基準を裏づけるものとして，意思決定理論と資本市場理論を採用している。図 3.1 は，この章の構成を示している。

3.2 意思決定有用性アプローチ

セクション 2.5 からわかるように，会計理論における意思決定有用性アプローチは，「理論的に正しい財務諸表を作成することができないとしても，少なくとも取得原価主義会計を一層有用なものにすることができる」という考え方を採用している。この単純な事実は，1966 年にはじめて明らかにされ[1]，1973 年に書かれたトゥルーブラッド委員会の影響力の大きな報告書によっても支持されており[2]，それ以後，会計理論と実務に大きな影響を与えてきた。ここでは，財務諸表の利用者と彼らの意思決定に何が必要かについて，第 2 章と比べてはるかに注意深く検討する必要がある。これは，理想的状況が成り立たない環境では，財務諸表から企業の価値を直接読み取ることができないからである。

意思決定有用性は，受託責任 (stewardship) という，財務会計の役割につい

---

[1] セクション 1.2 で述べたように，意思決定有用性は，アメリカ会計学会の 1966 年のモノグラフ『基礎的会計理論に関するステートメント』(ASOBAT) の焦点であった。
[2] トゥルーブラッド委員会は，アメリカ公認会計士協会の研究グループで，その 1973 年の報告書『財務諸表の目的』において，ASOBAT の意思決定有用性アプローチを承認した。この承認が重要なのは，アメリカ会計学会が学者の団体なのに対して，アメリカ公認会計士協会が実務家の団体であるという点にある。

てのもう1つの考え方と比較される。受託責任の考え方によると，財務会計の役割は，経営者が企業の資源をうまく活用することができたかどうかを報告することにある。第1章で述べたように，本書では，いずれの役割も同じように重要であると考える。この章では，意思決定有用性について検討を開始しよう。2つめの役割についての議論は第8章以降で行う。

意思決定有用性アプローチを採用するにあたっては，大きな2つの論点を検討しなければならない。第1に，財務諸表の利用者は誰だろうか。財務諸表には，明らかに，多くの利用者が存在している。そこで，財務諸表の利用者を，投資家，債権者，経営者，組合，会計基準設定機関や政府といった大きなグループに分類するのが便利だろう。これらのグループは，会計の**利害関係者** (constituencies) と呼ばれている。

第2に，財務諸表利用者が直面する意思決定問題とは何だろうか。この問題を理解することによって，さまざまな利害関係者が必要とする情報を一層的確に提供することができる。財務諸表利用者に必要とされている情報に注意しながら，財務諸表を準備することができるようになるだろう。つまり，財務諸表の利用者の特定の情報ニーズにあわせて財務諸表を調整することで，利用者は，より適切な意思決定ができるようになるということである。こうして，財務諸表は一層「有用な」ものになる。

もちろん，利用者が意思決定するときに，どのようなニーズを持っているかを決めるのは，大変むずかしい作業である。たとえば，企業の社債権者が，ある社債を売却するかどうかを合理的に決定しようとするとき，どのような情報を必要とするだろうか。貸借対照表上に繰延税金負債を計上することは，この意思決定に有用だろうか，それとも邪魔になるだろうか。

このようなむずかしい問題を考えるとき，経済学やファイナンスの理論が援用されてきた。この章においては，まず，単一個人の**意思決定の理論** (theory of decision) を検討する。この理論は，不確実性下において，個人がどのように合理的に意思決定をするのか理解するためのちょうどいいスタート地点になる。

この理論によって，情報という概念を理解することができる。意思決定者は，情報にもとづいて，意思決定の結果得られる将来の利得についての主観的な信念を改訂するのである。

そして，また，意思決定の理論の1分野で，合理的な投資家の意思決定プ

ロセスをモデル化する**投資の理論** (theory of investment) も検討する。とくに，投資の理論のおかげで，ポートフォリオ投資における「リスク」の性格について理解することができる。

これらの理論は，主な会計基準設定機関によって採用されているので，会計専門家にとっても重要である。FASB の概念フレームワーク・プロジェクトを検討すると（セクション 3.8），こうした理論が背後に想定されていることがわかる。よって，これらの理論を理解すると，概念ステートメントをより深く理解することができるようになるのである。

3.2.1 要約

理論的に正しい財務諸表を作成することが不可能なので，財務会計においては，意思決定有用性アプローチが採用されてきた。しかし，意思決定有用性アプローチを採用すると，財務諸表の利用者を特定し，優れた意思決定をするのに必要とされる情報を特定するという問題に直面することになる。会計専門家は，主な財務諸表利用者として投資家を想定し，投資家が必要としている財務諸表情報を理解するために，さまざまな経済学やファイナンスの理論，とくに，意思決定理論や投資理論に注目してきたのである。

3.3 単一個人意思決定理論

単一個人意思決定理論 (single-person decision theory) は，不確実性下の意思決定を行う個人の観点を採用する[3]。この理論においては，理想的状況のように状態生起確率が客観的なものだとは仮定されず，ある個人が一定の選択肢の中から最善の選択をする手続きを厳密に説明する。この手続きによって，意思決定をする人が，決定がなされたあとに何が起こるかについての確率（つまり，自然の状態確率）の主観的な評価値を改訂するために追加的な情報を取得する様子を記述することができるようになる。意思決定理論が会計にとって重要なのは，次の例 3.1 で説明するように，財務諸表が，多くの意思決定にとって有用な追加的情報を提供するからである。

---

[3]効用の理論を含んだ，意思決定理論における諸概念の厳密な説明には，Laffont (1989) の，とくに第 1 章，第 2 章および第 3 章を見よ。また，Demski (1972) の，とくに第 1 章から第 3 章もあわせて参照。この理論の直観的にわかりやすい解説については，Raiffa (1968) を見よ。

3.3.1 意思決定理論の適用

例 3.1. [典型的な投資意思決定]

ビル・コーシャスは，10,000 ドルを 1 期間投資しようとしている。ビルは，X 社の株式か，2.25%の利息の国債のどちらかに投資することにした。株式の購入を行動 a_1 とし，国債の購入を行動 a_2 とする。

株式を購入すれば，ビルはリスクに直面することになる。つまり，X 社の将来の業績は，ビルが意思決定をする段階ではわからない。そこで，ビルは状態を 2 つ定義することにした。

状態 1: X 社の将来の業績が良い
状態 2: X 社の将来の業績が悪い

X 社の将来の業績は，キャッシュ・フローと考えても，利益と考えてもよい。X 社が状態 1 のとき，X 社株式投資の純リターンは 1,600 ドルとする。

純リターン = 期末の市場価値 + 期中の配当 − 初期投資額

X 社が状態 2 のとき，ビルの純リターンはゼロだとしよう。

ビルが国債を購入すれば，どの状態が実現しようとも，次の期には 225 ドルを受け取ることになる。つまり，国債投資にはリスクがない。

一般に，ある意思決定の結果として受け取る金額は**利得** (payoffs) と呼ばれる。ここでの利得は，表 3.1 の**利得表** (payoff table) に要約することができる。

次に状態確率について検討しよう。ビルは，状態 1（高業績の状態）の確率を Pr(H) = 0.30 であると主観的に見積もっている。よって，状態 2 の確率は，Pr(L) = 0.70 である。これらの確率は，この時点でビルが知っているすべての情報を織り込んでいる。この確率は**事前確率** (prior probabilities) と呼ば

表 3.1 例 3.1 の意思決定の利得表

行動	状態	
	高業績	低業績
a_1 （株式投資）	1,600	0
a_2 （国債投資）	225	225

れるものである。この確率は，たとえば，X社の過去の財務諸表の分析にもとづいているかもしれない。あるいは，X社の株式の時価を参考にしたかもしれない。もし，株価が低ければ，それはX社の将来の業績について，市場の見通しが悲観的であることを意味しているのかもしれず，ビルは状態確率を見積もる上で，この事実を考慮するかもしれない。

　ビルはリスク回避的である。ビルは，利得の額の平方根に等しい効用あるいは満足を得るものと仮定しよう[4]。よって，1,600ドルの利得を得るとき，ビルの効用は40である。このリスク回避の仮定は，この例では必要ではない。ビルがリスク中立的だと仮定し，いろいろな利得の期待金額を評価するというやり方もある。しかし，投資家は一般にリスク回避的なので，金額ベースではなく，効用ベースで考えることにしよう。セクション3.4では，リスク回避について，より詳しく検討する。

　セクション1.3で議論した倫理問題についていえば，ある行動から得られる効用を完全に評価するためには，ビルの意思決定がほかの人にどのような影響を与えるのかについて評価することが必要である。しかし，ここでは，ビルの意思決定は比較的自己完結しているものといえよう。つまり，ビルが株式を買うか国債を買うかということは，ほかの人に，ほとんど，あるいは，まったく，影響を与えないのである。したがって，ビルの効用を，彼の富に与える影響の観点から評価する。たとえば，ひどい環境汚染を引き起こしている企業の株式を購入するかどうかといった別の意思決定問題においては，その意思決定の反社会的効果を考慮して，利得から得られる効用を減らすこともありうる。

　図3.2は，この意思決定問題のデシジョン・ツリー図である。図の真ん中の列の括弧に入った1番右の数字は状態確率をあらわしており，右から2番目の列は利得のドル金額をあらわしており，1番右の列は，それぞれの金額に対応するビルの効用をあらわしている。

　意思決定理論によると，今すぐ意思決定しないといけないのであれば，ビルは，**期待効用** (expected utility) が1番高い行動を選ぶべきだとわかる。行

---

[4] ここでは，純利得に関連づけて効用を定義する。概念上，効用は，投資家の富の合計に関連づけて定義されるべきである。しかし，この例では一番簡単な説明をすることにした。平方根の効用関数に代入される利得は正でなければならないことに注意せよ。もし，負の（純）利得がありうるのであれば，総利得を使うか，あるいは，利得の対数を取るなど，効用の別の尺度を使うことができる。

図 3.2 ビルの選択についてのデシジョン・ツリー

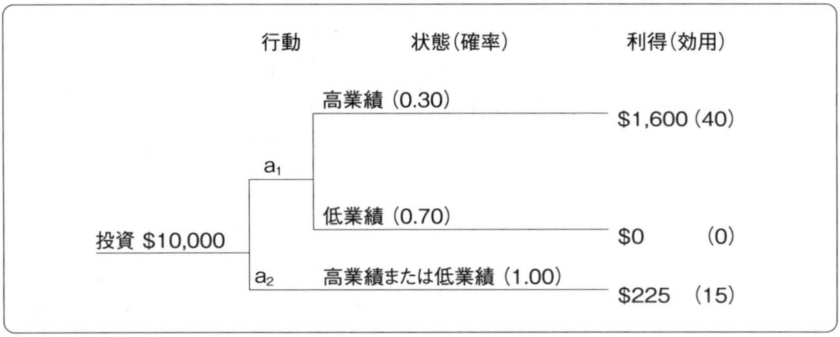

```
              行動        状態(確率)           利得(効用)

                       高業績 (0.30)
                    ┌─────────────── $1,600 (40)
                 a₁ │
                    │
                    │ 低業績 (0.70)
 投資 $10,000 ──────┤─────────────── $0       (0)
                    │
                 a₂ │ 高業績または低業績 (1.00)
                    └─────────────── $225    (15)
```

動 a_1 の期待効用を $EU(a_1)$ などとあらわすことにしよう。

$$EU(a_1) = (0.30 \times 40) + (0.70 \times 0) = 12$$
$$EU(a_2) = 1.00 \times 15 = 15$$

したがって，ビルは，a_2 を選択して，国債を買うべきのようである。(別の選択肢として，分散投資，つまり，両方の証券を購入するという方法がありうる。ここでは，少ない量の証券を購入する売買手数料が非常に高いと仮定することで，この可能性を排除しておく。)

しかし，ビルには，もう1つ選択肢がある。つまり，意思決定の前にもっと情報を集めることである。そこで，ビルがもっと情報を集めることにしたものと考えよう。数日で X 社の年次報告書が発表されるので，ビルはそれを待つことにする。年次報告書は簡単に手に入るし，企業の状態についての安上がりな情報源だからである。年次報告書が発表されたとき，ビルは，利益がかなり大きいことに気がついた。つまり，最新の財務諸表は「グッド・ニュース」(GN) だったのである。

財務諸表の作成と分析の豊富な経験にもとづいて，ビルは，X 社が実際に高業績企業のとき，最新の財務諸表が GN を示す確率が80%であり，「バッド・ニュース」(BN) を示す確率が20%であることを知っている。この条件付き確率を，それぞれ，$\Pr(GN|H) = 0.80$ と $\Pr(BN|H) = 0.20$ であらわすことにする。実際には，その企業が高業績であったとしても，財務諸表が BN を示す確率がまだ20%もある。これは，財務諸表が完全に目的適合的で信頼できるものではないからである。

ビルは，X社が低業績企業であっても，財務諸表がGNを示すことがありうることを知っている。これもまた，財務諸表が完全には目的適合的で信頼できるものではないからである。X社が実際には低業績企業のとき，最新の財務諸表がGNを示す確率は10％であり，「バッド・ニュース」(BN)を示す確率が90％である。この条件付き確率を，それぞれ，$\Pr(GN|L) = 0.10$ と $\Pr(BN|L) = 0.90$ であらわすことにする。

今，最新の財務諸表がGNを示していることと上記の条件付き確率を知った上で，ビルは**事後状態確率** (posterior state probabilities) を計算するためにベイズの定理を使うことができる。（ここで事後というのは，財務諸表情報を得たあとということである。）高業績状態の事後確率は，

$$\Pr(H|GN) = \frac{\Pr(H)\Pr(GN|H)}{\Pr(H)\Pr(GN|H) + \Pr(L)\Pr(GN|L)}$$
$$= \frac{0.30 \times 0.80}{(0.30 \times 0.80) + (0.70 \times 0.10)}$$
$$= 0.77$$

ここで，

$\Pr(H|GN)$ は，財務諸表がGNを示したときの高業績状態の（事後）確率であり，
$\Pr(H)$ は，高業績状態の事前確率であり，
$\Pr(GN|H)$ は，企業が高業績のときに財務諸表がGNを示す確率であり，
$\Pr(L)$ は，低業績状態の事前確率であり，
$\Pr(GN|L)$ は，企業が低業績のときに財務諸表がGNを示す確率である。

よって，X社が低業績状態にある事後確率 $\Pr(L|GN)$ は，$1.00 - 0.77 = 0.23$ である。高業績状態のとき，ビルが株式投資から得られる利得は大きくなり（1,600ドル），低業績状態のとき，利得も小さくなる（0ドル）。

ここで，ビルは，事後確率にもとづいて，それぞれの選択肢の期待効用を計算することができる。

$$EU(a_1|GN) = (0.77 \times 40) + (0.23 \times 0) = 30.8$$
$$EU(a_2|GN) = 1.00 \times 15 = 15$$

したがって，GNを示す財務諸表の情報によって，ビルの最適意思決定は a_1 へと変化する。ビルは，X社の株式を買うべきである。

3.3.2 情報システム

ここでは，財務諸表情報がなぜ有用なのかを理解しておくことが重要である。有用であるためには，情報は，将来の投資リターンを予測する上で役に立つものでなければならない。取得原価主義会計の下では，財務諸表は，将来の期待業績を直接的には表示しない。(将来のキャッシュ・フローが現在価値に割り引かれていた例 2.1 や 2.2 の理想的状況では，財務諸表は将来の期待業績を直接，表示していた。)それにもかかわらず，財務諸表は，それが示すグッド・ニュースやバッド・ニュースが将来も持続する程度に応じて，投資家にとって有用であるといえる。現在の大きな利益，あるいは小さな利益が企業の将来の期待業績へとつながり，さらに将来の期待投資リターンにつながる一連の流れを考えてみよう。

先ほどの例に戻ると，グッド・ニュースというのは，現在の利益が大きいということだった。この情報のおかげで，ビルは，将来の業績がよくなることを確率 0.77 で予測した。また，この確率は，ビルの投資が高い利得をもたらす確率でもある。もちろん，そのような情報は諸刃の剣である。もし，財務諸表がバッド・ニュースを示すとすると，ビルが高い利得を得る確率は，グッド・ニュースによって高められるのと同じくらい確実に低められることになろう。

財務諸表が現在価値計算にもとづいて，将来のキャッシュ・フローについて直接的に報告するものでない場合でさえも，財務諸表は，投資家にとって有用なものでありうるといってよい。ここでは，理想的状況が成り立っていないからこそ，損益計算書が情報内容を持つようになるのである。例 2.1 や 2.2 においては，純利益には何の情報も含まれていなかったことを思い出そう。例 2.2 も 3.1 も，ともに不確実性を考慮しているが，例 2.2 の状態確率は客観的であったのに対し，ここでは主観的であるということが，これら 2 つの例の基本的なちがいである。このことによって，意思決定者が主観的状態確率を改訂し，投資リターンを予測する上で，情報が有用な役割を果たすようになっている。

最新の財務諸表情報と将来の企業業績とのあいだをつなぐ核心部分は，条件付き確率，$\Pr(GN|H)$ と $\Pr(BN|L)$ である。これらの確率は，**情報システム** (information system) と呼ばれ，表 3.2 のような表に要約することができる。こ

の例では，X 社が高業績状態にあるとき，最新の財務諸表がグッド・ニュースを示す確率は 0.80 だったことを思い出そう。X 社が低業績状態にあるとき，最新の財務諸表がバッド・ニュースを示す確率は 0.90 である。この 0.80 と 0.90 の確率は**主対角確率** (main diagonal probabilities) と呼ばれ，それ以外の確率は**非主対角確率** (off-main diagonal probabilities) と呼ばれる。

> **情報システム**(information system) は，それぞれの状態が実現したときに，財務諸表の可能な値それぞれに客観的[5]確率を与える表である。

財務諸表は完全でも「真実」でもないことに注意しよう。そうなるのは，理想的状況においてのみである。すでに述べたように，企業が高業績状態にある場合ですら，財務諸表が BN を示す確率は 20%あり，企業が低業績状態にある場合であっても，財務諸表が GN を示す確率は 10%ある。最新の財務諸表と将来の企業業績との関係が弱まっているという事実は，**ノイズ** (noise) があるとか，財務諸表の**利益の質** (earnings quality) が低いと記述されることがある。それにもかかわらず，この情報システムは**情報提供的** (informative) である。ここで，情報提供的であるというのは，この情報システムのおかげで，ビルが新しく知ったことを反映して事前確率を改訂することができ，意思決定に影響を与えているからである。

また，情報システムの情報提供度は，財務諸表の目的適合性や信頼性によっ

表 3.2 例 3.1 の意思決定の情報システム

		最新の財務諸表の値	
		GN	BN
状態	高業績	0.80	0.20
	低業績	0.10	0.90

---

[5]意思決定者の事前および事後の確率は主観的なものであるが，情報システムの確率は客観的なものである。後に説明するように，これらの客観的確率は，財務諸表の質によって決定される。客観的確率と主観的確率の区別については，例 2.2 を見よ。

て決まることにも注意しよう。たとえば，X社が，固定資産の評価を取得原価[6]から公正価値へと変更したものとしよう。この結果として，目的適合性が増加し，情報システムの主対角確率が増加し，非主対角確率が減少するだろう。これは，公正価値や，たとえば，資産の市場価格が，資産の将来の価値（したがって，企業の将来の業績）を，固定資産の取得原価よりも正確に予測するからである。しかし，市場価格は変動しやすく，現在の市場価格が簡単に手に入らないときには，経営者のバイアスが入りやすいので，公正価値を使用すると信頼性は損なわれるだろう。この事実は，主対角確率に対して，反対の効果を及ぼすことになる。したがって，そのような会計方針の変更が，情報システムの情報提供度を増加させるのか減少させるのかをはっきりさせるのはむずかしい。

しかし，もし信頼性を損なうことなく目的適合性を増やすことができたり，目的適合性を損なうことなく信頼性を増やすことができたりすると，結果として財務諸表の有用性が高まることになるだろう。これを達成する1つの方法は，RRAのように，**補足的な公正価値情報**（supplementary fair value information）を開示することである。このことによって，補足情報を利用したいと考えている利用者にとっての目的適合性が高くなる。しかし，より信頼性の高い取得原価を望む利用者は，取得原価主義ベースの主要財務諸表が利用できる。

情報システムの情報提供性の概念は，意思決定における情報の役割を理解する上で有用である。非主対角確率に比べて主対角確率が高くなればなるほど，システムがより情報提供的になる。同じことをシステムの質が高くなるといってもよい。よって，情報システムが情報提供的になればなるほど，情報システムの意思決定有用性は高くなる。情報提供的な情報システムによって，意思決定に関係する自然の状態とその状態が実現したときの利得につい

---

[6]表3.2の情報システムの主対角確率は，保守主義の概念と整合するように選ばれている。セクション1.2において，保守主義は，損失を計上するよりも利益を計上するにあたって，検証可能性について高い基準が課されることだと定義したことを思い出そう。つまり，企業は，利益が実現したことについて客観的な証拠が得られてはじめて利益を計上するのに対し，損失が予想されるときは資産を切り下げる（あるいは負債を切り上げる）ことによって損失を計上する。セクション1.2においては，後者の例として棚卸資産に対する低価法を例として挙げた。企業が低業績状態にあれば，定義によって損失が予想される。同様に，高業績状態においては，利益が予想される。予想の損失は計上されるが，予想の利益は計上されないので，損失の予測が合理的に信頼できることを前提にすると，財務諸表が，企業が高業績状態にあるときにグッド・ニュースを示す確率よりも，企業が低業績状態にあるときにバッド・ニュースを示す確率の方が高くなっている。このことは，表3.2のBN/低業績確率(0.90)とGN/高業績確率(0.80)によってあらわされている。たとえば，取得原価主義会計は，保守的ではあるが信頼性が高いと考えられているので，このようなパターンを示すだろう。大雑把にいえば，保守的な財務諸表は，良い状態についてよりも悪い状態について，より情報提供的なものだといえる。

て、より正確な予測が可能となるのである。投資の文脈でいえば、利得というのは、投資のリターンである。

　財務諸表を条件付き確率の表としてとらえるのには、ある程度慣れが必要かもしれないが、情報システムの概念は、財務会計の理論において、もっとも強力で有用な概念である。この概念が強力だというのは、これが財務諸表の情報内容をとらえており、投資家の意思決定にとっての価値を決定するからである。この概念が有用だというのは、会計実務上の問題の多くを情報システムに与えるインパクトの観点から評価することができるからである。すでに述べたように、もし固定資産に公正価値会計を適用することが意思決定有用性を高めるとすれば、(主対角確率を増加させるような) 目的適合性の増加が、(主対角確率を減少させるような) 信頼性の減少を上まわらなければならない。同じような議論が、新しい会計基準や公開草案に対しても適用できる。たとえば、金融商品に対して公正価値会計を要求する会計基準は、財務報告の目的適合性の増加が、信頼性の減少分を上まわるときにかぎって、意思決定有用性を高めるといえるのである。たいていの財務会計の論点は、目的適合性と信頼性を対比することで論じられるから、情報システムは、論点評価の有用なフレームワークを提供することになる。

　情報システムの質は、実際のデータによって推定することが可能である。たとえば、Easton and Zmijewski (1989) は、バリュー・ラインのアナリストが、企業の最新の四半期利益が GN か BN かにしたがって、将来の四半期利益予測を改訂する様子を調査している。将来の四半期利益は表 3.2 における自然の状態に相当し、(バリュー・ラインは、将来の業績として利益に注目して予測している。) 最新の四半期利益における GN と BN は、表 3.2 の財務諸表の値に該当する。バリュー・ラインは、数多くの企業の四半期利益を予測しており、これらの予測は四半期ごとに改訂されることになっている。

　Easton and Zmijewski (1989) が発見したのは、1975 年から 1980 年までの期間においてバリュー・ラインがフォローした、アメリカの大規模な株式会社 150 社をサンプルとした場合、報告利益において 1 ドル相当の GN または BN があると、バリュー・ラインのアナリストは、次期の四半期利益予測を、平均して 34 セント増減させるということである。この結果は、サンプル企業の財務諸表による情報システムが情報提供的であり、アナリストは、最新の財務諸表情報を将来の企業業績についての信念を改訂するために使っている

ことを示している。Easton and Zmijewski (1989) は，現在の財務諸表情報が次期の四半期利益予測に与える効果のことを「改訂係数」と呼んでいる。この係数は，利益の質の代理変数である。

Easton and Zmijewski (1989) は，企業の改訂係数が大きくなると（平均が34 セントであることを思い出そう），最新の利益における GN や BN がその企業の株式の市場価格に与える効果が強くなることも発見した。この結果は，アナリストの情報システムに対する評価結果を投資家が受け入れていて，アナリストの評価する情報システムの質が高いほど，投資家は一層強く株価を変化させるという解釈と整合する。

Easton and Zmijewski (1989) の結果は，例 3.1 の意思決定理論モデルとも符合する。株価が財務諸表情報にどのように反応するかという実証研究については，第 5 章において詳しく検討する。

3.3.3 情報の定義

意思決定理論と情報システムの情報提供性の概念によって，情報を正確に定義することができる。

> **情報** (information) とは，個人の意思決定に影響を与える可能性のある証拠である。

これは，「事前の意味での」定義であることに注意しよう。意思決定に影響を与えることがまったくないような情報を集めるということはほとんど考えられないだろう。ベイズの定理は，わかったことを処理するたんなる装置にすぎない。ある証拠が情報となるための重要な条件は，収集された証拠の結果次第で，最適な意思決定が変わってしまうほどに信念に影響を与えることがあるということである。

また，この定義によると，ある証拠が情報になるかどうかは，個人個人の状況に依存して決まる。第 1 章で指摘したとおり，同じ情報源に対する反応は，個人個人で，ちがったものになりうる。たとえば，個人個人が持っている事前確率が異なっている場合，同じ証拠に直面した場合であっても，事後確率がちがうことがあり，したがって，意思決定も異なるものになりうるのである。

> ### 実務における理論 3.1
>
> 　意思決定理論の方法は，会計以外の分野でも応用されつつある。たとえば，新しい医学上の発見を評価することを考えよう。製薬会社が，命に関わる病気について，新しいが費用のかかる検査を開発したものとする。製薬会社は，人をサンプルとして検査を行い，検査の成功率（病気を持っている人と持っていない人を正しく判定する率）と失敗率（まちがった判定の率）を調査する。この成功率は，表 3.2 の情報システムの主対角確率に相当し，失敗率は，非主対角確率に相当する。非主対角確率に比べて，主対角確率が高くなればなるほど，この検査は，病気を持っている人とそうでない人をより正確に区別することができるということである。
>
> 　次に，この会社は，この検査を販売するかどうかを決定する段階へと進むことになる。多くの人がこの検査を望むのであれば，この検査は商業的に成功するだろう。つまり，その病気を持っている確率が低いような人（ほとんどの人）がこの検査を受けたがるようであれば，この検査は普及するだろう。製薬会社は，ベイズの定理を使用して，低い事前確率を持っている人が病気を持っている事後確率を計算する。もし事後確率が高いようであれば，それは検査の精度が高いことを意味し，低い事前確率を持っている人も高価な検査を受けたいと思うはずである。したがって，製薬会社は販売段階へと進むだろう。

　この定義は，本当は，コストを控除したあとで解釈されるべきである。ある情報源が，個人の意思決定に影響を与える可能性があっても，それがあまりに費用がかかるようなら，「情報」にならない。実際にその情報源が使われることはないからである。しかし，多くの潜在的利用者のある財務諸表は，費用対効果の高い情報源といえる。

　最後に，ある個人が情報を受け取るのと，その結果，その個人の信念が改訂されるのとは，実際には連続したプロセスだと強調しておくべきだろう。新しい情報が届くたびに，ベイズの定理を適用するような個人を考えることができる。例 3.1 では，年次報告書を受け取ることによって生じる信念の改

訂に集中して議論したが，新聞，会見，発表というような，そのほかの情報源のうち，意思決定に影響を与えるものがあるのは明らかである。財務諸表が，目的適合的で信頼可能な情報を提供することによって，重要な情報源としての役割を果たし続けるものと期待したい。

3.3.4　要約

　意思決定理論が重要なのは，情報が，投資家の行動に影響を与える強力な財である理由を理解する上で役に立つからである。会計専門家は，投資家が要求する情報の多くを準備するのであるから，この重要な役割を理解しておく必要がある。

3.4　合理的でリスク回避的な投資家

　意思決定理論では，合理的個人の仮定は，たんに，もっとも高い期待効用につながる行動を選択するということである[7]。合理的な個人は，ベイズの定理を使って状態確率を改訂するために，意思決定に関連する追加情報を探すこともある。

　もちろん，個人が本当にこのように意思決定しているとはいいがたい。それにもかかわらず，意思決定有用性についての疑問に答えるために，個人がそのように意思決定していると仮定することは有用である。セクション6.2で検討するとおり，すべての個人が，理論が示唆するように意思決定を行うとは考えられない。理論は，優れた投資意思決定をしようとする投資家の平均的な行動を記述しているにすぎないのである。しかし，投資家が優れた意思決定をしたいと望むとき，どのようにしたらよいのか，理論は示してくれる。もし，投資家が合理的で予測可能なやり方で意思決定をしないのであれば，会計専門家であれ，その他の人であれ，投資家がどのような情報を有用だと考えるのか知るのはむずかしい。いずれにしても，第5章で見るように，理論による予想は，大量の実証研究によってテストされてきている。理論の

---

[7]厳密にいえば，期待効用を最大化するような行動を選択するということは，合理性の「結果」であって，合理性そのものではない。Savage (1954) は，主観的確率をともなった不確実性下の合理的行動を特徴づける公理群を定義している。ある個人がこれらの公理にしたがった行動をとるとその個人は，ある行動の期待効用が別の行動の期待効用より高いとき，そして，そのときにかぎって，その行動を別の行動より選好するということを示すことができる。ここで，期待値は，個人の主観的な状態確率について計算される。この点についての説明は，たとえば，Laffont (1989, pp.14–17) を見よ。

予想が実証研究によって確認されるにつれ，意思決定理論のモデルが妥当なものであるという確信が強まっている。

通常，合理的な投資家は**リスク回避的** (risk-averse) であると仮定される[8]。この概念を直観的に理解するために，大学の先生に1セントの公平な賭けをするように頼まれたとしよう。その先生をからかうつもりがなければ，あなたは，おそらく，その賭けに乗るだろう。たとえ掛け金が引き上げられたとしても，数十セント，数ドルの範囲であれば，おそらく，その賭けに乗るのではないだろうか。しかし，掛け金がつり上げられていくと，いずれその賭けを断ることになるだろう。たとえば，10万ドルの賭けであれば断るのではないだろうか。（もし，あなたが断らないとしても，あなたの先生が断るだろう。）

どれほど掛け金が大きくなろうとも，すべてのケースにおいて，賭けに勝つ確率は50%であり，賭けに負ける確率も50%なので，この公平な賭けの期待利得はゼロであることに注意しよう。したがって，掛け金が増えるにしたがって，不安になっていくのは，賭けの期待値以外の何かほかの効果のせいである。これがリスク回避である。

リスク回避的な個人にとって，期待リターンとリスクはトレードオフの関係にあることに注意しよう。賭けが自分にとって有利なとき，たとえば，賭けに勝つ確率が75%だとすると，確率が半々のときに比べて，より高い掛け金の賭けに乗るのではないだろうか。つまり，より高い期待リターンと引き換えにより大きなリスクを進んで取るようになる。今や，この賭けの期待利得は，ゼロではなくて，1ドルあたり0.50ドルである。

リスク回避をモデル化するために，意思決定理論では，**効用関数** (utility function) という仕掛けを使う。これは，利得の金額とその金額を受け取ったときの意思決定者の効用を関係づけるものである。

効用関数の例として図3.3を見てみよう。実線は例3.1のビル・コーシャスの効用関数を示している。ビルの効用関数は，次のとおりである。

$$U(x) = \sqrt{x},\ x \geq 0$$

ここで，x は利得の金額である。リスク回避的な個人の効用関数は（下か

---

[8] リスク回避に関する厳密な説明と分析については，Pratt (1964)，または，Laffont (1989) の第2章を見よ。

3.4 合理的でリスク回避的な投資家 81

図 3.3 リスク回避的な効用関数

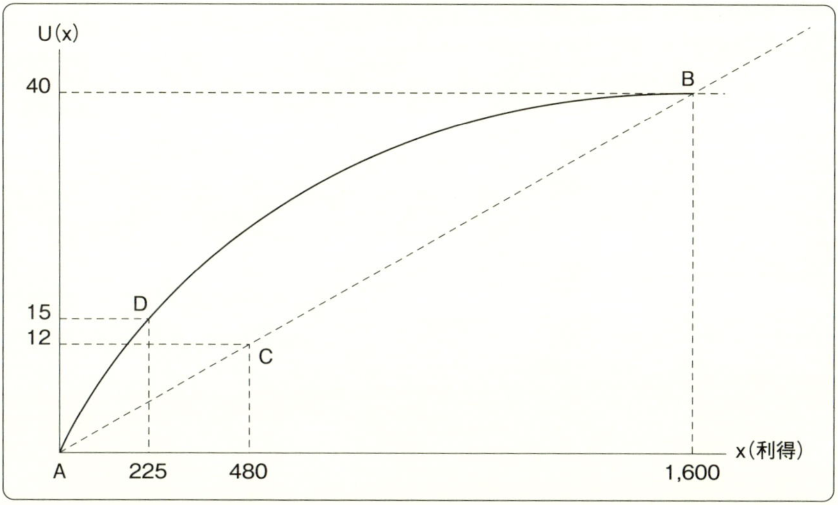

ら見て）凹であることに注意しておこう。

事前確率にもとづいて，行動 a_1 をとったときのビルの期待利得は，$(0.3 \times 1{,}600) + (0.7 \times 0) = 480$ となる。この利得の期待効用は，A と B を結ぶ破線上の点 C である。この期待効用 $(0.3 \times 40) + (0.7 \times 0) = 12$ は，図 3.3 の点 D であらわされる無リスク投資の効用 15 よりも小さい。したがって，ビルが事前確率にもとづいて行動し，合理的に意思決定するならば，無リスク投資を選択することになる。リスクのある投資の利得（480 ドル）が無リスク投資の利得（225 ドル）よりも大きい場合でさえも，無リスク投資を選択する。このことは，ビルがリスク回避的であることを示している。

リスクのある投資のリスクが小さくなったとき，ビルの意思決定が変わるかどうかを見るために，前の例の 0 ドルと 1,600 ドルにかえて，潜在的な利得が 200 ドル（確率 0.7）と 1,133.33 ドル（確率 0.3）だったと仮定しよう。期待利得が，やはり，480 ドルであることが確認できるが，期待効用は 20 に増加する[9]。したがって，事前確率にもとづいて合理的に意思決定するならば，ビルはリスクのある投資を選ぶことになる。期待利得が変わらないのにもかかわらず，リスクの減少が期待効用を引き上げたのである。

---

[9]期待利得は，$(0.7 \times 200) + (0.3 \times 1{,}133.33) = 480$ であり，期待効用は，$(0.7 \times \sqrt{200}) + (0.3 \times \sqrt{1{,}133.33}) = 20$ である。

図 3.4 リスク中立的な効用関数

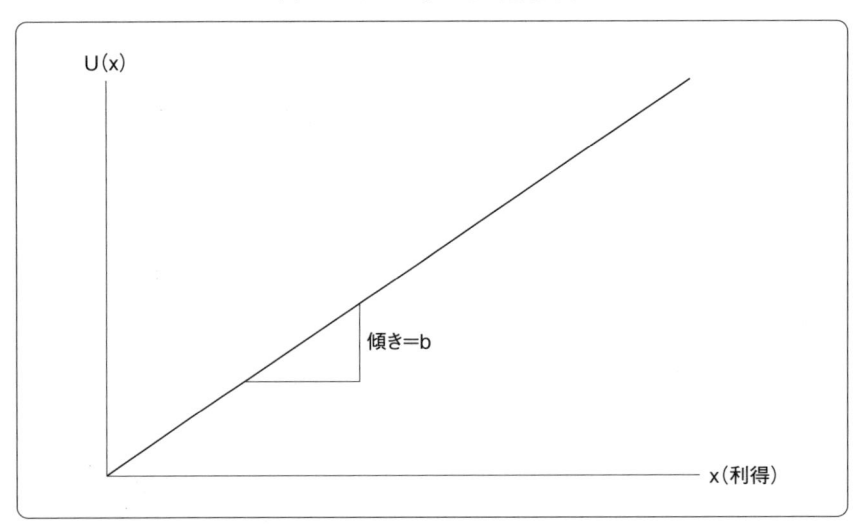

(図：縦軸 U(x)、横軸 x(利得)、原点を通る直線、傾き=b)

リスク回避の仮定は直観的に受け入れやすいものであるが，時折，意思決定者が**リスク中立的 (risk-neutral)** であると仮定することがある。これは，意思決定者が，リスクのある投資を厳密に期待利得だけにもとづいて評価することを意味している。リスクそれ自体，どうでもいいのである。この仮定は例 2.2 で採用された。図 3.4 は，リスク中立的な意思決定者の効用関数を示している。典型的なリスク中立的な効用関数は，b を直線の傾きとして，$U(x) = bx$ とあらわされる。ここで，効用は利得の線形関数である。

リスク中立の仮定は，利得が小さいときには合理的な仮定である。しかし，たいていの場合，リスク回避の仮定の方がより現実的な仮定だろう。リスク回避の考え方は，会計専門家にとって重要である。これによって，投資家は，将来のリターンの期待値についての情報と同じように，リスクについての情報も必要としていることがわかるからである。

3.5 ポートフォリオ分散の原理*

セクション 3.4 では，個人投資家は，普通，リスク回避的であると仮定さ

---

*セクション 3.5，3.6 および 3.7 は，ほとんど流れを中断することなく，スキップすることができる。しかし，分散投資とベータについては，のちの章でしばしば言及することになる。これらの概念にはじめて接する読者は，少なくとも，セクション 3.5 と 3.7.1 を読むべきである。

れると述べた。したがって、投資からの期待利得を固定したとき、合理的な投資家は、できるだけリスクを小さくしたいと考えるか、あるいは同じことであるが、リスクを固定したとき、できるだけ期待利得を高くしたいと考える。つまり、投資家にとって、リスクとリターンはトレードオフの関係にある。大きなリスクを取るのは、期待リターンが高いときだけであり、小さな期待リターンを受け入れるのは、リスクが低いときだけである。

投資家が、期待リターンを一定に保ちつつ、リスクを低くするための方法の1つは、分散投資戦略を採用することである。分散投資をするということは、証券ポートフォリオに投資することにほかならない。ポートフォリオ分散の原理が示すのは、適切な投資戦略を採用することで、すべてのリスクではないが一部のリスクは消去できるということである。この原理は、投資家が必要としているリスク情報の性質について重要な意味を持っている。インタレスト・カバレッジ・レシオや流動比率といった多くの会計ベースのリスク尺度によって報告されるリスクは、適切な分散投資によって、事前に減少させることができるか、あるいは消去することができるのである。

分散投資の原理を説明する前に、リスク回避的な投資家について簡単におさらいしておこう。ある個人の別々の投資機会に対する期待効用を計算する前に、その個人の効用関数がどのようなかたちなのかを知っておく必要がある。たとえば、例3.1のビル・コーシャスの効用関数は $U(x) = \sqrt{x}, x \geq 0$ だった。この効用関数と、利得が獲得できる確率をもとに、別々の投資機会について期待効用を計算して比較することができる。

「ある個人の効用関数がどういうかたちをしているか、どうやって知ることができるのか」と疑問に思う人がいるかもしれない。この疑問を回避するために、ここでは、次のような**平均分散効用** (mean-variance utility) を仮定することにしよう。

$$U_i(a) = f_i\left(\bar{x}_a, \sigma_a^2\right)$$

ここで、記号 a はある投資機会を示している。たとえば、例3.1のように、投資機会は、無リスク国債に対する投資かもしれないし、ある企業の株式に対する投資かもしれない。また、それは、証券ポートフォリオに対する投資でもありうる。

この式は、投資家 i にとって、投資機会 a の効用は、投資機会の期待リター

ン $\bar{x}_a$ と分散で測ったリスク σ_a^2 の関数 f_i であると述べている。ここで，関数 f_i は，$\bar{x}_a$ について増加し，σ_a^2 について減少するものと仮定する。平均分散効用関数の1つの例に次のようなものがある。

$$U_i(a) = 2\bar{x}_a - \sigma_a^2$$

これは，$\bar{x}_a$ について増加し，σ_a^2 について減少する。別々の個人は，期待リターンとリスクのあいだのトレードオフの関係がちがっているだろう。たとえば，よりリスク回避的な投資家は，上記のような $-\sigma_a^2$ ではなく，$-2\sigma_a^2$ という項を持っているかもしれない。一般論としては，ある投資機会に対する効用が，平均と分散だけによって決定されるというのは正しくない。しかし，これ以上の検討は本書の程度を超えている。

　平均分散効用の仮定が会計専門家にとって重要なのは，投資家の意思決定において必要なものを一層明確にしてくれるからである。すべての投資家は，どのような効用関数を持っているかにかかわらず，投資からのリターンの期待値とリスクについての情報を必要としている。もし，平均分散効用を仮定しなければ，どのような情報が必要とされているかを推測するために，投資家の効用関数についてもっと具体的に知ることが必要になるだろう。

　こうした背景を念頭におきつつ，2つの例を使って，ポートフォリオ分散の原理について説明することにしよう。

　あるリスク回避的な投資家（トニ・ディフェリス）が200ドルの投資資金を持っていて，現在20ドルで取り引きされているA社の株式にそのすべてを投資することを検討しているものとしよう。トニは，今期のうちに，株価が22ドルに上昇する確率を0.74と評価し[10]，株価が17ドルに下がる確率を0.26と評価しているものと仮定する。また，A社は，期末に1株当たり1ドルの配当を支払うものと仮定する（配当も不確実だと仮定することもできるが，そうしても議論のポイントは変わらないにもかかわらず，議論が複雑になるだろう）。

---

　[10] この例においては自然の状態集合を省略していることに注意しよう。つまり，トニは，状態を経由しないで，利得の確率を直接評価しているということである。「企業Aが高業績状態にある確率が0.74であり，もしA社が実際にこの状態にある場合には，利得は230ドルになるだろう」という代わりに，「230ドルの利得の確率は0.74である」といっているのである。このように単純化すると分析が簡単になるので，状態集合はしばしば省略される。

例 3.2. [ポートフォリオ分散の原理（その 1）]

意思決定理論の例 3.1 と同じように，トニの主観的確率は，彼女が A 社の財務諸表を分析し，ベイズの定理を適用したあとの事後的なものかもしれない。また，彼女が知りえたほかの情報にもとづいた事前確率かもしれない。ここでは，トニがどの程度情報収集したかはどうでもよい。重要なのは，彼女が確率を評価しているという点である。

トニが直面している投資機会からの利得は次のとおりである。

株価が上昇した場合，22 ドル × 10 株 + 10 ドルの配当 = 230

株価が下落した場合，17 ドル × 10 株 + 10 ドルの配当 = 180

表 3.3 は，この投資機会の期待リターンと分散の計算過程を示している。以後，リターンに注目して説明していくことにしよう。表 3.3 を見ればわかるとおり，リターンは，利得を投資元本（200 ドル）で割ったものである。投資元本で割ることで，利得が標準化される。つまり，利得は異なる証券間で直接比較することはできないが，リターンの場合はこれが可能となる。また，平均分散効用の仮定は，リターンの期待値と分散についてのものなので，リターンという概念は，この仮定とも相性が良い。

ここで，リターンの分散は 0.0120 である。投資リターンの分散は，その投資のリスクの尺度となる。トニはリスク回避的なので，ほかの事情が同じなら，リスクが高くなると彼女の効用は低くなる。

トニの効用関数が，すでに述べたとおり，

$$U_t(a) = 2\bar{x}_a - \sigma_a^2$$

だと仮定しよう。このとき，この投資から得られる効用は，

表 3.3　期待リターンと分散の計算

利得	リターン	確率	期待リターン	分散
230	$\frac{230-200}{200} = 0.15$	0.74	0.1110	$(0.15 - 0.0850)^2 \times 0.74 = 0.0031$
180	$\frac{180-200}{200} = -0.10$	0.26	-0.0260	$(-0.10 - 0.0850)^2 \times 0.26 = \underline{0.0089}$
			$\bar{x}_a = \underline{0.0850}$	$\sigma_a^2 = \underline{0.0120}$

86　第 3 章　財務会計に対する意思決定有用性アプローチ

$$(2 \times 0.0850) - 0.0120 = 0.1580$$

である。

　トニは，今，この投資機会に投資するかどうかを決定しなければならない。この効用が十分高いと感じられなければ，もっと魅力的な投資対象を探すか，200 ドルの資金の別の使い途を探さなければならない。

例 3.3. [ポートフォリオ分散の原理（その 2）]

　実は，トニが合理的なら，上で述べた投資機会に投資することはない。それは，もっと魅力的な投資機会が見つけられるからである。期待リターンは同じだが，リスクがもっと低いような別の投資が可能である。これは，**ポートフォリオ分散の原理** (principle of portfolio diversification) のおかげである。

　説明のため，企業 B の株式もこの市場で取り引きされていて，現在の市場価格が 10 ドルだと仮定しよう。この株式もまた 1 ドルの配当を支払っている。企業 B の株価が期末に 10.50 ドルに上昇する確率が 0.6750 で，8.50 ドルに下落する確率が 0.3250 だと仮定する。

　さて，トニは，200 ドルを投資して，企業 A の株式を 20 ドルで 6 株，企業 B の株式を 10 ドルで 8 株購入することにしたものとする。ここで，企業 A の株式 6 株と企業 B の株式 8 株で構成されるポートフォリオについて，トニの期待効用を計算しなければならない。ここでも，同じ金額（200 ドル）が投資されているが，今度は 2 つの異なった証券に分散投資されていることに注意しよう。

　このポートフォリオから得られる可能性のある利得は 4 つある。どちらの株式も値上がりするケース，1 つの株式は値上がりするものの，もう 1 つの株式は値下がりするケース，どちらの株式も値下がりするケースである。これらのケースに対応する利得と，そのケースが起こる確率は，次のとおりである。

　企業 A の株式が 6 株，企業 B の株式が 8 株が保有されており，1 株当たり配当 1 ドルに加えて，企業 A については 1 株当たり 22 ドル，企業 B については 1 株当たり 10.5 ドルにまで値上がりする可能性がある。表の 1 行目に書かれた 230 ドルはこのように計算される。なお，ほかの利得も同様に計算される。

表 3.4 利得とその確率

A		B		配当		総利得	確率
132	+	84	+	14	=	230	0.5742
132	+	68	+	14	=	214	0.1658
102	+	84	+	14	=	200	0.1008
102	+	68	+	14	=	184	0.1592
							1.0000

さて，次に，4つの利得のそれぞれの確率について詳しく検討してみよう。この例では，企業 A の株式と企業 B の株式から得られるリターンには正の相関がある。この点を理解するために，表 3.4 の第 1 行の総利得 230 ドルについて考えてみる。企業 A と企業 B の株式の両方が値上がりしたときに，この利得が実現する。A 株式と B 株式が値上がりする確率を見ると，これらの株式を別々に考えた場合には，A については 0.74 であり，B については 0.6750 である。もし，A 株と B 株の値動きが独立であれば，両方の株式が値上がりする確率は，$0.74 \times 0.6750 = 0.4995$ になるだろう。

しかし，どのような経済においても，利子率のレベル，外国為替相場，経済活動水準などといった，すべての株式のリターンに影響を与えるような自然の状態，つまり，要因がある。これは，**市場全体に影響する** (market-wide) または**経済全体に影響する要因** (economy-wide factors) と呼ばれている。こういう要因が存在するということは，ある株式が値上がりしているとき，その経済のほかの株式の多くも値上がりしている可能性が高いということである。つまり，リターンが独立なケースと比べると，ほかの株式が値上がりしている可能性が高いのである。このような共通の要因を考慮して，A 株と B 株が同時に値上がりする確率を 0.5742 に設定し，統計的に独立なケースの 0.4995 より高いものと仮定する。

表 3.4 の最終行における 184 ドルの利得に対しても，同じような議論があてはまる。ここでは，企業 A と企業 B がともに値下がりする結合確率を 0.1592 に設定し，統計的に独立なケースの確率 ($0.26 \times 0.3250 = 0.0845$) よりも高い

ものと仮定している。もし，市場全体に影響する要因が（経済全体が不況に陥っているなど）リターンを低めるように作用するのであれば，両方の株式が同時に値下がりする確率は，統計的に独立なケースの確率よりも高くなるはずである。

共通要因の存在によって株式リターンのあいだに正の相関があるとはいっても，この相関関係が完全なものでないのは当然である。表3.4の真ん中の2つの行が示しているように，一方の株が値上がりし，もう一方の株が値下がりするケースもありうる。これは，経済全体に影響する要因に加えて，特定の企業にだけ影響を与えるような**企業固有の要因** (firm-specific factors) もあるからである。たとえば，企業経営の質や，新しい特許権，ストライキ，機械の故障などが例である。よって，表の第2行は，企業Aが（たとえば特許を得たばかりの新発明によって）高いリターンを実現し，企業Bが（たとえば，組立工程の重要な機械の故障によって）低いリターンを実現したケースをあらわしている。しかしながら，経済全体に影響する要因があるために，こうした高い利得や低い利得の実現確率もまた，統計的に独立なケースの確率とは異なるだろう。例3.3においてもそうなっている。

ここまでの議論では，企業の株式リターンのあいだの相関関係の源泉は，市場全体に影響を与える要因だけであると仮定していたことに留意すべきである。つまり，株式リターンに影響を与える要因を経済全体に影響を与える要因と企業固有の要因とに分けて考えてきたのである。これはある種の単純化であって，たとえば，産業全体に影響を与える要因を導入して，追加的な相関関係を導入することができる。しかし，このような単純化は広く一般に普及しており，また，本書での目的にとっては十分なものでもある。すぐあとで検討するように，この枠組みは，株式のリスクについての重要な尺度（ベータ）を与える。ここでは，もしすべての要因が経済全体に影響を与えるようなものなら，すべての株式リターンが完全に相関するだろうということを理解しておけばよい。もしすべての要因が企業固有のものであれば，リターンは統計的に独立になるだろう。たいていの場合がそうであるように，真実はこれらの中間にある。したがって，表3.4の確率は，両方のタイプの要因が存在すると仮定している。

表3.5では，A株とB株からなる2；のポートフォリオの期待リターンと分散が，相関のある確率を使って計算されている。ポートフォリオの期待リ

表 3.5 期待リターンと分散の計算

利得	リターン	確率	期待リターン	分散
230	$\dfrac{230-200}{200}=0.15$	0.5742	0.0861	$(0.15-0.0850)^2 \times 0.5742$ $= 0.0024$
214	$\dfrac{214-200}{200}=0.07$	0.1658	0.0116	$(0.07-0.0850)^2 \times 0.1658$ $= 0.0000$
200	$\dfrac{200-200}{200}=0.00$	0.1008	0.0000	$(0.00-0.0850)^2 \times 0.1008$ $= 0.0007$
184	$\dfrac{184-200}{200}=-0.08$	0.1592	$\underline{-0.0127}$	$(-0.08-0.0850)^2 \times 0.1592$ $= \underline{0.0043}$
			$\bar{x}_a = \underline{0.0850}$	$\sigma_a^2 = \underline{0.0074}$

ターンは,前と同様に 0.0850 であるが（結果を比較するために期待リターンが等しくなるように確率を決めたのである），分散は，0.0120 から 0.0074 へと減少した。トニはリスク回避的なので，A 株式だけでなく，A 株と B 株から構成されるポートフォリオを購入することで，より高い効用を得る。期待リターンが同じなのに，リスクが低くなるからである。

つまり，彼女の効用は，

$$U_i(a) = (2 \times 0.0850) - 0.0074$$
$$= 0.1626$$

となり，単一銘柄投資のときの 0.1580 より向上している。

3.5.1 要約

リスク回避的な投資家は，リスクを減らすために，証券ポートフォリオに投資することで，ポートフォリオ分散の原理を利用することができる。ポートフォリオ投資によってリスクが減少するのは，企業固有の要因の影響が複数の証券のあいだで相殺しあうため，ポートフォリオのリスクとして残るのは，主として経済全体に影響を与える要因だけになるからである。

投資家のリスク選好は人によってちがうかもしれないが，平均分散効用を仮定するならば，投資家の意思決定に必要とされる情報は明らかである。つまり，リスク回避の程度にかかわらず，効用は期待リターンとともに増加し，ポートフォリオ・リターンの分散とともに減少する。

3.6 最適な投資意思決定*

もし，2つの株式からなるポートフォリオへの投資が1つの株式に対する投資より望ましいのであれば，3株ポートフォリオは，2株ポートフォリオよりも望ましく，株数が増えればさらに望ましいだろう。たしかにそのとおりであり，証券取引手数料のような取引費用がないならば，トニは，市場において取り引きされているすべての証券をポートフォリオに含めるまで買い続けるべきである。このような行動は「市場ポートフォリオを保有する」といわれる。ここで，投資総額は200ドルのままであるが，数多くの証券に分散投資されていることに注意しておこう。

ある金額をポートフォリオに投資すると，ポートフォリオと同じ期待リターンを持つ単一銘柄に同額を投資した場合と比べて，リスクを減らすことができる理由を確実に理解しよう。その理由は，複数のリスク投資をしたとき，「企業固有のリスクは相殺しあう傾向がある」からである。ある株式が値下がりしたとき，別の株式が値上がりする可能性は常にある[11]。ポートフォリオに含まれる企業の数が増えれば増えるほど，この効果は強く効くことになる。結果として，すでに分散の計算で示したように，リターンについてのリスクは減少するのである。もちろん，経済全体のリスクがあるかぎり，リスクは完全には相殺されない。市場ポートフォリオを保有しているとき，リスクは最低となるが，その場合であっても，経済全体に影響する要因はポートフォリオのリスクを構成し，このリスクは分散投資によっては消去できないのである。このような分散不能リスクのことを**システマティック・リスク** (systematic risk) と呼ぶ。

概念上，市場ポートフォリオは，その経済において，投資対象として手に

---

*このセクションは，流れを中断することなく，スキップすることが可能である。

[11] ここで言及したリスクは，「事前の」リスクである。つまり，投資家は，投資を決定しつつある段階であって，将来のことを考えているということである。ポートフォリオを構成する企業が，好ましくない企業固有の要因のために値下がりしたとき，投資家が「事後の」意味で不満を持つことはある。

入るすべての資産を含んでいる。しかし，実務上は，主な証券取引所で取り引きされているすべての証券を市場ポートフォリオとするのが普通である。そうすると，市場ポートフォリオに対するリターンについては，ニューヨーク証券取引所のダウ・ジョーンズ産業平均指数や，S&P/TSX 総合指数[12]のような証券取引所の市場インデックスに対するリターンを代理変数にすることができる。

さて，我らが投資家，トニ・ディフェリスに戻ろう。分散投資のメリットについて聞いたあと，トニは市場ポートフォリオを購入することにした。彼女の最初の仕事は，市場ポートフォリオの期待リターンと分散を計算することである。彼女の主観的な見積もりによると，次の期において S&P/TSX 複合指数が 10%増加する確率が 0.8 あり，2.5%増加する確率が 0.2 ある。そこで，市場ポートフォリオの期待リターンと分散を，それぞれ $\bar{x}_M$ と σ_M^2 であらわす。

$$\bar{x}_M = (0.10 \times 0.8) + (0.0250 \times 0.2) = 0.0850$$
$$\sigma_M^2 = [(0.10 - 0.0850)^2 \times 0.8] + [(0.0250 - 0.0850)^2 \times 0.2]$$
$$= 0.0002 + 0.0007$$
$$= 0.0009$$

これにしたがうと，トニの効用は，

$$2\bar{x}_M - \sigma_M^2 = 0.1700 - 0.0009$$
$$= 0.1691$$

となり，例 3.3 の 2 株ポートフォリオの効用 0.1626 よりも大きくなる。

次の問題は，これがトニの最適な意思決定なのかどうかである。おそらく，そうではないだろう。もしトニがかなりリスク回避的であれば，0.0009 よりも小さなリスクにしたいと思い，結果として，低い期待リターンを進んで受け入れるかもしれない。

トニが取ることのできる 1 つの方法は，ポートフォリオに含まれるリスクの高い株式を売却することである。しかし，リスクの高い株式を売却してし

---

[12]【訳注】これはスタンダード・アンド・プアーズ社 (S&P) が発表するカナダのトロント証券取引所 (TSX) の株価指数である。

図 3.5　最適ポートフォリオ投資意思決定

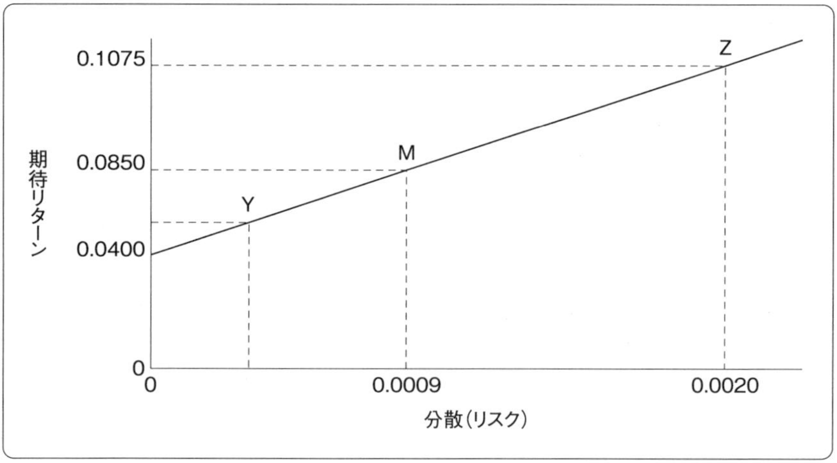

[図：横軸「分散(リスク)」、縦軸「期待リターン」。原点(0, 0.0400)から右上がりの直線上に、点Y(約0.0004, 0.0525付近)、点M(0.0009, 0.0850)、点Z(0.0020, 0.1075)がプロットされている]

まうと，もう市場ポートフォリオを保有しているとはいえなくなり，分散投資のメリットの一部が失われてしまう。どうしたら，分散投資のメリットを失うことなくポートフォリオのリスクをトニが望むレベルに調整できるだろうか。

　その答えは，**無リスク資産** (risk-free asset) にある。たとえば，4％の利子を支払う国債のような無リスク資産があれば，投資家は市場ポートフォリオの一部を売却し（つまり，それぞれの証券を売却して投資総額を抑えながらも市場ポートフォリオと同じ構成を保ち続け），その売却代金を無リスク資産購入に充てるのである。この方法は，図 3.5 において，市場ポートフォリオだけを保有している点 M から，点 Y への移行として描かれている。点 Y においては，点 M と比較すると，リスクも小さいが，期待リターンも小さくなっている。しかし，投資家がかなりリスク回避的であれば，これは効用を増加させるかもしれない。

　逆に，もしトニがあまりリスク回避的でないとすれば，無リスク利子率で借入れを行い，もっと市場ポートフォリオを購入して，より高い期待リターンとより大きなリスクを持つ点 Z へ移動しようとするかもしれない。

　このように，おのおのの投資家は，分散投資によるリスク低減効果を最大に保ったまま，自分が望んだとおりのリスクとリターンの組み合わせをつくることができる。

3.6 最適な投資意思決定

説明のため，トニが 0.04 の金利で 100 ドルの借入れをし，市場ポートフォリオを 100 ドル分追加購入したものとしよう。トニは，今や市場ポートフォリオを 300 ドル分保有しており，0.0850 のリターンを期待できる一方，4%の金利で 100 ドルの借金を負っている。しかし，彼女自身の投資額はやはり 200 ドルである。したがって，彼女の期待リターンは，次のようになる。

$$\bar{x}_a = \left(\frac{300}{200} \times 0.0850\right) - \left(\frac{100}{200} \times 0.0400\right)$$
$$= (0.1275 - 0.0200)$$
$$= 0.1075$$

トニは 200 ドルの投資で 300 ドル分のリスクにさらされているので，リターンの分散も増加することになる。借入金 100 ドルについては，金利も元本も固定されているので，もちろん何のリスクもない。トニのリターンの分散は，

$$\sigma_a^2 = (300/200)^2 \times 0.0009$$
$$= 0.0020$$

となるため，効用は $(2 \times 0.1075) - 0.0020 = 0.2130$ となる。この投資によって，トニは，単純に市場ポートフォリオを保有した場合の効用 (0.1691) よりも高い効用を得る。トニは，自分の効用を最大化するような $\bar{x}_a$ と σ_a^2 に達するまで，借入れと再投資を続けるだろう。結局，トニがいくらでも 4%で借り入れられるとすれば，彼女は 9,800 ドルを借り入れることになり，このときの効用は 2.33 になる。

3.6.1 要約

取引費用を無視すると，リスク回避的な投資家の最適な投資意思決定は，期待リターンとリスクのあいだの最適な組み合わせになるように，市場ポートフォリオと無リスク資産を組み合わせて購入することである。この組み合わせは個人個人によってちがい，投資家の効用関数によって決まる。市場ポートフォリオに対する投資を減らして，その売却代金で無リスク資産を購入したいと思う投資家もいるだろう。また，無リスク利子率で借入れを行い，投資を増やしたいと思う投資家もいるだろう。いずれにしても，すべての投資家は分散投資のメリットを完全に享受しつつ，最適なリスクとリターンの組み合わせを達成することが可能である。

3.7 ポートフォリオ・リスク*

3.7.1 ベータの計算と解釈

　分散投資の原理は，投資の理論における個別証券の重要なリスク尺度に関連している。それはベータ (beta) と呼ばれ，ある証券の価格の変化と市場ポートフォリオの市場価格の変化とのあいだの連動性を測定する。説明のため，セクション3.6で与えられた市場ポートフォリオMと関係づけて，例3.3の企業AとBの株式のベータを計算する。

　ベータは，財務会計において，重要で有用な概念である。第5章で見るとおり，株式のベータは，財務会計情報が投資家にとって有用であるかどうかを調べる実証研究において，決定的に重要な要素である。また，ベータは，企業のリスクについて報告するときの「出発点」でもある。したがって，株式のベータがどういうものなのか，ベータが企業のリスクについてどういう意味があるのかを理解することは，会計の基礎知識の重要な部分である。

例 3.4. [ベータの計算]

　A株式のベータを β_A であらわすことにすると，

$$\beta_A = \frac{\text{Cov}(A, M)}{\text{Var}(M)}$$

となる。ここで，$\text{Cov}(A, M)$ は，A株式のリターンと市場ポートフォリオMのリターンの共分散である。つまり，β_A は，市場が変動するときに，A株式のリターンがどれくらい強く変化するのかを測定するものである。たとえば，ベータの大きい証券のリターンは，市場の条件が変化すると大きく振れることになる。経済条件の変化に敏感な産業，航空会社や航空機製造会社の株式が例として挙げられる。

　分散 $\text{Var}(M)$ で割るのは，たんに標準化するため[13]であり，このことによって，$\text{Cov}(A, M)$ を市場の分散の単位で表現することが可能になる。たとえば，トロント証券取引所とニューヨーク証券取引所のリターンが異なった分散を

＊このセクションは，流れを中断することなく，スキップすることが可能である。

[13]【訳注】分散 $\text{Var}(M)$ で割ることによって，ある株式の市場変動に対する感応度が標準化されることは事実であるが，感応度を分散 $\text{Var}(M)$ で割るのは，標準化のためだけではない。これは，資本資産価格形成モデルの仮定から導き出された結果である。ただし，このことを厳密に証明すると本書の範囲を逸脱するので，さしあたり，分散 $\text{Var}(M)$ で割るのは標準化のためだと理解しておけばよい。資本資産価格形成モデルについては，セクション4.5を見よ。

3.7 ポートフォリオ・リスク

表 3.6 期待リターンと分散の計算

リターン		結合確率
A	**M**	
大	大	$(0.15 - 0.0850)(0.10 - 0.0850) \times 0.72 = 0.0007$
大	小	$(0.15 - 0.0850)(0.0250 - 0.0850) \times 0.02 = -0.0001$
小	大	$(-0.10 - 0.0850)(0.10 - 0.0850) \times 0.08 = -0.0002$
小	小	$(-0.10 - 0.0850)(0.0250 - 0.0850) \times 0.18 = \underline{0.0020}$
		$\text{Cov}(A, M) = \underline{0.0024}$

持っているとき，それぞれの取引所のリターンの分散で割っておけば，カナダの企業のベータとアメリカの企業のベータを直接比較することができる。

証券 A のベータを計算するために，A の条件付きの利得確率を次のように仮定しよう。

- M に対するリターンが大きいとき，
  A に対するリターンが大きい確率 = 0.90
  A に対するリターンが小さい確率 = 0.10
- M に対するリターンが小さいとき，
  A に対するリターンが大きい確率 = 0.10
  A に対するリターンが小さい確率 = 0.90

これらの確率は，M のリターンと関連づけられた A 株式のリターンの過去のデータを調べることで見積もることができるかもしれない。$\text{Cov}(A, M)$ は，表 3.6 で計算される。

表の第 1 行において，0.15 と 0.0850 は，A の大きい方のリターンと期待リターンである。（表 3.3 を見よ。）同様に，0.10 と 0.0850 は，M の大きい方のリターンと期待リターンである。（セクション 3.6 を見よ。）A と M の両方のリターンが大きいケース（A 大かつ M 大）の結合確率は，

$$\Pr(\text{A 大かつ M 大}) = \Pr(\text{M 大}) \Pr(\text{A 大} | \text{M 大})$$
$$= 0.8 \times 0.9$$
$$= 0.72$$

表の残りの行は各自で検証しておこう。

次に，セクション 3.6 で，$\sigma_M^2 = \text{Var}(M) = 0.0009$ であったことを思い出すと，

$$\beta_A = \frac{0.0024}{0.0009} = 2.6667$$

と計算できる。

例 3.3 の証券 B について，条件付きの利得確率を次のように仮定しよう。

- M に対するリターンが大きいとき，
  B に対するリターンが大きい確率 = 0.7917
  B に対するリターンが小さい確率 = 0.2083
- M に対するリターンが小さいとき，
  B に対するリターンが大きい確率 = 0.2083
  B に対するリターンが小さい確率 = 0.7917

同様の計算の結果，

$$\beta_B = \frac{0.0014}{0.0009} = 1.5556$$

この計算は各自で検証しておこう[14]。

---

[14] B の期待リターンは，

$$\left(0.6750 \times \frac{92 - 80}{80}\right) + \left(0.3250 \times \frac{76 - 80}{80}\right)$$
$$= (0.6750 \times 0.15) + (0.3250 \times -0.05) = 0.0850$$

（例 3.3 を見よ。）
Cov(B, M) は，次のように計算される。

リターン		結合確率
B	**M**	
大	大	$(0.15 - 0.085)(0.10 - 0.085) \times 0.6333 = 0.0006$
大	小	$(0.15 - 0.085)(0.025 - 0.085) \times 0.0417 = -0.0002$
小	大	$(-0.05 - 0.085)(0.10 - 0.085) \times 0.1667 = -0.0003$
小	小	$(-0.05 - 0.085)(0.025 - 0.085) \times 0.1583 = \underline{0.0013}$
		Cov(B, M) = $\underline{\underline{0.0014}}$

B 大かつ M 大のケースの結合確率は，$0.8 \times 0.7917 = 0.6333$ で与えられる。残りは各自で検証せよ。

β_B は β_A よりも小さいので，B株式だけを購入する投資家は，A株式だけを購入する投資家よりも，株式市場全体の騰落から隔離されている。小さなベータが小さいリスクをあらわしているというのは，そういう意味である[15]。

3.7.2 ポートフォリオの期待値と分散

平均分散効用を持つリスク回避的な投資家は，投資ポートフォリオの期待リターンと分散を知る必要があるので，ここで期待値と分散の計算方法を与えておく。その過程で，ある証券のベータは，その証券がポートフォリオに追加するシステマティック・リスクの尺度であることがわかるだろう。

ポートフォリオPのリターンの期待値は，ポートフォリオの中の証券の期待リターンの加重平均として計算される。

$$\bar{x}_P = k_1 \bar{x}_1 + k_2 \bar{x}_2 + \cdots + k_n \bar{x}_n$$

ここで，$\bar{x}_P$ は，Pに対する期待リターンであり，$\bar{x}_1$ 等は，証券1の期待リターン等であり，k_1 等は証券1等がポートフォリオ投資全体に占める割合であり，ポートフォリオの中には n 銘柄の証券が含まれている。

例3.3では，$n = 2, k_1 = 120/200 = 0.6, k_2 = (1 - k_1) = 0.4$ であり，トニのポートフォリオの中にある証券AとBの期待リターンは，ともに0.0850であった。したがって，公式によると，

$$\bar{x}_{A+B} = (0.6 \times 0.0850) + (0.4 \times 0.0850) = 0.0850$$

となり，これはもちろん，表3.5の直接の計算結果と一致する。

ポートフォリオ・リターンの分散については，確率変数の和の分散についての標準的な公式を適用することができる。

$$\begin{aligned}\text{Var}(P) = \sigma_P^2 &= k_1^2 \sigma_1^2 + k_2^2 \sigma_2^2 + \cdots + k_n^2 \sigma_n^2 \\ &\quad + 2k_1 k_2 \text{Cov}(x_1, x_2) + 2k_1 k_3 \text{Cov}(x_1, x_3) + \cdots + 2k_{n-1} k_n \text{Cov}(x_{n-1}, x_n)\end{aligned}$$

---

[15] A株式は，B株式と同じ期待リターン (0.085) を持つがリスクは大きい。これは，$\beta_A = 2.6667$ で $\beta_B = 1.5556$ だからである。よって，トニは，B株式だけを購入するべきのように見えるかもしれない。しかし，この考え方は正しくない。トニは，やはり，A株式もB株式もポートフォリオに含めたいと考えるだろう。もし200ドルすべてをB株式に投資したとすると，期待リターンは0.085で，リターンの分散は0.0088（脚注15を見よ）となるので，期待効用は0.1612であり，これはA株式とB株式を両方保有した場合の期待効用 0.1626 より小さい。このケースでは，B株式が小さなリスクを持っているという事実より，分散投資のメリットの方が上まわっている。

つまり，Pの分散は，個々の証券の分散の加重平均に，共分散の，すべての証券の組み合わせについての加重平均を加えたものである。

例 3.3 においては，この公式は次のようになる。

$$\mathrm{Var}(A+B) = k_1^2\,\mathrm{Var}(A) + (1-k_1)^2\,\mathrm{Var}(B) + 2k_1(1-k_1)\,\mathrm{Cov}(A,\,B)$$

ここでの主なポイントは，ポートフォリオの分散は，それを構成する証券のリターンの分散だけでなく，証券リターンに相関があるときは，証券リターンのあいだの共分散にも依存するということである（もし，A と B が無相関であれば，$\mathrm{Cov}(A,B) = 0$ である）。

投資の文脈では，A に対するリターンと B に対するリターンは，経済全体に影響する要因があるため，明らかに相関している。それに，証券リターンのあいだの相関関係の源泉は，経済全体に影響する要因だけであると仮定してきた。したがって，A と B のあいだの共分散を，A と B の市場ポートフォリオ P とのあいだの共分散によって表現することができる。

$$\mathrm{Cov}(A,\,B) = \frac{\mathrm{Cov}(A,\,M)\,\mathrm{Cov}(B,\,M)}{\mathrm{Var}\,M}$$

$$= \mathrm{Var}(M)\beta_A\beta_B$$

ポートフォリオの分散は，次のようになる[16]。

$$\mathrm{Var}(A+B) = 0.6^2\,\mathrm{Var}(A) + 0.4^2\,\mathrm{Var}(B) + 2\times 0.6\times 0.4\,\mathrm{Var}(M)\beta_A\beta_B$$

$$= (0.36\times 0.0120) + (0.16\times 0.0088)$$

$$+ (0.48\times 0.0009\times 2.6667\times 15556)$$

$$= 0.0043 + 0.0014 + 0.0017$$

$$= 0.0074$$

これは，表 3.5 における直接計算の結果と一致する。したがって，証券 A と B は，ポートフォリオ分散 0.0074 のうち，0.0017 のシステマティック・リスク，つまり，約 23%を占めていることがわかる。

---

[16] $\mathrm{Var}(B) = \sigma_B^2 - [0.6750\times(0.15-0.0850)^2] + [0.3250\times(-0.05-0.0850)^2]$
   $= 0.0029 + 0.0059$
   $= 0.0088$

3.7.3　証券の数が増えたときのポートフォリオ・リスク

23 パーセントを占めているというのは，それほど大きなウェイトではないように見えるかもしれないが，この結果はポートフォリオに含まれる証券の数が 2 つだからである。ポートフォリオに含まれる証券の数が増えると，何が起こるのか検討してみよう。ポートフォリオに含まれる証券の数を n とする。簡単化のため，それぞれの証券に同じ額だけ投資すると仮定して，P の中の各証券の割合を総投資金額の $1/n$ とする。このとき，

$$\begin{aligned}\text{Var}(P) &= \frac{1}{n^2}\sigma_1^2 + \frac{1}{n^2}\sigma_2^2 + \cdots + \frac{1}{n^2}\sigma_n^2 \\ &\quad + \frac{2}{n^2}\text{Cov}(x_1, x_2) + \frac{2}{n^2}\text{Cov}(x_1, x_3) + \cdots + \frac{2}{n^2}\text{Cov}(x_{n-1}, x_n) \\ &= \frac{1}{n^2}\left[\sigma_1^2 + \sigma_2^2 + \cdots + \sigma_n^2\right] + \frac{2}{n^2}\text{Var}(M)\left[\beta_1\beta_2 + \beta_1\beta_2 + \cdots + \beta_{n-1}\beta_n\right]\end{aligned}$$

となる。

この式の中には，n 個の分散の項がある。しかし，共分散の項の数は，n と比較して急速に大きくなる。実際，$n(n-1) \div 2$ 個の共分散の項があるのである。たとえば，$n = 10$ のとき，分散の項が 10 個なのに対し，共分散の項は 45 個になる。

このことは，それほど証券の数が多くないポートフォリオであったとしても，リスクのほとんどは，共分散の項に起因するシステマティック・リスクだということを意味している。たとえば，$n = 10$ のとき，分散の項にかかる係数は 1/100 にすぎず，10 個の証券の分散は，平均的な分散の 10% 程度がポートフォリオの分散に寄与しているにすぎない。システマティック・リスクの項の係数はわずか 2/100 にすぎないが，システマティック・リスクの項は 45 個もあるために，共分散の項の平均の 90 パーセントがポートフォリオの分散に寄与しているのである。いいかえると，分散投資のメリットのほとんどは，ポートフォリオの中に，ほんの何種類か証券があれば達成できる。証券取扱手数料やその他の取引費用のため，ほとんどの投資家は市場ポートフォリオに投資できないことを考えれば，この事実は幸運であるといえる[17]。会計の

---

[17] 市場ポートフォリオを購入するかわりにインデックス・ファンドを購入するという方法もある。これは，株式市場インデックスのリターンと同じリターンを生み出すファンドである。インデックス・ファンドを購入することで，少ない取引費用で，分散投資のメリットのすべてを享受することができる。しかし，インデックス・ファンドのマネージャーが，インデックスに含まれるすべての銘柄を購入しないこともある。その場合，マネージャーは，株式の期待リターンとベータに大いに関心を持つだろう。

観点からいえば、たいていの投資家にとって、有用な情報というのは、証券の期待リターンとベータを評価するのに役に立つ情報のことだということである。

3.7.4 要約

取引費用が無視できないとき、リスク回避的な投資家の最適な投資意思決定は、市場ポートフォリオを購入するのではなく、比較的少数の証券を購入することである。妥当なコストを負担して、比較的少数の証券を購入するだけで、分散投資のメリットの大部分を享受することができる。

比較的少数の証券を購入している投資家にとっては、証券の期待リターンやベータについての情報が有用である。こうした情報があれば、投資家は、投資対象として検討する可能性のあるさまざまなポートフォリオの期待リターンとリスクを見積もることができる。そのおかげで、投資家は、負担してもかまわないと考える取引費用のレベルに応じて、自分にとって最適なリスクとリターンの組み合わせを選択することができる。

3.8 意思決定有用性アプローチに対する職業会計団体の反応

主な職業会計団体が意思決定有用性アプローチを採用してきたのは興味深いことである。たとえば、CICA ハンドブックのセクション 1000（パラグラフ 1000.15）は、次のように述べている。

> 財務諸表の目的は、投資家、構成員、寄贈者、債権者およびその他の利用者にとって、... 資源配分の意思決定をしたり、経営者の受託責任を評価する上で、有用な情報を伝えることである。

しかし、意思決定有用性アプローチをいち早く、もっとも完全なかたちで採用したのは、FASB の概念フレームワーク・プロジェクトである。概念フレームワークは、とくに、投資家が将来の投資リターンの期待値とともに不確実性についての情報を必要としていることに言及している。CICA ハンドブックのセクション 1508 は、測定の不確実性のディスクロージャーについて、条件を定めているものの、セクション 1000 はリスクに言及していない。合理的な投資家は期待リターンについての情報と同じように、リスクについての情報も必要としているという観点から、ここでは概念フレームワークに

集中して議論することにしよう。

　財務会計概念ステートメント (1978) (SFAC 1) によれば，概念プロジェクトの目的は「財務会計と財務報告の基準の基礎を説明する」ことにある。SFAC 1 は，財務報告の目的をいくつか示している。財務報告の第 1 の目的は，

> 現在の，または，潜在的な投資家，債権者およびその他の利用者が，合理的な投資や融資の意思決定およびこれに類似した意思決定を行う上で，有用な情報を提供すること

である。

　この目的において，とくに「合理的」という語が使われていることに注意しておこう。この概念は，経済学の意思決定理論の前提である。セクション 3.4 で指摘したとおり，理論どおりに行動する意思決定者，つまり期待効用を最大化するように意思決定を行う人は，合理的であるといわれる。

　また，財務報告の一般的な目的の中に，さまざまな利害関係者（現在の，または，潜在的な投資家，債権者およびその他の利用者）が言及されており，さまざまな意思決定（投資や融資の意思決定およびこれに類似した意思決定）が記述されていることに注意しよう。これによって，どのような意思決定者や意思決定が想定されているのかという問題が生じる。これを受けて，SFAC 1 は財務報告の第 2 の目的を，

> 現在の，または，潜在的な投資家，債権者およびその他の利用者が，配当または利子ならびに証券や債権の売却，償還，満期などから得られる代金といった将来のキャッシュ・フローの金額，タイミングおよび不確実性を評価する上で，有用な情報を提供すること

としている。

　したがって，SFAC 1 で取り上げられている主な意思決定は，企業の株式や負債についての投資意思決定であることがわかる。とくに，配当または利子から得られる将来のキャッシュ・フローは，「利得」であり，例 3.1 の利得表（表 3.1）における利得によく似ている。現在の投資家だけでなく，潜在的な投資家もこういった投資意思決定をすることに注意しよう。これは，財務諸表というものは，現在の企業に投資している投資家だけでなく，市場に対し

て有用な情報を伝えるものでなければならないことを意味している。

　また，第2の目的が未来志向である点にも注意しよう。この目的は，配当や利子からの「将来の」キャッシュ・フローについての情報を要求している。ここでは，投資家が，投資から得られる「将来の」利得を見積もる上で役に立つ情報を必要としていることがはっきりと認識されている。とくに，第2の目的は，投資家は将来のリターンの「金額，タイミングおよび不確実性」を評価する必要があると述べている。これらの概念は，言葉の使い方が多少ちがっているものの，将来のリターンの期待値とリスクに関連していることがわかるだろう。したがって，第2の目的は，投資の理論が予想するのと同じように，（リスク回避的な）投資家は期待リターンについての情報だけでなく，リスクについての情報も必要としていることをはっきりと認識しているのである。

　そこで，次に問題になるのは，将来のリターンを予測する上で，取得原価主義にもとづいた財務諸表がどのように役に立つのかという点である。おそらく，これは，FASBの概念フレームワークが直面した大きな問題だろう。実務においては，取得原価主義会計が使われることを前提にして，過去の企業業績と将来の見通しとのあいだに何らかの関係を確立する必要があった。もしそのような関係がないのなら，SFAC 1の意思決定を意識した目的は達成できないだろう。

　実は，過去の企業業績と将来の見通しとの関係は，意思決定理論モデルを利用することで，理解することができる。とくに，例3.1の情報システム（表3.2）を参照しよう。この表は，現在の財務諸表情報（GNまたはBN）と将来の投資利得を決定する将来の自然の状態（高業績または低業績）とのあいだの確率的な関係を示している。つまり，現在の財務諸表情報と将来のリターンは，情報システムの条件付き確率を通じて結びついているのである。

　情報システムを通じた関係という考え方と整合して，SFAC 1は，次のように述べている。

　　　　投資や融資の意思決定は，将来の企業業績についての投資家や
　　　　債権者の期待を反映したものではあるものの，こうした期待は，
　　　　少なくとも部分的には，過去の企業業績に対する評価にもとづ
　　　　いているのが一般的である。

これは，概念フレームワークが，過去志向的な取得原価主義の財務諸表情報が，将来のことを考えている投資家にとっても有用であると主張する上で決定的に重要な議論である。そして，この議論は，投資家が将来のリターンを見積もる上で役に立つ情報こそが有用であると主張する意思決定有用性アプローチとも整合している。

SFAC 2 において，FASB は，財務諸表情報が投資家の意思決定にとって有用であるために必要とされる特性についての検討をはじめた。これも，概念フレームワーク全体にとって，決定的に重要で注意を要する部分である。どのように財務諸表情報を提示したら，投資家が将来のリターンを予測する上で一番利用してもらえるようになるだろうか。ここでもまた，答えは，**目的適合性** (relevance) と**信頼性** (reliability) の概念の中にある。

第 2 章では，企業の将来の経済的見通しについて投資家に情報を与えるものとして，目的適合的な財務諸表を定義した。SFAC 2 における定義は，これよりいくらか広い。

> 目的適合的な会計情報は，投資家が，過去・現在・将来の事象が引き起こす結果を予測し，事前の期待を確認したり改訂したりする上で役に立つことをとおして，意思決定に影響を与えることができる。会計情報は，意思決定者の予測能力を改善したり，以前の期待に対してフィードバック情報を提供することで，意思決定に影響を与えることができる。通常，情報は，これら 2 つのことを同時に行う。これは，意思決定者が，すでに実行した行動の結果を知ると，類似の行動を取ったときに生じる結果を予測する能力が改善されるからである。

SFAC 2 の定義の本質は，会計情報は，それが（将来の業績やその結果生じる利得のような）事象を予測する上で，財務諸表利用者の役に立つとき，目的適合的であるということである。これもまた，意思決定有用性アプローチと整合する。さらに，第 2 章の理想的状況では，目的適合的な財務諸表情報は，将来利得または期待将来利得（の割引現在価値）から構成されるといえる。理想的状況が成り立たない場合には，目的適合的な財務諸表は，投資家が自分自身で将来の利得の期待を形成するときに役に立つような情報から構成される。目的適合性の定義を，投資家が自分自身の利得を見積もる上で役

に立つ情報を含むように拡張すると，情報が目的適合的とされる範囲は大幅に拡張される。

また，FASBによる目的適合性の考え方は，意思決定理論における情報の定義と整合していることに留意すべきである。情報は，個人の意思決定を変化させる可能性のある証拠だったことを思い出そう。つまり，証拠というものは，利用者の意思決定に影響を与える能力をもっていなければ，本当は情報とはいえないのである。情報の果たす役割は，ベイズの定理を適用するとき，とくにはっきりする。例3.1で説明されたように，ベイズの定理は，投資家が新しい情報にもとづいて，当面の目的に関連した自然の状態についての事前の信念を改訂するときの手段である。

SFAC 2において，もう1つの望ましい情報特性は信頼性である。第2章では，信頼できる情報は，正確で不偏的な（バイアスのない）情報として定義された。SFAC 2は，次のように述べている。

> 情報が信頼可能であるためには，表現の忠実性を有し，検証可能で中立的なものでなければならない。

この特性を，本書における定義と一致させることが可能である。表現の忠実性と中立性は，不偏性と同じものと考えることができる。たとえば，経営者があらかじめ決めておいた結果になるように財務諸表にバイアスが持ち込まれていたとしたら，そのような情報は，表現の忠実性を充たすものでも，中立的なものでもないだろう。

また，財務諸表情報の正確性は，表現の忠実性および検証可能性と同じものと考えることができる。セクション2.4において見たように，RRAの大きな問題は，埋蔵量の割引現在価値評価が非常に不正確であったため，前年の評価額に対して多額の調整がいつも必要とされていた点にあった。つまり，このような推定値は，石油会社の将来キャッシュ・フローを予測するのに使えるほど，十分に正確ではなかったのである。したがって，このような推定値は，それがあらわしているとされる資源や事象を忠実に表現しているとはいえないものであった。さらに，同じ状況の下で，それぞれ独立に測定する人は，おそらく別のRRA推定値を得るだろう。その意味において，この推定値は検証可能なものでもないだろう。

SFAC 2 は，有用な財務諸表情報の望ましい特性について，さらに議論を続けている。そのうちの1つは，**適時性** (timeliness) であり，それは目的適合性に対する制約であると考えられる。つまり，経営者が情報の開示を遅らせた場合，その情報がただちに開示されていたとしたら，その情報が持っていたはずの目的適合性がなくなってしまうのである。

すでに述べたように，理解しておくべき主なポイントは，投資意思決定目的に有用であるために，財務諸表情報は必ずしも企業の将来の利得を直接予測する必要はないということである。むしろ，財務諸表情報が，目的適合性，信頼性，適時性のような，ある種の望ましい特性を持っているときに，その情報は，投資家が自分自身で企業の将来の利得を予測するときに情報提供的なものとなりうるのである。

3.8.1 要約

FASB の SFAC 1 は，財務会計と財務報告に意思決定理論を導入した重要なものである。さらに，SFAC 1 は，経済学やファイナンスで盛んに研究されてきた投資家の意思決定の理論にもとづいている。

SFAC 2 は，有用な会計情報が持っていなければならない特性を一層具体的に説明することで，意思決定有用性アプローチを実際に適用可能なものにしている。要するに，会計情報は，現在の財務諸表を将来の状態の実現や利得と結びつけるような，情報提供的な情報システムを提供するものでなければならない。主要な2つの情報特性は，目的適合性と信頼性である。目的適合的な情報は，将来のリターンについての投資家の信念を変える力を持った情報であり，その情報は適切な時期に開示される必要がある。信頼できる情報は，それが測定しようとするものを忠実に表現する。その情報は，正確で，偏りのないものでなければならない。

3.9 意思決定有用性についての結論

先駆的な ASOBAT やトゥルーブラッド委員会報告によると，財務報告について意思決定有用性アプローチを採用するかぎり，会計専門家は財務諸表利用者の意思決定問題を理解する必要がある。単一個人意思決定理論とポートフォリオ投資意思決定の理論によって，合理的でリスク回避的な投資家がど

のような情報を必要としているのかを理解することができる。これらの理論によると，合理的でリスク回避的な投資家は，証券の期待リターンと，こうしたリターンのリスクの程度を評価するのに役に立つ情報を必要としている。投資の理論においては，ベータが重要なリスク尺度であり，これは，ある証券のリターンと市場ポートフォリオのリターンのあいだの標準化された共分散のことである。この共分散リスクは，ポートフォリオが比較的少数の証券しか含んでいない場合でさえも，分散投資されたポートフォリオが持っているリスクの主要部分である。

　取得原価主義の財務諸表は，将来の投資利得について直接的な情報を与えないが，投資家にとっては，重要で，費用対効果の高い情報源である。財務諸表は，投資家が，将来の企業業績を予測し，次に将来の投資リターンを予測する上で役に立つ情報システムを提供する。財務諸表が目的適合的で信頼できるものであれば，さらに予測に役に立つものとなろう。

　CICA や FASB のような主な会計基準設定機関は，意思決定有用性アプローチを採用してきた。その証拠は，概念フレームワークの中に見い出すことができる。概念フレームワークは，投資家に目的適合的で信頼できる情報を提供する上で，財務報告が果たす役割をはっきりと認識している。

第4章

効率的証券市場

図 4.1　第 4 章の構成

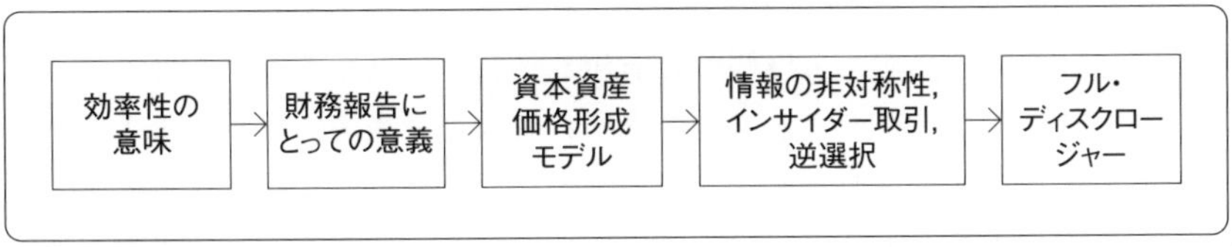

効率性の意味 → 財務報告にとっての意義 → 資本資産価格形成モデル → 情報の非対称性, インサイダー取引, 逆選択 → フル・ディスクロージャー

4.1　概要

　この章では，証券市場における投資家同士の相互作用を検討する。効率的な証券市場の理論によると，この相互作用の結果として形成される証券価格には魅力的な性質がある。つまり，この証券価格は，投資家が全体として持っている知識と情報処理の専門技術を「完全に反映した」ものになるのである。価格が情報を反映するプロセスは，かなり複雑でまだ完全にはわかっていない。しかし，このプロセスの概略はわかりやすいので，これに集中することにする。

　証券市場の効率性は，財務会計に大いに関係している。1 つには，それがただちにフル・ディスクロージャーに結びつくということである。効率性の考え方によると，市場によって評価されるのは，ディスクロージャーの形式ではなく，ディスクロージャーの情報内容だということになる。もしそうであれば，情報は，財務諸表本体ではなく，注記や補足情報として，簡単に開

示すればよい。また，この理論は，会計専門家が，企業のリスクをどのように考えたらよいかについても影響を与えることになる。

効率的市場理論においては，会計は，マスコミ，証券アナリスト，株価自体のような他の情報源と競合するものと考えられている。投資家に情報を知らせる手段として，会計は，ほかの情報源と比べて，目的適合的で信頼性が高く，タイムリーで費用対効果が高いものでないかぎり，使われなくなってしまうだろう。

効率的証券市場の理論は，会計の主な存在理由が何であるかを示している。それは情報の非対称性である。一部の市場参加者がほかの参加者よりも事情に通じているとき，事情に通じた参加者がほかの参加者に情報を伝えて信じてもらえるような仕組みや，情報劣位にある参加者が情報優位にある参加者に都合のいいように利用されないよう自分を守れるような仕組みを見つけ出す必要性が高まってくる。インサイダー取引は，情報優位にある参加者が情報劣位にある参加者を都合のいいように利用する一例である。

会計は，企業の内側から外側へと有用な情報を伝達することを可能にする仕組みと考えることができる。会計は，投資家の意思決定を改善するだけでなく証券市場の運営を改善することをとおして社会的にも役に立っている。

セクション1.2で述べたように，会計理論家は，1960年代の後半に証券市場の効率性が重要であると考えはじめた。そのときから，効率的証券市場の理論は，多くの会計研究の指針となり，会計実務に大きな影響を与えてきた。全体的にみて，財務会計基準設定機関と規制当局は，証券市場の効率性によって理論的に裏づけられたフル・ディスクロージャーや意思決定有用性の考え方を受け入れてきたといえる。これを説明するため，情報パースペクティブの観点からは重要なディスクロージャーの基準となる，経営者による分析と検討 (MD&A) を調査する。

最後に，効率的市場は，どのように証券市場が作用するかについての「モデル」であるという点を強調すべきだろう。どんなモデルであってもそうなのだが，効率的市場のモデルも，複雑な証券市場のすべてを表現しているわけではない。実は，最近，現実の投資家はモデルが想定するほどには合理的な存在ではないのではないかという疑問が投げかけられることが多くなった。このような疑問の一部については第6章で説明し，それが財務会計にどのような影響を与えるのか検討することにする。しかし，本当の問題は，効率的

証券市場モデルによる予測は，会計専門家の指針となるほど十分に，現実の証券市場を表現できているのかということである。第6章において，このモデルは現実の証券市場を十分に表現できていると結論する。また，証券市場が完全には効率的でないとすれば，財務報告はさらに重要になるという結論も得る。図4.1は，この章の構成を示している。

4.2 効率的証券市場

4.2.1 効率性の意味

第3章において，合理的な投資家の最適投資意思決定について検討した。今度は，証券市場において，数多くの合理的個人が相互に影響を与えあうとき何が起こるかを検討する。ここでの関心事は，市場で取り引きされる証券の市場価格の性質や，こうした価格が新しい情報によってどのように影響を受けるのかという点にある。

もし，情報がタダで入手できるのであれば，投資家がそれを利用したいと思うのは明らかだろう。たとえば，例2.2における理想的状況では，投資家は，どの自然の状態が実現したいのか知りたいだろう。実現した自然の状態が，企業の将来の株価や配当に影響するからである。理想的状況では，実現した状態は誰もが観察できるので，定義によって，情報はタダである。したがって，すべての投資家はこの情報を使い，例2.2で説明したとおり，裁定プロセスによって，企業の市場価格が，改訂された期待キャッシュ・フローを反映するように調整される。

残念ながら，理想的状況が成り立たない場合には，情報はタダではない。投資家は，将来の企業業績について主観的な見積もりをするために，どれくらい会計について勉強して，どれくらい情報を収集するかを決定しなければならない。さらに，これらの推定値は，新しい情報が入ってきたら改訂する必要がある。それぞれの投資家は，どれくらい情報を集めるかを決めるにあたって，費用と便益のトレードオフ関係に直面することになる。関係のありそうな情報源にはさまざまなものがある。たとえば，経済新聞，友人や同僚が教えてくれたちょっとしたヒント，アナリストや証券会社からのアドバイスなどである。そのような情報が入ってくるたびに，合理的な投資家は継続的に主観的な状態確率を改訂していくものと考えることができる。本書の観

点からいえば，もちろん，費用対効果の高い重要な情報源は企業の四半期報告書と年次報告書である。財務諸表情報が入ってきたときに引き起こされる確率の改訂については，例 3.1 で説明した。

少なくとも一部の投資家は，投資意思決定の指針となる情報源を利用するために，かなりの時間と資金を使っている。このような熟達した投資家のことを**情報に通じている** (informed) という。例 3.1 におけるビル・コーシャスが，そのような投資家の例である。

情報に通じた投資家が，新しい情報が入ってくるとすぐに行動したいと考えるのは当然である。もしそうしなければ，ほかの投資家が先に行動し，懸案の銘柄の株価が，新しい情報のメリットがなくなってしまうか，少なくなるように調整されてしまう。

十分な数の投資家がこのような行動を取ると，その市場は**効率的** (efficient) になる。効率的証券市場の定義にはいくつか種類がある。ここで使う定義は，**半強度** (semi-strong form) のものである[1]。

> **効率的証券市場** (efficient securities market) とは，その市場で取り引きされている証券の価格が，それらの証券に関連する一般に入手可能なすべての情報を完全に反映しているような市場である。

ここで，3 つの点に留意する必要がある。第 1 に，市場価格は一般に入手可能な情報について効率的だということである。つまり，この定義は，インサイダー情報がある可能性を排除していない。つまり，インサイダー情報を持っている人は，市場が知っていること以上のことを知っているのである。インサイダーがインサイダー情報を利用したいと思えば，ほかの人に害を与えつつ，自らの投資で超過利益を稼ぐこともありうる。これは，これらの証券の市場価格が，企業の外で一般に入手可能な情報だけを反映していて，インサイダーが持っているような知識を反映していないからである。もちろん，すべてのインサイダーが「悪い」わけではない。株価を高め，自分の評判を

---

[1]【訳注】半強度の効率性のほか，弱度の効率性と強度の効率性がある。弱度 (weak form) の効率性というのは，証券価格が過去の証券価格の情報を完全に反映している市場である。強度 (strong form) の効率性というのは，証券価格がインサイダー情報も含めたすべての情報を完全に反映している市場である。ここで，証券価格がある情報を「完全に反映している」というのは，その情報にもとづいて取引をしたとしても，平均的にいって，リスク調整済み期待リターンを超える超過リターンを獲得できないという意味である。

上げるために，インサイダー情報を市場に信用できるかたちで伝えようとする経営者もいるだろう。しかし，投資家は，それでも，インサイダー取引の可能性を心配している。

関連する第2の点は，市場の効率性が相対的な概念であるということである。市場は，一般に入手可能な情報について効率的なのである。この定義には，市場が万能であって，株価が真の企業価値をいつも反映しているというような意味合いはまったくない。たとえば，インサイダー情報が存在しているとき，市場価格はまちがっていることがありうる。

しかし，効率性の定義は，いったん，新しい情報，修正された情報が一般に入手可能になると，市場価格は素早くその情報を取り込むということを意味している。こういった価格調整が起こるのは，合理的な投資家は，どのような情報源からでも，新しい情報が入ってくるとすぐに，将来の業績についての信念を改訂しようとするからである。結果として，現在のポートフォリオの期待リターンとリスクが変化するので，合理的な投資家は，最適なリスクとリターンの組み合わせを取り戻そうと市場で取引を行うのである。情報が入手可能になった結果，投資家が株式を売買することによって，証券価格が新しい情報を完全に反映するように変化するのである。

第3の点は，市場が効率的なとき，投資はフェア・ゲーム (fair game) になっているということである。これは，投資家は単一銘柄の証券や証券ポートフォリオから，リスク調整済みの通常のリターンを超える超過リターンを得ることは期待できないということである。ここで，通常のリターンの基準値を設定する方法として，資本資産価格形成モデルを利用することができる。この方法については，セクション 4.5 で説明する予定である。

最後に，市場の効率性を前提とすれば，証券市場価格は，時間を通じて，ランダムに変動することになる。つまり，株式リターンに系列相関があってはならない。したがって，今日，ある企業が GN を報告した場合，この企業の株価は同じ日にこのニュースを反映して上昇しなければならない。ほかのニュースがないのに，次の日からも株価が上がり続けるのであれば，これは非効率性の証拠となる。価格変動がランダムになる理由は，効率的市場においては，ある企業の事業の季節変動，トップの引退，大口新規契約から期待される利益というような，その企業について予測可能なことはすべて，そうした期待が形成されるとすぐに証券価格に完全に反映されるからである。つ

まり，このようなできごとが企業の価値にどのような影響を与えるのかについての市場の予測は，平均的にいって偏りがない。証券価格が変動する唯一の理由は，ある銘柄に関連した予想外の情報が入ることである。定義によって，予想されていなかったできごとはランダムに起こる。たとえば，事故が発生したために契約上の期待利益が変化すると，株価はこうしたランダムなできごとを反映するよう，ただちに反応する。したがって，市場の効率性の理論によれば，ある特定の銘柄の価格変化によって形成される時系列データを調べると，時間を通じてランダムに変動しているはずである。系列相関のない時系列データは，時折，**ランダム・ウォーク** (random walk) と呼ばれることがある[2]。

4.2.2 市場価格はどのようにしてすべての入手可能な情報を完全に織り込むのか？

次に，市場価格はどのようにしてすべての入手可能な情報を完全に織り込むのかを検討する。このプロセスは，決して明らかではなく，わかりやすいものでもない。すでに述べたように，合理的で情報に通じている投資家は証券についての情報を要求するだろう。しかし，同じ情報に対して，すべての人が同じように反応するという保証はない。たとえば，投資家は，事前に，それぞれ異なった信念を持っているかもしれない。財務諸表情報を分析する優れた能力を持つ投資家もいるだろう。ある意味で，意思決定理論モデルは，自動車のようなものである。それは，情報を処理する手段を提供するものの，全員の運転習慣が同じであるとか，全員が目的地へ行くのに同じルートを取るということを保証しないのである。

したがって，たとえ合理的に意思決定をしているとしても，別々の投資家は同じ情報に対して別々の反応を示す可能性が高い。しかし，投資家は，それぞれがいろいろな証券に対して売買注文を出すことで，市場において相互作用するものである。ある証券の市場価格というものは，投資家のその証券に対する需給の結果なので，いろいろな投資家が売買の意思決定をするときに，いったいどのようにして，その市場価格がすべての入手可能な情報を織り込むことができるのだろうか。

---

[2] より一般的には，ランダムな変動が傾向を持っていてもよい。たとえば，証券価格は，時間を通じて上昇するような傾向を持っているかもしれない。

この疑問について，Beaver (1989, p.150, 表 6.1) の例から興味深いことがわかる。その例は，フットボールの試合結果の予測についてのものである。1966年から1968年のあいだ，シカゴ・デイリー・ニュースは，スポーツ記者ごとに，週末の大学対抗フットボール試合の勝者の予測を発表していた。表 4.1 は，この予測結果の要約を Beaver (1989) から抜粋したものである。

表 4.1 では，次の点に注意しておこう。第 1 に，予測をする人の数が多い（15–16）上，予測の数はさらに多い（3 年間で 619 個）。第 2 に，予測能力という意味では，どの予測者も圧倒的に優れているわけではない。1966年に一番予測があたった人は，それ以後の年にかなり順位を下げているし，別の年に一番予測があたった人は，それ以外の年の順位が高いわけではない。第 3 に，コンセンサス予測は一貫してよくあたっていることに注意しよう。コンセンサス予測は，過半数の人が勝つと予測したチームのことであり，すべての試合について，シカゴ・デイリー・ニュースによって毎週公表されていた。コンセンサス予測がコンセンサスの元になった個々の予測能力を上まわる能力を持っているのは明らかである。

この例を証券市場にあてはめると，予測者は投資家に相当し，予測は投資家のさまざまな売買意思決定に相当する。コンセンサス予測は，さまざまな予測のある種の平均なので，株価に似ているといえる。

この例の背後にある原理を理解するのはそれほどむずかしくない。個々の予測者の予測能力のちがいは，コンセンサスが形成されるときに互いに相殺しあい，市場参加者全員の予測能力をも上まわる「市場価格」が形成されるのである。

もちろん，フットボールの試合結果の予測において，コンセンサス予測が個々の予測者より優れているからといって，同じ現象が証券価格にも見いだされるとはかぎらない。本質的に，ここで必要とされているのは，投資家の証券価値の推定に偏りがないことである。つまり，市場は，ある情報が企業価値に与える影響を一定の傾向を持って誤解し続けるということはなく，平均的にいって正しくて偏りのない評価を証券に与えているということである。すでに述べたように，これは，投資家のうちの誰かが正しい必要があるといっているのではなく，平均的にいって市場はすべての入手可能な情報を使っているといっているのである。これが，上で述べた証券市場の効率性の定義において「完全に織り込んでいる」という表現が意味していることである。

表 4.1 フットボールの試合結果の予測

	1966	1967	1968
予測者の数（コンセンサス予測を含む）	15	15	16
1人の予測者がした予測の数	180	220	219
コンセンサス予測の順位	1（同点）	2	2
予測者の順位の中央値	8	8	8.5
一番予測があたった人の順位			
J. カーマイケル (1966)	1（同点）	8	16
D. ナイティンゲール (1966)	1（同点）	11	5
A. ビオンド (1967)	7	1	6
H. ダック (1968)	8	10	1

＊3年通算では，コンセンサス予測がどの予測者よりもよくあたっている（つまり，1位にランクされる）。

出所：William H. Beaver, *Financial Reporting: An Accounting Revolution* ® 1981, p.162, 表 6-1. Prentice-Hall Inc., Upper Saddle River, New Jersey の許可を得て複製。データは，"Here's How Our Staff Picks'Em," *Chicago Daily News,* November 25, 1966 (p.43), November 24, 1967 (p.38), and November 29, 1968 (p.43) より採取。*Chicago Sun-Times* © 1999 の許可を得て複製。

　この議論においては，個人の意思決定が独立していて，個々人のちがいが価格に与える影響が互いに相殺しあうと仮定されていることは強調されるべきだろう。もし，個人の意思決定が独立していなければ，効率性の議論は成り立たなくなってしまう[3]。よって，フットボールの試合結果を予測する人が一堂に会して相談しながらコンセンサス予測について合意するなら，たとえば，影響力があって説得的なメンバーの意見が個々の予測に反映されてしまって独立でなくなってしまうだろう。同じように，ある企業についての情報に対して，かなりの数の投資家の反応が偏ったものであれば，結果として成立する株価も偏ったものになろう。たとえば，ある企業が，利益が増加していくようなパターンで今まで財務報告をしてきたとしよう。このとき，投資家が，

---

[3] 大きな集団全体の判断が驚くほど正確であるというこの現象は，いろいろな場面で報告されている。Surowiecki (2004) は，この効果が現れるのに必要な 4 つの条件を示している。いわく，情報の多様性，独立性，分権化，そして集計である。

過去の成長パターンを見て，それだけを根拠に将来も利益成長が継続すると予測したとすると，株価変動にモーメンタムが生まれる[4]。したがって，株価は，独立した投資家による情報の合理的な評価にもとづくものではなく，過去の株価の上昇につられて上昇するので「高すぎる」ことになるだろう。この論点は，第6章で，証券市場が完全に効率的であるかどうかを検討する際に，もう一度取り上げる。

実務における理論 4.1

　バートン・マルキール教授は，1973年に出版した『ウォール街のランダム・ウォーカー』の中で，ニューヨーク証券取引所で取り引きされている株式のリストにダーツを適当に投げて銘柄を選んだとしても，プロのファンド・マネージャーが稼ぐリターンと同じくらい高いリターンを稼ぐことができると論じた。教授の議論は，効率的市場理論にもとづいたものであり，この理論によれば，株価はいつも一般に入手可能なすべての情報を完全に織り込んでいるので，「割安な」株は存在しないのである。したがって，プロのファンド・マネージャーは，ランダムに銘柄を選択するという方針よりもいい業績をあげることはできない。

　1990年代を通じて，ウォール・ストリート・ジャーナルは，この議論を検証した。同紙は，4人の証券アナリストが1人1つずつ推奨銘柄を選ぶ月1回のコンテストのスポンサーになった。それぞれの銘柄の以後6ヵ月間のリターンを集計し，ランダムに選択した銘柄の同じ期間のリターンと比較した。最初の100回のコンテストで，プロの選んだ銘柄は平均で半年10.9％のリターンを稼いだのに対し，ダーツを投げて選んだ方は4.5％のリターンにとどまったのである。ダウ・ジョーンズ指数の半年間のリターンの平均は，6.8％であった。

　マルキール教授は，この結果をどう説明するのか問われて，この現象はリスクのちがいによって説明できるかもしれないと述べ，効率的市場理論を擁護した。また，教授は，1990年代の株式市場のパフォーマンスは，大規模企業によって牽引されたとも指摘している。しかし，市場に

---

[4]【訳注】モーメンタム (momentum) は，一般には，勢い，弾み，物理の運動量などをあらわす語であるが，ファイナンスにおいては，証券価格が過去と同じ方向に動く傾向のことをいう。

は，相対的に小さな企業が大規模企業よりも多く存在しているため，ダーツによるランダムな選択が小さな企業を選択してしまう確率はかなり高い。また，投資家がプロの選択した銘柄を知ることで，こうした銘柄に関する意見を上方に修正したのかもしれない。結果として，これらの銘柄に対する需要が増え，価格やリターンがランダムに選択した銘柄よりも高くなったのかもしれない。

4.2.3 要約

効率的な証券市場では，価格は，入手可能なすべての情報を織り込んでおり，そのような市場における価格変化は時間を通じてランダムに動く。効率性は，情報の集合に対して定義される。たとえば，インサイダー情報が存在したり，情報がまちがっているなど，この情報集合が不完全であれば，証券価格もまた，あやまって形成されるだろう。したがって，市場が効率的であったとしても，証券価格が真の企業価値を完全に反映しているというわけではない。しかし，市場が効率的であれば，一般に入手可能な情報について，証券価格は偏っておらず，新しい情報や改訂された情報に対して，素早く反応することになるだろう。

迅速で完全なディスクロージャーによって，一般に入手可能な情報の量や質は高くなる。しかし，個々の投資家は，事前に持っている信念が異なっていたり，同じ情報をちがった意味に解釈することがありうる。それにもかかわらず，大雑把にいって，こうしたちがいは平均したときに消えてしまい，市場価格の情報処理能力が，市場で取引をしている個々人の情報処理の能力を上まわる。しかし，この議論は，投資家が新しい情報を独立に評価しているという前提に立っている。

4.3 効率的証券市場の財務報告にとっての意義

4.3.1 意義

効率的証券市場が財務報告にとってどういう意義を持っているのかを調べた初期の研究に，W. H. Beaver の「何が FASB の目的であるべきか？」(1973)がある。ここでは，Beaver の議論を簡単に説明しよう。

Beaver によれば，第 1 の主な意義は，会計方針がキャッシュ・フローに影響を与えず，どの会計方針が使われているか開示され，別の会計方針の下でどういう結果になるのか計算するのに十分な情報が与えられているかぎり，企業が採用する会計方針は企業の証券価格に影響を与えないということである。したがって，Beaver によれば，企業が採用する償却の方法，将来の税金負債の会計，石油・ガス産業における全部原価アプローチと成功部分原価アプローチの対立といった会計論争は，本質的に「コップの中の嵐」である[5]。これらの論争で問題となっている会計方針のどれを選んでも「紙の上の」効果しかないことに注意しよう。企業が選択する会計方針は，報告利益には影響を与えるが，将来のキャッシュ・フローや配当には直接的な影響はないのである。たとえば，石油・ガス会社が，原油や精製された製品を販売したときの代金は，その企業が全部原価法を採用しているか，成功部分原価法を採用しているかということに直接依存しているわけではない。とくに，ここで取り上げた 3 つの領域では，企業がどのように会計処理するかということと関係なく，税務当局が独自の損金・益金の計算ルールを定めているので，どの会計方針を選択しようと企業が支払う法人税の額は変わらない。もし，投資家が将来のキャッシュ・フローや配当と，これらが証券リターンに与える影響に興味があり，会計方針の選択がこれらの変数に直接影響しないのであれば，企業がどの会計方針を選択しようが，どうでもいいことのはずである。

このように，効率的市場の議論は，企業が採用した会計方針や，異なった会計方針を調整するのに必要な追加的情報を開示しているかぎり，投資家は，会計利益のちがいを見抜くのに必要な計算能力を備えているというものである。つまり，財務報告で実際にどのような会計方針が採用されていても，市場は，最終的なキャッシュ・フローや配当に与える影響を見抜くことができる。よって，別々の企業の証券を比較するとき，効率的市場は，会計方針のちがいによって「だまされる」ことはない。これは，会計方針が直接的なキャッシュ・フロー効果を持っていないのであれば，経営陣はどの会計方針を採用するのか気にするべきではないということである。

したがって，企業の会計方針についても詳細な開示をすべきだということがわかる。会計基準設定機関はこのことを認識している。たとえば，CICA ハ

---

[5]【訳注】「コップの中の嵐 (tempests in a teapot)」というのは，当事者同士は白熱しているものの，外から見るとくだらない内輪揉めのことである。

ンドブックのパラグラフ 1505.04 は，次のように述べている。

> 財務諸表の不可欠の一部分として，企業の重要な会計方針を明確かつ簡単に記述しなければならない。

　第2の意義は，効率的証券市場は，フル・ディスクロージャーと一体となって達成されるということである。もし，企業の経営陣が企業について目的適合的な情報を持っており，この情報が無償あるいはわずかなコストで開示できるのであれば，この情報がほかの情報源によって投資家にすでに知られていることが明らかでないかぎり，経営陣はこれをタイムリーに開示すべきである。もっと一般的にいえば，経営陣は，投資家にとって便益が費用を上まわっているかぎりにおいて，企業についての情報を作成して開示すべきである。その理由は2つある。第1に，市場が効率的であれば，投資家は，将来のリターンの予測を改善しようとし，入手可能な目的適合的な情報をすべて使うので，追加情報はムダにならないということである。第2に，企業が自社に対してより多く開示を行うと，投資家は，インサイダー情報についてあまり心配しなくなるので，証券市場を信頼するようになるということが挙げられる。

　第3に，市場が効率的であれば，企業はナイーブな投資家[6]について心配しすぎる必要はないということが挙げられる。つまり，財務諸表情報は，誰もが理解できるように簡単な方法で表示される必要はないということである。Fama (1970) の議論によれば，十分な数の投資家が開示された情報を理解していれば，その企業の株価は，すべての投資家が開示された情報を理解しているのと同じになるはずである。これは，情報に通じた投資家が，開示された情報にもとづいて売買意思決定をすることによって，市場価格が効率的な水準に移行していくからである。また，ナイーブな投資家は，情報を解釈するために，証券アナリストや投資ファンド・マネージャーを雇うことができるし，情報に通じた投資家の売買意思決定を真似することもできる。結果として，情報に通じた投資家が持っている情報優位性はすぐに消滅することになる。いいかえると，ナイーブな投資家は，証券を発行する企業についての一般に入手可能な情報のすべてを知っているわけでなく，その内容がわからない

---

　[6]【訳注】「ナイーブな投資家」というのは，実質と異なる見掛けに騙されるような，純真・素朴な投資家という意味であって，感受性が豊かな投資家という意味ではない。

場合であっても，効率的市場においては，そのような情報をすべて織り込むように証券価格が決まっていると信じることができるのである。この事実のことを，効率的市場によって，投資家が**価格保護されている** (price-protected)という。

Beaverの論文以降，証券を売買する理由には，いろいろなものがあることが知られるようになった。たとえば，情報を集めるコストが高いため，合理的な意思決定の結果として，証券価格だけを指標に使って取り引きすることにした投資家もいるだろう。ほかには，急にキャッシュが必要になるといった理由によって，ポートフォリオ組み替え動機以外の理由で証券を売買する人もいるだろう。よって，「ナイーブな」という語は，情報に通じていない投資家を表現するのに相応しい表現ではないかもしれない。この点については，セクション4.4でさらに検討する。

最後の意義は，会計専門家は，証券アナリスト，メディア，企業自身によるディスクロージャーなど，ほかの情報提供者と競合しているという点である。つまり，セクション3.3.3で指摘したように，信念の改訂は連続したプロセスなのである。もし，会計が，有用で，費用対効果の高い情報を提供しないのであれば，会計という職能は，時間が経つにつれて徐々に重要視されなくなり，ほかの情報源が取ってかわるだろう。情報財の競争市場において，会計が生き残ることが保証されているわけではないのである。しかし，会計専門家が，最終的な責任は社会に対して負っているのだと自覚するとしたら，会計は今後も生き残っていけそうである。こういった長期的な視点にたって，有用な情報を普及させるような基準を作成したり，短期的な利益のために社会的信用を悪用した個人を罰したり，倫理的行動を推奨することが重要である。

Beaverの論文は1973年に出版されている。したがって，この論文は，SFAC 1（1978年発行）やSFAC 2（1980年）よりも数年早い。この論文は，効率的証券市場の考え方を，はじめのうち，会計理論家が熱狂的に支持していたことを示すいい例だろう。また，この論文は，ディスクロージャー中心の考え方を取っており，この考え方が，FASBが，SFAC 1において，有用性の判定基準を厳密に規定することにつながっていく。

4.3.2 要約

Beaver は，証券市場の効率性という概念は，財務報告についての考え方にいくつかの影響を与えるものであると論じている。第 1 に，会計方針が直接的なキャッシュ・フロー効果を持っていないのであれば，経営者や会計専門家は，企業が採用する会計方針について心配する必要がないという点が挙げられる。会計専門家は，複数の代替的な会計方法について，長いあいだ，盛んに議論してきたが，そのような方法の多くには，ここでいうキャッシュ・フロー効果がない。第 2 に，企業は，ディスクロージャーの効果がその費用を上まわるかぎり，できるだけ多くの情報を開示すべきであるということである。ディスクロージャーの形式ではなく，ディスクロージャーの内容こそが重要である。効率的市場では，ほかの事情が同じなら，もっともコストのかからないディスクロージャーが望ましい。しかし，財務諸表が費用対効果の高いディスクロージャー媒体だと論じることができる。第 3 に，企業がディスクロージャーの方針や形式を選択するとき，ナイーブな投資家について，あまり心配する必要はないということである。効率的市場における証券価格は，その証券について一般に知られているような情報はすべて織り込んでいるので，ナイーブな投資家であっても価格保護されているからである。さらに，証券アナリストや投資ファンドの利用など，投資家が，情報の内容を完全に理解しなくても，高度な情報を利用するための方法はいろいろある。最後に，効率的市場では，会計報告だけでなく，どのような情報源からのものであっても，それが有用な情報でありさえすれば，関心を持ってもらえるのである。

4.4 証券価格の情報提供性

4.4.1 論理的な矛盾

注意深い読者は，ここまでの効率的証券市場の議論が論理的に矛盾していることに気がついたかもしれない。市場が効率的であるということは，証券の市場価格は，いつでも，その証券について一般に知られているすべての情報を完全に織り込んでいることだったことを思い出そう。なぜ，証券価格はすべての情報を「織り込み済み」なのだろうか。それは，優れた売買意思決定をするために，いつも情報を集め，処理しようと努力している投資家の行

4.4 証券価格の情報提供性　121

動のおかげである。

しかし，効率的な市場では，定義によって，すべての入手可能な情報はすでに市場価格に織り込まれている。つまり，価格は**完全に**情報提供的 (fully informative) なのである[7]。情報収集にはコストがかかり，市場価格が一般に入手可能な情報すべてをすでに織り込んでいるとすれば，市場平均を上まわるリターンを得ることは期待できないので，投資家は情報収集をやめて，将来の証券リターンの一番良い指標として証券価格を使うようになるだろう。たとえば，単純な意思決定ルールとして，分散投資された投資ポートフォリオを購入して保有し続け，リスクとリターンのトレードオフの関係がある一定水準を越えたときだけ，ポートフォリオの構成を変えるというやり方が考えられる。

ここで，論理的に矛盾している点は，もし証券価格が入手可能な情報をすべて織り込んでいるのであれば，投資家は情報を収集する動機がないため，証券価格は，入手可能な情報すべてを織り込まないものになるだろうということである。フットボールの試合結果予測についていえば，個々の予測者は，コンセンサス予測よりいい結果を出すことができないので，試合結果を正確に予測をしようと努力するのをやめ，その結果として，コンセンサス予測は優れた予測能力を失うことになるだろうということである。技術的にいえば，この問題は，Grossman (1976) が示したように，安定均衡価格が存在しないという問題である。

これは，会計理論にとって，厄介な影響をもたらすかもしれない。均衡が存在しないとなると，財務諸表情報が投資家にとって有用かどうか疑わしくなるからである。また，これは，観察される事実とも一致していない。たとえば，SFAC 1（セクション 3.8）は，投資家にとって財務報告は有用だと述べている。

---

[7] セクション 3.3.2 において，情報システムに対して「情報提供的」という言葉を使った。情報提供的な情報システムの下で，意思決定者は事前確率を改訂するのである。この文脈においては，情報システムが完全に情報提供的であるとは，自然の状態を完全に明らかにするという意味であった。本章においては，情報システムではなく，証券価格に対して「完全に情報提供的」であるとしているものの，その背景となる議論はよく似ている。現在の株価が，一般に入手可能なすべての情報を完全に織り込んでいるのである。もし，株価が完全に情報提供的であれば，財務諸表が構成する情報システムは情報提供的でないことに注意しよう。株価がすべての情報を織り込んでいるので，その情報システムは何も新しい情報を提供しないのである。したがって，もし株価が完全に情報提供的であれば，誰も財務諸表を利用しないが，もし誰も財務諸表を利用しないのであれば，株価はもはや完全に情報提供的ではないという論理矛盾が生じてくる。

しかし，この論理矛盾から逃れる簡単な方法がある。それは，情報に通じた合理的な投資家の売買意思決定以外に，証券の需給に影響を与える要因があると考えることである。たとえば，いろいろな予測できない理由によって証券を売買する人もいるだろう。その人は早期退職することにしたのかもしれないし，ギャンブルによる借金を払うのにお金がいるのかもしれないし，「耳寄りな情報」を仕入れたのかもしれない。このような投資家は，**流動性トレーダー** (liquidity traders) または**ノイズ・トレーダー** (noise traders) と呼ばれる。このようなトレーダーの売買は，証券の市場価格に影響を与えるものの，まったくランダムに生じるものであって，情報を合理的に評価した結果生じるものではない。

こうしたノイズ取引があるときに，市場価格がどのように影響を受けるのかを説明するために，合理的な投資家が，現在保有しているすべての情報にもとづいて予想する証券価格よりも実際の市場価格の方が高いのに気がついたとしよう。この投資家は，ほかの投資家も，その証券について情報を保有していることを知っており，ほかの投資家の情報が好ましいものかもしれないとも考えている。このような投資家がその証券を購入しているために，証券価格が上昇しているのかもしれない。結果として，もとの投資家は，証券の期待価値を引き上げるだろう。この投資家には，ほかの投資家がどのような情報を持っているのかはわからないが，その情報が好ましいものであり，それが証券価格上昇の理由かもしれないと考えることは合理的である。

しかしまた，この投資家は，証券価格が期待値よりも高いのは，たんにノイズ取引の結果かもしれないことも知っている。誰かが，巨額の臨時収入をランダムに選んだポートフォリオに投入していて，この証券もその一部なのかもしれない。もしそうだとしたら，この投資家は，証券価値の期待値を引き上げたいとは思わないだろう。どちらのシナリオもありうるので，この投資家は，証券価値の期待値を引き上げるものの，その値は，現在の市場価格よりも低くなるだろう。つまり，現在の株価は，株式の価値について何らかの情報を伝達するものの，完全に情報提供的なケースのようにすべての情報を示すことはない。

ここで注意すべき重要な点は，投資家が信念を改訂するために，情報を収集するインセンティブを持っているということである。もし，いずれのシナリオが正しいのかわかれば，これはただちに儲かる投資機会に切り替わるの

である。たとえば，調べてみたところ，この企業が過小評価されていることがわかれば，その投資家はその企業の株式を購入するだろう。反対に，調査の結果，ノイズ取引のせいで，株価が一時的に高くなっていることがわかれば，その投資家は空売りするだろう。このような投資家の努力のおかげで，株価は，効率的な水準に向かうことになる。おそらく，このような追加的な情報の少なくとも一部は，財務諸表分析によって得られるはずである。

以上に記述したような行動をとる投資家は，**合理的期待** (rational expectations) を持つといわれる。ノイズ取引と合理的期待がある場合の証券価格は，**部分的に情報提供的** (partially informative) であるといわれる。たとえノイズ取引があったとしても，ノイズの期待値はゼロなので，市場価格は，平均的な意味において，効率的であることに注意しよう。つまり，投資家は，証券の市場価格は一般に入手可能なすべての情報を完全に織り込んでいると予測するものの，さらに調査することでそうでないことがわかる可能性があることも知っているのである。

投資家がどれくらい追加情報を収集するのかは，たとえば，価格がどれくらい情報提供的か，財務諸表情報の質はどれくらいか，分析と解釈のコストがどれくらいかなど，数多くの要因に依存して決まる。こうした要因を分析することで，財務諸表情報に対して証券の市場価格がどのように反応するのかについて，実証研究上の仮説を設定することができるだろう。たとえば，大規模企業の株価は小規模企業の株価に比べて，より情報提供的であると予測することが可能かもしれない。これは，大規模企業の方が小規模企業よりも「ニュースになる」ことが多く，したがって，大規模企業の株価はかなりの量の情報を織り込んでいるからである。この場合，財務諸表が，すでに知られている以上の情報を提供することはむずかしくなる。したがって，小規模企業の株価に比べて，大規模企業の株価の方が財務諸表情報に対する反応が小さくなると予測できるだろう。

さらに，企業の経営陣には，投資家の情報を探したいという欲求を充たすインセンティブがある。たとえば，経営陣はインサイダー情報によって企業は過小評価されていると信じているかもしれない。過小評価を修正するため，経営陣は，**自発的ディスクロージャー** (voluntary disclosure)，つまり，GAAPやその他の財務報告基準が要求する最低限のレベルを超える情報のディスクロージャーをするかもしれない。そのようなディスクロージャーは，監査さ

れていなくても，投資家の信頼を得ることがありうる。これは，経営者が報告する場合には，法的な責任がともなうからである。残念なことに，自発的ディスクロージャーには限界がある。これは，法律制度によって自発的ディスクロージャーの信頼性を完全には確保できないというだけでなく，経営陣が競争優位を損なう恐れがあるとき，情報の開示を望まないという事情があるからである。

　しかし，自発的ディスクロージャーは，たんに情報を開示することよりもはるかに複雑で微妙なものである。経営陣は，会計方針の選択や，自発的ディスクロージャーの性質や程度によって，内部情報についてのシグナルを送ることができる。たとえば，自社が過小評価されていると感じている企業は，社外秘の研究プログラムについてのグッド・ニュースを直接開示するかわりに，非常に保守的な会計方針を採用するかもしれない。この保守的な会計方針の採用は，ある程度，企業の将来の業績についての内部情報を市場に伝える役割を果たすことになる。というのは，経営陣というものは，保守主義による一時的な落ち込みを吸収できるくらい，その企業の将来のキャッシュ・フローや利益が大きくなると予測しないかぎり，保守的な会計方針を採用しないものだからである。こういった機微を理解している合理的な投資家は，保守的な会計方針に反応して，その企業の株価を押し上げるだろう。これは，投資家やアナリストが，企業の年次報告書を注意深く，徹底的に分析することで，見返りが得られるかもしれないということを意味している。そういった分析によって，割高な株式や割安な株式を見つけることができれば，ただちに利益のあがる投資機会となりうる。

　また，財務諸表情報の質が上がれば，ほかの事情が同じなら，投資家は，証券価格よりも，財務諸表情報を利用するようになる。たとえば，証券取引委員会が，**経営者による分析と検討** (management discussion and analysis: MD&A) を年次報告書に含めるよう企業に求めたため，市場価格の年次報告書に対する反応が強まったかもしれない。年次報告書は，MD&A によって，情報内容が豊かになったはずである。MD&A については，セクション 4.8 で論じる。

　ここでの結論は，効率的証券市場の定義における「完全に織り込んでいる」という表現は注意して解釈しなければならないということである。それは，証券価格が，いつでも入手可能な情報すべてについて完全に情報提供的であるという意味ではない。かりに，そうだとしたら，財務諸表の有用性は疑わ

しいということになるだろう。ノイズ・トレーダー、流動性トレーダーの存在によって、証券価格は完全には情報提供的ではない。一方、投資家やアナリストは、財務諸表本体や補足情報、会計方針の選択、自発的ディスクロージャーの性格や程度、その他の入手可能な情報すべてを分析することによって、割安株や割高株を見つけ出すことができる。効率的証券市場の定義において「完全に織り込んでいる」というのは、部分的にしか情報提供的でない株価と投資家やアナリストの分析能力のあいだの「せめぎあい」を織り込んでいるという意味に解釈されるべきだろう。このような解釈をする場合であっても、セクション 4.3 において、Beaver にしたがって解説した、証券市場の効率性が与える影響の議論は、そのまま成り立つことに注意する必要がある。とくに、フル・ディスクロージャーの重要性は変わらない。

4.4.2 要約

フットボールの試合結果を予測する例で見たとおり、市場価格が個々人の情報処理のちがいを平均化する能力を持っていることはまちがいないが、証券市場における価格形成のプロセスは、これよりはるかに複雑である。経営者がどのようにディスクロージャーを決めているのかを注意深く分析することによって、合理的な投資家はさらに情報を得ることができる。合理的で情報に通じた投資家以外に、別の理由で株式を売買する投資家を導入することによって、情報が価格形成にどのように関わっているのかわかり始めている。合理的でない投資家がいるからといって、株価が情報を「完全に織り込んでいる」という効率的市場の概念がまちがっているというわけではないが、この概念は、注意深く解釈されなければならない。

株価形成プロセスを深く理解することで、実際、株価が会計情報に対してどのように反応するかについて予測することができ、究極的には、より有用な財務諸表を作成することが可能になる。

4.5 資本資産価格形成モデル

ここまできて、ようやく、効率的な証券市場価格、その証券のリスクと期待リターンの関係を定式化することができるようになった。有名な Sharpe-Lintner の資本資産価格形成モデル (capital asset pricing model: CAPM) によって、この関係を示すことにしよう (Sharpe, 1964; Lintner, 1965)[8]。

最初に，多少の準備が必要である。企業 j の株式の期間 t における純額リターンを R_{jt} と定義すると次のようになる。

$$R_{jt} = \frac{P_{jt} + D_{jt} - P_{j,t-1}}{P_{j,t-1}} = \frac{P_{jt} + D_{jt}}{P_{j,t-1}} - 1 \tag{4.1}$$

ここで，

P_{jt} は，企業 j の株式の期間 t の期末における市場価格，
D_{jt} は，企業 j が期間 t に支払った配当，
$P_{j,t-1}$ は，企業 j の株式の期間 t の期首における市場価格，
である。

これは，例 3.1, 3.2, 3.3 で使われていた，リターンの概念であり，期首の市場価格が分子から控除されているので，純額のリターンである。また，総額のリターンを $1 + R_{jt}$ で定義することもできる。ここで，

$$1 + R_{jt} = \frac{P_{jt} + D_{jt}}{P_{j,t-1}}$$

である。

これら 2 つのリターン概念の差は 1 を足すかどうかにすぎないので，どちらの概念を使って記述してもよい。通常の慣習にしたがって，純額のリターンも総額のリターンも，たんに**リターン** (returns) と呼ぶことにする。

リターンは，事前のものも事後のものも考えられる。事後的には，期間 t の期末において，式 (4.1) にしたがって，この期間に実際に実現したリターンを計算する。他方，期間 t の期首（期間 $t-1$ の期末）において，事前の期待リターンを次のように計算する。

$$E(R_{jt}) = \frac{E(P_{jt} + D_{jt})}{P_{j,t-1}} - 1 \tag{4.2}$$

つまり，期間 t の期待リターンは，期末の期待株価とこの期間に期待される配当を現在の株価で割ったものである。

次に，多数の合理的でリスク回避的な投資家のいる経済を考えよう。この経済には，リターン R_f をもたらす無リスク資産があると仮定する。また，証券市場は効率的で，取引費用はゼロと仮定しよう。このとき，Sharpe-Lintner

---

[8]【訳注】CAPM は，「キャップエム」と読むのが一般的である。

CAPM によれば，

$$E(R_{jt}) = R_f(1 - \beta_j) + \beta_j E(R_{Mt}) \tag{4.3}$$

である。ここで，β_j は，株式 j のベータであり，R_{Mt} は期間 t の市場ポートフォリオのリターンである。

このモデルは，市場の期待リターンについてのものであることに注意しよう。式 (4.3) が述べているのは，期間 t の期首における期待リターンは，定数 $R_f(1 - \beta_j)$ に，β_j と市場ポートフォリオの期待リターンを掛けて得られる別の定数を足したものに等しいということである。

厳密にいえば，市場が期待を形成するのではなく，個人が期待を形成する。市場の期待形成については，市場が将来の企業業績に対して，ある種の期待形成をしているかのように株価が動くということだと考えればいいだろう。もう少し掘り下げて考えると，株価は，情報に通じた投資家全員の期待についてのある種の平均を織り込んでいるのである。これは，(セクション 4.2.2 で検討した) Beaver のフットボールの例におけるコンセンサス予測が，予測をする人の平均的な期待を織り込んでいたのとよく似ている。

CAPM の背後にある基本的な考え方を理解するのはむずかしくない。取引費用がゼロのとき，合理的な投資家は完全な分散投資を実行するので，唯一のリスク尺度は β_j となる。企業固有のリスクは，ポートフォリオが完全に分散投資されれば消えてしまうので株価には影響しない。もし，ほかの事情が同じなら，β_j が高くなれば，期待リターンも高くなることに注意しよう。リスク回避的な投資家は，リスクが高いとき，大きな期待リターンを要求するので，この結果は投資家がリスク回避的であるという仮定と整合している。

また，このモデルにおいて，現在の株価 $P_{j,t-1}$ が果たしている役割にも注意しよう。期間 t の株式 j に対して市場が要求するリターン，つまり，式 (4.3) における $E(R_{jt})$ は，R_f, R_{Mt}, β_j だけの関数である。現在の株価は，ここには現れてこない。しかし，式 (4.2) において，期待期末株価 P_{jt} と配当 D_{jt} を固定して考えると，分母の $P_{j,t-1}$ が，式 (4.2) の右辺を $E(R_{jt})$ に等しくなるように調整していることがわかる。つまり，現在の株価が，期待リターンが式 (4.3) によって与えられる市場要求リターンに等しくなるように調整しているのである。

ここまできて，新しい情報がどのようにして企業 j の株価に影響するのか

理解することができる．時点 $t-1$（現在）において，企業固有の新しい情報が入り，R_f, β_j および $E(R_{Mt})$ に影響を与えることなく，P_{jt}（と潜在的には D_{jt}）に対する投資家の期待を引き上げたとしよう．このとき，式 (4.3) における $E(R_{jt})$ は変わらないので，結果として，式 (4.2) の両辺が一致しなくなる．したがって，式の両辺が等しくなるよう，現在の株価 $P_{j,t-1}$ が上昇しなければならない．もちろん，このような株価の動きは，市場の効率性と整合的である．市場の効率性は，株価は新しい情報にただちに反応すると述べているからである．

本書の目的からいうと，CAPM の公式の使い途は 3 通りある．第 1 に，この式は，投資家が予想する将来の株価や配当に対して，株価がどのように依存して決まるのかを明らかにしている．もし，投資家の期待（式 (4.2) の分子）が変化すれば，新しい期待を織り込むために，現在の株価 $P_{j,t-1}$（分母）がただちに変化しなければならない．投資家の期待の変化の大きさを固定し，R_f と $E(R_{Mt})$ を固定して考えれば，現在の株価変化の大きさは，その株式のベータのみによって決まる．いいかえると，ほかの事情が同じなら，投資家の期待の変化が大きければ大きいほど，株価の変化も大きくなる[9]．

第 2 に，事後のリターンの観点に立つと，CAPM によって，実現リターンを，もともと期待されていた部分と期待外の部分に分けることができる．この点を理解するために，このモデルの次のようなバージョンを考えよう．期間 t の期末時点から過去を振り返るのである．

$$R_{jt} = \alpha_j + \beta_j R_{Mt} + \varepsilon_{jt} \qquad (4.4)$$

CAPM のこのバージョンは，**市場モデル** (market model) と呼ばれる．市場モデルによると，ある期の実現リターン R_{jt} は，期首における期待リターン $(\alpha_j + \beta_j R_{Mt})$ と期待外の**異常リターン** (abnormal return)[10] ε_{jt} の合計である．期待リターンは，CAPM によって，$\alpha_j = R_f(1-\beta_j)$ と計算される．撹乱項 ε_{jt} は，期間 t のイベントで，期首には予想されていなかったもの全体が，R_{jt} に

---

[9]【訳注】原文どおり訳出したが，この文章は，いささか混乱を招く可能性がある．式 (4.2) の右辺の分子 $E(P_{jt} + D_{jt})$ の変化幅を固定したとき，$P_{j,t-1}$ が，左辺の $E(R_{jt})$ によって決まるので，結局，式 (4.3) の β_j に依存しているという議論と，式 (4.2) の右辺の分子 $E(P_{jt} + D_{jt})$ の変化が大きくなればなるほど，$E(R_{jt})$ を一定に保つための $P_{j,t-1}$ の変化幅が大きくなるという議論は，別々の議論である．

[10] この異常リターンを，例 2.2 における PV 社の異常利益と混同してはならない．もとになる発想は同じであるものの，ここでの異常リターンは市場リターンについてのものであり，異常利益は会計上の利益についてのものである．

与えるインパクトをあらわしている。新しい情報はランダムに入ってくるので，効率的市場では，定義によって，$E(\varepsilon_{jt}) = 0$ である。しかし，どの期間においても，ε_{jt} の実現値は，ゼロである必要はない。この実現値は，どのような情報が入ってきたかに依存するだろう。市場モデルによって，実現リターン R_{jt} を，期待されていた部分（$\alpha_j + \beta_j R_{Mt}$）と期待外の異常な部分（$\varepsilon_{jt}$）に事後的に分離することができる。

第3に，市場モデルを使って，研究者やアナリストは，株式のベータを推定することができる。市場モデルが，回帰式のかたちであらわされていることに注意しよう。R_{jt} と R_{Mt} の過去のデータを手に入れれば，回帰式の係数は最小二乗法によって見積もることができる。もし，($E(R_{Mt})$ は観察できないが，R_{Mt} が，$E(R_{Mt})$ の良好な代理変数となるように）市場が R_{Mt} の不偏的な期待を形成できると仮定し，β_j が時間を通じて安定していると仮定するならば，最小二乗法による R_{Mt} の係数は，β_j の良好な推定値である[11]。さらに，推定がどれくらい妥当なものか，推定された係数 α_j を $(1 - \beta_j)R_f$ と比較することでチェックすることもできる。これら2つの値は，本来，等しいはずである。

第5章で見るとおり，多くの実証会計研究は，ベータの正確な推定値を必要としてきた。ベータの推計については，セクション7.5.1で，もう一度，取り上げる。ここでは，CAPMが，株式リターンについての市場の期待をモデル化するのに，重要で有用な方法を提供するものであり，このモデルが証券市場の効率性に決定的に依存したものであることを理解することが重要である。また，CAPMは，新しい情報が現在の株価にどのように影響を与えるのかについても明らかにしている。

ここで留意すべきは，CAPMと市場モデルは，情報の非対称性を考慮していないということである。たとえば，外部の投資家は，インサイダーが外部の投資家を犠牲にして利益をあげるリスクに直面しており，しかも，このようなリスクは分散投資によって消去することができない。また，**推定リスク** (estimation risk) と呼ばれる追加的なリスクが存在するので，投資家はCAPMで計算される期待リターンよりも高いリターンを要求するだろう。したがっ

---

[11] 最小二乗法によって，ベータを推定することは，セクション3.7.1で述べたベータの計算と矛盾するものではない。回帰分析は，たんに推計を行う便利なフレームワークにすぎないのである。この点を理解するために，回帰モデルにおける独立変数の係数の定義に注意しよう。それは，独立変数（R_{Mt}）が1単位変化するときの従属変数（R_{jt}）の変化量である。これは，まさにベータの定義である。セクション3.7.1で説明したとおり，ベータは，市場リターンが変化したとき，証券リターンがどれくらい変化するのかを測るものである。

て，CAPMは入門用としては優れたモデルであるが，多くの企業の資本コストを過小評価する可能性がある。次のセクションで議論するように，推定リスクは会計にとって重要である。完全かつタイムリーなディスクロージャーによって，このリスクを減少させられるかもしれないからである。

4.6 情報の非対称性

4.6.1 情報の非対称性の詳細

このセクションでは，効率的証券市場の定義における「一般に入手可能な」情報という考え方について詳しく検討する。その結果，財務会計の理論においてもっとも重要な概念，「情報の非対称性」を検討することになる。ある種の市場参加者（たとえば，売り手）は，取引の対象となっている資産について，別の市場参加者（買い手）が知らないことを知っていることがよくある。このような状況のとき，市場は，情報の非対称性によって特徴づけられるという。セクション1.6で述べたように，情報の非対称性には，大きく分けて2つのタイプがある。逆選択とモラル・ハザードである。この2つについて，詳細に検討しよう。

第1に，情報の非対称性は，市場が不完備（セクション2.6）となる重要な理由である。つまり，極端なケースでは，情報の非対称性の結果として，市場が崩壊する可能性や，そもそも発展しない可能性があるということである。説明のため，保険契約の市場を考えよう。読者の中には，大学が卒業できなかった場合や，会計士の資格が取得できなかった場合に備えた保険を買いたいと思う人がいるかもしれない[12]。そのような保険があれば，保険料が適正に決まっているかぎり，保険購入者の効用が高くなるだろう。重い病気にかかったり，事故にあったりして，勉強ができなくなるかもしれないが，もし，保険を購入しておけば，学位や資格を取得した場合に増加しただろう将来の所得の現在価値に相当する金額を受け取ることができるので，学位や資格が取得できないリスクを消去することができる。しかし，このような保険を販売すると，保険会社は大きな困難に直面することになる。1つには，健康に問題を抱えた人が，大学などに入学する前に，この保険を買おうと集まって

---

[12]【訳注】ここで，会計士の資格が出てくるのは，もともと本書がカナダの公認一般会計士協会のプログラムのためのテキストとして執筆されたからである。公認一般会計士協会は，専門学校のような教育機関でもある。

くるという問題がある。（保険会社が集めたいタイプとは逆のタイプの人が保険を買おうとするので，これは**逆選択** (adverse selection) の問題と呼ばれている。）そして，保険購入者が，実際に健康を損ねて，卒業できなかった場合，保険の支払いを受け，学位から得られる所得の上昇を享受することができる。

　もう1つの問題は，もしそのような保険を購入すると，購入者は，たとえ完全に健康な身体であったとしても，おそらく勉強をサボるだろうということである。たんに卒業できないだけで，学位取得時の所得に相当する保険金を受け取ることができるなら，どうして，時間をかけ，努力してまで，卒業しようとするだろうか。保険購入者は，勉強をサボって，保険会社から保険金を騙し取ろうという誘因があるので，これは，**モラル・ハザード** (moral hazard) の問題と呼ばれている。ここで，医師の診断書を要求してもあまり役に立たないことに注意しよう。勉強ができなかったのは，病気のせいだと証明するのはむずかしいからである。

　結果として，卒業できなかったときに所得損失額のすべてを支払うような保険を販売する保険会社は存在しないことになるだろう。ここで問題となっているのは情報の非対称性である。保険購入者には，保険会社に対して大きな情報優位がある。保険会社は，保険購入者が卒業できなかったということを知るだけであって，その原因が病気であったのか，事故のせいなのか，それとも本人が勉強をサボったせいなのかまではわからない。

　このように大きな情報劣位の立場にあると，保険会社は，ここで記述したようなタイプの保険契約を販売しないだろう。つまり，市場が発達しないのである。

　情報の対称性が，市場の発達を妨げるほどには激しくないケースもある。しかし，市場はやはり思うように機能しない。Akerlof (1970) は，このような状況を研究した。情報の非対称性によって特徴づけられる市場の例は，中古車市場である。車のオーナーは，潜在的な買い手よりも，車の本当のコンディションについて詳しいため，将来，車から得られる便益についてもよくわかっている。この事実によって逆選択問題が生じる。自分が車のコンディションについてよくわかっているという立場を悪用して，疑うことを知らない買い手に「レモン」（欠陥車）を高く売りつけようとするオーナーもいるだろう。買い手も，こういうオーナーの魂胆に気がついている。しかし，「レモン」と優良中古車とを見分けるための情報がないので，どのような中古車に

対しても，支払う価格を引き下げることになろう。結果として，多くの（優良な）中古車には，それが将来生み出す便益の本当の価値を下まわる市場価格がつくことになる。同じ価値の車は同じ値段で売られなければならないという裁定効果は，中古車の価値がどれくらいなのかわからないときは，あまりうまく機能しない。したがって，優良中古車のオーナーは，その車を中古車市場で売ろうとはしなくなるだろう。いいかえると，中古車市場は，考えられているほどにはうまく機能しないことになる。買い手は，いつでも，希望どおりの品質，タイプの車を購入できるわけではないのである。

　興味深いことに，市場では，情報の非対称性を緩和するために，いろいろな工夫がされている。中古車市場では，保証をつけたり，安全性を認定したり，試乗を許可したり，ディーラーが良い評判を確立しようとしたりする。保険市場では，生命保険や医療保険の加入時に健康診断を要求したり，共同保険のしくみがあったり，保険支払い時に一定額の控除があったり，事故歴のないドライバーには保険料の値引きがあったりする。しかし，こうした仕組みには，コストがかかるので，問題を完全に解決するまでにはいたらない。もっとも，こうした仕組みがあるからこそ，市場は，情報の非対称性がない場合には及ばないとはいえ，まがりなりにも成立しているのである。

　会計理論において情報の非対称性がこれほど重要な理由の1つは，証券市場が，インサイダー情報やインサイダー取引のような情報の非対称性の問題を抱えているからである。証券市場価格が，一般に入手可能な情報すべてを完全に織り込んでいるとしても，インサイダーは，企業の状態について外部者が知っている以上のことを知っているのが普通である。もしそうであれば，インサイダーは，インサイダー情報にもとづいて株式を売買する一方，その情報の公表を偏らせたり，遅らせたり，取り止めたりすることで，超過利益を稼得するかもしれない。これも，逆選択の例である。インサイダーは，投資家の利害に反する，このようなチャンスに関心を持つものである。もちろん，投資家は，この種の推定リスクに気がついており，インサイダー取引のせいで被る期待損失を織り込むため，インサイダー取引がない場合に比べて，株価一般の水準を引き下げるだろう。ちょうど中古車市場と同じように，効率的証券市場は，一般に考えられているほど，うまく機能しないことになる。

　セクション1.2で説明したエンロンやワールドコムの破綻は，情報の非対称性が証券市場に与える悪影響の例である。これらの破綻やそのほかの不正

会計の結果として，投資家は，多くの企業の株式がレモンだったと感じたのである。その結果，投資家はすべての企業の財務諸表を信用しなくなった。投資家が株式市場から退出するにつれ，株価の大暴落が起こった。

市場が効率的であって，それと同時に，投資家が市場を信用しなくなるというのは，奇妙に感じられるかもしれない。しかし，この一見矛盾する2つの考え方は，株式の**本源的価値** (fundamental value) という概念を導入することで，矛盾なく理解することができる。

> 株式の**本源的価値** (fundamental value) は，インサイダー情報がまったくないとき，効率的市場が形成する時価総額である。インサイダー情報がまったくないというのは，その企業についてのすべての情報が一般に入手可能になっているということである。

株式市場は，エンロンやワールドコムの破綻以前にも，一般に入手可能な情報について効率的であったかもしれないが，これら2社の破綻以前の株価は，明らかに本源的価値から乖離していた。この2社やそのほかのスキャンダルの結果として，投資家は，多くの企業の株式が同じ問題を抱えているかもしれないと感じ，市場全体を信用しなくなったのである。

もちろん，本源的価値は，理論的に理想化されたものである。インサイダー情報が完全になくなってしまうなどとは考えられないだろう。たとえば，現在，取り掛かっている研究開発や，他企業の買収計画についての戦略的情報を直接開示するのは，費用対効果が疑わしいだろう。

セクション1.2で説明したとおり，エンロンやワールドコムの破綻のあと，投資家の信頼を回復するために政府や会計団体が採用した方策は，逆選択を緩和するためのものだったと考えることができる。この方策の多くは，一般に入手可能な情報を増やし，バイアスを減らすために，フル・ディスクロージャーの方針を推し進めようとしている。また，情報をタイムリーに開示すれば，インサイダーが情報優位の立場を利用して利益を得るのがむずかしくなる。このように，財務報告は，逆選択問題をコントロールし，推定リスクを減らすための工夫と考えることができる。財務報告によって，証券市場の運営効率は改善され，不備が補われることになる。

4.6.2　要約

　理想的状況では，企業の市場価値は，すべての情報を完全に織り込んでいる。つまり，時価総額は本源的価値に等しい。理想的状況が成り立たない場合，証券市場が効率的であれば，市場価格は，一般に入手可能なすべての情報を織り込んでいる。

　これら2つの情報集合のちがいの代表的なものは，**インサイダー情報** (inside information) である。インサイダーが，情報優位にある立場を利用して利益を得る状況は，逆選択問題の一例である。完全かつタイムリーなディスクロージャーはこの問題を緩和し，それによって証券市場の運営効率を高めることになる。しかし，すべてのインサイダー情報を報告するのはコストがかかりすぎるため，今後も逆選択問題は残るだろう。

4.7　良好に機能する証券市場の社会的重要性

　資本主義経済において，投資に必要な資金を調達したり，互いに競合する投資機会に資金を割り当てるための主な舞台は証券市場である。したがって，投資資金の流れの指針となるよう，証券価格が正しく決まるように，証券市場が良好に機能することが社会的に望ましい。たとえば，大きな利益の見込まれる投資プロジェクトを持っている企業が発行する株式の価格が高ければ，この企業はこのプロジェクトに投資しようとするだろう。また，大きな利益の見込まれるプロジェクトを持っていない企業の投資はやめさせるべきである。株価が本源的価値を反映していれば，このようにうまく機能するはずである。もちろん，投資資金は貴重なものなので，社会全体としても，こうなることが望ましい。稀少資本がもっとも生産的な用途に振り向けられるとき，社会厚生が高められることになる。

　しかし，すでに述べたように，インサイダー情報をなくすためのコストが大きすぎることから，証券価格は本源的価値を完全には反映しないだろう。投資家は，逆選択やインサイダー取引の結果生じる推定リスクの存在に気がついている。そして，「レモン」の現象が起きるのである。投資家は，市場が「公平な試合場」でないことを知っていて，市場から退出するか，すべての株式に対して，低めの株価をつけようとする。よって，大きな利益の見込まれるプロジェクトを持っている企業の発行する株式の価格が十分には高くならな

いので，市場は，望まれているほど良好には機能しないことになる。関連した問題として，あまりに多くの投資家が市場から退出してしまえば，市場の流動性が**薄い (thin)** 状態になる。あるいは，市場は**厚み (depth)** を失うといってもよい。したがって，株式を売買しようとする投資家は，望むだけの株式を時価で売買できなくなってしまい，ますます投資がしにくくなってしまう。

Wurgler (2000) は，効率的な資本配分のために，良好に機能する市場の存在が重要であることについて，実証研究を行った。Wurgler (2000) は，1963 年から 1995 年までの期間について，65ヵ国の資本配分の効率性を推計し，(すべての株価に影響を与えるような，産業全体や経済全体に影響を与える情報に比べて) 企業固有の情報がより多く株価に反映されている国は，資本配分の効率性が高いことを発見した[13]。より多くの企業固有の情報が株価に含まれているということは，市場がうまく機能していて，インサイダー情報が少ないということの言い替えにすぎないことに注意しよう。

もちろん，資本主義先進国は，証券市場の運営効率を高めるためにいろいろな仕組みを持っている。そのようなアプローチの 1 つは，市場に**罰則 (penalties)** を導入することである。こうして，オンタリオ州のオンタリオ証券委員会 (OSC) やアメリカの SEC のような政府の証券委員会が存在しているのである。これらの官庁は，たとえば，インサイダー取引をコントロールしたり，重要な事象の速やかなディスクロージャーを促進する規制を設け，規制違反には罰則を課すことで，これらの規制を実効性あるものにしている。

しかし，効率的市場においては，規制違反に対する罰則がなくとも，インサイダー情報を公表する**インセンティブ (incentives)** がある。いい投資プロジェクトのある企業が，この事実を市場に効果的に伝え，評判を高めて，発行株式に対する対価を引き上げるためのいろいろな仕組みがあるのである。**シグナリング (signaling)** は，そのような仕組みの 1 つである。たとえば，インサイダーは，新規プロジェクトのかなりの割合の持分を保有することで，これがいいプロジェクトだという信念を市場に伝えることができる。プロジェクトから見込まれる利益が大きくなれば，市場にシグナルを送るインセンティ

---

[13]Wurgler は，ある国の資本配分の効率性を，その国の投資の成長とその国の産出量の関係によって推計した。投資が 1 単位成長するときに，より多くの産出量を示すなら，資本配分の効率性が高いとするのである。その国の株価に企業固有の情報がどれだけ含まれているかについては，株価の**連動性 (synchronicity)** (株価が一緒に変動する程度) によって推計する。株価が連動していなければ，企業固有の情報が産業全体や経済全体に影響を与える情報に比べて，より多く含まれていることになる。

ブも大きくなる。シグナルについては，第 11 章で詳しく検討する。

ここで，目的を達成する仕組みは，フル・ディスクロージャーである。企業は，財務報告において，フル・ディスクロージャーを行うインセンティブがある[14]。もしそのようなディスクロージャーが信用できるなら，投資家は，その企業を「レモン」ではないと見なし，結果として，その企業の株式に対して，ディスクロージャーしなかった場合より高い価格をつけるだろう。

罰則ベースの仕組みとインセンティブ・ベースの仕組みを，両方同時に利用できることは明らかである。我々の経済においては両者が併用されている。罰則アプローチは「ムチ」であり，それを実施するために規制が必要である。しかし，企業に，適正な株式発行対価を得るために，自社の情報を信頼できるかたちで伝えたいと思わせるような「アメ」が使えれば，規制はあまり必要とされないだろう。

良好に機能している株式市場が社会的に望ましいものであるためには，次の2つの条件が充たされている必要がある。

- 有用な情報はすべて一般に入手可能になっているか，少なくとも，罰則やインセンティブのおかげで，費用対効果が高い場合には，インサイダー情報が公開されるようになっている。
- 証券市場価格は，この情報について効率的である。

4.8 フル・ディスクロージャーの例

4.8.1 はじめに

このセクションでは，フル・ディスクロージャーの重要な基準を検討する。とくに，**経営者による分析と検討** (management discussion and analysis: MD&A) を解説することにしよう。MD&A では，企業の業績，財政状態，将来の見通しについて，文章による解説をすることが求められている。その狙いは，投資家が財務諸表を解釈するのを助けることにある。

この基準は，それ自体が，興味深いものであるが，一般に公開された有用な情報をどのように増やすことができるかについての重要な例にもなっている。MD&A 基準は，情報開示に対するアメのアプローチとムチのアプローチ

---

[14] この議論は，真実なディスクロージャーを前提としている。真実なディスクロージャーは，たとえば，監査によって促進される。

の中間に位置する。すべての公開企業が MD&A を提供しなければならない一方で，ディスクロージャーの要求にどの程度こたえるかについては，ある程度，裁量の余地がある。たとえば，すでに財務諸表で公開されている情報を焼き直して提供している企業もあれば，要求されている最低限の水準を超えて，たとえば，将来の事業の戦略や計画，見通しといった内部情報を提供している企業もある。

4.8.2 経営者による分析と検討

MD&A の目的

ここでの MD&A の取扱いは，2004 年に発効した OSC の国家法律文書 NI 51-102 の規定にもとづいている。似たような規定は，アメリカの SEC によるものなど，他の国にも見られる。また，カナダ証券管理局（13 の州や準州の証券監督者の協議会）を通じて，相互調整された MD&A 規制が，カナダ全域に適用されている。

MD&A は，経営陣の観点から，企業の業績，財政状態および将来の見通しを文章によって説明したものである。MD&A は，投資家が理解できるような言葉で書かれていなければならない。MD&A の目的には次のようなものが含まれる。

- 現在および将来の投資家が財務諸表を理解する上で役に立つこと。
- 財務諸表に完全には反映されていない情報について議論すること。
- 重要な動向やリスクについて議論すること。
- 過去の業績が将来の業績の指標となるのかどうかを投資家が判定するのを手助けするため，利益やキャッシュ・フローの品質や変動性について情報を提供すること。

こういった目的を達成するために，ディスクロージャーについて次のようなことが求められている。

- 企業全体の業績や，収益，資産および負債項目について議論する。購入や廃棄といった，これらの項目が期間ごとに変化した理由を説明する。財務諸表を作成するときに採用した会計基準について説明する。
- 企業が短期的資金需要と長期的資金需要を充たすことができるかどうかについて論じる。

- 重要な契約やオフバランス項目について論じる。
- 会計方針の変更について論じる。
- 将来の業績に影響すると予想される動向，リスクおよび不確実性について説明し議論する。リスク管理のために，金融商品がどのように使われているのか記述する。以前に発表された将来予測情報のうち，発表後の事情の変化のため，今となっては誤りと判明したものについて，どのように変更する必要があるのか説明する。

これらの要求事項については，いくつか注意すべき点がある。

- MD&A の基準は，将来を指向したものである。たとえば，将来の業績に影響を与えるとわかっている動向について議論しなければならない。このように，MD&A 基準が将来指向であることは，セクション 3.8 で解説した FASB の概念フレームワークと整合的である。投資家は，投資から得られる将来のキャッシュ・フローを評価することに関心があるのである。
- MD&A の基準の背後には，情報システムの考え方がある。セクション 3.3.2 で議論したように，情報システムは，現在の財務諸表情報と将来の企業業績の関係を特定している。このような考え方は，投資家が，過去の企業業績が将来の業績の指標となるかどうか判断するのを手助けするという基準の目的の中に認められる。
- 将来指向であることと関連しているが，この基準は，目的適合性と信頼性のトレードオフの関係の中で，目的適合性の方を重視している。つまり，財務諸表と比べた場合，MD&A においては，客観的な証拠が得られるまで待つ必要が少ないのである。しかし，MD&A において，完全に信頼性を無視していいわけではない。たとえば，NI 51-102 は，企業の MD&A は取締役会で承認されなければならないものとしている。おそらく，これによって，経営者による操作やバイアスが混入する確率が低くなると予想されている。また，RRA の過去の推定値の修正のように，企業は，以前に発表された将来予測情報のうち，発表後の事情のため，今となっては誤りと判明したものについて，どのように変更する必要があるのか議論しなければならない。この要求事項のおかげで，ある程度の信頼性が確保されるだろう。予測情報中の誤り

やバイアスがあれば，あとで説明しなければならないことを経営者が知っているからである。
- MD&A の基準は，合理的投資家の意思決定理論や市場の効率性の理論と整合しているように見える。たとえば，MD&A の基準においては，フル・ディスクロージャーが強調され，投資家が将来予測情報やリスクについての情報を必要としていることが認識されている。実際，この基準は，経営陣が内部情報を公開する手段を提供して，市場の機能を高めようとする試みと考えられる。しかし，理論と完璧に整合しているわけではない。たとえば，企業固有のリスクについてのディスクロージャーが強調されている点が挙げられる。しかし，投資の理論によれば，この種のリスクは分散投資によって消去できるはずである。また，MD&A は平易な言葉で書かれている点が挙げられる。この要求事項に強いて反対することもないが，効率的な市場価格がナイーブな投資家を価格保護するので，そのような投資家についてあまり心配する必要はないという Beaver の議論（セクション 4.3）とは整合していない。

以上のような点に留意しつつ，あるカナダの大企業の MD&A を例として，上記の論点を解説することにしよう。

MD&A ディスクロージャーの一例

実例 4.1 は，カナディアン・タイヤ・コーポレーションの 2003 年の年次報告書における MD&A と関連する箇所を，リスク管理についての部分を含めて，抜粋したものである。カナディアン・タイヤは，2003 年 CICA 企業報告賞のうち年次報告書優秀賞と，同社の属する産業における最優秀総合年次報告書賞を受賞している。

カナディアン・タイヤの MD&A は，ビジネスの概略説明からはじまり，戦略遂行プランを記述して，財務上の目標を達成したかどうかをチェックするために使う業績指標まで説明している。これら財務目標による，最近の業績も開示されている。これに加えて，カナディアン・タイヤは，現在の事業活動や財政状態についても詳細な議論をしているが，本書では省略した。

カナディアン・タイヤは，実例で取り上げた小売事業部を含め，主な事業部の業績や見通しを議論している。カバーされる範囲は，市場の趨勢や，市

場においてカナディアン・タイヤがどのようなポジションにあるかという点や，市場におけるチャンスに及ぶ。とくに，成長の余地に焦点をあてていることに注意しよう。

リスク管理の議論においては，カナディアン・タイヤが直面するいろいろなリスクに注意しておこう。これは，競合他社の行動の結果，同社の収益性が脅かされるリスクから，事業の季節変動のリスク，契約相手が債務を履行しないことから生じる信用リスク，外国為替レートや金利が変動するような価格リスクにまで及んでいる。ヘッジ方針や信用供与・債権回収の方針など，カナディアン・タイヤが，こうしたリスクをコントロールするためにとる手段も説明されている。同社は，天候のリスクや不況による信用リスクなど，コントロールできないリスクがあることを率直に認めてもいる。

ディスカッション

　MD&A は，証券規制当局が，GAAP の要求範囲を超えた基準を設定するという大がかりな試みである。証券規制当局が MD&A ディスクロージャー規制をするようになった理由は，おそらく，CICA ハンドブックの会計基準が財務諸表についてのものであるのに対し，OSC やそのほかの証券規制当局の関心が，CICA ハンドブックが適用されない，年次報告書のほかの部分のディスクロージャーにあるからだろう。

　カナディアン・タイヤの MD&A は，上記の基準の目的と要求事項に完全に応えているように見える。たしかに，カナディアン・タイヤのディスクロージャーは，財務諸表情報の焼き直しや将来の見通しについての曖昧な意思表示といった最小限のレベルを超えている。提供されている情報は，財務諸表本体から読み取れる情報をはるかに超えているのである。MD&A は，とくに，経営者の観点から論じられていて，投資家が将来の企業業績を評価する上で役に立つ，かなり将来指向の情報を含んでいる。

　なぜ最小限の要求事項を超えてディスクロージャーをする企業が存在するのか，その理由を想像するのはなかなか面白いことである。とくに，将来指向のディスクロージャーがまちがっていたときに，訴えられる可能性を考えると，ますます興味深い。1つの可能性としては，カナダにおいては，アメリカのような国と比較した場合，あまり訴訟が多くないということが挙げられる。別の可能性としては，推定リスクを削減することをとおして，投資家

の信頼を獲得した場合，その企業の資本コストが削減されるということが挙げられる。この点については，第 11 章で議論することにしよう。また，別の可能性として，フル・ディスクロージャーをしているという評判効果は，投資家だけでなく，顧客にも及ぶのかもしれない。

実例 4.1 カナディアン・タイヤ・コーポレーション，2003 年年次報告書における MD&A の引用

---

1. 企業の概況

1.1 事業の状況

カナディアン・タイヤは，成長中の革新的な企業で，相互に関連した次のような事業から構成されています。

- カナディアン・タイヤ・リテール (CTR)
- カナディアン・タイヤ石油（ペトロリウム）
- マークズ・ワーク・ウェアハウス（マークズ）
- カナディアン・タイヤ・フィナンシャル・サービス（フィナンシャル・サービス）

CTR は，カナダの代表的な耐久消費財小売業者で，加盟ディーラーによって運営されているカナディアン・タイヤ・ストアのチェーンとパートソースの名称で事業展開している自動車部品店のフランチャイズ・チェーンを持っています。ペトロリウムは，カナダ最大の独立系石油小売業者で，ガソリン・スタンド，コンビニエンス・ストア，売店，洗車場，プロパン・ガス・ステーションのエージェント・チェーンを持っています。マークズは，カナダ最大の靴・衣料小売店の 1 つで，作業服とカジュアルなビジネス・ファッションに特化しており，マークズ・ワーク・ウェアハウス，ワーク・ワールド・バナーズ，そしてケベック州ではレクイピュールというブランド名で，直営店とフランチャイズ店を経営しています。フィナンシャル・サービスは，カナディアン・タイヤ・リテール・カード，オプションズ・マスターカード，保険商品，クレジット・カード，各種の保証提供，カナディアン・タイヤ・オート・クラブと呼ばれるロードサイド・アシスタンス・サービスを提供しています。カナディアン・タイヤ

銀行は，連邦法上の規制下にある銀行で，フィナンシャル・サービスの一部門です。同行は，お客さまがオプションズ・マスターカードやカナディアン・タイヤ・リテール・カードをご使用になられるにあたり，クレジット・カード口座の管理と与信業務を担当しております。

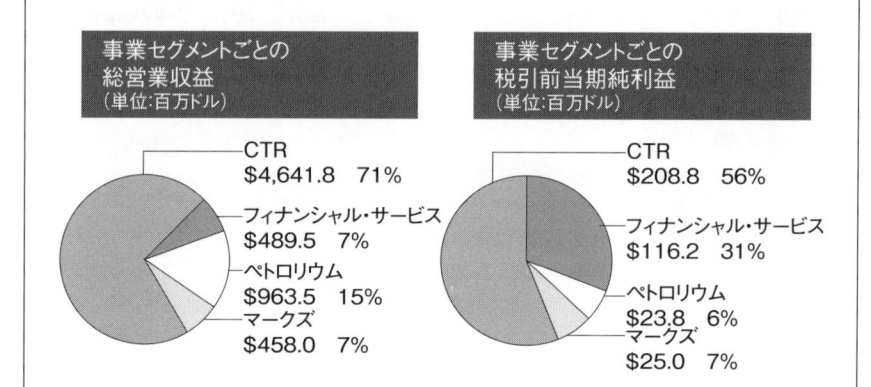

事業セグメントごとの
総営業収益
（単位:百万ドル）

- CTR　$4,641.8　71%
- フィナンシャル・サービス　$489.5　7%
- ペトロリウム　$963.5　15%
- マークズ　$458.0　7%

事業セグメントごとの
税引前当期純利益
（単位:百万ドル）

- CTR　$208.8　56%
- フィナンシャル・サービス　$116.2　31%
- ペトロリウム　$23.8　6%
- マークズ　$25.0　7%

1.2 戦略計画の目的

カナディアン・タイヤの戦略計画（以下「計画」）は2001年に導入されました。この計画は，2001年から2005年を計画期間として，会社がどのように成長するのかを示すロードマップになっています。この計画の主な目的は，長期間にわたって，株主トータル・リターンにおいて，北米の小売業者の上位4分の1に入り続けることです[1]。最初の計画期間の始まりとなっている2000年12月31日から2004年1月3日までのあいだ，カナディアン・タイヤの株主トータル・リターンは，年率29.9パーセントに達しており，この指標で測りますと，カナディアン・タイヤは，北米小売業者の上位4分の1に入っております。

---

[1] 株主トータル・リターンは，年度中の株価の変化額と配当を加えたものを，期首の株価で割って算出します。比較の対象となるグループは，トロント証券取引所，ナスダック証券取引所およびニューヨーク証券取引所において，主な消費者製品指数に含まれている北米の小売業者です。

1.3 戦略計画の業績指標

この計画を採用するにあたって，経営陣は，5つの業績指標を設定しました。この計画を実行して，財務上の目標を達成すれば，2001年から2005年の計画期間を通じて，当社が株主トータル・リターンの上位4分の1

に入ると経営陣は信じております。しかし，当社の業績や当社の株価は期間中変動するかもしれません。

次の表は，長期目標と比較して，当社がどのような業績をあげてきたかを示し，2003年の業績が目標達成にどのように貢献したかを説明しています。表の右側の列は，事業成果をもっと意味のあるものにするため，数値を調整する必要があると考える投資家やアナリストのために，2003年の業績を調整したものです。この調整には，2002年第4四半期の自動車部品供給チェーンのリストラクチャリングについての費用680万ドルと，クレジット債権の売却と固定資産の処分についての損益が含まれています。

戦略計画 主要指標	戦略計画年間目標 2001年〜2005年	2001年〜 2003年	2003年度 業績	2003年度 営業業績[1]
比較可能な店舗売上[2]	3〜4%[3]	2.8%[3]	4.7%	4.7%
総営業収益	少なくとも10%[4]	8.0%[4]	10.2%	10.2%
EBITDA[5]および				
少数株主持分	10〜15%[4]	9.8%[4]	10.4%	9.9%
1株あたり利益	12〜15%[4]	17.4%[4]	19.5%	16.5%
税引後投下資本リターン	少なくとも10%[3]	8.3%[3]	9.0%	8.6%

[1] 営業外項目には，クレジット債権の売却と固定資産の処分についての損益と，2002年第4四半期におけるNAPAカナダとの合意についての費用とが含まれています。これらの損益は2003年度には生じていません。
[2] CTRだけの売上成長率です。
[3] 2001年，2002年，2003年の平均です。
[4] 計画の目標と業績指標は，年率複利成長率であらわしています。
[5] 支払利息，法人税，減価償却および償却前利益。このMD&Aの最後にあるGAAP以外の尺度についての注記をご覧ください。

リテール

カナディアン・タイヤ・リテール (CTR) は，新たなる成長機会を得て，ふたたび利益上昇局面に入りつつあります。これは，お客さまとの関係を構築し，ユニークな製品を提供し，新しいコンセプト 20/20 ストアによって，将来を見据えたからです。

——マーク・フート，カナディアン・タイヤ社長

市場の動向 この 10 年間，カナダの小売業界やカナディアン・タイヤが属している業界における競争は，国内と外国双方の小売業者がカナダで積極的に拡張したため，激化してきています。また，小売業界においては，デパートの廃業，一般業者や多数の独立商店の合併も見られました。この業界で成長を達成するために，小売業者は，優れた価値を提案し，品揃え，利便性，価値とサービスの最適な組み合わせを望むカナダの消費者の人口構成やライフスタイルの変化に対応していかなければなりません。

ユニークなポジション カナディアン・タイヤのユニークなポジションは，ユニークな品揃えにもとづくものです。この品揃えは，カナダの地理，天候，季節の移り変わりやライフスタイルといった現実にあわせて発達してきたものなので，カナダ人のあいだで共感を得ています。当社は，ほとんどすべての品目で，激しい競争に直面していますが，当社の品揃えを真似できる小売業者はいません。当社のロゴは，何百万人ものカナダ人の生活において，欠くことのできない一部分となっていますが，この強力なブランドと大変に人気のあるカナディアン・タイヤ・「マネー」・ロイヤリティ・プログラムを通じて，自動車用品，耐久消費財，スポーツ用品と園芸用品の分野で，当社はトップ企業の地位を確立し，これを維持しています。当社は，83 の小売分野で営業しており，そのうちの半分の分野でトップ企業の地位にあります。もっとも重要なことは，当社

は，エキサイティングで，新しく，ほかにはない商品を売り出すことで，市場において，革新的な業者として知られるようになっていることです。かなり多くのカナダ人が当社の顧客であり，カナダ人の過半数は，少なくとも月に1度は当社の店で買い物をしています。これは，強力な競争優位です。

市場におけるチャンス　当社の顧客基盤は大変大きく，主な小売部門でトップ企業の立場にあることから，「当社がこれ以上成長するとすると，それはどの分野だろうか？」という当然の疑問が湧いてくるでしょう。しかし，当社には，多くの成長の余地があります。現在，営業中のセグメントが成長するでしょうし，すべての部門でマーケット・シェアを上げることができるでしょうし，お客さまのニーズの変化をとらえた新しい商品の開発もできるでしょう。こうしたチャンスを活かせるかどうかは，お客さまに当社の店舗にもっと来ていただいて，そして，来ていただいたときにはもっとお買い上げいただけるように，お客さまとの関係を強化できるかどうかにかかっています。この目標を達成するため，商品化計画，販売促進，店舗開発，製品改良，サービス，顧客満足といったあらゆる面で，業界のリーダーとなる戦略を効果的に押し進めるよう努力してまいりました。

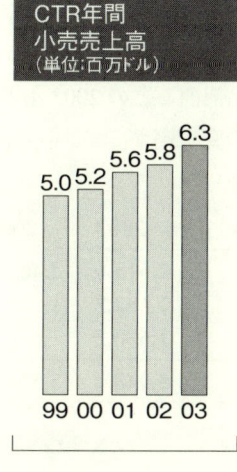

CTR年間
小売売上高
（単位：百万ドル）

99	00	01	02	03
5.0	5.2	5.6	5.8	6.3

2003 年の総小売売上高が大きくなったのは，通常の商品開発の実行と特別販売促進活動の結果です。 2003 年の第 1 四半期の 14 週間の CTR の総売上は，18 億 6 千万ドルとなり，2002 年の第 1 四半期の 13 週間の 16 億 6 千万ドルの売上に比べて，12.2 パーセントの増加でした。より適切な比較対象である 13 週間の売上では，2003 年の総売上は 17 億 6 千万ドルであり，2002 年の売上と比較して 6.4 パーセント増加しました。売上が増加した原因にはいくつかのものがありますが，新製品についてのチラシやテレビの宣伝など，スペシャル・イベントや販売促進活動などが主な理由です。2002 年の第 4 四半期においては，季節変動商品や，利幅の大きい商品へのシフト計画が期待された売上に結びつかなかったため，結果として，2003 年第 4 四半期の結果が良好に見えています。

2003 年第 4 四半期において，もっとも好調だった部門は，スポーツ用品（15.5 パーセント増），耐久消費財（13.4 パーセント増）および自動車用品（13.1 パーセント増）でした。

年間通算では，2003 年 53 週間の CTR の総小売売上高は 62 億 5 千万ドルで，2002 年 52 週間の 58 億 4 千万ドルの売上高と比較して，7.0 パーセント増となっています。より適切な比較対象である 52 週間の売上では，2003 年の総売上は 61 億 6 千万ドルであり，2002 年の売上と比較して 5.3 パーセント増加しました。2003 年において，もっとも好調だった部門は，園芸用品（10.6 パーセント増），自動車用品（7.1 パーセント増）およびスポーツ用品（7.3 パーセント増）でした。

次の表は，CTR の主な製品部門ごとの 2003 年の小売売上高をあらわしております。これらすべての売上高が 2002 年実績を上まわっております。

製品部門ごとの小売売上高[1]

（百万ドル）	**2003**	2002	変化
家庭用品	**2,615.6**	2,469.6	5.9%
レジャー用品	**1,682.2**	1,548.2	8.7%
自動車用品	**1,650.2**	1,538.0	7.3%
小売合計	**5,948.0**	5,555.8	7.1%

[1] 店舗内の販売部門の業績を比較するため，この数字はオンライン販売と自動車サービス売上の労務費部分を含んでいません。

小売業に共通する業績指標には，店舗あたり平均売上高，1平方フィートあたりの平均売上高などがあります。こうした指標で測ったカナディアン・タイヤの業績を次の表に示します。

カナディアン・タイヤの店舗あたり平均小売売上高[1]

（百万ドル）	**2003**	2002	2001
既存の店舗	**8.2**	8.2	8.3
新形式の店舗	**15.2**	15.0	15.1

[1] 小売売上高は，比較可能な52週間に調整したものであり，オンライン販売と自動車サービス売上の労務費部分を含んでいません。

新形式の店舗の売上は，既存の店舗の売上を上まわるペースで成長しています。新形式の店舗は，規模が大きく，より便利なレイアウトを採用し，かなり品揃えが充実していますので，お客さまに買い物を一層楽しんでいただけています。結果として，お客さまのご来店が増え，ご来店1回あたりの平均お買い上げ金額も増えています。

カナディアン・タイヤの売場面積平方フィートあたり平均売上高[1,2]

（ドル）	**2003**	2002	2001
既存の店舗	**499**	495	498
新形式の店舗	**423**	419	421

[1] 小売売上高は，比較可能な52週間に調整したものであり，オンライン販売と自動車サービス売上の労務費部分を含んでいません。
[2] 売場面積は，倉庫，ガーデン・センターおよび自動車サービス・エリアを含んでいません。

予想されるとおり，新形式の店舗は，売場面積が広いので，平方フィートあたりの平均売上高が既存の店舗に比べて少なくなっています。

3.4 財務コスト

次の表は，当社の総財務コストをまとめたものです。総財務コストからは，グレーシャー・クレジット・カード・トラスト関連のコストはのぞいてありますが，金利スワップの影響は含めてあります。この金利スワップは，後段で説明する当社のリスク・マネジメント・プログラムの一環です。

利子費用[1]

（百万ドル）	**2003**	2002
長期利子費用	**82.4**	80.3
短期利子費用	**2.6**	2.7
合計	**85.0**	83.0
実効負債金利	**6.8%**	6.3%

[1]利子費用は，金利スワップ契約による金利差を受け渡ししたとき，その分だけ増減しています。

実効負債金利は，2002年から2003年にかけて上昇していますが，これは低金利社債の償還および2003年の金利スワップ契約の時価評価が原因です。

4. リスク・マネジメント

カナディアン・タイヤは，株主へのトータル・リターンを増やすという目的に沿うように，リスクを戦略的に管理しています。リスク・マネジメント戦略を効果的なものとするために，当社は，企業のリスク・マネジメント (ERM)・フレームワークの開発に着手しました。

ERMフレームワークは，組織内のリスクを，効果的で一貫した方法で評価し，削減するための原理やプロセス，ツールを準備するものです。ERMプロセスは，事業経営者が，戦略目的や事業目的の達成にとってもっとも脅威となりそうなリスクに集中するのに役立ちます。一度，完全に実施されれば，実効性あるERMプログラムによって，リスクが削減され，資産，キャッシュ・フロー，利益および株主価値が保護されます。ERMは，リスク・マネジメントに対する統制・統合された全社的なアプローチです。ERMにおける第1段階は，当社の主なリスクを特定し評価する作業を常時継続して行うようにすることです。私たちは，最初のリスク評価を2004年のあいだに完了させ，このレビューによって見つかった事実を2004年の年次報告書のMD&Aでお知らせする予定です。

4.1 事業リスク

カナディアン・タイヤは，通常の事業活動において多くのリスクにさらされており，こうしたリスクは営業業績に影響を与える可能性があります。

小売業界の競争リスク　カナディアン・タイヤは，国内外の小売業者との激しい競争にさらされています。これらの競合他社には，デパート，大型小売店，日曜大工店，ガソリン・スタンド，専門店といった当社と同じ領域で営業している業者が含まれます。このような競合他社のために，当社がお客さまを引きつけて小売業界で成功するにあたって，競争上のリスクが存在しています。

当社は，それぞれの市場やセグメントにおける競争力を決定するような競争条件や経済条件の変化を注意深くモニターし分析しております。カナディアン・タイヤは，ブランド価値，かなりの不動産投資，強力な会員プログラム，マスターカードの提供，業界トップ水準のコール・センター，非常に効率的な配送システム，仕入先との強固な関係といったユニークな資産によって，業界における優位性を維持しています。

また，カナディアン・タイヤには，競争上のリスクを緩和するような強みがあります。もっとも重要なものは，会員ディーラーやエージェント，フランチャイズ加盟者のネットワークであって，こうしたメンバーの事業活動への投資やコミットメントのおかげで，かなりの競争優位を構築しています。さらに，別の強みとしては，立地条件の良い 452 のカナディアン・タイヤ店，322 のマークズ・ワーク・ウェアハウス店，232 のガソリン・スタンド，39 のパートソース店，47 の洗車場が挙げられます。

社内の調査でも，外部の独立した調査機関の調査でも，お客さまは，CTR をよく知っていて，気に入っていただけていることが明らかになっています。さらに，カナディアン・タイヤ店は，多くの製品カテゴリーで大きなマーケット・シェアを確保しています。自動車用品，耐久消費財，そして，季節商品とスポーツ用品の一部では，とくに大きなマーケット・シェアを持っています。

コアとなる商品カテゴリーをつねに戦略的・営業的にレビューすることで，ここで議論した当社の強みは補強されており，CTR の市場におけるポジション，チャンスや脅威をつねに包括的に把握しております。この

情報にもとづいて，新形式の店舗，新しい商品化計画，パートソースやCTRのオンライン・ショッピングの開発，CTダイレクトといった，カナディアン・タイヤの改革が進められています。そして，これらすべての取り組みによって，売上，マーケット・シェアおよび利益が長期的に成長することが期待されています。

CTRの競争上のポジションを強化し，当社の小売業界における競争リスクを削減する具体的な取り組みは，このレポートの32ページ以降，CTRの分析で取り上げます。

環境リスク　カナディアン・タイヤの環境リスクは，主に，当社の石油事業におけるガソリン，オイル，プロパンの取り扱いと，カナディアン・タイヤ・ストアやパートソース・ストアにおいて販売されている塗料，オイル，農薬といったもののリサイクルに関連しています。責任ある企業は，評判や事業免許を維持するため，包括的な環境ポリシーと手続きを定め，それに従わなくてはなりません。カナディアン・タイヤは，小売業界でもっとも進んだ環境保護プログラムを持っていると経営陣は信じております。当社における環境リスクを特定して削減する手続きと，この分野での過去の実績のおかげで，非常に低い保険料で環境保険を購入することが可能となっております。

2003年，当社は，経営システム上，環境問題への取り組み，方針，手続きがしっかり実施されるよう，再確認いたしました。カナディアン・タイヤの取締役会，監査委員会と社会的責任委員会は，環境，健康と安全についての問題，方針と手続きについての四半期レポートと年次レポートを受け取っています。

カナディアン・タイヤは，事業活動において，規制による要求事項，当社独自の要求事項を遵守しているどうか判定するため，設備や手続きを定期的に点検しています。さらに，当社は，環境マネジメントについての新基準を設定するため，時代に先んじた多くのプログラムを開始してまいりました。これらのプログラムについては，このレポートの82ページ以降で，「環境，健康と安全についての責任」という見出しの下，詳細に論じております。

商品価格リスク　石油精製業を営まない石油小売業者の営業業績は，精製業者が設定するガソリンの卸値によって変動します。CTRとペトロリウムは，このリスクによって直接的に影響を受けています。過去5年間，ペトロリウムは，営業費用をかなり削減しました。その結果，卸値変動リスクにあまり影響を受けないで，利益を確保しやすい体質になっています。ペトロリウムは，主な精製業者と，競争力ある条件でガソリンを購入できる契約を結んでおります。

季節変動リスク　季節商品の売上からかなりの収益を得ているようなビジネスは，予想外の天候不順についての大きなリスクにさらされています。CTRは，多くの季節商品を売り物にしているので，その結果として，CTRのビジネスには季節変動がございます。通常，当社の総売上高と税引前連結利益は，第2四半期と第4四半期に大きくなります。第1四半期の売上と利益が一番小さくなるのが普通です。このような季節変動を小さくするため，CTRは仕入先と協力して，納品のタイミングを計画したり，可能な場合には，商品発注のリード・タイムを短くしたりしています。しかし，CTRは季節商品を取り扱っていますので，このようなリスクを完全に除去するのは不可能です。

同じように，マークズの事業においても，季節変動は非常に大きく，通常は，年間売上の約40パーセントと年間利益のほとんどが第4四半期に計上されます。これは，一般に，消費者が衣料を購入するのがこの時期だからです。マークズは，売上の詳細な報告と商品化計画セジュールによって，季節変動リスクを減らしていますが，このようなリスクを完全に除去することはできません。商品，とくに海外で購入する商品を，かなり前もって発注しなければならないからです。

ディーラー契約　カナディアン・タイヤ，とくにCTR部門の業績は，カナディアン・タイヤ・ストアの業績と密接に連動しています。会員ディーラー（以下，ディーラー）が，これらのストアを経営しています。当社とディーラーの関係は，独立した企業の柔軟性と，本部でマーケティングと仕入を集中して行う組織の利点とをあわせ持っています。ディーラー全体で共有されている経験は価値ある資源であって，新しい商品化計画

やマーケティング・コンセプトを開発・実行するときに，ほかのディーラーや当社にとって大きな助けとなります．もっとも重要なことは，当社が，小売事業や戦略を適切に実行できるかどうかは，ディーラー次第であるということです．

カナディアン・タイヤ・ストアのブランドを維持し，品揃えの質と幅を維持するため，すべてのディーラーは当社の商品か，当社が承認した商品を購入することに同意しています．さらに，すべてのディーラーは，当社が定めた方針，マーケティング計画，営業基準にしたがうことに同意しています．これらの義務は，ディーラー契約の中で特定されていますが，個々のディーラーによって消滅時期が異なります．こうした契約のうち，2004年6月に消滅するものがあります．

CTRと会員ディーラーは，2003年の9月に新しい協定に大筋で合意しました．この協定は，財務上，戦略上，営業上の重要な変化に対応する新しい商業契約を確立するための指針となるものです．この協定が定義する新しい契約は，当社の将来の利益に貢献するものであると同時に，会員ディーラーが店舗事業を構築し，維持し，成長させる上で，魅力的なインセンティブを提供し続けます．新しい商業契約の条項のほとんどは，2004年7月以降の10年間に延長されますが，財務条項は5年後に見直されることになっています．

4.2 資本マネジメント・リスク

リスクを削減する財務戦略を取っているため，カナディアン・タイヤの財務部は利益センターとして運営されていないことに注意してください．投機的な活動を見つけ，防止するための内部統制システムがあります．

金融商品リスク 当社は，為替リスク，金利リスク，商品価格変動リスクをあらかじめ見越して保守的に管理する方針です．

通常，金融取引には2人の当事者がいます．取引がうまくいってリスクを削減するためには，両方の当事者が，取引上の金融債務を履行する能力を持っている必要があります．カナディアン・タイヤのケースでは，取引相手の信用リスクはほとんどないと考えられます．これは，当社が，格付けの高い金融機関だけに取引相手を限定しているからです．また，当社

は，未履行契約が，どの取引相手にも集中しないように注意しています。

外国為替リスク　当社は，外国から商品やサービスをかなり輸入しているので，為替相場が急激に変化するリスクを削減するため，先を見越した保守的な方針を採用しています。当社は，4ヵ月から6ヵ月を基準として，外国から購入する商品やサービスの予想対価の最低75パーセントをヘッジする方針です。経営陣が適切と考えるときは，為替リスクのヘッジ取引の期間を，さらに6ヶ月かそれ以上，拡張します。このヘッジ活動は，近い将来の期間の有利または不利な為替変動の影響を削減する効果があります。また，為替変動が売上原価に与える影響は，会員ディーラーとマージンを分けあう財務条項によっても削減されます。

クレジット・カード債権のリスク　カナディアン・タイヤは，フィナンシャル・サービス事業をとおして，カナディアン・タイヤ・カードやオプションズ・マスターカードを発行し，お客さまに信用を供与しています。これは，お客さまのロイヤリティを高め，当社の収益性を強化するためです。この信用供与によって，当社は信用リスクにさらされています。

- 信用を供与するにあたっては，自動化された高度の信用スコアリング・モデルが利用され，それぞれのお客さまの信用枠が決定されます。この信用スコアリング・モデルは，新しい情報にもとづいて，つねに改善されています。

- クレジット・カード債権のポートフォリオの監視にあたって，フィナンシャル・サービスは，それぞれのお客さまに正確な信用枠を供与し，信用リスクの総額を制限するため，最新の技術を利用しています。

- クレジット・カード債権の回収にあたって，フィナンシャル・サービスは，回収プロセスの効果をかなり高める回収モデリング技術を採用しています。

フィナンシャル・サービスの顧客基盤は，カナダ全体で430万人を超えるクレジット・カード保有者で，そのうち，約70パーセントはオンタリオ州とケベック州に住んでいます。

フィナンシャル・サービスは，クレジット・カード債権の成長をファイナンスするために，過去数年間，資金調達の手法として証券化を利用してきました。2003年末において，フィナンシャル・サービスは，クレジット・カード債権のポートフォリオ純額の約77パーセントを証券化していました。証券化は，クレジット・カード債権をグレーシャー・クレジット・カード・トラスト (GCCT) に売却することによって行っています。これはカナディアン・タイヤにとって重要な資金調達源泉です。

証券化のリスク　証券化によって，不況などの予期せぬ変化の結果生じる，クレジット・カード債権についてのリスクから，当社の株主を保護することができます。しかし，そのような変化が起こったとすると，追加の証券化が困難になり，費用がかさむものとなるかもしれません。

金利リスク　金利が変化した場合，当社がこうむる影響は，実質的には，現金預金，短期投資，コマーシャル・ペーパーと中期の手形にかぎられます。金利が1パーセント変化しても，当社の利益，キャッシュ・フロー，財政状態に大きな影響はありません。

当社の長期の発行社債はすべて固定利付で発行されており，連結財務諸表の注6に記されているとおり，金利の変動によって影響を受けることはありません。当社は，金利や市場の流動性が変動するリスクをコントロールするために，ときに応じて，金利スワップ契約を締結します。当社は，常時，市場の状況と金利の変動が，当社の固定金利と変動金利のポジションに与える影響を監視しています。

また，当社は，事業部門ごとに金利リスクに対する感応度をチェックしています。フィナンシャル・サービスの収益のほとんどは金利変化の影響を受けません。これは，同部門の収益が，オプションズ・マスターカードやカナディアン・タイヤ・リテール・カードから発生するもので，これは，信用格付けが同じお客さまのグループから適切な固定金利を徴収するものだからです。フィナンシャル・サービスの資金需要は，2003年に減少しました。これは，主として，49ページで説明した証券化プログラムをとおして，クレジット・カード債権を売却したためです。しかし，フィナンシャル・サービスの2003年の資金需要の残りは，変動金利債を

発行して調達したため，事業成績は，ある程度，金利の影響を受けるようになりました。カナディアン・タイヤは，金利の変動が固定金利や変動金利のポジションに与える影響をつねに監視し，固定金利と変動金利の負債の残高を調整することで，金利変動リスクの程度を削減するよう努めてきました。フィナンシャル・サービスの業績は，同部門が低い金利で資金調達できるかどうかにかかっているため，クレジット・カード債権のポートフォリオが急速に成長するかぎり，証券化したクレジット・カード債権の品質を維持することは，フィナンシャル・サービスの優先事項です。

4.9 効率的証券市場についての結論

　効率的証券市場の理論は，財務会計に対していろいろな意義を持っている。そのうちの1つに，財務諸表の注記などの補足情報は，財務諸表本体と同じように有用な情報であるということが挙げられる。別の意義としては，効率性が，一般に知られた情報について定義されているということである。財務報告によって，こうした情報の量，タイミング，正確性が改善される。このことによって，資本市場の機能が高まり，経済運営の効率が増すことになる。

　MD&Aに関する基準は，フル・ディスクロージャーについての基準の重要な例である。この基準によって，伝統的な取得原価ベースの財務諸表に含まれている情報以上の情報が伝達される可能性がある。この追加情報を構成するのは，MD&Aのディスクロージャーによって開示される情報だけではない。ある企業が，MD&Aに関する最低限の要求事項を超えて，どれくらい情報を開示したかということ自体が市場に何かを伝えるのである。より多くの情報を開示するということは，経営陣が自信に満ちあふれ，よく計画して行動しているということを示している（もしそうでないとしたら，そのような情報を開示しないだろう）。このような経営陣の姿勢によって，変わりゆくビジネス・チャンス，リスク，不確実性のある状況においても，良好な業績が続く可能性が高い。

　フル・ディスクロージャーには，主に2つの利点があって，それらは同時に達成することが可能である。1つめは，投資家の意思決定をより良いものに

するということである．もう1つは，証券市場が，一番生産性の高い用途へ資金を振り向けるようにするということである．いうまでもないが，これら2つの利点が同時に達成できる理由は，情報が豊富になれば，より的確な売買意思決定ができ，株価が本源的価値を反映するようになるからである．そして，株価が，その企業の投資意思決定に影響を与えることになる．

　Beaverの1973年の論文は，効率的証券市場の理論から導き出されるもう1つの結論を説明している．これは，企業がどういう会計方針を採用しようとも，それがキャッシュ・フローに影響を与えず，どの方針を採用したのかについて完全に開示が行われており，ある会計方針で計算された結果を別の会計方針で計算された結果へ修正するのに必要な情報を投資家が与えられているかぎり，どの会計方針を採用するかという問題はどうでもいいというものである．効率的市場理論によると，投資家全体としては，報告利益が将来のキャッシュ・フローに与える影響を見抜くはずである．そのプロセスにおいて，投資家は，利益を計算するのに使った会計方針を考慮するのである．よって，石油・ガス会社が，成功部分原価法と全部原価法のいずれを採用しようと，企業が繰延税金負債の会計方法をどのように選択しようと，採用した会計方針が完全に開示されているかぎり，効率的市場における，その企業の株価は何の影響も受けないのである．したがって，フル・ディスクロージャーの原則は，会計方針のディスクロージャーにもあてはまることがわかる．

　株価形成において，情報がどのような役割をはたしているのか，徐々にわかってきている．要するに，株価というのは，集団としての投資家が情報処理した結果と意思決定した結果を集計したものである．したがって，株価それ自体が，かなりの情報内容を持っており，個々の投資家が意思決定をするとき，株価情報を考慮するかもしれない．いわゆる「買い持ち」戦略は，株価の情報内容に依存した意思決定の例である．

　しかし，情報を株価に集計するという考え方には，論理的な矛盾がある．もし，株価が完全に情報提供的であれば，コストをかけてまで追加的な情報を収集しようという人はいなくなるだろう．結局，株価がすべての情報を織り込んでいれば，株価は情報を織り込まなくなるのである．このような自家撞着を避ける方法は2つある．

- ノイズ・トレーダー，流動性トレーダーが，株価にランダムなノイズ

の要素を持ち込むため，株価は，将来の価値について完全には情報提供的ではなくなっている。
- 情報の非対称性，とくに内部情報が存在しているため，目的適合的な情報すべてが一般に入手可能になっているわけではない。したがって，投資家は内部情報を探しあてれば，超過利益を稼ぐことができるかもしれない。MD&Aのような詳細なディスクロージャーは，この点について，投資家の助けになるだろう。

Beaver (1973) が述べているように，会計は，ほかの情報源と競合している。そして，株価が，そのようなほかの情報源の1つであることがわかる。財務諸表が公表される時点までの，目的適合的なほかの情報すべてが株価に織り込まれているものと考えよう。ここで問題になるのは，合理的な投資家にとって，財務諸表を利用して情報収集するのは費用対効果の高い方法だろうかということである。

ここでも，答えは，フル・ディスクロージャーの考え方にある。注記される補足情報やMD&Aなど，財務報告に含まれる情報内容を増やせば，会計情報が競争上有利になるというだけではなく，内部情報が存在することによる悪影響を減らすことで，社会全体の役にも立つのである。

もし，投資家が会計情報を本当に有用だと考えるのであれば，会計情報に対して，株価が反応するはずである。次の章では，この点についての実証結果を検討する。

第5章

意思決定有用性についての情報パースペクティブ

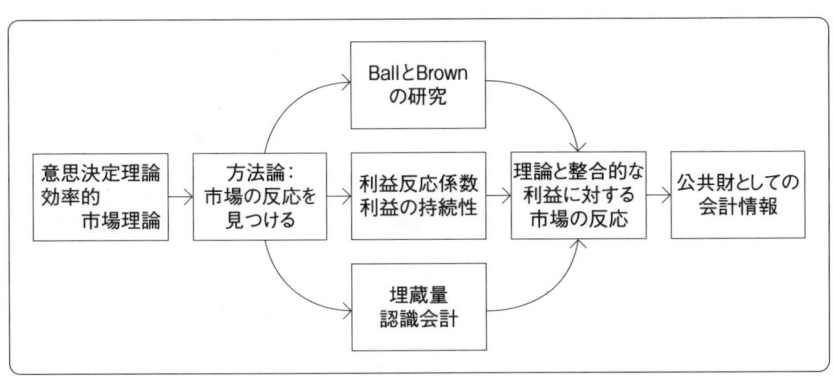

図 5.1　第 5 章の構成

```
意思決定理論    方法論：        利益反応係数   理論と整合的な    公共財としての
効率的       市場の反応を      利益の持続性   利益に対する      会計情報
市場理論      見つける                    市場の反応
                    ┌ BallとBrown ┐
                    │   の研究    │
                    └ 埋蔵量      ┘
                      認識会計
```

5.1　概要

　「論より証拠」ということわざがある。もしも，効率的市場理論とその背景にある意思決定理論が，平均的には現実を記述できているとするならば，証券市場に新しい情報が伝われば，その内容に応じて証券の市場価格は反応するはずである。

　このことは会計における実証研究につながった。意思決定有用性が意味する内容を検証するのはむずかしいことであるが，会計研究では，証券の市場価格が会計情報に反応することを明らかにしてきた。最初に得られた確固た

る証拠は，証券市場が利益公表に反応することを明らかにしたものであり，1968年にBallとBrownによって発表された。それ以降，非常に多くの実証研究が行われ，証券市場の反応をさまざまな角度から明らかにしてきた。

これらの研究にもとづけば，株式リターンの期待値やリスクを見積もることに役立つという点で，会計情報は投資家にとって有用であるといえるだろう。ここで，例3.1で出てきたベイズの定理を思い出そう。この定理によれば，もしも会計情報が情報内容を持たないなら，情報を入手しても信念の改訂はまったく行われず，売買の意思決定もなされない。そして，株式が売買されなければ，取引量も価格も変化しないだろう。重要なことは，ある情報が有用であるのは，その情報によって投資家が信念を改訂し行動を変えるときである。また，投資家にとってどれほど有用であるかは，情報が公表されることによって，取引量や価格がどれだけ変化するかによって測定することができる。

有用性があることと情報内容があることを同一とみなすことは，財務報告の意思決定有用性についての**情報パースペクティブ** (information perspective) と呼ばれる。このアプローチは1968年以降，財務会計の理論と研究における支配的なアプローチである。そして，第6章で取り上げる測定パースペクティブへとその地位を譲り始めたのは，まだこのほんの数年のことである。セクション3.8と4.8で見てきたように，情報パースペクティブは主要な会計基準設定機関において採用されてきた。このパースペクティブでは，理想的状況のように，投資家の代わりに会計専門家が将来の株式リターンを予想するのではなく，投資家が自ら将来の株式リターンを予想することを望み，したがってすべての有用な情報を投資家が解釈するという立場にたっている。上で述べたように，実証研究によって，少なくともある種の会計情報は有用であることが明らかになっている。また，投資家がある情報に価値があると考えているかどうかを，市場の反応に照らして判断することができる。そして，そのことによって，会計専門家は，会計情報の有用性をさらに高めることができる。したがって，情報パースペクティブは，このような点において，実証研究が役に立つことを示唆している。

意思決定有用性についての**情報パースペクティブ** (information perspective) とは，将来の企業業績を予想することについては個

人個人が責任を持つとする一方で，その予想のために有用な情報を提供することに焦点を当てる，財務報告に対するアプローチである。このアプローチは，証券市場の効率性を仮定しており，財務諸表を含むすべての情報源から入手される有用な情報に対して，市場は反応すると考えている。

しかし，有用性があることと証券価格が変化することを同一とみなすとき，次の点には注意しなければならない。すなわち，投資家，あるいは会計専門家は，有用な情報から便益を得るが，そのことにより必ずしも社会がより望ましい状態になるとは限らないということである。情報は非常に複雑な財であり，私的な価値と社会的な価値は同じではない。その理由の1つは，コストがかかることにある。一般に，財務諸表の利用者は，その情報に対するコストを直接には負担しない。その結果，情報の作成・報告コストを補うために，製品価格が上昇するといったかたちで社会的なコストが生じるかもしれない。そして，その社会的なコストが，投資家にとって有用であるという便益よりも大きい可能性がある。しかし，そのときでも，投資家にとっては，その情報は有用であるということになるかもしれない。また，情報が与える影響は人によって異なる。したがって，複数の利害関係者の対立する利害を調整するためには，コストと便益の複雑なトレードオフを考慮する必要がある。

しかし，このような社会的な視点からの考察は，情報パースペクティブが無意味であると主張しているわけではない。なぜなら，会計専門家は有用な情報を提供することによって，情報についての市場において，競争的な地位を向上するための努力をすることができる。また，証券価格が投資機会を示す優れた指標である限り，証券市場は希少な資本を効率的に配分することも確かである。しかし，会計専門家は，市場における反応がもっとも大きいことによって，それが「最良の」会計方針であると主張することはできない。図5.1はこの章の構成を示している。

5.2 研究課題のアウトライン

5.2.1 市場が反応する理由

まず，株式の市場価格が，財務諸表の情報になぜ反応すると予想されるかについて検討することから始めよう。なお，この章の大部分では，財務諸表の

情報を報告利益に限定して話を進める。これは利益の情報内容が，これまで幅広く実証的に検証されてきたトピックであることによる。その他の財務諸表の構成要素が持つ情報内容については，セクション5.7において議論する。

投資家の財務諸表情報に対する反応について，次のような予想を考えてみよう。

1. 投資家は，企業の将来業績，つまり将来のキャッシュ・フローや利益について，事前の予想を持っている。なぜなら，これらは株式の期待リターンやリスクに影響を与えるからである。このような事前の予想は，市場価格を含め，企業の当期利益が公表される直前までのすべての入手可能な情報にもとづいたものである。ただし，たとえ一般に入手可能な情報にもとづくとしても，このような事前の予想は，投資家によって異なるかもしれない。なぜなら，投資家によって，これまでに入手した情報の量や，その情報を解釈する能力に差があるかもしれないからである。

2. 今年度の利益が公表されたとき，その利益数値を分析することによって予想を修正しようとする投資家がいるだろう。たとえば，利益が高い，あるいは予想よりも利益が高いというグッド・ニュースのケースを考えよう。このとき，投資家はベイズの定理にしたがって，企業の将来業績についての予想を上方に修正するだろう。一方，今年度の利益がもともと高くなると予想していた投資家は，同じ利益数値をバッド・ニュースと解釈するかもしれない。

3. 将来の企業業績についての予想を上方に修正した投資家は，現在の市場価格で株式を購入したいと思い，逆に将来業績の予想を下方に修正した投資家は，売却したいと思うだろう。また，このとき，株式のリスクに対する投資家の評価も，改訂されているかもしれない。

4. したがって，企業が利益を報告したときには，株式の取引量が増加すると予想できる。そして，投資家の事前の予想が違うほど，また報告された財務情報についての解釈が異なるほど，この取引量は大きくなるはずである。さらに，報告利益をグッド・ニュースと解釈し将来業績についての予想を上方修正する投資家が，バッド・ニュースと解釈する投資家よりも多いならば，株式の市場価格は上昇すると予想できるだろう。

初期の研究であるBeaver (1968) は，取引量の反応について検証している。

Beaver (1968) は，利益公表のある週に，取引量が大きく変化することを発見している。ただし，以下では，市場価格の反応だけに焦点を当てる。それは市場価格の反応が，取引量の反応よりも，意思決定有用性のより強力な検証であると考えられるからである。たとえば，Kim and Verrecchia (1997) のモデルは，財務諸表情報の意思決定有用性の尺度として，取引量は価格変化よりも粗い指標であることを示唆している。

　読者は，上で述べた予想が，第3章と第4章において説明した意思決定理論と効率的市場理論にしたがったものであることを理解することになるだろう。これらの理論が会計専門家にとって有用であるなら，上で述べた予想は実証的に確認されるはずである。実証研究者は，年次報告書を公表している企業をサンプルとして，利益のグッド・ニュースやバッド・ニュースに対する取引量や価格の反応を調べることができる。そして，その反応が，理論が予想するとおりになるかどうかを考察することによって，上で述べた予想を検証することができる。しかし，以下で議論する多くの理由のために，このような検証は思ったほど易しいものではない。

5.2.2　市場の反応をどのように発見するのか？

1. 効率的市場理論は，市場は新しい情報に対して，ただちに反応することを意味している。このため，今年度の報告利益が初めて市場に伝えられた時点を特定することが重要になる。研究者が取引量や価格への影響を見つけようとするとき，数日でも遅れてしまうと，実際には存在していたにもかかわらず，その影響をまったく観察できない可能性がある。

    研究者はこの問題を解決するために，ウォール・ストリート・ジャーナルのような金融メディアに，企業の利益が掲載された日を基準にしてきた。もしも効率的市場が情報に反応するなら，それはこの日の前後数日間という**短期間** (narrow window) のあいだに生じるはずである。

2. 報告利益がグッド・ニュースなのかバッド・ニュースなのかを決めるためには，通常，投資家の予想と比較しなければならない。たとえば企業が2百万ドルの利益を報告したときに，それが四半期報告書，会社役員によるスピーチ，アナリスト予想，MD&A に含まれる将来情報，そして株価それ自体から投資家が予想していたとおりなら，報告利益に情報内容はほとんどないということになるだろう。つまり，投資家はより早い

時点で入手した情報にもとづいて,すでに信念を改訂しているだろう。しかし,投資家が2百万ドルの利益を予想し,報告利益が3百万ドルであったとするなら,状況はまったく違ってくるだろう。このようなグッド・ニュースによって,投資家は企業の将来見通しについての予想をただちに修正するだろう。このことは,投資家の予想する利益についての代理変数を研究者は手に入れなければならないことを意味している。
3. 株式の取引量や価格に影響するイベントは,どの時点においても非常に多く存在している。このことは,報告利益に対する市場の反応を見つけだすことがむずかしいことを意味している。たとえば,企業がグッド・ニュースである今年度の利益を公表したのと同じ日に,政府が財政赤字を大幅に縮小することを初めて発表したとしよう。このような公式発表は,市場で取引されるほとんどすべての株式価格に影響するため,利益公表の株価への影響がわからなくなるかもしれない。したがって,市場全体に影響する要因と企業固有の要因が株式リターンに与える影響を,分けて把握することが望ましい。

5.2.3 市場全体に影響する要因と企業固有の要因に分ける

　セクション4.5で述べたように,証券リターンに影響する要因を市場全体に影響する要因と企業固有の要因に事後的に分けるために,市場モデルはよく利用されている。図5.2は,期間 t における企業 j についての市場モデルを図示したものである。ここでは期間の長さを1日としている。研究者によっては,1週間,1ヵ月,1年間といったより長い期間,あるいはより短い期間を用いることもある。

　この図は企業 j の株式リターンと市場ポートフォリオのリターンの関係を示している。市場ポートフォリオとしては,たとえば,ダウ・ジョーンズ産業平均指数 (Dow Jones Industrial Average: DJIA) や,S&P/TSX 総合指数 (S&P/TSX Composite index) を代理変数とすることができる。

　ここでセクション4.5の市場モデルの式（4.4式）をもう一度見てみよう。

$$R_{jt} = \alpha_j + \beta_j R_{Mt} + \varepsilon_{jt}$$

セクション4.5で述べたように,研究者は,R_{jt} と R_{Mt} の過去のデータを入手して回帰分析を行い,モデルの係数を推定することができる。かりにこの推

5.2 研究課題のアウトライン 165

図 5.2 市場モデルを用いて市場全体に影響する要因と企業固有の要因に分ける

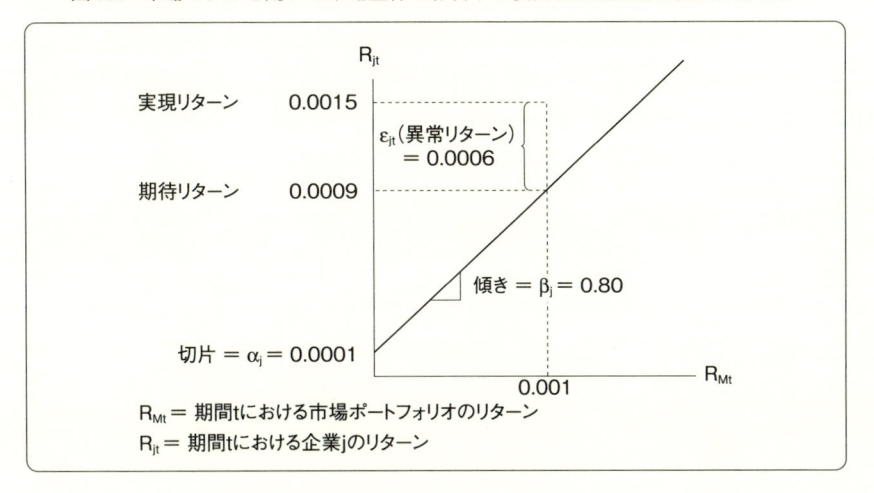

```
           R_jt
実現リターン  0.0015
              ε_jt（異常リターン）
              = 0.0006
期待リターン  0.0009

              傾き = β_j = 0.80

切片 = α_j = 0.0001
                   0.001       R_Mt
R_Mt = 期間tにおける市場ポートフォリオのリターン
R_jt = 期間tにおける企業jのリターン
```

定値が図に示したように，$\alpha_j = 0.0001$，$\beta_j = 0.80$ であったとしよう[1]。

また，企業 j についての市場モデルによる推定値とは別に，研究者はウォール・ストリート・ジャーナルを調べて企業の今年度の利益公表日を特定することができる。この公表日を「0 日」と呼ぶことにしよう。また，この 0 日のダウ・ジョーンズ指数のリターンを 0.001 と仮定しよう[2]。このとき，推定された企業 j の市場モデルを用いて，この日の企業 j の株式リターンを予測することができる。図 5.2 に示しているように，この期待リターンは 0.0009 である[3]。一方，0 日における企業 j の実際の株式リターンは 0.0015 であったとしよう。このとき，実現リターンと期待リターンとの差は 0.0006 となる（つまり，この日の ε_{jt} は 0.0006 になる）。この 0.0006 が企業 j の株式の 0 日における異常リターン，あるいは企業固有のリターンである[4]。この異常リターンはまた，市場全体に影響する要因を取り除いた後の 0 日における企業 j の株

---

[1] セクション 4.5 で指摘したように，この α_j の推定値は $(1-\beta_j)R_f$ に等しいはずである。ここで，R_f は無リスク利子率である。したがって，$\alpha_j = 0.0001$ から，$R_f = 0.0005$ であることがわかる。
[2] 0 日における市場リターンは次のように計算される。

$$R_{M0} = \frac{0\text{ 日最後のダウ・ジョーンズ指数の水準} + 0\text{ 日のダウ・ジョーンズ指数の配当}}{0\text{ 日最初のダウ・ジョーンズ指数の水準}} - 1$$

ただし，データの問題から，配当を省略することもある。
[3] これは $E(R_{jt}) = \alpha_j + \beta_j R_{M0} = 0.0001 + 0.80 \times 0.001 = 0.0009$ と計算される。
[4] この異常リターンは，例 2.2 における P.V. 社の異常利益と混同してはならない。考え方は同じであるが，ここでの異常リターンは市場リターンに関連しているが，異常利益は会計上の利益に関連している。

式リターンとも解釈できる。ここで，このような解釈は，例 3.3 と整合的であることに注意しておこう。例 3.3 では株式リターンに影響する要因を，市場全体に影響する要因と企業固有の要因に分けていた。上で述べた手続きによって，実際にも区別することができることがわかる。

5.2.4　リターンと利益を比較する

この時点で実証研究者は，0 日における異常リターンと今年度の期待外利益とを比較することができる。証券市場の効率性を前提にすれば，この期待外利益がグッド・ニュースのときに（期待外利益が正のときに），正の異常リターンが観察されれば，投資家は平均して利益の予期せぬグッド・ニュースに好感して反応したという証拠となる。また，報告利益がバッド・ニュースであるときも，同じように考えることができる。

より強い証拠を得るために，研究者は 0 日前後においても同じように比較したいと思うかもしれない。たとえば，効率的市場は 1，2 日早くグッド・ニュースやバッド・ニュースの利益を知った可能性がある。また逆に，市場が効率的であれば超過リターンはただちになくなるはずであるが，市場に情報が浸透するのに時間がかかり，0 日の 1，2 日後に正や負の異常リターンが観察されるかもしれない。このため，0 日だけで検証するよりも，0 日の前後 3 日から 5 日の短期間における異常リターンを累積して検証する方が適切だろう。またこの方法によれば，金融メディアによって特定した当期利益の市場への公表日が，完全に正確ではないかもしれないという問題にも対処することができる。

サンプル企業の全体にわたって，グッド・ニュースやバッド・ニュースの利益公表にともなって，正や負の異常リターンが観察されるならば，研究者は意思決定理論と効率的証券市場理論にもとづく予想が支持されたと結論づけることができるだろう。このことはまた，財務会計に対する意思決定有用性アプローチを支持することにもつながる。なぜなら，もしも投資家が報告利益の情報が有用でないと考えるなら，市場は反応しないと予想されるからである。

もちろん，このような方法は完全ではない。なぜなら，多くの仮定や見積もりが必要となるからである。1 つの問題は，利益公表日の前後において，しばしば他の企業固有の情報が公表されることにある。たとえば，企業 j が利

益公表日と同じ日に，株式分割や増配・減配を発表した場合，市場がどの情報に反応したかを区別して把握することはむずかしいだろう。しかし，研究者はこのような企業をたんにサンプルから除くことによって，この問題に対処することができるだろう。

その他の問題としては，企業のベータを推定することにある。図 5.2 で示されているように，ベータは市場全体のリターンと企業固有のリターンとに分けるために必要となる。すでに述べたように，この推定値は通常，市場モデルにもとづいて，過去のデータを用いて回帰分析することによって求める。このとき，ベータの推定値は回帰式の傾きである。しかし，セクション 6.2.3 で議論するように，たとえば異なる事業を行ったり，資本構成を変えたりすることによって，ベータは時間とともに変化する可能性がある。もしも推定されたベータが実際のベータと異なっているなら，異常リターンの計算は影響を受け，得られた結果にバイアスが生じているかもしれない。

この問題にはさまざまな方法で対処することができる。たとえば，市場のデータからではなく財務諸表情報からベータを推定することによって，ベータについての「セカンド・オピニオン」を得ることができる。あるいは，ベータを利益公表後の期間から推定し，公表前の期間から推定した値と比較することもできる。

また，ベータを用いずに，市場全体のリターンと企業固有のリターンとに分ける方法もある。たとえば，0 期における企業 j の株式リターンとそれ以前の一定の期間における企業 j の平均株式リターンとの差として，企業固有のリターンを推定することができる。あるいは，0 期における企業 j のリターンと同じ期の市場ポートフォリオのリターンとの差を計算する方法もある。この他にも，Easton and Harris (1991) のように，そもそも市場全体のリターンを除かずに，全体の株式リターンを用いて検証することもできる。

このようなより単純な方法は，市場モデルが株式リターンの生じる真のプロセスを正しくあらわしている保証はないことから，適切であるかもしれない。そして，もしそうなら，市場モデルを用いてベータや異常リターンを推定し，市場全体のリターンを除いてリスクを調整しようとすることは，誤差を小さくするどころか大きくするかもしれない。なお，推定リスクと，証券市場の非効率性が株式リターンに与える影響については，第 6 章で議論する。また，さらに問題を複雑にするのは，市場ポートフォリオのリターンとして，

DJIAは代理変数の1つでしかなく，その他にも用いることのできる多くの代理変数があることである。この中のどれを用いるべきだろうか。

Brown and Warner (1980) は，このような問題について，シミュレーションを使って考察している。これまで述べてきたようなモデルや測定上の問題があるにもかかわらず，Brown and Warner (1980) は，月次リターンを使った検証によって，セクション5.2.3で説明した市場モデルにもとづく手続きが，上で述べた代替的な方法よりも望ましいと結論づけている。このため，以下ではこの方法に焦点を当てて議論を進めていくことにする。

この方法にもとづけば，市場は理論が予想するように利益情報に反応するといえそうである。次に，このような市場の反応について，初めて確固たる証拠を提示したBall and Brown (1968) の有名な研究を検討しよう。

5.3 Ball and Brown (1968) の研究

5.3.1 方法と知見

BallとBrownは1968年に，今日まで続いている会計における資本市場の実証研究を始めた。Ball and Brown (1968) は，企業の株式リターンが財務諸表の情報内容に反応しているという科学的証拠を初めて提示している。この種の研究は，特定のイベント，たとえばBall and Brown (1968) では当期利益の報告というイベントに対する証券市場の反応を研究しているため，イベント・スタディ(event study) と呼ばれる。Ball and Brown (1968) の基本的な研究方法とその応用や拡張は，今なお用いられているため，この論文を検討することには価値がある。この論文は財務報告の意思決定有用性をより深く理解することを望む人たちにとって，手引きとなるとともに刺激を与えるものである。

Ball and Brown (1968) は，1957年から1965年までの9年間にわたって，ニューヨーク証券取引所(NYSE)に上場している261の企業をサンプルとして検証している。そこでは利益の情報内容に焦点を当て，流動性や資本構成といった他の潜在的に情報内容のある財務諸表についての項目については無視している。この理由の1つは，すでに述べたように，NYSE企業の利益は年次報告書が実際に開示される前にメディアをとおして公表されるため，情報が初めて一般に入手可能になった時点を比較的特定しやすいことにある。

5.3 Ball and Brown (1968) の研究

Ball and Brown (1968) が最初にした作業は，利益の情報内容を測定することである。つまり，市場が期待するよりも報告利益が大きかったのか（グッド・ニュース），または小さかったのか（バッド・ニュース）を測定することである。もちろん，このためには市場の期待についての代理変数が必要となる。Ball and Brown (1968) が用いた代理変数の1つは，前年度の実際の利益であった。このとき，期待外利益はたんに利益の変化に等しくなる[5]。したがって，前年度の利益よりも高い企業はグッド・ニュース (good news: GN)，低い企業はバッド・ニュース (bad news: BN) に分類された。

次の作業は，利益公表日前後におけるサンプル企業の株式の市場リターンを測定することである。これは，図 5.2 で説明した異常リターンの測定手続きにしたがって行われる。図 5.2 における説明とのただ1つの違いは，Ball and Brown (1968) では，月次リターンを用いていることである。これは 1968 年のデータベースでは，日次リターンが入手できないためである。

図 5.2 と同様に，企業 j が 1958 年 2 月に 1957 年の利益を報告し，それが GN であると仮定しよう。また，NYSE の 1958 年 2 月における市場ポートフォリオのリターンは 0.001 であり，それにより企業 j の期待リターンは 0.0009 と計算されたとしよう。次に，1958 年 2 月における企業 j の実際の株式リターンを計算する。この値がかりに 0.0015 であり，したがって 2 月の異常リターンは 0.0006 であったとしよう。企業 j の 1957 年の利益は 1958 年 2 月に報告され，また株式リターンはこの月の市場の予想よりも 0.0006 だけ高いことから，投資家が利益の GN に好意的に反応したことにより，正の異常リターンが得られたと考えることができるだろう。

このとき，次のような疑問が生じる。つまり，このような現象はサンプル全体についても当てはまるだろうか。この問いに対する答えは肯定的なものであった。サンプルにおけるすべての GN の利益公表企業を対象とすると（1,231 のサンプル），利益公表月の異常リターンは平均して大きくプラスだった。一方，1,109 の BN の利益公表サンプルについての異常リターンは，平均して大きくマイナスであった。このことは，利益公表月という短期間に，利益のグッド・ニュースやバッド・ニュースに市場が反応しているという十分な証拠を提供している。

---

[5] 投資家の予想を推定する他の方法は，セクション 5.4.3 で議論する。

図 5.3　GN 企業と BN 企業の累積リターン

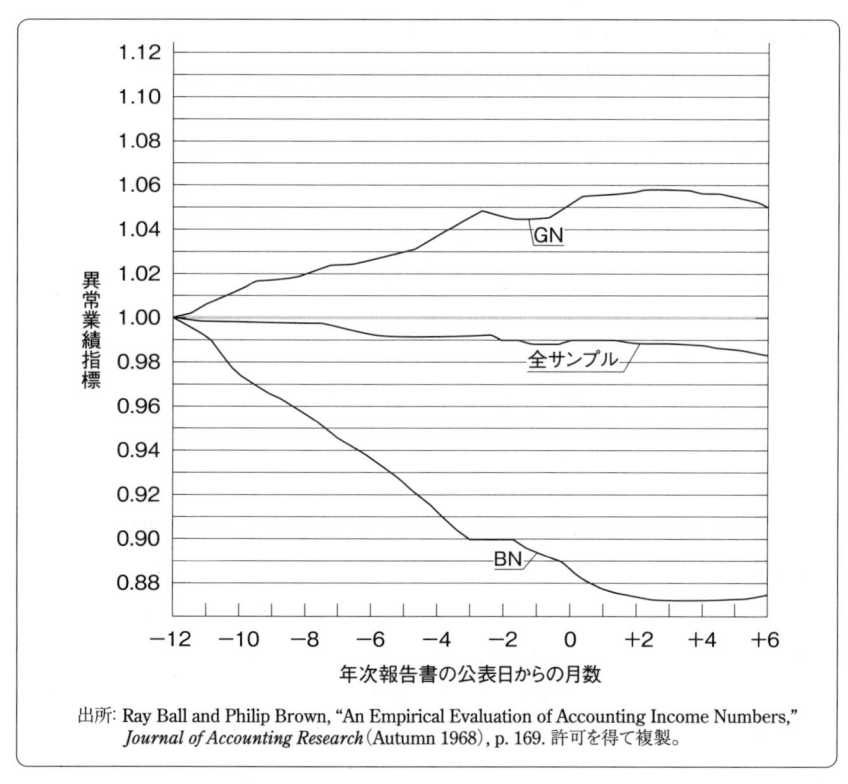

[図：縦軸「異常業績指標」（0.88〜1.12）、横軸「年次報告書の公表日からの月数」（−12〜+6）。GN, 全サンプル, BN の 3 本の折れ線]

出所: Ray Ball and Philip Brown, "An Empirical Evaluation of Accounting Income Numbers," *Journal of Accounting Research*(Autumn 1968), p. 169. 許可を得て複製。

　Ball and Brown (1968) の研究の興味深く重要な点は，利益公表月 (0 月) の 11ヶ月前から 6ヶ月後までの**長期間** (wide window) についても，異常リターンを計算していることである。Ball and Brown (1968) は，この 18ヶ月の期間において，各月の平均異常リターンを計算している。図 5.3 は，この結果を示したものである。

　図 5.3 の上側は，GN の利益公表企業サンプルの累積平均異常リターンであり，下側は BN の利益公表企業サンプルの累積平均異常リターンである。図からわかるように，利益公表月までの 11ヶ月の期間にわたり，GN 企業のリターンは，(市場全体のリターンを近似している) 全サンプルのリターンよりもかなり高くなっており，BN 企業のリターンはかなり低くなっている。

5.3.2 因果関係と相関関係

この図においてリターンは累積されていることに注意しておこう。上で述べたように，0月という短期間の平均異常リターンは，GNに対しては大きく増加し，BNに対しては大きく減少している。しかし，図5.3はまた，市場がGNかBNかを1年前から予想し始めており，リターンが徐々に累積されるという結果を示している。図からわかるように，もしも投資家がGNが公表される1年前にすべてのGN企業の株式を購入することができたなら，市場全体のリターンよりもおよそ6%の正の超過リターンが得られることになる。同じように，BNが公表される1年前にBN企業のポートフォリオを購入していれば，9%を超える負の異常リターンが得られることがわかる[6]。

このことは，短期間と長期間の研究を区別することの重要性を示している。もしも会計情報に対する証券市場の反応が，利益公表日前後の数日（Ball and Brown (1968)では1ヶ月）という短期間で観察されるならば，会計情報は市場が反応する原因になっていると主張することができる。なぜなら，短期間では，株式リターンに影響する利益以外の企業固有のイベントが比較的少ないと考えられるからである。また，もしも株式分割や配当の発表のような他のイベントが生じているならば，前に述べたように，そのような企業をサンプルから除くことによって対処することができる。したがって，短期間における株式リターンと会計情報との関係は，会計情報の開示が投資家への新たな情報源であることを示唆している。

しかし，長期間における株式リターンは，多くの他の価値関連的なイベントの影響を受けている。たとえば，石油・ガスが埋蔵していることを新たに発見したり，見込みのあるプロジェクトに研究開発投資を行っていたり，あるいは売上が増えマーケット・シェアも大きくなっているといったことが考えられる。市場がこのような情報をよりタイムリーな情報源，たとえばメディアの記事や，企業からの情報開示，経済や産業の状況，四半期報告書などから得れば，株価は上昇し始めるだろう。このことは，証券価格が部分的には情報提供的であることを意味している。なぜなら，効率的市場においては，会計情報に限らず，すべての入手可能な情報を株価は織り込んでいるからである。したがって，本当の意味で成功している企業は，GNが財務諸表に反映さ

---

[6]BN企業についての損失は，株式を空売りすることによって儲けにすることができる。

れる前に，効率的市場によって形成される株価に影響を与えることができる。すなわち，長期間でみると，価格が利益よりも先に情報を織り込んでいる。

明らかにこのようなことが Ball and Brown (1968) の研究では生じている。つまり，0月までの11ヶ月の期間，報告利益が原因となって異常リターンが生じているとはいえない。そうではなく，利益とリターンは相関しているということしかいえない。すなわち，長期において，このような相関を生み出しているのは，内在している真の経済的な企業業績なのである。なぜなら，株価も株価から遅れて公表される利益も，このような真の業績を反映するからである。

このような「価格が利益よりも先に情報を織り込んでいる」という影響を考えてみるために，数年というより長期にわたる期間に広げて検証してみよう。このとき，株式リターンと利益の相関は，期間が長くなるにつれて強くなることを確認できるだろう。歴史的原価にもとづく利益は，市場よりも遅れて価値関連的なイベントを反映することから，期間を長くとれば，その認識の遅れの影響は小さくなる。非常に長期間について報告利益を合計すれば，初期時点の認識の遅れは残るものの，上で述べたような経済要因の影響をより多く反映したものとなる。Easton, Harris and Ohlson (1992) は，このような影響を研究し，株式リターンと歴史的原価にもとづく利益との相関が，10年間まで期間を長くとればとるほど強くなることを明らかにしている。同じような効果は，Warfield and Wild (1992) も発見しており，株式リターンと年次利益との相関は，四半期利益と比べて，平均して10倍以上になることを報告している。

長期的には，企業が生み出す利益の合計は，会計基準にかかわらず，理想的状況での利益の合計に近づく。しかし，Ball and Brown (1968) が0月において発見したような短期の関係は，会計情報が投資家の予想を改訂させ，株式リターンを生じさせていることを示唆している。したがって，それは意思決定有用性を強く支持する証拠である。

5.3.3 Ball and Brown (1968) の成果

Ball and Brown (1968) のもっとも重要な成果の1つは，有用性についての多くの追加的な課題を明らかにしたことである。論理的に考えると，次のステップは，期待外利益の大きさと証券市場の反応の大きさとが関係している

かどうかを考察することである。Ball and Brown (1968) の分析は，期待外利益の符号にのみもとづいたものであることに注意しておこう。つまり，利益の情報内容は，GN と BN に分類しただけであり，非常に粗い尺度である。

たとえば，Beaver, Clarke and Wright (1979) は，反応の大きさについての問題を考察している。Beaver, Clarke and Wright (1979) は，1965 年から 1974 年までの 10 年間について，12 月 31 日決算の 276 の NYSE 企業をサンプルとして検証している。そして，それぞれのサンプル企業について，またサンプル期間の各年について，期待外利益の変化を推定している。その後，セクション 4.5 と 5.2.3 で説明した市場モデルの手続きにもとづいて，これらの期待外利益の変化に対応する異常株式リターンを推定している。

Beaver, Clarke and Wright (1979) は，期待外利益の変化と異常株式リターンとを比較することによって，期待外利益の変化が大きくなればなるほど，株式市場の反応も大きくなることを発見している。この結果は，セクション 4.5 における CAPM，および意思決定有用性アプローチと整合的である。なぜなら，期待外利益の変化が大きくなればなるほど，他の条件が同じなら，平均してより多くの投資家が企業の将来業績，および投資リターンについての予想を上方に修正するからである。

また，1968 年以降，会計研究者は利益に対する証券市場の反応を，別の証券取引所や他の国において，あるいは四半期利益について研究し，同様の結果を積み重ねてきている。このアプローチは，新しい会計基準に含まれる情報や監査人の変更についての情報などに対する市場の反応にも適用されている。しかし，ここでは Ball and Brown (1968) の研究を拡張したもののなかで，もっとも重要と考えられる利益反応係数の研究に焦点を当てることにする。これらの研究は，Beaver, Clarke and Wright (1979) とは異なる課題に取り組んでいる。つまり，期待外利益の大きさを一定としたときに，ある企業に対する証券市場の反応は，別の企業に対する反応より大きいだろうかという問題である。

5.4 利益反応係数

Ball and Brown (1968) が発見した証券市場における異常リターンは，平均的なものであったことを思い出そう。つまり，GN 企業が正の異常リターン

を，BN企業が負の異常リターンを平均的には獲得していた。もちろん，平均をみてもバラツキの大きさはわからない。したがって，異常リターンが平均よりもかなり大きい企業もあれば，かなり小さい企業もあると考えられる。

このことから，GNやBNに対して，ある企業が別の企業よりも，なぜ大きく反応するのかという疑問が生じる。この問いに対する答えがわかれば，会計専門家は会計情報が投資家にとってどのように有用であるのかを理解することができる。そして，そのことによって，より有用な財務諸表を作成することができる。

したがって，Ball and Brown (1968) 以降の財務会計の実証研究において，利益情報に対するさまざまな市場の反応を識別することが，もっとも重要な方向性の1つとなった。このような研究は，**利益反応係数** (earnings response coefficient: ERC) についての研究と呼ばれている[7]。

> **利益反応係数** (earnings response coefficient: ERC) は，企業が報告する利益の期待外の部分に対して，株式異常リターンがどれだけ変化するかを測定したものである。

5.4.1 市場の反応が異なる理由

歴史的原価にもとづく利益に対して，市場がさまざまな反応を示す理由は，数多く指摘されてきた。以下では，それらの理由を順番に見ていこう。

ベータ 企業の期待将来リターンについてのリスクが大きくなればなるほど，他の条件が同じなら，リスク回避的な投資家にとっての価値は低くなる。セクション3.7で説明したように，分散投資を行っている投資家にとって，証券のリスク尺度として有用なものはベータである。投資家は当期利益を将来の企業業績と株式リターンについてのシグナルとしてみるため，この将来リターンのリスクが高くなればなるほど，一定の期待外利益の大きさに対する投資家の反応は小さくなるだろう。

このことを示すため，リスク回避的で合理的な典型的な投資家を考えよう。この投資家は，期待値が高いほど効用が大きくなり，ポートフォリオのリターンのリスクが高いほど効用が小さくなるとしよう。投資家はポートフォリオ

---

[7] セクション5.3.2で説明した理由により，短期間のERCの解釈は，長期間のERCの解釈とは異なる。ここではやや大まかに，この両方を含めてたんにERCと呼んでいる。

に含まれる株式が GN の利益情報を公表したことを知ると，その株式の期待リターンを上方に修正し，それをより多く購入する。しかし，この株式のベータが高いなら，株式を購入することでポートフォリオのリスクは大きくなるだろう[8]。そのため，投資家はその株式が低いベータであるときほどは購入しないだろう。つまり，高いベータは GN の株式に対する投資家の需要を抑えることになる。リスク回避的で合理的な投資家は，情報を入手したときにこのように考えるので，GN 企業の株式に対する需要は，他の条件が同じなら，ベータが高いほど小さくなる。もちろん需要が小さいということは，市場価格の上昇も小さくなり，グッド・ニュースに反応して変化するリターンの大きさも小さくなることを意味する。つまり，ERC は小さくなる。

Collins and Kothari (1989) と Easton and Zmijewski (1989) は，ベータの大きな株式ほど ERC が小さくなるという実証的な証拠を発見している。

資本構成 レバレッジの高い企業は，たとえば利子支払い前の利益が大きくなると，社債やその他の負債はより安全になる。このことから，利益のグッド・ニュースは，株主よりむしろ債権者のためになる。したがって，レバレッジの高い企業の ERC は，他の条件が同じなら，負債がないかほとんどない企業の ERC よりも低くなるはずである。Dhaliwal, Lee and Fargher (1991) は，レバレッジの高い企業の ERC ほど小さくなるという実証的な証拠を報告している。

持続性 今年度の利益の GN や BN が，将来まで**持続する** (persist) と予想するなら，ERC はより高くなると予想するだろう。したがって，もしも今年度の GN が新製品の販売に成功したり，経営陣が精力的にコストを削減したことが理由の場合には，たとえば工場や設備の廃棄にともなって予期せぬ利益が生じた場合に比べて，市場の反応はより大きくなるはずである。後者のケースでは，繰り返し異常利益が生じるとは考えられないので，企業の市場価値は利益の増加とちょうど同じだけ増加する。つまり，ERC は比較的，小さくなると予想される。一方，新製品やコスト削減のケースでは，収益の増加や

---

[8]十分に分散されたポートフォリオでは，ポートフォリオのリスクの大部分はポートフォリオに含まれる証券のベータから生じるというセクション 3.7 の議論を思い出そう。したがって，投資家が現在のポートフォリオに含まれている証券のベータの平均よりも高いベータの証券をさらに購入すると，ベータの平均は高くなり，その結果ポートフォリオのリスクも高くなる。

費用の削減は持続し，将来の損益計算書もよりよくなると考えられることから，ERC はより大きくなるはずである。Kormendi and Lipe (1987) は，期待外利益の変化の持続性が高ければ高いほど，ERC が大きくなるという証拠を提示している。

持続性は興味深くまた有用な概念である。その理由の1つは，Ramakrishnan and Thomas (1998) が提示しているように，利益の構成要素によって，持続性は異なるかもしれないからである。たとえば，新製品の販売に成功したのと同じ年に，工場や設備の廃棄による利益を企業が報告したとしよう。このとき，利益の持続性は，利益の構成要素の異なる持続性を平均したものになる。Ramakrishnan and Thomas (1998) は，利益に影響するイベントを次の3つの種類に区別している。

- 永久に持続することが予想される恒久的なイベント
- 今年度の利益には影響するが将来の利益には影響しない一時的なイベント
- 株価に無関連で持続性がないイベント

これらの期待外利益1ドルに対する ERC はそれぞれ，$(1 + R_f)/R_f$（R_f は理想的状況における無リスク利子率），1，0である[9]。

したがって，ERC は同じ損益計算書であっても，3つ存在することがある。Ramakrishnan and Thomas (1998) は，投資家は ERC の平均を推定するのではなく，3種類のイベントそれぞれに異なる ERC を割り当てようとするはずであると示唆している。そうすることによって，投資家は企業の恒久的利益，あるいは一時的利益の大きさを認識することができる。このことは，会計専門家は，損益計算書を分類して詳細を報告すべきであることを意味している。

恒久的利益についての ERC を理解するために，それが $1 + 1/R_f$ となることに注意しておこう。つまり，理想的状況では，恒久的な利益1ドルに対する市場の反応は，今年度の1ドルに加えて，それが将来にわたって永続することによる $1/R_f$ からなるのである。このことは将来に生じるリスクを無視しているが，投資家がリスク中立的であるか，恒久的利益が企業固有のもので

---

[9] これらは「市場価値」ERC である。つまり，ここではグッド・ニュースあるいはバッド・ニュースに対する市場の反応は，この本の ERC の定義のように異常リターンではなく，市場価値の異常な変化によってあらわされている。市場価値の ERC を期首の企業価値で割れば，収益率の ERC に変換することができる。

あれば正しい。また，ERC をこのようにあらわすと，来年度以降も利益が持続するときには ERC の大きさは利子率とは逆の方向に動くこともわかる。

ERC のもう 1 つの側面は，その持続性が企業の会計方針に依存するかもしれないことである。たとえば，企業が固定資産に対して公正価値会計を適用しており，いまこの資産の公正価値が 100 ドル増加したと仮定しよう。また，この資産価値の増加は，その資産を用いた製品価格の上昇にともなって生じたものであるとしよう。このとき，公正価値の変化が利益に含まれることを仮定すると，この期間の利益には 100 ドルの GN が含まれることになる[10]。公正価値の期待外変化は定義によって不規則に生じるので，この 100 ドルは持続しないと市場は予想するだろう。したがって，ERC は 1 となる。

ここでかりに企業が資産について歴史的原価会計を適用しており，貢献利益の年間の増加額が 9.09 ドルであるとしてみよう。このとき，この年の利益に含まれる GN は 9.09 ドルのみとなる。もちろん，この理由は歴史的原価会計の下では，公正価値の 100 ドルの増加は実現して初めて利益に含まれることになるからである[11]。効率的市場は，今年度の 9.09 ドルの GN は「初期の分だけ」であることを理解する。もしも市場がその価値の増加は恒久的であり，また $R_f = 10\%$ であると考えているなら，ERC は 11(= 1.10/0.10) になるだろう。

損益計算書の項目の持続性がゼロになることは，会計方針の選択によっても生じる。たとえば，企業が多額の創業費を資産として認識したとしよう。このことは当期の損益計算書には GN となる。なぜなら，資産化することによって，費用が小さくなるからである。しかし，創業費に残存価値がないとすれば，市場はこの「GN」には反応せず，したがって持続性はゼロになる。もう 1 つ例を挙げよう。かりに企業が CICA ハンドブックのセクション 3450 にしたがって，研究費を当期に償却したとしよう。このことにより当期の利益には BN が含まれることになる。しかし，市場がこの研究費は将来的には価値を生み出すと考えれば，この BN に否定的には反応せず，したがって持続性はゼロまたは負になる。このように持続性がゼロまたは負になる可能性

---

[10] これは石油・ガスの期待外価格変化を，RRA の下では利益に含めることに対応している。代替的な形式については，表 2.5 を参照せよ。

[11] 市場は，市場価値の増加が 100 ドルであることを知っていると仮定している。おそらくこのことは，財務諸表以外の情報源から知られるだろう。もし知られないのであれば，企業に対してフル・ディスクロージャーするよう強く義務づけられるだろう。おそらく MD&A は，経営者がこのような情報を開示する手段となるだろう。

があるということは，会計方針を含め，損益計算書についての詳細な開示が必要であることを意味している。

利益の質　直観的には，利益の質が高ければ，ERC は大きくなると予想する。セクション 3.3.2 において，利益の質を関連する情報システムにおける主対角確率の大きさによって定義したことを思い出そう。これらの確率が大きければ大きいほど，ERC もまた大きくなることを予想するだろう。なぜなら，投資家は今期の企業業績から将来の業績をより推測しやすくなるからである。

現実的な問題として，情報システムの確率は直接に観察できるものではない。したがって，利益の質を測定することは簡単ではない。セクション 3.3.2 で議論した 1 つのアプローチは，利益の公表にともなってアナリストが利益予想をどれだけ改訂するかによって推測することである。

Dechow and Dichev (2002) は，もう 1 つのアプローチを示唆している。そこでは，利益は次のように構成されていることを指摘している。

$$\text{利益} = \text{営業キャッシュ・フロー} \pm \text{アクルーアル}$$

ここでアクルーアルは，売掛金，貸倒引当金，棚卸資産，買掛金などの非貨幣性運転資本項目の変化と減価償却費を含んでおり，正にも負にもなる。Dechow and Dichev (2002) は，営業キャッシュ・フローは誤差が小さく，経営者によるバイアスも比較的受けにくいことから，利益の質は主として運転資本アクルーアルの質に依存していることを主張している。

利益の質を測定するために，Dechow and Dichev (2002) は，当期の運転資本アクルーアルが翌期にキャッシュ・フローとなるなら，それらのアクルーアルは質が高いと考えている。たとえば，当期末の売掛金が 1,000 ドルであり，その貸倒引当金が 100 ドルであったときに，翌期に 900 ドルが回収されるなら，それらの簿価と翌期に回収されるキャッシュが完全に一致することから，売掛金と貸倒引当金は質が高いということになる。しかし，もしも 800 ドルしか翌期に回収されないなら，推定において誤差が生じているか，当期利益を大きくするために経営者がバイアスをかけていることが考えられる。このため，アクルーアルの質は低いことになる。

同じような議論を前期のアクルーアルについても適用することができる。たとえば，前期の売掛金が 700 ドルであり，それに対する貸倒引当金が 60 ド

ルであったとしよう。そして当期に 600 ドルを回収したとしよう。このとき，当期のアクルーアルと利益の質は下がることになる。なぜなら，当期の貸倒損失には実際には前期に属するはずの 40 ドルの不足額が含まれることになるからである。

このようなアクルーアルの質という概念を検証するために，Dechow and Dichev (2002) は，次のような回帰式を推定することを提案している。

$$\Delta WC_t = b_0 + b_1 CFO_{t-1} + b_2 CFO_t + b_3 CFO_{t+1} + \varepsilon_t$$

ここで，ΔWC_t は t 期における当該企業の正味運転資本の変化額，つまり総運転資本アクルーアルである。たとえば，上の例において，もしも売掛金と貸倒引当金のみが運転資本項目であるとすると，運転資本は t 期において，$\Delta WC_t = 240 (= 900 - 640)$ ドルだけ増加した。販売時点で利益を認識していると仮定すれば，利益にはこの額が含まれるが，まだキャッシュとして受け取っていないことから，これはアクルーアルとなる。

CFO_{t-1} は $t-1$ 期における営業キャッシュ・フローであり，CFO_t，CFO_{t+1} も同じように定義している。b_0，b_1，b_2，b_3 は推定される係数であり，ε_t は残差項，つまり営業キャッシュ・フローによっては説明されなかったアクルーアルである。

アクルーアルの質，したがって利益の質は，ε_t の大きさによって測定される。つまり，ε_t が大きいことは，当期のアクルーアル ΔWC_t と営業キャッシュ・フローの実現額とがあまり対応していないことを意味する。Francis, LaFond, Olsson and Schipper (2004) は，この方法によって測定したアクルーアルの質に対して，株価が正の反応を示す証拠を提示している。

成長機会 持続性と利益の質についての議論と同様の理由から，当期利益の GN や BN は企業の将来の成長見込みを示しているかもしれず，このため ERC はより大きくなるかもしれない。歴史的原価にもとづく利益は，企業の将来の成長性について何も明らかにできないと考えるかもしれない。しかし，このことは必ずしも正しくない。いま，当期利益が，企業の最近取り組んでいる投資プロジェクトの一部が予期していなかった高い収益性を持つことを明らかにしたとしよう。このことは市場にとって，この企業が将来急成長するだろうことを意味する。もちろん，1 つの理由は，高収益が持続する限り，将

来の利益によって企業の資産が大きくなることによる。それに加えて、現在のプロジェクトに成功したということは、この企業が将来において次の成功プロジェクトを探しだし実行する能力があり、したがって成長企業になることを市場に示しているかもしれない。このような企業は容易に資本を調達することができ、このことはまた成長の源泉になる。したがって、当期利益のGNが成長機会を意味する限り、ERCは大きくなるだろう。

このことを、前に述べた持続性についての例を拡張することによって例示しよう。ここでは9.09ドルの永続的な当期利益が1年に5%成長すると仮定する。このとき、年5%の成長が永続するなら、利子率を10%とすると、現在価値は $1/(0.10 - 0.05) = 20$ となり、成長がない場合の $1/0.10 = 10$ より大きくなる。したがって、ERCは前の例の11よりも大きく21となる。

Collins and Kothari (1989) は、成長機会を持つと市場がみなした企業のERCはより大きくなるという証拠を提示している。Collins and Kothari (1989) は、株主資本の時価簿価比率を成長機会の尺度として用いている。なぜなら、効率的市場は損益計算書において認識されるより早く、成長機会に気づき、株価を高めるからである。そして、Collins and Kothari (1989) は、この尺度とサンプル企業のERCとに正の関係があることを報告している。

投資家の予想の同質性　投資家は事前の情報と財務諸表情報を解釈する能力が異なるため、企業の来期の利益について異なる予想をしているだろう。しかし、アナリストによるコンセンサス予想のような共通の情報源から投資家が予想を形成するならば、このような違いは小さくなるだろう。いま、企業が当期利益を公表したとしよう。もともとの予想によって、それをGNと考える投資家もいれば、BNと考える投資家もいる。したがって、購入するものもいれば、売却するものもいるだろう。しかし、投資家の利益予想が「近い」ならば、あるニュースに対して同じような解釈をするだろう。たとえば、多くの投資家がアナリストのコンセンサス予想にもとづいて利益予想をしており、当期利益がそのアナリスト予想を下まわれば、投資家は皆それをBNとして受け取り、売却しようとするだろう。したがって、利益予想が近ければ近いほど、異常利益1ドルあたりの株価への影響は大きくなる。その結果、他の条件が同じなら、アナリストの予想が正確であればあるほど、投資家は同じような利益予想となり、ERCは大きくなるだろう。Abarbanell, Lanen and

Verrecchia (1995) は，アナリストの利益予想の正確性が高いほどERCが大きくなる条件について明らかにしている。また，利益の質や企業をフォローしているアナリストの数といった要因によって，どのようにアナリストの利益予想の正確性が影響を受けるかについて分析している。

価格の情報提供性　市場価格それ自体が，企業の将来価値について何らかの情報を持つことをこれまでしばしば指摘してきた。とくに，株価は将来利益について情報提供性を持つ。その理由は，市場価格が企業についてのすべての公開情報を集約することにある。そして，この公開情報の多くは，会計システムが遅れて認識するものである。その結果，価格の情報提供性が大きくなればなるほど，他の条件が同じなら，当期の会計利益に含まれる情報内容は小さくなり，その結果ERCは小さくなるだろう。

価格の情報提供性についての1つの代理変数は企業規模である。なぜなら，大企業ほどより多くのニュースが公表されているからである。しかし，Easton and Zmijewski (1989) は，企業規模がERCについての説明変数として有意でないことを報告している。その理由は，おそらく企業規模は株価の情報提供性についての代理変数であるとともに，リスクや成長性といった他の企業特性についての代理変数にもなっているからだろう。これらの要因をコントロールすれば，ERCに対する企業規模の影響は消えてしまうだろう。Collins and Kothari (1989) は，大企業については価格の情報提供性が高いという理由から，分析期間をより長期にし，株式リターンをより早い時点から測定することによって，企業規模について考察している。そして，このことによって，利益の変化と株式リターンとの関係が強くなることを発見している。これは株価の情報提供性が高いということは，市場が利益の変化をより早い時点で予測することを意味するからである。そして，このように測定期間を変化させると，企業規模はERCについての説明力を持たなくなることを明らかにしている。

5.4.2　ERC研究の含意

会計専門家がなぜ財務会計情報に対する市場の反応に興味を持つべきかがわかっただろう。本質的な理由は，市場の反応をより深く理解することができれば，財務諸表の意思決定有用性をさらに高める方法が示唆されるからである。たとえば，小企業の価格の情報提供性が小さいことは，このような企業の情報開示を拡充することは，投資家にとって有用であることを意味する。

これは，大企業ほどより大きな報告責任を負うべきであるとする議論とは逆である。

また，レバレッジの高い企業の ERC は小さいことが明らかになると，オフ・バランスの項目を含め，金融商品の性質や金額を詳しく開示することが望ましいことがわかる。もしも負債の大きさが利益に対する市場の反応に影響するなら，すべての負債を開示することが望ましくなる。

投資家にとっての成長機会の重要性は，たとえばセグメント情報の開示が望ましいことを意味している。なぜなら，セグメントごとの収益性についての情報によって，投資家は企業の事業を収益性のあるものとないものとに分けて把握することができるようになるからである。また，セクション 4.8.2 で例示したように，MD&A によって，企業は成長性を伝えることができる。

最後に，持続性と利益の質が ERC において重要であることは，利益の構成要素を開示することが投資家にとって有用であることを意味している。つまり，損益計算書，貸借対照表，および補足情報についての詳細は，投資家が当期利益の数値を解釈する際に役立つものである。

5.4.3 投資家の利益予想を推定する

すでに述べたように，研究者は将来の期待利益の代理変数を手に入れなければならない。なぜなら，効率的市場は，公表利益の中で期待していなかった部分にのみ反応するからである。もしも，もっともらしい代理変数が得られなければ，研究者は市場の反応が存在しているのにそれを発見できなかったり，市場の反応がないにもかかわらずあるとまちがって結論づけてしまうかもしれない。したがって，期待利益のもっともらしい推定値を手に入れることは，情報パースペクティブの研究において重要な作業である。

例 2.2 のような理想的状況の下では，期待利益は設立時の企業価値に対する利子としての所得に等しい。しかし，理想的状況が成り立たないときには，利益の予想はより複雑になる。1 つのアプローチは，企業の過去の報告利益にもとづいて時系列を予想すること，つまり過去の業績から将来に対する期待を形成することである。しかし，これがもっともらしい予想になるかどうかは持続性に依存している。このことを確認するために，100％の持続性を持つ利益と持続性がまったくない利益という極端なケースを考えてみよう。もしも利益が完全に持続的であるなら，当期の予想利益はたんに前期の利益に等

しくなる。そして，期待外利益は前年度からの変化額として推定される。このアプローチは，Ball and Brown (1968) が用いたもので，セクション 5.3 において説明したとおりである。もしも利益の持続性がまったくなければ，将来利益についての情報は前期利益にまったく含まれていないことになる。つまり，期待外利益は当期利益そのものになる。これは例 3.1 におけるビル・コーシャスにおいて用いた方法である。

　どちらがより現実に近いだろうか。このことは，株式リターンと期待外利益の推定値との相関の大きさによって評価することができる。Easton and Harris (1991) は，この問題を回帰分析を用いて考察している。1969 年から 1986 年までの期間におけるアメリカ企業の大サンプルについて，1 年間の株式リターンと利益の変化とが相関していることを報告している。しかし，株式リターンと利益の相関の方がより強かった。さらに，利益の変化と利益の両方を用いた場合，いずれか一方を用いるよりも，リターンの予測をより正確に行うことができた。これらの結果が意味することは，現実はそれらの極端なケースのあいだにあるということだろう。つまり，利益の変化と利益そのものの両方が市場の期待利益に含まれており，それら 2 つに対するウェイトは利益の持続性に依存している。

　しかし，これまでの議論は時系列によるアプローチのみにもとづいている。利益予想において用いることのできるもう 1 つの情報は，アナリスト予想である。現在ではたいていの大企業について，アナリスト予想を手に入れることができる。もしもアナリスト予想が時系列モデルによる予測よりも正確であるなら，アナリスト予想は利益予想についてのより良い推定値である。なぜなら，合理的な投資家はより正確な予想を用いるに違いないからである。Brown, Hagerman, Griffin and Zmijewski (1987) は，利益予想を公表している機関の 1 つであるバリュー・ラインによる四半期業績の予測について研究し，正確性においてアナリスト予想は時系列予想よりも優れているという証拠を提示している。また，O'Brien (1988) は，アナリストの四半期利益予想は時系列予測よりも正確であることを発見している。アナリストは利益を予想する際に，過去の利益に含まれている以上の情報を用いることができることから，これらの結果は予想されるものだろう。

　セクション 4.2.2 におけるフットボールの予想の例で説明したのと同じように考えると，同一企業に 2 人以上のアナリストがフォローしているときに

は，市場の利益予想の代理変数として，コンセンサス予想，つまり予想の平均を用いることがもっともらしいように思える。しかし，O'Brien (1988) は，予測時点が正確性に重要な影響を与えることを指摘している。つまり，企業をフォローしているアナリスト全員の平均よりも，もっとも最新の単一の利益予想の方がより正確になることを発見している。ただし，このときのアナリスト予想の平均は，予想がいつ行われたのかは無視して計算したものである。この結果は，予測の適時性が，予測を平均することによって誤差を小さくするという効果よりも重要であることを意味している。

Kothari (2001) は，アナリスト予想は時系列予想よりも正確であるようだが，アナリスト予想は楽観的なバイアスを持つという証拠を提示している。ただし，このバイアスは近年，減少しているようである。なお，利益の情報内容についての最近の研究では，アナリスト予想にもとづいた利益予想を用いる傾向にある。

実務における理論 5.1

　　シスコ・システムズはカリフォルニア州サンノゼに本社のある，ネットワーク機器を扱う大会社である。2004 年 8 月に，2004 年 6 月 30 日までの四半期の財務報告を行った。収益は 2003 年の同四半期と比べ 26%増加した。また，四半期利益は 14 億ドル，1 株当たり 21 セントであり，これは 2003 年の同四半期と比べて 41%の増加である。そして，この 1 株当たりの四半期利益は，アナリスト予想の平均 20 セントを 5%上まわるものだった。

　　しかし，シスコの株価は，この公表後におよそ 18%下落し，18.29 ドルになった。Ball and Brown (1968) とその後の研究者は，市場は利益のグッド・ニュースに対して株価を高めるように反応することを発見しているから，シスコの価格の下落は反対の反応のように思える。しかし，貸借対照表とその他の補足情報がそれほど良いものではなかった。たとえば，在庫回転率は 2003 年の 6.8 から 6.4 に減少し，粗利も少し減少しており，また受注額も下がっていた。収益は増加しているものの，その成長率は減少していた。また，在庫の増加を指摘するアナリストも多かった。これらの在庫が販売されるスピードが遅ければ，このことはアクルーアル

の質の低下を意味することになる。さらに，シスコの CEO は，四半期の結果について，顧客が購入に際してより慎重になってきていることを指摘した。

このような否定的なシグナルは，利益のグッド・ニュースの質は低く，その持続性はマイナスであることを意味している。そして，おそらく投資家の予想も同じようであったと考えられる。その結果，ERC は負になったのである。

5.4.4 要約

報告利益の情報内容は，市場が当期利益を知った前後における株価の変化の大きさ，あるいは同じことであるが市場異常リターンの大きさによって測定することができる。これは合理的で情報に通じている投資家が，当期の利益情報にもとづいて，企業の将来業績と株式リターンについての予想を修正するからである。そして，予想を修正することにより，投資家はポートフォリオのリスクとリターンのトレードオフを望ましい水準に再調整しようとし，売買の意思決定が行われる。もしも報告利益に情報内容がないなら，予想を修正することはなく，売買することもない。したがって，このとき，価格の変化が観察されることもないだろう。

期待外利益の大きさが同じなら，証券価格の変化や異常リターンの大きさは，企業規模，資本構成，リスク，成長機会，持続性，投資家の予想の同質性，利益の質といった要因によって決まる。

Ball and Brown (1968) の先駆的研究に続いて，実証研究では，これらの要因によってさまざまな市場の反応が観察されることを明らかにしてきた。このような実証結果は非常に注目すべきものである。第 1 に，それらの研究では，統計的な問題や実施上の多くの問題を克服してきた。第 2 に，市場は平均して，会計情報を解釈する能力という点で，非常に洗練されていることを示している。このことは効率的証券市場の理論とその背景にある意思決定理論を支持するものである。第 3 に，これらの研究は，財務報告に対する意思決定有用性アプローチを支持している。

実際，歴史的原価にもとづく利益が将来の企業業績についての「手がかり」を与えるということは，驚くべきことであると思われる。もちろん，このカ

ギとなるのは，表3.2に示されている情報システムの確率である。そこでは，主対角確率が高くなればなるほど，ERCが大きくなることを予想した。このことは，FASBの概念フレームワークにおける主張，つまり投資家の予想は「少なくとも部分的には過去の企業業績をどのように評価するか」に依存するという主張を支持している（セクション3.8）。会計専門家が財務会計情報に対する投資家の反応をより深く理解することができれば，投資家に対して有用な情報を提供することができるようになるだろう。

5.5 非経常項目，一時項目，および異常項目

セクション5.4.1において，投資家は利益を永続的，一時的，株価に無関連の要素に分けて別々に評価しているというRamakrishnan and Thomas (1998)の指摘について説明した。利益の持続性が重要であることを示す興味深い例は，非経常的でめずらしいイベントが報告されるときにあらわれる。このような項目はふだん生じないから，その持続性は一時的か株価に関連しないものと分類されるだろう。このことは，それらを完全に開示しなければならないことを意味している。そうでなければ，市場は利益の持続性を過大に評価してしまうかもしれない。

異常項目 (extraordinary items) の報告は，CICAハンドブックのセクション3480において定められている。1989年に，損益計算書における異常項目の報告に整合性を持たせるため，セクション3480は改訂された。パラグラフ3480.02は次のようになっている。

> 異常項目は，以下のすべての性質を持つ取引または事象によって生じる項目である。
>
> (a) 数年間にわたり頻繁に発生すると予想されるものでない。
> (b) 企業の通常の事業活動をあらわしたものでない。
> (c) 主として経営者や所有者が行った意思決定にもとづくものでない。

この定義における最後の性質は，1989年の改訂時に付け加えられた。そのときまでは，最初の2つの性質だけで定義されていた。このような改訂によって，たとえば固定資産の処分によって生じる損益のような，それまで異常項

目として扱われていた非常に多くの項目が除かれることになった。1989年以降は，このような非経常的で一時的な損益は，経営者が取引の時点を決めることができるから，継続事業による利益よりも前に含まれることになった。

この改訂は，経営者が非経常的な項目を営業利益よりも上や下に自由に分類することによって，継続事業による利益を平準化する（あるいは調整する）**分類による平準化** (classificatory smoothing) という問題を解決したように思われる。Barnea, Ronen and Sadan (1976) は，1989年より前は，アメリカの経営者がこのような分類による平準化によって，継続事業による利益を平準化しているとする証拠を報告している。経営者が金額や時点を決めることのできる非経常的な項目を事業利益の項目として報告することを要求することによって，1989年の改訂は効果的に分類による平準化ができなくなるようにしている。このため，新しいセクション3480は，財務報告を改善したように思われる。

しかし，セクション5.4で説明したERC研究にもとづけば，改善したかどうかについては疑問がある。具体的には，非経常的な項目は持続性が低いからである。たとえば，固定資産の売却による利益は，持続性が1かそれよりも小さいはずである。その他の非経常的な項目も，価値関連性がない限り，ほとんど持続性はゼロになるだろう。

1989年になされたセクション3480の改訂の影響により，多くの持続性の低い非経常項目や一時項目を，損益計算書において，異常項目よりも上の事業活動のところに移動させることになった。セクション3480にしたがった損益計算書の形式は，次のように要約できる（ここでは単純化のため法人税は無視している）。

非経常項目および一時項目控除前利益（コア利益）	××
非経常項目および一時項目	××
継続事業による利益（事業利益）	××
異常項目	××
当期純利益	××

コア利益は利益の継続的な要素をあらわしており，投資家が将来の利益獲得能力を評価するときの基礎となる。非経常項目と一時項目は，セクション3480の下では異常損益項目とは分類されない項目である。上で述べたように，

これらは定義から持続性が低い。

　ここで，1989年のセクション3480の改訂から生じる2つの関連した問題について考えてみよう。第1に，もしも非経常項目と一時項目が完全には開示されないなら，投資家は事業利益の持続性を過大に評価することになる。もっともこれらは，ハンドブックのセクション1520，より最近ではセクション1400によって，開示することが義務づけられている。第2に，より注目すべきことは，経営者は非経常項目および一時項目として記録する金額と時点を戦略的に操作することができる。たとえば，経営者が非経常的な損失として認識することを選べば，継続事業による利益は減ることになる。さらに，もしも損失が多期間にわたって徐々に生じるものであれば，後からみれば，過去の期間における利益は過大になっている。より深刻な状況では，経営者が損失の額を過大に報告することである。買収によって生じたのれんの償却のような損失の額は，非常に主観的であるし，投資家が確認することもむずかしいものである。このとき，将来の期における償却負担を過度に少なくすることによって，将来のコア利益を過大に報告することができる。現在のGAAPでは，過年度の償却の影響をコア利益と別に示すことは要求されていない[12]。しがたって，非経常的で一時的な項目についての会計は，歴史的原価にもとづく会計の中心である費用と収益の対応をむずかしくする原因となっている。また，少なくとも利益の持続性を判断しづらくしている。

　Elliott and Hanna (1996) は，このような問題を検討している。つまり，巨額の非経常項目（これらはたいてい利益ではなく損失である）を報告した四半期において，コア利益のERCが有意に小さくなることを発見している。また，巨額の異常項目を数年報告するような場合には，ERCはさらに小さくなる。後者の証拠は，非経常的で一時的な項目をどのくらい記録しているかによって，潜在的に乱用が行われているかを市場が判断していることを示している。なお，非経常項目，一時項目，異常項目が，コア利益に与える影響については，第10章の利益マネジメントについての議論でもう一度取り上げる。

　このようにセクション3480が実際に財務報告を改善することに成功したかどうかは，未解決の問題であるといえる。しかし，セクション3480は，解

---

[12] RRAの下では前期の推定値の修正については別の箇所で報告されることに注意しておこう。おそらくこの方法は，今期の償却が将来のコア利益に与える影響についても採用することができるだろう。もしそうならば，このことはフル・ディスクロージャーの大きな拡張となるだろう。この可能性については，セクション10.6.3において，もう一度取り上げる。

決したと思われた問題を再検証するために，どのように理論を用いることができるかを示す興味深い例になっている。

> **実務における理論 5.2**
>
> アメリカで起こった 9 月 11 日のテロリストによる攻撃の結果，多くの会社が巨額の費用を負い，収益を失うこととなった。たとえば，航空会社は 2 日間，航行できなかった。
>
> アメリカにおける異常項目の会計基準は，本文で述べたカナダの会計基準と同様のものである。FASB は 2001 年に，このテロによって生じた費用を異常項目として扱うことに反対することを決定した。FASB は当初，少なくともいくつかの費用について異常項目とすることを考えていたが，直接的な費用（たとえば，2 日間の航行停止によって生じた収益の損失額）と間接的な費用（たとえば，安全に対する一般客の意識変化によって生じる継続的な損失や，事業と顧客の信頼を失うことによる損失）を，信頼性を保ちつつ区別することは不可能であるとの結論に達した。また，これらの費用の一部は，保険会社や政府の補助によって取り戻すことができる。その結果，FASB は 9 月 11 日のテロによって生じたすべての費用を政府からの補助も含めて別の項目とするものの，すべて継続事業による利益として報告することとした。
>
> この点について，2001 年 10 月 29 日のグローブ・アンド・メイルの記事は，カナダの有名な会計専門家であり国際会計基準審議会 (IASB) のメンバーでもあるパトリシア・オマリーの言葉を引用している。「わたしたちの生きるこの世界では，それらを異常と呼ぶことはむずかしいだろう。」

5.6 「最良の」会計方針についての注意点

これまで，会計専門家は財務会計情報の有用性を決める際に，証券市場の反応を参考にすることができることを述べてきた。このことから，「最良の」会計方針とは，市場価格がもっとも大きく反応するものであると結論づけようとするかもしれない。たとえば，全部原価会計を適用している会社が報告

する利益に比べると，成功部分原価会計を適用している石油・ガス会社が報告する利益に対して，市場がより大きく反応するとしよう。このとき，投資家がより有用と考えているから，成功部分原価会計を用いるべきであると結論づけようとするかもしれない。

しかし，このような結論には十分に注意しなければならない。会計専門家は，投資家に有用な情報を提供することで満足するかもしれないが，そのことは社会が必ずしもより良くなることを意味しないからである。

その理由は，情報が**公共財** (public good) の性質を持つからである。公共財とは，ある人が消費しても，他の人の消費が妨げられない財である。りんごのような**私的財** (private good) を消費すれば，他の人にとっては価値がなくなってしまう。しかし，ある投資家が年次報告書の情報を利用しても，それによって他の投資家がそれを利用することから排除されるわけではない。このため，公共財の供給者は，このような商品のコストをどのように負担させるかがむずかしい。このような公共財は，しばしば政府や準政府機関によって供給されている。そのような例として，道路や国防といったものを挙げることができる。もしも企業が年次報告書のコストを投資家に負担させようとするなら，その企業は支払いを負担する投資家を十分に集められないだろう。なぜなら，ひとたび作成されれば，年次報告書は多くの利用者がダウンロードして利用できるようになるからである。そうではなく，証券取引法や会社法によって，企業が年次報告書を発行することを政府が要求しているのである。

もちろん，企業の年次報告書は「タダ」ではない。年次報告書をつくるためにはコストがかかる。他のより大きなコストとしては，競争企業に価値のある情報を開示するコストや，事後的に経営者の事業の意思決定が開示されるなら，その影響を考慮して経営者が事業の意思決定を調整することによって生じるコストがある。たとえば，経営者は事業の拡大計画についての多くの情報を開示しなければならないなら，その計画を縮小するかもしれない。そして，投資家は，最終的にはより高い製品価格になることを通じて，このようなコストを負担しなければならないだろう。それにもかかわらず，年次報告書を利用するかどうかによって，投資家はより高い製品価格を支払うかどうかが決まるわけではない。したがって，投資家は年次報告書をタダと考えるだろう。また，投資家が年次報告書を分析するために，アナリストや他の情報仲介機関に対してお金を支払うことによって，直接的または間接的に

5.6 「最良の」会計方針についての注意点　191

コストを負担するかもしれない。それにもかかわらず，基本となる「原材料」はタダと考えており，合理的な消費者が価格が低いときにする行動，つまりより多くを消費するという行動を投資家もすることになる。その結果，たとえ社会全体としてみればこの情報によって生じるコストが，投資家にとっての便益を上まわる場合でさえも，投資家は会計情報を有用であると考える可能性がある。

　また，第1章で述べたように，情報は人によって異なる影響を与える。たとえば，ある情報が潜在的な投資家や競争相手の企業にとって有用であるときでも，現在の株主はその情報を提供することに反対かもしれない。このとき，このような情報の社会的な価値は，潜在的な投資家と競争相手に対する便益と，株主に対するコストの両方に依存する。このようなコストと便益のトレードオフはきわめてむずかしい問題である。

　投資家によって需要され，会計専門家を通じて企業によって供給される財として，情報を考えてみよう。情報は公共財としての性質を持つため，競争的な状況における私的財の供給のように，需要と供給の原理によっては，社会的にみて「正しい」水準，すなわちファースト・ベストの水準の生産は行われない。その本質的な理由は，投資家が利用する情報のすべてのコストを負担させるように価格システムが機能しないからである。その結果，社会的な視点からは，証券市場の反応の大きさによって，どの会計方針を用いるか（あるいは同じことであるが，どれだけ会計情報を生産するか）について判断することはできない。Gonedes and Dopuch (1974) は厳密な議論によって，このような結論を支持している。

　情報生産の規制についての問題は，第11章と第12章においてもう一度，取り上げることにしよう。この時点で理解しなければならないことは，会計専門家は情報提供の市場において，その競争的な立場を維持し改善するために，市場の反応を参考にすることができるということである。そしてまた，証券価格が投資機会の優れた指標であるなら，証券市場は適切に機能するということも正しい。しかし，社会的な視点から考えると，一般的なルールとして，会計基準の設定機関が証券市場の反応の大きさにもとづいて意思決定を行うことには，十分に慎重になるべきである。

　興味深いことに，このルールの例外として，会計基準設定機関が行った固定資産についての現在原価会計の撤廃を指摘できるだろう。SFAS 33 は，ア

メリカの企業が特定の資産について補足的に現在原価情報を報告することを要求していたが，1986年にこの規則は撤廃された。この決定は，部分的には，Beaver and Landsman (1983) の影響力のある研究にもとづいてなされたものである。Beaver and Landsman (1983) は，歴史的原価にもとづいた利益の情報内容を超えて，証券市場は現在原価情報に対して何ら追加的な反応をしていないことを発見している[13]。カナダにおいては，Hanna, Kennedy and Richardson (1990) が，固定資産について補足的に現在原価情報の開示を要求しているCICAハンドブックのセクション4510を撤廃することを推奨している。つまり，そのような情報に有用性があるという証拠を発見することはできなかったのである。そして，このセクション4510は1992年に撤廃された。ある情報の有用性を誰も発見することができないときに，その情報の生産をやめる意思決定に反対することはむずかしい。それにもかかわらず，社会的なコストと便益を測定することはむずかしいことであるから，この意思決定が社会的な視点からみて正しかったかどうかは誰にもわからない。

5.7 RRAの情報内容

このセクションでは，歴史的原価にもとづく利益の情報内容に焦点を当てることから離れて，その他の財務諸表情報の情報内容について考察する。とくに，RRA情報が歴史的原価にもとづく利益や簿価をこえて，追加的な情報内容を持っているかどうかを考察する。セクション2.4において述べたように，SFAS 69においては，石油・ガス会社は補足情報として確認埋蔵量についての現在価値情報を報告することが要求されている。

事前には，もしも公正価値についての補足情報が投資家にとって有用であるなら，このことは石油・ガス産業においても成り立つことが予想される。たとえば，この産業では，歴史的原価と公正価値はとくに異なっているだろう。運の良い企業であれば，あまりコストをかけずに大規模な鉱脈を見つけ

---

[13] この結果に対しては，有用性がないという以外の理由が数多く示唆されている。第1に，市場はその情報を評価しているが，他の情報源からそれを推定することができる。第2に，このような情報を提供するときには多くの仮定と推定が必要になるため，そのような情報には目的適合性はあるが信頼性がない。第3に，市場はこの情報に反応しているが，研究手法がそれを発見できるほどには十分ではない。たとえば，Bernard (1987) は，Beaver and Landsman (1983) の研究の分析手法を批判している。実際，Beaver and Landsman (1983) 以降の研究では，証券市場の反応についての証拠を見いだしているものもある。たとえば，Bernard and Ruland (1987) は，少なくとも特定の産業においては，現在原価情報に情報内容があることを報告している。

ることができるかもしれない。ここでより重要なことは，セクション 4.6 において指摘した内部情報の意味についてである。石油の探索・生産会社における大部分の価値は埋蔵量に依存しているから，そのような企業の株式はとくに情報の非対称性の影響を受けやすい。このことはセクション 2.4.3 において簡潔に取り上げたロイヤル・ダッチ・シェルにおける埋蔵量の問題で示されている。このため，市場はとくに埋蔵量についての情報に関心を持っている。しかし，RRA による埋蔵量情報は，企業業績の予想をより正確に行うことができる場合に限り，投資家にとって有用である。実際，以下で見るように，RRA の意思決定有用性についての実証的検証ははっきりとした結論を得ていない。

　Magliolo (1986) は，石油・ガスの埋蔵量の市場による評価を RRA によって説明できるかについて理論的・実証的に詳しく検討している。そこでは，1979 年から 1983 年までをサンプルとして行われた検証も含まれている。この検証の 1 つでは，RRA に報告された割り引きしていない正味埋蔵量の価値と，これらの埋蔵量の市場による評価の推定値とを比較している。Magliolo (1986) は，この RRA 情報が理論どおりには市場価値を説明できないことを発見している。また，投資サービス業者が提供した埋蔵量情報が，RRA 情報よりも市場価値をよく説明している。この投資サービス業者は，石油・ガス会社の事業データに多くの調整をして収益と費用の経済的な推定値を算出している。したがって，信頼性の問題に加えて，RRA は埋蔵量情報の競争的な他の情報源と比較しても有用でないかもしれない。

　Magliolo (1986) はまた，(表 2.5 のような) RRA にもとづく損益計算書の各項目が，埋蔵量の市場評価額の変化を説明するかどうかについて検証している。そして，その年度に新たに追加された確認埋蔵量が高い説明力を持つことを発見している。ただし，そのうちの一部はすでに市場において予想されており，投資家はよりタイムリーな情報源を利用できることが明らかになっている。また，RRA にもとづく損益計算書の他の項目は，ほとんど説明力がないことも発見している。全体として，Magliolo (1986) は，理論が予想するようには，RRA は石油・ガスの埋蔵量の市場価値を測定していないと結論づけている。

　他にも RRA の情報内容を検証している研究がある。Doran, Collins and Dhaliwal (1988) は，1979 年から 1984 年の 6 年間の期間を対象として，173 の石

油・ガス会社をサンプルとした研究である。そこでは，1979年から1981年と1982年から1984年の期間を別々に検証している[14]。

Doran, Collins and Dhaliwal (1988) は各サンプルについて，図5.2と同様の方法で，期末（12月31日）までの12ヶ月間の月次異常リターンを計算し，それを合計することによって12ヶ月間の異常リターンを計算している。そして，歴史的原価にもとづく利益の変化を超えて，RRA情報が異常リターンをどれだけ追加的に説明するか検証している。このアプローチは，異常リターンを説明する変数が1つではなく2つであるという点を除き，セクション5.2と5.3で議論したのと同様である。いま，歴史的原価にもとづく利益のみ用いたモデルよりも，2つの変数を用いたモデルの方が異常リターンをより説明するとしよう。このとき，補足的なRRA情報は，歴史的原価にもとづく利益の情報内容を超えて，将来の株式リターンについての情報内容を持つことから，投資家にとって有用であるといえるだろう。

Doran, Collins and Dhaliwal (1988) は，回帰分析を用いることによって，1979年から1981年までの期間では，歴史的原価情報とRRA情報の両方が説明力を持つことを示し，RRAの追加的な有用性を明らかにしている。しかし，1982年から1984年までの期間では，両変数ともに有意な説明変数とはなっていない。したがって，Doran, Collins and Dhaliwal (1988) の結論は，はっきりとしたものでない。このような結果が得られた理由として，初期の期間においては石油・ガスの市場価格のボラティリティが大きかったことを指摘している。その結果，投資家は，1979年から1981年までの期間では，埋蔵量や市場価格の予想についての情報により関心が高かったと解釈している。

それにもかかわらず，1982年から1984年までの期間において，歴史的原価にもとづく利益が異常リターンを説明しなかったことについては説明できていない。なぜなら，セクション5.3と5.4で議論した利益の有用性についての多くの証拠と整合的ではないからである。Doran, Collins and Dhaliwal (1988) は，この点について，1982年から1984年までの期間では石油が供給過剰になることを予想しており，このような予想が石油会社の株価に影響し，報告

---

[14] SFAS 69 は1982年に発効した。しかし，SEC は1979年から1981年までのあいだ，RRA情報と同じような情報を開示することを要求していた。

[15] 図5.2 に示した経済全体に影響する要因によるリターンと異常リターンとを区別する手続きでは，産業リターンは除かれていない。Doran, Collins and Dhaliwal (1988) のサンプル企業は，すべて石油・ガス会社である。このため，産業リターンは図5.2の手続きでは，異常リターンの中に含まれている。

利益の影響を打ち消したと指摘している[15]。

このような説明にもかかわらず，Doran, Collins and Dhaliwal (1988) は，RRA を支持するかなり弱い結果しか提供していない。強い証拠が得られないという点は，他の研究でも同様である。たとえば，Harris and Ohlson (1990) は，Doran, Collins and Dhaliwal (1988) のように異常リターンを用いずに，石油・ガス生産会社の資産の市場価値を RRA が説明できるかどうかについて検証している[16]。1979 年から 1983 年までの 5 年間の 273 のサンプルを用いて，石油・ガス会社の資産の簿価がそれらの資産の市場価値を有意に説明していることを発見している[17]。また，RRA 情報は，いくらかの説明力を持つものの，歴史的原価情報よりも小さいことが示されている。

Harris and Ohlson (1990) はまた，埋蔵量についての情報の有用性に関して検証している。SFAS 69 は，石油・ガスの確認埋蔵量と，1 年間の変化量を開示することを要求している。Harris and Ohlson (1990) は，量的情報には RRA 情報を超えた説明力はないことを示している。いいかえれば，量的情報と RRA 情報の両方が利用できるなら，投資家は RRA 情報を好むということである。

Doran, Collins and Dhaliwal (1988) の研究は「長期間」であり，株式リターンは 12 ヵ月にわたって測定されていることには注意しておこう。したがって，たとえ株式リターンと RRA 情報に関係があることが示されたとしても，そのことは RRA の情報によって異常株式リターンが生じたことを意味しない。せいぜいいえることは，株価と RRA の両方が石油・ガス会社の将来リターンを生み出す価値を反映しているということである。このことは，RRA が内在する価値を反映しており，また投資家は投資意思決定にその情報を用いることができるから，RRA 情報が有用でないことを必ずしも意味しない。しかし，RRA が他の情報源から得られた情報と競合関係にあるということはいえるだろう。たとえば，Ghicas and Pastena (1989) は，RRA の追加的な情報内容を検証している。そこでは，証券アナリストの予想を石油会社の価値についての第 3 の説明変数として導入している。そして，直近のアナリストの情報が利用できるなら，石油会社の価値についての RRA の説明力は消えることを発見している。したがって，RRA の意思決定有用性についてのさらなる制

---

[16]Harris and Ohlson (1990) は，株主資本と市場性のある負債の市場価値から，石油・ガス以外の資産の簿価を引くことによって，石油・ガス資産の市場価値を推定している。

[17]Harris and Ohlson (1990) の結果は，成功部分原価による簿価についても，全部原価による簿価についても有意であった。

約は，RRAの潜在的な有用性は，他のよりタイムリーな情報源によって取って代わられる可能性があるということである。このことは，Magliolo (1986) の知見とも整合的である。

しかし，たとえ適時性の問題を無視したとしても，実証研究においてRRAの意思決定有用性を明確に示すことができないことは驚くべきことである。なぜなら，報告利益に対して証券市場が洗練した反応を示すことを考えると，目的適合的な貸借対照表や補足情報に同じように反応すると予想するからである。

RRAについて弱い結果しか得られないことには，いくつかの理由が示唆されている。第1に前に述べたような信頼性の問題がある。おそらくRRAは不正確すぎて有用性がないのだろう。セクション2.4.3において見たように，経営者はRRAの有用性について，信頼性の低さを理由に疑問を持っている。第2に，研究者は利益に対する市場の反応を調査するのと比較して，いくつかの点でよりむずかしい問題に直面する。1つの問題は，RRA情報を市場が初めて知った時点を特定することにある。利益の場合には，利益公表についてメディアが取り上げた時点がもっともらしいイベント日になる。しかし，石油・ガスの埋蔵量情報は内部情報としての性質があり，企業価値にとって重要であるため，アナリスト等は年次報告書の公表に先立って，どうにかしてその情報を手に入れようとする。埋蔵量情報の公表日について合理的なイベント日が特定できなければ，リターンの研究では長期間における検証をしなければならず，したがって会計情報に加えて株価に多くの影響を与える要因が含まれてしまう。

第3の理由は，石油・ガス埋蔵量についての歴史的原価情報が，これまで議論してきたよりもより価値関連的である可能性である。Harris and Ohlson (1990) が示唆しているように，石油会社は探索や開発に次々に着手するということはなく，期待便益が少なくともコストと等しくならなければ探索や開発にお金を使わない。このことは，石油・ガスの資産の簿価が高ければ高いほど，石油会社はリスクを考慮してもそれらに価値があると考えていることを意味している。簿価が経済的に意味があり，また歴史的原価情報がRRA情報よりも信頼性が高いなら，市場が歴史的原価による簿価がより有用であると考えても驚くことではない。

その後の研究において，Harris and Ohlson (1990) は歴史的原価にもとづく

埋蔵量情報の情報内容をより詳しく検証している。そこでは，歴史的原価情報がRRA情報よりも有用であることを発見している。さらにそこでの結果は，市場は歴史的原価にもとづく埋蔵量情報の情報内容を十分には利用していないことを示唆している。情報パースペクティブが仮定するように，証券市場は効率的ではないという可能性を指摘している点で，このような発見は興味深い。

しかし，市場が洗練されていないと主張することには慎重にならなければならない。上で述べた研究のように，他の財務諸表情報と異常株式リターンとの直接的な関係を考察する代わりに，他の情報が利益の質と関係していることを示す間接的なアプローチがある。このアプローチを例示するために，石油会社が今期は高利益を報告したが，石油・ガスについての補足情報によれば，この1年で埋蔵量が大幅に減少したことを示しているとしよう。この情報の1つの解釈は，企業は短期的な売上を増加させるために，埋蔵量を使ったというものである。そうであれば，当期利益の質は減少することになる。なぜなら，新しく埋蔵量が発見されなければ利益は持続しないからである。このとき，埋蔵量についての情報に含まれるバッド・ニュースに市場が反応すること，つまりERCが低くなることは，埋蔵量情報それ自体に対する直接的な反応よりも容易に観察されるだろう。また，埋蔵量が増加すれば，高いERCが予想されるだろう。

Harris and Ohlson (1990) の研究は，石油・ガス会社に限定されるものではない。Lev and Thiagarajan (1993) は，このアプローチを用いている。まず，証券アナリストが利益の質を評価する際に用いる12の「ファンダメンタルズ」を特定している。たとえば，ファンダメンタルズの1つは，売上で基準化した在庫の変化である。もしも在庫が増加すれば，そのことは利益の質の減少を意味する。つまり，企業は売上の減少期を経験しているか，あるいはたんに在庫を効率的に管理できていないことを示している。他のファンダメンタルズには，資本支出の変化，受注額，石油・ガス会社における埋蔵量の変化が含まれる。

Lev and Thiagarajan (1993) は，サンプルの各企業について，12のファンダメンタルズに0か1の得点を割り当て合計することにより利益の質を測定している。たとえば，在庫について説明すれば，その年に売上に対する在庫が減少しているなら，それは利益の質が高いことを意味することから1を割り

当て，売上に対する在庫が増加しているなら0を割り当てる。

　Lev and Thiagarajan (1993)は，このようなファンダメンタルズの得点をERCの回帰分析における追加的な説明変数として用いている。そして，期待外利益だけを用いたときの異常株式リターンの説明力を大幅に上まわる説明力を持つことを示している。この結果は，おそらくアナリストの助けを得ながらも，市場は利益を評価することにおいて，非常に洗練されていることを意味している。そこでは，利益公表それ自体に含まれる情報内容を修正するために，貸借対照表や補足情報が用いられているのである。

5.8　情報パースペクティブについての結論

　財務会計の実証研究は広範囲にわたるが，ここではそのうちのいくつかの研究だけを見てきた。それにもかかわらず，たいていの場合，報告利益に対する証券市場の反応についての研究は，証券市場は洗練されているという証拠を提示している。この領域の実証研究の結果は，効率的市場理論とその背景にある意思決定理論を支持している。

　しかし，未解決の問題は，市場は利益以外の情報に対して，利益情報ほどには強く反応していないことである。利益以外の情報の例としてRRAを検討したが，このケースでは事前には市場からの強い反応が予想された。RRAのような利益以外の情報に対して市場が強く反応しない理由としては，検出方法がむずかしい，情報の信頼性が低い，別の情報源が利用できる，あるいは効率的市場理論がそもそも成立していないといったことが考えられる。しかし，これらの要因のいずれによるものであるかは，現時点では完全に理解できていない。しかし，投資家は，少なくとも部分的には，利益の質に応じてそのような情報に反応しているようである。

　前に述べたように，証券価格の変化の大きさを情報内容，したがって意思決定有用性と同一とみなす財務会計理論へのアプローチは，情報パースペクティブとして知られている。このアプローチの本質は，投資家が自分自身の投資から得られる将来リターンを予測していると考えるところにある。この目的のために，投資家は会計情報を含む，すべての関連する情報を欲している。このような状況において，会計専門家は，さまざまな種類の会計情報に対する証券価格の反応を投資家にとっての有用性を測るために用いることが

5.8 情報パースペクティブについての結論

できる。そして，このことによって，会計専門家は，情報供給者としての競争的地位を高めることができる。このため，会計専門家は，意思決定有用性についての実証研究に対して関心を持つだろう。さらに，会計専門家が企業内部から外部へと情報を提供すればするほど，資本市場は投資家の希少な資金をより適切に配分することができる。

このような議論にもかかわらず，会計専門家は，市場がより大きく反応するような会計方針や開示が，社会にとってもっとも望ましいことであると結論づけることには慎重にならなければならない。なぜなら，会計情報の公共財的な性質のために，このことは必ずしも正しくないからである。投資家はすべてのコストを負担しないことから，「適切な」量の情報を必ずしも要求しない。また，このことは，会計基準設定機関を導く点において，意思決定有用性アプローチによる研究に限界があることを意味している。

それにもかからわず，1968年のBallとBrownの論文以来，情報パースペクティブは財務会計理論と研究において支配的な地位にある。このパースペクティブは非常に多くの実証研究を生み出し，投資家にとっての会計情報の意思決定有用性について，我々の理解を深めてきた。

第6章

意思決定有用性についての測定パースペクティブ

図 6.1　第 6 章の構成

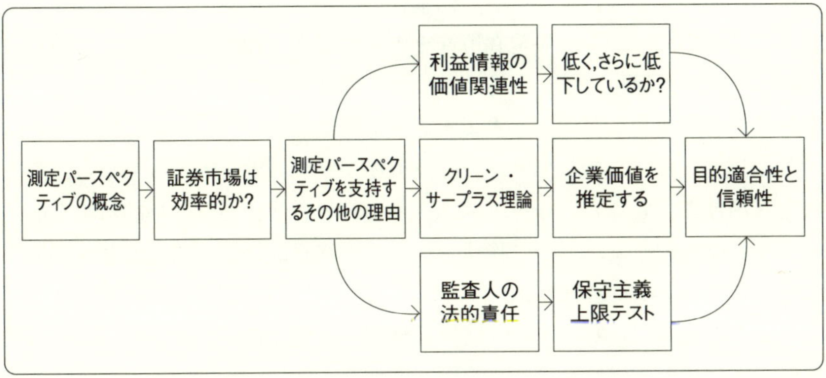

```
測定パースペク → 証券市場は → 測定パースペク → 利益情報の → 低く,さらに低
ティブの概念     効率的か？    ティブを支持す   価値関連性     下しているか？
                              るその他の理由
                              ↓              クリーン・       企業価値を      目的適合性と
                                             サープラス理論   推定する        信頼性
                              ↓              監査人の         保守主義
                                             法的責任         上限テスト
```

6.1　概要

　意思決定有用性についての測定パースペクティブは，財務諸表本体により多くの公正価値を取り入れることを意味している。セクション 2.5.1 の議論にしたがえば，公正価値をより多く用いることは，第 5 章で説明した研究の背景にある損益計算書アプローチとは反対に，財務報告に対する貸借対照表アプローチを意味している。

　この本では測定パースペクティブを次のように定義する。

意思決定有用性についての**測定パースペクティブ** (measurement perspective) とは，会計専門家が財務諸表本体に信頼性が確保される範囲で公正価値を取り入れる責任を負い，投資家が企業価値を予測する手助けをすることに会計専門家がこれまで以上に関わる，財務報告に対するアプローチである。

もちろん，測定パースペクティブが有用であるなら，信頼性が大きく減少するという犠牲を払っているはずはない。測定パースペクティブが歴史的原価基準の会計に代わることはないだろうが，財務諸表における原価基準の情報と公正価値基準の情報の相対的なバランスは，公正価値を重視する方向に進んでいることは確かである。このことは，RRA が経験したような問題を考えれば，違和感があるかもしれない。しかし，このような変化を支持する理由を数多く指摘することができる。

その理由の1つは，証券市場の効率性についてである。第5章で説明したように，報告利益の意思決定有用性を支持する多くの証拠が得られているにもかかわらず，近年，証券市場はもともと信じられていたほどには効率的でないという理論や証拠が，ますます提示されてきている。このことは会計に対して重要な意味を持っている。証券市場が完全に効率的でないなら，意思決定有用性についての情報パースペクティブの背景にある効率的市場を前提として，歴史的原価基準の財務諸表を多くの補足的な情報開示によって補うという考え方には問題がある。たとえば，全体として投資家は，合理的意思決定理論が仮定しているほどには情報を解釈する能力に優れていないなら，財務諸表本体に公正価値をより多く取り入れることによって，有用性は高まるだろう。さらに，CAPM にしたがえば，ベータが唯一の意味のあるリスク指標であるが，市場が完全には効率的でないなら，会計専門家は企業のリスクについて報告することに，より大きな責任を負うべきだろう。

この他の理由としては，株価の変動のうち，歴史的原価基準にもとづく利益によって説明できる部分が小さいことがある。また，Ohlson のクリーン・サープラス理論は，公正価値によって測定することを支持している。さらに，企業が破綻したとき，会計専門家が法的責任にさらされることもその理由として指摘できる。

この章では，これらさまざまな理由について説明し議論していく。図6.1 は

この章の構成を示している。

6.2 証券市場は効率的か？

6.2.1 はじめに

近年，証券市場の効率性について，多くの疑問が投げかけられている。これらの問題は会計専門家にとって非常に重要である。なぜなら，もしもそうであるなら，歴史的原価基準の財務諸表を注記などの補足情報で補うことは，投資家に対して有用な情報を伝達する方法として，十分に効果的ではないからである。さらに，証券市場が完全には効率的でないなら，財務報告を改善することによって市場の非効率性を減らすことができる。そして，そのことにより，証券市場の機能を改善することができるかもしれない。このセクションでは，市場の効率性について提示されてきた主要な疑問について説明し議論する。

これらの疑問の基本的な根拠は，投資家の行動は平均して，第3章で述べたような合理的意思決定理論や投資モデルにはしたがっていないというものである。たとえば，投資家には**注意力の限界** (limited attention) があるかもしれない。つまり，投資家はすべての利用できる情報を処理する時間も能力もないかもしれない。そして，「最終利益」のようなすぐに利用できる情報に注目し，年次報告書における注記などの他の情報は無視しているかもしれない。さらに，投資家の情報に対する反応は，ベイズの定理にしたがった反応に比べると，バイアスがあるかもしれない。たとえば，心理学における証拠によれば，個人は**自信過剰の** (overconfident) 傾向がある。つまり，投資家は自分で集めた情報の精度を，実際よりも高いと認識する。たとえば，もしも個人の情報収集活動によってグッド・ニュースであると判断すると，ベイズの定理にしたがうよりも，将来の業績がより高くなると主観的確率を改訂する。もしも，多くの投資家が同じように行動すると，少なくとも短期的には株価はグッド・ニュースに過剰に反応することになる。なお，この点について，より詳しくは，たとえば Odean (1998) を参照して欲しい。

多くの個人が持っているその他の特徴としては，**自己責任バイアス** (self-attribution bias) がある。これは，意思決定の結果が良ければそれは自分の能力によるものであり，結果が悪ければそれは自然の状態が不幸にも悪く，し

たがって自分の失敗ではないと考えがちであるというものである。自信過剰な投資家が企業の株式を買った後，その株価がどのような理由であれ高くなったケースを考えてみよう。このとき，投資家は自分の投資についての能力が高いと考える。逆に株価が低くなったときには，能力の問題ではないと考える。もしも，多くの投資家がこのように考えるならば，株価の**モーメンタム** (momentum) が観察されることになる。つまり，株価の上昇によって自信を持つようになり，さらに株式を追加購入するため，株価がさらに上昇する。このことによりさらに自信が増すというプロセスが続き，勢い (モーメンタム) がつく。Daniel, Hirshleifer and Subrahmanyam (1998) は，投資家が自信過剰であり自己責任バイアスを持つとき，モーメンタムが生じるモデルを提示している。また，Daniel and Titman (1999) は実証研究において，1968 年から 1997 年までの期間について，モーメンタムの高い株式からなるポートフォリオを買って，モーメンタムの低い株式からなるポートフォリオを空売りする戦略によって，継続的に高い異常リターン (市場ポートフォリオを持つよりも高いリターン) が獲得できることを示している。この結果は，自信過剰とモーメンタムについての議論と整合的である[1]。

自己責任バイアスやモーメンタムはもちろん，証券市場の効率性やその背景にある意思決定理論とは整合的ではない。CAPM にしたがえば，ベータが大きくリスクの高いときにだけ，リターンは高くなる。しかし，Daniel and Titman (1999) は，モーメンタム・ポートフォリオにおけるベータで測ったリスクの平均は，市場ポートフォリオよりも低いことを報告している。さらに，株価のモーメンタムはリターンが正の系列相関を示すことを意味するが，効率的市場においてはリターンはランダム・ウォークにしたがうはずである。

投資家行動にもとづく証券市場の非効率性についての研究は，**行動ファイナンス** (behavioural finance) と呼ばれる。行動ファイナンスについての包括的な理論と実証結果については，Hirshleifer (2001) を参照して欲しい。ここでは，この理論が提示してきた効率性についてのその他の問題をいくつか議論することにしたい。

---

[1] Daniel and Titman (1999) の投資戦略では，高いモーメンタムの株式と低いモーメンタムの株式を事後的に選択していることには注意しておこう。実際の時間の流れでは，このような戦略を実行することはできない。

6.2.2 プロスペクト理論

Kahneman and Tversky (1979) は，セクション 3.3 で記述した合理的意思決定理論と代替的な，行動科学的な理論である**プロスペクト理論** (prospect theory) を提示している。このプロスペクト理論によれば，リスク投資（「プロスペクト」）を行う投資家は，予想される利得と損失を別々に評価する。このように利得と損失を別々に評価することは，富の合計への影響を考えて投資家が意思決定を行うとする意思決定理論とは対照的である（第3章の脚注4を参照せよ）。参照点からの利得と損失を別々に評価することは，心理学の概念である**フレーミング** (narrow framing) の考え方にしたがったものである。ここでフレーミングとは，個人が意思決定の心的努力の負担を小さくするために，問題を別々に分析することを意味する。このような心的努力は，上で述べた注意力の限界という特性から導かれる。この結果，プロスペクト理論における個人の効用は，全体の富に対してではなく，問題となるプロスペクトそれぞれがゼロからどれだけ離れているかによって定義される。

図 6.2 は，プロスペクト理論の下での典型的な投資家の効用関数を示している。

利得に対する投資家の効用は，図 3.3 において示されているような凸型をしており，よく知られたリスク回避的な形状を仮定している。しかし，プロスペクト理論では，投資家は少しの損失でも非常に嫌うという行動科学の概念である**損失回避** (loss aversion) を仮定している。したがって，投資を始めて最初に損失を被ったとき，1単位の損失に対する投資家の効用の減少率は，1単位の利得に対する効用の増加率と比べて大きくなっている。つまり，損失に対する効用は凹型ではなく凸型であり，損失に対してはリスク愛好的な態度を示すことになる[2]。このことは値下がり株を保有し値上がり株を売却する，あるいは値下がり株をさらに追加購入するという，**損失先送り効果** (disposition effect) につながる。Shefrin and Statman (1985) は，この損失先送り効果を考察している。Shefrin and Statman (1985) は，投資家が，課税年度末までに値下がり株を売却することが合理的であるにもかかわらず，売却することを嫌う傾向にあることを発見している。つまり，損失先送り効果と整合的な証拠を発見している。

---
[2]数学的には，効用関数は 0 において連続ではあるが微分できない。

図 6.2　プロスペクト理論における効用関数

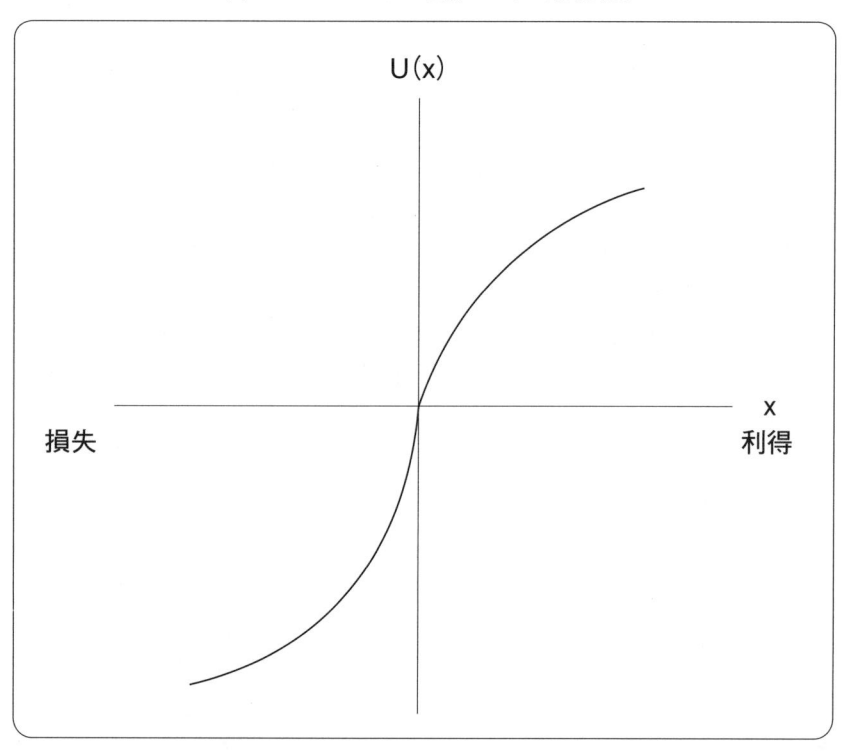

　プロスペクト理論はまた，プロスペクトの期待値を計算するとき，個人がそれらの確率を「ウェイトづける」ことを仮定している。このウェイトづけは，自信過剰によって生じている。つまり，ある状態が起こりそうな証拠，たとえば将来の業績が良くなるというグッド・ニュースの証拠は，それが抽象的で統計的な場合には，過小にウェイトづけされる。そして，ある状態が起こるという証拠は過小にウェイトづけされることから，情報システムの主対角確率は，自信過剰な投資家によって実際よりも過小に評価される。この結果，状態に対する事後確率もまた小さくなる。しかし，（たとえば株価が急上昇するといったメディア記事のような）顕著で極端でウワサ話のような証拠に対しては，たとえそのような「急上昇」がまれなイベントであったとしても，投資家は過大にウェイトづけする傾向にある。

　このような傾向により，起こりそうな状態に対しては非常に過小な事後確

率となり，あまり起こりそうにない状態に対しては非常に過大な事後確率となる。このとき事後確率の合計は必ずしも1にはならない。

利得と損失を別々に評価し，また起こりうる状態に確率をウェイトづけすることは，非常に多くの「非合理的な」行動を説明することができる。たとえば，意思決定理論にしたがえば投資機会の期待値は正であっても，投資家は損失を嫌って市場から退出するかもしれない。また，投資家は損失を実現させるのを避けようとして「値下がり株」を持ち続けるために，バッド・ニュースに対しては過小に反応するかもしれない。そして，そのことによって，上で述べたようにさらにこの値下がり株を買い増し，さらなるリスクを負うかもしれない。このように，プロスペクト理論によれば，投資家行動は，利得に対してどの程度リスク回避的か，損失に対してどの程度リスク愛好的か，またそれらがどのような確率で生じるか，ということの複雑な組み合わせによって決まることになる。

実務における理論 6.1

プロスペクト理論の予想を検証するために多くの実験が行われてきた。1つの実験はKnetsch (1989)によるもので，この実験ではある学生グループにはチョコレート・バーを，別のグループにはマグカップを渡した。この2つの品物，つまりプロスペクトは，だいたい同じ金銭的価値のあるものだった。その後，被験者は他の被験者と交換する機会が与えられる。たとえば，チョコレート・バーを受け取ったがマグカップがより好きな学生は，チョコレート・バーを欲しがっている学生と交換することができる。この2つの品物は同じ価値であり，被験者にランダムに割り当てられたため，半数の学生が交換するというのが合理的な予測となる。しかし，実際には10%の学生しか取引しなかった。

このような結果は，プロスペクト理論と整合的である。このことは図6.2によって理解することができる。投資家の効用は少しの損失によって大きく減少することから，すでに手に入っている品物を捨てることにより効用は大きく減少する一方で，ほぼ同じ価値の別の商品を手に入れてもそれ以上に効用は増えない。この結果，被験者は最初に受け取った品物を持ち続ける傾向にある。

しかし，その後の List (2003) による実験は，別の観点からこのような結論に疑問を投げかけている。List (2003) は，上で述べたような学生を被験者としたシミュレーションの市場ではなく，現実の市場において実験を行っている。現実の市場の重要な特徴は，さまざまな経験を持つ取引相手が含まれていることである。List (2003) は，取引者の経験が豊富になるにつれ，より洗練されていない取引相手と売買を行い，効率的な水準の市場価格まで引き上げていくことを発見している[3]。つまり，List (2003) の結果は，プロスペクト理論ではなく合理的な意思決定理論を支持するものであった。

プロスペクト理論について検証した会計の実証研究は数少ない。しかし，Burgstahler and Dichev (1997) は，このような検証の1つを行っている。1976年から1994年までのアメリカ企業をサンプルとして，Burgstahler and Dichev (1997) は，少額の損失を報告している企業が非常に少ないことを発見している。他方，これと比べて少額の利益を報告している企業は非常に多い。Burgstahler and Dichev (1997) は，何もしなければ少額の損失となる企業が，キャッシュ・フローやアクルーアルを操作し報告利益を上方に調整することによって，少額の正の利益を報告している結果であると解釈している（なお，利益マネジメントの手法については，第10章において議論する）。

Burgstahler and Dichev (1997) が指摘しているように，この結果はプロスペクト理論と整合的である。その理由を考えるために，図6.2をもう一度思い出そう。図6.2は，少額の損失による投資家の効用の減少は，少額の利得による効用の増加よりも大きいことを示している。このことは，少額の損失を報告すれば，投資家は否定的な大きな反応を示すことを意味している。したがって，何もしなければ少額の損失となるような企業経営者は，報告利益を上方に調整することによって，投資家の否定的な反応を避けるとともに，好意的な反応を受けようとするインセンティブを持つ。もちろん，巨額の損失が出る企業経営者も同じようなインセンティブを持つが，損失が大きくなればなるほど，損失を回避するのに十分な利益マネジメントを行うことはむずかしくなる。また，巨額の損失のときには投資家の反応の変化は小さくなる

---

[3] このことは，洗練された投資家が十分いれば，証券の市場価格は効率的になるという Fama (1970) の議論を支持している（セクション 4.3.1 を参照せよ）。

ため，利益を上方に調整するインセンティブは小さくなる。

しかし，Burgstahler and Dichev (1997) は，この証拠は合理的な行動とも整合的であることを示唆している。たとえば，貸し手は赤字企業に対してはより厳しい条件で資金を貸すだろう。また，サプライヤーはそのような企業との取引を止めるかもしれないし，供給した製品に対する支払いをただちに要求するかもしれない。このような影響を避けるため，経営者はできる限り赤字の報告を避けるインセンティブを持つ。また，損失が出ている企業は税金の還付を受ける資格を持つかもしれず，そのことによって無理な利益マネジメントを行わなくても，少額の利益が出る可能性もある。このようなことから，Burgstahler and Dichev (1997) の提示した証拠が，どれだけプロスペクト理論を支持しているかは明らかではない。

6.2.3 ベータは死んだのか？

セクション 4.5 で指摘したように，CAPM が意味することは，株式のベータがその株式の期待リターンを決める唯一の企業固有の要因であるということである。もしも CAPM が合理的な意思決定をあらわしているなら，株式リターンは β_j の増加関数になるはずである。また，その他の企業固有のリスクは分散されるはずであるから，そのようなリスクの代理変数には反応しないはずである。しかし，Fama and French (1992) は，1963 年から 1990 年までの主要なアメリカの証券取引所に上場されている大サンプルの研究において，ベータ，したがって CAPM は，株式リターンをほとんど説明しないことを明らかにしている。その代わりに，普通株式の簿価の時価に対する比率，つまり簿価時価比率 (B/M) が大きな説明力を持つことを発見している。また，企業規模も説明力を持つことを明らかにしている。これらの結果は，ベータは唯一のリスク尺度ではなく，企業のリスクは簿価時価比率の増加関数であり，企業規模の減少関数であると，市場は判断していることを意味している。

Fama and French (1992) の発見は，必ずしも合理的な投資家行動および効率的証券市場と非整合的であるわけではない。たとえば，投資家は，多くの企業が破綻するような経済の不況といった分散不可能なリスクに対処するために，B/M の低い企業の株式を購入するかもしれない。B/M の低い企業の株式を購入することは，このようなリスクに対抗する手段となる。なぜなら，簿価に対して時価が大きいということは，その企業が破綻する可能性が小さい

ことを意味するからである。市場モデルにおける $E(R_{Mt})$ の項は（セクション4.5を参照せよ），市場に存在する企業すべての平均であるから，破綻のリスクを完全にはあらわしていないかもしれない。この結果，合理的な投資家は，ポートフォリオを形成する際に，B/Mのような他のリスク尺度を探すことになるだろう。

しかし，Fama and French (1992) の結果は，CAPMの成立を疑うものである。なぜなら，その結果は，ベータが唯一の適切なリスク尺度ではないことを意味しているからである。Fama and French (1992) が示したベータの説明力の低さによって，ベータは「死んだ」と指摘する声が出てきた。

しかし，Kothari, Shanken and Sloan (1995) は，これとは少し異なる結果を報告している。つまり，1941年から1990年までというより長い期間を対象として，ベータにはリターンの説明力があることを報告している。また，簿価時価比率もリターンを予測するが，その効果は比較的小さいことを報告している。Kothari, Shanken and Sloan (1995) は，Fama and French (1992) の結果と異なる理由として，分析手法と調査期間の違いを指摘している。

しかし，行動ファイナンスは，CAPMとベータの有効性に対して，異なる視点を提供している。つまり，CAPMと整合的でない株式リターンの動きは，市場の非効率性を示すものと考えている。この点について，Daniel, Hirshleifer and Subrahmanyam (2001) は，合理的な投資家と自信過剰な投資家が存在するモデルを提示している。合理的な投資家がいることにより，CAPMの世界のように，株式のベータはリターンと正の相関を持つ。しかし，自信過剰な投資家は，情報に対して過大に反応するため，株価は過剰に高くなったり低くなったりし，したがって簿価時価比率も過度に低くなったり高くなったりする。そして，時間が経過するとともに，自信過剰な投資家が気づけば，株価は効率的な水準に向かう。この結果，ベータも簿価時価比率も将来の株式リターンと正の相関を持つ。しかし，Daniel, Hirshleifer and Subrahmanyam (2001) のモデルでは，Fama and French (1992) が発見した簿価時価比率と将来の株価との正の関係は，合理的な投資家が企業の破綻から身を守ることによって生じているわけではない。むしろ，それは合理性や効率性とは整合的ではない，自信過剰という行動科学的な要因によって生じている。

したがって，現在では，CAPMとベータが意味する内容は明らかではない。ベータが成立している1つの可能性は，それが時間とともに変化してい

とを認めることにある。セクション 4.5 の議論では，ベータは**一定** (stationary) であった。しかし，利子率の変化や資本構成の変化のようなイベントや，リスクに対する企業の取り組みの改善によって，あるいは世界的な市場の発展によって，個別企業の株式のリターンと市場全体のリターンとの関係は影響を受けるかもしれない。したがって，企業のベータも変化するかもしれない。もしそうなら，CAPM に反するような株式リターンについての証拠は，ベータの変化によって説明できるかもしれない。

　ベータが一定でないなら，合理的な投資家はベータがいつどのくらい変化するかを知りたいと思うだろう。このことを適時に知ることは非常にむずかしく，また投資家によって意見は異なるだろう。このことはまた，たとえまったく同じ情報を手に入れて，ベータを合理的に推定したとしても，投資家の意思決定は異なることを意味する。その結果，自然の状態の不確実性とインサイダー取引の可能性以外に，推定リスク（セクション 4.5 を参照せよ）を生じさせる追加的な要因が存在することになる。これは，投資家が変化した株価のパラメーターの推定を誤ることによって生じる。その結果，株価のボラティリティはより大きくなるが，ベータはそのような行動を説明し続けるだろう。つまり，ベータがリスクの重要な変数であるという CAPM が意味する内容は，ベータが一定ではないという前提で成り立つことになる。Kurz (1997) は，ベータが一定ではない[4]状況で合理的な投資家を仮定したモデルを提示している。また，Ball and Kothari (1989) は，一見すると株価のアノマリーと考

---

[4]ベータが一定でないことは，セクション 4.4.1 で議論したような効率的市場の株価が形成されるためのノイズ取引に代わるものとなりうる。ベータのような株価のパラメータが一定でなければ，投資家は現在の株価がベータを反映しているかどうかについて異なる意見を持ち，その意見にしたがって取引が行われることになるだろう。

[5]Durnev, Morck, Yeung and Zarowin (2003) は，ベータには直接適用することはできないが，CAPM をさらに支持する証拠を提示している。セクション 4.5 の 4.4 式において，市場モデルの残差項 ε_{jt} は，株式リターンの企業固有の部分をあらわしている（そして $\alpha_j + \beta_j R_{Mt}$ は市場および産業による部分をあらわしている）ことを思い出そう。Durnev, Morck, Yeung and Zarowin (2003) は，市場モデルの残差項の分散と，将来の異常利益とのあいだに正の相関があることを発見している。ここで，ε_{jt} の分散を連動性 (synchronicity) の逆の尺度と解釈しよう。つまり，残差項の分散は，株価に含まれている産業および経済全体の情報の量と比較したときの企業固有の情報の量をあらわしていると解釈しよう。このとき，企業固有の情報が大きければ分散は比較的大きくなり，連動性は小さくなる。利益は多くの価値関連的なイベントを認識するのに遅れがあることから，事後的にこの情報は利得や損失として利益に現れる。その結果，市場は利益のグッド・ニュースやバッド・ニュースを予想し，利益が報告される前にそれらを株価に織り込む。この結果は CAPM とその背景にある効率的市場理論を支持する。なぜなら，Roll (1988) が主張しているように，CAPM が株式リターンをあまり説明できないことは，部分的には多くの企業固有の情報が常に投資家によって生み出されていることに起因しており，CAPM が重要な変数をあらわしていないからではないかもしれないからである。Durnev, Morck, Yeung and Zarowin (2003) は，ε_{jt} の分散に対して，ノイズ取引や投資家の注意力の限界といった別の説明は支持されなかったとしている。

えられる多くの現象について，ベータが一定でないことにもとづいて説明している[5]。

会計の立場からすると，ベータが唯一の企業固有のリスク尺度でないならば，有用なリスク情報を報告するという財務諸表の役割は大きくなる。たとえば簿価時価比率は会計にもとづいた指標である。それにもかかわらず，これまで議論してきたように，今までに得られた証拠ははっきりしたものではないことから，ここではベータは死んでいないと結論づけておく。ベータは時とともに変化するかもしれないし，リスク尺度としての地位は会計ベースの変数と共有する方向に動かなければならないかもしれない。

6.2.4 資本市場の過剰なボラティリティ

証券市場の効率性についてのさらなる問題は，市場全体として資本市場のボラティリティが大きすぎるという証拠があることである。CAPM によれば，ベータと無リスク利子率が一定であるなら，市場ポートフォリオの期待リターン $E(R_{Mt})$ の変化が，企業 j の株式の期待リターンが変化する唯一の原因であることを思い出そう。ここで，$E(R_{Mt})$ を決めているのは，本質的には市場に存在するすべての企業の期待配当の合計である。つまり，期待配当の合計が多ければ多いほど，投資家は市場により多く投資し，株式に対する需要を増やし，資本市場のインデックスは高くなる。その結果，もしも市場が効率的であるなら，$E(R_{Mt})$ の変化は期待配当合計の変化ほど大きくならない。

Shiller (1981) は，このような内容を検証している。そして，資本市場のインデックスのボラティリティが，配当合計のボラティリティより数倍大きいことを発見している。Shiller (1981) は，この結果を市場の非効率性と解釈している。

その後，Ackert and Smith (1993) は，将来の期待配当は企業価値の基礎的な決定要因ではあるが，通常の配当とともに自己株取得や買収にともなう新株割り当てのような株主に対するすべての分配を含めて広く定義すべきであることを指摘している。1950年から1991年までの期間の研究において，Ackert and Smith (1993) はこのような追加的な項目を含めれば，過剰なボラティリティは存在しないことを示している。

しかし，Ackert and Smith (1993) の研究にもかかわらず，過剰なボラティリティが存在する理由がいくつかある。1つの理由は，効率的市場と整合的であ

るが，前のセクションで説明したようなベータの変動によるものである。その他の理由は，行動科学的な要因にもとづくものである。Daniel, Hirshleifer and Subrahmanyam (2001) のモーメンタムのモデルは，株価が過大になり，その後に下落するために，市場のボラティリティが過剰になることを示唆している。また，別の議論として，De Long, Shleifer, Summers and Waldmann (1990) は，合理的な投資家とポジティブ・フィードバック戦略をとる投資家がいる資本市場を仮定している。ここでポジティブ・フィードバック戦略をとる投資家とは，株価が上昇しているときに購入し，株価が下落しているときに売却する順張り戦略をとる投資家のことである。このとき株価が上昇すれば，合理的な投資家は，順張り戦略の投資家が購入することによって価格が上昇するため，株価の下落を予想して空売りすると考えるかもしれない。しかし，De Long, Shleifer, Summers and Waldmann (1990) は，合理的な投資家は，株価の上昇が続く限り，それを利用して「時流に乗る」ことを示している。その結果，市場において過剰なボラティリティが生じることになる。

要約すると，Shiller (1981) によって提起された資本市場の過剰なボラティリティの問題は，未解決のままのようである。Ackert and Smith (1993) は，配当を広く定義すればそれが存在しないことを示唆している。あるいは，たとえ過剰なボラティリティが存在したとしても，ベータが変化するときには，合理的な投資家のモデルによって説明することができる。また，過剰なボラティリティは市場の効率性とは整合的ではなく，行動科学的な要因によって生じている可能性もある。この場合には，株価は過剰に反応した後，過剰であることに気づいてもとに戻るといった動きをする。

6.2.5　株式市場バブル

株価が合理的な水準よりも非常に高くなるという株式市場バブルは，過剰なボラティリティの特殊ケースと考えられる。Shiller (2000) は，2000年までの数年間において，技術系企業の株価の急上昇に焦点を当て，バブル現象を考察している。Shiller (2000) によれば，バブルは自己責任バイアスとその結果生じるモーメンタム，ポジティブ・フィードバックの取引，そして市場の「専門家」がメディアを通じて楽観的な予想をすることによって生じる「群れなし」行動が組み合わさって起こる。このような理由が背景となり，連邦準備制度理事会議長のグリーンスパンは，1996年の演説において，株式市場に

対して「根拠無き熱狂」とコメントしたことは有名である。

　Shiller (2000) は，バブル現象がしばらくのあいだ継続するが，それがいつ終わるかを予想することはむずかしいと主張している。しかし，不況が迫る，あるいはインフレが進むといった予想がやがては蔓延していき，いつかはバブルは崩壊するだろう。

6.2.6　効率的証券市場のアノマリー

　とくに財務会計情報についての市場の非効率性の証拠を取り上げて，このセクションを終わることにする。第5章で取り上げた証拠は，全般的に市場の効率性とその背景にある投資家の合理的行動を支持するものであったことを思い出そう。しかし，効率的市場の理論が予想するようには，市場は情報に対して正確に反応しないという証拠も存在している。たとえば，株価はしばしば財務諸表の情報を完全に織り込むまでに時間がかかる。このため，異常株式リターンが情報の開示後しばらく持続することがある。また，市場は財務諸表に含まれるすべての情報内容を常に反映してはいないようである。証券市場の効率性と整合的でないこのような状況は，**効率的証券市場のアノマリー** (efficient securities market anomalies) と呼ばれる。以下では，このようなアノマリーの中から2つを取り上げる。

公表後ドリフト　企業が当期利益を公表すると，その情報内容はただちに投資家に知れわたり，効率的市場における証券価格に反映されるはずである。しかし，昔からこのとおりにはならないことが知られている。四半期利益においてグッド・ニュースを報告した企業は，異常株式リターンが利益公表後少なくとも60日間は蓄積し続ける傾向がある。同じように，バッド・ニュースの利益を公表した企業は同様の期間，マイナスの異常株式リターンが蓄積し続ける傾向がある。この現象は**公表後ドリフト** (post-announcement drift) と呼ばれている。これは，セクション5.3で取り上げたBall and Brown (1968) の研究までさかのぼることができる。図5.3をみれば，グッド・ニュースとバッド・ニュースの公表月からしばらくのあいだ，異常株式リターンはそれぞれプラスとマイナスに蓄積していることがわかる。

　公表後ドリフトが観察される理由は，これまで頻繁に研究されてきた。たとえば，Foster, Olsen and Shevlin (1984) は，公表後ドリフトがなぜ生じるかについてさまざまな理由を検証している。その結果によれば，公表後ドリフ

トは，研究者によって用いられた利益予想モデルによって作り出されたものである。第5章で説明したように，利益公表に対する証券市場の反応を調べるほとんどの研究では，期待外利益について何らかの代理変数を用いて，情報内容を測定している。なぜなら，市場は，公表された利益のなかの期待していなかった部分にだけ反応すると考えられるからである。Foster, Olsen and Shevlin (1984) は，前年度の同一四半期の利益からの変化額を期待外利益の代理変数として用いるとき，公表後ドリフトについての明らかな証拠を発見している。しかし，期待外利益について他の指標を用いた場合には，そのようなドリフトは観察されていない。利益予想モデルとしてどれが適切かは知ることができないため，そしてそのために期待外利益が投資家の反応を測定するもっとも良い指標であるかはわからないため（セクション 5.4.3 を参照せよ），Foster, Olsen and Shevlin (1984) の結果は，公表後ドリフトの存在を支持するとも支持しないともいえないだろう。

公表後ドリフトの重要性について見ておこう。もしも公表後ドリフトが存在するならば，投資家は利益公表日にグッド・ニュースの企業の株式を購入して，バッド・ニュースの企業の株式を空売りすることによって，少なくとも取引コストとリスクを考慮する前の段階では，裁定による利益を得ることができる。しかし，すべての投資家がこのような行動をとると，グッド・ニュースの企業の株価はただちに上昇し，バッド・ニュースの企業の株価はただちに下落するだろうから，それによって公表後ドリフトは存在しなくなるはずである。

Bernard and Thomas (1989) は，この問題をさらに深く検討している。1974年から1986年までの期間の大サンプルの企業について，四半期利益における公表後ドリフトの存在を明らかにしている。実際，利益公表日において，グッド・ニュース企業の株式を購入しバッド・ニュース企業の株式を空売りし，60日間保有する戦略によって，取引コストを考慮する前の段階で，投資家は平均して市場リターンを超える18%のリターンを獲得できることを示している。

このことに対する説明は，投資家は将来利益に対する当期利益の情報内容を過小評価しているというものである。Bernard and Thomas (1989) が指摘するように，四半期利益の変化には正の相関があることが知られている。つまり，企業が前年度の同じ四半期に比べて今年度の四半期の利益が大きいというグッド・ニュースを報告したとすれば，50%を超える確率で次の四半期利益

も今年度と比べてより大きくなることが予想される。合理的な投資家はこのことを予想するはずであり，現在のグッド・ニュースに反応してその企業の株価を押し上げるのと同じように，将来の期においてグッド・ニュースになる確率が増大することによりさらに株価を高めるはずである。しかし，Bernard and Thomas (1989) の証拠は，このようなことが生じていないことを意味している。このことは，市場が情報内容を理解するには時間が必要であるか，あるいは相関の大きさを過小評価してしまうために，公表後ドリフトが生じることを示唆している (Ball and Bartov (1996) を参照)。表3.2の情報システムの用語でいえば，Bernard and Thomas (1989) の結果は，ビル・コーシャスが主対角確率を実際よりも小さく評価していることを意味している。

研究者は公表後ドリフトの疑問を解くために，継続してこの問題に取り組んでいる。たとえばBartov, Radhakrishnan and Krinsky (2000) は，市場には洗練された投資家と洗練されていない投資家が存在していることを指摘している。そして，企業の株式のより多くの部分を機関投資家が所有しているならば，公表後ドリフトは小さくなることを発見している。機関投資家が洗練された投資家の代理変数として妥当であるなら，この結果は四半期利益の情報内容を完全には理解できないといった洗練されていない投資家によって，公表後ドリフトが生じていることを意味している。また，Brown and Han (2000) は，情報環境の整っていない企業 (小企業，アナリストがほとんどフォローしていない企業，機関投資家の少ない企業) に対してのみ，公表後ドリフトが観察されることを発見している。

このような研究によって，公表後ドリフトについての理解は深まるものの，それがなぜ持続するかは完全には説明できていない。したがって，公表後ドリフトという現象は，証券市場の効率性に対する重要な挑戦であり続けるだろう。

アクルーアルに対する市場の反応 Sloan (1996) は，1962年から1991年までの年次利益の公表について，40,769の大サンプルを対象としている。そして，セクション5.4.1で示した次式によって，報告利益を営業キャッシュ・フローとアクルーアルに分けている。

$$利益 = 営業キャッシュ・フロー \pm アクルーアル$$

ここで，アクルーアルには，減価償却費と，買掛金，貸倒引当金，棚卸資産，買掛金などの非貨幣性運転資本項目の変化を含んでいる。

　Sloan (1996) は，他の条件が同じなら，同じ利益1ドルでもそれがアクルーアルではなく営業キャッシュ・フローによるときには，効率的市場はより大きく反応するはずであると主張した。その理由は，アクルーアルは反転するという会計のよく知られた基本的な特徴によるものである。つまり，利益に対する当期のアクルーアルの影響は将来の期に反転することから，将来まで考えると当期における営業キャッシュ・フロー1ドルの方がアクルーアル1ドルよりも，より来期に繰り返し生じる可能性が高い。いいかえれば，キャッシュ・フローはより持続的である。Sloan (1996) は，利益に含まれる営業キャッシュ・フローとアクルーアルの持続性を別々に測定した結果，営業キャッシュ・フローの方がアクルーアルよりも持続性が高いことを発見している。つまり，上で述べた「アクルーアルの反転」と整合的に，翌期の報告利益は，今期の利益のアクルーアルの要素よりも営業キャッシュ・フローの要素とより相関が高い。

　このことが正しいとすると，利益のグッド・ニュースやバッド・ニュースの原因が，アクルーアルよりも営業キャッシュ・フローであるときに，効率的市場はより強くそのニュースに反応することが予想される。しかし，Sloan (1996) によれば，このことを支持する証拠は得られていない。市場はグッド・ニュースやバッド・ニュースに反応するものの，キャッシュ・フローとアクルーアルという利益の構成要素まで考慮して微調整していない。実際，利益に占めるアクルーアルの割合が高いあるいは低いことを利用した投資戦略をとることによって，Sloan (1996) は市場リターンよりも高い 10.4％の年次リターンを獲得できることを示している。

　Sloan (1996) の結果は証券市場の効率性に対するさらなる問題を提起しているといえる。

効率的証券市場のアノマリーについての考察　効率的証券市場の理論を放棄することなくアノマリーを説明しようと，多くの研究が試みられてきている。1つの可能性はリスクである。異常リターンを獲得しているように思われる投資戦略が，高いベータの株式を用いているなら，裁定取引により獲得したように思われた利益は，リスクの高い株式を所有することに対する報酬をあ

らわしている[6]。アノマリーの研究者はもちろんこの可能性に気づいており，投資戦略のリスクを検証している。それらすべての研究は，得られた結果はリスクの影響によるものではないと結論づけている。しかし，このような結論に対して，後から詳しく再検討している研究者もいる。

アノマリーを説明する可能性のあるもう1つの要因は，取引コストである。裁定利益を得るための投資戦略には，投資家による時間と努力という非常に大きなコストがかかるかもしれない。それには仲介手数料のみならず，利益公表，年次報告書，市場価格を継続的に監視するコストもある。また，行動科学的なバイアスを克服し，必要な専門能力を身につけるコストもある[7]。Bernard and Thomas (1989) は，取引コストのために，公表後ドリフトを利用して投資家が利益を得るには限界があるという証拠を提示している。したがって，Bernard and Thomas (1989) の 18%という年次リターンや Sloan (1996) の 10.4%のリターンは，たんにその利益を獲得するための投資戦略のコストがそのくらい高いために，アノマリーのように見えただけかもしれない。

もしもこの議論を受け入れるなら，少なくとも取引コストの大きさまでは，証券市場の効率性はこれまで指摘してきたアノマリーと整合的であるかもしれない。いいかえれば，投資家が手に入れるほどには費用対効果がない情報については，市場は効率的ではないと予想される。

しかし，取引コストにもとづいて効率性を支持することの問題は，コストを理由としていかなるアノマリーも否定することができることである。もしもコストを理由にすべてを説明してしまうならば，それは何も説明していないことと同じである。つまり，投資戦略のコストがどれほどであるかがわからなければ，投資戦略によって獲得した利益がアノマリーかどうかはわからない。ここでの結論は，効率的証券市場のアノマリーは，証券市場がどれだ

---

[6] たとえば，企業がグッド・ニュースやバッド・ニュースを公表すれば，その企業のベータは変化するかもしれない。もしもグッド・ニュース企業はベータが上昇し，バッド・ニュース企業はベータが減少するなら，グッド・ニュース企業に対しては高いリターン，バッド・ニュース企業に対しては低いリターンとなることが予想される。なぜなら，セクション 3.4, 3.5, 3.6 で議論したように，投資家はリスクとリターンのトレードオフに直面していることから，リスクの変化に見合った報酬を要求するからである。このことにより公表後ドリフトを説明できるかもしれない。Bernard and Thomas (1989) は，利益公表後に上で述べたようにベータが変化するという証拠を提示している。しかし，この変化の大きさは，公表後ドリフトの大きさを説明するよりはずっと小さなものである。

[7] 取引コストが投資額の 5%であるとしよう。このとき，もしもグッド・ニュース企業を買ってバッド・ニュース企業を売るという戦略によって 5%のリターンを得ることができるならば，取引コストによってこの 5%は消えてしまい，投資家は投資しても意味がない。このように，見たところ収益の上がる投資戦略であっても，それはたんにその収益をあげるために必要な取引コストを反映しているだけかもしれない。

け効率的であるかについて，挑戦的な課題を提供し続けるだろうということである．

6.2.7 証券市場の非効率性が財務報告に対して意味すること

証券市場が完全に効率的ではないなら，このことにより財務報告の重要性は高まるだけである．その理由を考えるために，セクション 4.4.1 において説明した Lee (2001) が示唆しているノイズ・トレイダーの概念を拡張しよう．具体的には，ここではノイズ・トレイダーを，上で述べた行動科学的なバイアスを持つ投資家を含むものとして定義しよう．このように定義すると，ノイズはもはや期待値がゼロでないことになる．つまり，期待値で考えても，株価は本源的価値に比べて高くなったり低くなったりするかもしれない．しかし，時間が経つと，アナリストを含め合理的な投資家は，このような誤った価格づけを見つけ，それを利用して取引を行うため，価格は本源的価値に向かっていく．

財務報告が改善すれば，投資家が企業の本源的価値を予想するのに役立つことから，裁定プロセスはより速くなるだろう．また，合理的に分析するコストが減ることで，財務報告の改善は投資家の行動科学的なバイアスの大きさを低くする．したがって，証券市場の非効率性は，測定パースペクティブを支持するものである．

6.2.8 証券市場の効率性についての結論

全体として，これまでのセクションで議論した理論と証拠は，証券市場の効率性の程度について，多くの重要な課題を提起している．しかし，Fama (1998) はこのような証拠の多くを検討し，いまだ「全体像」を説明するようなものではないと結論づけている．つまり，市場の効率性と整合的でない市場行動が観察されてはいるものの，それに代わって，アノマリーとされる現象を説明するような統一的な理論は存在しない．たとえば，Fama (1998) は，情報に対する株価の過大反応は，過小反応と同じくらい観察されていることを指摘している．公表後ドリフトは，会計情報に対する過小反応を意味している一方で，Sloan (1996) のアクルーアルについてのアノマリーは，利益の中のアクルーアルの部分に対する過大反応を意味している．Fama (1998) の提起した問題を解決するのに必要なものは，いつ市場は過大反応し，いつ過小反応するかを予測することのできる理論である．

このような統一的な理論が存在しない状況は変わりつつある。Daniel, Hirshleifer and Subrahmanyam (1998) の理論モデル（セクション 6.2.1 と 6.2.3 を参照せよ）は，資本市場の厳密な経済モデルに，行動科学的な要素を組み込んでいる。そこでは，実証的によく観察されるモーメンタム，ボラティリティ，ドリフトが生じることを予測している。より最近では，Hirshleifer and Teoh (2003) は，完全に合理的な投資家と利用できる公開情報を処理する能力に限界のある投資家とが存在するモデルを提示している。ここでの能力の限界は，単なる情報内容ではなく，提示方法が投資家による情報の解釈に影響を与えるということを意味している。たとえば，経営者に付与されるストック・オプション (ESO) を費用化するか，財務諸表に注記で表示するかという問題を考えてみよう（この問題はセクション 7.3 において議論する）。Hirshleifer and Teoh (2003) のモデルは，ESO を費用化しないときには企業が過大評価されることを予想している。これは，情報処理能力に限界のある投資家は，報告利益にのみ注目し，注記に埋もれている ESO のコスト情報を無視してしまうことによって生じる。ESO を費用化すると，このような投資家は ESO がコストであることをより容易に理解することができ，見た目よりも企業の収益性が低いことを認識する。このような予測は，効率的証券市場の理論とは非常に対照的である。そこでは ESO を費用化するかどうかは，そのコストがどのようなかたちであれ公表されている限り，企業価値に影響しない。

　行動ファイナンスを支持する実証研究について，Fama (1998) はアノマリーの多くは証券リターンの測定方法によって消えるとして，分析方法を批判している。Kothari (2001) はこの問題についてより詳細に検討した結果，非効率性を示す多くの証拠は分析方法に問題があることから生じていると注意を促している。ただし，このような問題の考察と評価は，この本の範囲を超えるものとしてここでは扱っていない。

　市場の非効率性を発見したと主張する研究は，「情報通の投資家」の議論にもとづいてしばしば批判される。つまり，合理的な投資家が参入し，ただちに裁定取引を行うため，誤った価格づけは修正されると反論される。このプロセスにおいて，完全に合理的でない投資家は損をして，市場から出ていかなければならなくなるだろう。行動ファイナンスを支持する者は，このことは必ずしも成り立たないと主張する。その理由の 1 つは，合理的でリスク回避的な投資家は，非合理的な投資家の行動について確信を持てず，したがって

どの程度モーメンタムやバブルが続くかを判断できない。このような追加的なリスクの問題を考えると，合理的な投資家は誤った価格づけをされた株式を，完全に修正するようなポジションをとることを避けてしまう。また，合理的な投資家はモーメンタムによって生じた価格の上昇が続く限り，その流れに乗った投資行動をするという議論もある（セクション 6.2.4 の De Long, Shleifer, Summers and Waldmann (1990) を参照せよ）。その結果，行動ファイナンスでは,「非合理的な」行動が持続すると考える。

　バイアスを持つ投資家行動とそれによる誤った価格は，価値の評価のむずかしい企業においてもっとも顕著になる。そのような企業とは，財務諸表に載っていない巨額の無形資産を持つ企業，成長企業，内部者と外部者との情報の非対称性が大きい企業である。たとえば，Daniel and Titman (1999) は，簿価時価比率が高い企業よりも低い企業において，モーメンタムは大きくなることを発見している (セクション 6.2.1 を参照せよ)。簿価時価比率が低い企業には，成長企業や未認識の無形資産を持つ企業が含まれていると考えられる。このことは，のれんのような無形資産に対して測定パースペクティブを適用することにより，投資家のバイアスを減らし，市場の非効率性を修正することができる可能性があることを示唆している。しかし，Kothari (2001) は，情報環境が整っていない企業についての非効率性の証拠は，定義によってそのような企業のデータは信頼できないことから，とくに検証方法による問題が大きいと指摘している。

　最後に，このセクションのタイトルとは矛盾するが，証券市場が効率的であるかどうかという問いかけは，そもそも正しいものではない。そうではなく，どれだけ効率的であるかが問題なのである。たとえば第 5 章で議論した証拠は，効率性がかなり高いことを示唆している。市場が十分に効率的であるなら，効率的市場の背景にある合理的な意思決定理論は，投資家のニーズについて，会計専門家に指針を提供するだろう。会計専門家にとってより重要な問題は，測定パースペクティブがどれだけ意思決定有用性を高めることができるかであり，またそのことによって証券市場の非効率性を減らすことができるかである。たとえば，もしも行動科学的な要因によって株価が効率的な水準から乖離しているときに，測定パースペクティブはそれをもとに戻すスピードを速めるかもしれない。

　ここでの結論は，効率的証券市場モデルがいまだ有用なモデルであり，財務

報告の指針となりうるが，非効率性についての理論や証拠も測定パースペクティブを支持するほどに蓄積しているというものである。もちろん，測定パースペクティブは目的適合性を高める一方で，信頼性を損なうものではある。

6.3 測定パースペクティブを支持するその他の理由

　これまでの多くの議論は全体として，測定に注意をより払うことによって，財務報告に対する意思決定有用性を高めることができるということを示唆しているように思える。いま議論したように，証券市場はこれまで信じられていたほどには効率的ではないかもしれない。したがって，将来の企業業績を予想する際に，歴史的原価にもとづく財務諸表から入手できるもの以上に，手助けを必要としているかもしれない。また，報告利益は利益公表日前後における証券価格の変動のほんの一部しか説明しておらず，また説明できている部分は減少しているようである。このことは，歴史的原価基準による報告の目的適合性について疑問を生じさせる。

　理論的な面からは，Ohlson のクリーン・サープラス理論は，企業の市場価値を損益計算書と貸借対照表の項目によってあらわすことができることを示している。クリーン・サープラス理論は，どのような会計基準に対しても適用することはできるが，企業価値が会計の基礎的な項目に依存していることを示していることは，測定パースペクティブと整合的である。

　最後に，測定に注意をより払うことは，実務的な観点からも支持される。近年，監査人は大規模な訴訟にさらされてきた。倒産企業の純資産価値が，後から考えれば非常に過大に報告されていたようである。時価基準，上限テスト，その他の公正価値基準の技法を要求する会計基準は，この点で監査人の法的責任を減らすのに役立つかもしれない。

　以下では，これらの点をより詳細に考察していこう。

6.4 財務諸表情報の価値関連性

　第5章では，会計の実証研究において，株価が利益の情報内容に反応することが確認されていることを明らかにした。とくに，ERC 研究は，歴史的原価基準の財務諸表から企業価値についての情報を読みとるときに，市場が非常に洗練されていることを示唆している。

しかし，Lev (1989) は，図 5.2 において示しているように，経済全体に影響するイベントを考慮した後でも，利益のグッド・ニュースやバッド・ニュースに対する市場の反応は非常に小さいことを指摘している。実際，利益情報の公表日前後において，短期間の株式異常リターンの変動の 2％から 5％しか，利益自体は説明していない[8]。セクション 5.3.2 で指摘したように，説明される変動の割合は，長期でみれば少しは増加する。それにもかかわらず，株式リターンの変動の大部分は，利益変化以外の要因によるものである。このことは，財務諸表情報の**価値関連性** (value relevance) についての研究につながった。つまり，財務諸表情報が株式リターンや株価にどれだけ重要な影響を与えているかについての研究が行われた。

Lev (1989) の指摘を理解するためには，**統計的有意性** (statistical significance) と**経済的重要性** (practical significance) との違いを理解することが必要である。R^2（脚注 8 を参照）や ERC のような価値関連性を測定する統計量は，統計的な意味ではゼロと有意に異なっているものの，それは非常に小さいことがありうる。したがって，利益に対して証券市場が反応していることには確信を持つ一方で，それと同時に，その反応が思っているよりも非常に小さいことに落胆することがありえる。たとえば，利益公表日前後の 3，4 日という短期間において，平均して証券価格が 1 ドル変化するとしよう。このとき，Lev (1989) が指摘していることは，この期間の市場全体の変動を調整した後でも，この変化のうちおよそ 2 セントから 5 セントだけが利益公表によるものだということである。

実際，価値関連性は減少してきているようである。Brown, Lo and Lys (1999) は，アメリカの株式会社を用いた大サンプルの研究において，1958 年から 1996 年までの期間，R^2 は減少していると結論づけている。また，同時期の ERC の傾向についても調べている。ここで，セクション 5.4.2 で説明したように，ERC とは利益の有用性の尺度である。そして，Brown, Lo and Lys (1999) は，ERC も 1958 年から 1996 年の間に低下していることを発見している。また，Lev and Zarowin (1999) は，1978 年から 1996 年までのサンプルを用いて，R^2 と ERC について，同様の結果を得ている。ここで ERC の低下は R^2 の低下よりも重要であることに注意しよう。なぜなら，R^2 の低下は会計情報の価

---

[8] 変動の割合は，異常株式リターンを異常利益に対して回帰したときの統計量である R^2 によって測定されている。

値関連性の低下というよりは，検証期間において株価に対してその他の情報がより大きな影響を与えるようになっていることをおそらくあらわしているからである。しかし，ERC はその他の情報源の重要性とは関係しないことから，会計の価値関連性を示す直接的な尺度といえるからである。

しかし，Landsman and Maydew (2002) は，1972 年から 1988 年の四半期利益公表サンプルについて検証し，これらとは逆の結果を提示している。Landsman and Maydew (2002) は，R^2 と ERC の代わりに，利益の情報内容を異常株式リターン，より具体的には市場モデルの残差によって測定している (セクション 4.5 を参照せよ)。セクション 5.2.3 において，市場モデルの残差項は利益公表の企業固有の情報内容を測定していることを説明した。この尺度を用いて，Landsman and Maydew (2002) は，利益の情報内容が，検証期間において増加していることを発見している。

このことから，なぜ R^2 と ERC が低下しているのに，異常リターンは増加しているのかという疑問が生じる。Francis, Schipper and Vincent (2002) は，この両者の結果を整合的に解釈している。そこでは，利益公表と同時に，売上高，非経常的で一時的な項目，将来情報といったその他の情報を開示している大企業が増えていることを指摘している。したがって，R^2 や ERC で測定される利益に対する株価の反応は小さくなる一方で，異常リターンによって測定される全体としての利益公表に対する反応は，大きくなっているのである。Francis, Schipper and Vincent (2002) はこの議論と整合的な証拠を提示している。

もちろん，理想的状況を除き，利益が株式異常リターンのすべてを説明することは決して期待されるものではない。歴史的原価会計や保守主義が意味することは，利益は無形資産の価値のような経済的に重要な情報を遅れて認識するということである。価値関連的なイベントを認識するまでに，市場よりも時間がかかるというこの認識の遅れによって，R^2 は低下しているのである。

たとえ会計専門家が市場にとっての唯一の情報源であったとしても，セクション 4.4 における価格の情報提供性の議論も，そこで述べたノイズ・トレーダーや流動性トレーダーの存在を許容する必要があるとする議論も，会計情報によってすべての異常リターンの変動は説明できないことを意味している。また，ベータのようなパラメータが一定でないことや（セクション 6.2.3），非合理的な投資家によってもたらされる過剰なボラティリティによっても（セ

クション 6.2.4），説明される株価の変動は大きくなる。

それにもかかわらず，2%から5%，あるいはそれよりも減少している利益の「市場占有率」は，上で述べたような反論を考慮しても低いだろう。Lev (1989) は，この占有率の低さの原因は利益の質が下がっていることにあると考えている。そして，財務諸表に対して測定パースペクティブを導入することによって，利益の質を改善できると提案している。少なくとも，利益の価値関連性の低さは，会計専門家が財務諸表情報の有用性を改善する大きな余地が残されていることを示唆している。

6.5 Ohlson のクリーン・サープラス理論

6.5.1 企業価値をあらわす3つの公式

Ohlson のクリーン・サープラス理論 (clean surplus theory) は，貸借対照表と損益計算書の基礎的な項目にもとづいて企業の市場価値をあらわすことによって，測定パースペクティブと整合的なフレームワークを提供している。この理論は，配当の無関連性を含め，資本市場について理想的状況が成り立つことを前提としている[9]。それにもかかわらず，この理論は現実の企業価値を説明し予測するのにある程度の成功をおさめてきた。この理論についての以下の説明は Feltham and Ohlson (1995) を簡単化したものにもとづいている。クリーン・サープラス理論モデルはまた，**残余利益** (residual income) モデルとも呼ばれている。

この理論の大部分は，これまでの議論，とくに例 2.2 の不確実性下における理想的状況の下で活動している PV 社において，すでに説明されている。したがって，この時点で例 2.2 を復習すると良いだろう。このセクションでは，これまでの議論を含むかたちで PV 社の例を拡張し，利益の持続性について説明する。Feltham and Ohlson (1995) モデルは財務諸表が利用可能な任意の時点において，企業の価値を評価するために用いることができる。例示のために，例 2.2 の時点 1，つまり第 1 年度の活動終了時点において，このモデルを適用してみよう。

Feltham and Ohlson (1995) はまず，企業価値の基礎的な決定要因は配当流

---

[9] クリーン・サープラス・モデルは，特定の情報の非対称性が存在する状況についても拡張することができる。この点については，Feltham and Ohlson (1996) を参照せよ。

列であることを指摘している。例 2.2 における PV 社において，1 年目の経済状態が不況であったと仮定しよう。また，PV 社は時点 2 における配当支払いまで，一切配当を支払わないことを思い出そう。このとき，時点 1 における配当の期待現在価値は，たんに時点 2 に入手できる企業のキャッシュの期待現在価値である。

$$PA_1 = \frac{0.5}{1.10}(110 + 100) + \frac{0.5}{1.10}(110 + 200)$$
$$= 95.45 + 140.91$$
$$= 236.36$$

ここで，経済状態が不況のときには，1 期間に得られるキャッシュ・フローが 100 ドルであり，好況のときには 200 ドルであることを思い出そう。カッコの中の 110 ドルの項は時点 1 において手許にある 100 ドルのキャッシュを 2 年目まで $R_f = 0.10$ で運用したリターンである。

配当の無関連性を前提にすると，PV 社の市場価値は将来のキャッシュ・フローを用いてあらわすこともできる。ここでも時点 1 に不況が生じることを仮定すると，次のように計算できる。

$$PA_1 = 100 + \left(0.5 \times \frac{100}{1.10}\right) + \left(0.5 \times \frac{200}{1.10}\right)$$
$$= 100 + 136.36$$
$$= 236.36$$

ここで，第 1 項は時点 1 において手許にあるキャッシュである。つまり，100 ドルのキャッシュの現在価値は，そのまま 100 ドルであることを意味している。

企業の市場価値はまた，財務諸表の項目を用いてあらわすことができる。Feltham and Ohlson (1995) は，

$$PA_t = bv_t + g_t \tag{6.1}$$

が，任意の時点 t において成り立つことを示した。ここで，bv_t は貸借対照表における純資産の簿価であり，g_t は将来の異常利益の期待現在価値であり，のれん (goodwill) と呼ばれる。この関係が成立するためには，すべての利得と損失が損益計算書を経由する必要がある。なお，このことがこの理論における「クリーン・サープラス」の語源となっている。

6.5 Ohlsonのクリーン・サープラス理論

PV社の時点 $t = 1$ におけるのれんを評価するために，まず企業の残存期間（この例では1年）を確認しておこう[10]。そして，**異常利益** (abnormal earnings) は，実際の利益と期待利益の差であることを思い出そう。Feltham and Ohlson (1995) の記号にしたがって，ox_2 を2年度の利益とし，ox_2^a を2年度の異常利益としよう[11]。このとき，例2.2 では次のようになる。

もしも2年度の状態が不況なら，2年度の利益は，

$$(100 \times 0.10) + 100 - 136.36 = -26.36$$

となる。ここで，カッコ内は期首のキャッシュが生み出した利子をあらわしている。

もしも状態が好況ならば，利益は，

$$(100 \times 0.10) + 200 - 136.36 = 73.64$$

となる。これらの状態は同じ確率で生じるから，2年度の期待利益は次のようになる。

$$E[ox_2] = (0.5 \times -26.36) + (0.5 \times 73.64) = 23.64$$

2年度の期待異常利益は，ここで計算した期待利益と，期首の簿価に対する利子としての所得との差である。したがって，次のようになる。

$$E[ox_2^a] = 23.64 - (0.10 \times 236.36) = 0$$

のれんは将来異常利益の期待現在価値であるから，

$$g_1 = 0/1.10 = 0$$

となる。したがって，例2.2 における PV社は，異常利益に持続性はなく，のれんはゼロである。これは，理想的状況では，裁定によって，期首の純資産価値に対する利子としての所得しか得られないからである。このため，企業

---

[10] Feltham and Ohlson (1995) のモデルでは，企業の存続期間は無限と仮定している。
[11] "o" は "operating" の頭文字である。もしも企業が現金や有価証券のような金融資産を持っているなら，これらは無リスク利子率だけ稼ぐと仮定する。このため，金融資産は異常利益を生み出すのれんとは無関係になる。

価値は直接的に貸借対照表から読みとることができる。

$$PA_1 = 236.36 + 0$$
$$= 236.36$$

のれんがゼロであることは Feltham and Ohlson (1995) モデルの特殊ケースであり，**バイアスのない会計** (unbiased accoutning) と呼ばれる。つまり，すべての資産と負債は公正価値で評価されている。会計にバイアスがなく，異常利益が持続しないならば，企業価値はすべて貸借対照表にあらわれる。このため，例 2.2 において指摘したように，損益計算書には情報内容はない。

バイアスのない会計は測定パースペクティブの究極の姿をあらわしている。もちろん，現実的な問題として，企業はすべての資産と負債をこのように測定できない。たとえば，もしも PV 社が固定資産に歴史的原価基準を用いているなら，bv_1 には公正価値と比べて下方にバイアスが生じる。Feltham and Ohlson (1995) は，これを**バイアスのある会計**（**biased accounting**）と呼んでいる。会計がバイアスを持つなら，企業は未認識のれん g_t を持つことになる。しかし，(6.1) 式の PA_t についてのクリーン・サープラス公式は，理想的状況におけるバイアスのない会計だけでなく，いかなるバイアスを持つ会計についても成立する。このことを示ために，PV 社は固定資産に定額法の減価償却を用いており，減価償却費は 1 年度は 130.17 ドル，2 年度は 130.16 ドルになると仮定する。例 2.2 における現在価値基準の減価償却費は，123.97 ドルであることに注意しておこう。したがって，定額法の減価償却によって，1 年度の利益と 1 年度末の固定資産は，理想的状況における公正価値と比べると，下方にバイアスがかかる。以下では，引き続き 1 年度末は不況であると仮定し，1 年度末におけるのれんと企業価値を計算してみよう。

定額法の減価償却の下では，2 年度の期待利益は次のようになる。

$$E[ox_2] = (100 \times 0.10) + 0.5(100 - 130.17) + 0.5(200 - 130.16) = 29.84$$

また，2 年度の期待異常利益は次のようになる。

$$E[ox_2^a] = 29.84 - (0.10 \times 230.16) = 6.82$$

ここで 230.16 ドルは時点 1 における企業の簿価であり，100 ドルのキャッシュ

と，定額法の減価償却にもとづいて計算した固定資産の簿価 130.16 ドルの合計である。

このとき，のれんは，

$$g_1 = 6.82/1.10 = 6.20$$

となる。したがって，企業の市場価値は次のようになる。

$$PA_1 = 230.16 + 6.20$$
$$= 236.36$$

これは，バイアスのない会計のケースと同じ値になっている。

企業価値は同じだが，6.20 ドルののれんは企業の簿価には記録されていない。このことはまた，セクション 2.5.1 において議論したように歴史的原価会計の利益の認識は，実際の経済業績より遅れることを示している。ここで，1年度における歴史的原価基準の利益は 100 − 130.17 = −30.17 であり，例 2.2 における-23.97 ドルの利益よりも小さくなっている。それにもかかわらず，未認識のれんが正しく評価されるなら，最終的に計算される企業価値は正しくなる。

企業の会計方針にかかわらず，企業価値は同じになるという Feltham and Ohlson (1995) モデルの特徴には，都合の良い面と悪い面がある。良い面としては，企業価値を予想するためにモデルを用いる投資家は，企業の会計選択を気にしなくてもよいということである。もしも企業の経営者が見た目の業績を改善するために報告利益を高くしても，あるいは巨額の資産の減損処理によって利益を低くしても，モデルによって計算される企業価値は変わらない[12]。その理由は，会計方針の選択により未認識のれんが変化しても，それは簿価が逆方向に変化することにより，ちょうど相殺されるからである。しかし，悪い面としては，どのような会計方針を用いるべきかについて，何ら指針を与えていないことである。

ここで Ohlson のクリーン・サープラス理論は，測定パースペクティブを支持するということを確認しよう。PV 社の資産について公正価値会計を適用

---

[12] しかし，投資家はなぜ経営者が特定の会計方針を選択しているかについて考えるかもしれない。つまり，経営者の会計方針の選択はそれ自体，内部情報を市場に伝えるかもしれない。このとき，投資家は会計方針の選択を気にしなくてよいという主張は，完全には正しくない。この点については，第 10 章において考察する。

すれば，会計のバイアスは減少する。そうすることによって，企業価値のより多くが貸借対照表に載ることになり，したがって投資家が推定しなければならない未認識のれんの大きさは小さくなることになる。企業が公正価値会計を用いても用いなくても，理論的には簿価と未認識のれんとの合計は常に一致する。しかし，実際にはおそらく，企業の方が投資家よりも公正価値についてより正確な予測をすることができるだろう。もしそうであるなら，そしてもし推定値が十分に信頼できるものであるなら，企業価値のより多くを貸借対照表からそのまま読みとれることから，財務諸表の意思決定有用性は高まるだろう。もしも投資家が完全に合理的ではなく，情報パースペクティブにおいて想定されるよりも，企業価値を推定する際に手助けが必要であるなら，このことはとくに当てはまるだろう。

6.5.2　利益の持続性[13]

また，Feltham and Ohlson (1995) は，利益の持続性という重要な概念をこの理論に導入している。具体的には，異常利益が次の式にしたがって生じることを仮定している。

$$ox_t^a = \omega ox_{t-1}^a + v_{t-1} + \tilde{\varepsilon}_t \qquad (6.2)$$

Feltham and Ohlson (1995) は，この式を**利益動学** (earnings dynamic) と呼んでいる。$\tilde{\varepsilon}_t$ は t 期にある状態が実現したことによる異常利益への影響である。ここで，"~" は，このような影響が期首には不確実であることを意味している。例 2.2 と同じように，ある状態が実現したことによる影響は，期待値はゼロとし，またある期とその翌期とは独立であるとする。

ω は持続性のパラメータであり，$0 \leq \omega < 1$ とする。$\omega = 0$ のとき，例 2.2 と同じケースになり，異常利益は持続しない。しかし，$\omega > 0$ というのは，あり得ることだろう。しばしば，ある年度において実現する影響は，将来まで持続することがあるだろう。たとえば，例 2.2 において 1 年度に不況になれば，翌年度以降にもそれが持続する可能性が高まるだろう。このとき，ω は 1 年度の異常利益 50 ドルのうち，どのくらいが翌年度も継続して生じるかをあらわすことになる。

しかし，Feltham and Ohlson (1995) のモデルでは，$\omega < 1$ となっていること

---

[13]セクション 6.5.2 は連続性を失うことなくスキップすることができる。

に注意しておこう。つまり,ある年度の異常利益は,いつかは消えてしまう。たとえば,利子率の上昇の影響は,最終的にはなくなるだろう。より一般的には,競争圧力によって,最終的には正であれ負であれ異常利益はなくなるだろう。ただし,どのくらいの期間かかるかは,本質的には企業の事業戦略に依存するだろう。

また,持続性は,ERC の実証研究とも関係している。セクション 5.4.1 で述べたように,ERC が大きいほど,利益の持続性は高いと考えられる。以下の例 6.1 で見るように,このことは,クリーン・サープラス理論が予測することとも一致する。つまり,ω が大きいほど,損益計算書が企業価値に与える影響も大きくなる。

v_{t-1} の項は,t 年度の異常利益に影響を与える $t-1$ 年度において知られるその他の情報(異常利益以外の情報)をあらわしている。バイアスのない会計では,$v_{t-1} = 0$ である。このことを確認するために,R&D を例にして考えてみよう。R&D を公正価値で測定しているなら(バイアスのない会計),$t-1$ 年度の R&D 活動によってもたらされる価値の変化は,$t-1$ 年度の異常利益に含まれる。そして,この価値の変化のうち,ω に対応する額は t 期の利益に引き継がれる。つまり,もしも R&D を公正価値で評価するなら,R&D によって生じる将来の利益について,意味のあるその他の情報は存在しない。それはすべてその期の利益に含まれるのである。

会計がバイアスを持つなら,v_{t-1} にはより重要な役割がある。もしも,R&D コストを支出した期に費用化するなら,$t-1$ 年度の異常利益にはこの R&D 活動が生み出す将来の異常利益についての情報は含まれない。そのため,t 期の利益を予測するためには,その他の情報として,$t-1$ 年度の R&D 活動から生じる推定値を加える必要がある。つまり,このとき v_{t-1} は $t-1$ 年度の R&D 活動から生じる t 期の利益をあらわすことになる。

要約すると,利益動学は,当期の異常利益を,前年度の異常利益の ω の割合に,もし会計がバイアスを持つならその他の情報の影響を加え,さらに不確実な影響を加えたものとして,モデル化している。

最後に,この理論では,理想的状況と同じように,投資家は ε_t のとりうる値の範囲とその確率を知っていると仮定していることに注意しておこう。また,投資家は ω も知っていると仮定している。もしもこのような仮定をゆるめれば,合理的な投資家は ε_t と ω についての情報を欲し,ベイズの定理を用

いて主観確率を改訂しようとするだろう。したがって，このモデルは，第3章で説明した意思決定理論の役割と対立するものではない。

例 6.1. [不確実性下における現在価値モデルと持続性]

ここでは例 2.2 を拡張して，持続性について説明しよう。ここでも，例 2.2 の仮定をすべておき，さらに $\omega = 0.40$ と仮定する。理想的状況では，バイアスのない会計となるので，$v_{t-1} = 0$ である。1 年度の異常利益は，不況か好況かによって，-50 ドルか 50 ドルであったことを思い出そう。このとき，1 年度の異常利益の 40% が持続し，2 年度の利益に影響することになる。

まず初めに，PV 社の固定資産の減価償却ルールから考えよう。ここでは，時点 0 において，資産の現在価値がどのように減少するかについての予測にもとづいて決まるものとする。したがって，例 2.2 における減価償却スケジュールと等しくなる。

$$
\begin{aligned}
&1\text{年度の減価償却費} = 260.33 - 136.36 = 123.97 \\
&2\text{年度の減価償却費} = 136.36 - 0 = \underline{136.36} \\
&\phantom{2\text{年度の減価償却費} = 136.36 - 0 = }\underline{260.33}
\end{aligned}
$$

いま，1 年度の経済状態が不況であるとしよう（同様の分析が好況のときにも適用できる）。このとき，PV 社の 1 期における市場価値を求めよう。まず，期待将来配当にもとづく公式から考えよう。

$$
\begin{aligned}
PA_1 &= \frac{0.5}{1.10}[110 - (0.40 \times 50) + 100] + \frac{0.5}{1.10}[110 - (0.40 \times 50) + 200] \\
&= \left(\frac{0.5}{1.10} \times 190\right) + \left(\frac{0.5}{1.10} \times 290\right) \\
&= 86.36 + 131.82 \\
&= 218.18
\end{aligned}
$$

ここで，持続性が影響していることがわかる。つまり，1 年度の異常利益の 40% が持続しており，2 年度のキャッシュ・フローを減少させている。この点を除けば，例 2.2 とまったく同じである。不況のときの持続性の影響により，時点 1 における企業価値は，236.36 − 218.18 = 18.18 ドルだけ小さくなっている。これは減少した将来キャッシュ・フロー 20 ドルの現在価値である。

いま，配当の公式ではなく，企業価値に対するクリーン・サープラス公式

である (6.1) 式を用いてみよう。Feltham and Ohlson (1995) は，(6.2) 式の利益動学を用いて，のれん g_t が今年度の異常利益によってあらわされることを示した。つまり，市場価値は次のようになる。

$$PA_t = bv_t + (\alpha \times ox_t^a) \tag{6.3}$$

ここで，$\alpha = \omega/(1+R_f)$ は，資本化係数である[14]。先に指摘したように，持続性のパラメータ ω が大きければ，当期の利益情報が株価 PA_t に与える影響は大きくなる。この例では，$t=1$ のとき次のようになる。

手許のキャッシュ	= 100.00
減価償却スケジュールを前提にした資産簿価 = 260.33 - 123.97	=136.36
bv_t	=236.36

このとき，

$$PA_t = bv_t + (\alpha \times ox_t^a)$$
$$= 236.36 + \left(\frac{0.40}{1.10} \times -50\right)$$
$$= 236.36 - 18.18$$
$$= 218.18$$

となり，期待将来配当にもとづく市場価値と一致する。

持続性のある Feltham and Ohlson (1995) モデルは，2 つのことを示唆している。1 つは，理想的状況においても，すべての活動は貸借対照表上にあらわれないということである。また，損益計算書は，当年度の異常利益をあらわし，この例ではその 40%が翌期に持続していくため重要となる。このように，この例では異常利益が 40%の持続性を持つとみなすことができる。

もう 1 つは，(6.2) 式の公式が意味することは，投資家は利益の持続性を評価するために役立つ情報を要求するということである。なぜなら，このような情報は，企業の将来業績にとって重要だからである。セクション 5.5 の異常項目における議論では，会計専門家は持続性の低い項目を適切に分類す

---

[14] ここでの α は，Feltham and Ohlson (1995) とは少し異なっている。Feltham and Ohlson (1995) は，企業が無限に存続することを仮定しているが，ここでは PV 社は 2 年間存続すると仮定している。

ことによって，このような点で役立つことができることを示した。また，この公式は，セクション 5.4.1 で説明した持続性の ERC への影響と整合的である。そこでは，持続性が大きいほど当期利益に対する投資家の反応が大きくなるという証拠について説明した[15]。

6.5.3 企業価値を推定する

Feltham and Ohlson (1995) モデルは，企業の株式価値を推定するために用いることができる。そして，この値を実際の市場価値と比較し，市場が過大評価や過小評価をしていていないかを発見し，投資意思決定に役立てることができる。次の例は，カナディアン・タイヤにこのモデルを適用したものである。この例で用いる方法は，Lee (1996) が説明している手続きにもとづいている。

---

[15] 持続性のパラメータ ω は，Ramakrishnan and Thomas (1998)（セクション 5.4.1）によって分類されたように，3 種類の利益についてのイベントと関係している。つまり，永続的，一時的，株価に無関連なイベントであり，それぞれの ERC は $(1+R_f)/R_f$, 1, 0 である。まず，Feltham and Ohlson (1995) の記号での bv_t が 1 ドル増える。これに加えて，このうち ω だけ翌年に持続し，また ω^2 だけ 2 年後に持続し，というように影響する。したがって，R_f を割引率としたとき，t 年における異常利益 1 ドルの PA_t への影響，つまり ERC は，次のようになる。

$$ERC = 1 + \frac{\omega}{1+R_f} + \frac{\omega^2}{(1+R_f)^2} + \frac{\omega^3}{(1+R_f)^3} + \cdots$$

$$= \frac{1+R_f}{1+R_f-\omega}$$

Ramakrishnan and Thomas (1998) では，永続的異常利益の ERC は $(1+R_f)/R_f$ となる。ω を用いてこの ERC をあらわすと，次のようになる。

$$\frac{1+R_f}{1+R_f-\omega} = \frac{1+R_f}{R_f}$$

この式から $\omega = 1$ となる。これは (6.2) 式における利益動学における ω の値の範囲ではないことに注意しよう。つまり，存続期間が無限大のとき，Feltham and Ohlson (1995) モデルでは，永続利益を定義できない。

Ramakrishnan and Thomas (1998) における一時的異常利益では，ERC は 1 となる。したがって，

$$\frac{1+R_f}{1+R_f-\omega} = 1$$

となる。つまり，一時的利益のとき，ω はゼロとなる。

株価に無関連の利益では，ERC は 0 となる。したがって，

$$\frac{1+R_f}{1+R_f-\omega} = 0$$

となる。これは，$\omega \to \pm\infty$ のとき，その極限において成り立つ。これはまた，ω の値の範囲ではないから，Feltham and Ohlson (1995) モデルでは，株価に無関連の利益を定義できない。

例 6.2. [カナディアン・タイヤの普通株式価値の推定]

カナディアン・タイヤの 2003 年度の年次報告書では（ここでは示さないが），2003 年の利益 (NI_{2003}) は少数株主損益を加減する前の段階で，255.3 ドルであった（ドルはすべて 100 万ドルを意味する）。また，2002 年 12 月 28 日の簿価は 1,806.9 ドルであり，2003 年 12 月 31 日の簿価は 2,033.3 ドルであった（いずれも少数株主持分を含んでいる）。

カナディアン・タイヤの 2003 年の期首株主資本に対する収益率 (ROE_{2003}) は 0.14 であった。少し恣意的であるが，この収益率は以後 7 年間継続し，その後はカナディアン・タイヤの資本コストと等しくなると仮定する。なお，この仮定については，後ほど簡単に議論する。

2003 年に支払われた配当総額は 32.5 ドルであり，したがって配当性向は 32.5/255.3 = 0.13 と計算できる。この配当性向も以後 7 年間一定であると仮定する。

カナディアン・タイヤの株主資本コストを推定するために，CAPM（セクション 4.5）を用いる。

$$E(R_{jt}) = R_f(1 - \beta_j) + \beta_j E(R_{Mt})$$

ここで，企業 j はカナディアン・タイヤ，t は 2004 年 3 月である。つまり，カナディアン・タイヤの 2003 年度の年次報告書が，2004 年 3 月には市場に知られていると仮定している。したがって，$E(R_{jt})$ は，その時点においてカナディアン・タイヤに対して市場が要求する収益率，つまり資本コストをあらわしている。無リスク利子率を年間 $R_f = 0.0425$ とする。これは 2004 年 3 月における銀行の貸出金利である。この利子率に対して，市場リスク・プレミアム 4%[16]を加え，市場ポートフォリオの年間期待収益率を 0.0825 と推定する。ベータを推定するために，セクション 3.7 における公式を用いる。

$$\beta = \frac{\text{Cov}(j, M)}{\text{Var}(M)} = \frac{0.00208}{0.00169} = 1.23$$

---

[16]市場リスクプレミアムは無リスク利子率を超えるリターンである。それは投資家が市場ポートフォリオのシステマティック・リスクを負担することに対する代償に要求するものである。この 4%というプレミアムの推定値は，Palepu, Healy, and Bernard (2000, pp. 13-19) から採用したものである。

[17]カナディアン・タイヤのベータを公開している無料のウェブサイトを見つけることができなかった。このため，与えられた公式にもとづいてベータを計算した。具体的には，2004 年 3 月におけるカナディアン・タイヤの日次リターンのデータと S&P/TSX 300 インデックスから，Cov(j, M) と Var(M) を計算した（データの数は 22 であった）。

ここで，Cov(j, M) と Var(M) は，カナディアン・タイヤのリターンのデータ[17]，および 2004 年 3 月における S&P/TSX 300 インデックスを用いて推定した。このとき，株主資本コストの推定値は，次のようになる。

$$E(R_{jt}) = 0.0425(1 - 1.23) + 1.23 \times 0.0825$$
$$= 0.09$$

ここでは，この 9% の資本コストは一定であると仮定する。

次に，カナディアン・タイヤの未認識のれんを評価しよう。すでに述べたように，のれんは期待将来異常利益の現在価値であり，ここでは 2003 年 12 月から 7 年間推定することにする。まず，クリーン・サープラス関係によって，年度末の簿価を予測する。

$$bv_{2004} = bv_{2003} + NI_{2004} - d_{2004}$$

ここで，d は配当である。k を配当性向とし，$d_t = kNI_t$ という関係を用いると，2004 年度末の簿価は次のように計算できる。

$$bv_{2004} = bv_{2003} + (1 - k)NI_{2004}$$
$$= bv_{2003}[1 + (1 - k)ROE]$$
$$= 2,033.3[1 + 0.87 \times 0.14]$$
$$= 2,033.3 \times 1.12$$
$$= 2,277$$

2005 年末以降の簿価についても，同じように計算すると次のようになる。

$$bv_{2005} = 2,550$$
$$bv_{2006} = 2,856$$
$$bv_{2007} = 3,199$$
$$bv_{2008} = 3,583$$
$$bv_{2009} = 4,013$$

異常利益は，実際の利益と，利子としての所得との差として定義される。利子としての所得は，資本コストに期首の簿価をかけたものである。また，あ

る年度の実際の利益は，ROE に期首の簿価をかけることによって予測できる。したがって，2004 年度の期待異常利益は次のように計算できる。

$$ox^a_{2004} = [ROE - E(R_j)]bv_{2003}$$
$$= (0.14 - 0.09)2{,}033.3$$
$$= 0.05 \times 2{,}033.3$$
$$= 102$$

2005 年度以降の異常利益も，同じように計算すると次のようになる。

$$ox^a_{2005} = 114$$
$$ox^a_{2006} = 128$$
$$ox^a_{2007} = 143$$
$$ox^a_{2008} = 160$$
$$ox^a_{2009} = 179$$
$$ox^a_{2010} = 201$$

2003 年 12 月 31 日時点におけるこれらの異常利益の現在価値，つまりのれんは，カナディアン・タイヤの資本コストを用いて割り引けば，次のようになる。

$$g_{2003} = \frac{102}{1.09} + \frac{114}{1.09^2} + \frac{128}{1.09^3} + \frac{143}{1.09^4} + \frac{160}{1.09^5} + \frac{179}{1.09^6} + \frac{201}{1.09^7}$$
$$= 710$$

最後に，2003 年 12 月 31 日の簿価 bv_{2003} を加える。

$$PA_{2003} = \quad\quad 2{,}033.3 + 710$$
$$= \quad\quad 2{,}743.3$$

カナディアン・タイヤの発行済株式数は，2003 年 12 月 31 日時点において，80.605607 百万株であるので[18]，1 株当たりの価値は 34.03 ドルと推定される。

---

[18]カナディアン・タイヤは，議決権ありと議決権なしの 2 種類の普通株式を発行している。このうちのほとんどは，議決権なしの株式であった。この例では，両方とも含んでいる。

一方，カナディアン・タイヤの実際の株価は，2004年3月末において，58ドルであり，推定値よりもかなり大きい。無リスク利子率の推定値や，配当性向，資本コストを調整することは可能だが，これらの推定値の合理的な範囲での変更は，計算結果にそれほど大きな影響は与えないだろう。

このため，例6.2における推定値と実際の株価との差は非常に大きいように思える。1つの可能性は，カナディアン・タイヤの株式は，セクション6.2.1で説明したモーメンタム現象の影響を受けているというものである。しかし，2004年3月は，全般的に株価はその直前の2年間の底値から回復しているものの，カナディアン・タイヤの回復は，モーメンタム現象が予想する水準までには達していないかもしれない。

もう1つの可能性は，利益予想において用いたROEについてである。この例では，カナディアン・タイヤのROEが0.14で一定であると仮定した。もしかすると市場はROEが増加すると予想していたかもしれない。つまり，この推定値は，入手可能なすべての情報を完全には織り込んでいなかったかもしれない。Dechow, Hutton and Sloan (1999) は，1976年から1995年までのアメリカ企業の大サンプルを用いて，その他の情報を含まないFeltham and Ohlson (1995) モデルによって推定すると，企業価値は非常に小さくなると報告している。この可能性をもう少し考えるために，カナディアン・タイヤについてのアナリストの利益予想を見てみよう。ここでの推定では，2003年の財務諸表の情報だけを用いたが，アナリストは関連するより多くの情報を用いることができる。2004年6月12日におけるグローブ・インベスター (Globeinvestor.com) によれば，カナディアン・タイヤの1株当たり利益は3.06ドルであり，アナリストの1株当たり利益予想の平均は，2004年では3.29ドル，2005年では3.74ドルであった。これらの予想は，年次利益がそれぞれ7.5%，14%増加し，2年間では22%増加することを意味している。この値は，ここでの分析で暗黙のうちに仮定していた年間成長率（$ROE \times (1-k)$）の約12%，あるいは2年間で約25%という値と似たものである。したがって，ここでのROEの推定値は，アナリスト予想とほぼ整合的であるように思われる。

また，利益についての他の問題として，認識の遅れがある。たとえば，R&Dを行っている企業の報告利益や純資産価値は，株式価値と比べて下方にバイアスがかかる。なぜなら，市場はR&Dを期待値で評価しバイアスを修正するからである。つまり，R&Dによって将来の利益が増加するなら，R&Dコ

ストの全部または一部を報告利益に足し戻すことによって，ROE の予想を高くしようとするかもしれない。このことによって，ここでの株式価値の推定値は高くなるかもしれない。しかし，実際問題として，R&D の将来価値を推定することはむずかしい。なお，カナディアン・タイヤのケースでは，足し戻す R&D はほとんど存在していない。

また，違いが生じる他の可能性として，異常利益の持続性がある。ここでは，カナディアン・タイヤの異常利益について，7 年間は 0.05(= 0.14 − 0.09) であり，その後はゼロになると仮定していた。つまり，当期の異常利益は 7 年間は完全に持続し，その後はただちにゼロになると仮定した。しかし，持続性について，異なる仮定がもっともらしいかもしれない。カナディアン・タイヤは，安定した産業の定評ある企業だから，異常利益はおそらくもっと長く持続するだろう。もしも持続する期間がより長いなら，この例における市場価値の推定値は大きくなるだろう。たとえば，他の仮定は変えずに，ROE が 14%で 14 年または 21 年持続すると仮定すると，推定価値はそれぞれ 44.68 ドルまたは 57.54 ドルになる。しかし，このように仮定してよいかは明らかでない。たとえ定評のある企業であっても，競争圧力によって長期的には異常利益はなくなってしまうだろう。Dechow, Hutton and Sloan (1999) は，この可能性を支持しており，投資家は将来の異常利益がどれだけ減少していくかについて，完全には予想できていないという証拠を提示している。

要約すると，市場価値が推定値よりも大きくなることに対するもっとも説得力がある説明は，異常利益の持続性がここで仮定した 7 年よりもかなり長いと市場は予想しているというものである。

推定した株式価値と実際の株価とは一致していないものの，Feltham and Ohlson (1995) モデルは投資家の意思決定に有用な可能性がある。このことを考えるために，同じような分析を，別の企業 X に対して行ったと仮定しよう。そしてこの企業 X の株式価値を 25 ドルと推定したとしよう。もしも両方の企業が 58 ドルで取引されているとすれば，いずれの企業に先に投資しようとするだろうか。このとき，推定された株式価値が 34.03 ドルであるカナディアン・タイヤを選択するのが良いだろう。なぜなら，実際の株価に対する推定価値の比率がより高くなっているからである。つまり，実際の株価が，簿価と期待異常利益によって，「説明されている」からである。この点について，

Frankel and Lee (1998) は，例 6.2 の方法を 1977 年から 1992 年までのアメリカ企業の大サンプルに適用して，推定した市場価値の実際の株価に対する比率が，2，3 年先の将来の株式リターンについての優れた指標となることを発見している。したがって，Frankel and Lee (1998) の結果は，2003 年以降，カナディアン・タイヤの株式リターンが企業 X よりも大きくなることを示唆している。

カナディアン・タイヤの株価を推定するここでの方法はもっともらしいと考えているが，市場は利益予想についてここで仮定したよりも，かなり高い期待をしているようである。次に，クリーン・サープラス・モデルを用いることによって，利益と株価をどの程度，予測できるかについての実証研究を検討しよう。

6.5.4 クリーン・サープラス・モデルについての実証研究

クリーン・サープラス理論は，多くの実証研究を生み出した。このような研究の中には，配当，キャッシュ・フロー，残余利益にもとづくそれぞれのモデルについて，その相対的な予測能力を比較している一連の研究がある。セクション 6.5.1 において述べたように，理想的状況では，これら 3 つのモデルはすべて同じ価値評価になる。しかし，理想的状況が成り立たないときには，もっとも優れた予想を与えるモデルがどれなのかは，実証の問題である。たとえば，しばしば議論されるように，クリーン・サープラス・モデルには，貸借対照表の情報を用いている結果，異常利益あるいは残余利益だけを予想すればよいという利点がある。一方，キャッシュ・フローと配当にもとづくモデルでは，それらの流列の全体を予測しなければならない。したがって，クリーン・サープラス・モデルは予測するものがより少なく，誤差も小さくなる。あるいは，クリーン・サープラス・モデルはキャッシュ・フロー・モデルよりも便利であるといわれることがある。なぜなら，このモデルはすでに利用可能な財務諸表情報を用いており，発生主義会計にもとづく報告書からキャッシュ・フローを逆算する必要がないからである。

これら 3 つのすべてのモデルにおいて，適用する際に生じる主要な問題は，予測期間の選択と，もしするならその予測期間を超えた流列の価値（残余価値と呼ばれる）についての評価である。カナディアン・タイヤの推定の例では，予測期間は 7 年間であり，競争圧力によって予測期間の先は異常利益は

生じないと予想したことから，残余価値はゼロとしていた。もちろん，残余価値をゼロとするこの仮定は，かなり恣意的である。おそらくより良い（しかしなお恣意的な）仮定は，カナディアン・タイヤの異常利益はゼロにはならず，7年後から減少していくというものである。このとき，残余価値はゼロよりも大きくなり，したがって推定される価値も大きくなる。

　これと代替的な仮定は，アナリストの長期予測にもとづいて残余価値を求める方法である。この点について，Courteau, Kao and Richardson (2001) は，1992年から1996年までのアメリカ企業をサンプルとして，アナリストの利益予想と5年間の予測期間を用いて，3つのモデルの相対的な予測能力を比較している。Courteau, Kao and Richardson (2001) は，ここでのカナディアン・タイヤのケースで用いたような残余価値に対する恣意的な仮定が，株式価値をかなり過小に評価することを明らかにしている。そして，残余価値をアナリストの長期予想にもとづいて推定すると，予測はかなり正確になることを示している。さらにこのとき，予測能力について，3つのモデルは理論が予想するように，同じような結果をもたらすことを発見している。

　クリーン・サープラスについての2つめのタイプの実証研究は，将来利益の予想についての研究である。これは，将来利益がのれんを推定する際の主要なインプットとなるからである。具体的には，このような研究では，その他の情報を用いることによって，利益予測や株式価値予測が改善できるかを検証している。これは情報パースペクティブの研究と比べると，その重点が大きく異なることを意味している。なぜなら，情報パースペクティブでは，財務諸表情報と株式リターンの関係を研究していたからである。この違いを強調する例として，Abarbanell and Bushee (1997) の研究を取り上げよう。Lev and Thiagarajan (1993)（セクション5.7）で用いられたアプローチを拡張して，Abarbanell and Bushee (1997) は，当期の財務諸表に含まれる「ファンダメンタルな指標」，たとえば売上，売掛金，棚卸資産，売上利益率，資本支出の変化のような指標によって，翌年の利益変化の予測を改善できることを示している。そして，利益予測をする際にアナリストはファンダメンタルな指標を十分に利用できておらず，したがって財務諸表に潜在的に含まれているすべての情報に注意を払うことによって，利益予想を改善することができることを指摘している。また，Myers (1999) は，利益動学におけるその他の情報として受注量を調べているが，クリーン・サープラス・モデルが持つ企業価値

を過小に評価するという傾向は取り除くことはできないと報告している。さらに，Begley and Feltham (2002) は，アナリスト予想と当期の資本支出をその他の情報としている。そこでは，これらの変数が，未認識のれんの予想を大幅に改善することを発見している。これらの結果は全体として，当期利益に含まれる情報を超えて財務諸表の情報を用いることが，利益予想や株価予想を改善するために非常に有効であることを示唆している。

最後に，この理論のもう1つの利用方法として，資本コストの推定がある。例 6.2 において，株価，簿価，期待将来利益，無リスク利子率，資本コストという5つのうちの4つの変数を用いれば，原則として他のもう1つは求めることができる。したがって，クリーン・サープラス・モデルは，資本コストを推定するための CAPM に代わる手法を提供している。

6.5.5 要約

クリーン・サープラス理論は，財務会計の理論と研究に大きな影響を与えた。企業価値が配当やキャッシュ・フローと同じように，財務諸表の情報を用いてもあらわすことができることを示すことによって，利益予想に研究の焦点がより当てられるようになった。この種の研究の多くは，どのように現在の財務諸表を用いて予想を改善することができるかを探求している。より正確な利益予想を行うことができれば，未認識のれんをより正確に推定することができ，企業価値の予想も正確になり，したがって投資意思決定も改善されるからである。

この理論はまた，測定パースペクティブへと導くものである。なぜなら，貸借対照表に公正価値を取り入れるほど，企業価値のうちの未認識のれんの割合が小さくなるため，投資家は企業価値の複雑な要素であるのれんを誤って予想する可能性が減るからである。そして，このことは，もしも証券市場がこれまで信じられていたほどには完全に効率的でないなら，投資家の意思決定を改善し，証券市場を適切に機能させることに役立つだろう。

6.6 監査人の法的責任

しかし，おそらく測定パースペクティブが強く支持されるようになったのは，大企業の大規模な破綻に反応してのことである。アメリカでは，このような事件が数多く生じた。1980年代前半には，多くの金融機関，とくに貯蓄

貸付組合が破綻した[19]。これらの破綻は，エンロンやワールドコムの財務報告についての大事件よりも昔のできごとであるが（セクション 1.2 を参照せよ），測定パースペクティブへと推し進める圧力となったことから，今なお重要である。

典型的には，貯蓄貸付組合の破綻では，監査済みの貸借対照表の純資産の過大報告，そしてその結果としての利益の過大報告があった。監査人はしばしば，経営陣から大きな圧力を受け，GAAP を歪めたり「拡張したり」した。このことによって，法的に要求される資本の水準や利益目標，そしてアナリスト予想などを満たしていた。実際，そのような拡大解釈は，貯蓄貸付組合が破綻した主な要因であった。しかし，そのような圧力を受けたことにより，非常に大きな法的責任につながった。たとえば，ウォール・ストリート・ジャーナル（1994 年 3 月 11 日の p. A2）は，監査法人であったデロイト・トウシュに対する訴訟の損害賠償請求は総額 18.5 億ドルにのぼることを報じている。この賠償額は，後から考えると当時すでに破綻していた貯蓄貸付組合に対して，適正な監査意見を表明していたことから生じたものだった。そして，これらの訴訟による和解金の支払い額は，300 万ドルを超えたとされている。訴訟額よりは大幅に少ないものの，この額は貯蓄貸付組合についてのものでは 2 番目に大きな賠償額だった（もっとも大きかったのは，同様の問題についてのアーンスト・アンド・ヤングに対する 4 億ドルの賠償額だった）。

どのようにして監査人はこのような圧力や，潜在的な法的責任から身を守ることができるだろうか。もちろん，倫理的な行動をとることが 1 つの対応である。つまり，GAAP を拡大解釈するような経営陣の不適切な圧力に屈しないことによって，会計・監査の専門的職業に対する長期的な信頼が得られることを認識することである。

しかし，倫理的行動は保守主義会計によっても強めることができる。セクション 1.2 で指摘したように，歴史的原価会計は，公正価値にもとづく利得を認識することなく損失についてはより積極的に認識する点で，保守主義的な要素を含むものである。すでに述べたように，棚卸資産に対する低価基準は長く続いている保守主義会計の 1 つの例である。

しかし，棚卸資産に対する低価基準があるにもかかわらず，GAAP は貯蓄

---

[19] 1980 年代の貯蓄貸付組合の議論については，より詳しくは Zeff (2003, pp. 272-273)，およびそこでの参考文献を参照せよ。

貸付組合の破綻時点では，多くの種類の資産や負債について，企業が満期まで保有する予定なら，公正価値の減少を認識することは要求していなかった。一部の長期投資，固定資産，無形資産，長期負債などがその例である。このような項目を原価，あるいは償却原価のままにしておくことが，歴史的原価会計における継続企業の仮定から正当化された。しかし，上で述べたように，純資産の過大評価は，この貯蓄貸付組合の破綻以降，財務報告における主要な批判対象となった。

低価基準の適用範囲を拡大することを含め，保守主義会計を強化することが必要だと考えられた。基準設定機関は貯蓄貸付組合の問題以降，固定資産やのれんに対する**上限テスト** (ceiling test) を含め，この種の多くの基準を施行した。この上限テストは部分的には，測定パースペクティブを適用したものである。このテストでは監査人にこれらの資産の公正価値を測定することを要求している。もしも，公正価値が簿価よりも大きければ，何の修正も行わない。しかし，もしも公正価値が簿価を下まわれば，簿価は切り下げられる。おそらく，このような切り下げがGAAPによって要求されたという事実は，純資産を過大に報告したいという経営陣の圧力に監査人が対抗するのに役立つだろう。さらに，監査人は上限テストによって，財務諸表上で倒産，合併，合理化，環境責任などにつながる純資産の減少を適切に予測していることを指摘することによって，法的責任にさらさせることを減らすことができるだろう。もちろん，公正価値の決定は推定や判断をより多く必要とするが，法的責任を考慮することは，目的適合性と信頼性のトレードオフを目的適合性重視の方向に動かしたのかもしれない。

Basu (1997) は，アメリカにおける保守主義について研究している。Basu (1997) は，財務報告における保守主義の強さを，利益と株式リターンの相関によって測定している。そこで議論しているように，効率的証券市場は業績が良い企業の株価を高め，業績が悪い企業の株価を低める。保守主義会計の下では，業績が良い企業の利益には，それを特徴づける未実現の資産の増加は含まれない。しかし，業績の悪い企業の利益には，資産価値の減少が含まれる。したがって，株式リターンと利益の相関は，業績の良い企業よりも，業績の悪い企業について高くなる。つまり，Basu (1997) が指摘しているように，利益は良い業績よりも悪い業績をよりタイムリーに認識する。したがって，これらの2つの相関の違いは，保守主義会計の証拠と考えることができ

る。Basu (1997) は，1963 年から 1990 年までの大サンプルにおいて，このような仮説と整合的に，良い業績よりも悪い業績の企業の方が相関が高いことを発見している。

また，Basu (1997) は，この測定方法を用いて，1983 年から 1990 年の期間についてより詳しく検証している。この期間は，監査人に対する法的責任が大きくなった期間であり，大雑把にいえば上で述べた貯蓄貸付組合の破綻の影響がある期間に対応している。そして，それ以前の法的責任が大きくなかった期間よりもこの期間において，保守主義が強くなっていることを発見している。このことは基準設定機関が上で述べた上限テストの基準のような保守主義を高めることによって，監査人の法的責任の問題に対応したことを示唆している。このような法的責任，あるいは保守主義に対する規制にもとづく説明については，より詳しくは Watts (2003a,b) を参照して欲しい。

保守主義に対するこのような説明は，第 3 章の意思決定理論によっても支持される。この点を確認するために，次の例を考えてみよう。

例 6.3. [投資家の損失の非対称性]

合理的な投資家であるビル・コーシャスは，X 社の株式に 10,000 ドルの投資を行っている。ビルはこの投資によって，これから 2 年間生活する計画をたてている。その後は，卒業し給料の良い仕事に就く予定である。このため，現時点では，2 年より先の計画には関心がない。ビルの目標は，この 2 年間の総効用を最大にすることである。単純化のために，X 社はこの 2 年間，配当を支払わないと仮定する。ビルはリスク回避的であり，各年の効用はその年の消費額の平方根に等しい。

このとき，ビルの総効用がもっとも大きくなるのは，毎年，同じだけ消費をしたときであることは簡単にわかる。つまり，いま株式のうち 5,000 ドルだけ売却して消費し，翌年度の初めに残りの 5,000 ドルを売却して消費する

---

[20]このことを示すために，2 年とも同じだけ消費することによる効用を計算すると，次のようになる。

$$\sqrt{5,000} + \sqrt{5,000} = 70.71 + 70.71 = 141.42$$

このとき，他の任意の消費計画は効用が低くなる。たとえば，1 年目に 4,500 ドル，2 年目に 5,500 ドル消費したときには，効用は次のように計算される。

$$\sqrt{4,500} + \sqrt{5,500} = 67.08 + 74.16 = 141.26$$

なお，簡単化のために，ビルは消費のタイミングについては無差別であると仮定している。つまり，1 年目に 1 ドル消費するのと，2 年目に 1 ドル消費するのは同じと仮定している。

ことである[20]。

　しかし、X社の監査人の誤りによって、期首の富が誤って報告されていたことに、ビルは1年目の期末に気づいたと仮定しよう。X社は1年目の期首に2,000ドルの評価減を認識すべきであったが、1年目の期末まで認識していなかった。つまり、監査人は過大報告しており、このためビルの株式は期首において2,000ドルだけ過大評価されていた。したがって、1年目の期首におけるビルの富は8,000ドルであり、4,000ドルだけをその年に消費すべきであったことがわかった。しかし、ビルはすでに株式のうち5,000ドルを消費してしまったので、2年目には3,000ドルしか残されていない。

　いま、ビルの2年間の効用を1年目の期末において評価してみよう。

$$EU^a(過大報告) = \sqrt{5,000} + \sqrt{3,000}$$
$$= 70.71 + 54.77$$
$$= 125.48$$

ここで、EU^a はビルの実際の効用であり、すでに消費した5,000ドルに対する効用に、残りの資産を翌年に消費する効用を足したものになっている。

　もし1年目の期首において、8,000ドルしか財産がないことを知っていれば、ビルは毎年4,000ドルの消費を計画しただろう。このとき、ビルの期待効用は次のようになっていただろう。

$$EU^a(過大報告) = \sqrt{4,000} + \sqrt{4,000}$$
$$= 63.24 + 63.25$$
$$= 126.49$$

　したがって、ビルは監査人の過大報告によって、126.49 – 125.48 = 1.01 だけ効用を失ったことになる。

　いまかりに監査人が2,000ドルだけ過小報告していたと仮定してみよう。つまり、ビルは1年目の期末の財産は12,000ドルであり、1年目に6,000ドルの消費をすべきであったことに気づいたとしよう。このとき、2年間の実際の効用は次のようになる。

$$EU^a(\text{過小報告}) = \sqrt{5,000} + \sqrt{7,000}$$
$$= 70.71 + 83.67$$
$$= 154.38$$

一方，ビルが12,000ドルの財産があると知っていたときには次のようになる。

$$EU^a(\text{過小報告}) = \sqrt{6,000} + \sqrt{6,000}$$
$$= 77.46 + 77.46$$
$$= 154.92$$

したがって，ビルは監査人の過小報告によって，154.92 − 154.38 = 0.54 だけ効用を失ったことがわかる。もともと考えていた財産よりも2,000ドルだけ高いことを知った場合でも，ビルは監査人の誤った報告により効用を失うことに注意しておこう。これは，全期間にわたる最適な消費計画をたてる機会を失ったことによる損失である。

この例の重要な点は，いずれの場合でも監査人の誤りは2,000ドルだが，過大報告によるビルの効用の損失は，同額の過小報告による損失の約2倍になっていることである。つまり，ビルはいずれのケースでも損をするが，過大報告のときにより大きい。その結果，監査人は過大報告のときの方が訴えられる可能性が高いことになる。なお，この非対称性を数理的にモデル化した研究については，Scott (1975) を参照して欲しい。

このような損失の非対称性を考えると，監査人は保守的に反応することになる。資産を公正価値に切り上げることはせず，切り下げだけ行う処理は，過大報告をする確率を減少させ，過小報告をする確率を増加させる。このことは，投資家が財産の過大報告により損をする可能性を減らすため，保守主義会計は訴訟確率を減少させることを意味する。したがって，投資家による訴訟が減ることを望む基準設定機関は，新しい会計基準に保守主義を導入することを促進するだろう。Barron, Pratt and Stice (2001) は，監査人が過小報告の誤りよりも過大報告の誤りをより避けたいとする実験的証拠を報告している。

このような効果は，リスク回避的な投資家の効用関数の凹性から生じてい

る。そして，このことは訴訟や規制の視点からの保守主義に対する説明，および Basu (1997) によって記述されている保守主義の高まりといったことの背景となっている。

　要約すると，会計専門家と監査人が倫理的な行動をとることを促進し，法的責任から自分自身を守るための方法の1つは，会計における保守主義を促進することである。保守主義は公正価値による測定が必要であるため，このことは一方に偏ってはいるが，測定パースペクティブの1つの形態であると見ることができる。

6.7　測定パースペクティブについての結論

　財務報告に対する情報パースペクティブは，歴史的原価基準の会計を支持し，投資家にとっての有用性を高めるための方法として，フル・ディスクロージャーを支持することを思い出そう。投資家は十分に合理的で情報に通じているから，どのような形式であれ，ただちに正しく効率的な市場価格に反映させる。したがって，ディスクロージャーの形式は問題とはならない。実証研究は，少なくとも利益情報が有用であると市場は考えていることを支持している。このため，情報パースペクティブにおける実証研究は，効率的な市場価格の存在を認め，その市場価格との関係という視点から会計情報の有用性を評価するという特徴がある。

　しかし，情報パースペクティブには多くの問題が存在している。第1に，証券市場はこれまで信じられてきたように，完全には効率的ではない。つまり，将来リターンに対して会計情報が持つ意味を完全に理解するために，投資家は何らかの手助けを必要としている。この手助けは，財務諸表の注記から財務諸表の本体へと公正価値情報を移動させることによって，ある程度達成することができる。第2に，利益に対して2%から5%しか持たない市場占有率は低すぎる。また，理論的な支持があるとしても，利益以外の会計情報に対して市場が反応することを直接的に見いだすことはむずかしい。さらに，法的責任によって，一方に偏りがあるとしても公正価値による測定を採用することによって，会計専門家は財務諸表における保守主義をより強める方向に動いている。

　測定パースペクティブは，Ohlson のクリーン・サープラス理論の発展によっ

6.7 測定パースペクティブについての結論　249

て，ますます支持されてきている。なぜなら，この理論では，企業価値を決定するための財務会計情報の基本的な役割が強調されているからである。すなわち，効率的市場で利用される多くの情報源のうちの1つとして会計情報を捉えている情報パースペクティブよりも，この理論は企業価値について報告するという財務諸表の基本的な役割を強調している。したがって，クリーン・サープラス理論は，測定パースペクティブと自然に結びついている。

　もちろん，測定パースペクティブは信頼性の問題を生じさせる。そのため，公正価値基準を財務諸表のすべての項目に拡張するような測定パースペクティブは望むものではない。これは程度の問題である。つまり，財務報告において原価基準の情報に代えて，公正価値をどれだけ導入すべきであるかという問題である。これまで現在価値と市場価値の要素は財務諸表に多く取り込まれてきた。しかし，近年，多くの新しい公正価値にもとづく基準が出てきている。

第7章

経済的帰結と実証会計理論

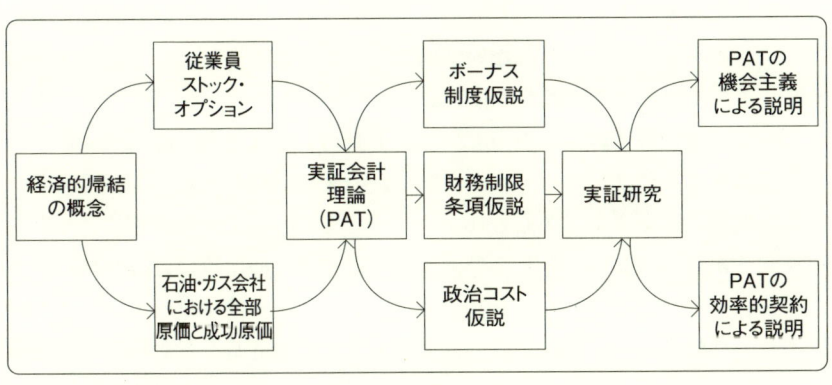

図 7.1　第 7 章の構成

```
経済的帰結 → 従業員ストック・オプション → 実証会計理論(PAT) → ボーナス制度仮説 → 実証研究 → PATの機会主義による説明
の概念        石油・ガス会社における全部      　　　　　　　　　　　財務制限条項仮説              PATの効率的契約による説明
              原価と成功原価                                    政治コスト仮説
```

7.1　概要

　これまで公正価値会計に対して経営者が懐疑的であることは指摘してきた。しかし，読者は，それ以外には財務報告に対して経営者がどのような関心を持っているかについて，ほとんど議論していないことに気づいているかもしれない。すでに述べたように，この本では，責任のある経営者に業績をあげるよう動機づけることは，投資家に対して有用な情報を提供することと同じように，財務会計の重要な役割であると考えている。もしそうであるなら，会計専門家は，財務報告に対する経営者の関心をより深く理解することが必要

だろう。

　このことは，これまで議論してきた投資家の意思決定にもとづく理論，および効率的市場から展開される理論とは，非常に異なる新しい考え方が必要になることを意味する。そのために最初に必要なことは，**経済的帰結** (economic consequences) という概念を理解することである。その際，会計方針の選択における2つの重要な分野，すなわち株式にもとづく報酬と石油・ガスの採掘コストについての会計問題を取り上げることにする。

> **経済的帰結** (economic consequences) とは，効率的証券市場の理論を考慮した上でも，会計方針の選択は企業価値に影響する可能性があることを主張する概念である。

　ここで経済的帰結という考えにおいて本質的なことは，企業の会計方針とその変更が，利害関係者に影響を与えるということである。第1に，それは経営者に影響を与える。ただし，会計方針の変更によって，経営者は企業の実際の活動を変えるかもしれない。したがって，経営者にとって問題となるなら，それは企業の所有者たる投資家にとっても問題となる。代表的な例は，石油・ガス会社の埋蔵量についての会計方針の変更だろう。経済的帰結についての議論によれば，このような会計方針の変更が行われたとき，経営者は採掘・開発活動を変えるかもしれない。そしてその結果，企業価値にも影響を与えるかもしれない。もしこのような変更が潜在的に負の影響を与え，また多くの投資家がそのような影響を受けるなら，投資家は政治家に圧力をかけようと行動するかもしれない。経営者もまた，会計基準案が負の影響を与えると考えるなら，同じく政治家に対してロビー活動をするだろう。その結果，今度は政治家が企業の会計方針，およびそれを決める基準設定機関に関心を持つことになる。

　なお，ここでは「会計方針」は，企業のキャッシュ・フローに影響を与えるものだけでなく，任意の会計方針を意味する語として用いている。いま企業が倍率法から定額法に減価償却の方法を変更したとしよう。このことはそれだけでは，企業のキャッシュ・フローに影響を与えない。課税当局は減価償却についての独自の規制を行っていることから，法人税の支払い額にも影響しない。しかし，新しい減価償却方法は，まちがいなく報告利益には影響するだろう。したがって，経済的帰結の考え方にしたがえば，会計方針の変更

は，キャッシュ・フローへの影響がなくても，重要な問題となる。一方，効率的市場理論の下では，市場は企業がなぜ会計方針を変更したかを推測するかもしれないが，将来のキャッシュ・フローや企業の市場価値は直接には影響を受けないから，このような変更は問題とはならない。

会計方針の選択の経済的帰結という概念を理解することは，2つの理由から重要である。第1に，この概念はそれ自体，興味深い。会計実務における多くの興味深いできごとは，経済的帰結から生じている。第2に，会計方針が問題とならないという考えは，会計専門家の経験と一致しない。財務会計についての多くの議論は，さまざまな環境において，どのような会計方針を用いるべきかに時間を費やしている。また，財務諸表上にどのように表示するかについての議論も，会計方針の選択の問題を含んでいる。つまり，経済的帰結は，現実の世界の経験と一致したものである。

経済的帰結が存在するとき，なぜそのようなことが起こるのかという疑問が生じる。この問題に答えるために，ここでは**実証会計理論**(positive accounting theory: PAT) を導入する。この理論は企業が締結する契約，とくに経営者報酬契約と債務契約にもとづいたものである。このような契約は，しばしば財務会計の数値，たとえば利益や負債比率といった数値にもとづいて結ばれている。会計方針はこのような数値に影響を与え，また経営陣は企業が締結する契約に責任を持つことから，経営陣が会計方針の選択に関心を持つことは自然なことである。実際，経営者は，これらの契約の下で，企業価値，あるいは経営者自身の満足をできるだけ大きくするように会計方針を選択するだろう。そして，そのために経営者がどのような会計方針を選択するかを予測しようとする理論が PAT である。図 7.1 はこの章の構成を示している。

7.2 経済的帰結の興隆

経済的帰結が存在することをもっとも説得的に述べたものに，「経済的帰結の興隆」と題する Zeff (1978) の論文がある。ここで提起された基本的な問題は，いまなお有用である。

Zeff (1978) は，経済的帰結を「会計報告が企業，政府，債権者の意思決定に与える影響」と定義している。この定義においてもっとも重要なことは，会計報告は経営者の意思決定の結果をたんに反映するものではなく，経営者が

行う実際の意思決定に影響を与えることがあるということである。

　Zeff (1978) は，アメリカにおいて，企業，産業団体，政府が，FASB の前身である会計原則審議会 (APB)，また APB の前身である会計手続委員会 (CAP) に影響を与えそうになった例，また実際に影響を与えた例について記述している。

　このような「第3者による介入」と Zeff (1978) が呼んでいる行為によって，会計基準の設定は非常に複雑なものとなっていた。もしも会計方針が影響を与えないなら，そのような会計方針の選択は，たんに会計基準団体と，会計基準を実行する仕事にたずさわる会計専門家および監査人とのあいだの問題だっただろう。このような団体だけが関係する場合，費用収益対応の原則，実現基準，保守主義といったよく知られた概念にもとづく伝統的な会計モデルが適用され，他の誰もどの会計方針を用いているかを気にすることはないだろう。いいかえれば，会計方針の選択の影響は中立的であるだろう。

　経済的帰結を議論するときの例として，Zeff (1978) はアメリカの多くの会社が 1947 年から 1948 年の高インフレの期間に，取替原価会計を適用しようとした試みについて述べている。ここで介入した第3者は経営者だった。近年，公正価値会計に対して経営者は懐疑的であるが，このときは税負担が軽くなり，賃金の上昇に歯止めをかけ，さらに一般の人が抱く儲けすぎとの印象を薄めることができる取替原価による減価償却に好意的な議論がなされた。効率的市場の理論によれば，歴史的原価にもとづく減価償却では，インフレ時に利益が大きくなることを市場は完全に理解している。したがって，このような介入は不必要である。また，取替原価にもとづく減価償却を採用しても，財務諸表の利用者に注意を喚起することも必要ないはずである。興味深いことに，CAP は 1948 年に歴史的原価会計の立場を堅持し，その立場を再確認している。

　Zeff (1978) は，このようなさまざまな介入に対する基準設定機関の対応についても説明している。その1つの対応として，基準設定機関自体の拡張を指摘している。たとえば，FASB の監督機関である財務会計財団 (Financial Accounting Foundation: FAF) は，職業会計人のみならず，経営陣，証券団体，学界からも構成員を選んでいる。また，さまざまな利害関係者が，会計方針の変更案についてコメントする方法として，新基準案についての公開草案の利用も一般的になった。

Zeff (1978) が指摘しているように，基準設定機関はジレンマに直面している。会計専門家との信頼性を確保するためには，財務会計モデル，および費用収益対応の原則，実現基準といったそのモデルでの伝統的な概念と整合的な会計基準を設定する必要がある。しかし，セクション 2.5 で説明したように，歴史的原価基準のような概念が，唯一の会計方針を導くことはほとんどない。すなわち，理想的状況が成り立たないときには，利益は経済的な概念として厳密に定義できるものではない。そして，目的適合性と信頼性のトレードオフを考慮することが必要であるといった抽象的な議論ではなく，どの会計方針を選択すべきかを明らかにするような理論は存在していない。このことから，さまざまな利害関係者は行動を起こし，自分たちにとって望ましい会計方針を主張しようとすることになる。簡潔にいえば，基準設定機関は会計理論の領域だけでなく，政治的な領域も考慮して活動しなければならないのである。Zeff (1978) はこのことを「絶妙なバランスをとって行動すること」と表現している。つまり，会計方針の選択に指針を与える理論は存在しないことから，会計方針についてのコンセンサスを得るためには，何らかの方法を見つけなければならない。そして，民主的な世界では，このことは政治の領域に関わることを意味している。絶妙なバランスが必要になることは，基準設定機関が複雑な仕事をすることを意味するが，基準設定プロセスの研究，より一般的には会計理論の研究をよりやりがいのある興味深いものにしている。

7.2.1 要約

効率的市場の理論にもかかわらず，会計方針の選択は，たとえ企業のキャッシュ・フローに直接的な影響を与えなくても，財務諸表を利用するさまざまな利害関係者に経済的帰結をもたらす。また，利害関係者によって，異なる会計方針を望むかもしれない。とくに，経営陣が望む会計方針は，投資家にもっとも情報を提供するような会計方針とは一致しない可能性がある。

経済的帰結は，会計基準の設定を複雑なものにする。なぜなら，会計の問題と政治の問題とのあいだに絶妙なバランスをとって行動することが要求されるからである。基準設定機関は，さまざまな利害関係者をその構成員としたり，すべての利害関係者が基準案にコメントする機会として公開草案を発行したりすることにより対応している。

7.3 従業員ストック・オプション

次に,経済的帰結が非常に顕著であった2つの領域を検討することにしよう。1つめは,経営陣とその他の従業員に対して付与されるストック・オプションの会計についてである。ストック・オプションを付与されれば,一定期間後に会社の株式を購入する権利が生じる。以下では,このようなオプションを **ESO** とあらわすことにする。

アメリカにおける ESO の会計は,伝統的には 1972 年に公表された会計原則審議会 (APB) の意見書 25 号 (APB 25) にもとづいている。この基準は,固定 ESO[1] を発行した企業が,従業員にオプションを付与した日 (付与日 (grant date)) における株価と,オプションの権利行使価格との差額を費用とすることを要求している。この差額はオプションの**本源的価値** (intrinsic value) と呼ばれている。ESO を付与する多くの企業は,権利行使価格を付与日の株価とするため,本源的価値はゼロになる。その結果,ESO 報酬についての費用を認識する必要はない。たとえば,オプションの原資産である株式の価格が付与日において 10 ドルであるとしよう。このとき,権利行使価格を 10 ドルに設定すれば,費用は認識されない。一方,権利行使価格を 8 ドルに設定すれば,2 ドルの費用が認識されることになる。

APB 25 の発行後,このような会計基準は,不適切であると広く認識されるようになった。本源的価値がゼロであっても,付与日におけるオプションの**公正価値** (fair value) はゼロではない。なぜなら,原資産である株式の価格は,オプションの**満期日** (expiry date) までに上昇するかもしれないからである。したがって,このコストを適切に記録しなければ,報酬費用が過小となり,利益が過大になる。さらに,企業によって全体の報酬パッケージに占めるオプションの割合は異なることから,企業間の利益を比べられなくなる。また,このような問題は,1972 年以降,とくにハイテク産業に属する小規模の新興企業において,ESO 報酬の利用が急激に高まったことから,より深刻になった。このような企業が ESO 報酬を好んだのは,他の報酬形態と比べて,ESO 報酬は報告利益がより高くなること,またとくに ESO 報酬は現金の支出を必要とせず,従業員に対する動機づけの効果が高いことが理由であった。

---

[1] APB 25 は変動 ESO と固定 ESO を区別している。変動プランは,付与日後のある時点まで,従業員が取得する株式の数,あるいは支払う価格が決まっていない。一方,固定プランでは,付与日において,株式数と行使価格が決まっている。

またこの時期は，経営陣が受け取る報酬が高額になり，経営者報酬に対する行政の監視が厳しくなっていた。このような報酬は見かけ上コストがかからないため，企業は過大と思われるESO報酬を支払うよう動機づけられた。ESOの公正価値を費用化することによって，投資家はこのような報酬についての真のコストを理解することができると思われた。実際，1992年2月には，ESOの価値を評価し費用化することを要求する議案がアメリカ連邦議会に提出された。

APBがESOに対して公正価値会計を要求しなかった理由の1つは，公正価値を測定することがむずかしいからだった。この状況は，ブラック・ショールズのオプション価格式が広まることにより多少変化した。しかし，ブラック・ショールズ式は，いくつかのESOの特徴を考慮していない。たとえば，このモデルはオプションが自由に取引されることを仮定しているが，ESOは通常付与日から1年またはそれ以上の期間後の**権利確定日** (vesting date) まで行使することができない。また，従業員は権利確定前に退職すると権利を失うし，行使したとしてもそれによって得た株式を従業員が売却することに制約があるかもしれない。さらに，ブラック・ショールズ式は，ヨーロピアン・オプションを前提としており，満期までオプションは行使されないと仮定している。しかし，ESOはアメリカン・オプションであり，満期までのあいだに権利を行使することができる。それにもかかわらず，ブラック・ショールズ式は，ESOの公正価値を推定するための合理的な基準を提供すると考えられている。

その結果，1993年6月，FASBは新基準案についての公開草案を公表した。この公開草案は，ESOの付与日における公正価値を当該期間にわたって報酬費用として費用化することを提案していた。公正価値はブラック・ショールズ式あるいはその他のオプション価格評価式にもとづき，権利確定前の従業員の退職や早期行使の可能性も考慮して決定するものとされていた。ここで，早期行使については，ブラック・ショールズ式における満期日の代わりに，たとえば過去の経験にもとづき，行使するまでの予想行使時点を推定して，それを適用することによって対応することとされていた。

公開草案は，産業界から，そしてその後すぐに議会から，強力な反対にあった。公開草案にしたがえば報告利益が下がることによる経済的帰結について，懸念が表明された。そこでは，株価の下落，資本コストの上昇，能力の高い

経営者の減少，経営者と従業員のモチベーションの低下などの経済的帰結が指摘されている。また，上で述べたように，小規模の新興企業は，オプションを頻繁に利用しているため，とくに不利である。このような企業は，最終利益を確保するために，ESO の利用を控えなければならず，それによりキャッシュ・フロー，動機づけ，イノベーションといった側面にマイナスの影響を与えるかもしれない。そして，このことはアメリカ産業の競争的地位を脅かすかもしれないと主張された。産業界はまた，公開草案が政治的に利用されていることにも注目していた。もしそうであるなら，公開草案に反対の者は，あらゆる手段によってそのことを批判しても，自分自身を正当化できると感じていただろう。

この他にも，ブラック・ショールズ式による ESO の公正価値は信頼性が十分なのかという点についていくつか問題があった。このことを考えるために，まず企業にとっての ESO のコストとはどのようなものかを明らかにする必要がある。なぜなら，他のコストとは異なり，ESO は現金の支出をともなわないからである。本質的には，既存株主の企業に対して持つ権利が希薄化することによってコストが生じる。たとえば，株価が 30 ドルのときに，ESO が 10 ドルの価格で行使されるなら，企業と株主にとっての事後的なコストは 20 ドルである。10 ドルで新しく株主になることを認めることは，企業が 30 ドルの価格で株式を発行する機会を失うことを意味する。つまり，既存株主の権利の希薄化は，20 ドルの機会コストとして測定される。付与日における ESO の公正価値，つまり企業にとってのコストは，この機会コストの期待現在価値である[2]。株式数が多くなり希薄化すると，その分だけ将来の配当は減少する。したがって，このコストを報告することによって，目的適合性は高まる。ESO を費用化することによる利益の減少は，将来の配当の減少を予想したものであるから，投資家は投資により得られる将来キャッシュ・フローをより正確に予測できるようになる。

しかし，このような ESO のコストを信頼性を保ちながら測定することは非常にむずかしい。すでに指摘したように，従業員は権利確定日から満期日までのどの時点においても，オプションを行使することができる。このとき，企業にとっての事後的なコストは，その時点における株価と権利行使価格と

---

[2] ここでは，オプションの行使により発行される株式数が，株式の市場価格に影響するほど大きくないことを仮定している。

の差に依存することになる。したがって，ESO の公正価値を知るためには，従業員の最適な行使戦略を知る必要がある。

Huddart (1994) は，このような戦略をモデル化している。Huddart (1994) が指摘しているように，従業員の戦略を予想するためには，企業の将来の株価過程，従業員の財産と効用関数（とくにリスク回避の大きさ），従業員が取得した株式を売却するか保有するか（多くの企業では上級管理職は企業の株式の大部分を保有することを要求している），売却する場合に代替的な投資として何があるかについて知る必要がある。企業が配当を支払っている場合や，ESO によりモチベーションが変化し株価が影響を受ける場合には，問題はさらに複雑になる。

配当は存在せず，動機づけの問題もないといった単純化の仮定をおいた上で，Huddart (1994) は，満期まで保有するとしたブラック・ショールズ式は，付与時における ESO の公正価値をかなり過大に評価することを示している。この理由を理解するために，まず次のようなオプションの 3 つの特徴に注意しておこう。

1. オプションを保有することによる期待リターンは，原資産である株式を保有することによる期待リターンより大きい。なぜなら，オプションはゼロよりも価値が低くならないが，株価がオプションの行使価格よりも低くなる可能性はあるからである。このことから，リスク中立的な従業員は，通常は満期日までに ESO を行使しない。
2. アメリカン・オプションの「アップサイド・ポテンシャル」（価値が上昇する可能性）は，満期日までの期間が長いほど高くなる。期間が長ければ長いほど，そのあいだに株価が上昇しオプションの価値が高まる可能性も大きくなる。早期行使はこのようなアップサイド・ポテンシャルを犠牲にする。
3. オプションが「ディープ・イン・ザ・マネー」，つまり原資産の株式の価格が行使価格を大幅に上まわったとき，オプションを保有することにより実現できる利得とその確率は，原資産である株式を保有することにより実現できる利得とその確率に非常に似たものとなる。なぜなら，ディープ・イン・ザ・マネーのオプションの場合，株価が権利行使価格よりも下がる可能性は低いからである。このとき，株価がどのような水準になっても，

同じような価値をオプションによっても実現することができる。その結果，従業員が取得した株式を保有することを要求されているなら，満期までオプションを保有した方が良い。なぜなら，利得が等しい場合，貨幣の時間価値を考慮すると，満期日において行使価格を支払うことは，より早い時点でその額を支払うことよりも安くつくことになるからである。

　ここでの問題は，従業員がオプションを早期に行使するような状況が存在するかということである。Huddart (1994) は，2つの状況を指摘している。第1に，ESO が少しだけイン・ザ・マネーの状況であり (したがって利得がゼロになる可能性が非常に高く)，満期までの期間が短く (したがってアップサイド・ポテンシャルを犠牲にする可能性が小さく)，従業員が取得した株式を保有することを要求されている状況では，リスク回避的という性質によって早期行使が生じる可能性がある。リターンがゼロになる可能性が非常に高いため，リスクとリターンのトレードオフを考慮するリスク回避的な従業員にとって，オプションを行使することによるリスクの減少という便益が，オプションを行使し株式を保有することによる期待リターンの減少というコストを上まわることになる。

　第2に，オプションの早期行使が生じるのは，ESO がディープ・イン・ザ・マネーであり，満期日までの期間が短く，従業員は取得した株式を保有していても，売却して無リスク資産に投資してもよいという状況である。従業員が十分にリスク回避的であれば，無リスク資産は株式よりも望ましい。また，オプションがディープ・イン・ザ・マネーにある場合，生じうる利得とその確率は，株式と ESO とで同じようになる。したがって，従業員にとって，ESO を持つか株式を持つかは無差別となる。無リスク資産は株式よりも望ましいことから，無リスク資産はまたオプションよりも望ましいことになる。したがって，従業員はオプションを行使し，株式を売却し，無リスク資産に投資することになる。

　その後，Huddart and Lang (1996) は，早期行使の予想を実証的に検証している。そこでは，アメリカ大企業8社の従業員について，ESO の早期行使の状況を10年間にわたって調べている。そして，Huddart and Lang (1996) は，早期行使が一般的であることを明らかにしており，Huddart (1994) におけるリスク回避的の仮定と整合的な結果を提示している。また，満期までの期間

やESOのイン・ザ・マネーの大きさといった早期行使を説明する変数は,モデルの予想と概して整合的であった。

早期行使が行われているという事実は,付与日におけるESOの公正価値が,満期まで保有することを仮定しているブラック・ショールズ式により求められる価値よりも小さいことを意味している。このことは,上で述べた第1のシナリオにおいて明らかである。ESOが少しだけイン・ザ・マネーにある状況では,企業にとってのオプションの事後的なコスト(株価−行使価格)は小さい。第2のシナリオにおけるコストの減少幅はより小さいが,それでもHuddart (1994) が示しているように,ブラック・ショールズ式による場合よりも企業にとってのコストは小さくなる。

その後の研究は,ブラック・ショールズ式にもとづいた場合,事後的なESOのコストを過大評価する傾向にあることを確認している。Hall and Murphy (2002) は,Huddart (1994) とは異なる方法によって,早期行使の確率が非常に高いことを示している。そして,このことによりESOのコストはブラック・ショールズ式により求められるコストよりも小さいことを明らかにしている。Hall and Murphy (2002) の分析はまた,従業員の権利行使についての意思決定には,かなり大きなバラツキがあることも示唆している。

おそらく早期行使が理由で,FASBはブラック・ショールズ式において,満期日ではなく予想行使時点を用いることを,公開草案において提案している。

しかし,Huddart (1994) が指摘しているように,予想行使時点を用いることは,ESOのコストの過大評価を修正しているが,それを完全には取り除いていない。このことは,Hemmer, Matsunaga and Shevlin (1994) も指摘している[3]。Marquardt (2002) は,実証研究によって,権利行使までの予想行使時点

---

[3] このような過大評価は,凹性によって生じている。このことを理解するために,ブラック・ショールズ式によるオプションの価値は,満期日までの期間の増加関数であることに注意しておこう。なぜなら,満期日までの期間が長くなるほど,株価が上昇する可能性が高くなるからである。また,APB 25の下では,大部分のESOは,権利行使価格を原資産である株式の付与日の価格に設定して発行されることを思い出そう。権利行使価格と株価が等しければ,Hemmer, Matsunaga and Shevlin (1994) が議論しているように,ブラック・ショールズ式による価値は満期日までの時間について凹の増加関数となるだろう。もしそうなら,オプションの価値は増加関数であるが,増加率は減少する。この凹性が重要なのは,従業員がESOを予想行使時点以前に行使したときに,企業にとっての事後的なコストは減少するが,それはESOを予想行使時点以後に行使したときの事後的なコストの増加よりも大きくなることにある。つまり,ブラック・ショールズ式において予想行使時点を用いると,事後的なコストよりも上方にバイアスがかかることになる。この上方バイアスがあるときに,従業員の行使意思決定にかなりのバラツキがあるなら,誤差はかなり大きくなる可能性がある。Hemmer, Matsunaga and Shevlin (1994) が示唆した方法を用いてこの凹性の影響を近似することによって,Marquardt (2002) はブラック・ショールズ式によるESOコストの上方へのバイアスは減少することを示している。

を用いたブラック・ショールズ式の正確性を検証している。57社のアメリカ大企業において，1963年から1984年までに付与された966のオプションをサンプルとして，ブラック・ショールズ式が事後的なESOのコストを過大に偏って推定する傾向にあることを発見している。この結果は，Huddart (1994) とHemmer, Matsunaga and Shevlin (1994) の分析とも整合的である。Marquardt (2002) はまた，推定されたコストの正確性は，企業によって大きく異なることも示している。

以上から，価値を大きく評価するバイアスがあり，また従業員の早期行使は多様であるために，ESOのコストの推定は信頼性に欠けるものであると結論づけることができる。

このように理論と実証的証拠は，もし公開草案のとおりに実施されれば，ESOのコストについて，信頼できる推定値は得られないかもしれないことを示している。このため，想像できるように，推定値が高すぎる傾向にある場合にはとくに，反対者は公開草案の公表を止めようとするだろう。その結果，1994年12月に，FASBは十分な支持が得られなかったことを理由に，公開草案を取り下げることを発表した。そして，その代わりに，FASBは補足開示に変更した。つまり，1995年に公表されたSFAS 123では，企業に公開草案で提案された公正価値にもとづくことを強く勧める一方で，ESOのコストを補足的に開示することを条件として，APB 25における本源的価値を費用とする方法も認めている。なお，ここで補足的に開示されるESOのコストは，予想行使時点にもとづくESOの公正価値を権利確定期間にわたって償却することにより計算されるものである。

SFAS 123の下での補足開示の例として，マイクロソフト (Microsoft Corporation) の年次報告書を要約したものを見てみよう。

報告利益（単位：100万ドル）	9,993
報告利益に含まれる税引後の株価連動の従業員報酬費用	52
公正価値にもとづく税引後の株価連動の従業員報酬費用	(2,514)
SFAS 123 における利益	7,531
報告された1株当たり利益	0.93
SFAS 123 における1株当たり利益	0.70

ここで，SFAS 123 における利益は，予想行使時点を 7 年としたブラック・ショールズ式による値にもとづいている。利益と 1 株当たり利益は，およそ 25％減少している。Botosan and Plumlee (2001) は，1998 年における 100 社の高成長企業のサンプルについて，SFAS 123 を適用した場合，利益は平均しておよそ 14％減少すると報告している。したがって，ここでのマイクロソフトの利益に対する重大な影響は，これよりも大きなものである。

すでに述べたように，Huddart (1994) の結果によれば，ESO が早期行使されるのは，リスク回避的という特性によるものである。しかし，これは早期行使に対する説明の 1 つでしかない。Aboody and Kasznik (2000) は，ESO の付与日前後において，CEO がどのように情報開示を行っているかを調べている。ここで CEO にだけ限定しているのは，企業の情報開示をコントロールできるのは CEO だからである。この研究のサンプルは，1992 年から 1996 年までに 1,264 社のアメリカ企業の CEO に対して付与された 4,426 の ESO である。このうち 2,039 の ESO は，企業によって付与日が予定されていた。つまり，これらは毎年同じ日に付与されていたのである[4]。したがって，このような企業の CEO は，ESO の付与日が近づいているかどうかを知ることができる[5]。

Aboody and Kasznik (2000) は，平均して，ESO が予定されている企業の CEO は，さまざまな方法を用いて，付与日の直前に株価を下方に操作し，また付与後には上方に操作していることを発見している。このような方法の 1 つは，四半期利益の報告においてバッド・ニュースが予想されることを早めに公表する一方で，グッド・ニュースが予想される場合にはそのことを公表しないというものである。この他には，アナリストの利益予想に影響を与えたり，自社の予想を開示する時期を調整したりする方法も用いられていた。

---

[4]Aboody and Kasznik (2000) では，投資家は予定日を知らないと仮定している。もしも投資家が予定日を知っているなら，開示情報を割り引き，経営者のバイアスを調整することができるだろう。Aboody and Kasznik (2000) は，企業が ESO の付与日を予定どおりに継続するかどうかは非常に不確実であり，市場はそれを事後的にしか知ることはできないと述べている。また，実際に企業が固定したスケジュールで行っていたかは，市場が知るまで数年かかると述べている。Aboody and Kasznik (2000) は，この議論を支持する証拠を提示している。

[5]Aboody and Kasznik (2000) において ESO の付与日が予定されている企業を対象としているのは，情報開示における操作ではなく，経営者が付与日自体を操作する可能性を排除するためである。この後者の可能性は，Yermack (1997) が考察している。Yermack (1997) は，経営者が報酬委員会に圧力をかけ，グッド・ニュースの利益が開示される少し前に，もともと予定されていなかった ESO を付与させることを示唆する証拠を報告している。このことにより，CEO は低い行使価格を手に入れ，グッド・ニュースに反応して株価が上昇することによる便益を事後的に受け取ることになる。

APB 25 の下では，費用認識を避けるため，通常，ESO の行使価格は付与日の株価と等しく設定されている。したがって，付与日の株価が低ければ，ESO が行使期間においてイン・ザ・マネーの状態になる可能性は高くなる。このことは，CEO の期待報酬価値を高めることになる。また，早期行使の可能性も高くなる。なぜなら，Huddart (1994) の分析によれば，ディープ・イン・ザ・マネーにある ESO は，早期に行使される可能性が高くなるからである。もしも FASB の公開草案が適用されることにより，報酬委員会が ESO をあまり用いなくなると，CEO はそのような機会主義的な行動をとりにくくなる。このような理由によって，CEO はますます反対の立場をとることになる。

1993 年の公開草案は破棄されたため，反対者が主張したようにその経済的帰結が大きなものだったかを知ることはできない。ストック・オプションのコストを記録することによって，直接的には企業のキャッシュ・フローは影響を受けないだろう。効率的市場の理論によれば，キャッシュ・フローに影響しない会計方針の変更は，その変更が完全に開示されているなら，株価に影響しない。それにもかかわらず，実際には産業界は経済的帰結があると考えていた。そうでなければ，それほどまでに公開草案に反対しなかっただろう。

より最近では，セクション 1.2 で触れたようなエンロンやワールドコムのような財務報告のスキャンダルによって，ふたたび ESO の費用化を推し進める動きが出てきた。後から考えれば，これらの会社による株価操作は，しばしば ESO の価値を高めようとした経営陣によって行われていたように思える。そして，このような経営者は，ときには取引を偽装して ESO を現金化し，おそらくよりリスクの小さな証券に投資していただろう。このような行動は，Huddart (1994) のディープ・イン・ザ・マネーにある ESO のケースにおいて予想されるものである。ESO の費用化は ESO の報酬の利用を減少させ，したがって経営陣が株価を操作するような行動をとるインセンティブを減らすことになると考えられる。

実務における理論 7.1

Bartov and Mohanram (2004) は，1992 年から 2001 年までに，1,218 社のアメリカ企業の経営陣によって行使された巨額の ESO をサンプルとして検証している。そして，そのような権利行使が行われた後の 2 年間に

おいて，大規模な ESO の権利行使がなされなかったコントロール企業と比較して，株価と利益は平均して異常に減少していることを発見している。また，権利行使前の 2 年間において，利益を減少させる巨額の異常なアクルーアルを計上していることを報告している。そして，Bartov and Mohanram (2004) は，次のように結論づけている。つまり，ここでの検証サンプルにおける経営陣は，収益性が悪化することに気づいており，市場がそれに気づくことを遅らせるために利益と株価を高めている。その後，ESO を行使し，手に入れる現金を最大にするため，おそらく取得した株式をただちに売却している。そして，行使後の 2 年間における利益と株価の減少は，事前に操作したアクルーアルの反転と，収益性の悪化に市場が少し遅れて気づいたことによって生じたと結論づけている。

カナダの会計基準では，2004 年 1 月 1 日以降に始まる事業年度において，ほとんどの企業に対して，ESO の費用化を要求している。IASB も同様の基準を持っている。アメリカでは，1993 年の公開草案のときと同様の経済的帰結や信頼性についての問題が指摘されたものの，2005 年 6 月 15 日以降に始まる事業年度において，ESO の費用化を要求している。

7.4 石油・ガス産業における成功部分原価会計に対する株式市場の反応

経済的帰結の 2 つめの例は，少し異なった点に注目したものである。つまり，前のセクションの例は，会計方針に対する経営陣と規制当局の反応についてのものだった。一方，このセクションでは，投資家の反応に注目することにしよう。第 4 章で展開した効率的市場の理論によれば，もしも会計方針の変更がキャッシュ・フローに影響を与えないなら，会計方針の変更によって企業の株価は影響を受けないはずである。したがって，もしもキャッシュ・フローに影響を与えない会計方針の変更にともなって株価が反応したなら，そのような事実は効率的市場理論に対して疑問を提示するものであり，その一方で経済的帰結の議論をさらに支持するものである。しかし，そのような株価の反応が，当たり前のように観察されるということでは決してない。したがって，この問題を考察するためには実証的な研究が必要なのである。

ここでは，Lev (1979) の「会計規制が株式市場に与える影響：石油・ガス会社のケース」と題する論文にもとづいて議論する。Lev (1979) の研究は，1977年に公表された SFAS 19 に注目したものである。この基準は，アメリカのすべての石油・ガス会社が，成功部分原価法を用いて探索コストを処理することを要求するものである。セクション 2.5.1 において，部分原価法をそれと代替的な方法である全部原価法と対比して議論したことを思い出そう。この時点で，その議論をもう一度見直しておくと良いだろう。現在，GAAP において成功部分原価法は要求されていないが，Lev (1979) の論文は今なお意味がある。なぜなら，この論文は，キャッシュ・フローに影響しない会計方針の変更に対して，市場がどのように反応するかを記述した数少ない研究の1つだからである。

石油・ガス会社の探索コストについての会計方針の選択は，キャッシュ・フローに直接には影響を与えないものであるから，効率的市場の理論によれば，成功部分原価法を用いることに経営者が反対するということはないはずである。しかし，経済的帰結の議論は，SFAS 19 についての証拠と非常に整合的である。具体的には，石油・ガス産業の競争と石油・ガスの探索活動に否定的な影響を与える可能性があると主張された。その理由は，たいていの小規模の石油・ガス会社は，全部原価法を用いていたことによる。成功部分原価法は全部原価法に比べて，とくに探索を行っている企業にとって，報告利益が小さくなる傾向にある[6]。したがって，報告利益が小さくなる小企業は，資金調達をすることがむずかしくなり，競争力が弱まり，探索活動も減少するのではないかと懸念された。

そこで，Lev (1979) は，成功部分原価法を要求することによって，石油・ガス会社の株価が影響を受けるかどうかを検証しようと試みた。小規模の石油・ガス会社による成功部分原価法に対する懸念が支持されるなら，株価は影響を受けるだろう。そして，このことは経済的帰結の議論をさらに支持することになるだろう。

市場が当期利益を知った日については，金融メディアにおける利益の公表日と考えることができるだろう。しかし，利益公表ではないイベント・スタ

---

[6] Lev (1979) は，FASB のスタッフによる SFA 19 の影響についての研究を引用している。その研究では，全部原価法を用いている 64% の企業が，SFA 19 にしたがった場合，報告利益が 5% 以上減少するだろうと報告している。また，全部原価法を用いている 74% の企業が，株主資本が 5% 以上減少するだろうと報告している。

ディでは，対象とする日を決定することはかなりむずかしい問題である。Lev (1979) は，1977 年 7 月 18 日をイベント日としている。なぜなら，この日に FASB が SFAS 19 の公開草案を公表したからである。ただし，この日の前後における他のイベントの方が，石油・ガス会社の株価により大きな影響を与える可能性がある。しかし，Lev (1979) は 7 月 18 日前後において，石油・ガス会社についての報道を注意深く検討した結果，そのような可能性はないと結論づけている。

Lev (1979) は全部原価法を採用している 49 社の企業をサンプルとし，成功部分原価法を採用している 34 社の企業をコントロール・サンプルとしている。ここで全部原価法を採用している企業は，SFAS 19 の下では，部分原価法に変更することが要求されることになる。そして，7 月 18 日の前後 7 日間について，これらの企業の日次株式リターンを考察している。その方法は，セクション 5.2 において説明した Ball and Brown (1968) と ERC の研究において用いられた異常株式リターンを計算する手続きと同じである。

Lev (1979) は，公開草案の公表後に，全部原価法を採用している 49 社の企業の株式について，マイナスの平均異常リターンを発見している。一方，成功部分原価法をすでに採用しており，公開草案によって比較的影響を受けない 34 社の企業については，マイナスの平均リターンはほとんど観察されていない。

Lev (1979) は，「生の」リターン，つまり市場全体に影響する要因と企業固有の要因に分けない全体の日次リターンを用いて再検証している。その結果は，概して同じような結果であった。このことは，1977 年 7 月 18 日前後に生じた経済全体に影響する大きなイベントはなかったことを支持している。

会計基準の変更に対する株価の反応は，他にも研究されている。Dyckman and Smith (1979) と Kross (1982) は，石油・ガス会社について，株価の反応は有意ではなかったとしているが，Lys (1984) は株価が有意に反応したとしている。ここで，市場が反応する理由として考えられる可能性をよく考えておくことは意味があるだろう。Lev (1979) が議論しているように，1 つの可能性は，証券市場が非効率であるというものである。したがって，そのような現象はアノマリーの 1 つといえるかもしれない。証券市場の非効率性についてのセクション 6.2 の議論からすれば，このことは当てはまることかもしれない。しかし，その他の理由も考えられる。たとえば，全部原価法を用いて

いる企業は，成功部分原価法を用いることを強制されれば，資金調達がむずかしくなったり，探索活動を減らすかもしれない。あるいは，成功部分原価法を用いることにより，報告利益や株主資本が減少する結果，経営者のボーナスや財務制限条項で用いられている比率が影響を受けるかもしれない。そして，市場はこのような問題に対して経営者がうまく対処できないと予想し，反応するかもしれない。しかし，最後に考えられることとして，Lev (1979) の研究のように市場が反応する理由を，我々はたんに理解できていないだけかもしれない。

市場が反応する理由はわからないかもしれないが，Lev (1979) の結果は，キャッシュ・フローに影響しない会計についてのイベントに対して，市場が反応するということを意味している。したがって，それは会計方針を強制的に変更することにより，株価は影響を受けるという証拠である。そして，このことは，経済的帰結の議論をさらに支持するものである。

7.5 効率的市場理論と経済的帰結の関係

この時点で，もう1つのアノマリーが存在することが明らかになったかもしれない。効率的証券市場の理論によれば，収益性やキャッシュ・フローに影響を与えない会計方針の変更に対して株価は反応しない。もしも証券価格が反応せず，したがって企業の資本コストも変化しないなら，なぜ経営者や規制当局が企業が用いる会計方針に強い関心を寄せるかは明らかでない。いいかえれば，効率的市場の理論は，会計方針の開示を含めたフル・ディスクロージャーが重要であることを意味している。しかし，会計方針がフル・ディスクロージャーされるのならば，市場は用いられた会計方針に照らして証券の価値を評価するし，会計方針の違いから生じる報告利益の違いにはだまされないだろう。

しかし，これまで，会計方針の選択における2つの重要な領域において，財務諸表を利用する主要な利害関係者のうち経営陣と投資家が，会計方針のたんなる変更に対して実際に反応したという証拠を見てきた。経営陣は政府による介入を求めることもあり，その反応はとくに驚くべきほど強いように思える。ここではこのようなさまざまな反応を，経済的帰結という概念によってあらわしている。すなわち，キャッシュ・フローに影響しないときにも，会

計方針の選択は問題となりうるのである。

したがって，会計基準案への賛成や反対といった介入を含め，経営者の実際の意思決定に，会計方針は潜在的に影響を与える可能性がある。このような経済的帰結の本末転倒ともいえる側面は，第5章で述べた実証結果からすれば，いっそう興味深いものである。そこでの結果は，財務会計情報に対する市場の反応が洗練されているという点で注目すべきものである。そして，ここでの問題は，経済的帰結が存在することは，セクション6.2で議論したような，市場が完全に効率的ではないとする理論や証拠をさらに支持するものなのか，あるいは効率的市場と経済的帰結とは矛盾なく説明できるものなのかということである。

次になすべきことは，既存の理論とは整合的でない経済的帰結のような現象に直面したとき，その他の理論によって説明してみることである。ここでは，既存の理論を含んでいるだけでなく，既存の理論では説明できない現象を説明できる可能性のあるより一般的な理論を模索することにする。それが次のセクションで説明する理論である。

7.6 実証会計理論 (PAT)

7.6.1 PAT の概要

この本では，「実証」という語は，現実世界のできごとについて正しい予測を与えようとする理論を意味している。そこで**実証会計理論 (positive accounting theory: PAT)** を次のように定義する。

> **実証会計理論 (positive accounting theory: PAT)** は，経営者による会計方針の選択といった行動や，経営者が新しい会計基準案にどのように反応するかを予測する理論である。

訳者のコメント

実証会計理論 (positive accounting theory: PAT) という言葉が意味する範囲には，注意が必要である。日本語訳に「実証」とついているので，通常の意味での実証研究 (empirical research) とまちがいやすいからである。

しかし，日本では「実証会計理論」という訳が定着しているので，あえて新しい訳語をつくらず，初出時をのぞいて，すべてPATで押しとおすことにした。

　PATは，実証会計研究そのものではなくて，企業の会計方針選択行動について研究する実証会計研究の一領域である。「理論」とはいうものの，実証エージェンシー研究[7]にもとづいて直観的に組み立てられた仮説を検証する実証研究であって，包括的な数理モデル分析は行わないのが普通である。

　PATを推進した中心的なグループが，かつてロチェスター大学に所属していたため，「ロチェスター学派」(Rochester school) と呼ばれることも多い[8]。1970年代のロチェスター大学のファイナンス学科は，Jensen and Meckling (1976) や Smith and Warner (1979) など，実証エージェンシー研究にもとづくファイナンス研究が盛んであった。これに呼応して，同大学の会計学科においても実証エージェンシー研究にもとづく会計研究が盛んに行われた。これが，PATである。ロチェスター大学の卒業生やPATの趣旨に賛同する他大学の研究者の参加を得て，会計研究の1つの潮流となった。

　ファイナンスで，実証エージェンシー研究が盛んになった理由は，Modigliani and Miller (1958) による資本構成の無関連性命題が，現実の企業の資本構成のちがいをうまく説明できなかったからだろう。同様に，PATが出てきた背景には，効率的市場仮説の下で，企業の会計方針選択行動がうまく説明できないという事実があった。効率的市場においては，企業のキャッシュ・フローに影響を与えない会計方針の変更は，その方針や修正計算に必要な情報が開示されているかぎり，株価に影響を与えないはずである。しかし，現実の企業は，さまざまな理由によって，会計方針を選択している。この企業の会計方針選択行動を説明する理論を構築しようというのがPATの動機であった。本文でも説明のあるとおり，代表的な仮説は，ボーナス制度仮説，財務制限条項仮説，政治コスト仮

---

　[7]実証エージェンシー研究には，エージェンシーの理論研究と共通する部分も多いが，異なる点も多いので，基本的に別物と考えた方がよい。実証エージェンシーから区別するために，エージェンシーの理論研究を，プリンシパル・エージェント・モデル分析と呼ぶことがある。
　[8]現在は，メンバーの多くがロチェスター大学を離れている。

説の3つである。

　PATの「実証」，つまり，「ポジティブ」という語は，経済学からの転用である。Friedman (1953) は，事実を解明するポジティブ・エコノミクスと規範的判断をともなうノーマティブ・エコノミクスの区別を強調した。PATの「実証」は，「ポジティブ」の訳語であるが，事実を解明する方法は必ずしも「実証」に限定されるわけではない。たとえば，ほとんどすべてのミクロ経済学の理論的研究も事実解明を目指すものといってよい。

　しかし，「ポジティブ」を「実証」と訳さないで「事実解明的」と訳すなら，PATが指し示す範囲はさらに広くなってしまう。形式的には，制度会計の法律的・規範的研究以外のすべての会計研究が「事実解明的な会計研究」に該当することになろう。

　もちろん，実際には，「事実解明的な会計研究」がすべてPATに分類されるわけではない。PATが目指しているのは，企業の会計方針選択行動の説明理論にかぎられるのである。その意味では，具体的な研究課題に比べて，分野の名称が一般的すぎるといえそうである。PATの論文集 Ball and Smith (1992) のタイトル『会計方針選択の経済学』という方が実態にあっているだろう。

　たとえば，どのような石油・ガス会社の経営者が，探索コストに対して成功部分原価法の会計方針を選択するだろうか。また，どのような経営者が全部原価法を選択するだろうか。金融商品についての会計基準において，公正価値に対して好意的な反応をするのはどのような企業の経営者だろうか。また，反対するのはどのような企業の経営者だろうか。

　PATは，企業[9]はもっとも効率的に組織を運営しており，その存続のために利益を最大化しているという見方をしている[10]。たとえば，他の企業と比べて，より分権的な企業がある。また，ある活動を企業内部で行う企業もあれば，同じ活動を契約によって行う企業もある。あるいはまた，企業によっては負債による資金調達により大きく依存している。つまり，ある企業にとってもっとも効率的な組織形態は，法的・制度的環境，技術，産業における競

---

[9] これ以降の議論では，企業とその経営者を区別することが有益だろう。なお，企業は取締役会と考えることもできる。

[10] これは Alchian (1950) による「経済におけるダーウィニズム」の議論である。

争の激しさなどの要因に依存している。これらの要因が一緒になって，企業の投資機会集合，したがって企業の将来性を決定づけている。

企業は**契約の束** (nexus of contracts) と見ることができる。つまり，企業は，その組織が結んでいる契約の集合によって記述できる。たとえば，経営者を含めた従業員との契約，サプライヤーとの契約，資本提供者との契約は，企業活動における中心的なものである。そして企業は，これらの契約について生じるさまざまな**契約コスト** (contracting costs) をできるだけ小さくしたいと望むだろう。このようなコストには，交渉のコスト，モラル・ハザードや契約の履行をモニタリングするためのコスト，契約期間中に予期せぬ事態が生じたときに起こりうる再交渉や契約破棄によるコスト，債務不履行や財務危機によって生じる期待コストなどが含まれる。社債や株式は企業と資本提供者との契約をあらわしていることから，契約コストは企業の資本コストにも影響する。契約コストをできるだけ小さくするような契約は，**効率的契約** (efficient contracts) と呼ばれる。

このような契約の多くは，会計についての変数を含んでいる。たとえば，従業員の昇進や報酬は，利益のような会計にもとづく業績指標や，コスト・コントロールのような事前に各自が設定した目標を達成したかどうかにもとづくことがある。サプライヤーとの契約は，流動性や資金調達についての変数に依存しているかもしれない。また，貸し手は，負債比率やインタレスト・カバレッジ・レシオといった特定の財務比率，あるいは運転資本や自己資本の最低水準を維持することを条件にして，自分自身を保護するかもしれない。

PATは，効率的なコーポレート・ガバナンスを達成するというより大きな問題の一部として，企業の会計方針は選択されていると主張している。効率的なコーポレート・ガバナンスの例として，この分野の先駆的研究である Mian and Smith (1990) の研究を考察しよう。Mian and Smith (1990) は，子会社を連結するかどうかという会計方針の選択について考察している。そして，親会社と子会社が相互に関係していればいるほど，連結財務諸表を作成することは契約コストを低めるという意味でより効率的であるとしている。その理由は，相互に関係があるほど，親会社と子会社の総合的な業績を評価することが望ましいからである。連結財務諸表は，総合的な評価の基礎を提供する。したがって，相互関係が強いほど，親会社と子会社それぞれの財務諸表の業績指標よりも，連結財務諸表にもとづく業績指標を用いることによって，経

営者の業績をモニターすることが効率的になる。このように，Mian and Smith (1990) は，親会社と子会社が関係していればいるほど，親会社は連結財務諸表を作成すると予想している。このことからまた，もしも経営者の業績を内部でモニタリングするために連結財務諸表を作成するなら，外部報告目的においても連結財務諸表を作成することがよりコストがかからないと予想している。そして，Mian and Smith (1990) は，この予想と整合的な実証的証拠を提示している。

企業（あるいは基準設定機関）が会計方針を完全に特定化すべきであると主張するまでには，PAT は進展していないことに注意しよう。そのようなことは，コストがかかりすぎるだろう。つまり，新しい環境や予期しない状況に対応するために，会計方針の集合の中から経営者が自由に選択することが望ましい。たとえば，新しい会計基準は企業のインタレスト・カバレッジ・レシオを財務制限条項に違反する水準まで引き下げるかもしれない。CICA ハンドブックのセクション 3461 は，退職後給付の費用化についてのものであり，このような会計基準の 1 つである。このとき，債務契約を再交渉したり，テクニカル・デフォルトによる期待コストを負担するよりも，法人税への影響を考慮しても株主資本が大きくなる方法として，LIFO から FIFO に棚卸資産の評価方法を変更したり，LIFO により評価されている期首棚卸資産を取り崩したり，負債の代わりに優先株式を発行したりすることの方が，おそらく経営陣にとってはコストがかからないだろう。

通常は，利用できる会計方針の集合は，GAAP において許容されている方法と考えられている。もっとも，そのような集合を契約によってさらに制限できないとする理由は，コストが問題にならなければ存在しない。しかし，経営者に会計方針の集合の中から選択する自由を与えれば，事後的には**機会主義的行動** (opportunistic behaviour) をとる可能性が出てくる。つまり，許容された集合を所与として，経営者は自分自身のために会計方針を選択するかもしれない。そして，そのことによって契約は非効率になるかもしれない。

機会主義的行動がなされる可能性があるということは，重要な仮定をおいていることを意味している。つまり，PAT は投資家と同様，**経営者は合理的であり** (managers are rational)，できる限り自分自身のために会計方針を選択すると仮定している。いいかえれば，経営者は自分自身の期待効用を最大化している。したがって，PAT は経営者がたんに企業の利益を最大化するため

に行動するとは仮定していない。経営者は自分自身の利益になると考えたときにのみ，利益を最大化するのである。たとえば，探索活動をまだ行っている石油会社の経営者が，報告利益にもとづく報酬契約を結んでいるとき，成功部分原価法ではなく全部原価法を選択することにより利益を平準化するかもしれない。そして，それによって，賞与を安定化させ，期待効用を大きくすることができるかもしれない。このことは，全部原価法にもとづくよりも利益が大きくなり，そのことによって税金が増えたり，産業への新規参入を促したりするといったことが生じる場合でも行われるかもしれない。もちろん，このような機会主義的な行動は，経営者の報酬契約を交渉するときに予想していることであり，企業は機会主義的な行動による期待コストの分だけ，経営者の報酬を引き下げることにより，自分自身を守ることができる。つまり，経営者は効用を高めるために機会主義的に行動することによって，企業から受け取る報酬が引き下げられるかもしれないが，経営者の労働市場が競争的であれば，進んで仕事をするだろう。その結果，報酬契約を前提にして，選択できる会計方針の集合の範囲で，経営者は機会主義的に行動するインセンティブを持っている。

　したがって，企業にとっての最適な会計方針の集合は，妥協の産物である。一方では，事前に会計方針を厳格に決めることにより，経営者による機会主義的な会計方針の選択をできるだけ小さくすることができるが，環境の変化に対応するための会計の柔軟性が失われるコストが生じる。また他方では，経営者がより幅広い会計方針から選択することを可能にすれば，会計に柔軟性がないことによって生じるコストは減少するが，経営者の機会主義的な行動によって企業にコストが生じる。

　PATは，次のような問題を明らかにするために実証的な考察が必要であることを強調している。つまり，資本コストと契約コストのトレードオフはどのようになっているのか。会計方針の集合にどのくらい柔軟性を持たせるのか。また，コーポレート・ガバナンスの構造は，企業が直面する環境に依存してどのように異なるのか。すなわち，本質的にはPATの目的は，企業によって，経営者の会計方針の選択がどのように異なるかを理解し予想することである。

　したがって，PATは，個人や利害関係者が何をすべきであるかを記述しようとしたものではない。そのようなことを目的とする理論は**規範的** (normative)

7.6 実証会計理論 (PAT)

と呼ばれる。この本では,実証的な理論と規範的な理論の両方を扱っている[11]。第3章で記述した単一個人の意思決定理論と投資理論は,もしも個人が不確実性に直面したときに,期待効用を最大化するように意思決定をしたいならば,それらの理論が教えることをすべきであることを示唆している。この点で,このような理論は規範的であると解釈することができる。

規範的な理論に高い予測能力があるかどうかは,理論が記述するように個人が実際に意思決定をするかどうかに依存している。確かに,規範的な理論には,予測能力があるものもある。たとえば,個人はポートフォリオに分散投資している。しかし,たとえ予測がうまく当たらなくても,優れた規範理論は存在する。1つの理由は,現実の人々が理論を理解するには,時間が必要かもしれないからである。あるいは,ある規範的な理論にしたがわないのは,その理論を理解していないからとか,他の理論をより好んでいるからとか,たんにこれまでしたがっていなかったからといった理由かもしれない。たとえば,投資家が分散投資の戦略を行っていないのは,テクニカル分析[12]を信じており,テクニカル分析をしているアナリストが推薦する企業にのみ投資しているからかもしれない。しかし,規範理論が優れたものであれば,時間が経ちそれを学んでいくにつれ,より多くの人がその理論を用いるようになると考えられる。しかし,実証的な理論とは異なり,予測能力は規範的な理論を評価する重要な基準ではない。むしろ規範理論は,合理的な個人がどのように行動すべきかについての背景にある仮定と論理的に整合しているかによって判断される。

どちらの理論的アプローチが正しいかについて,議論がなされたこともある。この点については,たとえば,Boland and Gordon (1992) や Demski (1988) を参照して欲しい。しかし,ここでは,規範的な理論アプローチと実証的な理論アプローチの両方を開発し検証することに価値があると認識すれば十分である。意思決定者が規範的に行動するなら,規範理論も実証理論も同じような予測をするだろう。規範理論の予想を実際に検証することによって,そのような予想をより現実に沿ったものにする点で,実証理論は有用である。

---

[11]【訳注】この行から,このセクション 7.6.1 の終わりまで,「実証」は "positive" の訳語である。なお,訳者のコメントを参照のこと。
[12]テクニカル分析は,過去の業績におけるシステマティックな特徴を見つけ出し,その特徴を利用して将来の業績を予想することによって投資するアプローチである。これは株式リターンの変動がランダムであると予想する証券市場の効率性とは整合的ではない。

つまり，2つのアプローチは互いに補完し合うものである。

7.6.2　PAT における 3 つの仮説

Watts and Zimmerman (1986) によれば，PAT の予想は大きく分けて 3 つの仮説にまとめることができる。Watts and Zimmerman (1990) は，これまで機会主義的行動の形式によって，これらの仮説の解釈はもっともよく行われてきていると指摘している。ここで，機会主義的行動の形式とは，経営者は企業にとってではなく自分自身にもっとも利益になるように会計方針を選択するという視点を意味する。そこで，以下では，これらの仮説を機会主義的行動の形式で述べることにする。

1. **ボーナス制度仮説 (bonus plan hypothesis)**：他の条件が同じなら，ボーナス制度のある企業の経営者は，将来から現在に報告利益を前倒しする会計手続きを選択する傾向がある。

   この仮説はもっともらしいように思える。企業の経営者は，誰でもそうであるように，高い報酬を好むだろう。少なくとも部分的に報告利益にもとづいたボーナスによって報酬が決まるのであれば，できるだけ高い利益を報告して，現在のボーナスを大きくすることができるかもしれない。1つの方法は，現在の報告利益を高めるような会計方針を選択することである。もちろんこのことは，他の条件が同じなら，アクルーアルの時系列的な特徴によって，将来の報告利益とボーナスを引き下げることになるだろう。しかし，将来の報酬を現在に受け取ることにより，経営者の効用の現在価値は高まるだろう。

   また，経営者が危険回避的なら，報告利益を平準化するような会計方針を選択することを好むだろう。なぜなら，他の条件が同じなら，ボーナスの変動は大きいよりも小さい方が期待効用は大きくなるからである。

2. **財務制限条項仮説 (debt covenant hypothesis)**[13]：他の条件が同じなら，会計指標にもとづく財務制限条項に違反しそうな企業ほど，その経営者は将来から現在に報告利益を前倒しする会計手続きを選択する傾向がある。

   この理由は，報告利益が大きいほど，テクニカル・デフォルトの可能

---

[13]【訳注】日本では，1996年1月1日以降，財務制限条項ではなく，財務上の特約という名称が用いられている。しかし，翻訳に際しては，PAT が日本で広まった時点での名称を用いることとし，財務制限条項という言葉を用いることにした。

性は小さくなるからである。たいていの債務契約には，借り手が契約期間中，守らなければならない財務制限条項がある。たとえば，借り手の企業は，インタレスト・カバレッジ，運転資本，あるいは株主資本について，一定の水準を維持しなければならないとする財務制限条項のある契約を結んでいるかもしれない。そして，このような財務制限条項に違反すれば，配当や追加的な借入に制約がかかるといったペナルティが課されることがある。

経営陣は，財務制限条項に違反する可能性があると，明らかに企業を経営していく上での行動が制約されることになる。このような違反を避けるため，あるいは少なくとも先延ばしするために，経営陣は現在の利益を大きくするような会計方針を選択するかもしれない。財務制限条項仮説によれば，デフォルトに近いほど，あるいは実際にデフォルトの状態にあるときに，企業はこのような行動をとると予想する。

また，経営者は，利益のボラティリティを大きくするような会計方針にも反対するかもしれない。なぜなら，利益のボラティリティが大きいとき，将来，財務制限条項に違反する可能性が高くなるからである。

3. **政治コスト仮説** (political cost hypothesis)：他の条件が同じなら，企業が直面する政治コストが高いほど，経営者は現在から将来に報告利益を先延ばしする会計手続きを選択する傾向がある。

政治コスト仮説は，会計方針の選択を考えるときに，政治的な側面を考慮している。たとえば，政治コストは，利益が大きいことによって，マスコミに取り上げられたり，顧客から注目されたりするときに生じることがある。注目が大きくなると，それはただちに企業に対する政治的な圧力へと変わり，そして政治家は新しい税金や何らかの規制をかけようとするかもしれない。たとえば，このことは，原油の供給に制限がかかり，ガソリン価格が上昇したときに，石油会社において生じたことである。過去にアメリカでは，国民の怒りをかって，過剰な利益を取り戻すために，石油会社に対して特別税が課された。このため，石油会社の経営者は，たとえば LIFO への変更によって，このようなことが再発する確率を減らすことができると考えているかもしれない。

しばしば，大企業であることにより，政治コストが生じる。非常に大きな企業は，たんに規模が大きく影響力が強いといった理由によって，た

とえば環境責任について非常に高い達成基準を課せられるかもしれない。また，この大企業の業績が良好であるなら，このような政治コストはさらに大きくなるだろう。

また，特定の時点において，企業は政治コストに直面する可能性がある。たとえば，海外からの競争の影響を受けている企業は，政治プロセスに介入して輸入制限を認めてもらわなければ，競争により収益性が下がるかもしれない。このとき，政治プロセスに影響を与える1つの方法は，利益が減少していると政府を信じさせるために，利益減少的な会計方針を選択することだろう。

このような3つの仮説は，PATの重要な構成要素である。また，これらはすべて，実証的に検証可能な予想につながることに注意しておこう。たとえば，ボーナス制度のある企業の経営者は，ボーナス制度のない企業の経営者と比べて，保守的でなく利益のボラティリティが小さくなる全部原価法のような会計方針を選択すると予想される。また，ボーナス制度のある企業の経営者は，ESOの費用化のような報告利益を減少させる会計基準の提案に反対すると予想される。このような基準の下では，会計方針の選択によって，現在の報告利益をできるだけ大きくすることがより難しくなるだろう。また，経営者は，とくに未実現の利益や損失が当期純利益に含まれるなら，公正価値会計にもとづく基準のように，利益のボラティリティが大きくなる会計基準にも反対するだろう。

同じように，財務制限条項仮説によれば，負債比率の高い企業の経営者は，低い比率の企業の経営者よりも，より保守的でない会計方針を選択すると予想される。そして，このような経営者は，保守的でない会計方針を用いにくくなったり，利益のボラティリティを高めたりする新しい基準に対して，より反対することが予想される。また，政治コスト仮説によれば，非常に大きな企業の経営者は，より小規模な企業の経営者よりも，より保守的な会計方針を選択することが予想される。そして，このような大企業の経営者は，報告利益が減少するような新しい基準に対して，それほど反対しないと予想される。

7.6 実証会計理論 (PAT)　279

実務における理論 7.2

　ボーナス制度仮説から生じうる経済的帰結が，いかに大きなものであるかを例示するために，アメリカ連邦政府によって 1938 年に設立され，1968 年から株式会社に組織変更したファニーメイ (Fannie Mae) の例を考察してみよう。ファニーメイの役割は，住宅ローンの買い取りを含め，住宅ローン会社への融資を行うことによって，持ち家を促進することである。ファニーメイは総資産ではアメリカ第 2 の規模の会社であり，その安定性はアメリカの住宅市場において重要になっている。

　2004 年に連邦住宅公社監督局 (The Office of Federal Housing Enterprise Oversight: OFHEO) は，ファニーメイを批判する報告書を提出した。OFHEO は，ファニーメイと関連組織であるフレディマック (Freddie Mac) の活動を監督するために作られたアメリカ政府組織である。そこで問題とされた 1 つは，巨額のモーゲージ・ポートフォリオの償却についてであり，1998 年にまでさかのぼる。1998 年に金利の低下により，自宅所有者が先を争って低い金利で借り換えようとしたため，巨額のモーゲージの払い戻しが行われた。このため，ファニーメイはこれらのモーゲージの償却を早める必要が生じた。OFHEO によれば，1998 年に，400 百万ドルの追加の償却費用が必要であったとされる。しかし，ファニーメイはその年，200 万ドルだけしか費用処理せず，残りを 1999 年に繰り延べた。その結果，利益のボラティリティは小さくなった。そして，とくに OFHEO が注目したのは，もしも 1998 年にファニーメイの利益がそれ以上減っていたとしたら，経営陣の賞与は支払われていなかったことである。

　もう 1 つの問題は，ファニーメイの用いたヘッジ会計についてであった。ファニーメイは SFAS 133 にしたがっていることを主張したが，2003 年末までに，およそ 122 億ドルもの未実現の繰延ヘッジ損失がその他の包括利益に含まれていた。しかし，OFHEO によれば，ファニーメイは適切にヘッジを行っておらず，その影響を適切に評価していなかった。したがって，SFAS 133 の下では，ヘッジ会計の便益を受けるにふさわしくない状況であった。ここで，このような便益の 1 つは，ヘッジにともな

280 第 7 章 経済的帰結と実証会計理論

> う未実現損益を純利益ではなくその他の包括利益に含めることであることに注意しておこう。その結果，ファニーメイの純利益は，数年間にわたって過大に報告されていた。さらに，この額を純利益に含めると，ファニーメイの規制資本の水準を脅かすものであった。
>
> 　OFHEO は，とくに GAAP に準拠した会計を行うことについて，ファニーメイの取締役会から了承を得た。その結果，SEC はファニーメイが利益を修正しなければならないことを報告した。2004 年 12 月，取締役会は CEO と CFO を解任し，賞与と退職金を見直すことを公表した。また，ファニーメイの監査人は解雇された。ファニーメイは，50 億ドルの優先株式を発行することにより，要求されている規制資本の水準まで回復するという計画を発表した。

　3 つの PAT の仮説は，効率的契約という視点からも解釈することができる。たとえば，ボーナス仮説についていえば，企業は，会計方針の集合から，利益が変動するような会計方針を選択したくないかもしれない。なぜなら，利益が変動することによって，リスク回避的な経営者の将来のボーナスに対する期待効用が減少し，したがって企業はより多くの報酬を支払わなければならないからである。財務制限条項仮説についていえば，利益のボラティリティが高まり，財務制限条項に違反する可能性が高くなれば，企業が財務危機になることによって生じる期待コストが大きくなる。さらに，政治コスト仮説についていえば，政治コストを回避することによって，企業は便益を得るだろう。

7.6.3　PAT における実証研究

　PAT は数多くの実証研究を生み出してきた。たとえば，セクション 7.4 で議論した Lev (1979) の論文は，PAT の研究である。Lev (1979) は，企業や投資家が SFAS 19 の公開草案にどのように反応すべきかについての提案を行っているわけではない。そうではなく，全部原価法を用いている石油・ガス会社が成功部分原価法に変更することを要求される見通しに対して，投資家がどのように反応するかが強調されている。したがって，Lev (1979) の研究は，なぜ企業によって異なる会計方針を選択するのか，なぜ経営者によっては会計方針の変更に反対なのか，そしてなぜ投資家は会計方針の変更が利益に与える潜在的な影響に対して反応するのか，といった疑問を理解するのに役立

つ。実際，Lev (1979) は，全部原価法を用いている企業が成功部分原価法に変更を強制されることになったことに対して，投資家が好意的でない反応をした理由として，ボーナス制度仮説と財務制限条項仮説を指摘している。企業が結んでいる契約が非効率的であれば，また経営者がボーナス水準を維持したり，財務制限条項の違反を避けるために機会主義的に行動すれば，証券市場は否定的に反応することが予想される。

PAT の研究の多くは，上で述べた 3 つの仮説が意味することを検証することに費やされてきた。たとえば，ボーナス制度仮説を検証した Healy (1985) は，報告利益にシステマティックに依存しているボーナス制度のある企業の経営者は，ボーナス額の期待値をできるだけ大きくするためにアクルーアルを調整しているという証拠を提示している。なお，Healy (1985) の論文とその後のいくつかの研究については，セクション 10.3 において議論する。

Dichev and Skinner (2002) は，私的な貸付契約[14]についての大サンプルにもとづいて，財務制限条項仮説を検証している。そこでは，特定の流動比率や純資産額にもとづく財務制限条項に焦点を当てている。

Dichev and Skinner (2002) は，各サンプル企業について，借入が行われている四半期ごとに，「制限条項スラック」を計算している。たとえば，流動比率の場合，第 1 四半期における制限条項スラックは，その四半期末における企業の実際の流動比率と，債務契約で維持することが要求されている流動比率との差として計算される。この計算は，各サンプル企業のすべての四半期において，また流動比率と純資産について行われた。財務制限条項仮説によれば，経営者はゼロ以上のスラックを維持することを望むはずである。

Dichev and Skinner (2002) は，スラックがゼロあるいは少しだけ正の四半期の数が，予想されるよりも有意に多いことを発見している。また，スラックが少しだけ負の四半期の数が，予想されるよりも有意に少ないことも発見している。これらの結果は，経営者が財務制限条項で要求される水準を満たすために，何らかの対策をとっていることを示すことから，財務制限条項仮説と整合的である。

ゼロ以上のスラックを維持するこのような傾向は，財務制限条項に初めて

---

[14] 私的な貸付契約は，市場で取引されないものである。これと対照的に，公的な貸付契約の場合には，投資家が社債や他の金融商品を市場で売買する。Dichev and Skinner (2002) が研究しているのは，アメリカの銀行が大企業と締結している私的な貸付契約である。そこでは，この形態が主要な私的な貸付契約であると報告している。

違反する直前の四半期あるいは初めて違反した四半期にとくに強い。つまり，ある四半期において財務制限条項に違反した企業は，その次の期以降にまた違反する可能性が強い。Dichev and Skinner (2002) が指摘するように，初めての違反によって生じるコストは 2 回目以降の違反よりも大きい。なぜなら，そのような違反により，貸し手はただちに身を守るために対策をとるだろうし，経営者や企業の評判への影響は初めて違反したときに大きいからである。このことと整合的に，経営者は初めての違反を避けるために，財務制限条項における比率をとくに必死に調整することを示唆する証拠を得ている。

政治コスト仮説については，実証研究の多くは，企業規模にもとづいて検証している。しかし，企業規模は収益性やリスクといった他の企業特性と相関があることから，政治コストにこのような尺度を用いて良いかはむずかしい問題である。また，ボーナス制度仮説と財務制限条項仮説は，会計方針の予想において，規模については逆の方向に影響することから，それらの影響をコントロールする必要がある。

このようなことから，政治コスト仮説の実証研究においては，政治コストがとくに大きいような状況を考察しなければならない。このような状況の1つとして，企業が外国からの輸入製品によって圧力を受けている状況がある。

Jones (1991) は，輸入制限を行うかどうかを決める調査をしている期間に，利益を過小に報告する企業行動について研究している。海外からの競争が原因で企業に対して輸入制限を課すことは，部分的には政治的な決定といえる。貿易についての法律は，外国企業による競争により不公正な影響を受ける産業に属する企業に対して，関税による保護のような支援を行っている。アメリカでは，米国国際貿易委員会 (International Trade Comission: ITC) が，このようなことを調査する権限を持っている。この調査では，影響を受けた企業の売上高や利益といった経済的な要因を考慮する。しかし，規制をするかどうかには政治的な側面も大きい。なぜなら，それにより消費者は高い価格を支払うことになるし，諸外国からの報復があるかもしれないからである。ITCによる損害の認定は，まず大統領に報告され，その後 60 日間で規制を行うかどうかが決定される。もしも規制しないと決められたときには，議会が介入し決定をくつがえす可能性もある。

したがって，規制が行われるために収益性が下がるだけで十分かどうかは，まったく明らかではない。このため，影響を受けた企業は，それがより深刻

であるように見せるために，報告利益がより大きく減少する会計方針を選択するインセンティブがある．もちろん，そのようなインセンティブがあることは，ITC や政治家，それに世間もよくわかっているだろう．しかし，Jones (1991) が指摘しているように，このような利害関係者は，利益が下方に操作されていることを考慮するインセンティブを持たないかもしれない．たとえば，その産業に対して規制されると生じる価格が高くなるというコストは，消費者がロビー活動するほどには大きくないかもしれない．ITC でさえも，申告している企業にもともと共感している場合には，利益の操作の影響を完全に考慮する動機はないかもしれない．また，もしも利益の操作を発見することがむずかしいのであれば，そのような操作の影響を考慮するインセンティブはますます小さくなる．

報告利益を発見しづらいように減少させる効果的な方法は，アクルーアルに影響する会計方針を操作することである．たとえば，減価償却費を大きくしたり，製品保証引当金，偶発債務に対する引当金，あるいは売上割戻引当金を過剰に計上したり，貸倒引当金の積み増しや棚卸資産の陳腐化による評価損を計上することができる．これらは**裁量的アクルーアル** (discretionary accruals) と呼ばれる．

Jones (1991) は，報告利益を減少させるために，裁量的アクルーアルを企業が用いているかを検証している．Jones (1991) では，1980 年から 1985 年までに，ITC が行った輸入制限のための 6 つの調査を対象としている．具体的には，この調査が行われた 5 つの産業に属する 23 社の企業をサンプルとした．

ある年度における企業の**総アクルーアル** (total accruals) を求めることは簡単である．セクション 5.5 において指摘したように，1 つの方法は，営業キャッシュ・フローと利益の差をとることである．このとき，アクルーアルは広く解釈されており，その年にキャッシュ・フロー以外で行われたすべての営業取引の影響が含まれている．売掛金や買掛金の変化，また棚卸資産の変化もアクルーアルである．減価償却費はその年に償却した固定資産の費用であり，負のアクルーアルである．Jones (1991) は，この方法と概念的には等しいアプローチを用いており，貸借対照表からその年の非貨幣性運転資本の変化額に減価償却費を加えた額を総アクルーアルの尺度としている．

しかし，総アクルーアルを裁量的な部分と非裁量的な部分に分けることはむずかしい問題である．なぜなら，非裁量的アクルーアルは，事業活動の水

準と関係しているからである。たとえば，ある企業が海外からの競争により厳しい状況にあるときには，信用取引は減少し，流動負債の支払いを遅らせざるをえず，また不良在庫の多くを処理しなければない。これらは負のアクルーアルであるが，裁量的とはみなせないだろう。企業の内部記録を見ることができず，したがって財務諸表を用いて計算しなければならないときに，研究者は総アクルーアルから裁量的アクルーアルを取り出すことができるだろうか。

この問題に対するJones (1991)のアプローチは，ITCの調査の年よりも前の期間において，各サンプル企業 j に対して，次のような回帰式を推定するというものである[15]。

$$TA_{jt} = \alpha_j + \beta_{1j} \Delta REV_{jt} + \beta_{2j} PPE_{jt} + \varepsilon_{jt}$$

ここで各変数は次のように定義されている。

> TA_{jt} = 企業 j の t 年の総アクルーアル
> ΔREV_{jt} = 企業 j の t 年の収益から $t-1$ 年の収益を引いた額
> PPE_{jt} = 企業 j の t 年の有形固定資産
> ε_{jt} = ΔREV_{jt} と PPE_{jt} 以外のすべての要因が TA_{jt} に与える影響をあらわした残差項

係数 $\alpha_j, \beta_{1j}, \beta_{2j}$ は，推定される定数である。ここで β_{1j} と β_{2j} は，セクション3.7.1 で議論した株式のベータとはまったく関係はない。ΔREV_{jt} は，流動資産と流動負債についての非裁量的アクルーアルをコントロールするためのものである。これらは事業活動の変化に依存しており，それは収益によって測られている。また，PPE_{jt} は減価償却費の非裁量的な部分をコントロールしている。なぜなら，それは固定資産に対する投資額に依存しているからである。

各サンプル企業に対してこの回帰モデルを推定することにより，Jones (1991) は，ITC が調査した年の非裁量的アクルーアルを予測している。つまり，次式を用いて計算している。

$$U_{jp} = TA_{jp} - (\alpha_j + \beta_{1j} \Delta REV_{jp} + \beta_{2j} PPE_{jp})$$

ここで，p は調査年をあらわしている。TA_{jp} はこの年の企業 j の総アクルーアルであり，カッコ内は回帰式から予想されるその年の非裁量的アクルーア

---

[15] 企業規模について基準化するため，Jones (1991) はこの式の両辺を総資産で割っている。

ルである。したがって，U_{jp} はその年の企業 j の裁量的アクルーアルを推定した値となる[16]。政治コスト仮説によれば，U_{jp} は負になる。つまり，報告利益を減少させるために，裁量的アクルーアルを用いていることが予想される。

Jones (1991) は，このような予想を支持する証拠を提示している。つまり，サンプルのほとんどすべての企業において，上で説明した方法で測定した裁量的アクルーアルは，ITC の調査年度において有意に負となっている。そして，有意の負のアクルーアルは，調査年度の前後においては発見されていない。このような結果は，予想されたほどにはおそらく強いものではなかったが，影響を受けた企業が輸入制限がかかるように，システマティックにアクルーアルを調整する会計方針を選択していることを示唆している。そして，これは政治コスト仮説と整合的である。

これまでに指摘した研究は，PAT の予想を検証する数多くの研究の中のごくわずかなものである。なお，Watts and Zimmerman (1986, 1990) は，これらの研究について，より広範に議論している。これら 3 つの仮説は，会計方針の選択に対する経営者の異なる反応を説明する際に，経験的な妥当性を持っていると思われる。裁量的アクルーアルの推定は，多くの PAT の実証研究において重要なことである。この問題については，第 10 章における利益マネジメントについてのレビューのところで，もう一度取り上げることにする。

このような 3 つの PAT の仮説は，経営者の反応を説明しているかもしれないが，会計方針の変更に対する投資家の反応については，それほど強い証拠とはなっていない。実際，セクション 7.4 で取り上げた Lev (1979) の研究は，紙の上での政策の変更に対して，証券市場が明確に反応したことを明らかにした数少ない研究の 1 つである。しかし，Lev (1979) は，そこでの結果が PAT における変数によるのか，証券市場の非効率性によるのかは明らかにしていない。より一般的に，Bernard (1989) は，石油・ガス以外の基準についての経済的帰結について，市場が反応するという証拠を発見することはむずかしいと述べている。株価への影響が存在しているものの，既存の実証的手法ではそれを見いだすことができないのだろうか。あるいは，3 つの仮説は経済的帰結に対する証券市場の反応を適切に予測するものではないのだろうか。このような問題は，現時点では解決されておらず，今後の課題といえるだろう。

---

[16] この手続きは「ジョーンズ・モデル」と呼ばれる。これは図 5.2 で例示した CAPM を用いて証券リターンを期待された部分と異常な部分に分ける方法と概念的には同じものと考えることができる。

7.6.4 PAT の機会主義的行動による説明と効率的契約による説明の区別

これまで，PAT の 3 つの仮説は，機会主義的行動による形式によって述べてきた。つまり，経営者は報酬契約，負債契約，および政治コストを考慮した上で，自分自身の期待効用を最大にするように会計方針を選択すると仮定し，それにもとづいて説明してきた。しかし，すでに指摘したように，これらの仮説はまた，効率的契約による形式によっても述べることができる。つまり，報酬契約と内部統制システムによって，より一般的にいえば適切なコーポレート・ガバナンスによって，経営者は機会主義的ではなく，契約コストをできるだけ小さくするように会計方針を選択すると仮定し，これらの仮説を説明することもできる。

しばしば，これら 2 つの PAT の形式は，似たような予想となる。たとえば，ボーナス制度仮説では，経営者は報酬を増加させるために，倍率法ではなく定額法の減価償却を選択するとされる。しかし，効率的契約の視点からも，ボーナス制度仮説においては，同じ会計方針が選択される。定額法による減価償却が，企業が固定資産を利用することによる機会コストをもっとも正確に測定する方法であると仮定しよう。このとき，定額法の減価償却を用いたときの利益が，経営者の業績を適切に測定することになる。その結果，この減価償却方法は他の方法と比べて，経営者を効率的に動機づけることになるだろう。そして，それはそもそもボーナス制度の目的がそうであるといえる。

その結果，観察される企業の会計方針の選択が，機会主義的行動によるものか，効率的契約によるものかを決めることはむずかしい。しかし，これらの可能性を区別できないなら，会計方針の選択プロセスを理解しているとはほとんどいえないだろう。

PAT の研究は，この問題について説明している。セクション 7.6.1 において Mian and Smith (1990) の研究を指摘したが，そこでは連結財務諸表を作成する際に，企業は効率的な意思決定をしていることを報告している。また，Christie and Zimmerman (1994) は，買収のターゲットにされた企業をサンプルとして，利益増加的な会計選択がどれだけ行われているかを考察している。既存の経営陣は，報告利益や財政状態を良くみせることで，株式公開買付を避けることに必死だから，もしも会計方針の選択が機会主義的に行われているなら，それは事後的に買収された企業においてもっとも顕著であるだろう。

しかし，Christie and Zimmerman (1994) は，このようなサンプルにおいてさえも，利益増加的な会計選択は比較的少ないことを発見している。そしてこのことから，Christie and Zimmerman (1994) は，すべての企業を対象としたときには，機会主義的な行動の程度はより小さいと結論づけている。

　Dechow (1994) の研究も，この 2 つの PAT の形式と関係するものである。つまり，もしもアクルーアルが報告利益を機会主義的に操作したことによる結果として生じたものであれば，効率的市場は利益ではなくキャッシュ・フローに注目し，したがって報告利益よりもキャッシュ・フローが株式リターンと高く相関するはずであると主張している。あるいは，もしもアクルーアルが効率的契約の結果を反映しているのであれば，キャッシュ・フローよりも利益が株式リターンと高く相関するはずである。そして，Dechow (1994) は，キャッシュ・フローよりも利益が株式リターンと高く相関しているという実証結果を報告している。

　Dechow (1994) はまた，たとえば急成長企業のようにアクルーアルが比較的大きいときには，定常状態の企業のようにキャッシュ・フローと利益が等しくなるときと比べて，利益はキャッシュ・フローよりも株式リターンと高く相関するはずであると主張している。そして，Dechow (1994) は，これと整合的な実証結果を報告しており，効率的契約の議論をさらに支持する結果となっている。

　すでに指摘した Dichev and Skinner (2002) の研究はまた，PAT の効率的契約による説明を支持する証拠を提示している。Dichev and Skinner (2002) は，各企業について，制限条項の比率の変動を計算している。そして，比率が変動すればするほど，他の条件が同じなら，貸付契約期間中のある時点で制限条項に違反する確率が大きくなることを示している。たとえば，流動比率は，棚卸資産に対して歴史的原価会計ではなく公正価値会計を用いたときに，より変動が大きくなる。そして，その結果，比率が制限条項の水準を下まわる確率が高くなることになる。Dichev and Skinner (2002) は，平均して，制限条項の比率の変動が大きくなればなるほど，貸付契約の初期時点におけるスラックが大きくなることを発見している。契約当事者は両者ともに制限条項の比率が変動するとコストを負担することになるから，このことは契約の効率性を意味している。つまり，制限条項の比率の変動が大きくなれば，このようなコストが生じる可能性も高くなることから，違反する可能性が高いと

きには，スラックを大きくしておくことが効率的であるといえる。

　Guay (1999) は，デリバティブを初めて用いた年に，企業がどのようにそれを運用しているかについて研究している。そこでは，たとえば石油・ガス会社が翌年の生産についての価格リスクをヘッジするというように，経営者が企業固有の価格リスクを減少するように，効率的な報酬契約が動機づけていることを明らかにしている。そして，このような価格リスクが減少することにより，リスク回避的な経営者が，R&D，探索，新規投資といった株主の利害と一致する他の企業固有のリスクをとる行動をするようになる。つまり，価格リスクをヘッジし，将来のキャッシュの水準が適切になることにより，これらの活動に資金を投入することができる。

　しかし，投機のためにデリバティブを用いる経営者もいるかもしれない。このような行動は機会主義的であるといえる。なぜなら，投機により企業が負担するリスク総量は増加し，分散化している株主のリスクとリターンのトレードオフのバランスは崩れることになるからである。したがって，企業が主としてヘッジ目的でデリバティブを用いているという証拠は，効率的契約と整合的である。

　Guay (1999) は，1991 年から 1994 年までの期間にデリバティブを使い始めた 254 社のアメリカ企業をサンプルとして研究している。そして，これらの新しくデリバティブを用いた企業は，新しくデリバティブを用いなかったコントロール企業と比較して，企業リスクのさまざまな尺度[17]が有意に減少していることを発見している。また，直面しているリスクと用いているヘッジ商品の種類とのあいだに関係があることを報告している。たとえば，高金利のリスクにさらされているサンプル企業の多くは，金利スワップのような高金利のリスクを減少させるヘッジ商品を用いていた。

　さらに，企業の総リスクの尺度の 1 つである日次株式リターンの変動性は，考察対象のサンプル企業について，デリバティブを使い始めることによって減少している。これは，効率的契約と整合的である。たとえば，レバレッジの高い企業はリスク減少割合も大きく，レバレッジの低い企業はリスク減少

---

[17]Guay (1999) が用いたリスクの尺度は，金利のエクスポージャー，為替レートのエクスポージャー，総リスク (企業の日次株式リターンの標準偏差にもとづいている)，企業固有リスク (市場モデルを用いて市場全体に影響する要因を除去した後の企業の日次リターンの標準偏差にもとづいている)，およびベータである。全体として，Guay (1999) の結果は成立していた。つまり，これらのリスク指標すべてについて，新しくデリバティブを利用した企業はリスクを減らすためであるという結果を支持している。

割合も小さい。このことは，リスクをヘッジする経済的インセンティブの高い企業は，実際にデリバティブをより多く用いていることを示唆している。

Watts (2003a,b) が議論しているように，保守主義会計はまた，効率的契約を促進するものである。ここでボーナス制度仮説を考えてみよう。この仮説は，経営者が将来のキャッシュ・フローの見積もりを上方に歪め，将来から現在の期に利益を前倒しする，つまり早期に収益認識したり資産を過大評価したりする誘因を持つことを示唆している。退職が近づいたり，解雇になることを考えるとき，経営者のこのような誘因はより大きなものとなる。しかし，経営者に対する過剰な支払いは，取り戻すことはむずかしい。

早期の収益認識や資産の過大評価を制限することによって，保守主義会計は，このような過剰な支払いの可能性を減少させている。たとえば，公正価値ではなく歴史的原価にもとづく棚卸資産の評価は，売上といった実現の客観的な証拠が得られるまで，収益を認識することを待たせるよう機能する。つまり，経営者は，当期利益を高め，報酬を多く受け取るために，早期に収益を認識することがしにくくなっている。したがって，保守主義は，効率的な報酬契約を促進しているといえる。

財務制限条項仮説についても同じような議論を適用することができる。もしも企業が元本や利息の支払いができなければ，負債権者にとっては問題である。そのため，もしも保守主義会計を用いていれば，企業が過剰に配当を支払う可能性を減らすことになるため，負債権者は便益を受けるだろう。保守主義会計によれば，留保利益が継続的に過小になるというバイアスが生じるため，経営者が過大に配当を支払うことはむずかしくなる。さらに，保守主義会計は，他の条件が同じなら，財務制限条項による保護を強くしている。たとえば，負債比率が2を超えないよう維持するという制限条項が負債契約に含まれているとしよう。保守主義会計は分母を小さくするため，比率は大きくなる。したがって，実質的には，企業は違反をしないために，より多くの純資産を維持しなければならず，このことにより負債権者はより安全になる。そして，このような安全が保証されれば，企業はより低い利子率で負債を発行することが可能になる。

Ahmed, Billings, Harris and Morton (2000) は，このような効率的な負債契約について検証している。この研究では，企業の活動にともなうリスク，資本構成における負債の割合，および配当性向が大きくなればなるほど，負債権

者は過剰な配当支払いを問題にすることを指摘している。このことから、負債契約が効率的であるなら、これら3つの指標が大きいほど、企業はより保守的な会計を用いることを予想している。

　Ahmed, Billings, Harris and Morton (2000) の保守主義の尺度は、株式の市場価値に対する株主資本の簿価の比率、つまり簿価時価比率にもとづいている。セクション 6.6 の Basu (1997) の議論と同様に、効率的市場は株主資本が小さくなっていることを見抜くことから、他の条件が同じなら、簿価時価比率が低いほど会計は保守的である。そして、過去の ROE の標準偏差によって測られた企業のオペレーティング・リスク、負債比率、配当性向が高いほど、企業の会計はより保守的になることを予想している。そして、Ahmed, Billings, Harris and Morton (2000) は、1993 年から 1998 年までの企業をサンプルとして、このことが成り立つことを発見している。また、会計が保守的になればなるほど、債権の格付けは高くなり、したがって他の条件が同じなら、利払いコストが低くなることを明らかにしている。これらの結果は、必要性が高いときに保守主義はより強くなることを示唆していることから、効率的な負債契約と整合的である。もしも経営者が機会主義的に行動しているなら、利払いコストに対する関心は薄いだろうし、財務制限条項に違反しそうになったとき、将来から現在に報告利益を前倒しすることによって切り抜けるだろう。このような保守主義会計についての契約にもとづく合理的根拠は、例 6.3 で指摘した投資家の視点からの合理的根拠を補強するものである。

7.7　経済的帰結と実証会計理論 (PAT) についての結論

　PAT は、企業の会計方針の選択について、理解し予想することを試みるものである。もっとも一般的にいえば、会計方針の選択は、資本コストや他の契約コストをできるだけ小さくするために、企業全体として取り組む必要のあることの1つである。この目的のためになされる会計方針は、企業の組織構造によって決められる。そして、この組織構造は企業環境によって決められる。したがって、会計方針の選択は、コーポレート・ガバナンス全体のプロセスの一部である。

　PAT は多くの実証研究を生み出してきた。この研究において、企業の組織構造や環境のうちの3つの側面がとくに注目されてきた。それらは、経営者

7.7 経済的帰結と実証会計理論 (PAT) についての結論　291

報酬契約，資本構成，政治コストである。

　PAT は，企業の会計方針の選択が，ただ 1 つに決定されるべきであると主張するものではない。むしろ，経営陣が選択できる会計方針の集合を持つことが，たいていの場合にはより効率的である。この集合は GAAP によって認められている集合とも考えることができるし，契約によってさらに狭められた集合とも考えることができる。経営陣が柔軟に会計方針を選択することを認めることで，企業環境の変化や契約時点では予期しなかった事象に対して，柔軟に対応することができる。しかし，会計方針の選択において，経営者は機会主義的な行動をとることもある。

　PAT の視点からは，会計方針がなぜ経済的帰結を持つのかを理解することはむずかしくない。利用できる会計方針の集合は，効率的契約の観点からは，企業の柔軟性に影響する。また，機会主義的行動の観点からは，経営者が自分自身のために会計方針をどのくらい選択することができるかに影響する。いずれにしても，用いることのできる会計方針の集合が変われば，経営陣にとって問題となる。たとえば，石油・ガスの探索コストに対して成功部分原価会計を強制的に適用することを提案する基準のように，認められる会計方針を制限する会計基準がある。また，CICA ハンドブックのセクション 3461 における OPEB に対する会計のように，あるいは従業員ストック・オプションの費用計上の基準のように，報告利益を減少させるような会計基準もある。さらには，公正価値会計を要求する基準のように，利益のボラティリティを高めるような会計基準もある。経営陣は，これらに対して何らかの反応をすることが予想され，その反応は新しい基準がこれまでの契約に影響を与えたり，会計方針の選択の幅を減少させたりするほど，強くなることが予想される。また，これらの議論のいずれもが，証券市場の効率性とは必ずしも矛盾しない。

　すでに指摘したように，会計方針と会計基準に対する経営者の関心は，機会主義的行動あるいは効率的契約によって生じるものである。しかし，これらのうち，PAT の効率的契約による説明を支持する証拠が数多く存在している。このことは，企業は，経営者の利害を株主の利害に一致させることができることを示唆している。次の章では，このような利害の一致がどのようにして達成されるのかを考察することにしよう。

第8章

コンフリクトの分析

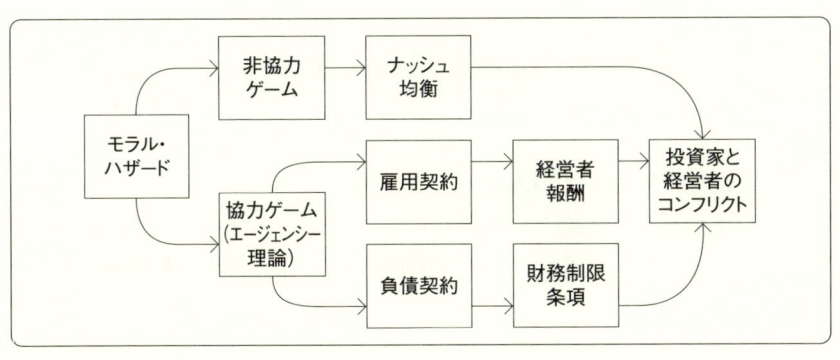

図 8.1 第 8 章の構成

8.1 概要

　この章では，経済的帰結と PAT の背景にある経営者と株主の利害の一致の問題について考察する。経営者がなぜ財務報告に関心を持つのかを適切に理解するためには，**ゲーム理論** (game theory) のいくつかのモデルを考察することが必要である。ゲーム理論は，合理的個人間の**コンフリクト** (conflict) の結果をモデル化し予測しようとするものである。確かに，経済的帰結はコンフリクトによって特徴づけられるものである。この章ではまた，**エージェンシー理論** (agency theory) についても考察する。エージェンシー理論は，ゲーム理論の一種であり，2 人あるいはそれ以上の人のあいだで結ばれる**契約** (contracting)

のプロセスをモデル化したものである。契約当事者は自分自身にとって，もっとも望ましい結果を得ようとするので，エージェンシー理論もコンフリクトを扱っている。

　第7章で指摘したように，営利企業はさまざまな契約を結んでいる。とくに重要な2つの契約は，企業と経営者とのあいだで結ばれる**雇用契約** (employment contracts) と，企業と貸し手とのあいだで結ばれる**貸付契約** (lending contracts) である。これらの契約はしばしば，企業の報告利益にもとづいて書かれている。たとえば，雇用契約では，利益にもとづいて経営者のボーナスが支払われることがよくある。また貸付契約では，債権者保護のために，インタレスト・カバレッジ・レシオの水準が事前に決めた水準を下まわらない，あるいは運転資本がある水準以下になるときは配当を支払わないといったかたちで，企業を拘束する財務制限条項が含まれていることがある。

　ゲーム理論は，経営者，投資家，その他の利害関係者がどのように合理的に財務報告の経済的帰結を予想しているのかを理解する手助けとなる。したがって，ゲーム理論とエージェンシー理論は会計にとって有用なものである。重要な契約が会計方針によって影響を受けるとき，会計方針は経済的帰結を生じさせることがある。ゲーム理論は，なぜ契約が財務諸表にもとづくことがあるのかを理解するのに役立つ。

　報告利益には，投資家に対する報告という役割とは異なる契約における役割がある。そこでは，経営者の現在の行動から生じる将来の利得を予想することが役割になる。そうすることによって，経営者の業績を監視し動機づける。このため，利益は，経営者の努力に対する感度が高いこと，およびその努力から生じる利得を推測する精度が高いことが必要である。しかし，この役割を果たすために必要な特徴は，投資家に対してもっとも有用な情報を提供するための特徴とは必ずしも同じではない。このことはセクション 1.7 で説明した財務会計理論の基本問題につながる。

　最後に，ゲーム理論の分析により明らかにされる財務諸表の契約にもとづく役割は，効率的証券市場の理論が，必ずしも経済的帰結と非整合的ではないことを理解するのに役立つ。財務報告におけるコンフリクトの意味を理解すれば，証券市場が効率的であるとともに，会計方針が経済的帰結を生じさせる可能性のあることがわかる。図 8.1 はこの章の構成を示している。

8.2 ゲーム理論を理解する

この章では，ゲームの経済理論 (economic theory of games)，略してゲーム理論 (game theory) について学習する。これは非常に大きな分野であり，ここでは概略のみを説明する。それにもかかわらず，ゲーム理論が，財務会計理論における多くの現代的課題を対象にできることがわかるだろう。

本質的には，ゲーム理論は，2人あるいはそれ以上のプレイヤーの相互関係をモデル化している。しばしば，その相互関係は，不確実性や情報の非対称性の下で生じる。各プレイヤーは，自分自身の期待効用を最大化すると仮定する。それはちょうど第3章で扱った意思決定理論や投資決定の例における投資家と同じである。異なる点は，ゲーム理論は，自然の状態が確率的に実現するという不確実性を考慮することに加えて，プレイヤーが他のプレイヤーの行動をきちんと予想することを要求することにある。他のプレイヤーの行動を予測することは非常にむずかしい。なぜなら，あるプレイヤーの行動は，そのプレイヤーがどのように行動するかを他のプレイヤーがどのように予想するかに依存するということが，すべてのプレイヤーについて当てはまるからである。このため，ゲーム理論は，意思決定理論や投資理論よりも複雑になる傾向にある。しかし，合理的なプレイヤー間で生じるコンフリクトを数理的に記述することによって，理論が扱うことのできる範囲は飛躍的に広くなる。

ゲーム理論についてのもう1つの捉え方は，プレイヤーの数が，単一個人の意思決定問題と市場とのあいだにあるということである。一方では，意思決定理論のように，単一のプレイヤーが存在し，自然を相手にゲームを行うものがある。自然の行動は自然の状態のいずれかが実現するものとして記述される。もう一方では，市場のように，非常に多くのプレイヤーが存在するゲームと考えられるものがある。市場が経済的な意味で完全である場合には，プレイヤーの数が非常に多く，その結果，任意のプレイヤーの行動が市場において影響を与えることはできない。これは，しばしば経済学において，プライス・テイカーと呼ばれている概念である。それは，例 3.1 や例 3.2 の投資意思決定の状況であり，そこでは意思決定者は証券の市場価格を所与としていた。

しかし，ゲーム理論では，プレイヤーの数は2人以上ではあるが十分には

多くなく,あるプレイヤーの行動が他のプレイヤーに影響を与える状況を扱う。したがって,ゲームのコンフリクトの側面,つまり他のプレイヤーの行動を予想して各プレイヤーが行動する状況を分析できる。たとえば,カルテルや寡占産業の企業は,市場をコントロールはできないが影響を与えることはできる。したがって,これらの企業の意思決定問題は,ゲームとしてモデル化することができる。

ゲームにはさまざまな種類が存在する。ゲームを分類する1つの基準は,**協力的** (cooperative) か**非協力的** (non-cooperative) かということである。協力ゲームは,当事者が**拘束力のある合意** (binding agreement) を形成することができると仮定する。したがって,カルテルは協力ゲームの例である。カルテルは,メンバー間で拘束力のある合意を強制することが可能であり,より高い短期的な利益を追求するためにカルテルを離れることができない場合に,もっともよく機能する。もしもそのような合意が可能でないなら,カルテルはより非協力ゲームに近くなるだろう。寡占産業は,少なくとも取引制限についての合意が非合法である法域では,非協力ゲームの例である。以下では,両者のタイプのゲームを例示する。

訳者のコメント

この本では,プレイヤーが**拘束力のある合意** (binding agreement) を形成できるようなゲームを**協力ゲーム** (cooperative game) と呼び,拘束力のある合意を形成できないようなゲームを**非協力ゲーム** (non-cooperative game) と呼んで区別している。しかし,拘束力のある合意を形成できるからという理由で,**エージェンシー理論** (agency theory) を協力ゲームに分類することに戸惑った読者もいるかもしれない。エージェンシー理論を非協力ゲームに分類する方が一般的だからである。

なぜこのようなちがいが出てきてしまうのかといえば,協力ゲームと非協力ゲームの定義が時とともに変わってきているからである。この区別を導入した Nash (1951) は,プレイヤーのあいだでコミュニケーションが自由に行えて,拘束力のある合意を形成できるゲームを協力ゲームと定義し,プレイヤーのあいだでコミュニケーションが取れず,拘束力のある合意を形成できないゲームを非協力ゲームと定義している。

しかし，この定義では，どちらにも分類できないゲームが出てきてしまう。具体的には，プレイヤーのあいだで自由にコミュニケーションが取れるが，拘束力ある合意が形成できないゲームや，プレイヤーのあいだでコミュニケーションは取れないが，拘束力ある合意が形成できるゲームは，どちらにも分類できない。

そこで，単一の判断基準によって，ゲームを協力ゲームと非協力ゲームに分類できる定義が望まれていた。しばらくすると，コミュニケーションが許されているのかどうかよりも，拘束力ある合意を形成できるかどうかの方が一層根本的な区別であると考えられるようになる。そこで，プレイヤーが拘束力ある合意を形成できるゲームを協力ゲームととし，それ以外のゲームを非協力ゲームと考えるのが一般的になった。本書は，この定義を採用している。

しかし，Nash (1951) の非協力ゲームの定義や，本書で採用されている定義を採用すると，非協力ゲームの分析のために発達してきた手法は，プレイヤーが拘束力ある合意を形成できる状況の分析には使えないという誤った印象を与える問題点があった。そこで，Harsanyi and Selten (1988) は，非協力ゲームと協力ゲームを再定義してこの誤解を取り除こうとした。いくらか専門的になるが，ここで，Harsanyi and Selten (1988) の定義を挙げておこう。**非協力ゲーム** (non-cooperative game) とは，ゲームの展開型による表現が明示的に拘束力ある合意を形成する能力をプレイヤーに与えないかぎり，プレイヤーは拘束力ある合意を形成できないようなゲームである。また，**協力ゲーム** (cooperative game) とは，ゲームの展開型による表現が明示的に拘束力ある合意を形成する能力をプレイヤーに与えない場合であっても，プレイヤーが拘束力ある合意を形成できるようなゲームである。これが，現代のゲーム理論家のあいだで，もっとも広く受けいれられている定義だろう。エージェンシー理論のゲームでは，プレイヤーに明示的に拘束力ある合意を形成する能力が与えられているので，現代においては，非協力ゲームに分類するのが一般的である。

大雑把にいえば，非協力ゲーム分析は，プレイヤーの視点に立って，すべてのプロセスを詳細に追って分析するミクロ・ゲーム分析のアプローチであり，協力ゲーム分析は，ゲーム全体をマクロの視点から眺めて，あ

りうべき解を模索するマクロ・ゲーム分析のアプローチである。

8.3 経営者と投資家のコンフリクトを分析する非協力ゲームのモデル

　セクション 3.2 において，財務諸表を利用する**利害関係者** (constituencies) という概念を導入した。この利害関係者間のコンフリクトは，ゲームとしてモデル化できる。なぜなら，利害関係者によって，意思決定の際に要求する内容は異なるかもしれないからである。第 3 章で検討したように，投資家は目的適合的で信頼性のある財務諸表情報を必要としており，それを投資の期待価値とリスクの評価に役立てている。しかし，経営者は投資家が欲しいすべての情報を開示したいと思わないかもしれない。経営者はある負債を貸借対照表に載せないことを望むかもしれない。なぜなら，それにより貸し手との契約がスムーズに結べ，資金調達が容易になるかもしれないからである。また，裁量的アクルーアルや会計方針の変更によって，報告利益を調整する余地を残しておくために，どのような会計方針を用いたかを明らかにしたがらないかもしれない。それに加えて，経営陣はより多くの情報を開示することによって，競争相手が有利になると考えるかもしれない。これらは，財務諸表にバイアスをかけたり操作したりすることによって企業をよく見せるためになされるもので，効率的契約や機会主義的な目的のために経営者が行うほんのいくつかの行動である。もちろん，投資家はこのようなことが行われているかもしれないことを知っており，投資意思決定の際にはそのことを考慮するだろう。そしてまた，企業の経営陣は，財務諸表を作成する際に，投資家がそのように予想していることを考慮している。ゲーム理論は，このようなコンフリクトのある状況を分析し，当事者が行う意思決定を予測するための 1 つの厳密なフレームワークを提供する。

　このような状況は**非協力ゲーム** (non-cooperative game) によってモデル化できる。なぜなら，どの特定の情報を報告するかについて，経営者と投資家とのあいだで拘束力のある合意を形成することはむずかしいからである。1 つには，そのような合意は非常にコストがかかるだろう。なぜなら，同じような合意をすべての投資家とのあいだで交渉しなければならないからである。こ

のとき，投資家によって直面している意思決定問題は異なるため，情報に対する要求も異なるだろう。したがって，多くの異なる財務報告を用意する必要がある。また，たとえそのような拘束力のある合意が形成されたとしても，それを実行することはむずかしく，コストがかかるだろう。なぜなら，投資家は経営者がその合意にしたがって行動したかどうかを監視するために，企業を直接的に監査したり，監査人を雇って調べる必要があるからである。また別の文脈では，たとえば寡占産業の企業が取引制限についての合意を形成するような場合には，拘束力のある合意は違法になることもある。

経営者と投資家とのあいだのこのようなゲームを例示するために，例 8.1 を検討しよう。

例 8.1. [非協力ゲームとしての経営者と投資家との関係]

経営者は 2 つの戦略があり，そのうち 1 つを必ず選択しなければならないと仮定する（表 8.1 を見よ）。この戦略の 1 つを「虚偽報告」(D) とあらわす。これは内部コントロール・システムに十分な投資を行わず，利益をできるだけ大きくしたり歪めたりするために会計方針を選択することと考えることができる。また，もう 1 つの戦略を「真実報告」(H) とあらわす。これは強力な内部コントロール・システムを構築し，目的適合的で信頼性のある財務諸表を作成することと考えることができる。一方，投資家にも 2 つの戦略があり，1 つはその経営者の企業の株式を買うことであり，もう 1 つは株式を買わないことである。これらはそれぞれ B と R によってあらわす。

表 8.1 の数値は，とりうる戦略のそれぞれの組についての投資家と経営者の効用をあらわす利得を示している。つまり，もしも経営者が H を選択し，

表 8.1 非協力ゲームにおける効用の値

		経営者	
		真実報告 (H)	虚偽報告 (D)
投資家	買う (B)	60, 40	20, 80
	買わない (R)	35, 20	35, 30

投資家がBを選択すると，投資家は60の効用を得て，経営者は40の効用を得る。他の3つの戦略の組についても，それぞれ表の他の3つの組が対応している。読者はここで，各効用の値の関係が適切であることを確認して欲しい。たとえば，もしも投資家がBを選択するときには，経営者が虚偽報告したケース(20)よりも，経営者が真実報告したケース(60)の方が投資家はより高い効用を得ている。同じように，もしも投資家が株式を買わないときには，経営者はDを選択することをより好むだろう（経営者が情報を歪めるときには，内部コントロール・システムや意思決定に有用な報告をすることにはお金も努力もあまり投入しなくてよい）。

各プレイヤーがお互いに相手について「完備な情報」を持っているという仮定は重要である。つまり，投資家は経営者が選択できる戦略と利得を知っているし，逆に経営者は投資家が選択できる戦略と利得を知っている。ゲーム理論はこのような仮定を緩めて拡張することができるが，それはこの本の範囲を超えている。しかし，情報の完備性には，戦略の選択は含まれない。つまり，この例では，各プレイヤーはこのゲームにおいて，相手がどのような戦略を選択するかは知らずに，自分の戦略を選択する。

どの**戦略の組** (strategy pair) が選択されるだろうか。この用語はたんに，各プレイヤーが選択する戦略を述べることを意味する。つまり，BHは戦略の組であるが，それは投資家が買うという戦略 (B) を選択し，経営者が真実報告という戦略 (H) を選択することを意味する。読者はこの先を読み進める前に，表 8.1 を見直して，どの戦略が選択されるかを予想してみて欲しい。

まず，RHとBDの戦略の組は，簡単に排除することができる。もしも経営者がHを選択するなら，投資家はBを選択した方が良いことがわかる。なぜなら，Rを選択したら35の利得だが，Bを選択したら60の利得を得るからである。したがって，RHは起こらないだろう。同じように，経営者がDを選択するなら，投資家はRを選択することが望ましいことがわかる。したがって，BDは起こらないだろう。

次にBHの組を考えてみよう。もしも投資家がBを選択するなら，経営者はDをより好むだろう。したがって，BHもまた，排除されなければならないだろう。このような問題の生じない唯一の戦略の組はRDである。もしも経営者がDを選択するなら，投資家はRを好む。同じように，もしも投資家がRを選択するなら，経営者はDを好む。つまり，RDは他のプレイヤーの戦略

の選択を所与としたときに，各プレイヤーが自分自身の戦略に満足する唯一の戦略の組である。このような戦略の組は，**ナッシュ均衡** (Nash equilibrium) と呼ばれる。したがって，RD がこのゲームにおいて予測される結果である。

しかし，例 8.1 のゲームにおいて，RD は完全に満足のいく結果ではない。もしも RD ではなく BH が選択されるなら，両者ともにより高い利得を達成できることに注意しよう。しかし，もしも投資家が R ではなく B を選択するなら，そのとき合理的な経営者は D を好むことを投資家は知っている。このとき，投資家は R を選択すれば 35 であるのに，B を選択すれば 20 の利得になってしまうことを知っている。したがって，投資家は B を選択しないだろう。このゲームにおける RD というナッシュ均衡の結果は，残念なものである。なぜなら，少なくともここで仮定された効用を前提にすれば，株式市場はうまく機能しないことが予想されるからである。つまり，誰もその企業の株式を購入しない。

次に，このような状況のとき，どのようなことが起こるかを考えてみよう。おそらく当事者は，協力して BH を選択するような拘束力のある合意を形成しようとするだろう。しかし，投資家はその合意が本当に経営者にとって拘束力のあるものであり，強制されることに確信を持たなければならない。その他の可能性としては，情報を歪めることに対して大きなペナルティを課すことによって，ゲームの利得を変更することである。たとえば，BD と RD のときの経営者の利得を引き下げてゼロになるとしてみよう。このとき，BH がナッシュ均衡になることを証明することができる。しかし，このためには，中央当局による介入といったことが必要となるだろう。

また，他のアプローチとして，長期的な視点からゲームを考えることができるだろう。もしもこのゲームが無限に何度も繰り返されるなら，経営者は H を常に選択することで，正直であるとの評判を確立し，そうすることによって投資家が B を選択し始めるかもしれない。このことにより，経営者は長期的には平均的に 40 の利得を得て，1 回限りのケースで得られる 30 の利得よりも大きくなるかもしれない。このような可能性を考慮に入れてゲーム理論を拡張していくことは，ここでの例の範囲を超えている。それにもかかわらず，ゲーム理論は，コンフリクトの問題を研究する上で，強力かつ柔軟な手

法を提供してくれることは指摘しておこう。

このゲームは比較的単純なものであるが，このような状況は最近の会計や監査のスキャンダル，および 2000 年代初めのカナダやアメリカにおける株式市場の暴落と関係づけることができる。表 8.1 において，最初に協力的な解である BH が選択されているとしよう。このとき，セクション 1.2 で登場したエンロンやワールドコムのような経営者は，虚偽報告という戦略 D に切り替えると考えられる。このような短期的な戦略により，経営者は高い利得を得ることができる。たとえば，このような経営者は，報告利益を高めたり，貸借対照表に負債を載せなかったりするなど，財務諸表を歪めていたと主張されている。そして，その結果として，株価は高くなり，ESO により巨額の利益を得た。その後，市場は財務諸表の歪みに気づき，投資家はただちに戦略 R をとったため，株価は急落したと考えることができる。

財務報告に対する投資家の信頼を取り戻すために，中央当局は，ゲームの利得を変更しようとしたと解釈することができる。セクション 1.2 において，CICA ハンドブックのセクション 1100 と 1400 を指摘した。これらの基準は，一般に認められた会計原則をより厳しくし，経営者が操作するコストを高めるものだった。また，カナダ公共説明責任委員会 (Canadian Public Accountability Board: CPAB) が 2002 年に設置された。これは会計専門職から独立した著名人からなるグループであり，監査人により厳しい規則を課す役割を持っている。つまり，エンロンやワールドコムのような不正な財務諸表が，将来作成されないことを願ってなされたのである。アメリカでは，同じような機能を持つ公開会社会計監視委員会 (Public Company Accounting Oversight Board: PCAOB) がサーベインズ・オクスリー法の下に設置された。これらの機関がうまく機能する限り，戦略 BD のときの経営者の利得は，BH がナッシュ均衡になるところまで引き下げられるだろう。このとき利得の変化により，投資家は経営者が操作していないと信頼するようになり，投資家はふたたび株式を購入するようになるだろう。

単一個人の意思決定理論とゲーム理論のアプローチとの重大な違いに注意しておこう。意思決定理論についての例 3.1 では，ビル・コーシャスは何が起こるかについての確率を評価していた。ビルは最終的に 0.77 という確率で高い利得が得られるなどと予測した。意思決定理論における仮定は，**自然** (nature) と呼ばれる確率的なメカニズムによって，高い利得か低い利得かが

8.3 経営者と投資家のコンフリクトを分析する非協力ゲームのモデル 303

生じるということである。したがって，意思決定理論の問題は，しばしば自然とのゲームと呼ばれる。なぜなら，公平な力（自然）によって，所与の確率で高い利得か低い利得かが生み出されると仮定しているからである。また，これまでどのように投資家がこれらの確率を評価したり，新たに情報を入手したときにそれをどのように改訂したりするかに注意を払ってきたが，例3.1では投資家が選択した決定がそのような確率には影響しないことを暗黙のうちに仮定していた。つまり，自然は「考える」ことをしない。

　この仮定は，多くの意思決定問題において適切なものである。実際，第3章と第4章で説明したように，意思決定理論アプローチの研究をとおして，利用者が意思決定の際に何を要求するかについての理解は大きく進展した。しかし，そのようなアプローチは，自然ではなく思考する相手（経営者）によって利得が決まるようなケースでは，うまく機能しない。例8.1において，もしも投資家が株式を購入するなら，経営者は虚偽報告がもっとも良い行動であると理解するだろうし，投資家もそのことを知っている。したがって，経営者の選択が確率的に行われているのでなければ，投資家が経営者の行動選択に確率を割り当てることは正しくない。同じように，経営者が投資家の行動に対して確率を割り当てるのは正しくないだろう[1]。つまり，いずれかまたは両方の意思決定者によるこのような行動は，コンフリクトのある状況においては正しい意思決定とはならないだろう。

　財務会計の理論において，例8.1のようにモデル化されたゲームをどのように用いることができるだろうか。ここで理解しておくべき重要なポイントは，このようなモデルによって，会計方針の選択のプロセスをより深く理解することができるということである。第3章において，投資家の情報に対する要求を理解することができる壮大な理論を展開したことを思い出して欲しい。その章で，主たる職業会計団体は，理論にしたがった意思決定有用性アプローチを採用したと考えられることを示した。しかし，そこでは，企業の経営者が会計基準設定機関が提案するようなフル・ディスクロージャーの政策を喜んで採用するかどうかは考察しなかった。実際，第7章の重要なメッセージは，投資家の意向を代表する基準設定機関によって提案された会計方

---

[1] ここでの議論は純粋戦略のみを仮定している。ここで純粋戦略とは，プレイヤーがある行動を確率1で選択するような戦略である。プレイヤーにとって無差別な行動を確率的に選択するという混合戦略を考えることも可能である。このとき，ここでの記述は修正する必要がある。

針を，経営者は無関心に何でも採用することはないだろうということである。PATの仮定は，経営者が合理的であり，そしてその結果，機会主義的な行動をとるかもしれないということである。そのような仮定によれば，経営者が会計方針の選択に関心があるのは，自分自身の利害に関わるものだからである。したがって，株主や投資家にとって有用だろうという理由だけでは，フル・ディスクロージャーや他の特定の会計方針を選択すると仮定することはできない。このことは例8.1において，DよりもHの方が経営者の効用はより低くなるということに示されている。重要なことは，投資家と経営者という利害関係者間の利害には，コンフリクトが存在しているかもしれないということである。

このようなコンフリクトのある状況をゲームとしてモデル化することによって，より明確に会計方針の選択についての問題を理解することができる。とくに，ゲームの利得に応じて，少なくとも短期的には，財務諸表を歪めることに対する経営者の関心が存在するかどうかが決まってくる。したがって，新しい基準を導入することに関心のある会計諸団体は，投資家と経営者の双方にどのような利得の影響があるかに関心を払わなければならない。経営者が好んで新しい会計方針を選択するように，経営者の利得を調整することができるときにのみ，スムーズに基準を導入することができるだろう。

もちろん，企業の会計方針の選択に実際に関わった会計専門家であれば，経営者がどのような意図や関心を持って会計方針を選択しているかを知っているだろう。ここでのポイントは，このような意図や関心は，まさにゲーム理論によって予測されるものであるということである。会計基準団体がこのようなコンフリクトのある状況をより深く理解することによって，現実的な会計方針の選択につながり，その結果第7章で述べたような経済的帰結の論争を避けることができるだろう。

その他にも，財務会計におけるコンフリクトの状況を，ゲームの文脈で考察することができる。たとえば，Darrough and Stoughton (1990)は，独占企業（既存企業）とその産業への潜在的参入企業（参入企業）とのあいだのゲームを分析している。既存企業は新規プロジェクトのために，新株発行により資金調達する必要がある。既存企業は将来の業績が良くなるか悪くなるかについて，内部情報を持っている。良くなりそうだという情報ならば，その情報を開示する[2]ことで，新株発行による資金調達の資本コストは低くなる。しか

し，業績が良くなりそうだという情報はまた，参入企業が新規に産業へ参入してくることを促進することになるだろう。他方，業績が悪くなりそうだという情報なら，その情報を開示することにより参入企業の参入を阻止することができるが，資本コストは高くなるだろう。このとき，既存企業は情報を開示すべきだろうか，それとも開示すべきではないだろうか。

その答えは，既存企業がどれくらいの利益をあげているかに依存している。もしも既存の独占による利益が高く，新株発行による資金調達の必要性がそれほど高くないなら，既存企業は新規参入を防ぐことを十分に考慮すべきである。そして，Darrough and Stoughton (1990) は，もしも既存企業の内部情報が良くなりそうだという事前の確率が高いか，産業への新規参入コストが低い（参入の脅威が高い）なら，既存企業は情報が良くても悪くても完全に内部情報を開示することが望ましいことを示している。もしも内部情報が悪い場合には，新規参入による利益の減少を防げることが，資本コストが高くなることよりも重要になるため，既存企業は情報を開示する。他方，内部情報が良い場合には，良い情報の開示に伴う資本コストの減少という点から考えれば，利益は十分な水準になるため，新規参入を促すことになっても情報を開示する。

しかし，他の結果が起こる可能性もある。Darrough and Stoughton (1990) は，もしも参入企業が既存企業の内部情報が良いという事前の確率を低いと考えているなら，既存企業は情報が良くても悪くても開示しないことを示している。既存企業が良い情報を持つときでも，新規参入を阻止することにより利益が大きくなることが，資本コストが小さくなることよりも重要になるため，情報を開示しない方が望ましいからである。

このような結果は興味深いものである。なぜなら，フル・ディスクロージャーの問題が産業構造にも関係することを示唆しているからである。Darrough and Stoughton (1990) のモデルでは，(新規参入の脅威で測った) 産業の競争度合いが激しくなるにつれ，情報を開示することが望ましい。このことは，投資家へのフル・ディスクロージャーは，経営者の会計方針の選択に影響を与える唯一のものではないという PAT の結論をさらに支持するものである。

また，1933 年の SEC の創設以前は，フル・ディスクロージャーの基本的

---

[2]Darrough and Stoughton (1990) は，情報が開示されるとき，それは正直に開示されると仮定している。この仮定は，監査や不正報告に対する厳しい罰則があるときには成り立つだろう。

役割は，潜在的参入企業が高い利益を生み出す産業を識別することであるという，Merino and Neimark (1982) の指摘（セクション 1.2）をさらに支持するものでもある。おそらく，既存企業の独占利益が高ければ高いほど，財務報告を操作するインセンティブはより強くなるだろう。

したがって，Darrough and Stoughton (1990) の分析にはより深い含意がある。なぜなら，企業が自発的開示をするかしないかが，どのような条件によって決まるかを明らかにしているからである。このことは，いいかえれば，基準設定機関がどのような状況において必要になるかを明らかにしているともいえる。

Darrough and Stoughton (1990) 以降，他の論文において，上で述べた考察は精緻化され拡張されている。その点については，たとえば Darrough (1993), Newman and Sansing (1993), Pae (2002) を参照して欲しい。

8.3.1 要約

非協力ゲーム理論により，財務諸表を利用するさまざまな利害関係者間で生じるコンフリクトのある状況をモデル化することができる。非常に単純なゲーム理論のモデルでさえ，会計基準設定機関が会計方針の選択によって影響を受けるすべての利害関係者を考慮しないならば，実行がむずかしい政策を推進する危険性があることを示すことができる。さらに，コンフリクトの分析は，会計基準がどのような条件の下で必要かどうかを検討するために用いることができる。なぜなら，特定の条件の下では，企業は好ましくない情報でさえ，自発的に開示することを明らかにしているからである。

8.4 協力ゲーム理論のいくつかのモデル

8.4.1 はじめに

例 8.1 の非協力ゲームは，財務諸表を利用する利害関係者間のコンフリクトを例示しているが，他の多くの会計領域では**協力的な行動** (cooperative behaviour) が見られる。ここでの協力の本質は，ゲームの状況にあるプレイヤーたちが，拘束力のある合意を形成することができるということであることを思い出そう。そのような合意は，しばしば**契約** (contracts) と呼ばれる。このような契約による合意には，会計に対する含意を持つものが数多く存在し

ている。

　このセクションでは，財務会計理論に対して意味を持つ2つの重要な種類の契約を取り上げることにする。それらは，企業と経営者とのあいだの**雇用契約** (employment contracts) と，企業の経営者と社債権者とのあいだの**貸付契約** (lending contracts) である。これらの契約においては，当事者の一方をプリンシパル，他方をエージェントとして考えることができる。たとえば，雇用契約においては，企業の所有者はプリンシパルであり，経営者は所有者のために企業を運営するために雇われるエージェントである。この種のゲーム理論は，**エージェンシー理論** (agency theory) と呼ばれる。

> **エージェンシー理論** (agency theory) は，プリンシパルとエージェントの利害が対立するような状況において，合理的なエージェントをプリンシパルのために行動させるよう動機づける契約の設計を研究する，ゲーム理論の応用分野の1つである。

　実際には，エージェンシー理論における契約は，協力ゲームと非協力ゲームの両方の特徴を持っている[3]。そこでは，プリンシパルとエージェントが非協力的に行動を選択する点で非協力である。両者は特定の行動をとることに合意するわけではなく，むしろ行動は契約それ自体によって動機づけられる。それにもかかわらず，各主体は契約にコミットすることができなければならない。つまり，「ルールにもとづいてプレイする」ことに自分自身を拘束することができなければならない。たとえば，雇用契約における経営者は，企業の儲けをすべて奪い外国の法域に行くことはできないことが仮定される。このようなコミットメントは，法律制度，ボンディング・システムやエスクローを使うことによって，あるいはしばしば契約当事者間の評判によって，強制されるかもしれない。それゆえ，ここでの議論では，エージェンシー理論を協力ゲームに含めることにする。

8.4.2　エージェンシー理論：所有者と経営者との雇用契約

　まず，1期間の所有者と経営者間の契約を例にして，エージェンシー理論の多くの概念を導入しよう。そして，所有者と経営者とのあいだの基本的な

---

[3]【訳注】ここでの「協力ゲーム」の意味には注意が必要である。訳者のコメントをもう一度参照して欲しい。

コンフリクトであるモラル・ハザードについて説明する。このセクションではまた，所有者がモラル・ハザードをコントロールするために，どのような雇用契約を結ぶことができるかについても説明する。

ここでの例は，できる限り単純にするために，2人だけのモデルを用いることに注意しておこう。ここでの所有者と経営者は，コンフリクトのある多くの投資家や経営者の代表である。そして，コンフリクトのある2人の合理的個人によって企業をモデル化することによって，企業における所有と経営の分離をあらわしている。

例 8.2. [企業所有者と経営者とのあいだのエージェンシー問題]

1人の所有者（プリンシパル）と1人の経営者（エージェント）によって構成される単純な企業を考える。契約は1期間であるとする。具体的には，所有者は経営者を1年間雇うと考えよう。また，企業は不確実性に直面しており，それを自然の確率的な状態を用いてあらわすことにする。ここでは θ_1 と θ_2 という2つの状態があると仮定しよう。状態 θ_1 は「好況」をあらわし，状態 θ_2 は「不況」をあらわす。もしも好況になれば企業の最終的な利得は $x_1 = 100$ ドルになり，不況になれば最終的な利得は $x_2 = 50$ ドルになる。

ここでは経営者のその年の活動によって生み出されるキャッシュ・フローを利得と考えることにする。キャッシュ・フローのほとんどは，その年のうちに実現すると考えられる。たとえば，原価管理活動によりキャッシュの支出はすぐに節約されるだろう。また，広告活動がもし成功したとすれば，売上の増加はその年のうちに実現するだろう。

しかし，R&Dのような活動は，現在の活動がキャッシュ・フローを生み出すまでにかなりの時間がかかるため，翌年まで成果が出ないかもしれない。また，現在の活動によって，将来負債が生じることがあるかもしれない。たとえば，天然資源を採掘すれば，しばらくのあいだ明らかにはならないが，環境債務が生じることになるかもしれない。このため，現在の報酬契約が終わった後にしか，すべての利得は観察できない。

所有者の最終的な関心はこのような利得である。つまり，合理的な所有者は，経営者報酬を支払った後に残る期待利得を最大化しようとする。

この例の説明を進める前に，自然の状態を直接に参照する必要がないように，さらに単純化しておく。上で述べたように，各状態が実現すると特定の

利得が生じることになる。もしも θ_1 が生じれば，利得は $x_1 = 100$ ドル となり，θ_2 が生じれば $x_2 = 50$ ドル となる。したがって，利得の確率と自然の状態の確率とを同じように扱うことができる。つまり，たとえば θ_1 が生じる確率と利得 x_1 が生じる確率を同じと考えることができる。もしも θ_1 が生じる確率が 0.6 ならば，「θ_1 が生じる確率が 0.6 であり，θ_1 が生じると $x_1 = 100$ ドル である」という面倒な表現ではなく，x_1 が生じる確率が 0.6 であるというように表現することができる。その結果，以下の例において，自然の状態は直接に扱わなくて済むことになる。

さて，所有者は企業を運営することができないと仮定しよう。そして，その責任は経営者に委ねられていると仮定しよう。また，実際の雇用環境で見られるように，利得が観察可能ではなくても，経営者に対する報酬は年度末に支払われると仮定する。

さらに，雇用された後，経営者は 2 つの行動のいずれかを選択すると仮定する。それらは**働く** (work hard) と**サボる** (shirk) であり，それぞれ a_1, a_2 とあらわす。これらはその年に経営者が行うすべての活動をあらわしている。

経営者の行動選択は利得の分布に影響を与える。いま，これらの確率分布は，次のようになっているとしよう。

- 経営者が働くとき

$$\Pr(x_1|a_1) = 0.6$$
$$\Pr(x_2|a_1) = \underline{0.4}$$
$$\underline{\underline{1.0}}$$

- 経営者がサボるとき

$$\Pr(x_1|a_2) = 0.4$$
$$\Pr(x_2|a_2) = \underline{0.6}$$
$$\underline{\underline{1.0}}$$

ここで x_1 が高い利得をあらわしていることを思い出そう。もしも経営者が働くとき，x_1 の生じる確率はサボるとき (0.4) よりも高くなっている (0.6)。統計の用語では，a_1 の条件付きの利得分布は，a_2 の条件付きの利得分布を（第 1 次）確率支配するといわれる。このことは重要である。エージェントの行動は利得の分布に影響を与えるのである。つまり，企業経営に経営者が努力

すればするほど，高い利得の生じる確率が高くなり，低い利得が生じる確率が低くなる。

もちろん，このことは我々がまさに予測することである。経営者が働くなら，企業が良い状態になる可能性は高くなるだろう。しかし，低い利得が生じる可能性もある。この例でいえば，経営者が働いたとしても，それによって企業が直面するすべてのリスクを克服できるわけではないから，利得が低くなる確率が40%ある。同じように，経営者がサボったとしても，好況によって助けられることもあるから，利得が高くなる確率は40%ある。一般に，経営者が働けば働くほど，低い利得が実現する確率は下がることになる。

また，努力という言葉は，非常に広い意味で解釈されるべきであることにも注意しておこう。努力は勤務時間といった文字どおりの意味を超えるものであり，それには企業を経営する上で経営者が行う注意，部下を動機づけ監視することについての熱心さ，役得を減らすことなどの要素を含んだものである。つまり，経営者が行うすべての行動を含んだものとして，努力をモデル化している。

表 8.2 にここでの例を要約している。表の金額は，利得と行動の 4 つの組み合わせについての利得をあらわしている。確率は選択された行動に条件付けられたものである。つまり，もしも a_1 が経営者によって選択されたならば，x_1 の確率は 0.6 である。同じように，もしも a_2 が選択されたならば，x_1 の確率は 0.4 である[4]。

表 8.2　エージェンシーの例における利得

	経営者の努力			
	a_1（働く）		a_2（サボる）	
	利得	確率	利得	確率
x_1（高利得）	100	0.6	100	0.4
x_2（低利得）	50	0.4	50	0.6

---

[4] セクション 8.4 をとおして，プリンシパルとエージェントは契約を結ぶとき，状態と利得について同じ確率に直面していると暗黙のうちに仮定している。これは，ほとんどのエージェンシー・モデルにおいて仮定されている。脚注 8 も参照せよ。

8.4 協力ゲーム理論のいくつかのモデル

図 8.2 エージェンシー・モデルの時間の流れ

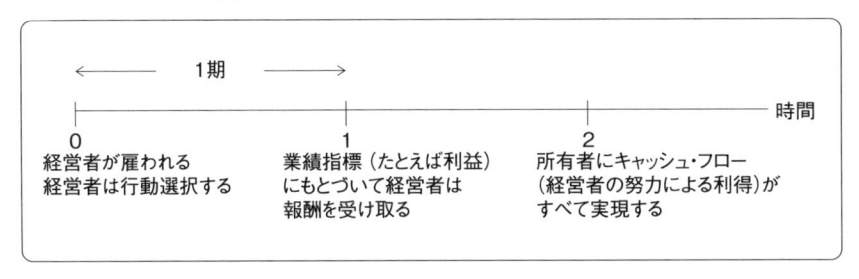

```
        ←―― 1期 ――→
    ├――――――――――┼――――――――――┼――――――――――→ 時間
    0             1             2
経営者が雇われる   業績指標（たとえば利益）  所有者にキャッシュ・フロー
経営者は行動選択する にもとづいて経営者は    （経営者の努力による利得）が
                  報酬を受け取る        すべて実現する
```

すでに述べたように，当期末においては利得は観察されない．図 8.2 はこのエージェンシー・モデルにおける時間の流れを示したものである．

さて，企業の所有者の視点からこの問題を考えてみよう．所有者は企業を運営するために経営者を雇おうとしている．つまり，所有者は選択される行動を直接にはコントロールできない．実際，所有者は，経営者が選択した行動を観察することさえむずかしいだろう．それにもかかわらず，期待利得をできるだけ大きくするために，所有者は経営者が働く，つまり a_1 を選択することを望んでいる．なぜなら，a_2 のときよりも a_1 のときの方が高い利得が得られる確率がより高いからである．

このことを厳密に示すために，所有者はリスク中立的であると仮定し，所有者の利得から得る効用は利得の金額に等しいと仮定しよう．また，経営者は 25 ドルの固定給を受け取ると仮定しよう．このとき，それぞれの行動に条件付けられた所有者の期待効用は，次のように計算できる．

$$EU_o(a_1) = 0.6(100 - 25) + 0.4(50 - 25)$$
$$= 0.6 \times 75 + 0.4 \times 25$$
$$= 45 + 10$$
$$= 55$$
$$EU_o(a_2) = 0.4(100 - 25) + 0.6(50 - 25)$$
$$= 0.4 \times 75 + 0.6 \times 25$$
$$= 30 + 15$$
$$= 45$$

ここで，$EU_0(a_1)$ は，経営者が a_1 を選択したときの所有者の期待効用をあら

わす。また，a_2 を選択したときも同様である。意思決定理論と同じように，両プレイヤーは期待効用を最大化することを望んでいると仮定する。その結果，所有者は期待効用がより高くなるので，経営者に a_1 を選択して欲しいことがわかる。また，この結果は，a_1 を所与としたときの x_1 の確率が，a_2 を所与としたときの確率よりも大きいときには，必ず成り立つことが明らかだろう。

いま，経営者の視点からこの問題を考えてみよう。経営者はリスク回避的であると仮定しよう。具体的には，経営者の報酬による効用は，報酬の 2 乗根であると仮定しよう。

経営者は所有者のために働くことを望むだろうか。適度に効率的な**経営者労働市場** (managerial labor market) があると仮定しよう。この市場は，経営者の能力に対して，教育，経験，評判などの要因にもとづいて価格をつける。もしも今期，経営者が所有者のために仕事をするなら，期待効用がこの機会コスト以上になる報酬が提示されなければならない。ここで，機会コストとは，次善の雇用機会において，経営者が得られるだろう効用である。これは**留保効用** (reservation utility) と呼ばれる概念である。ここでは，この留保効用が 3 であると仮定しよう。つまり，もしも企業経営を行うことから得る経営者の期待効用がこの留保効用よりも小さいなら，経営者は別のところに行ってしまう。もちろん，経営者はできるなら 3 よりも大きな効用を得ることを望んでいる。しかし，経営者が 3 よりも多くを望むなら，所有者は他の誰かを雇うだろう。その結果，経営者労働市場において適度な競争があるなら，ちょうど 3 の効用で経営者は喜んで働くと予想することができる。

いま，経営者が雇われたことを所与とすると，実際に所有者が望むように a_1 が選択されるだろうか。まず，ゲーム理論において，そしてまたエージェンシー理論において，他のプレイヤーが望んでいるという理由から，他のプレイヤーの望むような行動を選択することはないことを思い出そう。そうではなく，各プレイヤーは自分自身の期待効用を最大化するように行動を選択する。このことは第 7 章で議論した PAT とも整合的である。

その結果，もしも経営者が a_1 を選択するなら，経営者の期待効用が少なくとも a_2 のときよりも a_1 のときの方が大きくなるということが成り立たなければならない。ここで，この仮定は多くの経済分析とは異なっていることに注意しておこう。そこでは，しばしば利益を最大化するように企業が行動す

ることを仮定している。このような期待効用最大化行動は，PATとゲームの経済分析において，重要であり顕著な特徴の1つである。

次に，経営者は**努力回避的**である (effort-averse) ことを仮定しよう。このことは経営者は努力が嫌いであり，努力水準が高いほど，より大きな負担となることを意味する。それゆえ，努力の不効用は報酬の効用から引かれることになる。

そこで，次のことを仮定する。

努力水準 a_1 の不効用 = 2
努力水準 a_2 の不効用 = 1.7

以上の設定の下で，努力の不効用を考慮した上で，それぞれの努力水準に対する経営者の期待効用を計算することができる。経営者は25ドルの固定給を受けとることを思い出そう。

$$EU_m(a_1) = \sqrt{25} - 2 = 3$$
$$EU_m(a_2) = \sqrt{25} - 1.7 = 3.3$$

ここで，$EU_m(a_1)$ は，経営者が a_1 を選択したときの経営者の期待効用を意味しており，a_2 についても同様である。このとき，経営者は a_2 を選択するだろう[5]。

この結果は驚くべきことではない。たいていの人は，経営者であっても，他の条件が同じなら，楽をすることを望むからである。ここで，他の条件が同じであるとは，経営者は常に25ドルを受け取るということである。エージェントのこのようなサボる傾向は，モラル・ハザードの1つの例である。

---

[5] 単純化のため，この後どのようなことが起こるかについては無視している。つまり，経営者労働市場が十分に効率的であれば，同じような他の経営者がこの企業で働きたいと思うかもしれない。この仕事が留保効用よりも高い利得を保証することがわかれば，そのような経営者はサボるけれどもより低い報酬を提案するだろう。このような交渉プロセスにより，給料は22.10ドルまで下がることになるだろう。このときサボっている経営者は，次のように，留保効用までしか得ることができない。

$$EU_m(a_1) = \sqrt{22.10} - 2 = 2.7$$
$$EU_m(a_2) = \sqrt{22.10} - 1.7 = 3$$

所有者が外部に仕事のオファーをするかどうかは別にして，ここで重要なことは，所有者の関心とは反対に，経営者が a_2 を選択することを望むということである。

モラル・ハザードをコントロールするための契約の設計

ここでの問題は，例8.2のようにあらわされた状況において，所有者が何をすべきかということである。1つの可能性は，所有者はこの経営者を雇うのをやめることである。しかし，他の合理的な経営者はまた a_2 を選択するだろう。その結果，所有者はその事業をやめてしまうか，あるいは自分自身で企業経営をするかもしれない。しかし，この2つの可能性は起こりそうにない。組織を運営することは非常に複雑で専門的な仕事である。したがって，所有者はそのような能力がないかもしれない。このため，非常に小さな組織を除くすべての組織において，所有と経営は分離していることを我々は知っている。実際，ここでの所有者には，多くの他の選択肢がある。以下では，そのような選択肢について考察していこう。

経営者を雇い a_2 で我慢する　所有者は経営者に a_2 を選択させ，55ではなく45の効用で我慢することを選ぶかもしれない。しかし，これも生じないように思われる。なぜなら，以下で見るように，所有者にとってこれよりも望ましい状況があるからである。

直接的なモニタリング　もしも所有者がコストをかけずに経営者の行動選択を観察できるなら，そのことによって問題は解決するだろう。このとき，もしも a_1 が選択されるなら25ドルの報酬を支払い，そうでなければたとえば12ドルを支払うというように契約を修正すればよい。このとき，経営者は a_1 を選択することを簡単に示すことができる。その理由は，a_2 を選択すれば報酬は12ドルになり，期待効用は1.76になるからである。

このように直接的にモニタリングできるときの契約は，ファースト・ベスト (first-best) と呼ばれる。この契約では，所有者に達成することのできる最大の効用 (55) を与え，エージェントには留保効用 (3) を与えることになる。例8.2の仮定の下では，これよりも良くなる契約は存在しない。

ファースト・ベストの契約はまた，望ましい**リスク分担** (risk-sharing) の特徴を持っている。この契約の下では，経営者はリスクを負担しないことに注意しよう。なぜなら，利得にかかわらず，経営者は固定給を受け取るからである。経営者はリスク回避的であるから，このことは望ましいことである。一

方，所有者は不確実な利得から生じるすべてのリスクを負担している。所有者はリスク中立的であるから，リスクを負担することを気にしない。実際，事業を所有することの1つの機能は，リスクを負担することにあるといえるだろう。もしも所有者がリスク中立的ではなくリスク回避的であるなら，ファースト・ベストの契約は所有者と経営者がリスク分担するものになるだろう。しかし，そのようなことを示すことは，ここでの範囲外のことである。

　残念ながら，ファースト・ベストの契約は，しばしば用いることができない。所有者と経営者の契約においてもこのことが当てはまるように思われる。なぜなら，このような所有者と経営者とがいる状況において，所有者がエージェントの努力を監視することはできないように思われるからである。経営者の努力の性質は非常に複雑である。したがって，経営者から離れた存在である所有者が，経営者が実際に「働く」かどうかを見ることは事実上不可能であるだろう。したがって，次に**情報の非対称性** (information asymmetry) のケースを考えることにしよう。つまり，経営者は努力水準を知っているが，所有者は知らないという設定である。すでに指摘したように，このような情報の非対称性は，モラル・ハザードと呼ばれる。

間接的なモニタリング　経営者の努力が直接的に観察できないときでも，ある条件の下では，努力をさせることができるかもしれない。このことを示すために，これまでの例を少しだけ変更することにしよう。表8.3を見て欲しい。この表と表8.2の唯一の違いは，(x_2, a_2) のときの利得であり，それは50ドルではなく40ドルとなっている。エージェンシー理論の用語では，これは**値域が変化する** (moving support) ケースである。つまり，生じうる利得の集合が，いずれの努力が選択されるかに依存して異なっている（動いている）。表8.2は，**値域が固定している** (fixed support) ケースであり，そこでは努力選択にかかわらず，生じうる利得の集合は (100, 50) に固定されている。

　表8.3から明らかなように，もしも所有者が40ドルの利得を観察するなら，たとえ経営者の努力を直接的に観察できなくても，所有者は経営者が a_2 を選択したことがわかるだろう。このとき，所有者は，利得が40ドルでないときには25ドルの報酬を与えるという契約に変更することができる。そして，この契約において，40ドルであるときには，13ドルのペナルティを課すこと，つまり12ドルの報酬しか与えないとすることができる。このとき，次のよう

表 8.3 エージェンシーの例における利得

	経営者の努力			
	a_1（働く）		a_2（サボる）	
	利得	確率	利得	確率
x_1（高利得）	100	0.6	100	0.4
x_2（低利得）	50	0.4	40	0.6

に，経営者は a_1 を選択することを簡単に確認することができる．

$$EU_m(a_1) = \sqrt{25} - 2 = 3$$

$$EU_m(a_2) = 0.4\sqrt{25} + 0.6\sqrt{12} - 1.7 = 2.38$$

40 ドルという利得が生じたときに，13 ドルのペナルティを与えることは，エージェントにとって a_1 を選択する十分な理由になる．また，この契約はファースト・ベストである．なぜなら，エージェントは働き，かつ留保効用を得ているので，所有者の期待利得が最大になるからである．

しかし，間接的なモニタリングは，例 8.2 のような値域が固定しているケースではうまく機能しないだろう．その理由は，50 ドルという利得が観察されたとしても，それは a_1, a_2 のいずれとも整合的であり，また 100 ドルのときも同様であるからである．したがって，所有者は利得を観察しても，選択された努力はわからない．

一般に，ファースト・ベストの契約を達成するために，間接的なモニタリングを用いることはできないように思われる．第 1 に，多くの契約の状況は，値域が固定的なケースとして特徴づけられるだろう．たとえば報告利益はどのような正の値，あるいは負の値でもとりうるものである．企業がたとえば 100 万ドルの損失を報告したとしても，所有者はこの損失が経営者の低い努力によるものなのか，自然の状態が非常に悪かったからなのかを確実に区別することはできない．

第 2 に，たとえ値域が変化するケースでも，法的・制度的要因によって，所有者は経営者に対して十分なペナルティを与えることができず，したがって a_1 をとらせることができないかもしれない．たとえば，現在の 1 年契約が終わった後に，経営者に 13 ドルを支払わせるのはむずかしいかもしれない．

所有者が経営者に企業を貸す この時点で，所有者は経営者に次のようにいいたくなるかもしれない。「よし，もう企業を所有することはあきらめよう。あなたが企業を所有して経営し，わたしに定額のレンタル料 47.38 ドルを支払った後は，残った利益を 100% とればよいでしょう。」このとき，所有者は経営者が選択する努力を気にする必要はない。なぜなら，レンタル料 47.38 ドルを固定的に受け取るからである。このことは，経営者の意思決定問題を**内部化する** (internalize) と表現される。

このような方法は小作農という形態で存在しているか，あるいは過去に存在していた。しかし，小作農はしばしば非効率であるとみなされていた。そして，その理由を簡単に確認することができる。まず，経営者の期待効用は次のようになる。

$$EU_m(a_1) = 0.6\sqrt{100 - 47.38} + 0.4\sqrt{50 - 47.38} - 2$$
$$= (0.6 \times 7.25) + (0.4 \times 1.62) - 2$$
$$= 4.35 + 0.65 - 2$$
$$= 3.00$$
$$EU_m(a_2) = 0.4\sqrt{100 - 47.38} + 0.6\sqrt{50 - 47.38} - 1.7$$
$$= (0.4 \times 7.25) + (0.6 \times 1.62) - 1.7$$
$$= 2.90 + 0.97 - 1.7$$
$$= 2.17$$

したがって，経営者は a_1 を選択し，留保効用 3 を得ることになる。

しかし，所有者はファースト・ベストの契約では 55 の効用だったが，この契約では 47.38 の効用しか得られない。つまり，所有者はより悪い状況になっている。その理由は，この契約の方法は，非効率なリスク分担の特徴を持っているからである。所有者はリスク中立的であり，喜んでリスクを負担する。しかし，このケースでは，固定的なレンタル料を受け取るから，所有者はリスクを負担しない。他方，リスク回避的な経営者はリスクを嫌がるにもかかわらず，すべてのリスクを負担している。このような方法では，所有者は経営者に留保効用 3 を確保するために，レンタル料を 55 ドルから 47.38 ドルまで引き下げなければならないのである。そして，それによって，所有者は 7.62 の効用を失うことになる。この 7.62 はエージェンシー・コスト (agency cost) と呼ばれ (Jensen and Meckling, 1976), 所有者ができるだけ小さくしたいと望む契約コストの1つである。

経営者に利益の一部を与える　最後に，ファースト・ベストの契約を用いることができないときに，しばしばもっとも効率的な方法となるものを考察しよう。それは，経営者に企業業績の一部を与える方法である。しかし，所有者はすぐに問題に直面することになる。つまり，利得は次期まで完全には観察できないにもかかわらず，経営者には当期末に報酬を支払わなければならない。

この問題に対する1つの解決策は，**業績指標** (performance measure) にもとづいて報酬を支払うことである。この業績指標は，経営者の業績を反映し，また両者に観察可能で期末に利用可能でなければならない。利益はこのような業績指標の1つである[6]。利益には経営者の努力の多くが反映されるから，将来の利得がどのようになるかについて何らかのことを教えてくれる。たとえば，原価管理，メンテナンス，勤労意欲，宣伝活動などに費やした努力は，ほとんど遅れなく利益に反映されるだろう。このようなとき，利益は経営者の努力について**情報提供的である** (informative) という。

残念ながら，利益は努力について完全には情報提供的ではない。1つの理由は，認識に遅れがあるからである。すでに述べたように，経営者の努力のいくつかは，当期中には完全にはその成果が実現しない。このような典型例はR&Dである。たいていのR&Dコストは，当期中に費用にされるが，当期のR&D支出から生じる収益が実現するのは，次期以降に遅れるだろう。そのため，当期利益は，最終的な利得を少なめに評価しているかもしれない。また，当期の経営者の努力は，次期まで明らかにならない環境債務や法的債務を生じさせるといった副次的な効果を持つかもしれない。そのため，当期の利益は利得を過大に評価しているかもしれない。すなわち，利益は当期の経営者の努力について何らかのことを教えてくれるかもしれないが，それは完全ではない。

利益は完全には利得を予想するものではないが，このセクションでは利益にバイアスはないと仮定する。ただし，利益はノイズを含んだものである。つまり，利益は利得と比べて過小かも過大かもしれないが，それらの期待値

---

[6]利得が期末に観察できれば，それも業績指標になるだろう。

はゼロであるとする[7]。

つまり，このセクションでは，利益をノイズはあるがバイアスはない，利得についてのメッセージ (message) であると考える。

例 8.3. [業績指標としての利益]

報酬契約において利益がどのように利用されるかを例示するために，例 8.2 を拡張しよう。表 8.2 において，経営者が働くとき (a_1)，高い利得（100 ドル）となる確率は 0.6 であり，低い利得（50 ドル）となる確率は 0.4 であることを思い出そう。また，経営者がサボるとき (a_2)，高い利得と低い利得になる確率はそれぞれ 0.4 と 0.6 であった。すでに説明したように，経営者が働いても低い利得になることもあるし，サボっても高い利得になることがあるのは，企業がさまざまなリスクに直面しているからである。たとえば，働いたにもかかわらず，不況のときには低い利得となるかもしれない。あるいは，経営者がサボっていても好況のときには利得が高くなるかもしれない。ここでの例においても，このようなリスクが存在することとし，a_1 を所与としても 0.4 の確率で低い利得となり，a_2 を所与としても 0.4 の確率で高い利得になるとする。

利益は完全には情報提供的ではないため，経営者は 2 つの報酬リスクに直面する。すでに指摘したように，企業はリスクに直面していることから，利得がどうなるかわからない。さらに，利益はこの利得についてのノイズのある予想である。

このような利益のノイズをあらわすために，ここでは次のことを仮定する。

- 利得が 100 ドルになるとき，当期の利益は 0.5 の確率で 125 ドルとなり，0.5 の確率で 75 ドルとなる。
- 利得が 50 ドルになるとき，当期の利益は 0.5 の確率で 62.50 ドルとなり，0.5 の確率で 37.50 ドルとなる。

利益に含まれるノイズは，すでに説明した認識の遅れが確率的に生じることによるものかもしれない。

---

[7]バイアスがないという仮定は，利益マネジメントの可能性を無視している。たとえば，報酬が報告利益にもとづいているとき，PAT におけるボーナス制度仮説によって予想されるように，経営者は報酬を増やすために上方にバイアスをかけるだろう。次のセクションにおいて，このような利益マネジメントを含んだエージェンシー理論に拡張する。

したがって、利益は 37.50 ドルから 125 ドルまでの4つの数値のいずれかになる。このとき、経営者は働くならば、留保効用3を得るために利益の 0.326 の割合を要求する。このことは、次のような計算によって確かめることができる。

$$EU_m(a_1) = 0.6[0.5\sqrt{0.326 \times 125} + 0.5\sqrt{0.326 \times 75}] + 0.4[0.5\sqrt{0.326 \times 62.50}$$
$$+ 0.5\sqrt{0.326 \times 37.50}] - 2$$
$$= 0.6[0.5\sqrt{40.75} + 0.5\sqrt{24.45}] + 0.4[0.5\sqrt{20.38} + 0.5\sqrt{12.22}] - 2$$
$$= (0.6 \times 5.66) + (0.4 \times 4.00) - 2$$
$$= 3.40 + 1.60 - 2$$
$$= 3.00$$

経営者の金銭に対する効用は、受け取った額の2乗根で与えられ、働くことの負効用は2であったことを思い出そう。1つめの大カッコは高い利得を所与としたときの報酬の期待効用である。つまり、もしも利得が100ドルになるなら、利益はそれぞれ確率 0.5 で 125 ドルか 75 ドルになる。これに高い利得になる確率 0.6 をかけている。2つめの大カッコは低い利得を所与としたときであり、同じように解釈することができる。

もしも経営者がサボるなら、努力の負効用 1.7 を引いた後の期待効用は 2.96 になる。これは次のように計算できる。

$$EU_m(a_2) = (0.4 \times 5.66) + (0.6 \times 4.00) - 1.7$$
$$= 2.26 + 2.40 - 1.7$$
$$= 2.96$$

したがって、経営者は働くだろう[8]。

---

[8]所有者は経営者がどちらの行動を選択するかを知っていることに注意しておこう。つまり、経営者が働くよう動機づける報酬契約を設計しているのは所有者なのである。このことは、エージェンシー理論において追加的な仮定があることを意味している。つまり、プリンシパルはエージェントの効用関数を知っており、またプリンシパルとエージェントはエージェントの行動から生じる利得を知っており、さらにこれらの利得が生じる確率について両者が同じ評価をしている（これは**同質的確率** (homogeneous probabilities) と呼ばれる）。報酬に対するエージェントの効用関数、利得、およびそれぞれの利得が生じる確率を知らなければ、プリンシパルはエージェントの行動を予想することはできない。プリンシパルはどの行動が選択されるかを知っているので、利得はエージェントの能力についての情報を何ら明らかにしない。このことはこのセクションの始めに仮定したように、エージェントの留保効用を一定の値にしていることと整合的である。なお、より複雑なエージェンシー・モデルでは、エージェントは行動が留保効用に与える影響についても考慮する。

例 8.2 のように，所有者がリスク中立的であり，効用が経営者の報酬を支払った後の利得の金額と等しいとしよう。このとき，所有者の期待効用は次のようになる。

$$EU_o(a_1) = 0.6[0.5(100 - (0.326 \times 125)) + 0.5(100 - (0.326 \times 75))]$$
$$+ 0.4[0.5(50 - (0.326 \times 62.50)) + 0.5(50 - (0.326 \times 37.50))]$$
$$= 0.6[0.5(100 - 40.75) + 0.5(100 - 24.45)] + 0.4[0.5(50 - 20.38)$$
$$+ 0.5(50 - 12.22)]$$
$$= (0.6 \times 67.40) + (0.4 \times 33.70)$$
$$= 40.44 + 13.48$$
$$= 53.92$$

1つめの大カッコの中は，高い利得が生じたときの経営者に報酬を支払った後の期待利得である。この値に，高い利得が生じる確率をかけている。2つめの大カッコは低い利得が生じたときであり，同じように解釈することができる。

所有者の効用は，レンタル契約における 47.38 の効用よりも高くなっている。したがって，利益分担契約の方が効率的である。しかし，例 8.2 におけるファースト・ベスト契約のときの 55 の効用よりは非効率になっている。ここでは，エージェンシー・コストは，55 − 53.92 = 1.08 となっている。

このような所有者の効用の違いは，エージェントの報酬リスクによって説明することができる。ファースト・ベスト契約では，経営者はリスクを負っていない。なぜなら，利益の額にかかわらず（これは利益分担ゼロを意味する），25 ドルの給料が期待された。レンタル契約（これは利益分担 100%を意味する）では，経営者はすべてのリスクを負担していた。例 8.3 では，経営者は 32.6%の利益分担をしており，リスクの一部を負担している。努力水準を所与とすると，経営者にリスクを負担させればさせるほど，経営者のリスク回避に対する保障をした上で留保効用を与えるためには，利益分担を大きくしなければならない[9]。経営者の利益分担をより大きくすると，所有者の受け取る残余額は減少し，エージェンシー・コストは大きくなる。したがって，エージェンシー・コストは，ファースト・ベストの契約のときにゼロ，利益

分担契約のときに 1.08，レンタル契約のときに 7.62 となる。なお，ファースト・ベスト以外でもっとも効率的な契約は，**セカンド・ベスト** (second-best) と呼ばれる[10]。

この例において，経営者を働くように動機づけているのは，契約であることに注意しておこう。エージェントは所有者にとって望ましい a_1 を選択するインセンティブを持つことから，契約のこのような側面は**誘因両立的** (incentive compatibility) と呼ばれる。ファースト・ベストの契約を用いることができる場合にも，経営者が a_2 を選択すると報酬が低くなることから a_1 を選択しているので誘因両立的である。このとき，所有者と経営者は企業をうまく運営したいと考えていることから，両者の利害は**一致している** (aligned) という。

エージェンシー・コストは，PAT を構成している契約コストの1つである。セクション 7.6.1 で議論したように，企業はできる限り効率的な契約を設計したいと考えている。そこではまた，効率的な契約は企業の組織構造や環境に依存していることを指摘した。例 8.3 における企業は，所有と経営が分離しているから，エージェンシー・コストがもっとも小さくなる利益分担契約を用いることが予想される。このような契約は，経営者が働くことを動機づけるのに必要な最小の報酬リスクを負担させるものである。

このことは次の問題を提起する。つまり，会計専門家は，利益が当期の経

---

[9] このときの経営者の期待報酬は，次のように簡単に計算することができる。

$$\begin{aligned}
\text{期待報酬} &= 0.6[0.5(0.326 \times 125) + 0.5(0.326 \times 75)] + 0.4[0.5(0.326 \times 62.50) + 0.5(0.326 \times 37.50)] \\
&= 0.6[(0.5 \times 40.75) + (0.5 \times 24.45)] + 0.4[(0.5 \times 20.38) + (0.5 \times 12.22)] \\
&= (0.6 \times 32.60) + (0.4 \times 16.30) \\
&= 19.56 + 6.52 \\
&= 26.08
\end{aligned}$$

経営者の期待報酬はファースト・ベストの契約における 25 ドルから，経営者が負担する報酬リスクを考慮した上で留保効用を与えるため，利益分担契約では 26.08 ドルへと増加しなければならない。この期待報酬の増加は，所有者に生じる 1.08 のエージェンシー・コストに等しい。

[10] エージェンシー理論は，エージェンシー・コストをできるだけ小さくする契約，つまりもっとも効率的な契約を見つけようとしている。利益の 32.6% を受け取る例 8.3 の契約が，必ずしももっとも効率的であると主張しているわけではない。実際，2.30 ドルの給料に加えて利益の 0.296 を支払う契約（あるいは同じことであるが，利益が 125 ドルか 75 ドルのときには利益の 0.319 の割合，利益が 62.50 か 37.50 のときには利益の 0.342 の割合を支払う契約）が，少しではあるがより効率的であることを示すことができる。この契約は，経営者にとって a_1 と a_2 を無差別にする（このときエージェントは a_1 を選択すると仮定する）。このとき，所有者の期待効用は，もとの契約における 53.92 から 54.02 に増加する。より効率的になる理由は，固定的な給料とより低い利益分担を組み合わせることにより，この契約は経営者によりリスクを負担させないようにしている。このことにより，エージェントが留保効用を得るために必要なリスク・プレミアムを低くすることができる。主として単純化のために，本文では固定給を含まない純粋な利益分担を用いることにする。

営者の努力によって生じる利得を予測するように改善できるだろうか。この問題は会計専門家にとって重要である。なぜなら，利得の予想においてノイズが小さければ，報酬リスクを減らすことができる。つまり，経営者に対する利益分担の割合を小さくして，契約の効率性を高めることができる。そして，このとき，経営者報酬制度における利益の業績指標としての役割は高まることになるだろう。

例 8.4. [ノイズの小さい利益]

　利得の予想を改善する方法として，認識の遅れを減らすことが考えられる。このことを例示するために，環境債務や R&D の公正価値をより正確に推定することによって，例 8.3 における利益よりも精度が高く，したがってノイズが小さくできると仮定しよう。

　ここでは，ノイズのより小さい利益を次のように仮定する。

- 利得が 100 ドルになるとき，当期の利益は 0.5 の確率で 110 ドルとなり，0.5 の確率で 90 ドルとなる。
- 利得が 50 ドルになるとき，当期の利益は 0.5 の確率で 55 ドルとなり，0.5 の確率で 45 ドルとなる。

　例 8.3 との唯一の違いは，利益はノイズがありバイアスはないままであるものの，最終的な利得をより狭い範囲で予想している。このとき，経営者が働くとともに留保効用を得る状況を，上で指摘した 32.6％よりも小さい 32.2％の利益分担により達成できることを示すことができる。

　このとき，所有者の期待効用は次のようになる。

$$
\begin{aligned}
EU_o(a_1) &= 0.6[0.5(100 - (0.322 \times 110)) + 0.5(100 - (0.322 \times 90))] \\
&\quad + 0.4[0.5(50 - (0.322 \times 55)) + 0.5(50 - (0.322 \times 45))] \\
&= 0.6[0.5(100 - 35.42) + 0.5(100 - 28.98)] + 0.4[0.5(50 - 17.71) \\
&\quad + 0.5(50 - 14.49)] \\
&= (0.6 \times 67.80) + (0.4 \times 33.90) \\
&= 40.68 + 13.56 \\
&= 54.24
\end{aligned}
$$

所有者の期待効用は，例 8.3 におけるノイズがより大きいときの契約の期待効用 (53.92) よりも，大きくなっている。したがって，エージェンシー・コストは，55 − 54.24 = 0.76 となり，例 8.3 における 1.08 よりも小さくなる。会計の精度が高まることによって，報酬契約はより効率的になっているのである。

8.5 経営者の情報優位

8.5.1 利益マネジメント

セクション 8.4 では，所有者と経営者は次期になるまで利得を観察できないと仮定していた。現時点で両者に観察できる利益は，利得が将来どのようになるかについてノイズはあるがバイアスはないメッセージであるとみなされていた。

その結果，セクション 8.4 では，経営者は裁量的な報告の機会は持っていない。利益はたんに会計システムから生み出されるノイズのある数値とみなされていた。そして，経営者はこの数値を調整したり操作することはできなかった。なぜなら，ノイズはこのシステムの特性から生じるものであり，経営者の意識的な行動によるものではなかったからである。もちろん，例 8.4 で考察したように，利益マネジメントがない状況においても，会計は測定をより正確にしノイズを減らすことで，契約の効率性を高めることができる。

それにもかかわらず，会計専門家の誰もがわかっているように，経営者はしばしば利益マネジメントを行う。実際，このことは，PAT が予想することである。利益の業績指標としての役割をより深く理解するためには，経営者が報告利益を歪めたり操作したりする可能性を考慮しなければならない。

経営者の情報優位は，さまざまな側面で生じる。1 つの可能性は，経営者は契約を結ぶ前から，利得についての情報を持っているというものである。これは，**契約締結前情報** (pre-contract information) と呼ばれる。たとえば，経営者は高い利得が生じるだろうことを知っているかもしれない。そして，所有者がこの情報を知ることができないなら，高い利得は高い利益，そして高い報酬を生み出すことから，初めからサボるつもりで契約を結ぶかもしれない。あるいは，経営者は契約締結後だが行動選択前に，利得についての情報

を得るかもしれない。これは，**意思決定前情報** (pre-decision information) と呼ばれる。もしも利得についての情報が十分に悪いものであるなら，契約にこのことが考慮されない限り，経営者は契約を結ばないかもしれない。さらに他の可能性として，経営者は行動選択後に利得についての情報を得るかもしれない。これは**意思決定後情報** (post-decision information) と呼ばれる。たとえば所有者に報告する前に，利益がどうなるかについて情報を得るかもしれない。所有者が操作されていない利益を観察することができなければ，経営者は報酬をできるだけ大きくするためにウソの報告をするかもしれない。

ここでは，意思決定後情報のケースについて考察する。具体的には，例 8.3 を拡張し，所有者は 4 つの利益のどれが実際に実現したかを観察できないという仮定を追加する。そして，経営者だけがこのことを観察できる一方，所有者が観察できるのは，経営者が報告する利益数値だけである。この仮定は，経営者が会計システムに影響を与えることができることから，もっともらしいだろう。これにより，経営者が自分自身の目的のために報告利益を歪める可能性を考察することができる[11]。

例 8.5. [バイアスのある報告]

例 8.3 において，利益は 4 つの数値のうちのいずれかになることを思い出そう。利得が 100 ドルになるときには，調整前の利益は同じ確率で 125 ドルか 75 ドルになる。また，利得が 50 ドルになるときには，調整前の利益は同じ確率で 62.50 ドルか 37.50 ドルになる。所有者が実際にどちらが実現したかを観察することができないときに，経営者は 1 期間の契約が結ばれているなら，この情報優位を機会主義的に利用することは容易に想像がつくだろう。経営者がコストをかけずに利益を調整できるとき，また報告利益が高いほど報酬も高いとき，経営者はサボり，調整前の利益にかかわらず 125 ドルの利益を報告するだろう。より厳密には次のようになる。

---

[11]この仮定は，契約が両当事者が観察できる変数にしか依存できないというセクション 8.4.2 における記述と矛盾しているように思われるかもしれない。しかし，このことは当てはまらない。調整前利益とは異なり，報告利益はともに観察可能である。ここでの問題は，報告利益には当事者がそれにもとづいて契約を書くほどに十分な信頼性があるかということである。もしそうでなければ，株価のような他の業績指標が優れていることになる。しかし，GAAP と監査によって，所有者は報告利益を業績指標として信頼することができる。さらに，第 9 章で見るように，実際の報酬契約は，少なくとも部分的には報告利益にもとづいている。

$$EU_m(a_1) = 0.6\sqrt{125k} + 0.4\sqrt{125k} - 2$$
$$= \sqrt{125k} - 2$$
$$EU_m(a_2) = 0.4\sqrt{125k} + 0.6\sqrt{125k} - 1.7$$
$$= \sqrt{125k} - 1.7$$

ここで k は利益分担の割合である。明らかに，k の値にかかわらず，経営者は a_2 を選択する。留保効用を得るためには，経営者は $k = 0.177$ を要求する。つまり，次式が成立する。

$$EU_m(a_2) = \sqrt{0.177 \times 125} - 1.7$$
$$= \sqrt{22.13} - 1.7$$
$$= 4.7 - 1.7$$
$$= 3$$

このとき，所有者の期待効用は次のようになる。

$$EU_o(a_2) = 0.4(100 - (0.177 \times 125)) + 0.6(50 - (0.177 \times 125))$$
$$= 0.4(100 - 22.13) + 0.6(50 - 22.13)$$
$$= (0.4 \times 77.87) + (0.6 \times 27.87)$$
$$= 47.87$$

これは例 8.3 の契約における所有者の効用 (53.92) よりも小さい。経営者が努力にかかわらず最大の利益を報告することができることから，経営者はサボり，期待利得が減少する。そして，このことから，所有者の期待効用は減少することになる。また，経営者はリスクを負担していないことにも注意しておこう。なぜなら，利得にかかわらず同じ額の報酬を受け取っているからである。例 8.3 から，働くという選択をするときには，経営者はリスクを負担することがわかっている。

所有者の効用は例 8.3 のときよりも例 8.5 のときの方が小さいが，例 8.5 は企業の所有者の現実の状況をよりよくあらわしている。なぜなら，通常，経営者は情報優位にあり，その立場を利用して利益を調整するからである。所

有と経営の分離を前提とすれば，所有者は企業の会計や報告システムについて，その働きを詳しく観察することはできないだろう。このとき，所有者は，この明らかに納得のいかない状況を変えるために，何かできることはないだろうか。

例 8.6. [顕示原理]

例 8.5 において，経営者は真実な報告をしていない。この例において，真実な報告は動機づけられないのだろうか。もし動機づけられるなら，努力への影響は無視したとしても，少なくとも利益の調整は排除することができるだろう。

この問題に対する答えは，限定付きではあるが肯定的である。このことを示すために，例 8.5 における契約を次のように変更した契約を所有者が提示するとしよう。

利益が 125 ドルと報告されたとき，$k = 0.177$ とする。
利益が 75 ドルと報告されたとき，$k = 0.295$ とする。
利益が 62.50 ドルと報告されたとき，$k = 0.354$ とする。
利益が 37.50 ドルと報告されたとき，$k = 0.590$ とする。

例 8.5 と同様に，どのような利益を報告しても，経営者は 22.13 ドルの報酬を受け取ることを簡単に示すことができる。たとえば，37.50 という利益を報告したとき，報酬は $37.50 \times 0.590 = 22.13$ となる。したがって，リスクは負わないので，経営者はサボり留保効用を受け取ることになる。また，所有者も引き続き 47.87 の期待効用を得るだろう。先ほどの例と異なる点は，経営者が報告利益を歪めるインセンティブを持たないことである。なぜなら，どのような額を報告しても，同じ報酬を受け取ることになるからである[12]。この例は，**顕示原理** (revelation principle) と呼ばれるものを示している（Myerson (1979) を参照せよ。また，Christensen (1981)，および Arya, Glover and Sunder (1998) も参照せよ）。つまり，経営者が私的情報についてウソをつくインセンティブを持つような任意の契約に対して，真実報告を動機づける等しい契約を設計することができる。

---

[12]経営者はいずれにしても同じ効用を得るので，真実の報告をするインセンティブも存在しない。理論では，無差別のときには経営者が真実の報告をすると仮定している。

顕示原理は興味ある問題を提起している。真実報告を動機づけるような報酬契約を，実際に設計すればどうだろうか。このとき，機会主義的な利益マネジメントは，過去のものになるだろう。経営者はサボるだろうが，そのことは，真実報告がなされないときと比べて問題ではない。なぜなら，所有者の期待効用は等しくなるからである。このとき，投資家が報告利益は経営者による歪みや偏りとは無関係であると信頼するようになるという便益があるだろう。

しかし，顕示原理は万能ではない。顕示原理が成立するために満たされなければならない条件は数多くある。このような条件の1つは，将来，真実の情報を経営者に対して用いないことにコミットしなければならないことである。たとえば，例8.6において，37.50ドルという利益の真実報告を受けたとき，それに不満な所有者が解雇してしまうならば，経営者は真実をそもそも報告しなくなるだろう。また，所有者がそのように行動しないとしても，外部からの圧力によって，利益マネジメントを行うかもしれない。たとえば，報告利益が低いときには，証券市場における厳しい反応や，経営者労働市場での評価の低下，あるいは監査の実施などが予想されるかもしれない。このとき，真実の報告をさせるためには，例8.6における0.590よりも大きな割合の利益分担を必要とするだろう。

2つめの条件は，契約の形態に制約があってはならないということである。多くの報酬契約では，たとえば株主資本の10％といったある特定の水準を超えなければ，ボーナスが出ないようになっている。また，ボーナスの額には上限があり，たとえば利益が株主資本の25％を超えたときには，それ以上はボーナスが支払われないかもしれない。真実報告を動機づける契約がこのような制約を満たすかどうかは明らかではない。さらにまた，株主資本の25％以上の利益に対してはボーナスが支払われないなら，所有者が経営者に対して真実を用いていないということはむずかしい。

3つめの条件は，経営者の情報を伝達する能力に制約がないことである。たとえば，経営者は次期の利益についての予想を持っているが，予想がはずれた場合の評判の喪失や法的責任の可能性のために，その予想を正直に報告することは，経営者にとって潜在的にコストが大きいかもしれない。したがって，その予想について真実報告を動機づける契約は，経営者により多くのリ

スクを負担させることになるため，留保効用を与えるために必要な報酬水準は，所有者が払ってもよいと思う額よりも大きくなるかもしれない。このとき，正直な伝達は妨げられることになる。つまり，所有者は，経営者が歪んだ予想をしたり，予想をまったくしなかったりすることを我慢するかもしれない。

このような制約により，潜在的にもっとも効率的な報酬契約は，真実報告が行われる契約であるとする顕示原理には依存できなくなる。例 8.5 の仮定の下では，経営者に報告利益の 0.177 の利益を分担させ，所有者が 47.87 の効用となる契約がもっとも効率的である。顕示原理を適用すれば，例 8.6 から，真実の報告をさせるような等しい契約があり，所有者にそれと同じ効用を与えることがわかる。しかし，顕示原理を適用できないのであれば，真実報告の動機づけは経営者報酬を増加させ，利益マネジメントが生じる契約のときよりも所有者の期待効用は下がるかもしれない。

このことを例示するために，経営者は 37.50 ドルの利益を報告したときに，経営者労働市場における評判の低下にともなって，3 ドルに等しいコストが生じるとしよう。このとき，経営者が正直にその利益額を報告するなら，0.670 の利益分担にする必要があり，したがって $0.670 \times 37.50 = 25.13$ ドルの報酬となる。さらに，評判の低下により 3 ドルのコストが生じることを考えると，経営者の報酬は 22.13 ドルとなり，前と同じになる。しかし，追加の 3 ドルの報酬により所有者の期待効用は減少する。このとき，例 8.5 の契約に戻せば，利益マネジメントは生じるが，3 ドル報酬を減らすことができ，このため所有者の期待効用は 47.87 となり改善することがわかる。

このように，顕示原理によって利益マネジメントがなくなるということはないと考えられる。しかし，例 8.5 は，利益マネジメントによって，経営者がサボるようになることを示している。会計専門家に何かできることはないだろうか。その答えは GAAP の中にある。

GAAP は異なる会計方針の中から選択するという裁量を認めているが，利益を調整する額に限界を作っている。例 8.5 において，調整前の利益として，たとえば 37.50 ドルが実現したときに，経営者は 125 ドルにまで利益を調整することができるだろうか。会計基準は，とくに財務諸表が監査されるときには，このような大きさの調整を許さないと考えられる。利益マネジメントは可能にしつつも，GAAP をとおしてその大きさについては制限することに

よって、経営者は働くインセンティブを持ち、また所有者の利得は大きくなるだろう。このことを示すために、次の例を考えてみよう。

8.5.2 利益マネジメントをコントロールする[13]

利益マネジメントをコントロールするための1つの方法は、経営者が働くインセンティブを取り戻すところまで、GAAPによってその限界を定めることである。次の例を考えてみよう。

例8.7. [利益のバイアスに限界をもうける]

例8.5を拡張し、生じうる利益数値125ドル、75ドル、62.50ドル、37.50ドルに、それぞれ5ドルの範囲があるとしよう。たとえば、利得が100ドルになるときには、確率0.5で当期の調整前利益はちょうど125ドルになるのではなく、確率0.5で125ドルから130ドルの範囲になるものとする。また、確率0.5でちょうど75ドルではなく、確率0.5で75ドルから80ドルまでの利益になるものとする。同じように、利得が50ドルになるときには、調整前利益は確率0.5で62.50ドルから67.50ドルになり、確率0.5で37.50ドルから42.50ドルになるものとする。

このように範囲をもうけるという仮定は、セクション2.5.1で議論したGAAPによって認められる柔軟性をあらわしたものである。たとえば、固定資産における減価償却として、定額法と倍率法はともに認められている方法である。このため、どのような方法が選択されるかによって、利益は異なることになる。調整前利益に範囲があるという仮定はまた、真実の利益は存在しないというセクション2.6における議論とも整合的である。

利得の確率はそのままと仮定する。たとえば、経営者が働くとき、高い利得になる確率は0.6のままであるとする。所有者は生じうる4つの利益の範囲を知っており、またそのうちのどの範囲が生じたかも知っているものとする。たとえば、経営者が130ドルと報告したとき、経営者がこの数値を調整しているかもしれないが、少なくともGAAPにもとづく利益は125ドルから130ドルであることは知っている。このことは、報告利益にある程度の制約を課しているという事実をあらわしたものである。しかし、所有者は実際の調整前利益がその範囲の中のどの値であるかは知らないものとする。

---

[13] このセクションはスキップしても継続性は失われない。

8.5 経営者の情報優位　331

　1期間契約における報酬をできるだけ大きくするために，合理的な経営者は，報告できる範囲の上限の値を報告するだろう。たとえば，調整前利益が128ドルであり，125ドルから130ドルのあいだにあるとしよう。つまり，企業にもっとも適した会計方針や手続きにしたがったときに利益数値は128ドルになるものとしよう。しかし，情報優位にあることにより，経営者は利益マネジメントを行い，報告利益を130ドルまで引き上げるだろう。これはGAAPの範囲内でも多くの方法によって可能である。たとえば，経営者は収益の認識を早めたり，倍率法から定額法に減価償却方法を変更することができる。しかし，例8.5とは異なり，経営者は範囲外には利益を調整できないことに注意しよう。たとえば，調整前利益が75ドルから80ドルの範囲のときに，130ドルという利益を報告することはできない。

　経営者が範囲の上限の数値を報告することを知っているとき，報告利益の0.305を分担する報酬契約によって，経営者は留保効用を得ることができる。このことを示すために，a_1を選択したと仮定しよう。このとき経営者の期待効用は次のようになる。

$$EU_m(a_1) = 0.6[0.5\sqrt{0.305 \times 130} + 0.5\sqrt{0.305 \times 80}] + 0.4[0.5\sqrt{0.305 \times 67.50}$$
$$+ 0.5\sqrt{0.305 \times 42.50}] - 2$$
$$= 0.6[(0.5 \times 6.297) + (0.5 \times 4.940)]$$
$$+ 0.4[(0.5 \times 4.537) + (0.5 \times 3.600)] - 2$$
$$= (0.6 \times 5.619) + (0.4 \times 4.069) - 2$$
$$= 3.371 + 1.628 - 2$$
$$= 3$$

　1つめの大カッコの中は，高い利得が実現したときの経営者の期待報酬である。高い利得のときには，利益は確率0.5で125ドルから130ドルになり，確率0.5で75ドルから80ドルになる。上で述べたように，経営者はそれらの範囲の上限を報告するだろう。そして，この期待報酬に，高い利得が生じる確率0.6をかけている。2つめの大カッコについても同様である。

　また，もしもa_2を選択したなら，経営者の期待効用は次のようになる。

$$EU_m(a_2) = 0.4[0.5\sqrt{0.305 \times 130} + 0.5\sqrt{0.305 \times 80}] + 0.6[0.5\sqrt{0.305 \times 67.50}$$
$$+ 0.5\sqrt{0.305 \times 42.50}] - 1.7$$

$$= (0.4 \times 5.619) + (0.6 \times 4.069) - 1.7$$
$$= 2.99$$

したがって，経営者は a_1 を選択する。ウソの報告に対する GAAP と監査による制約が課されることにより，経営者が情報優位を利用することは排除できないが，努力をしながらも留保効用を得る水準までは，それを減少させることができる。

予想されるように，経営者がウソの報告をするのに限界があることにより，所有者は便益を得る。実際，所有者の期待効用は次のようになる。

$$EU_o(a_1) = 0.6[0.5(100 - (0.305 \times 130)) + 0.5(100 - (0.305 \times 80))]$$
$$+ 0.4[0.5(50 - (0.305 \times 67.50)) + 0.5(50 - (0.305 \times 42.50))]$$
$$= 0.6[0.5(100 - 39.65) + 0.5(100 - 24.40)] + 0.4[0.5(50 - 20.59)$$
$$+ 0.5(50 - 12.96)]$$
$$= 0.6[(0.5 \times 60.35) + (0.5 \times 75.60)] + 0.4[(0.5 \times 29.41) + (0.5 \times 37.03)]$$
$$= (0.6 \times 67.97) + (0.4 \times 33.22)$$
$$= 40.78 + 13.29$$
$$= 54.07$$

このように所有者は，例 8.5 の契約によって達成される期待効用 47.87 よりも改善している。これは，経営者がウソの報告をすることに対する GAAP による制約により，努力するインセンティブを取り戻す契約が可能になったことによる。しかし，この契約によれば，調整前利益が範囲の上限でない限り，経営者は上方に利益を歪めていることから，ある程度の利益マネジメントは生じていることに注意しておこう[14]。その意味では，1 期間契約において，ある程度の利益マネジメントは望ましいものであるかもしれない。この点については，第 10 章でもう一度取り上げることにする。

---

[14] 顕示原理をこの契約に適用することができる。所有者は，調整前利益がある範囲のどの値だろうと，たんにその範囲の上限の額に 0.305 を乗じた額を支払うことに同意すればよい。経営者はこのとき，より高い利益に調整するインセンティブを持たない。しかし，報告利益よりも高い利益にもとづいて経営者に支払うことは，メディアや規制当局から過剰な報酬支払いとみなされるかもしれない。セクション 8.5.1 において議論している顕示原理についての制約を考慮して，ここではこの問題は考えないことにする。

8.6 議論と要約

この章では，1期間のエージェンシー・モデルを考察してきた。このモデルは，エージェンシー理論のいくつかの重要な側面をあらわしている。

1. エージェントの努力が観察できることは，先進国の企業のように所有と経営が分離しているときには，所有者と経営者の文脈ではまれであるように思われる。これは情報の非対称性の1つの例であり，それによりモラル・ハザードの問題が生じる。そこでは，合理的な経営者は，努力が観察できないことを利用して，できる限りサボろうとする。エージェンシー理論は，ゲーム理論の1つの領域であり，モラル・ハザードをコントロールするための契約の設計問題を研究するものである。もっとも効率的な契約は，エージェンシー・コストをできる限り小さくするものである。
2. もっとも効率的な契約の特徴は，当事者がともに観察可能なものが何かに大きく依存している。契約はプリンシパルとエージェントの両者に観察可能な業績指標にのみもとづいて書かれなければならないからである。

    - プリンシパルがリスク中立的であるとき，もしもエージェントの努力が，直接的であれ間接的であれ，両者がともに観察できるのであれば，固定給の契約がもっとも効率的である。ただし，この契約は，契約で指示された努力が選択されない場合には，ペナルティを支払う条件がついたものである。このような契約はファースト・ベストと呼ばれる。この契約では，エージェンシー・コストは生じない。なお，このとき，努力が業績指標となっている。
    - 企業が非常に短い期間しか活動しないということでなければ，当期の経営者の努力により生じる利得が，当期末までに観察できるということはまずないだろう。これは，経営者のR&Dのような努力によって生じるキャッシュ・フローが，当期には実現しないからである。そして，そのときには，現在の報酬契約は終わっているだろう。経営者に毎期報酬を支払わなければならないなら，報酬契約は利得には依存させることができない。

- エージェントの努力は両者が観察できないが，利益は観察できるとき，もっとも効率的な契約は，エージェントに利益の一定割合を与えるものである。しかし，利益は経営者にとってリスクのある業績指標である。なぜなら，利得自体にリスクがあるかもしれないし，また当期の利益はその利得のノイズのある指標だからである。経営者は，利益の一定割合を受け取るので，この両方の報酬リスクを負担することになる。なお，このとき，利益が業績指標となっている。

- もしも努力も利得も利益もすべて観察することができないなら，最適な契約はレンタル契約である。この契約では，プリンシパルは経営者に定額のレンタル料で企業を貸し，そのことによってエージェントの努力選択を内部化する。このような契約は，すべてのリスクをエージェントに負担させることになるから効率的ではない。なお，このとき，業績指標は存在しない。

3. エージェントはリスク回避的であると仮定しているから，報酬リスクを負わせるとエージェントの報酬の期待効用は減少する。このため，エージェントの留保効用を維持するために，プリンシパルが支払う利益分担の割合を大きくする必要がある。セカンド・ベストの契約は，経営者に留保効用と働くインセンティブを与える一方で，経営者がもっとも少ないリスクを負担する契約である。会計専門家は，利益が利得をより正確に予想できるようにすることによって，報酬契約の効率性を改善することができる。

4. 利益が業績指標であるとき，経営者は所有者よりもさらに情報優位にある。これは経営者が企業の会計システムをコントロールできる一方で，所有者は経営者によって報告される利益数値だけしか観察することができないからである。このことは利益マネジメントにつながる。理論的には，経営者が報告利益を調整しない，すなわち利益マネジメントを完全に排除するよう動機づける報酬契約を設計することができる。しかし，この契約はコストがかかりすぎることから現実的ではない。しかし，**GAAP**によって利益を調整できる範囲を制限することによって，会計専門家は，経営者が努力するインセンティブを維持し続けるようにすることができる。このことから，ある程度の利益マネジメントは，望ましくなること

があると結論づけられる。

8.7 エージェンシー理論：債権者と経営者との貸付契約

次に，もう1つのモラル・ハザードの問題を考察することにしよう。それは，社債権者と企業経営者との契約のような貸し手と企業との契約である。ここでは社債権者をプリンシパル，経営者をエージェントと考えることができる。

例 8.8. [貸し手と経営者とのあいだのエージェンシー問題]

リスク中立的な貸し手は，100ドルを企業に貸すか，金利10%の国債に投資するかの選択に直面している。企業は12%の利息を支払い，元本を1年後に返済すること，つまり1年後に112ドル返済することを提案している。しかし，国債とは異なり，企業にはクレジット・リスク，つまり企業が倒産する可能性がある。そして，その場合には，貸し手は元本も利息も失うことになる。

企業経営者は2つの行動のうちいずれかを選択する。第1の行動a_1は，借入を行っているあいだ，配当を支払わないというものである。第2の行動a_2は高い配当を支払うというものである。もしも経営者がa_1を選択するならば，貸し手は企業の倒産確率を0.01と考え，したがって0.99の確率で12ドルの利息を含めて返済を受けることを予想すると仮定しよう。他方，a_2を選択するならば，高配当によって企業の支払い能力は低下することから，貸し手は倒産確率を0.1と評価する。したがって，a_2の下では，返済される確率は0.9しかないことになる。

経営者は，固定的な給料と企業の利益にもとづくボーナスからなるインセンティブ契約によって，報酬を受け取ると仮定する。このとき，配当によって利益は変化しないから，経営者が選択した行動によって報酬は影響を受けない。つまり，経営者にとって，a_1とa_2は無差別である。したがって，経営者が貸し手の望むa_1を選択すると仮定する理由は存在しない。このように考えて，貸し手は経営者のそれぞれの行動に対して同じ確率を割り当てるとする。つまり，a_1の確率は0.5であり，a_2の確率は0.5であると予想する。表8.4はこの状況を要約したものである。

表 8.4 貸し手と経営者との契約における利得

	経営者の行動			
	a_1 （配当なし）		a_2 （高配当）	
	利得	確率	利得	確率
x_1 （利子支払い）	12	0.99	12	0.9
x_2 （倒産）	-100	0.01	-100	0.1

この表における利得は，元本の 100 ドルは除いている。したがって，貸し手は利息 12 ドルを得るか，元本 100 ドルを損するかのいずれかになる。それぞれの利得に 100 ドルを加えてリターンであらわすこともできるが，結果は変わらない。

表の確率は，経営者の選択する行動に条件付けられている。したがって，もしも a_1 を選択すれば，貸し手が利息を受け取る確率は 0.99 であり，それゆえ貸し手が何も受け取らない確率は，1 − 0.99 = 0.01 となる。また，a_1 が選択される確率を 50%と仮定していることを思い出そう。

このとき，貸し手は企業に 100 ドルを貸すだろうか。他の選択肢は国債を購入することであり，10%のリターン，つまり 10 ドルを得ることである。企業への投資から生じる期待利得は，次のように計算される。

$$ETR = 0.5[(12 \times 0.99) - (100 \times 0.01)] + 0.5[(12 \times 0.9) - (100 \times 0.1)]$$
$$= (0.5 \times 10.88) + (0.5 \times 0.80)$$
$$= 5.44 + 0.40$$
$$= 5.84$$

ここで，ETR は，期待総リターン (expected total return: ETR) を意味する。

1 つめの大カッコは，a_1 に条件付けられた貸し手の期待リターンである。そして，a_1 が選択される確率は 0.5 である。同じように，2 つめの大カッコは，a_2 に条件付けられた貸し手の期待リターンである。そこではまた，a_2 が選択される確率 0.5 がかけられている。

このように ETR は 5.84 ドルあり，貸した額の 5.84%である。もちろん，こ

の理由は倒産確率にある。とくに a_2 を選択したときの倒産確率であり，それにより期待リターンは名目利子率12％よりも低くなっている。ここでの貸し手は，他の方法により10％を稼ぐことができるから，企業へは100ドルを貸さないだろう。

企業は貸し手を引き付けるために，名目利子率をいくらにして提示しなければならないだろうか。これは次のように計算できる。

$$10 = 0.5[0.99R - (100 \times 0.01)] + 0.5[0.9R - (100 \times 0.1)]$$

ここで，R は要求名目利子率である。左辺は貸し手の総要求リターンである。R について解くと，次のようになる。

$$R = \frac{15.50}{0.945} = 16.40$$

したがって，企業は貸し手を引き付けるために，名目利子率が16％を超える提示をしなければならない。

例8.8における16％という利子率は，とくにもしも利益の一部を分担しているときには，経営者にとって非常にコストのかかるものであるように思われる。その結果，経営者は，名目利子率がより低くなるような，より効率的な契約を設計しようとするかもしれない。1つの可能性は，a_1 を選択することにコミットすることだろう。それは貸付契約の際に，財務制限条項として組み込むことによって達成できる。財務制限条項の1つの例は，インタレスト・カバレッジ・レシオが特定の水準よりも低いときには配当を支払わないというものである。その他の方法としては，負債比率がある特定の水準よりも大きい場合には追加的な借入を行わないというものである（追加的な借入は既存の貸し手の証券を希薄化する）。財務制限条項は法律によって拘束力があるから，貸し手は行動に対する確率の評価を変えるだろう。いま，貸し手は a_1 をとる確率を1，a_2 をとる確率を0と評価すると仮定しよう。このとき，企業が12％の名目利子率を提示した場合，貸し手の ETR は次のようになる。

$$ETR = 1[(12 \times 0.99) - (100 \times 0.01)] + 0[(12 \times 0.9) - (100 \times 0.1)] = 10.88$$

この値は要求された10ドルを超えているので，貸し手は企業に100ドルを貸すだろう。

8.7.1 要約

例 8.8 によって明らかになった重要なポイントは，貸し手と経営者とのあいだにはモラル・ハザードの問題があるということである。経営者は貸し手のもっとも望む行動とは逆の行動をするかもしれない。しかし，合理的な貸し手はそのような行動を予測し，貸すときに要求する利子率を引き上げるだろう。その結果，経営者には貸し手の利害と異なる行動をとらないことにコミットするインセンティブが生じる。このことは，借りているあいだは配当を制限する，あるいは追加的な借入をしないという財務制限条項を貸付契約に含めることによって達成することができる。その結果，企業はより低い利子率で借り入れることができるようになる。

8.8 会計に対するエージェンシー理論の含意

8.8.1 Holmström のエージェンシー・モデル

よく引用される Holmström (1979) の論文では，エージェンシー・モデルを数理的に展開している。ここでは，会計の視点からこのモデルのさまざまな側面を考察しよう。

Holmström (1979) は，エージェントの努力はプリンシパルによって観察できないが，期末において利得は両者がともに観察できることを仮定している。これは例 8.2 から例 8.7 までとは異なっている。しかし，Feltham and Xie (1994) が示しているように，Holmström (1979) のモデルは，経営者がとることのできる行動の集合を所与とすれば，利得が観察不可能なケースにも適用できる。したがって，ここでの議論の目的のために，利得が観察できないことを仮定して話を進めることにする。

Holmström (1979) は，利益のような業績指標にもとづく契約は，ファースト・ベストのときよりも非効率になることを数理的に示している。これは例 8.3 と同様である。例 8.3 では，効率性が損なわれる原因は，リスク回避的なエージェントに，インセンティブを与えてサボらないようにするために，リスクを負担させなければならないことから生じている。

このことは，利益に加えて第 2 の業績指標にも契約を依存させることによって，セカンド・ベストの契約を改善できないかという問題を提起している。た

とえば，株価もまた経営者の業績についての情報を持っている。利益だけに経営者報酬を依存させずに，利益と株価の両方に依存した契約を書くことで，セカンド・ベストの契約におけるエージェンシー・コストは減るだろうか。

Holmström (1979) は，この問題に対して肯定的な答えを与えている。ただし，第2の指標も観察可能であり，また第1の指標に含まれている情報を超えて，経営者の努力について何らかの情報を含んでいることが条件である[15]。このことは，典型的に株価に当てはまる。なぜなら，株価は観察可能であるし，また会計情報に含まれない情報も反映しているからである。セクション5.3と5.4で見たように，株価は利益の情報内容を反映している。しかし，効率的市場における株価は，他の情報も反映している。たとえば，株価は，R&Dの将来の期待便益や，将来の環境債務と法的債務を，会計システムより早い時点で織り込む。さらに，株価は経営者の操作の影響を比較的受けにくく，利益よりもバイアスが小さい。したがって，報告利益とは異なる経営者の努力についての情報を伝えることが期待できる。このため，利益と株価の両方を用いれば，一方のみを用いるよりも経営者の今期の努力をより反映することができる。

もちろん，株価は非常に変動が激しく，経済全体に影響するイベントの影響を受ける。それにもかかわらず，Holmström (1979) の分析によれば，第2の変数がいくらノイズが大きなものだろうと，経営者の努力についての追加的な情報を少しでも含むならば，セカンド・ベストの契約の効率性を高めるために用いることができる[16]。

このとき，報酬契約において，利益と株価に相対的にどのくらい依存させればよいかという問題が生じる。会計専門家の立場からすれば，できれば利益に対する比率が高くなって欲しいところである。Holmström (1979) のモデルの興味深い含意は，利益は効率的証券市場の理論において投資家にとってその他の情報源と競合するのと同じように，エージェンシー理論においても経営者を動機づける他の情報源と競合するということである。

このことは，効率的報酬契約が有用であるために，業績指標はどのよう

---

[15] より正確にいえば，第2の業績指標によってエージェンシー・コストが削減されるためには，第1の業績指標が，第1と第2の業績指標の組に対して，努力についての十分統計量になっていないという条件が満たされなければならない。

[16] Holmström (1979) は，経営者との契約が例 8.3 で仮定された連続の利益分担となる線形契約に限定した場合には，この結果は成り立たないことがあることを指摘している。

な特性を持つべきかという問題を提起している。1つの重要な特性は，**感度** (sensitivity) である。感度とは，業績指標の期待値が経営者が努力することによりどれだけ増え，またサボることによりどれだけ減るかという度合いである。感度が高いとき，経営者の努力と業績指標のつながりが強まることになる。そして，そのことにより，より容易に努力を動機づけることができるから，契約はより効率的になる。理想的には，経営者がたとえば10%だけ努力を増加させたとき，業績指標もまた10%だけ増加すべきであり，逆に10%だけ努力を減少させたとき，業績指標もまた10%だけ減少すべきである。しかし，業績指標が現在の努力のすべての側面を捉えていない限り，このようなことは生じないだろう。たとえば，努力の増加がR&Dであるなら，その努力による利得は当期利益にはほとんど含まれないだろう。R&Dに対して公正価値会計を適用することは，利益の感度を高める方法の1つと見ることができる。公正価値の変化をより早く認識することで，当期利益に反映される経営者の努力はより大きくなる。

業績指標のもう1つの重要な特性は，当期の経営者の努力によって生じる利得を予想する際の**精度** (precision) である。精度は業績指標に含まれるノイズの分散の逆数で測ることができる。業績指標の精度が高いとき，それが利得と大きく異なる確率は比較的小さい。そして，精度が高いとき，経営者報酬に含まれるリスクを減らすことができるから，契約はより効率的になる。例8.4で示したように，報酬におけるリスクが小さくなれば，契約の効率性は高まることになる。

ここで感度と精度とはトレードオフの関係にあることに注意しておこう。公正価値会計を採用することによって利益の感度を高めると，精度は小さくなるかもしれない。なぜなら，公正価値の推定は不正確になる傾向がある。たとえば，会計専門家がR&Dに対して公正価値会計を採用したならば，公正価値を推定する問題が生じるために，精度の問題は深刻になるかもしれない。

RRAもまた，利益の感度を高める試みとして見ることができる。なぜなら，それは石油・ガスの埋蔵量を確認する経営者の努力を，歴史的原価会計よりも早く反映するからである。しかし，RRAは精度が低いという問題がある。このことは，チーフテン・インターナショナルのRRAの損益計算書（表2.5）において，十分に確認した。そこでは，前期の推定値の修正が損益の計算の大半を占めていた。チーフテンのRRAによる利益は，当期の採掘・開発努力

8.8 会計に対するエージェンシー理論の含意　341

との感度が比較的高いかもしれないが，それらの努力によって生じる利得をあらわす指標としては精度が比較的低い。

　感度と精度がともに高い業績指標として利益に要求される特性は，投資意思決定に有用な尺度として利益に要求されるものとは，必ずしも同じではない。たとえば，RRA を用いたとき，目的適合性が高まることの方が，信頼性が失われることよりも大きければ，投資家には有用な情報を提供することになるかもしれない。しかし，精度が失われることの方が，感度が高まることよりも大きければ，効率的な報酬契約には役立たないかもしれない。

　ここでの結論は，会計専門家が利益の業績指標としての役割を維持し高めようとするなら，感度と精度とのもっとも望ましいトレードオフを実現する利益数値を生み出すことにあるということである。ただし，このトレードオフは，投資家に情報を提供するときに考慮される目的適合性と信頼性の最適なトレードオフとは，必ずしも同じではない。

8.8.2　契約の硬直性

　エージェンシー理論は，裁判所が契約の条項をコストをかけずに強制できることを仮定している。契約当事者は，自然の状態が悪かったときには，契約の条項を修正することに自分たちで合意しようとするかもしれないが，このことは驚くほどむずかしい。ひとたび契約が結ばれると，契約は硬直的になる傾向がある。契約が硬直的になる理由については，少し議論の必要があるだろう。なぜなら，経営者の締結している契約に経済的帰結の原因があるなら，GAAP が変更されたり予期せぬ状態が実現したりするときに，なぜたんに契約を再交渉しないのだろうか，という疑問が生じるからである。

　まず最初に，契約を結ぶときにすべての可能性を予期することは，一般には不可能であることに注意しておこう。たとえば，契約が非常に短い期間のものでなければ，契約に影響を与えうる GAAP の変更を予期することはむずかしいだろう。たとえば，例 8.8 において，もしも新しい会計基準によって減価償却方法を変更することができなくなるなら，財務制限条項の違反を避けるために企業ができることは減ってしまう。つまり，このような会計基準の下では，経営者は減価償却方法を変更することによって，財務制限条項で用いられている比率を調整することができなくなる。その結果，財務制限条項に違反する可能性は高くなる。このような可能性を引き起こす GAAP の変

更を予期して契約を書くことはできないだろう。

すべての起こりうる状態の実現値を予期できない契約は，**不完備** (incomplete) であるといわれる。例 8.3 から例 8.8 までの契約は**完備** (complete) である。例 8.3 において，生じうる状態の実現値は θ_1 と θ_2 だけであり，その結果生じる利得はそれぞれ x_1 と x_2 だけだった。例 8.3 において，生じうる状態の集合を拡張することはできるだろう。このとき，現実の契約では，当事者がすべての可能性を予測することはできないだろう。

たとえば，新しい GAAP の会計方針によって，報告利益が減少し，利益のボラティリティは大きくなるとしよう。このとき，経営者は社債権者のもとに行き，誰の責任でもない会計ルールの変更が行われたことを説明し，財務制限条項に規定されているカバレッジ・レシオを 3:1 から 2:1 に減らすことを要求するとしよう。経営者はまた，ルールの変更前とちょうど同じように社債権者が保護されることを主張するとしよう。しかし，なぜ社債権者はこのような要求に合意しなければならないだろうか。そうすることによって，社債権者は損をするだけである。つまり，新しい会計方針によって，高い配当を支払うことに対してより安全になったが，合意すればその保護を失うことになる。そのようなことを社債権者が進んでするためには，社債権者はより高い利子率といった，それに見合った見返りを要求すると考えるのがもっともらしいだろう。また，経営者にとって，社債権者が複数いるときには，問題はさらに複雑になる。このとき，社債権者すべて，あるいは少なくとも主要な社債権者の合意が必要となるだろう。これと同じように，企業の所有者との経営者報酬契約も，変更することがむずかしいだろう。たとえば，利益が低くなりボラティリティが大きくなるという会計方針の変更を修正するために，経営者がより高いボーナスの割合を要求するとしよう。このとき，取締役会において構成される報酬委員会は，何らかの見返りを要求するかもしれないし，再交渉に向けて契約全体を書きかえようとするかもしれない。

事前に再交渉についての厳密な条項を契約に書くことはできるだろう。たとえば，不運な状態が実現したときには責任を免除するといったことが考えられる。しかし，このように，経営者にとって再交渉の条件が都合の良いものであれば，再交渉の可能性があることによって，経営者が努力するインセンティブは減少することになる。そして，それは所有者がもっとも望む契約にもならないだろう[17]。

契約を結ぶということは，そしてそれはまさに契約だからこそ，硬直的になる傾向にある。したがって，予期しない状態が実現すると，企業や経営者にとってコストが生じる。経営者は，会計基準が途中で変更になったことで，不利な影響を受けるなら，契約相手ではなく，基準を変更した会計専門家に不満をいうかもしれない。したがって，第7章で議論した経済的帰結を生じさせているのは，契約の不完備性なのである。

実務における理論8.1

モザイク・グループ(Mosaic Group Inc.)は，有名企業のマーケティング企画を手がける大企業である。このモザイク・グループの例によって，契約の不完備性と硬直性が重要な影響を与えることを知ることができる。

2002年の第3四半期の報告において，モザイク・グループは，のれんの償却費を347.6百万ドル計上し，事業利益は395百万ドルの赤字となった。会社は不況の影響を受け，複数の主要な顧客を失い，負債契約を結んだときには予想していなかった状況となった。そして，巨額の損失により，財務制限条項に違反することになった。このとき，貸し手は，制限条項の要求を取りやめたり，貸付契約を修正することを拒否した。

その結果，モザイクは2003年に破産保護申請を行った。そして，株式は2004年4月にトロント証券取引所を上場廃止になった。

8.9　効率的証券市場の理論と経済的帰結との整合性

この時点で，PATの効率的契約の議論と整合的に，企業がどのように経営者と株主の利害を一致させることができるかを説明することができる。エージェンシー理論は，達成することができる最善の報酬契約では，たいていの場合，経営者の報酬を1つあるいは複数の業績指標に依存させることを示し

---

[17]Christensen, Demski and Frimor (2002)は，第1期の終わりに契約の再交渉が行われるとともに，そのときに第1期のアウトプットを過小に報告することができる（保守主義会計），2期間のエージェンシー・モデルを提示している。アクルーアルは反転するので，第1期のアウトプットを過小に報告すれば，その分だけ第2期のアウトプットが増加する。このことはエージェントの働くインセンティブを部分的に取り戻すことになる。なぜなら，第1期に働くことによって第2期の期待報酬が大きくなるからである。この議論はまた，ある程度の利益マネジメントは望ましいもう1つの理由にもなっている。ただし，ここでは，契約の再交渉について，これ以上は議論しないことにする。

ている。このとき，経営者は業績をできるだけ大きくするインセンティブを持つ。業績が良くなれば期待利得も大きくなることから，これは株主が望んでいる目標でもある。

このような利害の一致は，効率的証券市場の理論にもかかわらず，なぜ会計方針が経済的帰結を持つのかについて説明している。効率的証券市場の理論では，期待キャッシュ・フローに影響を与えるような会計方針の選択だけが経済的帰結を生み出す。経済的帰結についての契約にもとづく議論は，直接的にキャッシュ・フローに影響する会計方針の選択には依存していない。しかし，直接的にキャッシュフローに影響してもしなくても，この議論は同じく成り立つ。

むしろ，経営者が会計方針に関心を持ち，基準設定プロセスに介入するのは，拘束力のある不完備な契約を結ぶことによって生じる硬直性によるものである。このような硬直性は，会計方針の選択によりキャッシュ・フローが影響を受けるかどうかとは関係がない。

それゆえ，経済的帰結と効率的証券市場とは必ずしも対立するものではない。むしろ，それらは，PATにおいて整合的に理解することができる。そしてPATは，なぜ企業が会計情報にもとづいた雇用契約や負債契約を結ぶのかを明らかにするエージェンシー理論によって規範的に支持されている。会計方針についての経営者の関心を生じさせるこれまでの議論はいずれも，証券市場の効率性と対立するものではない。

同じように，効率的証券市場の理論は，会計方針についての経営者の関心と何ら対立しない。両方の理論を考慮することにより，たとえ会計方針によって投資家にとっての財務諸表の意思決定有用性が改善される場合においてさえ，経営者がなぜ会計方針に介入しようとするかを理解するのに役立つ。したがって，最後に重要なこととして，セクション8.3から8.8においてモデル化したように，経営者と投資家との相互関係は1つのゲームなのである。

ゲーム理論は経営者が会計方針について関心を持つことと整合的である。しかし，この理論はまた，投資家もまた会計方針に関心があるというLev (1979) の発見（セクション7.4）を理解するのにも役立つ。Lev (1979) の発見の1つの解釈は，証券市場が非効率的であるというものである。それは，報告利益を低めるがキャッシュフローに影響を与えないような会計方針の変更を予期し，それに反応して証券価格が下落するというものである。

しかし，代替的な解釈として，Lev (1979) の発見は，市場の非効率性ではなく効率性の証拠であるというものもある。このことを理解するために，成功部分原価会計が報告利益に与える影響，つまり利益をより小さくボラティリティの大きいものにする傾向があることをもう一度考えてみよう。この両方の影響は，貸付契約における財務制限条項に違反する可能性を高めるだろう。財務制限条項に違反すれば重大な影響が生じるので，効率的市場はそのことを考慮して株価を下げることになる。また，このような影響は，経営者がリスク回避的であれば，ボーナスから得る経営者の期待効用を引き下げる。契約が硬直的であれば，このことによって経営者は企業を運営する方法を変更するかもしれない。たとえば，成功部分原価会計に変更することで影響を受けた企業経営者は，報告利益のボラティリティが高まることへの対応として，より安全な探索計画を実施するかもしれない。このような行動は，変更前の行動よりも期待リターンを大きく減らすかもしれないので，このことを考慮して投資家はさらに低く評価し，株価は下落するかもしれない。したがって，契約への影響を考えると，会計方針の変更に対する証券価格の反応は，市場の非効率性ではなく，市場の効率性の理論を支持するかもしれない。

8.10　コンフリクトの分析についての結論

この章で議論したコンフリクトにもとづくさまざまな理論は，財務会計理論に対して重要な含意を持っている。これらは次のように要約できる。

1. コンフリクトの理論によって，効率的証券市場と経済的帰結とは整合的なものとして理解することができる。(たとえば，セクション 4.3 で議論した Beaver (1968) の論文のような) 効率的市場理論の財務会計への初期の応用は，投資家の意思決定に有用な情報をフル・ディスクロージャーすることに会計専門家は焦点を当てることを示唆していた。そこでは，開示の形式やどのような会計方針が用いられているかということは，市場が最終的なキャッシュ・フローへの影響を見抜くことから問題にはならない。

　確かに，会計専門家は，意思決定有用性アプローチ，およびフル・ディスクロージャーが意味することを採用してきた。そして，理論が予想するように，市場は会計情報に反応するという実証的証拠が数多く得られ

ている。しかし，第7章で指摘したように，しばしば経営者は基準設定プロセスに介入してきた。このことは，効率的証券市場の理論では予測されなかったことである。なぜなら，この理論では，企業の証券の市場価値は，キャッシュ・フローに影響を与えないなら，会計方針とは独立であるはずだからである。それでは，経営陣は資本コストに影響しないのに，なぜ会計方針に関心を持つのだろうか。その答えは，会計方針の変更が企業経営者の締結している契約の条項に影響を与え，それゆえ経営者の期待効用や企業の業績に影響を与えるからである。

　会計方針が経営者と企業の業績に影響を与える理由は，注意深く考察すべきである。基本的な問題は情報の非対称性にある。所有者と経営者の文脈において，経営者は企業経営において所有者のために行う自分の努力水準を知っているが，所有者は通常その努力を観察できない。そしてこのことを知っていれば，経営者はサボろうとするだろう。したがって，所有者と経営者とのあいだには，モラル・ハザードの問題が存在する。モラル・ハザードをコントロールするために，所有者は経営者に報告利益の一部を分担させることができる。この利益分担によって，経営者が努力することを動機づけることができる。しかし，それはまた，経営者に利益がどのように測定されるかについて関心を抱かせることになる。一方，企業は，できる限り効率的に望ましい努力を引き出したいと考えるだろう。

　経営者が貸し手との貸付契約を結ぶとき，経営者と企業の業績について，同じような結論が導かれる。貸付契約には通常，配当支払いを制約する財務制限条項が含まれており，それはインタレスト・カバレッジのような財務諸表にもとづいたある特定の比率の値に依存している。財務制限条項に違反することは企業にとってコストのかかることなので，経営者と企業はともに，財務制限条項に違反する確率に影響を与えるような会計方針の変更に関心を持つだろう。そして，それはとくに，利益分担をしている場合に当てはまる。

　したがって，経済的帰結は，拘束力のある不完備な契約を締結することによって生じる契約の硬直性から，論理的に生じるものと見ることができる。経営者や企業にとって望ましくない経済的帰結が生じる会計方針に反対する経営者と，フル・ディスクロージャーを望む投資家とのコ

ンフリクトのある状況は，非協力ゲームあるいは協力ゲームによってモデル化することができる。

2. エージェンシー理論のもう1つの含意は，利益は，経営者を動機づけその業績を監視する役割を持つということである。まちがいなくこの役割は，投資家に有用な情報を提供することによって資本市場が適切に機能することを促進するということと，社会において同じくらい重要である。効率的契約において重要な役割を果たすために必要な利益の特性は，投資家に有用な情報を提供するための特性とは異なっている。利益が経営者を動機づける役割を果たすかどうかは，経営者の努力から生じる利得の指標として，感度と精度がどれほどかに依存する。一方，投資家にとっての有用性は，将来の企業業績について目的適合的な情報を信頼性を保ちながら提供することができるかどうかに依存する。

3. 利益は株価のような他の業績指標と競合する。会計専門家が優れた業績指標として必要な精度と感度を維持し改善していかなければ，経営者報酬制度における利益の役割は減少することになるだろう。

4. もし利益マネジメントが極端に行われれば，経営者はサボることができるし，その結果として所有者の利得は低くなる。しかし，利益マネジメントを完全に排除することは，コストが大きい。むしろ，GAAPをとおして利益マネジメントをコントロールすることによって，会計専門家は経営者が働くインセンティブを持たせることができるし，それによって所有者の利得を大きくすることができる。

このようなさまざまな理由から，ゲーム理論は財務会計理論の重要な一部である。ゲーム理論は，財務報告によって影響を受けるさまざまな利害関係者のコンフリクトのある状況をより深く理解することを可能にする。さらに，ゲーム理論は，経営者報酬や利益マネジメントの研究に役立ってきた。第9章と第10章ではこのような研究のいくつかを検討しよう。

第9章

経営者報酬

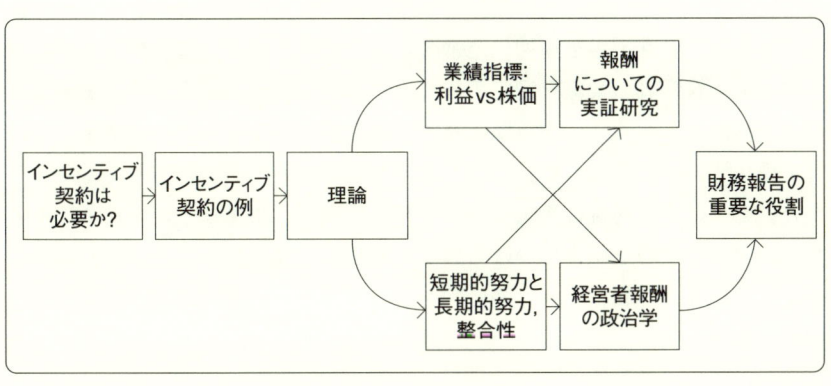

図 9.1　第 9 章の構成

```
インセンティブ     インセンティブ     理論     業績指標:         報酬
契約は          →  契約の例      →         利益vs株価    →  についての
必要か?                                                    実証研究
                                         ↓ ↘ ↗ ↓
                                  短期的努力と       経営者報酬    →  財務報告の
                                  長期的努力,    →   の政治学          重要な役割
                                  整合性
```

9.1　概要

　本章では，**経営者報酬制度**(executive compensation plan)[1]について考察する。実際のインセンティブ制度は，第 8 章で展開されたエージェンシー理論に即してはいるが，より複雑できめ細かいものとなっている。つまり，インセンティブやリスク，意思決定の視野を十分に考慮して設計されている。

---

[1]【訳注】ここでいう「経営者」は，いわゆる社長や CEO（最高経営責任者）だけでなく，執行役員など上級の管理職まで含めたより広い概念であることに注意されたい。

経営者報酬制度とは，企業と経営者との間で交わされるエージェンシー契約である。そこでは，1つまたはそれ以上の業績指標にもとづいて経営者の報酬を決定することにより，所有者と経営者の利害調整が図られている。

多くの報酬制度では，2つの業績指標——利益と株価——が用いられている。つまり，ある年度に授与されるボーナス，株式，オプション，その他の経営者給与の金額は，利益と株価の両方に左右される。セクション 8.8.1 で概説した Holmström (1979) と Feltham and Xie (1994) の分析は，このように複数の業績指標を取り入れることで契約の効率性が高まることを示している。

経営者の業績について報告するという利益の役割は，投資家に情報を提供するという役割と同じくらい重要である。なぜなら，業績をあげるように経営者を動機づけること，また経営者市場をより適切に運営することが，社会的に望ましいことだからである。これらは，投資家の適切な意思決定を可能にすること，証券市場を適切に運営することと同じくらいに重要である。したがって，経営者の業績を測定するために，利益がどのような性質を備えるべきか理解しておくことが重要となる。もし感度や精度といった望ましい性質を備えていなければ，利益は経営者の努力についてあまり情報をもたらさない。その結果，利益は業績を効率的に測定せず，市場はその経営者にふさわしいだけの適切な価値をつけられなくなってしまう。また，効率的な報酬制度においては，利益がもはや利用されなくなってしまうだろう。図 9.1 は本章の構成を表している。

9.2 インセンティブ契約は必要か？

Fama (1980) は，経営者市場[2]がモラル・ハザードを抑制する結果，セクション 8.4.2 で学習したタイプのインセンティブ契約が不要になるというケースを作った。もし，ある経営者が所有者に高い利得を生み出すという**評判**(reputation)を確立できるなら，その経営者の市場価値（つまり，経営者が得られる報酬）は大きくなるだろう。反対に，サボる経営者は，平均するとより低い利得を報告することになるので，その市場価値は小さくなるだろう。Fama (1980) の

---

[2]【訳注】前訳注でいう「経営者」の労働市場，転職市場。

議論によれば，もし経営者がサボる誘惑にかられたとしても，将来を含めて考えれば，サボることによって減少してしまう報酬の現在価値が，現在サボることによって得られる便益以上になっているだろう。だから，経営者はサボらないのである（だからインセンティブ契約が不要となる）。もちろん，ここでは効率的な経営者市場が存在し，経営者の評判を適切に価値評価すると仮定している。資本市場と同様に，経営者の業績がフル・ディスクロージャーされることで，経営者市場はより適切に運営される。

Fama (1980) は，比較的下位の経営者がサボると，出世を望んでいるさらに下位の経営者によって摘発されてしまうだろうとも議論している。つまり，「内部モニタリング」が働いており，経営者市場それ自体からは罰を受けにくい下位の経営者であっても，罰を受けることになるのである。

第 8 章のような 1 期間モデルでは，所有者は経営者がどちらの行動を取るのか予め知っているので[3]，経営者の能力についての情報は問題にならない。評判の形成や内部モニタリングを扱うには，多期間のモデルが必要である。1 期間モデルにおいては，経営者の市場価値が，留保効用制約——次善の就職先から得られる報酬の効用——という形でしか導入されていないことを思いだそう。1 期間モデルでは，この効用は一定であるとされている。これに対して，Fama (1980) は，もし現在サボることが将来，雇用契約を締結する際の留保効用を下げることになる点を経営者が真剣に考えるなら，サボるのを思いとどまるだろうと議論しているのである。

エージェンシー・モデルは，評判の形成や内部モニタリングといった問題を扱えるように，多期間に拡張することができる。内部モニタリングについては，Arya, Fellingham and Glover (1997) の研究を取り上げよう。彼らは，1 人の所有者と 2 人のリスク回避的な経営者からなる 2 期間モデルを作っている。2 人の経営者の努力により各期に観察可能な利得が生み出されるが，その利得は結合されて 1 つになっている。所有者はそれぞれの経営者の努力を観察できないが，経営者同士はお互いに相手の努力を知っている。所有者にとって，2 人の経営者を働かせる (work hard) ように動機づける方法としては，セクション 8.4.2 と同様のインセンティブ契約を，各期にそれぞれの経営者にオファーするというものがある。それに対して，Arya, Fellingham and Glover

---

[3] 第 8 章の脚注 8 を参照せよ。

(1997) は，それぞれの経営者が他方の努力を観察できるという能力を活用することで，所有者がより効率的な契約をオファーできることを示した。つまり，利得は結合されているので，片方の経営者がサボると両方にとっての利得が下がってしまう。そこで，それぞれの経営者が他方を，もし相手が第1期にサボったら第2期にはこちらがサボるぞと脅すように仕向けるような契約を考案したのである。もし契約が適切に設計されていれば，この脅しは信頼でき，それぞれの経営者は両期間とも働く。このような2期間契約は，1期間契約を2回続けるよりも経営者に課すリスクが小さいので，より効率的となる。結果的に，経営者はより低い期待報酬で留保効用を達成できることになる。

　ここで重要なのは，経営者報酬を何らかの利得指標にもとづいて決めているという点では，この2期間契約と第8章の1期間契約には違いがないという点である。実際，経営者同士が互いに監視することができるという能力を生かして，モラル・ハザードに対するエージェンシー・コストを削減できてはいるが，すべて消し去っているというわけではない。よって，Arya, Fellingham and Glover (1997) のモデルは，比較的下位の経営者についてはインセンティブ契約がやはり必要であることを示唆しているのである。

　経営者の評判も，モラル・ハザードを抑える能力を持っている。しかしながら，Fama (1980) は，経営者が情報公開を操作することによって，少なくとも短期間なら，サボった効果を偽装することができる点を考慮していない。つまり，経営者は，サボったことを隠すために機会主義的な利益マネジメント（第10章）を行い，経営者市場をだまそうとするかもしれない。このようなことをする人間は機会を見逃さないだろうから，経営者市場はモラル・ハザード問題に加えて逆選択問題にもさらされていることになる。

　もちろん，程度は限られるが，GAAPは怠慢を隠す経営者の能力に制限を加えている。また，アクルーアルの反転があるので，そういった行為は結局は見つかってしまい，経営者の評判は損なわれることになるだろう。そこで問題は，評判が失われることの期待コストが，努力を回避しようという動機を失わせるほど大きいのかどうかという点となる。Fama (1980) は，もし十分大きければインセンティブ契約は必要なくなるだろうと述べている。つまり，経営者市場における経営者の評判が怠慢を防いでくれるだろうから，経営者には固定給を支払っておけば良いことになる。

9.2 インセンティブ契約は必要か？ 353

このような経営者の怠慢インセンティブを抑える市場の能力については，Wolfson (1985) が実証研究を行っている。Wolfson (1985) は，アメリカにおける石油・ガス合資会社の契約を調べた。具体的には，石油・ガスの掘削について無限責任社員（エージェント）と有限責任社員（プリンシパル）の間で交わされる，税金面で利点のある契約である。無限責任社員は，専門知識を提供し，コストの一部を支払う。一方，資金の大部分は，有限責任社員によって拠出される。

このような契約では，石油・ガスの探査が高度に技術的なため，モラル・ハザード問題と逆選択問題がとくに起こりやすい。たとえば，無限責任社員は試掘の結果を内密に知っている。そのため，「不完遂インセンティブ問題」が起きてしまう。つまり，いったん試掘すると，もし期待収益 R が井戸の掘削を完遂するのにかかるコストより大きいのであれば，井戸の掘削は完遂させるべきである。しかしながら，完遂コストは，税務上の理由により無限責任社員によって支払われる。もし無限責任社員がたとえば収益の 40% を受け取るのであれば，彼にとっては，$0.40R$ が完遂コストより大きいときにしか完遂させる意味はない。よって，無限責任社員だけが R を知っているとすると，R が十分に高くなければ井戸の掘削は完遂されないことになるだろう（つまり，経営者が R についての情報を握りつぶすことで怠慢を隠すのである）。

Wolfson (1985) は，2 種類の井戸，つまり試掘井と採油井についての掘削を調べた。不完遂問題が起こる可能性は採油井の方が大きい。なぜなら，試掘井が石油・ガスを掘り当てた場合，R が非常に高くなる可能性は大きいからである。

投資家は，この不完遂問題にもちろん気づき，支払っても良いと思う金額を下げるだろう。場合によっては，無限責任社員は有限責任社員をまったく呼び込むことができなくなるかもしれない。そこで問題は，果たして無限責任社員は評判を確立することで投資家の心配を和らげ，自らの市場価値および投資家が支払っても良いと思う金額を増加させることができるかどうかとなる。

Wolfson (1985) は，評判を測定するために，1977 年から 1980 年にかけてサンプルとなる無限責任社員を抽出し，彼らの過去業績についての情報を収集した。そして，過去に有限責任社員に対して生み出した収益が大きければ大きいほど，無限責任社員の評判が高いと仮定した。その結果，無限責任社

員の評判が高ければ高いほど，有限責任社員から多額の出資を受けていることが明らかとなった。これは，投資家が経営者の評判に反応していたことを示唆している。

しかしながら同時に，投資家が試掘井よりも採油井に対して有意に小さい金額しか出資していないことも明らかとなった。上で述べたように，不完遂問題は採油井においてより重要である。

これら2つの結果から，市場は経営者のモラル・ハザード問題を軽減することができるものの，解決するまでには至っていないことがわかる。もし評判の形成によって完全に不完遂問題が解決されていたなら，投資家が問題の大きい方（採油井）に対する出資を抑えているという，このような結果は現れなかっただろう。

Wolfson (1985) の結果は，石油・ガス関連の契約についての少ないサンプルから得られたものにしか過ぎない。しかし，Fama (1980) の議論とは対照的に，経営者市場がモラル・ハザードを完全に解決しているわけではないという示唆を与えている点では，より一般性の高い意義をもっている。投資家に対して生み出した利得という点で過去に成功を収めていても，エージェントが常に「働く」とは完全に予見できないのである。

経営者のサボろうとする傾向を抑えるという点において，内部モニタリングや市場の圧力は，GAAPを補完していると思われる。しかし，それは完全ではないと結論する。そのため，何らかの利得指標にもとづいた努力インセンティブがやはり必要である。さてここで，大企業における実際の経営者報酬契約を見ることにしよう。そこでは，インセンティブが強く意識されていることがわかるだろう。

9.3 経営者報酬制度

このセクションでは，経営者報酬制度の実例を示す。以下の参考資料は，トロント，ニューヨーク，チューリッヒに上場しているカナダの大企業BCEにおける制度を記述したものである。実例9.1は，BCEの2004年度株主総会参考書類からの抜粋である。

この報酬制度については，いくつかの点で注意する必要がある。第1に，役員が，基本給の2倍から5倍にも上る，かなりのBCE株を保有すること

9.3 経営者報酬制度

が求められている点である。第2に，報酬が主に，給与，年1回の短期インセンティブ賞与，およびストック・オプションという3つの要素から構成されている点である。短期インセンティブ賞与は，通常は現金ボーナスであるが，上級役員に対しては株式割当（deferred share unit: DSU）となる。株式割当を用いた報酬は，年度ごとに現物株式を与える形式とは異なり，退職時に与えるべき株式数として口座管理される。つまり，所有者が会社で働いている間には売却できないようなBCE株ということになる。

短期インセンティブ賞与が，企業業績に加えて個人の創造性や指導力も評価の対象にしていることに注意してほしい。企業業績には，1株当たり利益（利益ベースの業績指標）といった財務目標の実現や，市場シェアや顧客満足といった戦略的経営目標の達成が含まれる。より上級の役員になればなるほど，業績にもとづいた報酬の割合が大きくなっている。たとえば，目標達成による賞与については，社長兼最高経営責任者が基本給の125%であるのに対し，他の上級役員は30%程度と低くなっている。

ストック・オプションは，報酬制度の長期的要素である。ストック・オプションの価値はBCEの株価に左右されるため，これによって株価を上昇させるインセンティブを与えていることになる。

第3に，多くの報酬制度では，利益あるいは他の業績指標が一定のレベルに達しなければ，インセンティブ報酬が支払われないしくみになっている。このような業績指標の下限は，**ボギー**(bogey)と呼ばれている。また，多くの制度において，報酬金額に**キャップ**(cap)と呼ばれる上限が設けられている。

実例9.1　BCE社の経営者報酬

> **役員報酬**
>
> 役員は，BCEの企業目標を達成し，それを上まわるよう求められています。また，営業成績および株主価値の創造という点において，業界屈指の企業を目指すよう求められています。役員報酬政策は，そのような立場におかれた役員を，会社に惹きつけておくと同時に，彼らに刺激を与えるように設計されています。
>
> BCEの報酬哲学は，人材市場での競争に負けないような報酬総額をオファーすることにあります。さらに，BCEでは（社内での公平性を保つ

ために）それぞれの役職報酬に対して，その責任の大きさを適正に反映させるようにしています。

　毎年，役員に対する現金報酬の大部分は，その年度の企業業績目標を達成したかどうかによって決定されます。さらに，BCE では長期インセンティブ・プログラムを実施しています。それらはおもにストック・オプションであり，

- 報酬を支払うことで人材を確保しておく
- 役員の利害と株主の利害を関係づける
- 株価の上昇によって役員も利益を得られるようにすることで，役員に BCE の価値創造機会を追求するよう促す

ように設計されています。

　人事・報酬委員会（Management Resources and Compensation Committee: MRCC）は，BCE の役員報酬政策を定期的に再検討することで，政策目的を達成し続けられるようにしています。そこでは，社長兼最高経営責任者および役員に対する報酬についても具体的な見直しが行われています。ここでは，資料「役員報酬の概況」において報酬が開示されている役員を「指名役員」と呼んでいます。

　2003 年，MRCC は，社内外の環境変化に照らして，BCE の役員報酬政策を包括的に再検討しました。その結果にもとづいて，MRCC は報酬政策の変更を提言し，2003 年 11 月の取締役会においてそれが承認されました。報酬政策の詳細な変更については，資料「2004 年度以降における報酬戦略の変更点」で説明しています。

報酬総額

　2003 年度の報酬総額は，

- 基本給
- 年 1 回の短期インセンティブ賞与
- 長期インセンティブ
- 年金を含む，資料「その他の報酬情報」に記載されている諸手当

から構成されています。

　2003年度の報酬総額は，過去の慣例にもとづき，BCEが自社との比較を行っている複数の他社（比較グループ）で支払われている報酬総額の中央値に定められました。比較グループの中央値という金額には，同様の状況に置かれている比較グループのうち，半分の企業がBCEよりも多くの報酬を支払っており，もう半分の企業がBCEよりも少ない報酬を支払っているという意味があります。

　2003年，比較グループの定期的な再検討を行った結果，MRCCは比較グループを22社から43社に拡大しました。そのうち23社はカナダの上場企業，残りの20社はアメリカの上場企業になっています。また，それらの選択基準としては，電気通信またはハイテク事業を行っていること，戦略的に技術を利用していること，高く称賛されている企業であり収益も大きいことなどが挙げられます。比較グループの会社数が多くなればなるほど，BCEが現在取り巻かれている環境をより忠実に描写することになり，市場に対してより良い比較基準を提供することになります。

　役員が受けとる報酬総額は，BCEの業績に対する各個人の貢献度，およびBCEが戦略的経営目標および財務目標をどの程度達成したかにもとづいて決定されています。また，その金額は，比較グループが同様の職位に対して支払っている金額の中央値と第3四分位の間に位置しています。過去の慣例にもとづき，第3四分位の金額は貢献度が顕著であった数名に対して与えられることになっています。第3四分位には，比較グループのうち25%の企業がBCEよりも多くの報酬を支払っており，75%の企業がBCEよりも少ない報酬を支払っているという意味があります。MRCCは，報酬総額のどの要素に対してもウェイトづけをしていません。

　過去3年間に指名役員に対して支払った報酬総額については，資料「その他の報酬情報」の中の役員報酬一覧表をご覧下さい。

基本給
　MRCCは，役員それぞれの基本給について，職位に関連する個人の実績および責任を反映しつつ，一定の金額範囲に収まるように決定しています。その中点は，比較グループの企業における同様の職位に対する基

本給の中央値に対応しています。そして，その中点を基礎とし，最低金額を中点の20%減，最高金額を中点の20%増とした範囲を設定しています。

年1回の短期インセンティブ賞与

　短期インセンティブ・プログラムは，企業目標の達成をサポートし，BCEの成功に応じて役員に報いるように設計されています。企業業績をはかる要素のうち70%が財務目標になっており，残りは戦略的経営目標になっています。取締役会は，毎年の期首に，基本方針の中でこれらの目標を設定しています。より詳細な情報については，資料「企業統治の体制—TSXガイドラインの遵守について—ガイドライン1(a)および1(c)」をご覧ください。MRCCは，企業業績と役員個人の貢献度の両方を考慮した上で，年1回の短期インセンティブ賞与を決定しています。

　2003年度，BCEの財務目標は，普通株1株当たりの利益（EPS），収益成長率，EBITDA成長率[1]，資本集約度（収益で割り算し，%表示したもの），フリー・キャッシュ・フロー[2]，そしてROIC[3]について設定されていました。これらの要素に対して，EPSは20%，それ以外は10%ずつのウェイトが与えられていました。企業業績をはかる残り30%の戦略的経営目標としては，たとえば特定子会社について具体的に定められた企業目標や新規ビジネスの開発，製品サービスの市場浸透率の拡大，管理職技能の改善，あるいは他社との関係強化などが挙げられます。2003年6月に実施したベル・カナダ（Bell Canada）のリストラクチャリングを受けて，BCEグループの中核であるベル・カナダがBCE役員にとってさらに重要性を増しています。この点を考慮し，MRCCと取締役会は，BCEの企業業績要素のうちベル・カナダの実績にもとづく分を調整することに決定しました。ベル・カナダの2003年度業績は，NIAC(45%)[4]，収益（25%），そして顧客満足（30%）にもとづいて評価されており，それがベル・カナダ企業業績要素の50%を構成しました。したがって，BCE役員に対する年1回の短期インセンティブ賞与を決定するのに用いられた企業業績要素は，65%ではなく50%となりました。

　個人の貢献度は，業務上の問題や後継者育成，経営開発に取り組む際

の創造性や指導力など，企業業績に影響を与えるような点について評価されています。個人の実績要素は，0％から200％までさまざまです。

毎年，MRCCは賞与の目標値を設定しています。2003年度の目標賞与は，対象となる役員のうちもっとも低い職位に対する基本給の30％から，社長兼最高経営責任者に対する基本給の125％までとなりました。指名役員に対する最低目標は，基本給の75％でした。

上記の要素にもとづいて，MRCCは年1回の短期インセンティブ賞与の大きさを決定します。より具体的には，目標賞与と企業業績要素，個人業績要素を掛け合わせて計算します。最高で目標賞与の2倍が支払われます。

ほとんどの場合，賞与の支払は次年度期首に行われます。

「上級役員および主だった従業員に対するBCE株式割当制度(1997)」（略称，株式割当制度）および「従業員利益分配制度」の利用資格を持つ役員については，年1回の短期インセンティブ賞与の一部または全部を，株式割当での支払いまたは「従業員利益分配制度」への出資に変更できます。その際，年度末までにどのような形式で賞与を受け取るかを決定しなければなりません。詳細については，「株式割当制度」の項をご覧ください。「従業員利益分配制度」へ出資する場合，インセンティブ賞与にかかる税金は，出資した年度の所得税申告期限までに支払えば良いとされています。

株式割当での賞与支払を，資料「持株要件」で義務づけられている最低持株水準の達成手段として用いることができます。

長期インセンティブ

BCE社内外の環境に照らして，また役員報酬とBCEの中長期的な事業・財務目標との間にさらに強い関連性を持たせるため，2004年度以降について，BCEの長期報酬戦略を大きく変更することが取締役会で決議されました。そこには，中期インセンティブの導入やストック・オプションの使用縮小などが盛り込まれています。これらについては，資料「2004年度以降における報酬戦略の変更点」に詳細が記されています。

ストック・オプション

　MRCC は，BCE 本体ならびに特定子会社の役員および主だった従業員に対して，ストックオプション制度にもとづいて，BCE 普通株式を購入できるオプションを付与することがあります。どれだけのオプションを賞与として付与するかを決定する際に，発行済みのオプション数が考慮されることはありません。

　ストック・オプションは，基本給に掛ける倍率にもとづいて付与されます。この倍率は，職位によって異なっています。また，報酬総額は，個人業績にもとづきつつも，比較グループにおける同様の職位に対する報酬総額の中央値と第 3 四分位の間に入るように設計されています。第 3 四分位は，貢献度が顕著であった数名に対して設定されることになっています。2003 年度に用いられたオプション倍率は，付与されるストック・オプションの数自体が減少傾向にあることを反映させるため，2002 年度の水準よりも平均して 20%減少されました。

　付与されるオプション数は，付与すべき金額を引受価格，つまり付与日前日の BCE 普通株価で割り算して求められます。MRCC は，抜群の成績であることを認めた場合，あるいは例外的に役員や主だった従業員の流出を防いだり，動機づけたりする場合に，ストック・オプションの特別付与を承認することがあります。

　オプションを行使して普通株を購入する際の価格は，行使価格と呼ばれています。行使価格は，例外を除き，引受価格以上に設定されています。例外になるケースとしては，BCE 傘下にある子会社，あるいは BCE が傘下に収めようとしつつある会社の株式についてのオプションを，BCE の普通株についてのオプションに変更するようなケースが挙げられます。その際には，オプション保有者の経済状態を維持するために，引受価格より低い行使価格を設定することがあります。引受価格より低い価格を設定するには，BCE の普通株を上場している証券取引所から承認を得ることが必要になります。

　オプション満期日までの期間は，通常，付与日から 10 年となっています。ただし，オプション保有者の退職，BCE グループ企業からの転出，死亡があった場合，あるいはオプション保有者の勤務している企業が BCE

グループから外れた場合には，この期間が短くなることもあります。その際には，オプションが付与された時点のストック・オプション制度，あるいは MRCC の決定にしたがうことになっています。

オプションを行使する権利は，通常，付与日から 4 年の間に毎年 25％づつ発生，つまり授与されていきます。ただし，BCE あるいは指定された子会社の支配権に変更があった場合，また MRCC が異なる期間を設定した場合を除きます。詳細については，資料「支配権の変更」をご覧下さい。

オプション保有者が，BCE のグループ企業から転出後に禁止行為を行った場合，2001 年以降に付与された未行使のオプションについては全て失効します。この禁止行為には，他の雇用者の便宜のために，BCE の機密情報を用いることなどが含まれています。さらに，オプション保有者は，禁止行為が行われた日から遡る 12 ヶ月の間にオプション行使によって得た税引き後の利益を，BCE に対して払い戻さなければなりません。

1999 年 11 月より前に発行されたオプションの中には，特別補償金の権利をともなうものがありました。特別補償金とは，オプション行使日の市場株価がオプションの引受価格を超過した金額を現金払いするものです。特別補償金は，オプションに付属されるものであり，そのオプションが行使されるときに発生します。

2003 年 1 月 1 日開始年度から，BCE は，ストック・オプション報酬に対して公正価値会計を採用しています。

(参考) BCE 子会社の役員に対するストックオプション

2003 年にベル・カナダの役員に対して付与されたオプション数は，2002 年度の経済的利益目標にもとづいていました。2002 年度は目標を上まわる結果となったため，付与されたストック・オプションは 10％増加しました。つまり，2003 年 2 月に通常付与される数の 110％をベル・カナダの役員は受け取りました。もし目標が 90％から 100％達成されていれば，100％を賞与として付与されるはずでした。もし目標の達成が 90％に満たなかった場合には，役員は 50％しか付与されないはずでした。

2003 年度には，経済的利益目標が自己資本利益率 (ROE)[5] 目標に変更

されました。また，それにともなって新しい役員報酬政策のもとで2004年の付与数を決定する際の100％の付与数についても調整を行いました。詳細については，資料「2004年度以降における報酬戦略の変更点」をご覧ください。

　子会社BCEエマージス（BCE Emergis）の株式オプション制度は，BCEのストック・オプション制度とほとんど同じになっています。ただし，オプション満期までの期間が6年となっており，また付与日の2年後に25％，3年後に75％，4年後に100％の行使権が授与されます。2003年5月13日までBCEエマージスの最高経営責任者であったブロインは，このBCEエマージス株式オプション制度を利用しています。

　付与されたオプション，およびこれらのプログラムのもとで行使されたオプションについてのより詳細な情報については，資料「その他の報酬情報」の中のストック・オプションの項をご覧ください。

株式割当制度

　株式割当制度は，役員の利害と株主の利害とをより密接に関連づけるように設計されています。株式割当は，BCE本体ならびに特定子会社の役員，および主だった従業員に対して賞与として付与されることがあります。

　株式割当は，BCE普通株と同じ価値を持っています。どれだけの株式割当を賞与として付与するかを決定する際に，発行済み株式割当の数や条件が考慮されることはありません。また，株式割当については権利発生期間がありません。

　株式割当に対しては，BCE普通株に対する配当と同等の支払いが行われます。配当支払日が到来する都度，支払配当と同等の価値分だけ，株式割当が追加されます。

　この制度の利用資格を持つ役員は，年1回の短期インセンティブ賞与，資本効率インセンティブ賞与の一部または全部を現金から株式割当に変更することができます。賞与は，取締役会によって賞与が決定された前日におけるBCE普通株価にもとづいて株式割当に換算されます。この株式割当は，資料「持株要件」で義務づけられている最低持株水準の達成

手段として用いることができます。

MRCCは，顕著な業績を表彰するため，あるいは特定の企業目標の達成に応じて，特別賞与として株式割当を付与することもあります。

株式割当の保有者は，BCEのグループ企業で雇用されている間，株式割当を売却することがありません。保有者がBCEグループから離れる際に，BCEがその株式割当保有数だけBCE普通株を市場で買い付け，保有者に対して授与することになります。ただし，その数については，負担すべき税金に応じて控除調整されます。

持株要件

BCEは，普通株式や株式割当などを通じて，役員が相応の株式保有を行うことを奨励しています。そのため，報酬制度も株式保有を促進するように設計されています。最低限の持株水準については，年間基本給に対する割合として，職位ごとに定められています。

- 社長兼最高経営責任者 — 500%
- グループ会社社長，主要部門の長 — 300%
- その他の役員 — 200%

これらの役員は，3年以内に目標水準の50%，5年以内に目標水準を満たさなければなりません。5年目標には，2006年4月までに到達しなければなりません。ただし，2001年4月1日以降に，雇用または昇進があった者については，雇用または昇進のあった日から5年以内となります。

持株要件は，すべての中間管理職に対しても適用されます。その際の年間基本給に対する割合は，100%となっています。

以下のプログラムを通じて付与された株式や株式割当は，最低持株水準の達成のために使用することができます。

- 資料「株式割当制度」に規定されている株式割当制度
- 資料「その他の報酬情報」に記載されている，役員報酬一覧表の脚注(6)に規定されている従業員貯蓄制度

- 資料「長期インセンティブ」に規定されている，BCE のストック・オプション制度にもとづいて付与されたストック・オプションの行使によって取得保有されている株式

2004 年度以降に適用される新しい報酬政策では，持株要件が確実に満たされるように具体的措置が行われます。

子会社における報酬政策

ベル・カナダと BCE エマージスの報酬政策は，BCE と同様になっています。短期インセンティブ制度にもとづく報酬は，毎年期首に設定されている各社の企業目標を達成したかどうかによって決まります。

2003 年，取締役会は，ブロイン，ウェットモア，ローマン，シェリダンに対して，BCE 株のオプションを付与するというベル・カナダからの提案を承認しました。BCE エマージスに雇用されていた期間についてのブロインに対するオプションの付与については，BCE エマージスの報酬政策にもとづいて，BCE エマージス株式オプション制度にしたがって執行されます。

2004 年度以降における報酬戦略の変更点

BCE およびグループの中核であるベル・カナダは，市場変化や顧客ニーズに積極的に対応しています。昨年では，こういったビジネスの変化に適応するために，事業構造および事業戦略を再編成しました。BCE およびベル・カナダは，顧客業務と社内業務をともに簡素化するように努めてきました。さらに，現在および将来の成功にとってきわめて重要だと思われるリーダーシップのタイプを見直しました。

これらの重要な変化を踏まえて，2004 年からは，企業の新しい方向性と戦略目標に合致，またそれらをサポートするように役員報酬政策が再設計されました。MRCC は，その設計開発全般に深く関わってきました。そこでは，BCE およびベル・カナダの役員にとって重要なことは何か，どのような行動および結果が報いられるのかについて，明確な方向づけが行われています。新しい役員報酬政策は，基本的に個人のアカウンタ

ビリティと業績水準をこれまで以上に重視するよう設計されています。

基本的な理念は，短期・中期・長期インセンティブ制度といった3種類の報酬制度を用いることで，リスクのある変動報酬にこれまで以上に重点を置きながらも，基本給などの固定報酬についてはこれまでの姿勢を維持するというものです。これらの変動報酬制度にはそれぞれ，報酬を得る条件となる具体的な業績目標が定められています。これらの目標は，漸進的な変化だけでは達成不可能になっており，場合によっては，ビジネス・プロセスを再設計しなければなりません。

この理念の鍵となる要素は，以下の通りです。

- 現在，比較グループの中央値（50%）に設定している報酬総額を60%まで増加させます。これによって，BCE およびベル・カナダに有能な人材を呼び込んだり，有能な役員の流出を防いだりすることができるようになると考えられます。
- 60%へ増加後の報酬総額政策の内訳は，以下の通りです。
    - 基本給については，現在の水準である中央値（50%）を維持します。
    - 年1回の短期インセンティブの目標賞与を，比較グループにおける同様の職位に対する金額の中央値から第3四分位へ増加させます。これによって，毎年の財務目標を達成することの重要性，およびそのための業務遂行の方法をさらに強化することができると考えられます。
    - 長期インセンティブ制度によって授与される金額のうち約半分を，ストック・オプションに代えて制限付株式割当 (restricted share unit) を用いる新設の中期インセンティブ制度へ移行します。
        * それぞれの職位に応じた数だけ，役員は2年間の制限付株式割当を付与されます。制限付株式割当は，付与日から2年間で権利が発生，または消滅します。
        * 2年間の業績審査期間内に一定の事業目標を達成できれ

ば，権利が発生します。これらの目標は，ベル・カナダの基幹事業ごとに社内で設定された戦略目標とリンクしています。

* 業績審査期間終了時に，権利が発生した制限付株式割当は，個々人の持株要件に照らしながら，BCE 普通株または現金に振り替えられ，支払われることになります。

- 長期インセンティブ制度によって授与される金額のうち，ストックオプションを用いる部分の約半分を減額するとともに，ストック・オプションの設計を変更します。

* 権利の発生は，時間の経過および業績の組み合わせにしたがいます。業績測定は，北米にある電気通信会社の株主投資利益率（total shareholder return: TSR）の中央値を達成するか，あるいは超えることが基準となります。この基準が達成されることで，ストック・オプションのうち 50％の権利が 2 年後に，100％が 3 年後に発生します。

* オプション期間は，10 年から 6 年に短縮されました。

* 付与されるストック・オプションの数は，（前倒しで）3 年分になっています。

結び

2003 年度の指名役員への報酬総額は，適切な金額であり，また市場競争力のあるものだったと MRCC は捉えています。また，役員報酬の大部分を企業業績目標および株主価値の創造にリンクさせるという報酬政策に照らしても，適切であったと MRCC は確信しています。

報酬は企業業績を反映したものでなければならないと MRCC は考えています。そのため，指名役員に対する年 1 回の短期インセンティブ賞与は，企業目標が十分に達成されなかったことを受けて，企業業績要素を 50％として計算しています。

全般的に見て，上記のような報酬政策は，株主の利益と役員の利益を

調和させながらも，BCE の役員に対して魅力や動機を与え，人材を流出させないようなものになっていると MRCC は確信しています。2004 年度に導入される新しい報酬戦略により一層，北米における最高の電気通信会社になるという企業目標に近づけると考えています。

2004 年 3 月 10 日
委員長 **P. M.** テリア
R. A. ブレネマン
A. S. フェル
B. M. レビット
J. H. マッカーサー
V. L. ヤング

BCE 社から許可を得て複製

注
[1] EBITDA（金利払い前，税引き前，償却前利益）という用語の意味については，カナダの一般に認められた会計原則（GAAP）において統一的に規定されていません。よって，他社で示されている同様の指標と単純に比較することがむずかしくなっています。当社の場合，営業収益から営業費用を引いた金額として用いており，それによって償却費や福利厚生費，リストラ費用などを引く前の営業利益をあらわすようにしています。EBITDA は，営業活動からもたらされる純キャッシュ・フローと異なることに注意してください。カナダ GAAP における利益指標の中では，営業利益がもっとも近いものとなります。
[2] フリー・キャッシュ・フローという用語の意味については，カナダ GAAP において統一的に規定されていません。よって，他社で示されている同様の指標と単純に比較することがむずかしくなっています。当社のフリー・キャッシュ・フローは，営業活動からのキャッシュより，配当総額，設備投資およびその他の投資を差し引いた金額として計算しています。カナダ GAAP における財務指標の中では，営業活動からのキャッシュがもっとも近いものになっています。
[3] ROIC(投下資本利益率）の定義は，直近 12ヶ月における利益を，直近四半期における投下資本（長期借入金に普通株主持分と優先株主持分を加えたもの）で割った数値となっています。
[4] NIAC(普通株式に帰属する純利益) は，稼得された純収益から事業活動コストを差し引いた金額を基礎に計算されます。NIAC は，営業から生み出された資金のうち普通株主に帰属する金額の良い推定値となっています。その資金は，配当として分配されることもあれば，再投資に向けて企業内に留保されることもあります。
[5] ROE（普通自己資本利益率）は，普通株主に帰属する利益の平均普通株主資本に対する百分率として計算されます。

BCE のケースでは，ボギーやキャップが明示的に記載されているわけではない。しかし，存在はしているようである。なぜなら，報酬総額を比較可能な会社グループの中央値から第 3 四分位の間に収まるように設定していると

いうことは，報酬の上限を決めているということを意味するからである。また，短期インセンティブ賞与の金額が期首に設定される目標の達成度と連動している。もし，これらのボギーが達成されなければ，賞与はおそらくゼロになるか，あるいは少なくとも減額される。また，短期賞与は目標にもとづいた金額の2倍に上限が決められている。

BCE の取締役会に設置されている人事・報酬委員会 (MRCC) が，給与，ボーナス，オプション賞与の金額について，上記のガイドラインの範囲内でもっとも大きな発言権をもっていることに注意しよう。報酬委員会はコーポレート・ガバナンスのための装置であり，実在するすべての報酬契約と同様に，BCE の制度が不完備であるという事実に対処するためのものである（セクション 8.8.2 の完備契約，不完備契約の議論を参照せよ）。契約というものは硬直的になりやすいので，予期せぬ結果が報酬に与える影響に対処するため，報酬委員会に一定の裁量が持たされていると考えられる。たとえば，BCE では 2003 年度の企業目標が十分には達成されなかったため，短期インセンティブ賞与は目標賞与の半分に減額されていた。目標が達成されないのであれば，ボーナスが何も支払われないと普通は思うだろう。しかしながら，BCE の MRCC は，いくぶんかのボーナスを正当化するには十分な進展があったと感じていたに違いない。

第4に，BCE の報酬制度のインセンティブ効果がはっきりしている点である。最上位の役員に対しては，毎年のインセンティブ賞与が，おもに1株当たり利益といった財務目標の達成にもとづいており，現金あるいは株式割当で支払われている。この短期インセンティブ賞与は当期業績に大きく左右されるため，当期の業績指標を最大化するというインセンティブが生み出されている。しかし，1株当たり利益といった当期の報告業績を最大化するために，メンテナンス作業の後回しや研究開発への過小投資，利得目的による施設の早期処分などの機能不全に陥るような機会主義的利益マネジメント手法を選択させてしまい，企業の長期的な利益を損なう可能性がある点に注意しよう。ただし，十分な株式所有を義務づけられているので，役員は企業のより長期的な成功に利害関係を持たされている。おそらく，これによって先ほど挙げたような機能不全に陥るような行動選択への誘惑を減少させているのだろう。

これらのより長期的な配慮を強化するために，すべての役員および主だっ

た従業員は，ストック・オプションを用いた長期インセンティブ制度に参加している。そこでは，オプション行使時における BCE の普通株価がオプション付与時の株価を超過している分だけ，受領者が利益を得ることになる。オプションの行使価格が一般的に，付与日前日の BCE 市場株価（引受価格）と同額である点に注意しよう。従業員ストック・オプション (ESO) についての議論を行ったセクション 7.3 での言葉を使うと，オプションの本源的価値がゼロなのである。その結果，オプション付与について，BCE は費用をまったく認識してこなかった。しかしながら，2004 年度以降，状況は変化する。カナダの会計基準が現在では，ESO の公正価値にもとづいて費用認識するように求めているからである（セクション 7.3 での議論を参照せよ）。BCE が，2003 年 1 月 1 日から自発的に ESO の費用認識を前倒し処理していた点に注意しよう。

オプションは 10 年の満期を持ち，通常，早期行使権は，付与日から 4 年経たないと完全には得られないことになっている。

第 5 に，報酬制度において短期インセンティブと長期インセンティブの要素が組み合わせられている点が重要である。上で述べたように，長期インセンティブ要素の比率を高く（低く）すると，経営者はより長期（短期）的な視点で意思決定を行うはずである。BCE の MRCC は，年 1 回の短期インセンティブ賞与の大きさを決定するので，この組み合わせに影響を与えることができる。つまり，役員の報酬総額が比較グループにおいて中央値から第 3 四分位までに収まるようにオプションが授与されるので，他の条件が同じなら，短期賞与の金額が大きく（小さく）なればなるほど，それだけオプション賞与の金額が小さく（大きく）なるのである。セクション 9.4.2 で，短期・長期インセンティブの組み合わせに一定の柔軟性が必要である理由について概説することにしよう。

最後に，BCE の制度が持つリスクの特徴について考えておこう。BCE の経営陣にとって報酬にはリスクがともなっている。なぜなら，統制できないような，また経営者の努力とは無関係な経済全体・産業全体の事象が，1 株当たり利益および株価の両方に影響を与えるからである。しかしながら，BCE の制度の他の特徴が，報酬リスクを制限するように作用している。基本給はもちろん相対的に無リスクであり，また短期インセンティブ賞与もストック・オプション価値も下限がゼロだからである。そのため，もしボギーを達成で

きなくても，あるいはもし株価が行使価格を割り込んでも，経営者が企業に対して何も支払う必要がなく，下方リスクを減少させているのである。加えて，上で述べたように，報酬総額が比較グループの中央値から第3四分位に収まるように調整される。報酬総額をこのように設定することで，平均効果が導入されている。つまり，BCE役員の報酬総額は，BCEだけの業績変動に左右されにくくなっているのである。

要約すると，BCEの報酬構成は，インセンティブ，意思決定の視野，リスク特性の点についてとても洗練されているように思われる。我々の目的からすると，注意すべきもっとも重要なポイントは，2つの主要なインセンティブ要素がある点である。つまり，利益と個人業績にもとづく短期インセンティブ賞与，および株の値動きによって価値が決まる長期のストック・オプションである。このように，会計にもとづいた業績と市場にもとづいた業績によるインセンティブの両方が制度に盛り込まれている。このため，利益がどのように決定されるのかについて，経営陣は強い関心を示すのである。なぜなら，1株当たり利益が報酬決定に直接用いられるうえに，第5章で見たように，株価に影響を与えるからである。

とくに興味深いのは，2004年度における報酬戦略の変更である。新戦略の特徴のうち以下の2点は，とくに注意しておくべきである。

- （優秀な役員の流出を防ぐために）報酬総額を増加させている。また，その中で業績にもとづく報酬の割合が大きくなっている。
- 短期インセンティブ賞与の割合を増加させ，また新たに中期的な報酬の要素を設定し，さらにストック・オプションの価値を小さくしその権利発生期間を短縮することで意思決定の視野を短縮させている。

ストック・オプションの役割は，付与される価値が半分に削減されたこと，および満期までの期間が10年から6年へ短縮されたことで，小さくなっている。これはおそらく，多くのCEO（最高経営責任者）がESOを濫用し，付与されたオプションの価値を増加させるべく，人為的に株価を上昇させているように思われているためであろう（セクション7.3を参照せよ）。実際，ESOは，もともと意図されていた長期的な結果ではなく，非常に短期的に結果が出るような意思決定を促してきたように思われる。BCEは，経営陣がESOを濫用していないことを世間に信頼してもらうために，ESOの利用を縮小した

大企業の1つである。

　意思決定の視野を短縮した点はとくに興味深い。上で述べたように，2003年度，BCEには達成できなかった短期的企業目標があった。将来的にこれらの目標を達成するようなインセンティブを強くしたいとBCEは望んでいるように見える。しかしながら，上で述べたように，そうなると短期的な報告業績を上昇させるために，機能不全に陥るような行動が選択される可能性が高まる。結果的に，BCEは中期的な報酬制度を創設した。この制度では，2年間の業績審査期間が導入され，**制限付株式割当**(restricted share unit)で報酬が支払われる。これは，具体的に目標設定されたROAや株価が達成されたときにだけ授与される株式割当である。BCEの場合には，いくつかの2年間の目標が達成されたときにだけ制限付株式割当付与の権利が発生する。おそらく，2年間の業績審査期間とESOの削減によって，機能不全に陥るような短期的行動に歯止めが掛けられるだろう。

　さて，ここまでに提起された報酬問題をより一般的に考察することにしよう。

9.4　経営者報酬の理論

9.4.1　エージェンシー理論の再検討

　経営者報酬の理論は，第8章で議論されたエージェンシー・モデルに大きく依拠している。ここでは，この理論における会計情報の役割を，Holmström (1979)から学ぶことにする（セクション8.8.1を参照せよ）。Holmström (1979)は，業績指標が追加されることでエージェントの努力についての情報が増えるのであれば，複数の業績指標にもとづくことで報酬契約の効率性が高まると予測していた。このことは，報酬契約を締結する際に，利益が他の業績指標と重要性の点において競合することを意味している。

9.4.2　経営者の業績評価に用いる利益と株価の相対割合

　報酬が利益と株価の両方にもとづいており，また，この2つの業績指標がその重要性について競合しているとすると，経営者の業績を総合的に評価する際に用いる相対割合（つまり，組み合わせ）は，何によって決定されるのだろうか？

　この問題については，Banker and Datar (1989)が研究している。彼らは，こ

れらの業績指標の線形混合が感度と精度の積にもとづく条件を明らかにした。感度と精度の概念については，セクション 8.8.1 で紹介されている。感度は，経営者の努力変化に対する指標の変化率の期待値として定義されており，精度は，その指標に含まれるノイズの分散の逆数として定義されている[4]。Banker and Datar (1989) は，利益に含まれるノイズが小さければ小さいほど，経営者の努力についての感度が上昇するので，経営者の総合的な業績を決定する際には，株価に対して利益の割合を大きくするべきであることを示した。

利益の感度を上昇させる方法は数多くある。その1つは，セクション 8.8.1 で挙げられたように，公正価値会計への移行によって認識の遅れを減少させることである。なぜなら，認識の遅れが減少すれば，経営者の努力から得られる利得がより多く当期の利益に現れるからである。

しかし，公正価値会計は，同時に精度を落としてしまう傾向があるため，その点で諸刃の剣といえる。上で述べたように，Banker and Datar (1989) は，精度が落ちると契約における業績指標の最適割合が減少することを示している。そのため，公正価値会計を採用することが結果的に利益の重要性を増すことになるのかどうかは明らかではない。とくに，もし公正価値会計を採用することで落ちる精度の悪影響が，感度の上昇によってもたらされる良い影響を上まわるなら，報酬契約の設計については取得原価主義会計のように少し保守的な会計の方が望ましいということになる[5]。

感度を上昇させる方法としては，他にフル・ディスクロージャーがある。とくに，非経常項目や一時項目についての開示である。フル・ディスクロージャーによって，報酬委員会が利益の持続性をよりよく評価できるようになり，感度が上昇するのである。持続的な利益は，努力とは無関係にしばしば発生する一時的な利益よりも，当期の経営者努力についてのより感度の高い

---

[4]契約に複数の業績指標が用いられていると，感度の概念はより複雑になる。たとえば，努力の増加が業績指標すべての期待価値を上昇させるとしよう。努力の増加は，利益の期待価値上昇に直接的な影響を与えるはずだが，株価の期待価値もまた上昇するはずである。利益と株価との（正の）共分散の程度によっては，期待株価の上昇は，利益が持つ努力についての情報伝達能力を弱めてしまうのである。なぜなら，利益の感度を弱め，そのために業績指標の組み合わせにおける重要性が減少するからである。同様の現象によって，株価の感度も弱まってしまう。

この議論は，リスクの観点からも解釈することができる。利益と株価との共分散は，利益に影響を与えているランダムな要素が株価にも影響を与えている程度，つまり，共通のノイズを測定している。経営者の報酬に同じノイズの影響を重複して与えることを避けるためには，業績指標の組み合わせの割合をその共分散にもとづく分だけ減少させることが必要になる。

[5]SFAS 130 のように，資産および負債を公正価値評価することで生まれる未実現の利得や損失をその他の包括利益に計上するという妥協策もある。こうすることで，公正価値会計からもたらされる感度および精度の影響を利益から排除するのである。

指標となっている。例 8.7 のように，機会主義的な利益マネジメントの余地を減らすために GAAP を用いるのも，同様のアプローチである。利益マネジメントを減らすことは，経営者が怠慢を隠す能力を抑えることを意味しており，それによって感度が上昇するのである。

株価は相対的に精度が低いとされているが，それは経済全体の動きに影響を受けるからである。たとえば，もし利子率が上昇すると，将来の企業業績に対する期待効果が即座に株価に反映されるだろう。しかしながら，これらの効果は，当期の経営者努力とはほとんど何も関係がない。結果的に，株価のボラティリティが高まるだけである。それにもかかわらず，セクション 8.8.1 で指摘していたように Holmström (1979) は，努力について追加的な情報を有している限り，株価が業績指標から完全に外されることはないと述べている。株価は，感度が十分に大きいので，利得について利益が有していないような追加的な情報を常に有している。そのため，両方の指標が契約の中に共存しているだろうと予測できる。

一方，この共存は，所有者に対して経営者の意思決定の視野を管理できる機会を生み出している。たとえば，経営者努力について，短期的な成果を目指すタイプと長期的な成果を目指すタイプという 2 つのタイプがあるとしよう。実際，当期利益は当期に行われた経営者活動のうちの一部から生み出された利得を集計したものに過ぎない。所有者は，利益にもとづく報酬と株価にもとづく報酬の相対的な割合を調整することで，この事実を利用できる。たとえば，研究開発（つまり，長期的な努力）を促進させるためには，所有者は利益にもとづく経営者の報酬の割合を減らし，株価にもとづく割合を増やせば良い。すると，経営者の報酬は研究開発の拡大に対する証券市場の反応により強くしたがって増えることになる。また，当期に研究開発費用を計上することによって受ける報酬ペナルティが小さくなる。したがって，経営者にとっては研究開発を拡大することが自分自身の利益につながることになる。より一般的には，投資機会を豊富に持つ企業は，株価にもとづく報酬の割合を増加させたがると考えられる[6]。

反対に，企業が短期的にコスト・カットをしなければならないとしよう。利益には，おそらく株価よりも素早くしかも正確に，コスト・カットがキャッ

---

[6]企業の投資機会を評価する方法，および企業の報酬契約において投資機会に比例して株価にもとづく報酬割合が増加しているという証拠については，Baber, Janakiraman and Kang (1996) を参照せよ。

シュ・フローに及ぼす好ましい影響が現れるだろう。とくに，コスト・カットの内容が複雑であったり，内部情報を構成していたりする場合，あるいは市場が短期的なコスト・カットの長期的な成果に及ぼす影響について不安を持っている場合にはそうなるだろう。また，ノイズ取引や市場の非効率性があるために，コスト・カットの情報が株価に完全には反映されないと思われる。よって，経営者の報酬を決定する際，企業は株価よりも利益の割合を相対的に高くしておくと考えられる。

実際，当期の経営者行動によってもたらされる短期的・長期的利得が株価と利益に異なって反映されるなら，株価にもとづく報酬と利益にもとづく報酬の組み合わせ方によって経営者の意思決定の視野を管理できると考えられる。つまり，株価にもとづく報酬を大きく（小さく）することで，より長期的（短期的）な視点に立った意思決定を経営者にさせることができるのである。このことを理論的に示したのが，Bushman and Indjejikian (1993) である。セクション 9.3 で指摘したように，BCE の報酬制度は，短期・長期の報酬の組み合わせについて，報酬委員会にいくぶんの柔軟性を持たせている。さらに，2004 年度の改訂により，BCE の報酬制度は意思決定の視野を短縮したように思われる。

業績指標の組み合わせについては，Datar, Kulp and Lambert (2001) によってさらに研究されている。そこでの分析によると，意思決定の視野は，業績指標の感度および精度とトレードオフの関係にある。たとえば，たとえ経営者の意思決定の視野が所有者の求めるものと少し異なる結果になろうと，もし業績指標に感度と精度が備わっているのであれば，所有者はその業績指標の割合を増加させるだろう。なぜなら，そのような業績指標は努力について「より多くを語る」ので，それを利用することでより効率的な契約を締結することが可能になるからである。このように効率性が高まることによって，経営者の意思決定の視野を管理するという便益がトレードオフされてしまう。したがって，感度と精度は，複数のタイプの経営努力が存在するときでも，重要な特性であることにはかわらないのである。

9.4.3 短期的努力と長期的努力*

第 8 章でエージェンシー理論について議論を行ったが，その際，経営者努

---

*このセクションを省略して先に読み進んでも大きな問題はない。

力を1次元に仮定していた。つまり，あらゆる経営活動を包含するモデル設定上の道具として努力が仮定されていた。そのため，努力の強度に関心が向けられ，強度は「働く」か「サボる」かの2種類が想定されていた。役員報酬をより深く理解するため，ここではエージェンシー・モデルを拡張し，努力を多次元に設定する。具体的には，前セクションにおける仮定，つまり，努力が**短期的な努力**(short-run effort: SR) と**長期的な努力**(long-run effort: LR) から構成されているという仮定を引き続き用いる。SR は，主として当期の利益に反映されるような活動，たとえばコスト管理，メンテナンス，従業員の勤労意欲，広告，その他の日々の活動に向けられる努力である。LR は，長期計画や研究開発，買収といった活動に向けられる努力である。LR の努力は当期利益をいくぶん生み出すかもしれないが，それらの活動から生みだされる利得のほとんどは将来に実現する。ここでは，Feltham and Xie (1994) にもとづいて議論を展開しよう。

経営者は，SR と LR それぞれについて働くかサボるかを選択することができる。そして，当期純利益 (NI) が以下のような式によって生み出されると考える。

$$NI = \mu_1 \, SR + \mu_2 \, LR \pm 期待値ゼロのランダム要因, \tag{9.1}$$

SR と LR は，それぞれ短期的努力と長期的努力の量である。ここでは，利益に1つではなく2つの感度がある。つまり，μ_1 は SR の努力に対する利益の感度であり，μ_2 は LR の努力に対する感度である。利益に影響を与えるランダム要因の期待値がゼロであるという仮定は，セクション 8.4.2 における仮定と同じく，利益に経営者の操作やバイアスが入っていないことを意味している。

企業の利得 x もまた，SR と LR の活動に影響される。そこで，以下のように利得を設定する。

$$x = b_1 \, SR + b_2 \, LR \pm 期待値ゼロのランダム要因, \tag{9.2}$$

b_1 と b_2 は，それぞれ SR の努力と LR の努力に対する利得の感度である。ここでは，経営者が第1期にだけ努力を行い，利益がその期末に報告される

と仮定する。しかしながら，第 8 章での仮定と同様に，利得は次の期になるまで十分には観察可能ではないとする。つまり，第 1 期における経営者の努力から生み出される利得が，第 1 期中にすべて実現しないのである。利益は，この利得がどのようになるかを予測するメッセージとなる。経営者には，第 1 期の利益にもとづいて報酬が支払われる。次期に生み出される追加的な利得はすべて所有者のものとなる。

活動の集合として努力を認識することによって，新しい概念が導入される。すなわち，業績指標の**整合性**(congruency) である。整合性を説明するために，以下のような例を考察しよう。

例 9.1. [整合的な業績指標]

経営者が SR の努力および LR の努力について働くかサボるかを選択でき，また利益と利得が表 9.1 のように与えられるとしよう。

もし経営者がすべての努力を SR に配分し，働くとすると，期待利益は 4 ドルとなる。しかしながら，この努力のうちいくぶんかは，次期にも便益をもたらすと考えられる。たとえば，当期のコスト管理によって低下したコストのうち少なくともいくつかは，次期にも持続すると考えられる。これら将来の便益が 2 ドルになるとしよう。すると，SR の努力から生み出される期待利得は，合計で 6 ドルとなる。もし経営者が LR の努力，たとえば研究開発に時間を注いで働くとすると，当期には 3 ドルの期待利益が生み出され，次期には 1.5 ドルの追加的な利得が生み出されると期待されるので，合計で 4.5 ドルとなる。経営者がサボるときにも同様とする。

表 9.1 をもとに，経営者がサボったときに比べて，働いたときにどれだけの期待利得が高まるかが表 9.2 で与えられている。

表 **9.1** 期待利益と期待利得が整合的なケース

	経営者の努力			
	短期的な努力 (SR)		長期的な努力 (LR)	
	働く	サボる	働く	サボる
期待利益 E(NI)	4	1	3	2
期待利得 E(x)	6	1.5	4.5	3

表 9.2 働くことによる利益と利得の増加分

	経営者の努力	
	短期的な努力 (SR)	長期的な努力 (LR)
期待利益 E(NI)	$\mu_1=3$	$\mu_2=1$
期待利得 E(x)	$b_1=4.5$	$b_2=1.5$

表9.2における μ_1 と μ_2 は,それぞれ SR の努力と LR の努力に対する利益の感度である(式9.1を参照せよ)。同様に,b_1 と b_2 は,努力に対する利得の感度である(式9.2を参照せよ)。b_1 と μ_1 との比率 (4.5:3 = 3:2) が,b_2 と μ_2 との比率 (1.5:1 = 3:2) に等しくなっていることに注意しよう。このようなとき,利益は利得に対して**整合的**(congruent)であるといわれる。つまり,期待利益の増加,たとえば 1 ドルの増加によって,その期待利益の増加が LR の努力から生み出されたものなのか,SR の努力から生み出されたものなのか,あるいは両方の努力の組み合わせによるものなのかに関係なく,期待利得が 1.5 ドル増えるのである。

このようなケースでは,経営者が短期的な活動と長期的な活動に対してどのように努力を配分するかについて一切気にせずに,第 1 期の報告利益にもとづいて報酬を与えるような契約を所有者は設計できる。この報酬をもとに,経営者は,報酬から得られる期待効用と努力することで発生する不効用を差し引きしたものを最大化するように,努力の強度と配分を選択することになる。このことは,例 8.3〜例 8.7 において説明されていた。

要するに,経営者の努力が多次元であるとき,また利益が利得に対して整合的であるとき,所有者は経営者が努力をどのように配分するのかについて心配する必要がない。なぜなら,どのタイプの努力も等しく利得を生み出す効果を持っているからである。

残念ながら,整合的な利益があてはまるようなケースはほとんどない。その理由もやはり,認識の遅れに求められる。表9.1についてもう一度,考えてみよう。コスト管理などといった SR の努力は,当期利益を生み出す効果的な方法だと考えられる。しかし,上での仮定とは対照的に,次期の利得を生み出すには効果的とはいえないだろう。もちろん低下したコストの中には

表 9.3 期待利益と期待利得が整合的でないケース

	経営者の努力			
	短期的な努力 (SR)		長期的な努力 (LR)	
	働く	サボる	働く	サボる
期待利益 E(NI)	4	1	3	2
期待利得 E(x)	2	1.5	9	4

表 9.4 働くことによる利益と利得の増加分

	経営者の努力	
	短期的な努力 (SR)	長期的な努力 (LR)
期待利益 E(NI)	$\mu_1=3$	$\mu_2=1$
期待利得 E(x)	$b_1=0.5$	$b_2=5$

持続するものもあるかもしれないが，コスト・カットは次期における従業員の勤労意欲と組織の効率性を低減させるという意味をむしろ持っており，この効果は当期利益には認識されない。SR の努力から生み出される利得として考えられるのは，たとえば経営者が働くときには 2 ドル（つまり，当期利益を 4 ドル生むために次期利益を 2 ドル低下させるので差引 2 ドルの利得）で，サボるときには 1.5 ドルといったものである。しかしながら，LR の努力は反対の効果を持っていると考えられる。たとえば，研究開発に対する努力などについては，経営者が働くと 9 ドル，サボると 4 ドルといったように長期的に高い利得を生み出すと思われる。表 9.3 と 9.4 は，これらの仮定を要約したものである。

ここでは，SR の努力について b_1 と μ_1 との比率が 0.5:3 = 1/6 となっている。LR の努力については比率が 5:1 = 5 となっている。よって，利益は利得に対して整合的ではない。所有者にとっては，どちらのタイプの努力が利益を生み出すのかが重要になってくる。SR の努力から生み出される利益 1 ドルの増加によって，期待利得は 1/6 ドルだけ増加し，一方，LR の努力から生み出される利益 1 ドルの増加によって，期待利得は 5 ドルも増えるのである。

所有者は高い利得を求めており，(表9.4ではb_1よりもb_2の方が大きいので) 研究開発を促進させたいと考えているとしよう。しかし，第1期の報告利益にもとづいて報酬が支払われる経営者は，(表9.4ではμ_2よりもμ_1の方が大きいので) SR の活動に努力を傾ける方が期待利益および報酬が大きくなるので，短期的に結果の出るような意思決定を行う傾向を持つだろう。そこで報酬契約においては，経営者努力の強度だけではなく，それがどのように配分されるのかについても考慮されなければならない。経営者に対する利益分配を向上させても，経営者の意思決定の視野は長期化せず，たんに SR の努力をさらに促すだけとなる。その結果，所有者は自分が求めるよりも少ない LR の努力で我慢することになる。

そこで問題は，所有者がこの点についてどのように対処すれば良いのかということになる。1つの可能性として，株価といったより整合的な業績指標を利用するという方法がある。株価は，利益よりも認識の遅れが少ないので，明らかに利得に対してより整合的である。研究開発に対して株価の感度は有利に働くので，経営者は LR の努力を増加させるように動機づけられるだろう。しかしながら，株価は利益よりも精度の点で劣っている。したがって，株価にもとづく報酬が契約の効率性を上昇させるかどうかについては明らかではない。

もう1つの可能性は，他の業績指標を追加することである。セクション8.8.1 で言及したように，Feltham and Xie (1994) は，努力が多次元になっても Holmström (1979) の結果がなお適用できる条件を示している。そして，報酬が利益と株価の両方にもとづくことを理論的に予測した。この予測は，実際の報酬契約の内容と合致している。

9.4.4 経営者報酬におけるリスクの役割

経営者に報酬リスクを負わせることは，エージェンシー理論と整合的である。第8章で議論したように，モラル・ハザードの可能性がある中で努力を動機づけようとするなら，経営者にはいくぶんかの報酬リスクを負わせなければならない。他の合理的，リスク回避的な人間と同様に，経営者はリスクとリターンをトレードオフする。よって，より多くのリスクを経営者に負わせるなら，期待報酬もより大きくしなければならない。またその際，留保効

用が達成されていることが条件となる。そのため，最低コストで経営者を動機づける効率的なインセンティブ報酬制度は，所与のリスクを課しつつ最大の動機を引き出す，あるいは所与の動機づけをしながら最低のリスクを負わせるように設計されなければならない。

　報酬リスクを管理する方法にはいくつかある。理論的な観点からすると，その中でもっとも重要なものは，**相対的業績評価**(relative performance evaluation: RPE)である。つまり，利益や株価そのものによって業績を測定するのではなく，自社の利益や株価と，同業他社など似かよった複数企業の平均的な利益や株価との差によって業績を測定するのである。RPE の理論は，Holmström (1982)によって開発された。経営者の業績を似かよった企業の平均的な業績に照らして相対的に測定することで，その産業が直面しているシステマチックなリスクや共通のリスクが，インセンティブ制度から取り除かれることになる。とくに，同業他社の数が多いときには有効である。この点を理解するために，契約の中でノイズの混じった業績指標が用いられているとき，その産業におけるすべての企業に共通のリスクがいくつか存在する点に注意しよう[7]。たとえば経済が低迷すると，売上が落ちるなどして，株価や利益に少なくとも何らかの影響が現れるが，それは同業他社にとっても同じことである。RPE は，経営者の業績指標から同業他社の平均的な利益や株価の値動きを差し引くことで，経営者の経営努力をより正確に反映する正味の業績を求めるのである。そのため RPE のもとでは，たとえ企業が損失を出したり，株価が下落したとしても，その金額が同業他社の平均よりも小さいのであれば，経営者はうまくやっていると評価される可能性がある。

　もし RPE の理論が有効であるなら，経営者の報酬総額がその産業の平均的な業績と負の関係にあることが予測される。たとえば産業全体の業績が低いときに評価を受ける企業の利益や株価が高い実績を出しているなら，それは産業全体が被っているマイナスの要因を克服していることになるので，より強い印象を与える。したがって，報酬委員会は，それに対してより高いボーナスを与えるだろう。産業全体の業績が高いときに，同じように高い利益や株価を出してもそれほど印象は強くないので，与えられるボーナスもより低いものとなるだろう。

---

[7]統計用語でいうと，業績指標が共変(covary)しているのである。

しかし，上記のような RPE の理論的予測を統計的に実証する強い証拠は，これまでに得られていない。Antle and Smith (1986) が RPE について弱い証拠を発見してはいるものの，Pavlik, Scott and Tiessen (1993) が行った RPE についての論文サーベイによると，経営者の報酬についての RPE の予測能力は総じてささやかなものに過ぎなかった。Sloan (1993) は，このように実証的な裏づけが強く得られない理由について，利益が株価よりも経済全体のリスクによる影響を当期中に受けにくいからだと論じている。つまり，株価に加えて利益を業績指標に含めることで，経済全体の影響から経営者報酬が保護されているのである。その結果，報酬が株価と利益の両方にもとづくことで同様の効果が得られるため，RPE は不要になるのだと Sloan (1993) は結論付けている。

とはいうものの，RPE の理論自体は有効であるように思われるので，戦略的な要因によって RPE を支持する実証的証拠を発見するのがむずかしくなっているのかもしれない。たとえば，Aggarwal and Samwick (1999) は寡占産業における企業モデルを提示している。そこでは，企業の製品需要が，自社の製品価格だけでなく，競争相手の製品価格にも左右される[8]。つまり，競争相手が価格を下げれば下げるほど自社の製品需要が落ち，競争相手が価格を上げれば上げるほど自社の製品需要が上がる。このため，経営者には競争を「緩和する」ための協力的な価格行動をとるインセンティブが生まれる。そうすることで，その産業にいるすべての企業の利益が増えるのである。この協力行動を促進するためには，他社の業績について負ではなく正のウェイトを報酬制度に持たせなければならない。さらに，この正のウェイトの大きさは，産業内での競争が激しいほど大きく設定しなければならない。Aggarwal and Samwick (1999) は，この予測と整合的な実証的証拠を報告している。BCE の制度は，報酬総額が比較グループに含まれる企業で支払われている金額の中央値になるように設定されているので，同様の特徴を持っていることになる。BCE の競争相手の利益が高くなり，その報酬が高くなる分だけ，BCE の報酬もまた上昇するのである。RPE を支持する証拠が発見しにくいのは，こういった相殺的な効果があるからかもしれない。

リスクを管理する方法としては他に，報酬制度にボギーを設定するという

---

[8]経済学では，寡占の下で製品価格を選択する状況をベルトラン競争と呼ぶ。これに対して，生産量を選択する状況をクールノー競争と呼ぶ。

方法がある。利益の32.6%を報酬として受け取ることになっていた，例8.3の経営者について考えよう。企業が5,000万ドルの損失を出したとすると，利益はマイナスなので，経営者の報酬もマイナスになってしまう。つまり，報酬を受け取る代わりに，企業に対して経営者は1,600万ドル以上を支払わなければならないのである！そのようなリスクの高い契約のもとで経営者の留保効用を達成するためには，報酬の平均水準が非常に高額になっている必要がある。つまり，自己破産に対する恐怖を用いて経営者に働くよう動機づけるのは，おそらくもっとも効率的な方法とはいえない。このため報酬制度には，通常，ボギーが設定されている。たとえば財務業績がある水準，株主資本利益率10%などに達しなければ，インセンティブ報酬の効力が生じないようになっている。つまり，ボギーが達成されなければ，契約によりインセンティブ報酬が与えられないのである。ただし，もし損失が生じても，経営者は企業に対して何も支払う必要がないという付随的な効果がある[9]。

　もし下方リスクを限定するなら，上方リスクも限定するのが合理的であるように思われる。そうしなければ，経営者は得するだけ得して失うことがほとんどないからである。よって，多くの制度においてキャップが設定されている。つまり，インセンティブ報酬は一定レベル以上には上昇しないことになっている。たとえば，自己資本利益率が25%を超えた分については，ボーナスが与えられないなどである。BCEの制度においては，短期インセンティブ賞与について，目標賞与の2倍というキャップが設定されていることに注意しよう。

　リスクを管理するその他のアプローチに，報酬委員会がある。BCEの制度で見たように，この委員会は現金報酬および株式報酬の金額決定について最終責任を持っており，また特別な状況を斟酌する柔軟性を持っている。たとえば，企業が損失あるいはボギーより低い利益を報告するときでも，ボーナスを与えることがあるかもしれない。とくに，非経常的，一時的，あるいは異常な事象によって生じた持続性の低い項目のために損失となってしまったと考えられるようなときである。しかし，委員会はこの点について，いくぶん抑制力を働かせる必要もある。もし経営者自身の「過失」によらない状態実現について，経営者に対して過剰に寛大になりペナルティを与えなければ，

---

[9] 専門用語でいうと，下方リスクを限定して上方リスクを限定しない制度による報酬は，業績の凸関数になっている。そのため，ESOのように，ボギーがあるのにキャップがない制度は，凸状になっている。

契約の硬直性を破壊し，努力インセンティブを低減させることにつながるからである。

経営者が企業をどのように運営するのかに対して，リスクは影響を与える。この点を認識しておくのは重要である。もし十分なリスクを経営者に課さないと，企業は経営者の低い努力に悩まされることになる。もしリスクを過剰に課すと，たとえそれが株主に便益をもたらすものであっても，経営者はリスクのあるプロジェクトには投資をしなくなるだろう。経営者にリスクのあるプロジェクトへの投資を促す方法はたくさんある。たとえば，ESO を付与すれば，経営者は投資をするようになるだろう。もしプロジェクトが成功しなくても，ESO の価値はせいぜいゼロになるぐらいであるが，成功すれば価値が大きくなるかもしれないからである。

報酬委員会によって経営者がリスクを課せられている場合に，経営者がこのリスクから脱出できないようになっている点は重要である。たとえば，取得した株式やオプションを売却し，その代金で無リスク資産を購入したり，分散投資されたポートフォリオを組んだりすることによって，経営者は報酬リスクを削減することができる。これに対して，典型的な報酬制度では，経営者が株式やオプションを処分する能力に制限をかけることで，この可能性を抑えている。BCE の制度が役員に対して基本給の 2 倍から 5 倍の金額の BCE 株式を保有するように求めているのも，このためである。また，ストック・オプションも付与日から 3 年経なければ，すべて行使可能にならないように設定されている。

経営者は，過剰なヘッジによってもリスクを削減することができる。ヘッジにはコストがかかるだけでなく，経営者がリスクから脱出してしまうことで，努力インセンティブが低くなるという問題がある。したがって，企業は経営者のヘッジ行動を制限すると考えられる。

実務における理論 9.1

サンコア・エネルギー (Suncor Energy) は，2003 年度の年次報告書に含まれる「経営者による分析と検討」において，石油・ガスに対するキャッシュ・フロー・ヘッジ計画の実施にあたって想定される，過剰なヘッジをいかに抑えるかについて記述している。サンコアの取締役会および監

> 査委員会は，経営陣と定期的に会合を開き，ヘッジの程度を評価している。取締役会は，2004年度の原油取引高に対するキャッシュ・フロー・ヘッジの上限を35%に，2005年度から2007年度については30%に制限していた。

経営者はまた，リスクを削減するよりもむしろ，リスクを増大させるように動機づけられるかもしれない。その過程では，企業に対しても同様に過剰なリスクを課すこととなる。過剰なESO賞与は，そのようなリスク増大の主な原因となりうる。リスクが報われれば多額の報酬があり，リスクが報われなくてもほとんどペナルティがないのであれば，たとえリスク回避的な経営者であっても，企業に対して過剰なリスクを負わせる状況が生み出される。とくに，セクション1.2で述べたようなエンロンやワールド・コムといった惨劇が起きることになった原動力は，ESOにあったように思われる。そこでは経営者の努力が，価値を増加させる活動から反れて，株価ひいてはESOの価値を上昇させるための機会主義的な行動に傾けられていったように見える。その結果，リスクの高い見かけ倒しの仕事がなされ，最終的には企業も経営者も破綻することになったのである。その点，実例9.1でBCEが2004年度の報酬について，ESOの付与を半減するような政策変更を行っているのは興味深い。

以上のように，効率的な報酬制度では，経営者に与えるリスクの程度についてトレードオフを考慮に入れた慎重な対処がなされており，また経営者がリスクを機会主義的に増減させようとする傾向も抑えられているように思われる。エンロンやワールド・コムのような事件があったものの，Rajgopal and Shelvin (2002) によれば，少なくともいくつかの報酬制度では実際にこのような対処がなされているという証拠がある。彼らは，石油・ガス会社について1992年から1997年にかけてのサンプル調査を行った結果，ESOが経営者に対して企業のリスクを高めるように動機づけていることを発見した。高められたリスクは，探査リスクの上昇とヘッジ活動の低下の両方に現れていた。しかしながら同時に，リスク回避的な経営者に対して過剰にリスクを課さずに，リスクはあるものの経済的には実施することが望ましいプロジェクトに着手させているという，ESOの効果もサンプル企業について発見した。つまり，セクション7.6.4で概説したGuay (1999) の結果と同様，効率的な契約と

整合的な発見をしたのである。

9.5 報酬についての実証研究

Rajgopal and Shelvin (2002) の研究は，実際の報酬制度が理論の示す通りに設計されているという証拠をいくつか提供している。このセクションでは，報酬理論と実務の関係を扱ったその他の実証研究を，とくに会計情報の役割を調べている研究に焦点を当て，再検討する。

この分野における初期の研究としては，Lambert and Larcker (1987) を挙げることができる。彼らは，アメリカ企業370社をサンプルとし，その1970年から1984年にかけてのデータを用いて，経営者の現金報酬（給料とボーナスの和）に対する株式リターンと自己資本利益率の説明力の比較調査を行った。もし，報酬制度および報酬委員会が主として株式リターンを経営者の業績指標として利用しているなら，株式リターンが現金報酬に有意に相関しているはずである。あるいはもし，主として利益を業績指標として利用しているなら，自己資本利益率（利益にもとづく比率）が現金報酬に有意に相関しているはずである。

Lambert and Larcker (1987) が，現金報酬だけについて調べている点に注意しよう。経験的にいうと，会計変数は，経営者報酬のうちのオプション要素を説明しないようである。とくに，BCEの制度にこの点を見ることができる。短期インセンティブ賞与は，個人的な業績と利益にもとづいているものの，ストック・オプション賞与はそうなっていない。むしろ，比較グループの企業において支払われている報酬総額の中央値から第3四分位にBCEの支払う報酬総額が収まるように計算されている。したがって，報酬における利益の役割についての研究の多くは，現金賞与に焦点を合わせている。

Lambert and Larcker (1987) は，自己資本利益率の方が株式リターンよりも現金報酬により強く相関していることを発見した。実際，その他のいくつかの研究においても，同様の結果が発見されている。このことは，セクション9.4.2 および 9.4.4 で示されたような，報酬制度において利益が持っている意思決定の視野を管理する役割やリスクを管理する役割を支持している。

Lambert and Larcker (1987) はまた，これら2種類の利得指標と現金報酬との関係がシステマチックに変化していることを発見した。たとえば，自己資

本利益率と現金報酬との関係は，株式リターンに比べて利益の方にノイズがより少ないときに，強くなるという証拠をいくつか発見した。そこでは，利益に含まれるノイズの相対的な大きさが，1970年から1984年にかけての株式リターンの変動に対する同期間の自己資本利益率の変動の比率として測定されている。利益に含まれるノイズが小さければ小さいほど，例8.4で説明されていたように，利益は利得をより正確に予測する。この発見はまた，Banker and Datar (1989) の分析とも整合的である。

さらに，成長企業の役員に対する経営者報酬については，自己資本利益率との関係が平均よりも弱い傾向にあった。このことも，Banker and Datar (1989) と整合的である。なぜなら，成長企業においては，平均的な企業よりも，経営者努力に対する利益の感度が相対的に低いからである。取得原価主義会計にもとづく利益は，実現するまで価値の増加を認識しないため，成長企業の実際の経済的業績よりもとくに遅れる傾向がある。これに対して，効率的市場は，実際の経済的業績を見抜いた上で，株式を評価する。そのため，こういった企業については，Lambert and Larcker (1987) が発見したように，自己資本利益率は株式リターンよりも報酬との相関が弱くなるはずである。

Lambert and Larcker (1987) の発見の中でおそらくもっとも興味深いのは，株式リターンと自己資本利益率の相関が低い（高い）企業において，報酬制度における自己資本利益率のウェイトが高く（低く）なるという傾向だろう。いいかえると，利益が投資家に対して相対的に情報を持っていない（株式リターンと自己資本利益率の相関が低い）ときには，その同じ利益が経営者努力については相対的に情報を持っている（報酬制度において自己資本利益率に高いウェイトが置かれている）のである。このことは，財務会計理論における基本的な問題，すなわち，投資家に情報を伝えるという有用性と経営者を動機づけるという有用性がトレードオフ関係にあることの実証的証拠になっている。

これも実証研究であるが，Bushman, Indjejikian and Smith (1996) は，成長企業および製品開発と製品ライフ・サイクルが長期にわたる企業のCEO報酬について，利益や株価にもとづく指標よりも，個人的な業績指標にもとづいて与えられている部分が大きいことを発見した。BCEの報酬制度においても，短期インセンティブ賞与の金額が，利益に加えて個人的な創造性や指導力にもとづいていることを思い出そう。

9.5 報酬についての実証研究　387

　セクション9.4.2において，報酬委員会が持続的な利益を特定することができれば，経営者努力に対する利益の感度を改善できることを示した。Baber, Kang and Kumar (1999) は，712社をサンプルとし，その1992年から1993年にかけてのデータを用いて，持続性の高い利益変化であればあるほど報酬に対して強い影響を与えることを発見した。これは，報酬委員会が，一時的あるいは株価に無関連な利益よりも持続的な利益を高く評価していることを示す証拠となる。

　セクション8.4.2（例8.4）において，利益に含まれるノイズが小さいほど，より効率的な報酬契約を締結することが可能になるので，所有者に便益をもたらすことを示した。したがって，利益に含まれるノイズが小さければ小さいほど，会計にもとづくインセンティブ報酬が，他の報酬に比べて大きくなることが予想される。Indjejikian and Nanda (2002) は，これについていくつかの証拠を提供している。彼らは，2,981人の上級役員をサンプルとし，その1988年から1995年にかけてのデータを分析した結果，平均的にいって，（ROEの分散として測定した）利益のリスクが小さければ小さいほど，目標ボーナスの金額が基本給に比べて高いことを発見した[10]。このことは，企業リスクが小さくなるにつれて，企業が給与（リスクは低いが，インセンティブ効果がほとんどない）を減らして，ボーナス（リスクはあるが，インセンティブ効果が高い）に振り替えていることを示している。これはエージェンシー理論および効率的契約と整合的である。なぜなら，企業リスクが相対的に低いときには，経営者に負わせる報酬リスクが相対的に低くても，ボーナスによって生み出されるインセンティブの便益を得ることが可能だからである。

　Indjejikian and Nanda (2002) はまた，サンプルの中でもとくにCEOについては，基本給と比較して，目標ボーナスが株式リターンのボラティリティにともなって増える傾向があることを発見している。これについては，高いリスク環境（そのために，株価がより不安定となる）に置かれている企業は，株の値動きにもとづく業績指標に比べて，会計数値にもとづく業績指標をより信頼していると解釈することが可能である。このこともまた，理論と整合している。

---

[10]目標ボーナスとは，役員の業績が予め定められていた水準に達した際に，企業が支払うボーナスのことである。もし業績が目標を超えるなら，より多くのボーナスが支払われ，目標に達しなければ，より少ないボーナスが支払われる。BCEの制度にも目標ボーナスが設定されており，そのボーナスは企業業績（企業業績の要素）に比例して増えることになっている。

総じて上記に挙げた実証結果は、平均的にみて、投資家と同じく報酬委員会が、会計情報についてきわめて洗練された利用を行っていることを示している。信頼性のある、価値関連的な情報をフル・ディスクロージャーすることで、投資家が会計情報をさらに利用するようになるのと同様に、正確で「努力情報に富む（つまり、感度の高い）」情報をフル・ディスクロージャーすることで、報酬委員会もさらに会計情報を利用するようになるだろう。それによって、責任ある経営者行動を動機づける際に、利益が果たす役割は大きくなるだろう。

9.6 経営者報酬の政治学

経営者報酬の問題は、アメリカとカナダにおいて長年議論されてきている。そこでは多くの論者が、とくに日本などの諸外国と比べて、経営者が報酬をもらいすぎているのではないかと意見してきた。

Jensen and Murphy (1990) は、経営者トップの報酬について議論し、話題を呼んだ論文である。というのも、CEO が報酬をもらいすぎてはおらず、しかも業績を企業の市場価値変化（つまり、株主の富の変化）で測定すると、報酬と業績との間にはほとんど何の関連もないと論じたからである。Jensen and Murphy (1990) は、1974 年から 1988 年までの 15 年間にわたるアメリカ大企業 250 社の CEO の給料とボーナスの和を調べた。そして、各年度ごとに当期と次期の給料とボーナスを足し合わせたところ、株主の富が 1,000 ドル増えるごとに CEO が 2 年間で平均して 6.7 セントの追加報酬しか受け取っていなかったことを発見した。ストック・オプションや直接的な株式保有といった、その他の報酬要素を加えても、CEO は株主の富が 1,000 ドル増えるごとにそれでもたった 2.59 ドルしかもらっていなかったのである。

Jensen and Murphy (1990) の他の調査結果も、これらの発見事項と整合的であった。たとえば、CEO と通常の社員の報酬の（標準偏差によって測定された）変動はほとんど同じであった。そのため、CEO は良い業績を動機づけるためのリスクを十分に課されていないと結論し、したがって、経営者にもっと多額の株式保有をさせるべきだと推奨した。BCE の制度について、役員に多額の株式保有を求める指針があったことに改めて注意しよう。

ただし、Jensen and Murphy (1990) に対しては、いくつかの点で反論をする

ことができる[11]。第1に，大企業については，たんに規模効果によって，報酬と業績との関係はそもそも低いことが期待される。大企業が昨年度に何十億ドルも価値を増加させたとしよう（たとえば，BCE社の2003年度の利益は1兆8,150億ドルであった）。CEOの報酬がこの金額のほんの少しの割合だけでも増加すれば，メディアの注意を惹きつけるのに十分だろう。

第2に，少なくとも大企業については，セクション9.4.4で議論したように，役員に対して大きな下方リスクを課すのがむずかしい。もし業績に強く関連づけられた報酬を役員がもらっているとすると，企業価値がほんの少し減ったとしても多くのものを失うことになる。また，そのために経営者は，リスクのあるプロジェクトをおそらく過度に回避するようになるだろう。その結果，報酬委員会がボーナスを算定する際には，たとえば特別損失を除外するなどの対処を行うと考えられる。とくに，特別損失が経営者努力について情報を持たないときには，そうするだろう。しかしながら，特別損失のために企業価値と利益は低下する。したがって，このような除外によって報酬と業績の関連性が低くなっているのである。もしこれに加えて上方リスクが限定されると，その関連性はさらに低くなる。報酬から異常項目を除外することでCEOのリスクは低められるが，すでに述べたように，異常項目は経営者努力について情報を有していないと思われるので，このリスク削減は効率的契約と整合的であると考えられる。

実務における理論 9.2

報酬における異常項目の取り扱いを説明するにあたり，1990年代にカナダで行われた情報通信の規制緩和の帰結についての，BCE社の会計処理を見ておくのは有意義である。BCE社は，1996年度に1兆1,520億ドルの純利益を計上していたものの，1997年度には1兆5,360億ドルの純損失を報告した。それにもかかわらず，当時の短期報酬制度にもとづいて，1997年度，6人の上級役員に対して60,881個の株式割当が授与された。ちなみに，1996年度には55,299個の株式割当が授与されていた。給料もまた1997年度に上昇し，長期インセンティブ制度にもとづいてストック・オプションも授与された。

---

[11]これらの議論は，Lambert and Larcker (1993) にもとづいている。

> BCEの1997年度における純損失は,「回収不能コスト (stranded cost)」についての2兆9,500億ドルの異常項目によってもたらされたものであった。つまり,情報通信に対する規制緩和の結果,競争が激しくなり,BCEは収益によっていくつかの資産のコストを完全には回収することができなくなったのである。その異常項目は,CICAハンドブックのセクション3063の上限テストにしたがって,それらの資産を推定将来キャッシュ・フローの金額にまで切り下げた結果として計上されたものであった。この異常項目を控除する前の1997年度のBCEの利益は,1兆4,140億ドルであった。
>
> 情報通信産業の規制緩和は,経営者努力とはほとんど関係がない。よって,CICAハンドブックのセクション3480にもとづく切り下げによって計上された異常項目に対するBCEの取り扱いは妥当であるともいえる(セクション5.5を参照せよ)。実際,その項目は一時的であり,それゆえに持続性も低い。持続性の低さは,報酬を決定する際に,そのウェイトを低くしても良いことを意味している。しかしながら,ボーナス算定目的のために切り下げ額を除外することは,報酬と業績の関連性は低いはずだという議論を支持する結果にもなる。

上で述べたように,BCEが特別損失を除外したことは,Gaver and Gaver (1998) の結果と整合的である。彼らは,アメリカの大企業376社のサンプルについて,1970年から1996年にかけてのデータを分析した結果,特別利益がCEOの現金報酬に反映される傾向がある一方で,特別損失がそうなってはいないことを発見した。この結果は,特別損失のために経営者報酬を減少させることは,経営者に対して過剰な下方リスクを課すことになると報酬委員会が感じていることを示唆している。報酬委員会は,経営者がサボったからではなく,市場が低迷したために特別損失が発生したと考えているのかもしれない。もちろん,特別損失が経営者の努力について情報を有しているなら,それをボーナス算定から除外することは問題である。なぜなら,それが見越されることで経営者の努力インセンティブが低減してしまうからである。

Jensen and Murphy (1990) に対する上記のような反論をよそに,新たな報酬問題が次々と現れてきている。たとえば,1990年代および2000年代初頭には,ESOに寄せられる政治的な関心が大きくなった。アメリカ大企業のCEO

がESOによって受け取る賞与の市場価値がしばしば何億ドルにもなっていたのである。ESOにもとづく報酬の割合が1990年代に着実に増加していくにつれて，この関心もまた強まっていった。たとえば，Hall and Murphy (2002) によると，S&P500に含められる製造企業のCEOに対するオプション付与は，1992年では報酬総額の中央値の22%だったが，1999年には56%となった。さらに，株式相場が大きく下落したにもかかわらず，2000年代初頭にもオプション付与は伸び続けたのである。

　政治的関心の的としては他に，「ゴールデン・パラシュート」が挙げられる。報酬契約にこの要素が盛り込まれることで，企業はしばしば何百万ドルもの退職金を，退職の理由にかかわりなく，退職する役員に対して支払わざるをえなくなっている。たとえば，『エコノミスト』(2003年10月9日号) は，製薬大会社であるグラクソ・スミスクライン (GlaxoSmithKline) の株主が，CEOとの報酬契約に含まれている3,750万米ドルの退職金に対して異議を唱えていると報告している。この退職金は，たとえ業績が悪いためにCEOが解雇されたとしても，支払われる予定のものである。怒った株主は，2003年度の株主総会において投票を行い，この契約を否決した。しかしながら，この投票には勧告の意味しかなく，会社は投票結果を無視して退職金を支払った。グラクソ・スミスクラインの会長は，会社の報酬政策を再検討している最中であると発表した。

　ESOには下方リスクがほとんどなく，またゴールデン・パラシュートは業績が悪くても授与される。このことは，役員に十分なリスクが課されていないというJensen and Murphy (1990)の主張に分があることを示唆している。この点について最近では，BCE社を含め多くの企業がESOに代えて株式を授与するようになってきている。そこで授与される株式には退職するまで売却制限がかけられているので，ESOのときとは異なり，会計操作が戦略的に行われることが少ない。つまり，従業員は譲渡制限付きの株式所有を課されているので，それらを処分してリスクから脱出することができなくなっているのである。

　ただし，経営者報酬の政治学を十分に理解するためには，経営者に与えられるリスク報酬の価値が，見た目よりも低いことを認識しておくのが重要である。たとえば，企業にとってのESOのコストは，通常，ブラック・ショールズ式にもとづいて計算されている。計算結果がESOを経営者に対して発行

することの機会コストになっているため（セクション7.3を参照せよ），これにより企業のESOコストについて合理的な指標が得られるのである。しかしながら，報酬制度では通常，経営者がESOを行使する能力に制限をかけているのに対して，ブラック・ショールズ式はオプションが自由に取引できると仮定している。たとえば，改訂されたBCEの制度のもとでは3年をかけて権利が発生していくので，経営者にいろんな操作を行う能力があっても，ESOの権利が発生していないのでは意味がない。経営者がリスク回避的である程度に応じて，またESOの保有を強制される程度に応じて（つまり，経営者はリスクを分散できない），これらの制限があることで経営者にとってのESOの価値は低くなるのである。経営者がリスク回避的になればなるほど，その低下の度合いは大きくなる。

この効果については，Lambert, Larcker and Verrecchia (1991) による初期の分析をもとにして，Hall and Murphy (2002) が調べている。その報告によると，たとえばS&P 500に含まれる製造業のCEOに与えられた1999年度の報酬総額の中央値は56億9,500万米ドルであり，そのうちの74%がESOや株式によるものであった（ESOの価値はブラック・ショールズ式にもとづいている）。しかしながら，適度にリスク回避的で分散投資を行っているCEOにとっては，その報酬の現金等価額は34億2,000万ドルとなり，およそ40%も低下してしまうのである。よりリスク回避的なCEOにとっては，その低下はおよそ55%にもなる。リスク要素を無視することで，メディアや政治家はCEOの報酬に対してかなりの過大評価をしていることになる。

Hall and Murphy (2002) の分析はまた，ESOに代わって**譲渡制限付株式(restricted stock)** の利用が広がっていることをも支持している。譲渡制限付株式とは，一定期間，売却が制限されているような株式である。もし株価にもとづく報酬の増加がCEOに対する現金報酬の減少をともなうなら[12]，単純に既存の報酬を増加させる（この方法は，CEOの報酬が政治的に大きく取り沙汰されているときには合理的であると思われる）のとは逆に，譲渡制限付株式を用いる方が（0ドルより高い行使価格を持つ）ESOよりも企業にとっては有利となる[13]。Hall and Murphy (2002) によると，その理由は，他の条件

---

[12] 改訂されたBCEの報酬制度では，譲渡制限付株式の発行が現金報酬ではなくESO報酬の減少をともなっている点に注意しよう。おそらくその理由は，BCEが同時に経営者の意思決定の視野の短縮を行っていたことにある。

[13] 譲渡制限付株式は，行使価格ゼロのESOと等価である。

が同じなら，譲渡制限付株式が（株式の取得に際して何の支払も求めないのに対して，ESO では行使価格の支払いが求められるので）ESO よりも CEO に好まれるためである。したがって，CEO は，ESO よりも譲渡制限付株式と引き替えにされるときの方が現金報酬をより多くあきらめるようとする。そのため，所与の現金報酬の減少に対して，企業は ESO よりも譲渡制限付株式を発行する方がより多くの数を発行できるので，その分，CEO が働こうとするインセンティブを高められるのである。

　もちろん，労働市場が適切に運営されているなら，政治家やメディア，株主は，経営者がどれだけ報酬を受け取っているのか知っているはずである。とくに，上記で概説したような役員報酬についての問題や分析は，十分な情報がなければありえないものである。この点について，1993 年にオンタリオ証券委員会が企業に対して役員報酬の開示を拡充するように求める一連の規制を採用したことは興味深い。これらの規制は，アメリカの SEC が 1992 年に採用した規制と同様のものである。たとえば，その企業でもっとも高い報酬を受け取っている役員 5 名の報酬についての詳細な説明が求められている。それはまた，報酬委員会が支払水準を正当化する報告書にもなっている。たとえば，実例 9.1 における BCE 社の報酬情報も，これらの規制にしたがって提出されたものである。おそらく証券委員会は，もし株主その他が経営者報酬の水準とその内容をきちんと評価できるぐらいの十分な情報を持っていれば，それらが脱線していると思われる場合に適切な行動をとると感じているのだろう。

　Lo (2003) は，1992 年に SEC の採用した規制が望ましい成果を上げているという証拠をいくつか示している。Lo (2003) は，SEC の規制に反対するロビー活動を行った企業の規制実施後における (ROE と ROA で測定した) 業績と株価の値動きについて，ロビー活動を行わなかった同様の企業をコントロール・サンプルとして比較調査した。もし企業の報酬契約がそれほど効率的でなければ（つまり，もし報酬契約が経営者が有利になるように偏っており，そのために経営者が過大な報酬を受け取っているなら），その企業の経営者は報酬制度の詳細について開示を拡充することに反対するロビー活動を行うインセンティブを持っている。調査の結果，新しい規制の実施後，ロビー活動を行った企業の利益率と株式リターンの両方がコントロール・サンプルの企業に比べて改善されていたことが発見された。この業績改善は，報酬情報が

入手しやすくなったことで，ロビー活動を行っていた企業とその経営者との報酬契約の効率性が上昇したことを示唆している。

　入手可能な報酬情報を増やす法案によって，政治家やメディア，株主が経営者に与えられている株式にもとづく報酬の価値を深く理解するようなり，経営者報酬についての不安がなくなるのかどうかは現在のところまだ不明である。おそらく，もっと強い行動が必要になるだろう。そのような行動の1つに，北米および世界的に広まってきているESOの費用化を義務づけるというものがある。他には，アメリカですでに行われているように，所得税計算の際に控除できる経営者報酬の金額に制限をかけるというものがある。

9.7　経営者報酬についての結論

　経営者市場によって，モラル・ハザードが軽減されていることは疑いない。しかしながら，経営者の過去の業績は，将来の業績を保証するほど鉄壁な指標ではない。また，経営者は怠慢を隠すために情報を抑えたり，歪めたりするかもしれない。そのため，労働市場はモラル・ハザード問題と逆選択問題にさらされている。したがって，インセンティブ契約がさらに必要となる。

　経営者報酬契約には，インセンティブとリスク，意思決定の視野が微妙なバランスで組み合わされている。経営者と株主の利益を適切に調和させるためには，経営者に対して高いインセンティブを与えながらも，リスクを過剰に負わせすぎないような効率的な契約が必要となる。リスクを過剰に課しすぎると，経営者の意思決定の視野が短期化したり，企業の長期的な利益を犠牲にして当期利益を増加させる戦術を採用したり，リスクのあるプロジェクトを避けたりするなど，機能不全に陥る結果がもたらされる可能性がある。経営者は，株主と異なり，リスクを分散できないので，とくにリスクに対して神経質なのである。

　株主と経営者の利益を適切に調和するために，インセンティブ制度では，通常，給料とボーナス，および譲渡制限付株式やオプションを含むさまざまな株式報酬が組み合わせられている。これらの報酬要素は，通常，利益と株価という2種類の業績指標にもとづいて与えられる。これらの指標は，当期の経営者努力から生み出される観察不可能な利得についての，ノイズの混じった指標だと考えることができる。理論的に，報酬制度においてそれぞれの指

標が用いられる相対的な割合は，それぞれの相対的な精度および感度，さらには企業が経営者に動機づけたい意思決定の視野の長さによって決定されると予測される。実証研究によると，経営者報酬は業績に関連づけられてはいるものの，その関係はそれほど強くはないようである。しかし，少なくとも大企業については，この関係は低くなることが予想される。また，利益にもとづく報酬要素と株価にもとづく報酬要素の相対的な割合は，理論が予測するようにさまざまであるように思われる。

経営者報酬は，政治的な論争の種にもなっている。規制主体は，株主その他が入手できる情報を拡充することで対応している。その際，株主はこれらの情報を用いて，非効率的な制度や，非効率的な制度を持つ経営者や企業を排除するような行動をとるだろうと想定されている。情報の拡充が望ましい成果を上げていることを示す証拠がいくつか示されている。しかしながら，政治家やメディア，株主は，経営者にとってのリスク報酬の価値が見た目ほど大きいものではないという点を認識しておくべきである。

財務報告は，経営者を動機づけるにあたって，重要な役割を担っていると結論できよう。また財務報告によって，経営者の評判が不完全あるいはバイアスのかかった情報にもとづいて形成されることが少なくなるだろう。つまり，財務報告は，経営者市場の運営を改善するという役割も担っていることになる。さらに，報酬契約で用いる利得指標としても役立っている。こういった役割は，より良い投資意思決定を促進し，証券市場の運営を改善するという役割と同じくらい重要なものである。

第10章

利益マネジメント

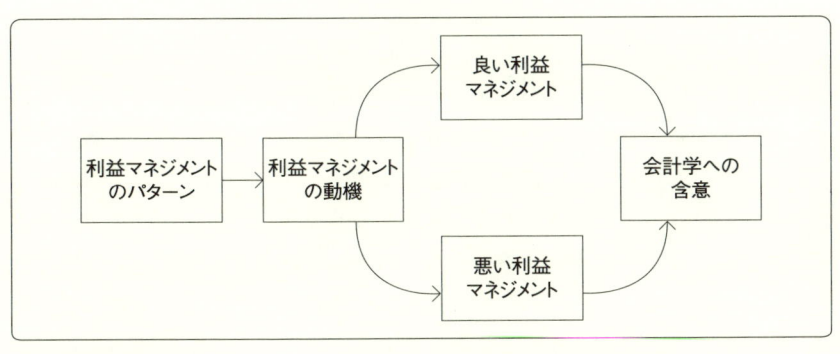

図 10.1 第 10 章の構成

10.1 概要

　利益マネジメントは，財務報告の観点および契約の観点の両方から考察することができる。財務報告の観点からすると，経営者はアナリストの利益予想を満たすために利益マネジメントを行う可能性がある。それにより，投資家の期待を満たせなかったことが明らかになった瞬間に起こる株価下落を避けることができるだろう。あるいは，資産について過剰な評価損を計上したり，「プロ・フォーマ利益（pro forma earnings）」のような純利益以外の利益概念を強調したりするかもしれない。こういった戦術の中には，経営者が証券市場の効率性を十分に受け入れていないことを示すものもある。

しかしながら，利益マネジメントに対しては異なる見方もある。経営者は，利益マネジメントを用いて，利益を長期にわたって滑らかに成長させることがある。証券市場の効率性を前提にすると，これを行うためには，経営者はインサイダー情報を利用しなければならない。そのため，利益マネジメントは，経営者が投資家にインサイダー情報を伝える手段となりうる。このように解釈すると，利益マネジメントの中には，財務報告の観点に照らしても有用になりうるものがあることになる。これは，興味深く，そして驚くべき結論である。

契約の観点からすると，利益マネジメントは，契約が硬直的で不完備な場合に，予期せぬ事象の結果から企業を保護する手段として用いられうる。また，第8章で見たように，利益マネジメントをいくぶん許容している経営者報酬契約は，そうでないものよりも効率的になる可能性がある。なぜなら，利益マネジメントを完全に排除するには，大きなコストがかかるからである。

ただし，利益マネジメントが限度を超えると，投資家にとって当期純利益を解釈することがむずかしくなる。とくに，利益マネジメントがコア利益に埋め込まれていたり，あるいは十分な開示が行われていなかったりする場合である。第5章で見たように，報告利益は，投資家が企業の将来業績を予想評価するのに有用である。過剰な利益マネジメントが行われると，この有用性が損なわれることになるだろう。また，利益マネジメントは経営者の努力インセンティブに影響する。なぜなら，経営者は利益マネジメントを機会主義的に用いることで，自分の報酬を長期にわたって平準化し，報酬リスクを低減させることができるからである。しかし，すでに見たように，もし経営者を勤勉に働かせようとするなら，彼らにある程度のリスクを負わせておく必要がある。

理由はどうあれ，経営者がボトムラインに強い関心を持っているのは明らかである。もし経営者が会計方針をいくつかの中から選択できるとするなら，自分の目的を達成できるような会計方針を選択するだろうと予想するのが自然である。上記のように，こういった選択は，効率的な市場と契約，あるいは機会主義と市場の効率性の否定のどちらかによって動機づけられうる。理由はどうあれ，これが**利益マネジメント**(earnings management)と呼ばれている。

利益マネジメントを理解することは，会計を学ぶ際にとても重要となる。なぜなら，それにより，投資家への報告や契約における利益の有用性につい

てより深く理解できるようになるからである。また、会計専門家にとっては、企業が財政危機に直面したときに起こる、厳しい法的問題や評判毀損などをどのように回避すれば良いのかを示唆してくれる。このような危機は、しばしば利益マネジメントの濫用の後に起こっている。

> 利益マネジメントとは、経営者が何らかの目的を達成するために、会計方針を選択することである。

会計方針の選択というものが、とても広く解釈されていることに注意する必要がある。明確に区分することはむずかしいが、会計方針選択を2種類に分けておくと便利である。1つは、会計方針の選択そのものである。たとえば、定額法と倍率法の間での選択や収益認識方針の選択などである。もう1つは、裁量的アクルーアルである。たとえば、貸倒引当金や製品保証引当金、棚卸資産評価額、あるいは資産の切り下げやいわゆるリストラ引当金といった一時項目、異常項目の認識タイミングや金額などである。

理屈はともかく、利益マネジメントには「鉄則」があることを知っておくのが大切である。それは、入門レベルの会計学でもお馴染みのアクルーアルの反転である。これが効いているため、経営者が利益を維持できる金額以上に増加させると、その後の期間においてアクルーアルが反転し、当期にちょうど上昇させた分だけ将来の利益が減少するように力が加わる[1]。そのため、損失の報告をより将来に延期しようとすると、より多額の利益マネジメントが必要になってくる。実際、芳しくない業績が続いているときには、利益マネジメントをしても最後の審判の日が必ずやってくる。よって、利益マネジメントが良いものになる可能性があったとしても、それによって誤解を招くような報告や不正報告までが正当化されるべきではない。会計専門家は、利益マネジメントと利益のミス・マネジメントとの微妙な境界線の上に立っている。最終的には、効果的なコーポレート・ガバナンスを設定する中で、この境界線の位置が決まるはずである。そして、証券市場や経営者市場、基準設定機関、証券取引委員会、裁判所がそれを補強するはずである。

このアクルーアルの反転という鉄則は、利益マネジメントの重要な側面を

---

[1] ここでは、アクルーアルが反転するのに要する期間中、経営者が企業に在籍し続けていることを仮定している。この仮定がなければ、経営者はアクルーアルが反転することによって起こる帰結から逃避できることになる。

浮かび上がらせている。第8章の利益マネジメントモデルはすべて，1期間の設定であった。それでもなお，理論的には利益マネジメントが有益になりうることを示していた。しかしながら，利益マネジメントをより深く理解するためには，多期間を用いて考察する必要がある。そうして初めて，利益平準化や「ビッグ・バス (big bath)」といった，利益マネジメントのさらなる可能性が明らかになる。実際，実証会計理論 (PAT) の3つの仮説は，暗黙に多期間を仮定している（セクション 7.6.2）。

しかし，多期間を考慮することは一方で，利益マネジメントを抑制することにもなる。たとえば，もし経営者が必ず後で逆方向に力が加わることを知っていれば，報告利益を過大表示あるいは過小表示しようとする傾向に歯止めがかかるだろう。また，証券市場や経営者市場における経営者の評判といったものが，機会主義的な利益マネジメントを抑えるように働くだろう。セクション 9.2 で見たように，Wolfson (1985) は，石油・ガスの合資会社を調べた結果，評判効果がモラル・ハザード問題を低減させはするものの，除去することまではできないという証拠をいくつか示している。多期間を考慮することで，利益マネジメントの可能性は広がるものの，その実行可能性もまた抑えられるのである。

最後に，ここでは利益マネジメントを会計方針選択という観点から定義していることに注意しておこう。利益を調整するというだけなら，実際の数値を変化させることによっても可能である。たとえば，研究開発活動，メンテナンス作業，固定資産の除却タイミングなどを実際に変化させることで利益は変化する。おそらく，このような方法には会計方針選択を用いるよりもコストがかかる。なぜなら，それによって企業の長期的な収益性が直接影響を受けるからである。ただし最近では，エンロン事件やワールドコム事件，またその結果として設定された法律，とくにサーベインズ・オクスリー法（セクション 1.2 を参照せよ）の影響で，会計数値を用いた利益マネジメントにかかるコストが増加してきている。そのため，経営者は上記のような方法を用いるかもしれない。それでも，ここでは実際の数値ではなく，会計数値を用いた利益マネジメントに焦点を当てることにする。なぜなら，それが会計学にとって，歴史的にも重要であり，また意味があるからである。図 10.1 は，本章の構成をまとめたものである。

10.2 利益マネジメントのパターン

経営者は，さまざまなパターンの利益マネジメントを行う。ここでは，そのパターンについて簡単にまとめておく。

1. **ビッグ・バス**　これは，組織ストレスが溜まっていたり，組織再編成に着手するようなときに行われる可能性がある。もし損失報告を避けられないのであれば，経営者はより大きな損失を報告する方が良いと感じるだろう。いずれにせよ赤字なら，たとえ金額が大きくなってもほとんど何も変わらないからである。したがって，資産評価を切り下げたり，将来発生すると思われるコストに対して引当金を設定したりするなどして「戦闘準備を整える（clear the decks）」だろう。つまり，アクルーアルの反転があるために，これによって将来黒字になる可能性が高まるのである。実質的には，大きな切り下げ処理をすることで，将来の利益を「預金している（in the bank）」のである。

2. **利益最小化**　これはビッグ・バスに似ているが，それほど極端ではない。政治的に目立ちやすい企業が大きな収益を上げているときに，このパターンを選択すると考えられる。利益最小化を示唆する会計方針には，無形資産も含めて固定資産の償却費を高めにしていること，広告や研究開発に対する支出を（資産化せずに）当期費用にしていること，石油・ガス探索コストに対して成功部分原価法を適用していることなどがある。この利益最小化については，他の動機も考えられる。たとえば，アメリカにおける後入先出法（LIFO）のように所得税を低減させるという動機や，国際競争からの保護論議を高めるという動機などである。

3. **利益最大化**　PATによると，経営者はボーナスを最大化するために，ボーナス・スキームの上限を超えない範囲で報告利益を最大化すると考えられる。財務制限条項に抵触する危険性が高まっている企業もまた，利益を最大化すると考えられる。

4. **利益平準化**　これがもっとも興味深い利益マネジメントのパターンだろう。契約の観点からすると，リスク回避的な経営者にとっては，他の条件が同じなら，ボーナスは毎年安定している方が好ましい。したがって，安定した報酬を受け取るために，毎年の報告利益を平準化させると考えられる。効率的な報酬契約では，このような効果がうまく利用されてい

る。経営者の留保効用を安いコストで達成する方法として，ある程度の利益平準化を容認しているのである。

長期貸付契約の財務制限条項については，セクション 8.7 で考察した。毎年の報告利益が不安定であればあるほど，財務制限条項違反の可能性がそれだけ高くなる。このことが，利益平準化のインセンティブを生み出している。つまり，報告利益を安定させることで，財務制限条項で用いられている財務比率を平準化させようとするのである。

経営者は，報告利益が低ければ解雇されるかもしれないと感じているだろう。そのように感じるのは，自然なことだと考えられる。利益平準化は，報告利益が低くなる可能性を低減する。

最後に，企業は外部報告目的のために，報告利益を平準化するとも考えられる。すでに指摘したように，利益平準化によって，企業が維持できると考えている収益力を市場に伝えること，つまりインサイダー情報を市場に伝達することができるからである。

　こういったさまざまな利益マネジメントのパターンが，互いに相反することもあるのは明らかである。契約の変更や収益性の変化，政治的な注目度の変化にしたがって，企業が選択するパターンも時とともに変化すると考えられる。ある一時点においてさえも，企業は相反するニーズに直面しているかもしれない。たとえば，政治的理由のために報告利益を減少させたいというニーズ，アナリスト予想を満たすために増加させたいというニーズ，借入目的のために平準化させたいというニーズなどである。

10.3　ボーナス目的の利益マネジメントについての証拠

　「ボーナス・スキームが会計判断に与える影響」と題された Healy (1985) は，契約に関連する動機にもとづいた利益マネジメントについての重要な調査研究である。そこでは，利益マネジメントがなされる前の利益について，経営者がインサイダー情報を持っていることが観察されている[2]。つまり，取締役会を含めて外部の第 3 者には，利益の数値がどのようなものであるかを知ることは不可能である。そこで Healy (1985) は，自社の報酬制度のもとで

---

[2] これは意思決定後情報のケースにあてはまる。セクション 8.5.1 を参照せよ。

ボーナスを最大化するために経営者が利益を調整しているだろうと予想した。ここでは，Healy (1985) が用いた方法および結論について再検討しておこう。

Healy (1985) は，PAT（セクション 7.6）にもとづき，経営者の会計方針選択を説明，予想しようとしている。具体的には，ボーナス制度のある企業の経営者は当期利益を最大化しようとするという，ボーナス制度仮説の拡張である。ボーナス制度の構造をより詳細に観察することにより，Healy (1985) は，経営者がどのような状況の下でどのようにこのような利益マネジメントを行うのかについて具体的な予想を立てている。

Healy (1985) は，報酬制度が当期の報告利益だけにもとづいている企業に対象を限定した。こういった報酬制度を以下では，**ボーナス・スキーム**(bonus scheme) と呼ぶ。セクション 9.3 の BCE のケースにもあったように，利益をベースにした財務目標は，短期インセンティブ賞与を決定する主要な数値である。また，セクション 9.4.4 では，ボーナス・スキームにボギーやキャップ設定されている理由についても指摘した。Healy (1985) のサンプルすべてにキャップが設定されているわけではなかったが，ボギーについてはすべて設定されていた。図 10.2 は，典型的なボーナス・スキームを示している。

図において，ボーナスはボギーとキャップの間で直線的に（たとえば，利益の 10%ずつ）増加している。利益がボギー以下になると，ボーナスはゼロと

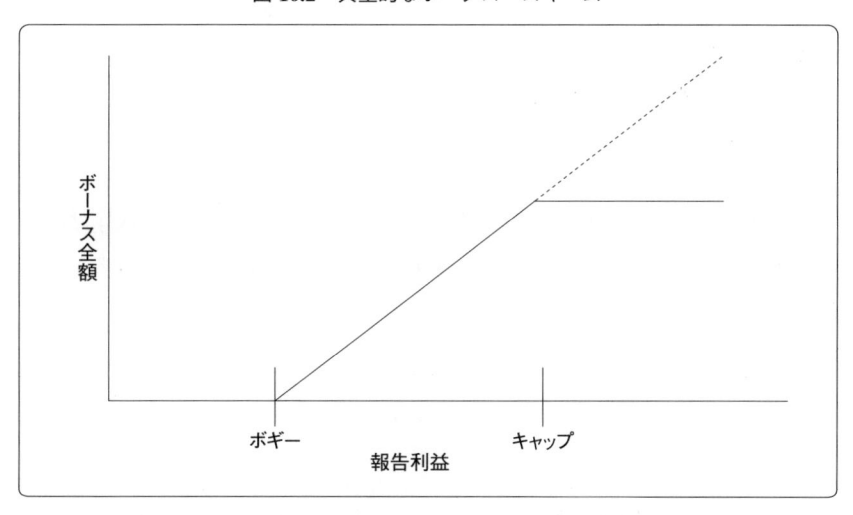

図 10.2　典型的なボーナス・スキーム

なる。もしキャップがなければ，ボーナスは点線に沿って増加していくことになるだろう。キャップが存在すれば，利益がキャップを超えたところでボーナスは一定となる。このようなボーナス制度を**区分的に線形**(piecewise linear)であるという。BCEの短期インセンティブ制度は，利益実績に応じて報酬を増加させるという基本的な考え方は同じであるが，ボギーとキャップが明確ではなかった。それに比べれば，区分的に線形なボーナス・スキームはより単純である。そこで問題は，ボーナス制度仮説が予想した通りに，経営者が利益を調整するのだろうかということになる。

　その前に，このようなスキームのもとにいる経営者が報告利益を調整するインセンティブについて考えよう。もし，利益が小さければ（つまり，ボギー以下なら）経営者はさらに利益を小さくする，つまりビッグ・バスをするインセンティブを持っている。どうやってもボーナスがもらえないのであれば，経営者は報告利益をより減少させるような会計方針を採用した方が良い[3]。そうすることによって，翌年度にボーナスをもらえる確率が上昇するからである。たとえば，当期に資産の切り下げを行うことで将来の償却負担を軽くするかもしれない。同様に，もし利益が高ければ（キャップ以上なら），利益を最小化する会計方針を採用するインセンティブが生まれる。なぜなら，キャップを超えた報告利益の分については永久にボーナスがもらえなくなるからである。

　利益がボギーとキャップの間にあるときにだけ（脚注3のケースを除く），経営者は報告利益を増加させるような会計方針を選択するように動機づけられる。そのため，Healy(1985)は，ボーナス制度仮説を利益がボギーとキャップの間にあるときにだけ実際にはあてはまるものとして精緻化しているのである。

　経営者はどのようにして利益を調整するのだろうか？ Healy (1985)は，経営者がアクルーアルを使っていると仮定している。利益の調整にアクルーアルがどのように使われているのかを示すために，セクション5.4.1と6.2.6での公式を再び用いることにしよう。

利益＝営業キャッシュ・フロー ± 純アクルーアル

---

[3] Healy (1985) は，もし利益がボギーを少し下まわっている程度なら，少なくともボーナスをゼロにしないために，経営者は利益を逆に増加させるような会計方針を選択するかもしれないと指摘している。

10.3 ボーナス目的の利益マネジメントについての証拠

これは以下のように分解できる。

利益＝営業キャッシュ・フロー ± 純非裁量的アクルーアル
± 純裁量的アクルーアル

　裁量的アクルーアルの概念については，セクション 7.6.3 で紹介した。つまり，経営者が操作できるようなアクルーアルのことである。そこで指摘したように，研究者による裁量的アクルーアルの推定は大きな課題となっている。現在では，Jones (1991) のモデルが推定方法として受け入れられている。もちろん，他のアプローチをとることも可能である。たとえば，会計方針 1 つ 1 つについてそれぞれのアクルーアル変化を検討し，裁量的か非裁量的かを分類していく方法がある。通常では，そういった金額はキャッシュ・フロー計算書から入手することができる[4]。

　この点について，表 10.1 の設例を使って考えてみよう。

表 10.1　裁量的アクルーアルと非裁量的アクルーアル

キャッシュ・フロー（キャッシュ・フロー計算書から）		1,000
減算：減価償却費	-50	
加算：年間の売掛金の純増	+40	
加算：年間の在庫増加	+100	
加算：年間の買掛金と引当金の減少	+30	120
純利益（損益計算書から）		1,120

　表において，アクルーアルについているプラス（マイナス）の符号は，所与のキャッシュ・フローに対して利益を増加（減少）させることを意味している。単純化のために，損益計算書の異常項目や所得税が存在しないと仮定している。アクルーアル 4 項目についての説明は以下のようになる。

---

　[4] 他の方法として，比較貸借対照表から運転資本項目の変化をとる方法がある。しかしながら，Hribar and Collins (2002) は，このやり方はアクルーアルの推定にバイアスをかけることがあると警告している。なぜなら，多くの企業が買収や事業部売却を行っているからである。そのために，連結貸借対照表において運転資本項目は増減するものの，その変化が利益にまったく影響を与えない，つまり，利益マネジメントと何の関係もないことがある。キャッシュ・フロー計算書における運転資本項目の変化は，そういった利益に無関連な変化を含んでいない。

- **減価償却費** 毎年の減価償却費は，企業の償却方針と耐用年数の評価によって決まっている。この方針が決まっていれば，減価償却費は非裁量的アクルーアルである。
- **貸倒引当金控除後の売掛金の増加** この増加は，昨年度より評価がより保守的でなくなった結果として貸倒引当金が減少し，もたらされると考えられる。経営陣はこの金額をいくぶん柔軟に操作できるので，このアクルーアルは裁量的である。増加する他の理由としては，信用政策を緩めたり，決算日以降の取引を含めたり，たんに取引高が増加したりすることなどが挙げられる。これらのアクルーアルのうち最初の2つは裁量的であり，3番目は非裁量的である。

  このように，売掛金の増加についてはいくつかの理由が考えられることがわかる。もし，経営者が売掛金アクルーアルを利用して報告利益を増加させたいのであれば，それが可能である。しかし，比較財務諸表にしかアクセスできない研究者は，その増加の理由が何なのか，あるいはその増加が裁量的なのか非裁量的なのか，それとも両方なのかについて知りようがない。

- **在庫の増加** これは，企業が過剰な生産力を利用して1期間の在庫をわざと増やしたことによってもたらされると考えられる。その結果，固定間接費を，不利な操業度差異として当期の費用にするのではなく，在庫の原価に含めることになる。

  この増加については，売掛金と同様に，他の理由を考えることもできる。ただし，いずれにせよ在庫について裁量的な利益増加アクルーアルを利用できることがわかる。

- **買掛金と引当金の減少** これは，製品に対する保証請求について，企業が昨年度に比べて楽観的になっていることからもたらされると考えられる。あるいは判断が分かれるようなものについて，アクルーアルではなく偶発事象として処理することによってももたらされる。さらに，買掛金についてはアクルーアルを裁量する余地が十分にある。

大きな注意点としては，GAAPの範囲内であっても，経営者が報告利益を調整できる裁量の余地が十分にある点が挙げられる。また，企業の監査人にとって，裁量的アクルーアルを用いた利益マネジメントを発見することがむ

ずかしい点にも注意しよう。もっとも，たとえ発見したとしても，年度を越えた会計処理を含めるケースなどは別として，上記にあったすべての手法はGAAPの範囲内であるから異議を唱えるのはむずかしいと考えられる。上記に挙げたアクルーアルに反対方向の裁量をするだけで，経営者は報告利益を減少させることもできる。

　Healy (1985) は，サンプル企業の帳簿記録を入手していなかった。したがって，それぞれの企業経営者が行ったアクルーアルの裁量を特定することができなかった。その結果，裁量的アクルーアルの代理変数として，総アクルーアルを採用するという別の手法を取った（彼の研究はジョーンズ・モデルより先行している）。そのため，我々の例でいうと，もし十分に情報があれば裁量的アクルーアルを+170ドルとするところ，彼の研究では+120ドルと推定されている。+170ドルの裁量的アクルーアルは，他に非裁量的アクルーアルがあったとしても，総アクルーアルを+170ドルだけ上昇させるだろう。つまり，総アクルーアルが高（低）ければ高（低）いほど，そこに含まれる裁量的アクルーアルも高（低）くなる。しかしながら，裁量的アクルーアルの代理変数として総アクルーアルを用いると，非裁量的アクルーアルが裁量的アクルーアルに比べて大きい場合に，研究者は困ることになる。このように，利益マネジメントの証拠を発見するのは，干し草の中で1本の針を探すくらいに大変むずかしいものなのである。

　Healy (1985) は，アメリカの製造業における大企業94社をサンプルとした。それぞれの企業について1930年から1980年までを調べ，合計で1,527の利用可能な観察結果を得た。つまり，ボーナス・スキームにボギーと（もしあるなら）キャップを用いている年度サンプルが1,527社分あったのである。それらのうち，ボギーとキャップの両方を用いていたのは447社分であった。

　それぞれの観察結果は，「ポートフォリオ」と呼ばれる3つのカテゴリーに分類された。ポートフォリオUPPは，利益がキャップを超えている観察結果によって構成されている。同様に，ポートフォリオLOWは利益がボギーを下まわっている観察結果，ポートフォリオMIDは利益がボギーとキャップの間にある観察結果から構成されている。表10.1の背後にあった理論からは，ポートフォリオMIDの総アクルーアルは，ポートフォリオUPPとLOWのものよりも大きいはずだと予想される。利益を増加させるアクルーアルは表10.1においてプラスの符号を与えられていたことを思いだそう。

表 10.2 ボギーとキャップの両方を持つ観察結果

| | アクルーアル比率の符号 | | 観察数 | 平均アクルーアル |
	プラス	マイナス		
LOW	0.09	0.91	22	-0.0671
MID	0.46	0.54	281	+0.0021
UPP	0.10	0.90	<u>144</u>	-0.0536
			<u>447</u>	

出所：P. M. Healy, "The Effect of Bonus Schemes on Accounting Decisions," *Journal of Accounting and Economics* (April 1985), p.96, Table 2. （許可を得て複製）

　表10.2は，ボギーとキャップの両方を採用している447社分の観察結果についてまとめたものである。ポートフォリオMIDに含まれる281社分のうち46%が，プラスの総アクルーアル，つまり利益を増加させていたことがわかる。これは，表10.1において例示した企業でも，総アクルーアルが+120ドルであったことと合致している。この281社分の平均アクルーアルは総資産の+0.0021であった（アクルーアルは，企業規模を考慮して総資産でデフレートされている）。それに対して，ポートフォリオLOWとUPPに含まれる観察結果については，プラスのアクルーアルの比率はかなり低く，それぞれたった9%と10%であった。実際，これらの観察結果の平均アクルーアルはマイナスであり，利益を減少させていた。これら一連の結果は，Healy (1985)の議論と整合的である。つまり，経営者は，利益がボギーより小さいか，キャップより大きいときには利益を減少させるようなアクルーアルを採用し，利益がその中間にあるときには利益を増加させるようなアクルーアルを採用する傾向があったのである(図10.2を参照せよ)。このように，ボーナス・スキームについての利益マネジメントに対するHealy (1985)の予測は，実証結果によって支持された。

　表10.3は，ボーナス・スキームにボギーだけを採用している観察結果についてまとめたものである。したがって，ポートフォリオUPPはない。ポートフォリオMIDとLOWについて，アクルーアルにおけるプラスとマイナスの比率はほとんど同じである。しかしながら，総資産に対する平均アクルーアル

10.3 ボーナス目的の利益マネジメントについての証拠

表 10.3 ボギーだけを持つ観察結果

	アクルーアル比率の符号		観察数	平均アクルーアル
	プラス	マイナス		
LOW	0.38	0.62	74	-0.0367
MID	0.36	0.64	1,006	-0.0155
			1,080	

出所：P.M.Healy, "The Effect of Bonus Schemes on Accounting Decisions," Journal of Accounting and Economics (April 1985), p.96, Table 2. （許可を得て複製）

の比率については，ポートフォリオ LOW の-0.0367 に対して，MID は-0.0155 とかなり大きくなっている。これにより，ポートフォリオ MID に含まれる観察結果にはプラスのアクルーアルが割合として多く含まれているわけではなかったが，平均するとポートフォリオ LOW よりはプラスのアクルーアルが十分に大きい（つまり，よりマイナスが少ない）と結論できる。これらの結果は，表 10.2 のようにドラマチックではないかもしれないが，ボーナス・スキームについての利益マネジメントに対する Healy (1985) の議論と十分に整合的である。

利益マネジメントの実証研究が，方法論上の厳しい問題に直面していることを強調しておかなければならない。前に述べたように，もっともむずかしい問題は裁量的アクルーアルが直接観察できないことにある。その結果，何かしらの代理変数を使わなくてはならない。Healy (1985) のように総アクルーアルを使うと，裁量的アクルーアルに測定誤差を持ち込むことになり，もし利益マネジメントが存在していたとしても，それを見抜くのがむずかしくなってしまう。非裁量的アクルーアルの金額が利益に相関している場合には，他の問題も生じる。たとえば，Kaplan (1985) が指摘したように，予想外の需要増加によって報告利益がボーナス・プランにおけるキャップより大きくなっている企業は，在庫が減少しているので非裁量的アクルーアルが小さくなっているだろう。すると，総アクルーアルの低さは，裁量的アクルーアルが低いことが原因なのではなく，実際の企業の経済活動水準が高いためであり，利益マネジメントを示唆しているわけではないことになる。Healy (1985) は，こ

ういった問題に気づいており，追加的な検証を行うことで念押しをしている。すでに述べたように，Jones (1991) は，より洗練された非裁量的アクルーアルの推定方法を採用している。この分野の方法論的問題点についてのさらなる議論については，McNichols and Wilson (1988), Schipper (1989), Dechow, Sloan and Sweeney (1995), および Bernard and Skinner (1996) を参照せよ。

　McNichols and Wilson (1988) も，ボーナスについてアクルーアルの大きさを研究した。ただし，調査対象は貸倒引当金に絞られている。その理由は，貸倒引当金のあるべき金額（つまり，不良債権についてのアクルーアルのうち非裁量部分）については，正確な推定を行うことが可能だからというものである。このように考えると，裁量的アクルーアルはこの推定値と実際の貸倒引当金の差額として入手できることになる。非裁量的アクルーアルが正確に推定できれば，裁量的アクルーアルについての測定誤差の問題は緩和されるだろう。このアプローチでは，利益と非裁量的アクルーアルの相関問題も緩和されている。なぜなら，企業の経済活動水準が貸倒引当金に与える影響は，貸倒引当金のあるべき金額を推定することによって捕捉されるからである。McNichols and Wilson (1988) は，1969 年から 1985 年について，裁量的な不良債権についてのアクルーアルによって，業績が非常に悪い企業および非常に良い企業の両方（つまり，利益がボーナス契約におけるボギーを下まわっているか，キャップを上まわっている可能性が高い企業）において利益が有意に減少させられていることを発見した。それほど利益が極端になっていない企業については，裁量的アクルーアルはかなり小さくなっており，利益を増加させる傾向にあった。これらの結果は，Healy (1985) と整合的である。

　その後，Holthausen, Larcker and Sloan (1995) が，経営者によるボーナス目的でのアクルーアル操作を研究している。彼らは，年度利益をベースにした経営者のボーナスがゼロだったのか，あるいはゼロではないが最高額でもないのか，あるいは最高額だったのかについての実際のデータを入手できた。これらは，Healy (1985) が使ったデータに比べれば，かなり良いものである。Healy (1985) では，裁量的アクルーアルによって操作される前の利益がボギーを下まわっていたのか，ボギーとキャップの間にあったのか，キャップを上まわっていたのかについて，入手可能なボーナス契約書をもとにして推定しなければならず，また利益がボギーを下まわっていれば，経営者はボーナスを受け取ることがないだろうなどと仮定しなければならなかったからである。

Holthausen, Larcker and Sloan (1995) は，1982年から1990年までの443社分のサンプルについて，Jones (1991) のモデルを使って非裁量的アクルーアルを推定した。その結果，最高額のボーナスを受け取っていた経営者が，アクルーアルを操作して報告利益を小さくしていたことを発見した。これは，表10.2の第3行に見られる Healy (1985) の結果と整合的である。しかしながら，ボーナスがゼロだった経営者はアクルーアルを操作して利益を下げているようには見られなかった。この点は，表10.2の第1行に見られる Healy (1985) の発見と異なっている。これについて，Holthausen, Larcker and Sloan (1995) は，Healy (1985) の裁量的アクルーアルに対する推定手続きの方に問題があると述べている。つまり，利益の低い企業で構成されるポートフォリオについて，Healy (1985) は方法論的問題を抱えていたがゆえにマイナスのアクルーアルを発見したようだと結論した[5]。

我々は，方法論的課題はあるものの，次のように結論しておこう。つまり，ボーナスを最大化することを目的として，経営者は概して利益を調整するべくアクルーアルを用いているという十分な証拠がある。このことは，とくに利益が大きいときにより当てはまっている。この証拠は，PAT におけるボーナス制度仮説と整合的である。

しかし，ボーナス制度仮説との整合性については，2通りの考え方がありうる。おそらくもっとも自然なのは，経営者が企業の株主やその他の投資家を犠牲にして，自分自身の効用を最大化するために行う機会主義的行動であるという考え方である。

ただし，この考え方は「なぜ取締役会や債権者，その他の利害関係者が機会主義的な利益マネジメントを『解明』しないのだろうか？ なぜやっても意味がないようにしてしまわないのだろうか？」という疑問を提起している。

1つの理由として考えられるのは，Schipper (1989) が指摘したように，経営者の持っているインサイダー情報を他人が解明するのには法外なコストがかかるというものである。たとえば，たとえ取締役会であっても，裁量的アクルーアルの金額を特定するのは非常にむずかしいだろう。また，会計方針の変更や資産売却損益の計上タイミング，リストラ引当金などのより目に見

---

[5] Abarbanell and Lehavy (2003) は，代替的な説明のための証拠を提供している。彼らは，もし経営者が株価の値動きをベースにした報酬も受け取っているとしたら（Healy (1985) が主として利益をベースにしたボーナス・プランだけを調べていたことを思い出そう），利益数値が悪かったというニュースによって引き起こされるマイナスの株価反応を避けようとするだろうと議論している。

える利益マネジメント手法であったとしても，その解釈には困難がつきまとうだろう。たとえば，企業が保有している部門の一部を売却するとき，それが必要に迫られてのものなのか，タイミングを考慮しているのかについて判断できるだろうか？あるいはリストラ引当金が過大であるかどうかについて判断できるだろうか？こういった問題に対する解答こそが，経営者の典型的な私的インサイダー情報なのである。

これに対して，利益マネジメントに対するもう1つの考え方は，効率的契約による説明である。報酬契約を決定するとき，企業が合理的なら，経営者が利益を調整するインセンティブを予期しており，それを見越して報酬金額を提示するだろう。例8.7に示されているように，利益マネジメントを考慮した契約の方が，利益マネジメントを完全に排除する契約よりもコストを低く抑えられる。したがって，取締役会は利益マネジメントを解明するようには動機づけられないと考えられる。

いずれにせよ，機会主義的行動による説明によっても，効率的契約による説明によっても，利益マネジメントに対するインセンティブを生み出しているのは，報酬契約それ自体である。

10.4 利益マネジメントに対するその他の動機

Healy (1985) は，ボーナス契約についての研究であった。一方，経営者は他にもさまざまな理由で利益マネジメントをしていると考えられる。そこで，それらのうちいくつかについて簡単に見ておくことにしよう。

10.4.1 投資家からの業績期待の達成

業績に対する投資家の期待形成は，さまざまである。たとえば，昨年同時期の利益にもとづいていたり，直近のアナリスト予測にもとづいていたりする。

期待よりも大きな利益を報告した企業の株価は，通常，大幅に上昇する。なぜなら，将来の業績がよくなる確率を投資家が上方修正するからである。反対に，期待を達成できなかった企業の株価は大幅に下落する。たとえば，Bartov, Givoly and Hayn (2002) は，1983年から1997年について調べた結果，アナリストによる直近の予想利益を上まわった企業の異常株式リターンが，期待を達成できなかった企業に比べて有意に大きかったことを発見した。また，

Skinner and Sloan (2002) は，1984 年から 1996 年について調べた結果，業績期待を達成できなかった企業について，マイナスの株式リターンがあったことを発見した。その大きさは，期待を上まわった企業についてのプラスの株式リターンよりも絶対値においてかなり大きかった。このことは，期待を上まわった企業に対して報いる以上に，期待を下まわった企業に市場が罰を与えていることを示している[6]。

このような結果，経営者は業績期待を確実に満たそうとする強いインセンティブを持っている。従業員ストック・オプション (ESO) を持っていたり，その他の株価連動型の報酬を受け取っているときには，とくにそうである。業績期待を満たす方法の 1 つに，利益マネジメントを行って利益を上昇させることがある[7]。もちろん，合理的な投資家はこのインセンティブに気づいている。そのために，期待を達成することが経営者にとって余計に重要になる。もし達成できなかったら，市場の判断は，経営者が利益マネジメントを行ってさえ達成できないのだから，本当はもっとひどい状態に違いないということになるだろう。あるいは，企業が自分自身の将来を予想できていないということで，企業がうまく経営されていないと判断されるかもしれない。そうなると，経営者の評判は，株価同様に，傷ついてしまうのである。

我々は，投資家の業績期待を達成することが，利益マネジメントへの強いインセンティブになっていると結論する。

10.4.2　財務制限条項への抵触回避

借入契約には，経営者と債権者の間にセクション 8.7 で分析したようなモラル・ハザード問題があるため，一般的に会計数値が用いられている。モラル・ハザードを抑えるために，通常の長期貸付契約においては，債権者の利益に反するような行動を経営者がとることに対して禁止条項が設けられている。たとえば，過剰な配当や追加借入れの禁止，流動資産や株主資本を一定

---

[6] Skinner and Sloan (2002) は，成長企業（PBR の高い企業）について調べている。彼らは，セクション 6.2 にあった自己帰属バイアスなどの行動科学的要因によって，投資家が成長企業の将来業績を過大評価しているのではないかと議論している。業績期待を達成できなかったことによって，投資家を「夢から現実へ引き戻す (back to earth)」ことになり，その結果，株価が大幅に下降するのである。

[7] その他の方法としては，アナリストを説き伏せることにより，報告利益が達成あるいは超過できるレベルにまでアナリストの予想を下方修正させ，それによって投資家の期待を下げるという方法もある。これについては，Matsumoto (2002) が調べており，経営者がこれら 2 通りの方法を両方とも使っていたことを発見した。ただし，この研究は公平開示規則（重要な情報をアナリストだけに発表することを企業に禁止する 2000 年に導入された SEC の規則）が施行される前の研究である。2000 年以降は，アナリストを説き伏せるようなことは減っているはずである。

レベル以下にすることの禁止など,既存債権者の証券価値を希薄化するようなことが禁止されている。

禁止条項を回避するための利益マネジメントは,PATの財務制限条項仮説によって予測されている。もし財務制限条項に抵触することで大きなコストが生じるなら,企業経営者はそれらを回避するはずである。さらに,経営者は抵触に近い状態をも回避しようとするだろう。なぜなら,そのような状態では,企業を経営する際の行動の自由が制限されてしまうからである。こうして,財務制限条項に抵触する確率を減少させる道具として,利益マネジメントが浮上してくるのである。

財務制限条項の文脈における利益マネジメントについては,Sweeney (1994)が調べている。そして,財務制限条項に抵触した企業サンプルについて,コントロール・サンプルに比べて利益増加型の会計変更が有意に多く行われていたことを発見した。また,報告利益を増加させるような新会計基準は早期に採用するものの,減少させるような新会計基準は早期に採用しない傾向が抵触企業にあったことも発見した。

DeFond and Jiambalvo (1994) も,1985年から1988年にかけて財務制限条項への抵触を開示した企業について,利益マネジメントを調べている。そして,財務制限条項に抵触する前年度,および数はそれほどではないが抵触した年度に,報告利益を上昇させるために裁量的アクルーアルを用いていたという証拠を発見した。

それに対して,DeAngelo, DeAngelo and Skinner (1994) は,少し異なる結果を報告している。彼らは,問題を起こした大企業76社をサンプルとして調べた。それらは,1980年から1985年にかけて3年以上の連続赤字を記録し,赤字年度に配当を減少させた企業であった。そのうち29社は,財務制限条項によって強制的に配当カットが行われていた。

DeAngelo, DeAngelo and Skinner (1994) は,売上やキャッシュ・フローの減少がアクルーアルに対して与える影響を考慮しても,財務制限条項の抵触に直面していない残りのサンプル企業に比べて,これら29社が配当カットの行われる前の年度に利益マネジメントをとおして利益を増加させていたという証拠を発見できなかった。むしろ,配当カットが行われる年度までの少なくとも3年間,29社はそろって大きなマイナスの(つまり,利益を減少させる)アクルーアルを示していた。この行動について,DeAngelo, DeAngelo and

Skinner (1994) は，キャッシュ・フローをともなわない裁量的な資産切り下げが行われた影響が含まれているからだと考えた。明らかに，こういった切り下げは，債権者や株主，組合などに対して，企業が問題に直面しているというシグナルになっただろう。また，その後にしばしば行われる契約の再交渉の根拠にもなるだろう。

このように，企業の抱えている問題が本当に深刻なときには，企業行動が財務制限条項仮説の予測を超えてしまい，利益マネジメントが企業（経営者）の生き残り戦略全体の一部になってしまうように思われる。

利益マネジメントへのインセンティブはまた，関係的契約とも呼ばれる**暗黙の契約**(implicit contracts) からも生まれる。これは，報酬契約や借入契約など，これまで想定していたような正式契約ではない。むしろ，企業と（労働者，仕入れ業者，債権者，顧客などの）利害関係者との間の継続的な関係から生じており，過去の商取引にもとづいて期待されている行動を表している。たとえば，企業とその経営者が，いつも正式契約をきちんと履行しているという評判を築いていれば，仕入れ業者から有利な価格で購入したり，債権者から低い金利で資金調達したりしているだろう。当事者同士は，まるでそのように有利な契約が実際に存在しているかのように振る舞う。例 8.1 のゲーム理論の観点からすると，経営者と企業の利害関係者は，ナッシュ均衡ではなく協力解を演じるぐらいに互いを十分信頼しているのである。

暗黙の契約を目的とした利益マネジメントについては，Bowen, DuCharme and Shores (1995) が調べている。彼らは，暗黙の契約における契約者の評判が高い報告利益によって強められると議論した。高い報告利益は，今後も経営者が契約義務を引き続き果たしていくという利害関係者の信頼を高めるのである[8]。たとえば，相対的に売上原価や支払手形の金額（これらはそれぞれ，仕入れ業者や短期の債権者との継続的な関係の強さの代理変数として用いられている）が大きい企業は，後入先出法や加速償却ではなく，先入先出法や定額法を選択する可能性が高いだろうと彼らは予測していた。先入先出法や定額法を使うと，後入先出法や加速償却を使ったときよりも報告利益が

---

[8]信頼しているといっても，利害関係者は，企業が利益マネジメントをしていないとは思っていない。Bowen, DuCharme and Shores (1995) は，先入先出法や加速償却を継続的に用いていることが報告利益にどれだけ影響を与えているのかを特定するのがむずかしいため，またとくに，利害関係者の多くは情報処理能力に限りがあり，報告利益を注意深く評価するのに値するほどのリスクを背負っているわけではないため，利害関係者が利益マネジメントを気にすることがコストに見合わないのだと議論している。この議論は，セクション 10.3 での議論と整合的である。

より高くなるという傾向があるからである。

Bowen, DuCharme and Shores (1995) は，1981年から1993年にかけての大規模サンプルについて，弱い継続関係しか持っていない企業に比べて，利害関係者と強い継続関係を持っている企業に先入先出法と定額法を選択する傾向が強いことを発見した。これは，予測通りの結果である。さらに，この傾向は，上記の報酬契約や借入契約から生じるその他の利益マネジメントの動機を差し引いても，なお顕著であった。

10.4.3 新規株式公開

定義により，新規株式公開 (IPO) を行う企業の市場価格は確定していない。このため，これらの企業の株式をどのように価格付けすれば良いのかという問題が生じる。おそらく，目論見書に含まれている財務会計情報が有用な情報源となるのだろう。たとえば，Hughes (1986) は，利益などの情報が投資家に対して企業価値をシグナルするのに有用になりうることをモデルを使って示している。また，Clarkson, Dontoh, Richardson and Sefcik (1992) は，企業価値のシグナルとしての利益予測に対して市場が正の反応をしているという実証的証拠を発見した。このことは，上場をしようとしている企業の経営者が，より高い株価を得ようとして，目論見書の中の報告利益を調整する可能性があることを提起している。

Friedlan (1994) は，この問題を調べた。具体的には，1981年から1984年にかけてアメリカで新規株式公開を行った155社のサンプルについて，新規株式公開する直前の会計期間において，裁量的アクルーアルを用いて利益を上昇させるような利益マネジメントを行ったかどうかについて調べている。新規公開企業は通常であれば急速に成長しているので，裁量的アクルーアルを推定するのがとくにむずかしい。なぜなら，成長そのものが，売掛金や在庫といったアクルーアルを増加させてしまうからである。この問題を統制するために詳細な検討をした上で，Friedlan (1994) は，新規公開企業が新規公開直前の四半期において，それ以前の対応する四半期におけるアクルーアルと比較して，利益を増加させるような裁量的アクルーアルをとくに生み出していたと結論した。さらに，このアクルーアル操作は，営業キャッシュ・フローを指標として業績の悪いサンプル（報告利益を増加させる動機がおそらくより強い企業），および（あまり認知されていない）より規模の小さいサンプ

ル企業に集中しているようであった。

10.5 利益マネジメントの良い面

　上記において，利益マネジメントは良いものになりうることが示唆されている。ここでは，そのような議論を再検討し，利益マネジメントを支持するような理論的，実証的な証拠を概説する。

　利益マネジメントを支持する議論は，Demski and Sappington (1987) のコミュニケーションの断絶(blocked communication) 概念にもとづいている。エージェントはしばしば，職業柄，専門的な情報を得る。しかし，コストがかかりすぎてそれをプリンシパルに伝達することができない，つまり，コミュニケーションが断絶されていることがある。たとえば，医者にとって，検査と診察について細部に至るまで正確に患者に伝えるのはむずかしいだろう。そのとき，医者の行動（たとえば，患者を手術するなど）が，その医者の外科的医療技術だけでなく，診察によって得られた情報の代理を務めることになる。Demski and Sappington (1987) は，コミュニケーションの断絶があることによって，エージェンシー契約の効率性が損なわれる可能性があるとしている。なぜなら，エージェントが情報取得を怠けて，プリンシパルからみて最適ではない行動で間に合わせる可能性があるからである。先の例でいうと，医者が，深い切り傷を負った腕に対して，いい加減な検査で腱や神経の損傷を確認しないまま，たんに縫合してしまうようなものである。そのようになるのであれば，プリンシパルは，コミュニケーションの断絶を排除あるいは低減させようというインセンティブを持つ。

　財務報告の文脈では，利益マネジメントがこれを行う道具になりうる。たとえば，長期間にわたって持続できると思われる企業の利益見込みを，経営者が伝達したがっていると想定しよう。その金額が毎年100万ドルだったとする。この利益見込みは，経営者の複雑なインサイダー情報である。もし，これを単純に発表しても，信用されることはないだろう。なぜなら，市場がその発表を検証するには法外なコストがかかるからである。実質的に，この情報伝達は遮断されているのである。しかしながら，企業がある部門を売却して20万ドルの利益を実現させたばかりだと想定してみよう。また，この項目によって当期利益が，上記の持続可能な100万ドルを上まわる，118万ドル

まで増えるとしよう。このとき，長期的に持続可能と思われる金額を大幅に上まわる利益を報告するのではなく，18万ドルのリストラ引当金を立てて，経営者が持続すると感じている100万ドルにまで当期利益を減額するように経営者は意思決定するのである。

大きな裁量的アクルーアルを用いて望み通りの結果を出すことによって，経営者の持つインサイダー情報の「断絶を解除」すると，信頼性がいくぶん生みだされる。なぜなら，GAAPにしたがって作成され，経営者が公的に責任を負っている財務諸表が用いられているからである。持続可能な収益力についてのインサイダー情報にもとづくものであるため，市場にとって，この利益マネジメントを解明することが不可能であることに注意しよう。ただし市場は，この利益マネジメントからインサイダー情報がどのようなものであるのかを推察することができる。

良い利益マネジメントについての議論は，その後のDemski and Sappington (1990)によってさらに強化されている。そこでは，経営陣の持つインサイダー情報が必要に応じて，利益マネジメントをとおして常に伝達されうるための条件が示されている。

Demski and Sappington (1990)は，営業キャッシュ・フローやコア利益（セクション5.5を参照せよ）といった比較的操作されにくい業績指標が，将来の企業業績についての情報をいくぶん伝達していると指摘している。しかしながら，経営陣は，将来業績について企業の新戦略や市況の変化といった追加的な情報を持っているのが通常である。これらの情報は非常に有用であるが，複雑すぎて直接的な伝達が遮断されていることが多い。このとき，裁量的アクルーアルを賢明に選択・開示することで，投資家にこの情報を知らせることが可能であるとDemski and Sappington (1990)は示している[9]。

より最近では，Stocken and Verrecchia (2004)が，このように利益マネジメントによってインサイダー情報を知らせることができるものの，それにはコストもかかることを議論している。なぜなら，もしそれが営業項目に埋め込まれるのであれば，投資家がより良い投資意思決定を行えなくなるからである。つまり，当期利益の将来業績予想能力を「妨害」するのである。たとえ

---

[9] Demski and Sappington (1990)が指摘しているように，モデルの中では財務諸表によって伝達される情報が，企業価値を十分に伝達するわけではない。そこで主張されていることは，いくぶんの価値関連的な情報が利益によって伝達されるということに過ぎない。つまり，彼らのモデルは，理想的状況の下でしか利益がきちんと定義できないという，我々の一般的な観察結果の枠を出るものではない。

ば，定義により，インサイダー情報は会計システムによってまだ認識されていない（もし認識されているなら，それはもはや内部情報ではない）ので，信頼性がないだろう。第5章で見たように，投資家は当期利益を有用だと考えている。しかしながら，信頼性が低ければこの有用性が低くなることもまた事実である。投資家の意思決定が妨害される程度に応じて，企業の資本コストは高くなり，利益は減少する。このコストは，株主はもちろん，報酬が低くなることを通じて経営者にも影響を与える。

経営者は，他にも利益マネジメントのコストに直面している。「実務における理論1.1（セクション1.2）」におけるクエスト・コミュニケーションズのように，経営者は過剰な利益マネジメントの責任を問われるかもしれない。クエストの経営者は，当時，将来の利益についての有用なインサイダー情報を発信したつもりだったのかもしれない。しかし，そこで行われた収益の早期認識は以後の事象によって信頼性がないことが立証されたのである。

Stocken and Verrecchia (2004) は，利益マネジメントが良いものとなりうる，つまり，インサイダー情報の発信によって得られる便益がコストを上まわるような条件を示すに至っている。それらは，本質的には，（インサイダー情報が有用になりうる可能性が十分高いぐらいに）企業が高い不確実性に直面していること，およびインサイダー情報の情報量が大きいことである。そのとき，利益マネジメントは，投資家と経営者両方に便益をもたらす。

利益マネジメントの良い面はまた，効率的契約の理論によっても支持されている。そのうちのいくつかは，第8章の1期間モデルによって示されていた。しかしながら，すでに述べたように，モデルを多期間にすることにより利益マネジメントの持つ可能性，および利益マネジメントに対する制約がともに増える。この点について，Evans and Sridhar (1996) は経営者が情報優位にあるときの2期間契約を提示している。具体的には，経営者は調整される前の利益を知っているが，所有者は経営者によって報告される利益しか観察できないという状況である。

Evans and Sridhar (1996) の分析においては，利益マネジメントの可能性がGAAPによって決定されている。そこでは，GAAPが時とともに変化すると捉えられている。GAAPが次期における企業の会計およびアクルーアルの方針を完全に特定する確率は，その会計システムの柔軟性と呼ばれている。もしこの確率が高いなら，利益マネジメントが行われる可能性はほとんどなく，

会計システムの柔軟性は低い。ただし，どの GAAP のもとでも，一般的にはいくぶんの柔軟性がある。そのときに利益マネジメントできる幅は，企業の会計およびアクルーアルの詳細な方針によって決定される。こういった方針は，経営者のインサイダー情報であると考えられている。さらに，それらは十分に複雑で技術的であるため，所有者に対する伝達は遮断されている。このため，利益マネジメントによって経営者の努力の低さが隠蔽される可能性が生まれるのである。

すでに述べたように，Evans and Sridhar (1996) は，2 期間モデルを用いている。そのため会計上の鉄則にしたがって，第 1 期に利益を過大表示あるいは過小表示すれば，必ず第 2 期に反転が起こる。そこで問題となるのは，それでも経営者は利益を調整するのだろうかということである。Evans and Sridhar (1996) によれば，その答えは 2 つの条件付きでイエスであった。その 1 つは，利益マネジメントが発覚してペナルティを与えられる可能性が十分に低く，経営者が留保効用を達成できるという条件である。もう 1 つは，会計システムの柔軟性が低い（つまり，GAAP が強い）という条件である。

2 つめの条件は，モラル・ハザードが存在しているときに努力を動機づけるためには，報酬契約において経営者にリスクを課さなければならないという事実に由来している。2 期間契約では，第 1 期の利益がたとえばランダムな状態実現により低くなってしまう確率がリスクを生じさせている。このとき，もし経営者が利益を正直に報告すると報酬は低くなる。このことが利益マネジメントを行うインセンティブを生み出している。つまり，たとえアクルーアルの反転があろうとも，第 2 期の期待利益からいくらか「借りる」ことができ，それによって 2 期間の報酬を平準化できるのであれば，モデル上では経営者のリスクは小さくなるのである。逆に，もし第 1 期の利益が高ければ，その利益を次期に繰り延べることによって，同じことを経営者は達成できる。

利益マネジメントを通じたこのようなリスク低減によって，利益マネジメントができないときよりも，経営者は低い利益配分で留保効用を達成できる。実際，Evans and Sridhar (1996) のモデルでは，利益マネジメントを許容する契約は，許容しない契約よりも効率的になる可能性があった。

会計システムが低い柔軟性（つまり，強い GAAP）を持っているときにしかこの結果が生じない理由は，もし GAAP が弱ければ，経営者が利益マネジ

メントによって過剰にリスクを回避できることにある。そうなると，努力をするインセンティブが下がる。実際，経営者が利益マネジメントを「やりすぎる」と，契約は非効率的になるという結果が生じる。同様の効果は，第8章にもあった。そこでは，利益マネジメントがGAAPによって制限されることにより，経営者が働くような契約を締結できた（例8.7）。GAAPが弱く，あるいは存在していないようなときには，経営者はサボっていた（例8.5）。結果的に，所有者にとってはGAAPが強い方がより良いのであった。

　Demski and Sappington (1990)のモデルが財務報告の観点から利益マネジメントを考察しているのに対して，Evans and Sridhar (1996)は契約の観点から考察をしている。Dye (1988)は，これら両方の動機を考慮したときに利益マネジメントが行われる可能性を研究した。そして，アクルーアルの反転を許容する多期間の分析において，どのような条件の下で，経営者に報告利益の平準化を動機づけるような報酬契約を現在の株主が選好するのかを示した。この契約は，Evans and Sridhar (1996)の分析にあったように，効率的に好ましい水準の努力を経営者に実行させるだけでなく，現在の株主が保有株式を売却する際の売却益を最大化することによって現在の株主に便益をもたらすものである。

　現在の株主が得る売却益を最大化することは，投資家の一部だけに便益をもたらすように見えるかもしれない。しかしながら，必ずしもそうではない。もし効率的証券市場が正確に利益マネジメントのインセンティブを予想しているなら（つまり，合理的期待をしているなら），どのような利益の過大表示あるいは過小表示でも，その企業の株価形成において調整するだろう。そのため，現在の株主が保有株式を売却すると，その株式が実際に値するだけの金額を受け取るのであってそれより低くなることはない。

　市場が合理的な期待をしているとき，経営者は利益マネジメントを行った方が良い。なぜなら，市場がそれを期待しているからである。たとえば，もしDye (1988)のモデルにおいて，経営者が期待されたように利益を平準化しなければ，現在の株主が受け取る売却益は最大化されず，経営者の報酬にも悪い影響を与えることになる。

　我々は，このセクションで取り上げられたモデルにもとづいて，たとえアクルーアルの反転という鉄則が存在していても，契約目的および財務報告目的の両方において，良い利益マネジメントが存在する可能性が理論的に予想

されると結論する。

しかしながら，利益マネジメントについてはさまざまな動機があり，また，異常項目を含む裁量的アクルーアルを発見したり解釈したりするのはむずかしい。そのため，理論通りに株式市場が利益マネジメントに反応するのかどうかについて実証するには，複雑な作業が必要となる。とくに，市場は利益マネジメントが良いものであるというように反応するのだろうか？ この問いに対する答えは，会計専門家にとって重要である。なぜなら，会計専門家は利益マネジメントの手法や実行に深く関与しており，悪い利益マネジメントが明らかになると必ず起こる評判の低下や訴訟に巻き込まれるからである。また，良い利益マネジメントが多いのであれば，過剰な基準設定を行うことで，会計処理の選択幅を過大に制限してしまうと，費用対効果がそれだけ薄くなると考えられる。

Subramanyam (1996) は，この問題についていくつかの証拠を提示した。Subramanyam (1996) は，サンプル 2,808 社について 1973 年から 1993 年までを調べて得られた延べ 21,135 社分の観察結果に対して，Jones (1991) のモデル（セクション 7.6.3）を適用し，アクルーアルを裁量的な要素と非裁量的な要素に分離した。そして，営業キャッシュ・フローと非裁量的アクルーアルが株式リターンに与える影響を除去したところ，株式市場が裁量的アクルーアルに対してプラスの反応をしていることを発見した。このことは，経営者が将来の収益力についてのインサイダー情報を伝えるために，責任を持って利益マネジメントを行っていることと概して整合的である。

しかしながら，Subramanyam (1996) は，この発見については異なる解釈も可能であると指摘している。たとえば，裁量的アクルーアルの大きさとは関係なく，その結果として生じた報告利益の大きさそのものに対して単純に市場が反応しているだけなのかもしれない。もしそうであれば，証券市場には，セクション 6.2.6 での Sloan (1996) と同様のアノマリーが発生しているのかもしれない。

これに対して，Subramanyam (1996) は，裁量的アクルーアルに対して市場が効率的に反応していることを支持するような再調査を行っている。Subramanyam (1996) については，次のセクションでも触れることにする。

Subramanyam (1996) はまた，アクルーアルを裁量的な要素と非裁量的な要素に分離する Jones (1991) のモデルの有効性，つまりモデルと市場でのアク

ルーアルに対する解釈の整合性によって，自分の結果が左右されるとも指摘している。このことは，利益マネジメントに対する市場反応の研究アプローチとして，別の方法が望ましいことを提起している。たとえば，Liu, Ryan and Wahlen (1997) は，アメリカの銀行104行をサンプルとして，1984年から1991年にかけての四半期ごとの債権損失アクルーアル（利益マネジメントの手段）を調べた。そして，アクルーアルを期待要素と期待外要素に分離したところ，「危険な銀行（規制目的上の資本が法定最低金額に近い銀行）」については，第4四半期だけに限られるものの，貸倒引当金の期待外の増加に対して株価反応が有意にプラスであったことを発見した。危険ではない銀行については，期待外の貸倒引当金についての株価反応がマイナスであった。これらの結果から，危険な銀行は利益を調整して減少させることによって，自分たちが問題解決に踏み出しているので将来の業績が改善されるに違いないということを市場に信頼性を持って伝達していることがわかる。このグッド・ニュースは，とくに銀行が危険な状態になっているということ自体に対して市場がすでに反応していたがゆえに，債権を切り下げているという事実そのものが持っているバッド・ニュースを十分上まわるぐらいに強いものであったのである。危険ではない銀行については，解決を必要としている問題も少ないので，バッド・ニュースの要素の方が市場反応を支配してしまうという結果になる。危険な銀行の株価が上昇を示したのがなぜ第4四半期だけだったのかについては，その四半期だけ監査が行われることに関連しているように思われる。おそらく，監査が行われるときにだけ，経営陣は貸倒引当金をより真剣に取り扱うのだと考えられる。

利益マネジメントがどのようにしてインサイダー情報を伝達するのかという証拠を提供することに加えて，Liu, Ryan and Wahlen (1997) の結果は，証券市場の反応がかなり洗練されているということを示している。このことはまた，Subramanyam (1996) の発見に対する効率的市場による解釈を支持している。

責任ある利益マネジメントを支持する追加的な証拠としては，Barth, Elliott and Finn (1999) が挙げられる。彼らは，アメリカ企業について1982年から1992年にかけての大規模サンプルを用いて，5年以上連続して利益を安定的に増加させた企業が，同等の利益成長水準および変動を持つものの安定性に欠けている企業に比べて，高い株価収益率 (PER) を享受しているという証拠

を報告している。利益マネジメントによって安定的な利益成長が生み出されているのであれば，将来の収益力を誇張しない利益マネジメントに対して，市場がきちんと報いているように思われる。

Barth, Elliott and Finn (1999) が結果を引き出す際に，利益の持続性をコントロールしている点には注意すべきである。このため，対象企業についての市場評価の上昇は，持続的な収益力をあらわす利益マネジメント以外の要素からも引き出される。そのうちもっともありうるものとして，その利益増加パターンが成長機会についてのインサイダー情報をあらわしている可能性が挙げられている。

Callen and Segal (2004) もまた，アクルーアルに対する市場反応を研究している。そこでは，期待将来利子率の増加が現在の債券価格を低下させるのと同様に，期待将来株式リターンの増加によって現在の株式リターンが減少していると指摘されている。Callen and Segal (2004) は，1962年から2000年にかけての大規模サンプルについて，この効果を考慮した上で，アクルーアル情報と営業キャッシュ・フロー情報のいずれもが当期の株式リターンに対してプラスの影響を与えていることを報告している。また，アクルーアル情報の方がその影響が強かったという証拠をいくつか報告している。

Callen and Segal (2004) は，アクルーアルを裁量的な要素と非裁量的な要素に分解していない。しかしながら，アクルーアルと当期の株式リターンの間にプラスの相関関係があるという発見は，つまるところ，アクルーアルが投資家に対して情報内容を持っているということを示している。もし機会主義的な利益マネジメントがアクルーアルの情報内容を圧倒していたら，効率的市場はそれらに対してプラスに反応しなかっただろう。

10.6 利益マネジメントの悪い面

10.6.1 機会主義的利益マネジメント

利益マネジメントの責任ある使用についての理論および証拠がある一方で，悪い利益マネジメントの証拠も存在している。契約の観点からすると，これは経営者の機会主義的行動に起因している可能性がある。たとえば Healy (1985) は，自分のボーナスを最大化するために，経営者が利益マネジメントを用いる傾向があることを示していた。このような傾向については，機会主義的と

解釈することができるだろう。

さらに，Dechow, Sloan and Sweeney (1996) によって証拠が提示されている。彼らは，GAAP違反（つまり，悪い利益マネジメント）の疑いによってSECに告発されたアメリカの92社をテスト・サンプルとしている。それらと同業種，同様の規模を持つコントロール・サンプル企業とを比較することで，利益マネジメントの実務を調べた。その結果，悪い利益マネジメントへの動機が数多く明らかとなった。共通の動機としては，財務制限条項への抵触回避があった。テスト・サンプル企業は，平均すると，コントロール・サンプルよりも負債比率がかなり大きく，また財務制限条項違反も多かった。

前に述べたように，悪い利益マネジメントへの動機は，経営者が新株発行による調達資金を最大化しようとするときにも生じる。短期的に報告利益を増加させるために，さまざまな裁量的アクルーアルを用いることができる。たとえば，収益認識の早期化，固定資産の耐用年数延長，環境回復コストに対する引当金の過少計上などである。短期的な意思決定なので，アクルーアルの反転という鉄則はあまり問題とならない。新株発行価格をつり上げる利益マネジメントが予期されていなかった分だけ，既存株主は新規株主を犠牲にして利益を得ることになる。上に挙げたDechow, Sloan and Sweeney (1996) は，サンプル企業の資金調達意思決定についても研究している。その結果，告発された企業（定義により，利益マネジメントのヘビー・ユーザー）は，平均すると，コントロール・サンプルよりも，利益操作を行っている期間内に証券を発行していることが有意に多かった。

Hanna (1999) は，他のタイプの利益マネジメントについて議論している。それは，上限テスト基準のもとでの資産評価の切り下げやリストラ引当金などといった，しばしば見受けられる一時項目での過剰な損失計上である。Hanna (1999) は，経営者ボーナスが，一般にコア利益をベースにして評価されていると強く主張している。さらに，アナリスト予測は一般にコア利益について行われる。そのため，一時項目での損失計上は経営者ボーナスに影響を与えず，また利益予測を達成する能力を弱めることもない。しかも，一時項目での過剰な損失計上は，将来の減価償却費を減少させることや，さもなければ発生時に費用化されていただろう将来のコストを吸収することを意味している。よって，将来のコア利益は増加することになり，経営者は両方から便益を受けることになるのである。つまり，数年間かけて蓄積されていただろう

大きなコスト（一時的な損失）がボーナスや利益予測達成能力に悪い影響を与えず，しかも将来の費用が減少することで，経営者の評価を決める将来のコア利益が増加するのである。

さらに，将来のコア利益を上昇させるという効果を見抜くのは非常にむずかしい。なぜなら，減価償却費などの費用が将来に減少していても，他の項目と合計されてしまうことによって埋もれてしまうからである。実際，過去の一時的な損失計上の効果について質の悪い開示をしておけば，経営者はこのタイプの利益マネジメントを行うことが可能になる。ただし，それでも市場は，こういった利益マネジメントに反応しているように見受けられる。セクション 5.5 で取り上げた Elliott and Hanna (1996) は，四半期コア利益 1 ドルに対する利益反応係数 (ERC) について，非経常項目や一時項目において多額の損失をしばしば計上している企業の方が，そうでない企業よりも低いことを発見した。このことは，一時項目における損失計上の頻度を，コア利益が過剰計上されている程度の代理変数として，市場が用いているという議論と整合的である。もちろん，会計上，過去の一時的な切り下げがコア利益に与えている影響を開示すれば，このような代理変数は不要になるだろう。

実務における理論 10.1

2004 年 4 月，ノーテル・ネットワーク (Nortel Networks Corp.) は，最高経営責任者 (CEO) および最高財務責任者 (CFO)，経理担当責任者を解雇したと発表した。この発表によって，11 ドル以上だった株価が 5.26 ドルまで下落した。後になって，さらに数名の上級幹部も解雇したと発表した。2003 年度のノーテルの報告利益は 7 億 3,400 万米ドルだったが，この金額は大幅に過大計上されていたようである。

この過大計上は，2000 年代初期の IT バブルが崩壊したことに起因している。バブル崩壊によって，ノーテルの顧客や子会社の多くが財務危機に陥った。ノーテルは，2001 年度および 2002 年度に，契約解除コストや不良債権，レイオフ，工場閉鎖に対する引当金としてアクルーアルを計上していた。2002 年度中間期までに，ノーテルの貸借対照表には，そのようなアクルーアルが約 50 億ドル計上されていた。

しかし，それらアクルーアルの多くは過剰だったようであり，2003 年

度にノーテルはそれらを戻し入れている。この戻し入れは，投資家に開示されないまま，営業費に対して貸方記入され，営業費を減額することとなった。振り返ってみると，2001年度および2002年度のノーテルの決算では損失が過大に計上されており，2003年度には利益が過大に計上されていたのである。

　2003年度に利益を過大計上した理由は，ノーテルの報酬制度に決算が黒字回復したらボーナスが出るという規定があったことに求められる。その規定では，四半期ごとのプロ・フォーマ利益が用いられていた。ノーテルは，2003年度第1四半期に4,000万米ドル，第2四半期に3,400万米ドルのプロ・フォーマ利益を報告した。これにより，360万米ドルを受け取ったCEOを含め，社員のほとんどが現金ボーナスを受け取った。しかしながら，過剰なアクルーアル反転の効果を差し引けば，2003年度第1，2四半期は赤字決算だったように思われる。

　ノーテルは，2001年度から2003年度までを訂正報告し，もし認められるのであれば，訂正前の決算にもとづいて支払ったボーナスの返還を求めたいと発表した。そして2005年1月に，2003年度の第1，2四半期について，それぞれ1億4,600万米ドル，1億2,800万米ドルの純損失であったと報告した。訂正前の決算では，それぞれ1,600万米ドルの純損失，4,000万米ドルの純利益となっていた。2005年2月には，3人の元幹部を相手取り，ボーナス1,300万米ドルの返還を求めて提訴していると発表した。

10.6.2　経営者は市場の効率性を受け入れているか？

　ノーテルの問題を含め，ここまで説明してきた利益マネジメントの手法は，証券市場の効率性と必ずしも整合していないわけではない。それらの手法では，開示の品質を低くすることで，利益マネジメントをインサイダー情報に留めているからである。しかしながら，その他の結果には，経営陣が効率性を受け入れているという点について疑問を生じさせるものもある。セクション10.5で議論したSubramanyam (1996) では，提示された証拠に対して良い利益マネジメントを支持するものだという解釈がなされていた。しかし，Xie (2001) は，この解釈に疑問を投げかけている。Xie (2001) は，1971年から1992年に

かけての大規模サンプルに対して Jones (1991) のモデルを適用し，各企業各年度ごとに裁量的アクルーアルと非裁量的アクルーアルを推定した。その上で，これら2種類のアクルーアル要素の持続性を評価した。その結果，期待通り，非裁量的アクルーアルよりも裁量的アクルーアルの方が持続性がより低いことを発見した。もし市場が効率的であるなら，非裁量的アクルーアルの1ドルよりも裁量的アクルーアルの1ドルに対しての方が ERC は低くなっているはずである。しかしながら，実際には，その持続性の低さにもかかわらず，サンプルの裁量的アクルーアルに対する ERC は有意に高かった。いいかえれば，市場は裁量的アクルーアルを過大評価しているようなのである。

このため，Subramanyam (1996) の結果に対する効率的市場を前提とした解釈には疑問が生じる。そこで観察された裁量的アクルーアルに対する好ましい市場反応は，その情報内容に反応しているというよりもむしろ，市場が過剰に反応しているだけなのかもしれない。つまり，経営者は効率的証券市場のアノマリーを悪用しているのかもしれないのである。

同じような文脈で，セクション 10.5 で取り上げた Barth, Elliott and Finn (1999) についても2通りの解釈が可能である。彼らは，市場が安定的に利益を増加させている企業を好むことを発見した。それに対する解釈は，効率的市場が増加し続けている利益に込められた持続性と成長についての情報に反応しているというものであった。ただし，Barth, Elliott and Finn (1999) は，増加し続けている利益パターンに対するモーメンタム取引（セクション 6.2.1 を参照せよ）が市場反応を好ましくしているという，非効率的市場をもとにした解釈もありうるとしている。

Schrand and Walther (2000) は，他の手法による利益マネジメントを報告している。彼らは，有形固定資産の除却について多額の一時的な損益を1四半期前に計上しているものの，当四半期には計上していない企業をサンプルとして分析した。通常，利益公表と同時に行われるプレス・リリースにおいて，経営者は当四半期の業績を1四半期前と比較する。そこで問題となるのは，そういったプレス・リリースにおいて，経営者が投資家に対して1四半期前の一時的な損益を思い出させるのだろうかという点である。Schrand and Walther (2000) は，1四半期前の一時項目が損失であったときよりも利得であったときの方が，そういった注意喚起が行われる可能性が有意に大きいことを発見した。このように，前期のベンチマークとしてもっとも低いものを強調する

ことで，1四半期前からの利益変化をもっとも好ましい観点から見せているのである。

　プロ・フォーマ利益も，経営者が市場の効率性を受け入れていないように思わせる利益マネジメントの手法である。プロ・フォーマ利益を強調する経営者は，この指標がGAAPの純利益よりも，企業業績（そして，経営者自身の業績）をより正確に描写していると主張する。しかし，プロ・フォーマ利益を決定する基準は何もない。そのため，経営者は，目標利益を達成したり，報酬を最大化したり，あるいは評判を高めたりするために，目的適合的で持続的な情報を持つ費用項目を除外する誘惑にかられるかもしれない。しかし，GAAPにもとづいた損益計算書も入手可能なのだから，効率的市場は削除された項目について即座に調整を行うと考えられる。つまり，経営者がプロ・フォーマ利益を強調するということは，彼らが効率性を受け入れていないことを示しているのである。

　Doyle, Lundholm and Soliman (2003) は，プロ・フォーマ利益に対する投資家反応について調べた。彼らは，1988年から1999年にかけてプロ・フォーマ四半期利益を報告した企業サンプルを多数入手し，各企業各年度ごとにGAAPの純利益との差額を計算した。そして，経営者の主張とは反対に，GAAPの純利益から除外された多くの費用（たとえば，リストラ引当金への繰入額など）が，その後の営業キャッシュ・フローに対して有意に影響を与えており，それが四半期利益の公表日から最長で3年間持続していることを発見した。したがって，プロ・フォーマ利益だけを見ている投資家は，有用な情報を無視していることになる。

　Doyle, Lundholm and Soliman (2003) は，四半期利益公表日の前後3日間におけるサンプル企業の異常株式リターンについても調べた。そして，株式リターンに影響を与える他の要素を除くと，プロ・フォーマ利益とGAAP利益の差が大きければ大きいほど（プロ・フォーマ利益について何のルールもないために，経営者によって除外する費用の大きさが異なることを思いだそう），その3日間の異常株式リターンが低いことを発見した。このことは，市場が除外された項目を無視しているわけではないことを示している。もし無視しているなら，除外された費用の金額に異常リターンが影響を受けることはないはずである。

　しかしながら，市場反応は完全というわけではなかった。Doyle, Lundholm

and Soliman (2003) は，プロ・フォーマ利益と GAAP 利益の相違の大きさにもとづく株式リターンの低さが最長 3 年間持続していたと報告している。もし市場が十分に効率的なら，その 3 日間のうちにすべての反応が起こってしまっていたはずである。

　Schrand and Walther (2000) と Doyle, Lundholm and Soliman (2003) の研究において重要な点は，もし証券市場が効率的なら，これらの利益マネジメント政策にはほとんど意味がないということである。したがって，利益マネジメントを行う経営者は，効率性を十分に受け入れていないに違いない。さらに，効率性を拒絶するということは，契約に用いられる変数が経済的帰結と市場の効率性を十分に調和させているわけではないという意味を含んでいる（セクション 8.9 を参照せよ）。つまり，キャッシュ・フローに影響を与えない会計方針は，市場が会計方針を見抜かないと経営者が信じているからこそ，経営者にとって重要になりうるのである。

10.6.3　会計専門家に対する示唆

　悪い利益マネジメントの存在が会計専門家に示唆するのは，市場の効率性を拒絶した方が良いということではなく，むしろ開示を改善する方が良いということである。セクション 6.2.7 で議論したように，フル・ディスクロージャーは投資家が財務諸表を評価するのに役立つ。また，投資家の行動的バイアスに対する脆弱性を低減させたり，経営者が市場の非効率性を悪用する能力を弱めたりすることにもなる。たとえば，収益認識方針について明確な報告を求めたり，資産評価の切り下げやリストラ引当金などといった主要な裁量的アクルーアルについて詳細な説明を求めたりすると，悪い利益マネジメントが明るみに出ることになる。つまり，経営者が自分自身の利益のために財務諸表を操作したり，バイアスをかけたりする能力が弱まるのである。開示を改善する方法としては他にも，過去の切り下げがコア利益に与えている影響を報告させることなどが挙げられる。一般的にいって，投資家が持続性の低い項目を診断するのに役立つことをするのが良いだろう。そうなると，経営者は自分の行動の尻ぬぐいをすべて自分自身でやることになるので，悪い利益マネジメントは減少すると思われる。

10.7 利益マネジメントについての結論

　GAAPが会計方針や会計処理について，経営者に選択の余地を残しているという事実こそが，利益マネジメントを可能にしている。そこで行われる会計方針や会計処理の選択は，ただ投資家に対してもっとも良い情報を発信するための選択より，かなり複雑で興味深いものである。むしろ，経営者の会計方針選択は，しばしば戦略的な思考によって動機づけられている。たとえば，業績期待の達成，財務会計数値を用いた契約，租税，新株発行，株式公開買付，参入の阻止，インサイダー情報の伝達といったことが同時に考慮される。実際，会計方針選択はゲームの性質を持っている。GAAPの変更が経営者のゲーム遂行能力に不利な影響を与えるとき，経済的帰結は生み出される。つまり，経営者は，自分たちの会計方針選択から柔軟性を奪おうとするような規則変更に反対すると考えられる。その結果，会計専門家は，投資家の正当なニーズと同じく，経営者の正当なニーズにも気づいておく必要がある。実際の財務報告は，この2種類の主要な利害関係者からのニーズが調整されたものとなっている。

　利益マネジメントにともなって信頼性が低下するにもかかわらず，限度を超えないときには，利益マネジメントが有用になるような場合が確実に存在する。第1に，契約が硬直的で不完備な場合，利益マネジメントをとおして予期していなかった状態実現に対処するための柔軟性が経営者に付与される。

　第2に，インサイダー情報を投資家に信頼性を持って伝える手段，また効率的な報酬契約を達成するための手段として，利益マネジメントが役立つ可能性もある。このことは，効率的証券市場やPATの効率的契約からの説明と矛盾するものではない。

　それでもなお，経営者の中には，過剰な利益マネジメントをすることによって，GAAPのこういった情報伝達能力を悪用し，企業の持続的な収益力を少なくとも一時的に過大表示している者がいると考えられる。このような行為は，証券市場の効率性を経営者が受け入れていないか，開示の品質を下げて悪い利益マネジメントを隠す能力を経営者が持っているか，あるいはその両方を意味している。経営者が証券市場の効率性を受け入れず，開示の方法によって市場をだませると信じているのであれば，市場の効率性と経済的帰結はPATを介しても十分に調和しない。

このため，利益マネジメントが良いものとなるか悪いものとなるかは，その使い方で決まることになる。会計専門家は，悪い利益マネジメントを明るみに出すことによって，その利用を低減させることができる。そのためには，持続性の低い項目についての開示を改善したり，過去の資産評価の切り下げがコア利益に与えている影響を報告させたりすることが必要になってくるだろう。

第11章

基準設定:経済的問題

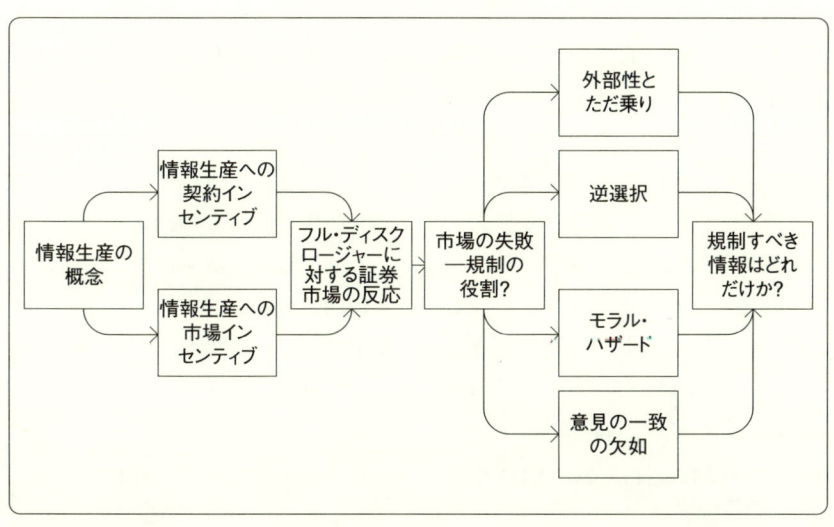

図 11.1　第 11 章の構成

```
情報生産の概念
  ├→ 情報生産への契約インセンティブ
  └→ 情報生産への市場インセンティブ
        → フル・ディスクロージャーに対する証券市場の反応
        → 市場の失敗—規制の役割?
              ├→ 外部性とただ乗り
              ├→ 逆選択
              ├→ モラル・ハザード
              └→ 意見の一致の欠如
                  → 規制すべき情報はどれだけか?
```

11.1　概要

　ここで,第 1 章で紹介してあった基準設定の役割に戻ろう。そこでは,基準設定機関が投資家と経営者の利害対立における仲裁者であると考えられていた。財務会計理論の基本的な問題とは,この仲裁をどのようにして行うか

という問題である。つまり，会計情報の財務報告における役割と効率的契約に資する役割をどのように調整するのか，ひいては社会的に「適切な」情報量をどのように決定するのかという問題である。ここで適切な量とは，情報によって得られる社会的な限界便益と限界コストが等しくなるような量である[1]。

この仲裁に必ずしも規制が必要であるとはいえない点に注意しておこう。必要とされる仲裁の多くは，市場の力によって達成されうるからである。ただし，市場の力だけでは適切な情報生産を促すことが不可能であるという議論も数多い。本章での目的は，こういった議論を再検討し，評価することにある。

基準設定は，会計専門家にとって意欲をそそられる課題である。企業の情報生産はさまざまな面で規制されており，そういった規制の多くは会計基準設定機関自身が GAAP の形式をとって設定している。さらに，会計基準が公表されるごとに，その規制の数は常に増え続けていることになる。

周知のように，最近では多くの産業において規制が緩和されつつある。大幅に規制緩和された業種としては，たとえば航空，運輸，金融，通信，発電などが挙げられる。もし「情報産業」が規制緩和されたら，どのようなことが起こるだろうか？ 競争やイノベーションがたくさん生み出されるのだろうか，それともカオスに陥ってしまうのだろうか？ 今のところ，こういった質問に対する答えは知られていない。しかし，基準設定に対する賛否両論についての議論を検討することによって，そこに内包されたトレードオフを知るとともに，社会において情報が重要な役割を担っていることを理解できるだろう。図 11.1 は，本章の構成をまとめたものである。

---

[1] これは，純粋に経済学的な定義である。この定義が，情報の総生産量という観点からなされていることに注意しよう。情報生産による便益とコストが，社会のすべての構成員について総計されているのである。経済学者がこのように社会的に適切な情報量を定義する理由は，経済における最大限可能な情報の「パイ (pie)」を達成しようとしているからである（限界総便益と限界総コストが等しいときにそうなる）。一方で，経済学者は総情報の投資家間での分配についても関心を持っているが，このパイをどのように切り分ければ良いのかについては，自分たちに比較優位がないと思っているだろう。たとえば，総情報生産量を一定として，2 通りのシナリオを考えてみよう。一方は，情報生産から得られる便益の 80%が，投資家のうち豊かな上位 10%に帰属するというシナリオであり，もう一方は便益が投資家に分け隔てなく等しく分配されるというシナリオである。ほとんどの人は，この 2 つのシナリオを同じものとは感じないだろう。そのため，分配の問題については，ただちに倫理的・政治的な議論となってしまう，つまり，厳密な意味で経済学的ではなくなってしまうのである。

この章では，基本的に情報の総生産量について考えることにする。第 12 章では，経営者と投資家の間で公平に情報を分配する際に，会計基準設定機関が果たす役割について考察する。

11.2　経済活動に対する規制

　現在，経済活動に対する規制が数多く存在している。配電会社や地方電話会社，運送会社などの独占企業に対する規制はよく知られている。そこでの規制は，典型的には料率規制，投資利益率規制，あるいはその両方の形式を取っている。市民の安全もしばしば規制の対象になっている。たとえば，エレベーター点検を定める法律，自動車タイヤの構造についての基準，防火についての規制などである。情報伝達も，多くの国において，当然のように規制をするべき分野だとみなされているようである。

　金融機関や証券市場に影響を与える規制も存在している。その主たる理由は，情報劣位にある個人を保護するためである。このことは，情報生産に対する規制の背景に，情報の非対称性があるという事実を示している。もし情報の非対称性が存在しなければ，つまり経営者の行動やインサイダー情報がすべての人にとって自由に観察できるのであれば，情報劣位を理由として個人を保護する必要などないだろう。

　このため，情報の非対称性は，情報劣位者を保護する規制を正当化するためにしばしば用いられてきた。インサイダー取引規定，株主総会参考書類での役員報酬の開示，企業とアナリストとの遠隔会議に対する一般からのアクセス，目論見書での十分な開示を求める規制などが，その例である。これらの規制は，一般投資家を保護することに加えて，資本市場の公平性について国民の信頼を高めることにより，その運営を改善することも意図している。

　会計実務もまた，情報の非対称性からの保護を意図する規制に強く影響を受けている。会計と監査の重要な役割は，目的適合性と信頼性のある情報を報告することにより，企業内部の人間と一般投資家やその他の利用者との間の情報の非対称性を低減することにある。しかしながら，この役割は会計専門家と監査人に対して信頼性と力量を求める。そのため，会計専門職に対しては，参入の管理と水準の維持を規制するための法律が存在している。他にも多くの規制が会計専門家をとりまいている。年次報告書に対する最低限の開示要求が会社法によって設定されている。政府の統計機関と税務当局は財務情報を要求している。OSC や SEC といった準政府機関は，公開企業に対してさまざまな情報開示を要求している。証券取引所といった民間団体も，その取引所に上場している企業に対して，定期的な開示を要求している。最後

に，AcSB や FASB といったその他の民間団体が会計基準や監査基準を設定している。

このように，会計は経済活動の中でも規制の多い分野であることがわかる。政府はこの規制に直接関わっており，法律を介して会計専門家の組織を作った上で一般実務に対する正当性を与えたり，また年次報告書と目論見書に最低限の開示要求をしたりしている。他方，たとえば「経営者による分析と検討」や株主総会参考書類といったような証券委員会独自の基準を通じて，政府は間接的にも影響を与えている。さらに会計専門家自身が，会計基準や監査基準を作成・監視することによって自己規制を行っている。以降では，**中央当局**(central authority) という用語をこういった規制機関を指すものとして使うことにする。

本章でのおもな関心は，最低限の開示要求，一般に認められた会計原則および監査基準，公開会社に対する監査の要求についての規制にある。ここでは，**基準設定**(standard setting) という用語をこれらのさまざまな規定や規制の設定を示すものとして使う。基準設定には，企業の外部への情報生産意思決定に対する規制も含まれている点に注意しよう。これらの基準が直接的な規制であるか，間接的な規制であるか，ここでは重要でない。AcSB 基準や FASB 基準といった間接的なケースでは，基準設定を行う当局が政府に認可されている。重要なのは，企業が自分自身についての情報を生産する量やタイミングの管理について完全には自由を与えられていないことである。むしろ，何かしらの中央当局によって設定された，いわゆる基準という名の多くの規制のもとでそれを行わなければならないのである。

> **基準設定**とは，外部への情報生産についての企業の意思決定に対する，何らかの中央当局による規制である。

情報生産の問題について考察するに当たり，経営者が持っている情報を2つのタイプに分けるとわかりやすい。最初のタイプは，**機密情報**(proprietary information) と呼ばれている。これは，もし発信されると，企業の将来キャッ

---

[2] 機密情報と非機密情報の境界線は，いくぶん曖昧である。たとえば，セクション 8.3 での Darrough and Stoughton (1990) の議論にあったように，(財務予測といった) 非機密情報のように思われる情報を発信することで，その産業へ参入を呼び込んでしまうような場合，将来キャッシュ・フローに影響が出てしまう。それでもなお，この区別は有用である。機密情報と非機密情報との相互関係についてのさらなる議論については，Dye (1986) を参照せよ。

シュ・フローに直接影響を与えるような情報である[2]。たとえば，価値のある特許権についての技術的な情報，株式公開買付や合併といったような戦略的イニシアチブの計画などである。機密情報を発信した際には，経営者や企業の負担するコストが非常に高くなる可能性がある。

2番目のタイプは，**非機密情報**(non-proprietary information)と呼ばれている。これは，企業のキャッシュ・フローに直接影響を与えないような情報である。たとえば，財務諸表情報，利益予測，新規資金調達計画の詳細などである。監査もまたこの非機密情報の一部である。

11.3 情報生産への私的インセンティブ

11.3.1 情報生産を特徴づける方法

情報「生産」という言葉は，おそらく耳慣れないものだろう。しかし，このような言葉を使う理由が2つある。第1に，情報というものを，生産や売却のできるような商品として捉えたいからである。こうすることによって，情報生産にともなうコストと便益を切り分けて考察することが自然になる。

第2に，情報生産はさまざまな方法で達成されうるが，それに対して統一的な捉え方をしたいからである。情報は複雑な商品である。情報の生産量というとき，それはいったい何を意味しているのだろうか？この問いに対しては，いくつかの答え方がある。

まず，**詳細情報**(finer information)を思いつくことができる。気温を度数で教えてくれる温度計は，たんに気温がプラスかマイナスかだけを教えてくれる温度計よりも詳細な情報システムである。なぜなら，最初の温度計が伝える情報には，2番目の温度計が伝える情報が含まれているからである。そのため，気温についてより詳細な解釈が可能となる。会計の文脈でいうと，より詳細な報告システムとは，現在のような取得原価主義会計で作成される財務諸表に対して，さらに詳細な記述を加えたものということになる。たとえば，注記開示の拡充，財務諸表の項目追加やセグメント報告などである。第3章で議論された意思決定理論の観点からすると，より詳細な情報の生産によって，どのような自然状態が実現するのかについての識別能力が高められる。先の例でいうと，検討するべき自然状態が気温であるような意思決定問題においては，気温がプラスかマイナスかだけを教えてくれる温度計よりも，度

数で気温を教えてくれる温度計の方が異なる温度状態についてうまく識別することができる。第5章で議論された，意思決定有用性についての情報パースペクティブにおいても，より詳細な情報の生産が示唆されていると考えられる。なぜなら，情報パースペクティブは「経営者による分析と検討」や注記を使って財務諸表の詳細を適切に開示することを勧めているからである。

次に，**追加情報**(additional information) を思いつくことができる。たとえば，上述の温度計に気圧計を加えるといったことである。会計の文脈でいう追加的な情報とは，取得原価主義会計ではカバーされないような事項について報告するような，新しい情報システムを導入することを意味する。たとえば，財務報告に価値変化の影響を導入する公正価値会計，将来の企業活動にまで報告対象を拡大するような「経営者による分析と検討」での将来指向財務情報である。意思決定理論の観点からすると，追加的な情報とは，企業の業績に影響を与える自然状態集合の拡大を意味する。このように，温度計と気圧計によって気温だけでなく大気圧も報告されることになる。実際，追加的な情報は報告の目的適合性をより高めることができる。第6章で議論された意思決定有用性についての測定パースペクティブは，価値関連情報を追加生産する方向への動きであると考えることができる。

最後に，**信頼性**(credibility) の観点を思いつくことができる。信頼性の本質は，真実開示するインセンティブを情報の発信者が持っているということを，受信者が知っている点にある。先の温度計の例でいうと，商売を続けるためには温度計の製造者が正確な製品を生産しなければならないことを，購入者が知っている点となる。それにより，購入者は温度計の気温表示が信頼できると思うのである。会計の文脈でいうと，「ビッグ4」の監査の方が「非ビッグ4」の監査よりも信頼できるといわれることがある[3]。なぜなら，大きな監査法人の方が評判や「豊富な資金（deep pockets）」など失うものも大きいので，高い監査水準を維持するだろうからである。また，誤った情報を発信した経営者に対するペナルティが大きければ大きいほど，投資家は経営者の開示により大きな信頼を寄せるはずである。

本章では，これらの異なる情報生産方法を必ずしも区別せず，それらについてすべて大雑把に**情報生産**(information production) と呼ぶことにする。た

---

[3] たとえば，DeAngelo (1981) を参照せよ。

だし，より多くの情報を生産するにはより高いコストがかかるので，情報生産が企業に負担をかける点にも注意しよう。

11.3.2 契約による情報生産インセンティブ

私的に情報生産を行うインセンティブは，企業が締結している契約から生じている。第8章で見たように，契約の遵守を監視するためには情報が必要である。たとえば，経営者の努力が観察不可能である場合，企業の経営業績にもとづいたインセンティブ契約を設定することになる。そこで，業績指標を提供するような収益性についての情報が必要になる。また，報告利益に対して監査が行われることで信頼性が付与される。その結果，企業の所有者と経営者は，当期の経営業績を正確にあらわす指標として報告利益を進んで受け入れることになる。

同様に，企業が社債を発行する際，契約に制限条項を盛り込むことが通例となっている。そして，この制限条項がさまざまな比率にもとづいているため，それについての情報が必要となる。その情報を用いることで，社債の発行期間にわたり，企業が制限条項を遵守しているかどうかを監視できるようになるのである。さらにまた，監査をとおして，これらの情報には信頼性が付与される。

契約により私的に情報生産が行われる他の例として，非公開企業が公開される際のケースがある。これは，Jensen and Meckling (1976) によってモデル化されている。公開しようとする企業の所有者兼経営者は，その持分のすべてあるいは一部を売却してしまうと，サボることをより選択する動機を持つ。IPO以前では，この問題が内部化されていたことに注意しよう。つまり，所有者兼経営者はすべてのコストを負担していた。サボることによるコストは，結果的に収益が減少することとして現れる。しかし，株式の新規発行をしてしまえば，所有者兼経営者はすべてのコストを負担しなくてもよくなる。つまり，新しい所有者が持分に応じてそのコストを負担することになる。そのため，公開後にサボったとしても，所有者兼経営者が負担するコストはこれまでより小さくなるので，よりサボろうとするようになるのである。これは，企業の新しい所有者にとってのエージェンシー・コストである。

しかしながら，投資家はこのような動機に気付いているので，期待エージェンシー・コストの分だけ新規公開株に対する値付けを下げようとする。その

ため，実質的に企業の資本コストが上昇することになる。したがって，所有者兼経営者は，自分がサボるのを制限するような契約を締結することで，発行価格を上昇させるインセンティブを持つ。たとえば，所有者兼経営者と新しい投資家との間で，所有者兼経営者が達成することを動機づけられるような予想を盛り込んだ契約を締結するかもしれない（これは追加的な情報生産として認識されるだろう）。あるいは，契約によって財務諸表の詳細を数多く明らかにさせておくことで，所有者兼経営者の特権のために使われたコストを隠しにくくしておくかもしれない。また，情報生産の信頼性を増加させるために，契約によって監査を要求するかもしれない。これらのすべてのケースにおいて，所有者兼経営者は，公開後も引き続きまじめに経営を行うことを投資家に納得してもらうために，契約によって情報を生産することを約束していることになる。これによってようやく，投資家は企業の持分に対してより多くの金額を支払おうとするのである。

　ここでのキーポイントは，これらすべての契約シナリオにおいて，企業が情報生産に対して私的なインセンティブを持っていることである。つまり，中央当局が情報生産を強制する必要がない。さらに，契約のもとで生産される情報のタイプや量が契約当事者全員によって交渉・妥結されているので，定義上，適切な情報量が生産されている。つまり，情報生産の意思決定が契約当事者間で内部化されている。そのため，生産される情報が多すぎるとか少なすぎるといった問題は発生しない。もし契約で情報の生産を求めなければ，契約はより不完全になる。つまり，契約を遵守させることがむずかしくなる，あるいは不可能になる。

　原理的に，契約による情報生産への動機は，どのような契約当事者にまでも拡大することができる。たとえば，企業の経営者と投資家の関係について考えてみよう。第3章の投資家の意思決定問題で検討したように，合理的投資家は投資の期待リターンとリスクについての情報を欲しがっている。経営者と個々の投資家は，企業の将来キャッシュ・フローや財務状態などについて，それぞれが望ましいと思う情報量で契約することができるだろう。この契約は，投資家が情報に対して対価を支払う，あるいは多くの場合，経営者が自社株の需要を引き上げるためにタダで情報を提供するという規定になると考えられる。企業情報について，一般に投資家によって欲する量が異なっていることに注意しよう。たとえば，財務分析に精通した投資家は，投資に

対する将来キャッシュ・フローとリターンの推定値を作成するため，非常に詳細な将来の事業予測を求めるかもしれない。また別の投資家は，たんに企業の配当政策についての情報を欲するかもしれない。非常にリスク回避的な投資家は，相応のコストをかけた非常に信頼性のある監査を求めるかもしれない。その一方で，もっとも安上がりな監査を好む投資家も存在するだろう。あるいは，投資ポートフォリオを十分に分散させているために，まったく情報を求めない投資家もいるかもしれない。その代わり，彼らは市場の効率性による価格保護を当てにしているだろう。

　情報生産についての直接契約は，原理的には素晴らしいのだが，残念ながら実際には必ずしもうまくいかないだろう。その理由は，前パラグラフから明らかである。多くのケースにおいて，単純にあまりにも契約当事者が多すぎて実行不可能なのである。企業経営者がすべての潜在的投資家と情報生産についての契約交渉をしようとすると，交渉コストだけで莫大になるだろう。加えて，投資家によって異なる情報を求めるので，企業の情報生産コストもまた莫大になるだろう。もしその代わりに，経営者がすべての投資家と1本の契約を交渉しようとするなら，投資家はどのような情報を求めるのかについて意見を一致させなければならなくなるだろう。そもそも，異なる投資家が異なる情報ニーズを持っていることを前提にすれば，このプロセスはもし可能であったにせよ，極度に時間とコストがかかる。それゆえ，この契約アプローチは，契約当事者が少ないときにだけ実行可能であるように思われる。セクション8.4.2で学んだ，所有者と経営者のインセンティブ契約では，登場人物が2人であった。セクション8.7での長期貸付契約の例も，1人の経営者と1人の貸手で構成されていた。

　たとえ契約当事者が情報生産について合意に達したとしても，他の問題が生じる。その合意が（協力ゲームでのように）強制できなければ，契約当事者は契約に違反して短期的な便益を得ようという誘惑に駆られるだろう。たとえば，経営者報酬契約が年度末の監査を規定していると想定しよう。経営者は，このことを知っているので，その年度は勤勉に働く。そこで経営者の努力はすでに引き出されたので，プリンシパルは監査をとりやめることで，監査コストを節約し便益を得ることができるだろう。しかし，今年度に監査をとりやめることで，経営者が来年度にも勤勉に働くようなインセンティブを低減させることにはなる。

確かに契約によって私的な情報生産は促されるものの，社会的な情報ニーズを満たすほどには当てにできないように思われる。したがって，ここで企業の情報生産に対する第2の私的インセンティブに目を向けるとしよう。それは，**市場によるインセンティブ**(market-based incentives) と呼ばれるものである。

11.3.3　市場による情報生産インセンティブ

経営者に自社についての情報生産を促す私的なインセンティブは，市場の力からももたらされる。市場にもいくつかある。

経営者市場では，絶えず経営者の業績が評価されている。その結果，誤った，不完全な，あるいはバイアスのかかった情報を発信する経営者は，自身の評判に傷が付くことになる。評判についての動機があるからといって完全にインセンティブ契約が不要となるわけではないが，セクション9.2で議論されたように，必要となるインセンティブは抑えられる。例8.3でいうと，経営者が利益の32.6%を分け前として受け取っていた場合，評判についての動機を考慮に入れると，それがたとえば20%の分け前で十分になるという具合である[4]。したがって，(リスク回避的な) 経営者に課すリスクが少なくなるので，経営者が企業価値に影響を与えるような情報発信を避けるという傾向は緩和される。このため，経営者市場は情報生産に対して重要なインセンティブを提供していることになる。

同様のインセンティブは，資本市場からももたらされる。経営者は，評判や契約を考慮するため，企業価値を高めるように動機づけられている。これにより，市場に対して情報発信するインセンティブが形成される。なぜなら，多くの情報を発信することで，逆選択や推定リスク（セクション4.5および6.2.3を参照せよ）についての不安が抑えられ，企業に対する投資家の信頼が高まるからである。その結果，他の条件が同じなら，企業が発行している証券の市場価格が上昇する，あるいは同じことだが，資本コストが下がることになる。このことは，企業の収益性や価値の上昇という形で現れることになり，ひいては経営者自身の市場価値も上昇する。

経営者を規律づける市場としては，他に会社支配権市場とも呼ばれる企業買収市場がある。もし経営者が企業価値を増加させていなければ，企業は株

---

[4]契約によって，たとえば固定給などを用いることで，経営者の留保効用を満たしておく必要がある。

式公開買付にさらされることになるかもしれない。それが成功した場合，経営者はしばしば交代させられる。株主の不満が大きいほど，そういった株式公開買付が成功する可能性も高くなる。したがって，企業買収市場もまた経営者に対して市場価値を増加させるように動機づける。このことは，経営者市場や資本市場と同様に，情報生産についてのインセンティブを経営者に与えることを示唆している。

　企業の市場価値と情報発信との関係については，たとえばMerton (1987)やDiamond and Verrecchia (1991)がモデルを定式化している。Merton (1987)は，一部の投資家だけが各企業の情報を持っているという形式で，情報の非対称性をモデル化している。その結果，投資家は十分に投資を分散させることができなくなる。つまり，相対的に少ない投資家でリスクを分け合うことになるので，企業の資本コストがCAPM（セクション4.5）によって与えられるよりも高くなる。もし企業が，自発的な情報発信などによって，こういった投資家を増加させることができるなら，他の条件が同じであれば，企業の資本コストは下がり，市場価値は上がるだろう。Diamond and Verrecchia (1991)のモデルでは，自発的開示によって企業と市場の情報の非対称性が減少し，株式取引が促進されることになっている。結果的に生まれる**市場の流動性**(market liquidity)の増大により，大きな売却取引をしても価格が影響を受けないようになるので，大手機関投資家が引きつけられることになる[5]。こうして，企業の株式需要が増えるので，企業の株価は上昇することになる[6]。

　より最近では，Easley and O'Hara (2004)が内部情報と外部情報という2種類の情報を用いたモデルを提示している。彼らは，投資家がより高い期待リ

---

[5]市場の流動性という用語によって，投資家が相応のコストを払うことにより，現在の市場価格で直ちに大量の証券売買ができるということを表現している。流動性は，**市場の厚み**(depth)とビッド・アスク・スプレッド(bid-ask spread)から成り立っている。前者は，あらゆる価格における，投資家が進んで売買しようとしている株式数のことである。後者は，株の購入希望価格と売却希望価格が一致していないときのその差額である。情報の非対称性は，このスプレッドに影響する要因の1つである。レモンを警戒する投資家が増えれば増えるほど，この非対称性も大きくなる。つまり，市場はこのスプレッドを大きくすることによって，非対称性から自分自身を保護しているのである。情報の非対称性はまた，投資家を市場から撤退させることで厚みを低減させている。

[6]資本コストに対するこれらの影響のために，市場は発信された情報に信頼性があると考えるはずである。信頼性を達成する道具立てとしては，訴訟，監査，証券取引所上場，あるいは外国での上場がある。より質の高い監査人を雇うことで，より多くの情報発信を行う意志があることを示唆できる。あるいはまた，企業により厳しい情報基準を課している取引所，場合によっては外国の取引所に上場することで，より高いレベルの情報生産を行うことができるかもしれない。たとえば，Lang, Lins and Miller (2003)は，アメリカに上場しているアメリカ以外の国の企業サンプルについて，資本コストが低くなっていることを報告している。このような重複上場によって企業は，開示拡充を行っているのである。

ターン（つまり，CAPMより高いリターン）を求めるほど，外部に出てくる内部情報の割合が大きくなることを示した。その理由は，内部者が情報優位のために外部者よりもより良い投資意思決定をできることにある。外部投資家はこのことを知っているが，ノイズ取引が存在するために，株価からこの内部情報がどのようなものであるかを十分に推察することができない。そのため，外部者は追加的な推定リスクに直面することになるが，株式を買い増すことは単純に自分の情報劣位を増幅させるだけなので，このリスクを十分に分散できない。したがって，それを埋め合わせるために，より高い期待リターンを求めるのである。外部情報に比べて内部情報が多ければ多いほど，この影響は強くなる。よって，企業は信頼性をもって内部情報を発信することにより，資本コストを下げ，市場価値を上げることができるのである。

このように，効率的証券市場とともに労働市場と会社支配権市場は，契約とは別に，私的な情報生産を促す重要な要因になっている。すべてのケースにおいて，動機を与えるのは市場価格である。なぜなら，証券価格と労働市場における経営者の市場価値は，企業における情報生産についての意思決定の質に影響されるからである。

11.3.4 フル・ディスクロージャーに対する証券市場の反応

セクション11.3.3の理論は，証券市場が開示の拡充に対して肯定的に反応すると予測している。このセクションでは，この予測についての実証研究をいくつか再検討する。Lang and Lundholm (1996) は，Merton (1987) のモデルをテストした。彼らは，1985年から1989年までの大規模な企業サンプルについて，四半期報告書や年次報告書，IR資料に対するアナリストの評価にもとづいて作成された開示品質の格付指標を用いた。その結果，他の条件が同じなら，開示品質についてアナリストからの評価が高ければ高いほど，その企業をフォローしているアナリストの人数も多いことが明らかとなった。この結果は当然の帰結ではない。なぜなら，企業がより良い情報生産をしているなら，アナリストがそれを投資家に講釈する必要性が減少しているとも考えられるからである。それに対して，フォローするアナリストが増えるというこの調査結果は，取り扱う情報が増えると彼らも良い仕事ができるようになることを示唆している。つまり，フォローするアナリストが増えることで，投資家の関心も増加するのである。そのため，Merton (1987) のモデルは，そ

ういった企業の株式需要が増加している．また同様に，資本コストが低下していることを予測している．

Healy, Hutton and Palepu (1999) は，Diamond and Verrecchia (1991) のモデルについてテストをした．彼らは，上記の Lang and Lundholm (1996) と同じアナリストの開示品質の格付指標を用いている．そして，開示の格付が改善した企業は，同じ産業内の他社と比較して，その次年度に株価の値動きも有意に改善されるという結果を示した．また，機関所有も有意に増えることを明らかにした．これらはともに，Diamond and Verrecchia (1991) によって予測されていた結果である．

Welker (1995) は，市場の流動性指標（脚注 5 を参照せよ）の 1 つであるビッド・アスク・スプレッドに対して開示品質が与える影響を調べた．彼は，より良い開示方針を採用している企業のスプレッドは，より小さくなっているはずだと予測した．なぜなら，より良い開示方針によって，インサイダー取引や他の逆選択問題について投資家の不安が緩和されていると考えられるからである．そして，取引量などスプレッドに影響を与えている他の要素を調整してみたところ，（アナリストによる格付を用いた）開示品質とビッド・アスク・スプレッドの間に有意な負の相関があることを発見した[7]．この結果もまた，Diamond and Verrecchia (1991) のモデルと整合的である．

Botosan and Plumlee (2002) は，開示品質と資本コストに対する直接テストの結果を報告した．それによると，さまざまな産業に属するアメリカ企業の 1985 年から 1996 年にかけてのサンプルについて，他の条件が同じなら，優れた年次報告書の開示をすることによって資本コストが平均 0.7%低下することが明らかとなった[8]．Botosan and Plumlee (2002) の開示品質評価は，投資専門家と投資教育者で構成される大規模な国際的 NPO であるアメリカ投資管理調査協会 (Association for Investment Management and Research: AIMR) が

---

[7]Lee, Mucklow and Ready (1993) は，取引高が異常に高くなっているとき，株のスプレッドが大きくなっていることを発見した．この結果は，特別な情報を手にしているインサイダーあるいはその他のトレーダーによる取引が加わっているために，取引高がこのように高くなっているのだと市場が解釈していることを示している．それがどのような情報なのかわからないので，市場は株式リターンが将来どうなるかを測りかねてしまい，身を守るためにスプレッドを大きくするのである．

[8]彼らは，また資本コストと四半期報告といった（年次報告書に比べてという意味で）よりタイムリーな開示の質に正の相関があることも発見した．よりタイムリーな情報という点で優れた開示によって，サンプルの資本コストが上昇するというのは期待に反した結果であるように思われる．これに対する彼らの説明は，優れたタイムリーな情報は短期的一時的な投資家を引き付けるため，彼らの取引によって株価ボラティリティが増大するというものであった．CAPM にしたがえば，ボラティリティが増大することによって株式ベータが上昇し，その結果，資本コストが上昇することになる．

発行している企業の開示格付けにもとづいている。

Sengupta (1998) は、借入コストに対する開示品質の影響を調べた。すると、1987年から1991年にかけてのサンプルについて、アナリストが格付けをした開示品質指標が1%上昇するごとに、利子コストが平均して0.02%低下していることが明らかになった。また、企業のリスクを株式リターンの標準偏差で測定した場合、リスクの高い企業ほどこの調査結果が強く当てはまることが明らかとなった。このような好ましい影響が現れる理由として、優れた開示方針を採用している企業に対して、貸し手が信用リスクを低めに設定しているからだとしている。

フル・ディスクロージャーをしていない企業に対する市場反応もまた注目に値する。投資家が企業の財務報告に対して信用をなくすとき、厳しい結果をともなうことがある。Dechow, Sloan and Sweeney (1996) は、GAAP違反の容疑でSECから調査を受けた企業についての研究の中で、調査決定が発表された当日にその企業の株価が平均9%下落していると報告した。セクション1.2で概説したエンロンやワールドコムの破綻は、質の悪い開示の結末を示す劇的な例となっている。投資家からの信頼を失うことは、資本コストが実質的に無限大まで上昇するくらい深刻なことなのである。

上記の結果は総じて、高品質の開示を行っている企業は、借入コストや自己資本のコストを低下させていることを示している。逆に、質の悪い開示によってコストは上昇する。このことは、市場の力が情報生産を促すという理論を支持している。

11.3.5 その他の情報生産インセンティブ

開示原理

経営者は良いも悪いもすべての情報を発信するはずだという単純な議論がある。これは、**開示原理**(disclosure principle) として知られている[9]。投資家は、経営者が何らかの情報を持っていることを知っているが、その内容までは知らないとしよう。そのとき、投資家は、もし情報が好ましいものなら、経営者はその情報を発信するだろうと思うはずである。そのため、もし経営者が情報を発信しない様子を投資家が観察すると、投資家は最悪の事態を想定し、その企業株式の市場価値に対する値付けを下げるだろう。たとえば、経営

---

[9] この開示原理については、Grossman (1981) と Milgrom (1981) に依拠している。

者が次年度の利益予想を立てていることを投資家が知っているとしよう。もし経営者がその情報を発信しなければ，市場は考えられる限り最低レベルの予想を経営者がしていると解釈するだろう。よって，経営者は利益予想を公表した方が良いということになる。

この議論は，自社の株価を下げさせないようなインセンティブが経営者に働いていることでさらに強められる。株価の下落は，評判の下落や，あるいは経営者市場における自身の価値の低下をとおして，経営者に損害をもたらす。もし情報が何も発信されないと市場は最悪の事態を予想するので，信頼性のある情報を何かしら発信することで，何も発信しないときほどには株価や経営者の市場価値の低下を食い止めることができるだろう。

多くの状況において，この開示原理が働いているのは明らかである。しかし，Dye (1985) が議論しているように，それがいつも働いているというわけではない。経営者が情報を持っていることを投資家が知っているという条件に注意しよう。もし投資家がそのことを知らないなら，議論はそこで行きづまることになる。たとえば，これまで利益予想を作成していなかった企業について，その企業が今年度に利益予想を作成するかどうか市場は確信を持てないだろう。

開示原理が失敗する 2 番目の理由は，開示コストから導かれる。これは，Verrecchia (1983) によって検討されている。Verrecchia (1983) は，経営者がいつも十分な開示をしているわけではないという実証結果と開示原理とを結び付けようとした。たとえば，経営者がバッド・ニュースの発表を遅らせることなどが知られている。Verrecchia (1983) は，もし開示されるならそれは真実であり，またその開示にはコストがかかると仮定した。そのコストは，ニュースの性格に関わりなく一定であるとも仮定されている。実際には，重要な特許権についての情報を発信すると，とてつもないコストが発生するだろう。投資家は，経営者が情報を持っていることを知っており，その開示コストも知っている。しかし，そのニュースがどんなものであるかは知らない。そのため，その情報が公表されないとき，投資家にはその情報がバッド・ニュースだから公表されないのか，それともグッド・ニュースであるにもかかわらず開示コストを上まわるほどではないから公表されないのかが分からないのである。こうなると，開示原理は機能しない。

もしニュースを悪いものから良いものまで連続的に並べるとすると，ある

開示コストのもとで，開示の有無をわける閾値があることを Verrecchia (1983) は示した。開示コストが小さくなればなるほど，この閾値も低くなる。そして，開示コストがゼロになると，開示原理は復活する。ただし，この条件は非機密情報にしか当てはまらないだろう。

Verrecchia (1983) は，開示原理と整合するように，経営者が情報を持っていることを市場が知っていると仮定している。しかし，実際には市場はこれについて確信を持っていないと思われる。たとえば，すでに述べたように，企業は予想を作成してるかもしれないし，していないかもしれない。そのため，投資家は，企業が考えうる最低の予想をしているので開示しないのだと，決めつけることができない。この仮定は，開示原理が非機密情報については地位を回復できるという結論の一般性に限定をつけていることになる。

こういった検討材料は，Penno (1997) によってモデル化されている。そこでは，経営者の持っている非機密情報にはノイズが混じっていると仮定されている。また，情報の質としてそのノイズ項の分散を用いている。さらに市場は，経営者が情報を（持っていることを確実に知っているのではなく）持っている確率だけを知っており，この確率は情報の質と反比例する（つまり，より質の高い情報はより取得するのがむずかしい）とも仮定している。Penno (1997) は，Verrecchia (1983) と同様に，経営者が開示しないような予想利益の大きさに閾値があることを示した。また，そのモデルでは，経営者の持っている情報の質が高くなるにつれて，開示の可能性が減少していた。

実務における理論 11.1

この効果は，カナダの大きな衣料品店であるマークズ・ワーク・ウェアハウス（Mark's Work Wearhouse, Ltd.）のケースに見ることができる。長年，マークズは質の高い次年度利益予想を「経営者による分析と検討」において行ってきた。このような予想は，将来キャッシュ・フローに対して影響を直接与えることがないので，非機密情報と考えることができる。しかしながら，損失が予想された 1992 年度については予想を公表しなかった。その理由はおそらく，マークズがバッド・ニュース（利益予想）を公表すると，その質の高さゆえに投資家の将来見込みに対する認識に強い影響を与えていたはずだからと考えられる。実際，情報の質がよく

> なるにしたがって開示される可能性も小さくなる。なにゆえ企業がわざ
> わざ将来のトラブルについて質の高い予想を公表しなければならないの
> だろうか？結局，グッド・ニュースだけが質の高い開示をされることに
> なるだろう。

　たとえ非機密情報であっても開示原理は失敗することが多い，と結論できるだろう。
　開示原理のもとで発信された情報は，信頼性が付与されていなければならない。つまり，経営者が真実な情報を知らせるインセンティブを持っていることを，市場は知っていなければならない。経営者が次年度利益予想について嘘をついている場合，それが情報開示になっていないことは明らかである。予想のように事象が起こってから検証にさらされる情報は，意図的な虚偽表示に対して適用される処罰の大きさによって，信頼性が変化するだろう。信頼性を確保する方法としては他に，発信された情報を監査人といった第3者に立証してもらうというものがある。しかし，インサイダー情報の多くは事実が起こった後でさえ検証不可能なので，つまり監査もできないので，真実開示がいつも行われるとは限らない。
　真実開示の必要性は，Newman and Sansing (1993) によっていくぶん緩和された。彼らは，ある産業に属する企業，株主の代表者，その産業に参入を考えている企業から構成される2期間モデルを分析した。企業の経営者は，企業価値について正確に知っており，また株主の利益最大化のために行動すると仮定されている。もし参入の可能性がなければ，企業価値を公に開示することによって株主の利益が最大化されるだろう。なぜなら，それによって株主は，2期間の消費と投資について最適な計画を立てることができるからである。しかし，この開示自体が参入の引き金になり，参入されてしまうと，利益と価値が損なわれてしまう。企業はどのように報告するべきなのだろうか？
　その答えは，その産業に参入を決めた企業が負担するコストの大きさ，および参入された結果，既存企業が失う利益の大きさによって変わってくる。たとえば，参入コストが大きく，また参入されることによって失われる利益が十分大きければ，既存企業は自分の価値についての不明確な情報を開示するかもしれない。つまり，正確な開示の代わりに，自分の価値に幅をつけて開示するのである。もし正確に価値を報告しても，その開示は信用されない

だろう。なぜなら，既存企業が参入を阻止するインセンティブを持っていることを誰もが知っているからである[10]。

Newman and Sansing (1993) のモデルでの開示は，企業が自分の価値に幅を持たせて伝えてはいるが，嘘はついていないという意味で真実である。しかし，企業が正確に価値を報告していないという意味で，開示原理は機能していない。

最後に，Dye (1985) が示したように，投資家の求める情報と契約目的に必要な情報との対立によって，開示原理は破綻することがある。経営者報酬が，少なくとも部分的には，株価の値動きにもとづいて決定されているという第9章の議論を思い出そう。それに対して，経営者は利益予想を持っていると仮定しよう。市場は，この予想が存在していることは知っていても，その金額については知らない。もしそれが報告されると，予想は株価に影響するだろう。すると，株価が経営者の努力を反映する力は低減することになる。なぜなら，利益予想が株価に与える影響によって，この力が無力化されるからである。実際，利益予想が公表されることによって，経営者の報酬契約の効率性が低下するというエージェンシー・コストが発生する。そのため，たとえ利益予想が投資家に対して有用な情報を提供するとしても，予想の報告をやめさせることが望ましいかもしれない。契約にとってもっとも良い情報が，投資家の意思決定にとってもっとも良い情報であるとは限らないのである。そのため，投資家にとって有用な情報が，契約上の理由のために報告されないことがあるかもしれない。そこで，開示原理は破綻するのである。Dye (1985) のモデルでは，予想の報告が稀である理由に法的責任があるという補足がなされていた。Baiman and Verrecchia (1996) も，資本コストと経営者を動機づけるコストについて，同様のトレードオフを論証している。

要約すれば，開示原理はインサイダー情報の発信について単純で否定するのがむずかしい議論ではあるものの，多くの例で破綻している。それゆえ，開示原理によって，企業が必ず十分な情報を発信するという保証は得られない

---

[10]このタイプのゲームは，チープ・トーク・ゲーム(cheap talk game) と呼ばれている。なぜなら，次で議論するシグナリング・モデルと異なり，開示の直接コストを経営者が負担しないからである。しかしながら，開示についての間接コストは存在する。なぜなら，参入を阻止するために幅を持たせた不明確な情報を報告することで，株主が最適に消費を計画する能力を低減させることになるからである。参入阻止をするという目的と株主に対して正確な報告をするという目的の間で板ばさみになる結果，経営者は不明確な情報を報告することになるのである。このようなゲームは，Crawford and Sobel (1982) によって最初にモデル化された。

のである。

シグナリング

　企業によって質が異なるということは珍しいことではない。たとえば，ある企業は，他の企業よりも良い投資機会に恵まれているかもしれない。あるいは，ある企業は，優れた研究開発を行っており，価値のある特許権を取得する可能性を持っているかもしれない。こういった情報は，投資家にとって非常に重要だと考えられる。しかし，質の高いプロジェクトや技術について詳しく開示することは，重要な機密情報を公表してしまうことに等しい。さらに，たとえ経営者が詳しく開示しても，懐疑的な市場に信じてもらえないかもしれない。どのようにすれば，経営者は過大なコストをかけずに自分の**タイプ**(type)，つまり質の違いを信頼性をもって伝えることができるのだろうか？

　このように異なったタイプの企業を区別するという問題は，これまでシグナリング・モデルを使って広く考察されてきた。

> **シグナル**(signal) とは，ハイ・タイプの経営者によって取られる行動であって，なおかつ，ロー・タイプの経営者が取ると非合理的になるような行動である。

　シグナルとなるための決定的な条件は，ハイ・タイプの経営者がロー・タイプの経営者よりも，コストをかけずにシグナルを送ることができるという条件である。これにより，ロー・タイプがハイ・タイプを模倣することが不合理になるので，シグナルに信頼性を付与することができる。また，市場はこのことを知っている。

　シグナリング均衡を最初にモデルとして定式化したのは Spence (1973) である。そこで対象となったのは労働市場であった。ハイ・タイプの求職者の方がロー・タイプの求職者よりも，一定レベルの教育を受けることにコストがかからないとしよう。すると，求職者の選択した教育レベルがその能力を示すシグナルとなるような均衡が明らかとなった。つまり，雇用者が教育レベルを信頼できるシグナルとして利用できるケースが存在したのである。

　これまで会計に関連するシグナルが数多く示されてきた。そのようなシグナルの 1 つに，**直接開示**(direct disclosure) がある。Hughes (1986) は，この

ような開示がどのようにして信頼できるシグナルになりうるのかを示した。Hughes (1986) のモデルでは，経営者は，期首に直接開示を行うことによって，自分の持つ企業価値の期待値を伝えようとする。投資家は，期末において企業のキャッシュ・フローを観察する。そこで，経営者の開示を所与として，実現したキャッシュ・フローの条件付確率を推察する。たとえば，経営者が期首に高い企業価値を開示していたのに，キャッシュ・フローが非常に低かった場合，投資家は開示が虚偽であった可能性が高いと評価しペナルティを与える。このコストを避けるために，経営者は真実を報告するように動機づけられ，均衡において投資家は経営者の期待企業価値を正しく推測することができるのである。

Hughes (1986) のモデルはモラル・ハザード問題を考慮していない（経営者の期待企業価値と経営者の努力が無関係になっている）ものの，直接開示がどのように逆選択を低減するのかを示している。企業にはさまざまなタイプがあるが，シグナルを送ることによって自らを他社と区別できる。それにより，証券の市場価値に企業のファンダメンタルな価値がより反映されるようになるのである。

開示問題をさらに理解するために，さまざまな**間接シグナル**(indirect signals) がこれまで研究されてきた。Leland and Pyle (1977) は，上場をしようとしている起業家について，自分で持ち続けておく株式の割合がシグナルになっていることを示した。なぜなら，悪いニュースを抱えている経営者にとって，多くの株式を持ち続けるのはコストが高くなりすぎて合理的ではないからである。また監査の質が，新規発行証券の価値についてのシグナルになりうる。経営者が合理的なら，企業がロー・タイプのときに，質の高い（したがって，コストも高い）監査人を雇い続けるようなことはしないだろう。なにゆえ，暗い見通しを誠実に伝えるために高いお金を払う必要があるのだろうか？同様の議論は，新株発行の引受人選択についても行われている。Titman and Trueman (1986) と Datar, Feltham and Hughes (1991) は，監査の質がシグナルになるというモデルを開発している。

予想もシグナルになりうる。たとえば，ハイ・タイプの企業にとって，質の高いグッド・ニュース予想を発信することにはあまりコストがかからない。一方，ロー・タイプの企業は，グッド・ニュース予想を持つ可能性が低いだろうし，質の高い予想をすると投資家の反発を増加させるだけになるだろう。

セクション4.8で議論したように,「経営者による分析と検討」においては,企業の将来見込み(つまり,予想)についての情報が求められている。しかし,そこでは自由度が十分に与えられており,企業が予想の質を使ってシグナルできるようになっている。たとえば,カナディアン・タイヤの予想開示は,要求されている最低限を超えて行われているとセクション4.8.2で結論した。その結果,その開示はシグナルの要素を含んでいることになる。なぜなら,開示そのものに含まれている情報に加えて,企業が進んで質の高い予想を行うという選択をしているからである。そのこと自体が,経営者が将来について自信のある計画性の高い展望を持っているという,インサイダー情報を信頼性をもって伝えているのである。

企業の資本構造もシグナルの性質を持っている。たとえば,企業が新株発行をするとき,既存の普通株の市場価値が下落するという証拠がある。その理由としては,既存株主の持分の希薄化が考えられる。しかし,ロー・タイプの企業だから新株を発行するのではないかという,市場不安の現れであるという説明も可能である。ハイ・タイプの企業であれば,債券の発行や内部での資金調達を行う可能性が高い。なぜなら,そうすることで,企業価値の増加分が既存株主のものになるからである。また,ハイ・タイプの企業は倒産確率を低く(そのため,債権者によって企業が乗っ取られる確率が低いと)見積もっているだろう。

配当政策もまたシグナルとなりうる。高い配当性向は,将来に自信を持っている企業であるというシグナルになるだろう。しかし,高い配当性向は同時に,留保利益からの有利な内部資金調達を生かす計画を企業がほとんど持っていないことを意味している可能性がある。そのため,配当政策は他のシグナルほどには効果的でないかもしれない。

会計方針選択もまたシグナルの特性を持っている。たとえば,ある企業は保守的な会計方針を多く採用しているかもしれない。ハイ・タイプの企業なら,このようなことができ,しかも黒字報告をすることができる。ロー・タイプの企業なら,赤字報告することになってしまうだろう。このため,保守的な会計方針は,企業の将来展望について経営者が自信を持っているというシグナルにもなりうる。

シグナルが活用可能であるためには,経営者が選択の自由を持っていなければならないことに注意しよう。とくにSpence (1973)が示したように,実行

可能なシグナリング均衡が存在するためには，経営者は十分な数のシグナルを利用できる状態になっていなければならない。たとえば，中央当局がすべての企業に対して同じ監査水準を強制すると，監査の質はシグナルとして利用できなくなってしまう。さらに，「経営者による分析と検討」において予想の質を選択する自由度が低くなると，そのシグナル内容は乏しくなってしまうだろう。

　同一の会計実務を強制する基準によって経営者のシグナリング能力が損なわれてしまうというこの議論は，基準設定において重要である。セクション2.5.1では，取得原価主義会計が抱える大きな問題として，費用と収益を対応させる方法が1つに決まらないという点を示していた。また，そのために基準設定機関が，統一性を課すべく介入しなければならないのかもしれないと述べていた。そこでは，報告実務の多様性が「悪」であるということが前提とされていた。とりあえず，それは正しい。報告実務の多様性は，異なる事業体の業績を比較したいと思う投資家にコストをかけることになる。なぜなら，きちんと比較できるようにするためには，共通の基準で財務諸表を書き直す必要があるからである。

　しかしながら，シグナリング理論の観点から上記の前提を考えなおしてみると，多様性が最初に想定していたほど悪いものではないことがわかる。企業による会計方針の選択が，その企業についての信頼できる情報をどれだけシグナルできるかによって，報告実務の多様性も望ましいものとなるからである。この議論は，第10章の利益マネジメントについての議論によっても強化される。そこでは，利益マネジメントの中には，インサイダー情報の伝達手段となりうるような良いものもあるという議論がなされていた。持続的な収益力を伝える利益マネジメントが，シグナルであるという解釈も可能である。なぜなら，ロー・タイプの企業にとって，維持可能な利益よりも高い利益を報告することは（アクルーアルの反転のために）非常にコストがかかる可能性があるからである。GAAPのように豊富な中から会計方針を選択できるようになっていなければ，会計方針選択を用いた利益マネジメントは行うことができない。シグナリング理論は，会計方針選択を排除するこれまでのようなGAAPの改訂に対して反論を提供しているのである。

シグナルとしての財務政策

ここでは，Healy and Palepu (1993) を再検討する。Healy and Palepu (1993) は，効率的市場にインサイダー情報をシグナルするために，経営者は何をするだろうかという問題を扱っている。すでに，企業の市場価値を上昇させようとする経営者が，市場の力によってどのように情報発信を動機づけられるのかについて議論した。しかし，後で明らかになるが，これらの力は程度の差はあるものの市場の失敗にさらされており，またノイズ取引によって株価が歪められることもある。そのため，企業の経営者の中には，自分の持っているインサイダー情報に照らして，資本市場が自社を過小評価していると感じる者がいるかもしれない。そこで問題は，どのようにすれば経営者が本当の企業価値をうまくシグナルできるかという点になる。

Healy and Palepu (1993) は，上記の問題を例証している。パッテン（Patten Corp.）は，大規模な未開発地域を購入し，その土地を区画に分けて売却した[11]。売却の際，パッテンは購入資金について最高で90%までの融資を行った。収益は売上として認識されている。なぜなら，少なくとも購入価格の10%は受領しており，残りの回収についても合理的に確信が得られているからである。ただし，これにより貸倒損失の可能性を抱えることになる。しかし，1986年度の財務諸表において，パッテンは2,940万ドルの売掛金に対してたった1万ドルの貸倒引当金しか設定しなかった。これについて，同社は，過去の経験と現在の低い不履行率によって正当化できると主張した。

1987年，金融メディアで，パッテンの貸倒引当金が異常に低いという懸念が取り上げられた。とくに，過去の不履行率が将来の不履行率に一致していない可能性があるという不安が表明された。パッテンの株価は，これらの懸念が発表されると急落した。投資家は，パッテンの将来業績についての信念を即座に改訂したのである。

Healy and Palepu (1993) は，売掛金の価値が実質的に財務諸表に示されている通りであるというインサイダー情報を市場に納得してもらうために，経営者がどのような反応をすればよかったのかについて提案をいくつかしている。その1つは，信用供与と回収手続きの実態を直接開示し，市場に対して誠実さを伝えるという反応をすることである。この状況での直接開示は信頼

---

[11] さらに詳しい議論については，Healy and Palepu (1993) を参照。パッテンのデータは，ハーバード・ビジネス・スクールのケース（#9-188-027）からのものである。

できるシグナルとなるに違いない。なぜなら，このように重要な時期に事実と反する情報を開示することで，評判を失ったり法的責任を負ったりするという危険を冒すことは，経営者にとって馬鹿げているからである。

しかし，企業の金融政策と回収政策についての詳細は機密情報であることが多く，それを開示することで競争上不利になることがありうる。たとえば，セクション 8.3 で取り上げた Darrough and Stoughton (1990) のモデル，このセクションで取り上げた Newman and Sansing (1993) を思い出そう。したがって，Healy and Palepu (1993) は，経営者の持っている情報を伝達するような，間接シグナルとして利用できる財務政策をいくつか提案している。

そのような政策の1つは，民間金融から資金調達する，あるいはまた売掛金を金融機関に遡及権をつけずに売却することである。セクション 11.3.2 での契約による情報生産インセンティブの議論において，契約当事者が少ないときには，どのような情報を提供するべきか当事者間で合意できることが示されていた。ここでいうと，売掛金の本当の価値についての情報を，市場に伝えるより民間の貸し手に伝える方が，パッテンにとってはコストがかからないことになる。なぜなら，すでに述べたように，市場にその情報を伝えるということは機密情報を一般公開することに等しいからである。市場は民間金融に気がつくと，それが間接シグナルであることを認識し，パッテンの評価を上昇させるだろう。

他の可能性は，パッテンがヘッジ戦略を取ることである。それによって，売掛金に貸倒損失が生じても，ヘッジ手段に生じている利得と相殺されることになるだろう。このような政策は，貸倒損失が多額に上ると予想される場合には非常に高くついてしまう。それゆえに，信頼性のあるシグナルになるはずである。

さらに他のシグナル戦略としては，経営陣がパッテン株式の保有を増やすことが挙げられる。経営陣は追加的なリスクを負うことになるが，これによって経営陣が勤勉に働くインセンティブが高まるとともに，より長期的な視点に立った企業経営が行われることになる。

これらのシグナリング戦略すべてに共通するテーマに注意しよう。つまり，経営者が資産価値についてのインサイダー情報を本当に信じていなければ，これらの戦略に着手することにまったく意味がないことである。このため，シグナルに信頼性が付与されるのである。この点を市場は認識しているので，そ

の結果，パッテンの株価下落は反転するはずである。Healy and Palepu (1993) の論文は，効率的市場に対してインサイダー情報を信頼性をもって伝えられるシグナルを豊富に示し，洞察を加えている。

私的情報の探索

ここまで，インサイダー情報を発信する私的なインセンティブについての研究は，経営者に焦点が当てられていた。そこでは，高いレベルの情報発信が，経営者の評判を改善し，推定リスクを下げ，企業の資本コストを低減するので，経営者にとって便益をもたらすという議論がなされていた。そのため，経営者が情報発信を負担していた。

このような論理は，投資家が受動的であることを暗黙的に想定している。つまり，投資家は，証券需要についての意思決定をする中で，経営者が発信する情報なら何にでも反応するだけの存在であるという想定である。実際，投資家は市場から価格保護を受けている。しかし，活発に情報を探り出そうとしている投資家も多くいるかもしれない。ノイズ・トレーダーや証券市場の非効率性が存在しているときにはとくにそうだろう。たとえば，投資家は自分自身で調査に乗り出したり，企業のファンダメンタル価値を分析したり，あるいはアナリストや投資信託のマネージャーなど自分をサポートする専門家を雇ったりするかもしれない。あるいは，インサイダー情報を持っていると疑われる人物に絶えず注目し，その行動を真似るかもしれない。

このように，投資家あるいはその代理人は，さまざまな方法で**私的情報の探索**(private information search) を行うことができる。例 3.1 のビル・コーシャスは，年次報告書を分析し，ベイズの定理を使って情報処理するという私的情報の探索を行っていた。こういった活動が成功する限りにおいては，インサイダー情報はすぐに公のものになるだろう。企業内部の人間がインサイダー情報に乗じる能力を抑えれば，逆選択問題の深刻さも低減する。

不幸なことに，私的情報の探索は社会的な観点からすると非常にコストがかかる。なぜなら，複数の投資家が同じ情報を発見するためにそれぞれコストをかけるからである。情報を生み出すために用いられる資源の観点からすると，企業がその情報を生産し公表する方が安くつくだろう。それなら，1回ですむからである。

Hirshleifer (1971) の分析は，私的情報の探索の分野における古典である。そ

こでは，交換経済，つまり生産のない経済が考察されていた。そのため，経営者の努力に影響を与えるような情報探索については視野に入れられていない。Hirshleifer (1971) は，たとえ個々の投資家が情報探索に価値を認めていたとしても，その社会的価値はマイナスであることを示した。なぜなら，生産がない経済では，財とサービスの量が固定されているので，私的情報の探索はたんに富を再分配するだけであり，何ら富を創り出さないからである。その結果，情報探索にはコストがかかるので，社会に与える影響はマイナスとなるのである。

もし生産経済について考えるなら，私的情報の探索は市場の運営を改善するかもしれない。その結果，企業の資本コストや経営者努力に影響を与えるかもしれない。しかし，私的情報の探索に再分配の要素が残っている限り，社会にとってコストを負担させることには変わらない。

そういったコストの1つに，Beaver (1989) で議論されたような，投資家間での不均等な情報配分がある。たとえば，大企業（big guys）には情報を見つけ出し，分析するための資源が豊富にあるので，個人投資家は不利な立場に立たされるだろう。このことが，企業はすべての人に対して情報発信を行わなければならないという規制が必要だという，Lev (1988) などの提案につながっている。それにより，市場の公正さについて国民の信頼を得て，市場の流動性を高めようというのである。興味深いことに，SEC は本当にこれを実施した。2000 年に採用された**公平開示規則**(Regulation FD) は，対象を選択して情報開示することを企業に対して禁止している。カナダでは，オンタリオ州証券法が，一般市民に対して発信する前に，特定の個人に情報を発信することを企業に対して禁止している。

公平開示規則の効果については，Gintschel and Markov (2004) が研究を行っている。彼らは，1999 年 10 月 23 日から 2001 年 10 月 23 日（公平開示規則施行日の前後 1 年）における企業サンプルを調べた。そして，この期間に，株式リターンの（新しい情報によって株価は即座に変化するため，情報内容の指標となる）ボラティリティが，アナリスト発表前の 5 日間に劇的に上昇しているという証拠を報告した。これは，企業の経営者がアナリストに対して私的情報を与えているということと整合的である。アナリスト発表として一般に発信される前に，アナリストは手に入れた情報にもとづいて，クライアントとともにその企業の株式を売買していたのである。Gintschel and Markov

(2004) はまた，2000年10月23日以後の年度では，このボラティリティが有意に減少していることも報告している。これは，公平開示規則によって事前の情報流出が抑えられていることを示している。

11.3.6 要約

経営者が情報を生産するような私的なインセンティブはたくさんあり，それを伝える手段もまたたくさんある。さらに，実証研究において，優れた開示意思決定を行った企業と経営者が報われ，誤解を招くような情報発信が発見されたときには報いを受けることが示されている。しかし，情報発信には企業自身を競争上不利にするといったコストもかかるので，市場の力だけではすべてのインサイダー情報を発信するまでには至らない。この点は重要である。また，投資家のために情報生産をすることで資本コストが下がる一方，それにより報酬契約の効率性は低減するので，エージェンシー・コストが発生する。反対にエージェンシー・コストを抑えようとすれば，資本コストは上昇するだろう[12]。

企業がこのトレードオフに対してコストが最低になるような選択をすれば，市場の力によって社会的な観点から最適な情報量を生産させることができているように見えるかもしれない。これに対して，以下では，それでもなお規制が必要であることを示す**市場の失敗**(market failures) についての議論を検討する。

11.4 市場の失敗原因

11.4.1 外部性とただ乗り

しばしば，ある企業によって発信された情報が，他社の情報をも伝達することがある。たとえば，ある企業が売上や利益の大幅な増加を公表することで，同じ産業に属する他社の市場期待が変化するかもしれない。また，ある

---

[12] もし投資家に異なるタイプが存在することを考慮に入れれば，その他にもコストが発生していることになる。大手の機関投資家は，一般投資家よりも情報分析を行うための能力や資源をたくさん持っているだろう。一般投資家は，分析するべき情報量が増えるにつれて，自分がより不利になると感じるかもしれない。そのため，機関投資家からの株式需要が増加しているときでも，一般投資家は需要を抑えるかもしれない（たとえば，多くの企業はアナリストに対してガイダンスを行ったり，特定のアナリストや大手の金融機関との遠隔会議を通じて情報を発信したりしているという慣行がある。SEC は，一般投資家を不利にするという理由で，このような慣行を禁止した）。もし一般投資家が市場から撤退すれば，市場の流動性の高まりにブレーキがかかることになり，企業も十分な情報発信をしようとは思わなくなるだろう。

企業は機密情報（たとえば，重要な特許権についての詳細情報）を発信することで，競合他社の将来利益に対する市場期待に影響を与えることができるかもしれない。こういった効果を**外部性**(externalities) という。

外部性の効果によって，情報価値は私的な価値と社会的な価値とに二分化される。セクション 8.3 で概説した Darrough and Stoughton (1990) は，ある産業における既存の独占企業と潜在的参入企業とのゲームをモデル化して，この外部性の効果についても説明している。いくつかの条件のもとで，独占企業は情報を発信しないことによって参入を阻止しようとする。ただし，これにより独占企業は便益を得るものの，市場に入ってくる情報も少なくなるので社会的なコストが発生する。

セクション 5.6 で，会計情報が公共財の性質を持っていることを指摘した。このため，会計情報の生産を企業に対して課すことがむずかしくなっていた。実際，誰かが情報を利用したからといって，他の誰かがその情報を利用できなくなるわけではない。そうなると，他の投資家はその情報に「ただ乗り」できることになる。すべての投資家がこのことを認識しているので，誰も対価を支払うインセンティブを持たない。そのため，情報生産コストを回収できないような場合には，企業はそうでないときよりも情報生産を少なくしようとするのである。

> **外部性**とは，他の企業もしくは個人に対して，対価を払わずにコストを負担させる，あるいは対価をもらわずに便益を与えるような企業もしくは個人の行動である。**ただ乗り**(free-riding) とは，企業もしくは個人が外部性によって便益を受領することである。

外部性とただ乗りの決定的な特徴は，企業が認識している情報生産のコストと便益が，社会にとってのコストと便益とは異なっている点である。たとえば，ある企業によって生産された会計情報が，投資家に対して他社についての情報をも伝達する場合，社会はそれによって便益を得るが，その企業は何ら便益を受け取ることができない。それゆえに，その企業は社会にとってのファースト・ベストな情報量よりも少なめに情報を生産するだろう。同様の現象は，ただ乗り問題についてもあてはまる。

外部性とただ乗りは、規制を正当化するためによく用いられる理由である。規制者は、市場の力だけでは力不足なので、社会的に適切な生産量を回復するために介入する。

11.4.2 逆選択問題

セクション 11.3.6 における結論からすると、市場の力では十分な情報発信を動機づけることができないので、一部のインサイダー情報が企業内に残っていることになる。そのため、逆選択問題が発生する。このインサイダー情報にアクセスできる人間は、この優位性を悪用することにより、外部の投資家を犠牲にして利益を得るかもしれない。

ここでの文脈では、2 種類の逆選択問題がある。1 つは、第 4 章で紹介したようなインサイダー取引の問題である。もし経営者を含めて企業内部の人間に、インサイダー情報にもとづいて取引を行い超過利益を得られるような機会が存在すると、それを実行するのにやぶさかではない人間はこの機会に魅力を感じるだろう。そうなると、外部の投資家は証券市場が公平ではないと認識し、市場から撤退するだろう。これにより、市場の流動性は減少することになる。市場を適切に運営するためには、誰か 1 人の取引が証券の市場価格に影響を与えてしまわないぐらいの十分な数のトレーダーが必要である。つまり、市場は十分に流動的でなければならない。そのため、内部の人間が超過利益を得られるような能力を持っていること自体が証券市場の失敗につながるのである。

もう 1 つの逆選択問題は、企業の将来についてのバッド・ニュースを密かに知った経営者が、その情報を発信しないことによって、企業に悪い結果が起こるのを避けたり、あるいは少なくとも先延ばしにしたりするようなときに起こる。これにより、2 つの悪影響がもたらされる。1 つは、投資家が異なった質の証券を見分けるのがむずかしくなることである。そのため、悪いニュースを抱えている企業の経営者は、その質の低い証券を市場で売るように動機づけられるだろう。一方で、良いニュースを持っている企業の経営者は自社の証券を市場に出そうとはしないだろう（もし市場が異なる質の証券を見分けることができなければ、市場価格は平均的な質を反映する。これをプーリング(pooling) という）。もう 1 つは、バッド・ニュースを抱えている企業が実際に悪化しているようには所有者に見えないので、企業買収市場が能

力の低い経営者を追放するのがむずかしくなることである。そのため，市場に残っている経営者の平均的な能力は下がってしまう。

　バッド・ニュースを発信しないことによって起こるこれらの影響はともに，投資家が逆選択についてたえまなく心配しなければならないということを意味している。

11.4.3　モラル・ハザード問題

　セクション 11.3.3 において，経営者市場における評判の形成が，インセンティブ報酬契約とともに，経営者の情報生産を促すように働くことが示されていた。しかし，これらの力も完全に効果的とはいえないだろう。なぜなら，機会主義的な利益マネジメントによって，経営者が怠慢や，その結果として現れる低い収益性を隠蔽することができるかもしれないからである。そのため，経営者市場やインセンティブ契約があるにもかかわらず，投資家はモラル・ハザードと（悪い）利益マネジメントについても不安を持つだろう。

11.4.4　意見の一致

　市場がきちんと機能していない経済の特徴は，意見の一致に欠けることである。それは，上で述べたような逆選択やモラル・ハザードの影響に由来している。もし市場がきちんと機能していれば，株主は何の異論もなく，企業の市場価値を最大化するような経営者を支持するだろう。しかし，逆選択やモラル・ハザードにより市場がきちんと機能していないときには，必ずしもそうはならない。Eckern and Wilson (1974) は，この問題を企業の物的生産，すなわち生産される製品のタイプと質について調べた。そして，企業の市場価値を最大化するような生産計画を経営者が選択しても，特定の市場条件のもとでは，一般にすべての株主から賛成されるわけではないことを示した。

　同様の結果が企業の情報生産についてもあてはまる。Blazenko and Scott (1986) は，逆選択により情報市場がきちんと機能していない経済において，企業経営者が企業の市場価値を最大化するような監査品質を選択するように動機づけられていることを示した（監査が情報生産の 1 つの形式であることを思い出そう）。それに対して，すべての株主はより質の高い監査を好むだろう。なぜなら，株主の観点からすれば，監査には 2 つの有用な機能があるからである。1 つは，すでに述べたように企業の財務諸表に信頼性を付与することである。もう 1 つは，もし監査が経営者の不正や怠慢を発見すれば，株

主は損害賠償を勝ち取ることができるかもしれないことである。最初の機能だけが経営者にとって価値あるものなので、株主にとって監査はより価値の高いものになっている。したがって、経営者が求めるよりも品質の高い監査を株主が求めることになる。

この議論をいいかえると、逆選択とモラル・ハザードについて投資家が不安を持っているために、株価がファンダメンタル価値を下まわるということである。つまり、たとえ企業価値を最大化するような情報発信を経営者が行っても、株価を最大化するにはまったく足りていない。そのため、経営者が最適だと感じるよりも多くの情報を発信しなければ、株主と社会は便益を得ることができないのである。

11.4.5　要約

情報市場は外部性とただ乗りによって特徴づけられる。これらの問題がもし十分に深刻なものであれば、中央当局の介入が正当化される。さらに、市場の力では十分な情報発信を動機づけられないので、証券市場と経営者市場はインサイダー取引と利益マネジメントから投資家を十分に守ることができない。その結果、たとえ経営者の方針が企業価値を最大化するものであっても、株主がそれを一様に支持することはないだろう。

11.5　情報はどれぐらいあれば十分なのか？

企業は社会的な限界便益と限界コストが等しくなる点まで情報を生産すべきである、というのが標準的な経済学における考え方であった。しかし、私的な市場の力によってそのような結果が導かれる可能性は低いことがわかった。その理由の1つに、外部性とただ乗りがある。つまり、市場の力では、企業が情報生産の意思決定によって生み出される社会的便益をすべて享受できず、またその意思決定にかかるコストを十分に内部化できないのである。たとえそれができたとしても、モラル・ハザードと逆選択の力によって、経営者の意思決定と投資家の利益に根本的な不一致が生じることになり、投資家は自分たちの利益を守るような規制を欲するようになる。

ただそうであっても、増加の一途をたどる規制が必ずしもすべて社会的に好ましいと決まっているわけではない。なぜなら、規制には同時に大きなコストもかかるからである。その中には、規制を設定・管理するために必要な

官僚機構にかかるコストや，企業がその規制を遵守するのにかかるコストといった直接的なコストがある。しかし，おそらくそれよりもっと大きいのが間接的なコストである。たとえば，一律の会計報告を強制するような基準が設定されると，経営者のシグナリング能力が低減してしまう。それによりコストが生じる。すべての企業に対して一律の監査水準を求めたり，より厳密な予測を求めたりすることも，シグナリング能力を低減させるような例である。

他の間接的なコストとしては，一般的に規制者が求めるべき社会的に最適な情報量を計算できないことに起因するものがある[13]。これは情報がきわめて複雑な商品であること，情報の意思決定有用性と契約ニーズが衝突すること，投資家によって意思決定ニーズが異なっていることが原因である[14]。情報に対する規制は企業の財務や投資，生産についての意思決定に影響を与えるので，情報生産量が「不適切な」ことで生じる間接的なコストがきわめて大きくなってしまう可能性がある。

こういった複雑なコスト・便益を考慮しなければならないため，どれだけ規制があれば十分なのかを単純に知ることはできない。しかし，だからといって完全に規制を撤廃してしまうことが社会的に望ましいというわけでもないことは明らかである。外部性や逆選択，モラル・ハザードなどの管理不能な影響は，市場が機能しなくなるぐらい深刻なものである。もちろん，完全な規制が望ましいわけでもない。なぜなら，会計方針選択を完全に排除することには天文学的なコストがかかるからである。しかしながら，このことは規制がどの程度あるべきかという議論に対して，一定の幅を与えている。財務報告にかかる便益とコストをよりよく知ることが，規制のあるべき量を答えるためには必要なのである。

この点について，規制の有用性が実証的に研究されてきている。実際，セクション 6.4 における利益の価値関連性についての議論の中で，すでにいくつかの証拠を見た。そこで概説した結果はいくぶん議論の余地のあるもので

---

[13] 社会的な観点からの「適切な」会計基準設定の不可能性は，Arrow (1963) の可能性定理 (the Possibility Theorem) にもとづいている。Demski (1973) は，たとえ 1 人から成る社会を想定しても，そのような基準が意思決定問題や効用関数から独立して存在することは一般的に不可能であることを示している。しかしながら，Scott (1977) は，意思決定問題が (「単峰性」条件を満たすような) 特殊なケースでは社会的に適切な基準が設定可能であり，しかも，その条件はきわめて一般的であると議論している。

[14] とくに基準設定機関はこの複雑さを認識している。そのため，FASB の SFAC1.23 (セクション 3.8 を参照) では「財務情報から得られる便益を客観的に測定することは通常では困難もしくは不可能である。そのコストについても同様である。情報から得られる便益がコストを正当化するかどうかについては，実際のところ人によって意見が異なるだろう。」と述べられている。

あったが，何人かの研究者が利益の（R^2 や利益反応係数 (ERC) で測定される）株式リターン説明力が低くまた減退していることを示していた。つまり，時の経過とともに，利益の価値関連性は減衰しているのである。しかし，会計基準の数はこの間，時の経過とともに増加してきている。もしこのような規制の増加が社会的に有用なのであれば，投資家や市場はより高い質の利益にはより強く反応するため，価値関連性は減少ではなく増加しているはずである。

Ely and Waymire (1999) は，規制の程度についてより本格的なテストを行った。彼らは，1927年から1993年までを研究対象とし，各年度ごとに100社について利益に対する株価反応を推定した。そこでの方法は，セクション6.4で概説したLev (1989) で用いられていたものと同様である。Ely and Waymire (1999) は，この期間を通じた平均 R^2 が0.185であり，利益の「市場シェア」が18％をわずかに超えるものでしかないことを示した。

さらにEly and Waymire (1999) は，この期間を4つに区分した上で調べた。最初の期間は，1927年から1939年である。これはアメリカ公認会計士協会（AICPA）の会計手続委員会 (Committee on Accounting Procedure: CAP) が創設される前の期間である。CAPは，アメリカにおける最初の専門的会計基準設定機関である。以降の期間は，アメリカの基準設定機関が大きく再編成された時期に合わせられている。たとえば，第4期はFASBが創設された1973年から始まっている。要約すれば，第1期の1927年から1939年には会計基準が存在しておらず，残りの3期間で基準の数が着実に増加しているわけである。そして，最後のFASBがもっとも活動的に基準を公表している。

Ely and Waymire (1999) は，もしこれらの新しい基準が社会的に望ましいなら，利益の価値関連性は，1927年から1939年までの期間と比較して，後の期間になればなるほど増加していなければならないと議論した。しかし，さまざまなテストをした結果，有意な増加を検証することはできなかった。会計基準の増加に応じて利益の価値関連性が増加していることを検証できなかったことは，増加した規制が本当に便益をもたらしているのかどうかについて疑問を投げかけている。

実務における理論 11.2

　Jamal, Maier and Sunder (2003) は，ウェブ・サイト産業のプライバシー・ポリシーと実務を調べた。アメリカでは，この産業は規制されていない。したがって，ウェブ・サイトがサイト訪問者のプライバシーを不正利用するかもしれないという逆選択問題がある。たとえば，個人情報を第3者に売却するなどして，迷惑メール攻撃を行うことが考えられる。

　Jamal, Maier and Sunder (2003) によると，市場の力によってそのような行為は抑制されているようである。つまり，顧客のプライバシーを保護することが長期的に見て利益になるとウェブサイトは感じているようである。たとえば，サイト訪問者が広告メッセージの受け取りを拒否できるようにするというプライバシー・ポリシ-を設定し，それにしたがうといったことが行われている。こういったポリシーは，保証サービスを自発的に受けることで強化できる。実際，そのようなサービスが存在しており，たとえば顧客のプライバシー・ポリシーに対する監査まで行うウェブ・トラスト (WebTrust) が AICPA と CICA によって提供されている。

　こういったことを念頭に，Jamal, Maier and Sunder (2003) はアクセスの多い 100 のウェブ・サイトを評価した。そのうちの 34 は何らかの保証サービスを受けており，それらのすべてがサイト内にプライバシー・ポリシーをすぐにアクセスできる形で掲示していた。しかし，保証サービスを受けていない 66 のウェブ・サイトでも，プライバシー・ポリシーを掲示していたものが 63 あった。このことは，ほとんどのウェブ・サイトが利用者のプライバシーを保護することの便益を少なくとも認識はしていることを示している。

　ウェブサイトが実際に掲げているプライバシー・ポリシーにしたがっているのかどうかを評価するため，Jamal, Maier and Sunder (2003) は異なる ID でそれぞれのサイトに 2 回登録した。1 つの ID では個人情報を他者と共有することを許可し，もう 1 つの ID では許可しなかった。そして，その後 26 週間，それぞれの ID が受け取った電子メールの経過を追った。すると，情報共有を許可した ID については，15,143 件の電子メールを受け取った。そのうちのほとんどは，5 つのウェブ・サイトに

よって送られており，そのどれもが保証サービスを利用していなかった。許可していないIDについては，501件のメッセージしか受け取っていなかった。規制がなくても，ほとんどのウェブ・サイトでは登録者が希望するプライバシーの取り扱いを尊重しているように思われる。

　Jamal, Maier and Sunder (2003) は，市場の力によって，保証サービスを自発的に利用して誠実さをシグナルさせることができる，消費者の利益を尊重させられるようにできると結論した。しかし，発達段階が異なっているなど，ウェブ・サイト産業と会計産業が異なる点に彼らは注意している。それでもなお，彼らの調査結果は，絶え間なく増加し続ける会計規制が当然の帰結なのかどうかについて疑問を提示している。なぜなら，それらはともに，誠実さを確保し，顧客（投資家）を保護しようという点においては変わらないからである。

　規制の程度について疑問が残るものの，規制の効率性を改善できないのかどうかについてはさらに問うことができる。つまり，どのようにすればより少ないコストでより多くの情報を生み出せる基準を作り出せるのだろうか？　次のセクションでは，この点についての示唆を考察する。

11.6　分権的規制

　生産ラインや子会社，地域などで区切った企業のセグメント情報を，年次報告書において開示することが求められるようになって久しい。大規模化，複雑化している企業の期待業績やリスクを評価する際に，セグメント情報は投資家にとって有用となるはずである。なぜなら，セグメントごとの成長機会といった情報が，財務諸表の中に埋もれてしまっているからである。また，セグメント開示によって，業績の良いセグメントと足し合わせることによって業績の悪いセグメントを隠すことがむずかしくなる。

　1997年にAcSBは，FASBのSFAS 131に合わせてCICAハンドブックのセクション1701を公表した。興味深いのは，これらの基準でのセグメントの分け方である。なぜなら，これらの基準が，トップ・マネジメントの意思決定や業績評価のために企業内部で用いているセグメントの分け方を踏襲したセグメント情報を要求しているからである。ここでの目的に照らすと，この要求について2点が興味深い。第1に，セグメントの分け方がさまざまあ

る中で，内部組織と同じ分け方で報告するというのは投資家にとってもっとも有用に違いないという点である。なぜなら，企業をどのように組織すれば良いのかをもっともよく知っているのが経営陣だからである。そのため，同じ分け方で外部報告することにより，投資家は企業経営をもっともよく見抜くことができるようになる。第2に，必要とされる情報が内部ですでに用意されているので，企業が新しい基準にしたがうコストが低くなるという点である。これらのセグメント情報開示の有用性を示す証拠は，Berger and Hann (2003) によって提出されている。彼らは，SFAS 131 のもとでの開示が市場に対して追加的な情報をもたらしていると報告している[15]。

このようなアプローチを示す他の例としては，1977年の SEC によるリスク開示要求がある。この基準もまた事業のリスクについてもっともうまく報告できる方法を経営者に選択させている。おそらく，リスクについて報告するもっとも良い方法は，内部のリスク管理手続きと整合的なものだろう。

このようなアプローチを「分権的規制 (decentralized regulation)」と呼ぶことにしよう。なぜなら，規制は存在するものの，その準拠については内部の経営意思決定に分権化されているからである[16]。これにより報告の目的適合性が改善されると同時に，コストを抑えることができる。ほとんどの基準と異なり，経営陣は報告方法の選択を通じてシグナリングできる能力を保持していることに注意しよう。

11.7　経済的問題についての基準設定の結論

情報生産に対してどれぐらい基準を課せば良いのかという問題は，市場経済にとって複雑かつ重要な問題である。現在のところ，企業の情報生産についての意思決定に対して多くの規制があるのは事実である。こういった規制の中には，インサイダー取引を禁止する法律やフル・ディスクロージャーを求

---

[15]内部情報を外部に報告することで多大なコストが発生する可能性や，セグメントの分け方そのものの調整や管理に問題があるという情報が発信されるという可能性もある。ここでの「低いコスト」という議論は，そういった可能性まで想定しているわけではない。しかし，Berger and Hann (2003) は，これまで隠していた情報を明らかにするよう迫られた企業は市場価値が下がってしまった点，その結果としてセグメントをより厳しく監視するようになったかもしれないという点も報告している。このことは，SFAS 131 によって経済的帰結が発生することを示している。つまり，いくつかの企業は，コストを低減させるために内部組織を変化させるのである。

[16]CICA ハンドブックのセクション 1701 は，これを「マネジメント・アプローチ (management approach)」と呼んでいる。

11.7 経済的問題についての基準設定の結論

める法律とならび，会計と監査の専門職を規定する法律が含まれている。こういった専門職は，AcSB や FASB といったような，GAAP を規定する権限を持った機関をさらに形成するかもしれない。しかし，規制が緩和された他の産業から類推すると，「情報産業」に対する規制を撤廃することにより，競争とイノベーションが溢れ，社会にとっては良い結果をもたらすかもしれないと議論することが可能である。

実際，基準がなくても企業は情報を生産することが，理論的に明らかにされている。これらは，契約にまつわる情報ニーズと市場の力に由来している。契約当事者は，努力を引き出し，成果に報いるために情報を必要とするだろう。経営者市場と企業買収市場は証券市場とともに，市場価値増加のために情報を発信するよう経営者を動機づけている。シグナリングは信頼性のある情報発信手段として重要である。

そのような私的な力によって，結果的に多くの情報が生み出されることになるのはまちがいないだろう。しかし，たとえ外部性やただ乗りを無視したとしても，私的な力で生み出される情報量だけでは社会的な需要に届かないだろうという点もまた，理論的に明らかにされている。その理由は，2段階の議論から考察できる。まず，情報生産の契約当事者が多人数に及ぶ場合，それが行き詰ってしまう点である。したがって，契約によって社会すべての情報ニーズが満たされるとは考えられない。

次に，契約がだめなら（経営者としての，証券の）市場価格が情報生産の動機づけ要因として浮かび上がる。しかし，市場の力も十分な情報を発信させるほどに動機づけるわけではない。なぜなら，情報発信にはコストがかかるので，企業はそのコストと便益とをトレードオフするからである。結果的に，一部のインサイダー情報が残ることになり，経営者の情報生産についての意思決定と投資家からの情報需要がどうしても一致しなくなる。そのため，投資家は，情報の不足分を補うような規制を求めるだろう。

ただし，私的な力が市場の失敗を完全になくしてしまわなければ，規制を排除できないのかというとそうでもない。この点を認識しておくことは重要である。なぜなら，規制にもまたコストがかかるからである。その中には，基準設定や執行のための官僚機構などにかかるコスト，企業がその規制にしたがうために必要となるコストといった直接コストがある。しかし，中央当局によって誤った情報量を強制した場合に社会が負担する間接的なコストもあ

り，そちらの方がより重要である。情報はかなり複雑な商品なので，そのようなことが起こりがちである。企業の生産，財務，投資意思決定に与えるインパクトを考えれば，ここでいう社会にとってのコストの方が重要になりうる。

こうして基準設定問題は，コスト・便益のトレードオフに集約される。規制のコストには，執行のためのコストだけでなく，規制者の誤った意思決定からもたらされるコストも含まれる。便益は，私的な市場の力が十分作用してもなくならない市場の失敗に応じてもたらされる。現在のところ，規制の便益がコストを越えるのがどのあたりかということはわかっていない。ただし，報告基準を満たす方法について，企業にいくぶん柔軟性を与えることには価値があると考えられる。

最後に，必要な情報量についての意見の不一致は，情報配分の公平性についての問題に直結する。つまり，基準設定は経済学だけでなく政治学にも頼る必要があると考えられる。第12章において，この点を検討しよう。

第12章

基準設定：政治的問題

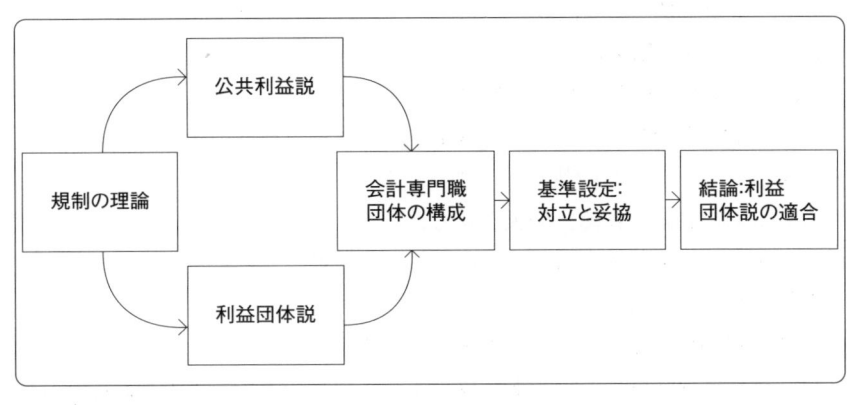

図 12.1　第 12 章の構成

```
規制の理論 → 公共利益説 → 会計専門職団体の構成 → 基準設定：対立と妥協 → 結論：利益団体説の適合
規制の理論 → 利益団体説 → 会計専門職団体の構成
```

12.1　概要

　第 11 章で見たように，経済理論の観点からは，どの程度まで会計報告基準として規制を行うべきか明確にすることができなかった。企業が私的に情報生産を行うような，契約によるインセンティブや市場によるインセンティブはたくさん存在している。しかし，それを理由に企業の情報生産に対する規制を撤廃してしまえば，市場の失敗が増えるだろう。結局，市場の失敗が社会にもたらすコストと基準設定プロセスにかかるさまざまなコストとの大小関係が単純にわからないのである。ただし，この市場の失敗問題はきわめて

本質的であると思われる。情報の非対称性（によってもたらされるモラル・ハザードと逆選択の問題）は，企業に対する情報生産需要を生み出すとともに，その情報生産に対する規制需要をも生み出している。なぜなら，企業が私的に生産しようとする情報量が必ずしも，そして一般的に，投資家が求める情報量に等しくならないからである。その結果，投資家は情報不足を補うような規制を強く求めるだろう。

このことは基準設定が，経済的プロセスであるとともに，本質的に政治的プロセスであることを示している。このような見方は，会計の利害関係者の概念やセクション 7.6.2 での実証会計理論 (PAT) における政治コスト仮説，あるいは第 8 章での利害関係者の利害対立へのゲーム論的，エージェンシー理論的なアプローチと整合的である。さまざまに起こる利害対立が契約や市場の力によって解決できないとき，その利害関係者たちが政治的プロセスに訴えると考えるのは自然なことだろう。

本章における第 1 の目的は，2 つの規制理論を再検討することである。その1 つは，規制が社会厚生を最大化しなければならないとする**公共利益説**(public interest theory) である。これは第 11 章の観点であった。もう 1 つは，規制についての**利益団体説**(interest group theory) である。利益団体説では，諸個人が連帯し，つまり利益団体を作って，政府にロビー活動を行い，それによって自分たちの利益を保護，増大させると考えられている。これらの利益団体は，規制によって生まれる便益の配分をめぐって，互いに利害が対立していると捉えられている。

第 2 の目的は，基準設定プロセスを分析することである。基準設定プロセスはそれ自体興味深いものだが，以下で明らかになるように，規制の利益団体説とほぼ整合している。

第 3 の目的は，基準草案が受け入れられるかどうかを基準設定機関が検討する際に必要となる，判断条件について考察することである。どのような会計基準であれ，意思決定有用性と情報の非対称性の低減が必要とされている。しかしながら，ここではさらなる判断条件が必要であることを明らかにする。具体的には，基準がさまざまな利害関係者にとって受け入れ可能なものでなければならないというものである。このために，基準設定機関はデュー・プロセスに対して十分な配慮を行うことが必要となる。図 12.1 は，本章の構成をまとめたものである。

12.2 規制についての2つの説

12.2.1 公共利益説

　規制についての公共利益説は，第11章の基準設定に対する考察の中で，実はすでに用いられていた。この理論によると，市場の失敗を修正したいという公的な需要の結果として，規制は存在していることになる。この理論においては，いわゆる規制機関や規制当局といった中央当局が，本質的に社会の利益を最優先に考えていると仮定されている。つまり，社会厚生を最大化するような規制を行うべく最善を尽くすのである。したがって，規制にはそれ自身によって発生するコストと市場の改善をとおして得られる社会的便益とのトレードオフがともなうと考えられている。第11章では，そうしたさまざまなコストと便益を考察した。

　この考え方は規制がどのように行われるべきかという理想を説明するものであるが，実際にそれを行うには問題がある。規制が実際にどのように機能するかという観点からすると，この説は表面的であり，おそらく単純に過ぎるとさえいえるだろう。ここでの議論は，Stigler (1971) と Posner (1974)，Peltzman (1976) にもとづいている。

　公共利益説にまつわる問題のひとつに，規制の適正量を算定するために非常に複雑な作業が必要になるという点が挙げられる。この点は，第11章で明らかになったように，万人を満足させることが不可能に近い複雑な商品である情報についてとりわけあてはまる。よって，規制の量がどのようにして決定されているかについては，他の理論に委ねられることになる。

　さらに，より深刻な問題が規制機関の動機として存在している。作業が複雑であることを前提にすると，議会が規制機関の業務を監視することはむずかしい。実際，議会の力では規制機関を公益のために活動させることは困難である。なぜなら，規制の性格は複雑であり，規制機関が良い仕事をしているかどうかを知るためには，コストと時間のかかるヒアリングを議会が行わなければならないからである。このことは，規制機関が公のためではなく自分自身のために業務を行う可能性，つまりモラル・ハザード問題を引き起こす。このような状況は，エージェンシー理論について議論した例8.2を思い起こさせる。そこでは，所有者が経営者の行動を観察できないために，経営者はサボるように動機づけられていた。このように，公共利益説は規制に対する

ファースト・ベスト・アプローチをあらわすものだといえよう。実際，ファースト・ベストによる解決は，実行上の問題があるために達成できないだろう。このため他の理論が必要となる。

12.2.2　利益団体説

規制についての利益団体説は，産業が多くの利益団体のもとで営まれているという考え方をとる。例として，何かしらの製造業について考えてみよう。まず明らかに，その産業に属している企業は利益団体を構成している。また，その顧客についても同様である。他にも，その産業の社会的責任に関心のある環境保護団体が，利益団体として数えられるだろう。こういったさまざまな利益団体が，さまざまな規制を求めて議会に対してロビー活動を行うと考えられる。たとえば，産業自体が，内外の価格競争や関連産業による営業侵害に対する保護規制を要望するかもしれない。顧客は，利益団体を形成して品質基準や価格統制を求めるロビー活動をするかもしれない。環境保護団体は，排ガス規制や環境パフォーマンス開示の拡充を求めてロビー活動をするかもしれない。このようなさまざまな利害関係者が，規制の需要者であると考えることができる。利害関係者によって，求める規制の内容と程度が異なることに注意しよう。

政治権力，あるいは議会もまた利益団体の1つであると考えることができる。政治権力は規制を供給する力を持っており，その関心は権力の維持にある。したがって，権力を維持するのにもっとも有効だと考えられるような規制を利害関係者に対して供給するだろう。よって，規制の供給媒体である規制機関は，それらの中心にいることになる。そして，政治権力を含め，さまざまな利害関係者の需要についてバランスをとりつつも，自らの厚生を最大化しようとする。

実際，利益団体説は，規制を需要と供給の存在するような商品であると捉えている。その商品は，規制の恩恵を自分たちに与えるよう議会を政治的に説得し，それに成功した利害関係者に対して割り当てられることになる。

皮肉っぽいかもしれないが，利益団体説は公共利益説よりも，規制がどのように実際に機能するのかについてより良い予測をもたらすだろう。この理論が「情報産業」に対する規制にどの程度適合しているのかを考察する前に，基準設定プロセスについて検討しておこう。

12.3 カナダとアメリカにおける基準設定

12.3.1 カナダ勅許会計士協会（CICA）

会計基準審議会

CICAハンドブックは，財務会計基準と監査基準から構成されている。これらの基準はそれぞれ，カナダ勅許会計士協会（Canadian Institute of Chartered Accountants: CICA）の中の会計基準審議会（Accounting Standards Board: AcSB）と監査・保証業務基準審議会（Auditing and Assurance Standards Board: AASB）によって規定されたものである。CICAハンドブックは，カナダにおいて主たる会計基準および監査基準であり，特別な法的地位によってその権威づけが図られている。たとえば，カナダ連邦会社法（Canada Business Corporations Act: CBCA）レギュレーション70では，以下のように述べられている。

> 当法令のパラグラフ155(1)(a)でいう財務諸表は，特段の定めがある場合を除き，カナダ勅許会計士協会のハンドブックの中に提示されている一般に認められた会計原則にしたがって作成されなければならない。

AcSBとAASBは，CICAの理事会によって，自らの責任において意見書を発行する権限を与えられている。また，CICAには第3の基準設定機関である公会計審議会（Public Sector Accounting Board: PSAB）もあるが，ここで議論の対象とするのはAcSBである。

基準設定プロセス

CICAハンドブックの基準設定プロセスについて，留意すべき点を以下に列挙する。

- AcSBは，優先事項と検討課題について，その監督機関である会計基準監督委員会（Accounting Standards Oversight Council: AcSOC）から勧告を受ける。この機関は，より幅広い人材で構成されており，AcSBの審議委員を任命する他，今後作成するべき新基準の優先順位について外部の視点を提供する。
- AcSOCの視点以外にも，新基準がAcSBの検討課題に上る道すじがあ

る。たとえば，審議委員と常勤の協会職員は一般実務に近く，どのようなトピックに注目すべきかを知っている。下記の新規検討課題委員会 (Emerging Issues Committee: EIC) からも問題提起が行われる。

- AcSB の審議委員には，最高 9 名まで多様な利害関係者から選出することができる。審議委員は無償である。つまり，議長以外には，有給の専任職が存在しない。実際，審議委員を雇用している組織がコストを負担している。このような状況が望ましいものかどうかを判断するのはむずかしい。(アメリカの FASB 審議委員のように) 審議委員を常勤で有給の被雇用者にするという方法も考えられる。もちろん，そうなると審議会活動を支えるためにより多額の資金が必要になるだろう。しかしながら，この資金をさまざまな利害関係者から調達することにより，基準設定プロセスに対する財政的支援基盤を拡充させることができるとも考えられる。たとえば，アメリカの FASB では，SEC に財務報告を行っている企業が査定金額に応じて資金を提供している。しかし，第 11 章で見たように，基準の設定と運営に直接かかるコストはごく一部であり，基準設定にかかる総コストに比べればおそらく少額である。それでも，そういった資金調達をすることによって，審議委員を雇用する組織が「思い通りの決定をする (call the tune)」可能性を低下させるかもしれない。さらに他の可能性として，AcSB の存続を絶ち，FASB（セクション 12.3.3）あるいはまた国際会計基準審議会（セクション 12.4）の定める GAAP を採用するということも考えられる。
- すでに述べたように，AcSB は会計基準を「自らの責任において」発行している。おそらく，このように CICA からある程度独立した地位を持つことで，審議に対する干渉の可能性を低減させていると考えられる。
- 新基準の可決には，審議委員のうち 3 分の 2 以上の賛成を必要とする。つまり，**特別決議**(super-majority voting) が行われる。これにより，審議会にかろうじて受け入れられる程度の基準が可決されてしまう可能性を減少させている。このことはまた，新基準を創設する際に，妥協プロセスを生み出すことにもなるだろう。反対意見を持っている委員の立場は，単純に多数決で決めるときよりも強くなるので，自分たちの考え方や懸案事項が無視されてしまったと感じることは少なくなる

12.3 カナダとアメリカにおける基準設定　477

だろう。

- AcSB は，デュー・プロセス(due process) にしたがって新基準を策定している。まず，公開草案が作成され広く配布される。それにより，基準が最終決定される前に，利害関係者が反応できるようにしているのである。関連する利害関係者との会合が開催されることもある。そうして寄せられたコメントを分析した上で，改訂版が作成される。参考資料と結論の根拠も，利用者に基準を説明するために発行される。特別決議もまた，このデュー・プロセスの一部である。

- AcSB は，新基準を制定するに当たり，デュー・プロセスにしたがうことが時間との引き換えになっている点を認識している。このため，新しい課題に対する審議会としての対応は遅れがちとなる。実際，審議会は問題が発生しない限り対応できないかもしれない。

  それに対して，審議会は**会計ガイドライン**(Accounting Guidelines) を発行できるようにもなっている。このガイドラインは，現行の CICA ハンドブックについての解釈指針，あるいは CICA ハンドブックに規定が存在しないような案件に対する審議会の意見書となっている。ガイドラインには，CICA ハンドブックのような権威はないが，これによって必要なときに比較的素早い反応ができるようになっている。

- また 1988 年には EIC が設立されている。EIC は，指針が欠けているために今後実務に混乱をきたす，あるいは処理が不十分となるような，新たな会計課題をタイムリーに検討する委員会である。会議に出席している委員のうち 2 名以上の反対が出なければ意見表明を行うことができる。この意見表明によって CICA ハンドブックが修正されたり，無効になったりすることはないが，基準設定プロセスの適時性は大きく改善されることとなった。

ここまでの議論でもっとも大切なことは，新基準を創設するまでのプロセスがきわめて「政治的」であるという点である。これは，そのプロセスの中にさまざまなステップが置かれていることからもわかる。つまり，会計をめぐる多くのさまざまな利害関係者が，審議課題としてある項目を盛り込むまでのプロセスに，あるいは審議会そのものの委員として，またあるいは公開草案に対する回答者として参加を要請されているのである。第 11 章の議論

が示唆するように，もしこのプロセスが厳密に経済学的なものであったなら，このように幅広く意見を求める必要はなかっただろう。なぜなら，理論から適切な基準を推定することができてしまうからである。

12.3.2　オンタリオ証券委員会（OSC）

カナダにおいて，証券規制は州ごとの管轄下にある。現在，カナダにはアメリカの SEC のような全国的な証券管理当局は存在していない。ここでは，オンタリオ州の証券委員会について検討する。オンタリオ州には，国内最大の証券取引所であるトロント証券取引所（TSX）が立地している。オンタリオ証券委員会（Ontario Securities Commission: OSC）は，同州の有価証券法を管理運営しており，またもっとも活動的な証券委員会の1つである。ただし，OSC がカナダ 13 州・準州の証券管理当局が集まる評議会であるカナダ証券管理局（Canadian Securities Administrators: CSA）の会員であることには注意しよう。CSA の任務は，カナダの資本市場における規制を調和させることである。したがって，OSC の政策の多くがカナダの他の管轄にも適用されている。

OSC の役割と権限

OSC は，オンタリオ州の副総督に任命された 9 名から 14 名の委員で構成されている。委員の任期は 5 年以内となっている。また，OSC の権限はオンタリオ州の証券法にもとづいている。この法律によると，OSC は以下のことについて規定することになっている。

- タイムリーで正確な，そして効率的な情報開示を求めること。
- 不正，不公平な市場慣行や行為を規制すること。
- 市場参加者の公正で信頼できる行動を確保するために，健全な事業活動を高い水準で維持するよう求めること。

したがって，OSC の役割は，有価証券の発行者および取引が行われている取引所を含めて，オンタリオ州における証券取引を規制すること，ならびに資本市場に対する国民の信頼を維持することとなる。

OSC と CICA ハンドブックの関係

オンタリオ州証券法によると，OSC の管轄のもとで有価証券を発行する者は GAAP にしたがった財務諸表を提出しなければならない。上述したように，OSC はタイムリーで正確な，そして効率的な開示の要件を規定する権力を持っている。これまで OSC は，このような要件を満たすものとして，CICA ハンドブックにおいて定められている GAAP を承認してきた。

したがって，OSC は実質的に財務諸表作成のための会計基準設定を AcSB に委嘱していることになる。ただし，財務諸表に直接影響しないような基準は OSC が自ら発行している。たとえば，「経営者による分析と検討」（セクション 4.8.2）や役員報酬の開示要求（セクション 9.6）は，OSC 基準である。

12.3.3 財務会計基準審議会（FASB）

FASB の設立と目的

アメリカの財務会計基準審議会（Financial Accounting Standards Board: FASB）は，1973 年に設立された。その目的は，国民の指導と教育のために，財務会計報告基準の制定および改善を行うことである。この目的を達成するため，FASB は目的適合性と信頼性に照らして財務報告の有用性を改善しようとしている。そこには，（もし必要なら）社会経済環境の変化に応じて基準を更新したり，財務報告に含まれる情報の本質と目的に対する国民の理解を深めたり，質の高い会計基準への国際的コンバージェンスを促進したりすることが含まれている。

FASB は，いくつかの点に留意しながら，その活動を実施している。そこには，意思決定が客観的であること，様々な利害関係者の意見を検討すること，期待便益が期待コストを上まわる場合にだけ基準を公布すること，現在の会計実務に及ぼす混乱を最小限に留めるように変更を実施すること，そして，過去の意思決定に対して再検討と必要な修正を行うことなどが含まれている。カナダと異なり，FASB とアメリカ公認会計士協会（American Institute of Certified Public Accountants: AICPA）とは別個の組織である点に注意すべきである。確かに AICPA は FASB 後援団体の 1 つであり，なおかつ FASB 基準を支持してはいるが，FASB を後援している団体は他にも多く存在している。

FASBの構造

　FASBは，財務会計基準設定のために組織された3部門のうちの事業部門である。他の2部門は，財務会計財団（Financial Accounting Foundation: FAF）と財務会計基準諮問委員会（Financial Accounting Standards Advisory Council: FASAC）である。

　FAFは16人の理事で構成され，そのうちの11人は後援団体から選出される。その理事には，会計専門職，学識経験者，経営者，そして証券業関係者などが含まれている。残りの理事については，その11名の理事によって選出される。2000年代初頭の会計スキャンダルおよびサーベインズ・オクスリー法（セクション1.2を参照）の影響を受けて，会計事務所に最近まで関係していた理事は少なくなっているに違いない。

　FAFは，FASBの審議委員を任命したり，FASBの実績を審査したりする他，FASACの諮問委員を任命する。

　FASACは，FAFに任命された33名の諮問委員から構成される。委員として，会計士や経営者，アナリスト，学識経験者を含め，ビジネスや専門職などさまざまな分野から人が集められる。FASACは，FASBと経済界との連絡調整係として活動している。たとえば，プロジェクトの優先順位や，課題に対するFASBの準備態勢の適切性についてアドバイスを行っている。

　FASBは，FAFに任命された7名の審議委員で構成されている。委員は，最長で5年任期を2期務める。審議委員の選出にあたっては経歴も考慮されるが，会計知識や人格の高潔性，専門領域，冷静な気質などの要件が優先される。新基準の可決には，7名の審議委員のうち多数5名の支持が必要とされる。

　FASBの審議委員は，独立していることが求められている。委員は，前職の雇用主との関係を切り，また必要なら利害相反を申告しなければならない。そして，FASB以外のどのようなところからも謝礼などを受領してはならない。

　2002年，FASBは利用者諮問委員会(User Advisory Council)を設立した。これは，40名以上の投資専門家で構成されている委員会であり，投資家やアナリスト，格付け機関がどのように財務情報を利用しているのか，またどのようにすれば彼らのニーズにより見合った会計基準を設計できるのかについて，FASBの認識を深めるべく支援するものである。

会計報告基準の設定と更新について，AcSBと同様に，FASBはデュー・プロセスに大きな重点をおいている。新基準を起草し，採用するための手続きは，前に概説したAcSBのものとほとんど同じである。

12.3.4　証券取引委員会（SEC）

証券取引委員会（Securities and Exchange Commission: SEC）は，複数の州で上場している企業，また一定以上の規模を満たしている企業が発行している有価証券の取引を管轄するため，1934年に設立された。SECは，その使命の1つとして，投資家が適切な情報を入手できるようにするという責任を持っている。したがって，OSC同様，管轄対象となる企業に対して会計基準を設定する権限を持っている。しかしながら，ASR150により，その責務をFASBに委譲した。この委譲については，サーベインズ・オクスリー法の成立を受けて，2003年4月に改めてSECが確認している。

ただし，これによりSECが基準設定にまったく介入しないというわけではない。たとえば，SECは1978年にASR253を発行することで，石油・ガス企業の探査コストに対して成功部分原価法を求めたSFAS 19（セクション7.4での議論を思い出そう）を覆している。ASR253により，成功部分原価法だけでなく全部原価法の使用も容認したのである。そこではまた，補足情報としてRRAがはじめて提案されていた。この介入の結果，FASBは同年にSFAS 25を発行することでSFAS 19を修正し，両方の会計処理方法を容認することになった。

それでもなお，こういった事例は逆に「規則を証明している例外（the exceptions that prove the rule）」なのであり，SECは事実上，基準設定権限をFASBに委譲しているというのが正確だろう。

12.4　国際会計基準審議会（IASB）

12.4.1　IASBの設立および目的

国際会計基準審議会(International Accounting Standards Board: IASB)の母体である国際会計基準委員会(International Accounting Standards Committee: IASC)は，オーストラリア，カナダ，フランス，ドイツ，日本，メキシコ，オランダ，イギリス，アイルランド，アメリカの会計専門職団体の合意によって1973年に設立された。

IASC は 2001 年に再編成され，アメリカの FASB と同じような組織構造を持つことになった。再編成された IASC（現在の国際会計基準財団）の目的は，以下のようなものである。

- 公衆の利益のために，高品質で理解可能な法的拘束力のある世界的な会計基準を開発すること。その基準は，世界の資本市場参加者ならびに経済的意思決定を行う利用者に資するため，質，透明性および比較可能性の高い情報を財務諸表やその他の報告に要求する。
- それら基準の利用および厳格な適用を促進すること。
- 各国の国内会計基準を国際会計基準へとコンバージェンスさせること。

IASC は，北米とヨーロッパそしてアジア太平洋からそれぞれ選出された地区代表 19 名からなる評議会によって統治されている。

12.4.2　IASB の構造

IASC 評議会は，IASB の理事 14 名を任命する。14 名のうち 12 名は専任職である。その資金は IASC によってまかなわれる。IASB の理事には，出身地域に対する制約がない。ただし，異なる利害関係者からそれぞれ選ばれることになっている。最低 5 名は，監査経験者でなければならない。その他の利害関係者には，財務諸表作成者，利用者，学識経験者が含まれる。新基準の可決のためには，14 票のうち 8 票が必要とされる。基準の設計と施行に際しては，AcSB や FASB と同様に，デュー・プロセスにしたがう。

12.4.3　IASB の権限

AcSB 基準や FASB 基準と異なり，IASB 基準を遵守することは強制されていない。遵守するかどうかは，各国，およびその国に属する企業に任されている。程度の差はあれ，多くの国は IASB 基準に適合するよう求めているが，アメリカのようにまったく求めていない国もある。しかしながら，欧州連合は管轄対象となる株式会社に対して 2005 年以降，IASB 基準にしたがうよう求めていくことを計画している。

証券監督者国際機構（International Organization of Securities Commissions: IOSCO）は，世界中の証券監督機関で構成される国際機関であり，カナダの監督機関およびアメリカの SEC も参加している。IOSCO は参加国に対して IASB 基準を利用することを推奨しているが，各国は IASB 基準に対して自国

のGAAPに適合するように調整を要求するかもしれない。たとえば，現在ではアメリカやカナダに上場しようとする外国企業は，SECやOSCの要件を満たさなければならない。その中には，上場先の国内GAAPにしたがった財務諸表の提出が含まれている。財務諸表が他のGAAPにしたがって作成されている場合には，純利益と貸借対照表の科目を国内GAAPに適合するよう調整しなければならない[1]。

　国際会計基準についての懸案事項は，基準の執行 (enforcement) についてである。執行されなければ，基準の品質に関係なく，市場に逆選択やモラル・ハザードをもたらす可能性が高まる。その点，IASBはFASBとは異なる状況に置かれている。IOSCOはIASB基準の利用を支持しているが，SECやOSCといった執行機関を持っているわけではない。執行については，IASB基準を採用する各国機関に任されている。証券監督機関としては，たとえIASBのGAAPが受け入れ可能になっても，調整要求を解除する前に，それを執行することが適切であるという保証を得なければならないだろう。おそらく，IOSCOや大手の国際的な会計事務所なら，この保証を与えることができるだろう。

12.4.4　会計基準の国際的コンバージェンス

　IASCの設立は，昨今さらに拡大を見せている経済のグローバル化，一体化の一環である。とくにグローバル化の中には証券市場が含まれており，現在では多くの企業が複数の国に株式上場している。したがって，会計報告を作成するに際して，巨大多国籍企業は複数の国や地域の有価証券関連法を満たすためのコストを負担している。このことは，投資家に対しても国外企業の財務諸表を解釈・分析するに際してコストを負担させることになっている。

　このような状況が会計基準の国際的コンバージェンスの問題を提起している。もし各国の証券監督機関が国内GAAPの代替として国際会計基準を容認するようになれば，複数の株式市場に上場するコストは低下するだろう。これにより企業の財務諸表作成コストが低下するはずだからである。また，より柔軟な資金調達が可能になるので，企業の資本コストも低下するに違いない。投資家の解釈と分析にかかるコストもまた低下するはずである。この点，

---

[1] SECの監督下にあるカナダの大企業については，多国間開示相互承認制度（Multi-jurisdictional Disclosure System）により，こうした調整の必要がやや減少したようである。その制度は，カナダに提出している書類をそのままSECにも提出することを容認している。もちろん，逆の場合も容認する。

2002年のノーウォーク合意において，FASBとIASBは品質の高い共通の基準体系を作成するよう努力していくと表明した。カナダでは2005年3月にAcSBが，カナダの基準をFASBの基準に整合させていくというこれまでの政策をとりやめ，2010年までに株式会社に適用する基準をIASB基準にそろえるという提案を発表した。もちろん，FASBとIASBの基準がノーウォーク合意のもとで収斂するのであれば，この3者の基準体系は収斂していくことになる。

すでにコンバージェンスに向かっていくつかの進展が見られている。たとえば，金融資産だけでなく金融負債までも対象にしているという違いはあるが，金融商品の認識と測定を扱うIAS 39[2]の規定は実質的にFASB 115およびFASB 133と同じものになっている。またIFRS 2では，カナダと同様に従業員ストック・オプション(ESO)の費用化が求められている（セクション7.3を参照）。これに対して，FASBも同様の基準を2005年6月に施行すると2004年12月に表明している。そして，IFRS 3は購入のれんについてパーチェス法を求めている。この購入のれんは償却されず，上限テストの対象とされる。このような要求は，SFAS 142およびCICAハンドブックのセクション3062と同じものである。

しかし，相違点はまだ残っている。現在のところ，IASBは包括利益についての基準を持っていない。その代わりに，売却可能有価証券を公正価値評価する際に生ずる未実現損益などを株主持分に直入している。またIAS 16が固定資産に対して再評価による評価増を許容しているのに対して，アメリカとカナダでは取得原価が基本的に用いられている。開発コストについては，IAS 38では資産化され，CICAハンドブックのセクション3450でも同様になっているが，アメリカではほとんどのR&Dコストが費用化されている。

おそらくIASBが直面している最大のハードルは，SECが自分たちの基準を無調整のまま受け入れるかどうかだろう。すでに述べたように，SECは現在，アメリカに上場している企業の財務諸表がIASB基準にしたがって作成されている場合，FASB基準に合致するように調整を求めている。基準の執行という課題に加えて，SECがIASB基準を受け入れるかどうかは，その品質およびFASB基準との整合性にかかっている。

---

[2]IASとは，International Accounting Standardの略である。現在では，こういった基準を国際財務報告基準（International Financial Reporting Standards: IFRS）と呼んでいる。

まだ相違点が残っていることを考えると，完全なコンバージェンスにはまだ時間がかかりそうである。技術的な問題に加えて，コンバージェンスは文化やナショナリズム，そして制度や規制の枠組みの違いといった課題に直面している。ただし，コンバージェンスが基準の一本化を必ずしも意味しているわけではないことに注意しておくべきである。むしろ，コンバージェンスは，こういった課題を念頭に入れた交渉プロセスの結果として与えられるものであり，ある程度の相違点を許容するものである。

もしも SEC が IASB 基準にしたがって作成された財務諸表を受け入れたら，どんなことが起きるのか興味深い。とくに管轄対象とするすべての企業に対して，FASB 基準と IASB 基準のどちらを使っても，調整せずにそのまま報告して良いと SEC が決定したと想定しよう。このように基準設定プロセスに競争を導入するという提案は，Dye and Sunder (2001) によって議論されたものである。彼らによると，ありうる結果のひとつとして「品質低下競争 (race to the bottom)」がある。つまり，企業とその経営者を相手基準よりも引きつけようとして，どちらの基準設定機関も基準の数を少なくしようとするのである。その結果，悪い利益マネジメントが発生する可能性が増大する。このような結果は，例 8.1 のゲームにおけるナッシュ均衡の結果に似ている。

しかしながら，そういった傾向を抑える力が存在していると Dye and Sunder (2001) は議論している。たとえば，品質の低い会計基準を選択する企業に対して，投資家はそれなりの反応をするだろう。セクション 11.3.3 で指摘したように，市場の力は十分でタイムリーな情報を公開する経営者に報いる。さらに品質低下競争は，品質の高い会計基準をすでに持っており，その上でコンバージェンスを促進しようと努力している IASB と FASB の目的にそもそもそぐわない。

実際，基準設定に競争を導入する利点は，第 11 章で結論されたように社会にとって規制がどの程度必要なのかを正しく計算できないことに由来している。規制の利益団体説が予測するように，独占的な基準設定機関はより多くの基準を課すことで自らの影響力を最大化しようとするかもしれない。そうなると，規制の量が社会的に最適な水準を超えることになる。基準設定機関間の競争によって，このような傾向を抑えることができるだろう。なぜなら，一方の基準体系を好まない企業は単純に残る一方を採用するだけなので，過度に基準を作ろうとする基準設定機関は「客を失う」ことになるからである。

加えて、企業は採用する基準体系の選択を通じてフル・ディスクロージャーを行っているというシグナルを発信できるだろう。

競争の導入にかかるコストとしては、**ネットワーク外部性**(network externalities) の低減が考えられる。つまり、投資家が複数の会計基準体系を学習しなければならないというコストが発生する。比較可能性の欠如がこのコストを生んでいる。しかしながら、Dye and Sunder (2001) によると、そういったコストは比較的低くなるとのことである。たとえば、アナリストなどの専門家はどちらかの会計基準の解釈に特化することができる。彼らの分析結果は即座に市場株価に織り込まれ、一般投資家に対して価格保護を与えることになるだろう。とくに、すでに述べたように企業による会計基準体系の選択そのものも情報内容を持っている。

基準設定機関間の競争という問題は複雑なものであるが、そこでの議論は、各国の基準設定機関がIASB基準をより受け入れることが社会的な便益につながることを示している。

12.5　規制理論との関係

ここまで基準設定プロセスについて説明してきたが、その中でも特徴的なのがデュー・プロセスであった。たとえば、カナダやアメリカ、そして国際会計基準においても、財務報告に利害関係を持つ主要な利害関係者が基準設定機関に代表として名を連ねている。また、新基準が発行されるまでに、特別決議の要件だけでなく、公聴会や公開草案といった議論の開放についての措置が設けられている。

このようなデュー・プロセスの特徴は、利害関係者が相互に対立するという理論と整合的である。第11章での情報生産についての市場の失敗の議論によると、市場の力では適切な会計基準と会計処理が生み出されるとは必ずしもいいきれない。かといって、投資家と経営者の情報ニーズや利害が多様で複雑なため、基準設定機関にとっても会計基準がどれだけあれば適切なのかを知ることは事実上不可能になっている。投資家と経営者との間で、公共利益説のいう最適なトレードオフを実際にどのようにして計算すれば良いのかが単純にわからないのである。よって、会計基準選択問題は計算問題というよりは利害関係者間の利害対立問題であると捉えた方が良さそうである。つ

まり，提案された新基準に影響を受ける利害関係者が，ロビー活動をとおしてそれを支持するのか反対するのかという戦略を選択するゲームなのであり，AcSB，FASB，そして IASB も，その複雑なゲームのプレイヤーなのであると捉えた方が良さそうである。

　プレイヤーがこのゲームの結果（つまり，新基準が発行されるか撤回されるか，また発行された場合に要求される具体的な報告要件）を進んで受け入れるとき，プレイヤーはこのプロセスが公正である，あるいは少なくとも自分たちの戦略が功を奏したと感じるに違いない。ゲーム理論を扱った例 8.1 でいうと，プレイヤーは相手プレイヤーが選択しうる戦略について知っているはずである。もし自分たちの意見が聞き入れられたと感じるなら，プレイヤーは新基準をより柔軟に受け入れるだろう。基準設定につきものの利害関係者間の利害対立を抑える方法として，デュー・プロセスに注意が向けられるのはこのような理由のためである。

　ここまでの考察を踏まえれば，新基準の予測にとっては，利害関係者間の対立を視野に入れている利益団体説の方が公共利益説よりも有効であると思われる。この問題をさらに深めるために，以下ではある FASB 基準について，その設定に至るまでの利害対立について考察する。

12.6　対立と妥協

12.6.1　利害対立の例

　ここでは，有価証券に対する時価評価を導入した SFAS 115「特定の負債証券および持分証券への投資の会計処理」をとりあげる。この基準は，新基準の開発にまつわる問題についての重要で興味深い例となっている。実例 12.1 は，ウォール・ストリート・ジャーナルに掲載された Robin Goldwyn Blumenthal による 1992 年 9 月 11 日付の記事である。この記事では，FASB が公表した公開草案について触れられている。公開草案は，企業が保有している有価証券の一部に対して公正価値評価を求めていた。信頼性を確保することができる場合，これは市場価値評価を意味している。そうでない場合には，現在価値やその他のモデル，あるいは適当な技術を使って公正価値を算定することができる。この基準については，益出し取引や報告利益のボラティリティが問題とされることが多いが，ここでは SFAS 115 に先だつ利害関係者間の利

害対立に焦点を当てる。

実例 12.1　FASB が銀行に価値評価適用への動き—有価証券が時価評価へ

　　ニューヨーク—財務会計基準審議会 (FASB) は，銀行の保有する有価証券の多くについて，市場価格で評価するという賛否両論が多いルールの実施へ1歩踏み出した。

　公開草案を発行することで，FASB は投資目的の有価証券に対する会計ルールを公式に提案したことになる。その提案内容は，7月に概要説明された妥協アプローチとほとんど同じものとなっている。FASB のボードメンバー7人のうち6人がこの提案を強く支持しているようだが，コメント受付期間中に銀行から改めて強い反対がなされると予測される。ちなみに，銀行は昨年，記録的な金額の有価証券を購入している。

　「これは会計にとって，とても大きな変化です。」とアメリカ銀行協会の会計方針担当部長であるドナ・フィッシャーはいう。実際，この提案のもとでは，有価証券を長期投資に分類することが銀行にとってよりむずかしくなる。その結果，有価証券を市場価値ではなく，これまで通り取得原価で評価し続けていくことができなくなるのである。フィッシャーによると，この提案は市場性のある持分証券および負債証券に投資しているすべての企業に影響を与えるが，銀行のような金融機関に対する影響がもっとも大きくなるだろうとのことである。なぜなら，銀行は総資産のうち 30% 近くを有価証券に投資しているからである。

益出し取引

　この提案は，産業の垣根を越えて，投資有価証券に対する会計処理の標準化を意図したものである。また同時に，銀行によるいわゆる益出し取引についても対処しようとしている。益出し取引とは，価値の上昇している有価証券を売却することで利益を認識する一方，価値の低下している有価証券については長期投資として保有し続け，取得原価のまま記録しておくことである。

　現行の会計ルールにしたがっているとはいえ，「実際，(有価証券を) 長期保有していない場合に，それらを原価で報告するというのは不適切だという認識がもともと広くあったんです。」と FASB のプロジェクト・マ

ネージャー，ロバート C. ウィルキンスはいう。

　FASB は，コネチカット州ノーウォークに立地する，会計専門家にとって最上位の基準設定機関である。その FASB が，ここ数年来，証券取引委員会 (SEC) から圧力を受けてきている。投資有価証券をより直近の価値，つまり時価で評価せよというのである。SEC 議長，リチャード・ブリーデンは，すべての投資有価証券を時価評価することへの支持を 2 年前から表明してきた。

　ウィルキンスによると，FASB は一時，投資有価証券について現在のような 3 つのカテゴリーを設定せず，企業に対してすべてを時価評価させようと考えていた。しかし，投資有価証券に関連する負債をどのようにして時価評価すれば良いか答えが見つからず，そのアプローチを放棄したのである。7 月に FASB は，「売却可能」に分類される負債証券に発生した価値下落に対しても，自らのアプローチを緩和した。この金額は，損益計算書の利益を減少させることなく，貸借対照表の株主持分に記帳されることになった。

プラス面とマイナス面

　SEC の会計主任，ウォルター・シュエッツェによると，この提案にはプラスとマイナスの両面があるとのことである。「プラス面は，より多くの市場性ある有価証券が，貸借対照表において時価評価されるようになることです。」という。しかしながら，この提案のもとでは，有価証券を購入したときに 3 つのカテゴリーの中から 1 つを選ぶという裁量を経営者に対して与えており，いわゆる「精神分析的会計（psychoanalytic accounting）」の余地があるとも指摘している。

　シュエッツェは，この提案が益出し取引に適切に対処しておらず，また市場価値の下落が「一時的ではない」と見なされたときに株式と債券の評価を切り下げることになっているが，そのタイミングについて十分な手引きを与えていないともいう。

　しかし，この提案に対して銀行業の代表者は別の見方をしている。「彼らは有価証券を時価評価すべきだとははっきりいっていません。ただ，結果的にはほとんど同じくらいの影響をもたらすことになるだろうと我々は考えています。」とアメリカ銀行協会のフィッシャーはいう。彼女によ

ると，もしこの提案が採用されると，銀行には資本勘定のボラティリティを低減する必要が生じる。そして，おそらくそれは有価証券に対するより短期的な投資という形で実施されるだろうとのことである。

銀行家がいうには，彼らが購入する有価証券の大部分は満期が2年から5年の中期的なものである。「我々のもっている有価証券のほとんどは短期物だ。」というのは，ペンシルバニア州アルトゥーナにあるミッド・ステイト銀行の最高経営責任者であり，また商業銀行の業界団体，ロバート・モリス・アソシエイツの代表でもあるウィリアム J. ロスマンである。「短期資金を使って30年物の債券に投資するなんて銀行は，そんなにはないはずだ。」と彼はいう。

提案されたルールは，今後，公示期間を経なければならない。その間に，FASBが反対者の意見を耳にするだろうことは疑う余地がない。もし承認されれば，公開草案は早ければ1994年には施行される。

財務省次官であるジェローム・パウエルは，モーゲージ銀行に向けたメッセージの中で，市場価値会計は銀行の利益を非常に不安定にし，貸し渋りを増大させるだろうと警鐘を鳴らした。

コミュニティ銀行6,000行を会員に持つアメリカ独立銀行家協会のダイアン・ケーシーによると，提案されたルールを軟化させるための戦いは当分終わらないとのことである。協会は，この提案がコミュニティ銀行に損害を与えるものであり，また活発に取引されることの少ない地元の学区債や下水道局債の購入を妨げるものであると強く主張している。

出所：ウォール・ストリート・ジャーナル，©1992 ダウ・ジョーンズ社の許可を得て転載。すべての国において無断複写・転載を禁じます。

利害関係者の利害対立について考察する前に，実例12.1で述べられていたような，当初FASBが想定していた全部時価評価の影響について考察することにしよう。全部時価評価とは，資産負債を問わず企業のすべての金融商品に対して公正価値評価をするだけでなく，それによって生じる未実現損益を報告利益に含めることまでも意味している。その結果，利益のボラティリティも高くなる（このボラティリティはヘッジによって低減できる）。また，全

部時価評価が行われると，企業の益出し取引がなくなることにも注意しよう。もし証券が市場価値で評価され，発生した損益がそのまま利益に算入されるのであれば，経営者はそれら損益の発生タイミングを管理しなくなるだろう。なぜなら，金融商品を売却しても当期利益には何の影響も与えないからである。その結果，益出し取引がなくなるのである。

当然のことだが，銀行経営者は全部時価評価に反対するだろう。なぜなら，銀行が多額の金融資産，金融負債を抱えているからである。銀行としては，(ヘッジの程度にもよるが) 利益のボラティリティが増大する点，および利益マネジメント能力が極度に低下する点に対して警戒せざるをえないだろう。実例 12.1 では，アメリカ銀行協会，ロバート・モリス・アソシエイツ，アメリカ独立銀行家協会，そのすべての代表が反対していると述べられている。

加えて，アメリカの財務省が経済的帰結について不安を持っていた。財務省は，時価評価によって銀行の経営政策と財務政策が影響を受け，銀行が長期貸付を嫌がるようになるのではないかと感じていたのである。そうなると，経済全体における信用枠にまで影響が及ぶことになる。この不安は，利子率の変化によって期限付債券の市場価値が変化することから生じている。つまり，期限が長期になるほど，利子率の変化に対する市場価値変化が大きくなってしまうのである。そのため，銀行は利益のボラティリティを低減するために長期貸付を縮小するかもしれない。よって，財務省は基準草案に対して強く反対をしたのである。

また，全部時価評価会計という当初の提案は技術的な課題に直面していた。金融負債の中に評価のむずかしいものがあったのである。たとえば銀行の預金債務は，コア預金によって生じる無形資産 (core deposit intangibles) があることで評価がむずかしくなっている。これらの課題に対して，信頼できる価値を算出するモデルを得ることができないのである。

セクション 7.3 の ESO のケースで示されたように，基準が技術的な課題を抱えているような場合，反対者からの攻撃はさらに強いものになりうる。ここでは，コア預金によって生じる無形資産の価値評価をできないことが主な技術的課題であった。だからといって，もし金融負債が基準の対象外になると，金融資産の損益に対してヘッジをかけることができなくなる。そうなると，ボラティリティに対する不安がさらに増大してしまうことになる。

ただし，実例 12.1 では同時に，全部時価評価に賛成する強力な利害関係者，

SECについても述べられている。SECが賛成する理由は明快である。SECは政府機関として，投資家を保護し，証券市場の適切な運営を促進するという役割を担っている。そのため，投資家が公正価値を利用できるようになる方が，SECにとっては好ましいと考えられる。また，(注記表示とは異なり) 公正価値を帳簿に取り込むことによって，益出し取引を排除できるのであれば，なお好ましいのである。

明らかに，FASBは苦しい立場に立たされていた。誰もが受け入れてくれる基準を設定することが不可能に近かったからである。それにもかかわらず，1993年にはSFAS 115が可決され，同年12月15日以降に開始される会計年度から適用されることとなった。

興味深いことに，当初の目標である全部時価評価会計からすると，この基準においてはいくつかの妥協が行われている。第1に，測定の困難さを理由に，負債が対象から除外されている。第2に，ボラティリティを低減するため，負債証券の中にはSFAS 115のもとでも原価評価が継続されるものがある。対象となるのは，企業が「積極的な意思および能力」を持って満期まで保有しようとしている負債証券である。第3に，ボラティリティをさらに低減するため，売却可能有価証券に生じた未実現損益は利益に算入されず，その他の包括利益として報告される。

おそらく上記のような妥協は，経営者による反対を抑えるためであったと考えられる。しかしながら，それによって結局，益出し取引が排除されなかったばかりか，有価証券を満期保有目的から売却目的に移すだけで利益が実現できるようになったため，逆に益出し取引を促進するという結果になったかもしれない[3]。これに対して，FASBは満期保有目的への分類，その後の分類変更に対して厳しい制約を課すことにより，益出し取引の発生を最低限に抑えたいと考えていた。さらに，SFAS 115のもとで拡充された開示要求により，以前よりも益出し取引による利益が見えやすくなっているだろうとも考えていた。加えて，もし満期到来前に満期保有目的有価証券の一部を企業が売却したなら，この売却行為と満期保有の意思が整合しないので，残りのすべての証券を売買目的有価証券あるいは売却可能有価証券に再分類することにならざるをえないだろうとも考えていたのである。

---

[3] 他にも，売却可能有価証券の未実現利益が売却にともなって実現する際，その金額をその他の包括利益から純利益に振り替えるというSFAS 130の規定を利用した益出し取引の方法がある。

SEC はこういった益出し取引に対する制約について満足していたように見える。もし SEC が同意しなければ，FASB は非常に苦しい立場に追い込まれていただろう。公正価値をさらに取り入れたい SEC の要求と，公正価値を排除したい金融機関の要求との間で板ばさみになっていたに違いない。

12.6.2 包括利益

1997 年，FASB は SFAS 130「包括利益(Comprehensive Income)」を公表した。カナダにもそれに対応する基準があるものの，2006 年 10 月まで施行されないことになっている。したがって，ここでは SFAS 130 について議論する。包括利益とは，株主からの出資と株主への分配を除く，1 期間に生じたすべての株主持分変動であると定義される。そのため包括利益には，GAAP にしたがって計算された純利益に加えて，いくつかの未実現損益が含まれる。たとえば，SFAS 52 にしたがって在外子会社を連結会計処理した際に生じる未実現損益，SFAS 115 にしたがって売却可能有価証券を時価評価した際に生じる未実現損益，あるいは SFAS 133 にしたがって予定取引に対するキャッシュ・フロー・ヘッジにヘッジ会計を適用した際に生じる未実現損益などである。これらいずれのケースにおいても，純利益に未実現損益を含めることに対して経営陣は異議を唱える。なぜなら，これらはボラティリティが高い上に管理不能であるため，経営者の努力についての情報を有しないからである。こういった項目に経営者が懸念を示す理由は，前に述べた契約の理論において示されている。

SFAS 130 は，こういった項目を**その他の包括利益**(Other Comprehensive Income) と題された会計科目に含めた上で，損益計算書に加えて表示する，もしくは，独立した株主持分変動計算書の中で表示することを求めている。未実現損益が実現してしまうと—たとえば売却可能有価証券を売却したときなど—その実現した金額だけその他の包括利益から純利益に振り替えられる。

このように包括利益は，純利益とその他の包括利益の合計額となっている。セクション 5.5 で示した利益数値の階層関係は以下のように拡張される（ここでも所得税は無視している）。

コア利益	xx
非経常項目および一時項目	<u>xx</u>
継続事業による利益	xx
異常項目	<u>xx</u>
当期純利益	xx
その他の包括利益	<u>xx</u>
包括利益	<u><u>xx</u></u>

　実現利益(当期純利益)と未実現利益(その他の包括利益)へ二分化することで,財務報告の持つ2つの役割—投資家への有用な情報の提供および経営者市場での経営者の業績評価に資すること—が強調されている。市場が機能しているとき,現在の市場価値は将来価値についてのもっとも優れた予測指標となっている。それゆえ,未実現損益は投資家に対して企業の将来業績についての目的適合的な情報を提供する。それに対して,未実現損益が実現損益に比べて経営者の努力についての情報を有していない場合,契約に用いる業績指標としては純利益の方がより有効となる。おそらくこの契約の効率性は,さらにいくつかの項目を純利益からその他の包括利益に移すことによって高めることができるだろう。たとえば,努力についての情報を有していないとみなされる減損損失が挙げられる(セクション9.6でのBCE社による回収不能コストの切り下げを思い出そう)。もっとも,このようなアプローチでは,経営者は純利益から情報を持っている損失を抜き出し,逆に情報を持たない利得を純利益に加えることにより,純利益を上昇させることができる。そのため,経営者がこのような方法で損失責任を回避しようとする誘惑を抑えるような基準が必要となる。もしそのような統制ができれば,二分化アプローチは財務会計理論の基本的な問題を緩和する可能性を持つ。

　しかし,このような可能性があるにもかかわらず,SFAS 130では経営者の業績を促進させるという純利益の役割についてはまったく言及されていない。もっとも,この役割は明示されてはいないものの,認識されてはいるようである。たとえば,SFAS 130パラグラフ66では,その他の包括利益は財務業績の指標ではないと述べられている。つまりこれは,純利益がその役割を担っていることを示唆している。

実務における理論 12.1

　SFAS 130 では，売却可能有価証券についての未実現損益はその他の包括利益（OCI）に含まれることになっている。この未実現損益は，証券の売却によって実現したとき，純利益に振り替えられる。

　そのため，SFAS 115 があるにもかかわらず，企業はこれまで同様に益出し取引に手を染めることができるようになっている。つまり，売却可能有価証券の売却を通じて，純利益を調整することができる。たとえば，純利益を増加させるのであれば，未実現利益が発生している売却可能有価証券を売却するだけで良い。もちろん，それによって未実現利益が実現してしまうので OCI も減少することになるが，包括利益（純利益と OCI の合計）自体は何も影響を受けない。とはいえ，経営者は，投資家が企業業績を評価する際には純利益の方を重視すると感じているだろう。

　興味深いことに，SFAS 130 は，OCI を純利益の下に配置して報告する方法と株主持分変動計算書の一部として報告する方法とのどちらかを選択できるようにしている。後者の方法は，OCI を純利益とは別立てにして，注記情報あるいは留保利益を拡張表示したものの一部として扱っていることを示している。純利益とは別立てに OCI だけをまとめることの利点は，益出し取引が目につきにくくなることである。なぜなら，純利益に含まれている実現損益が，すでに発生していたものが実現しただけの結果であり，よって経済的な重要性をほとんど持たないことを認識するために，投資家は OCI 項目を吟味しなければならないからである。

　Lee, Petroni and Shen (2006) は，この行動について調べている。彼らは，アメリカの保険会社 82 社のサンプルを用いている。それらの会社は，多額の売却可能有価証券を保有しており，その金額は多くの会社で総資産の 40%程度であった。したがって，益出し取引によって純利益を調整する可能性が高い。

　Lee, Petroni and Shen (2006) は，この 82 社をチェリー・ピッカー（純利益を調整するために益出し取引を行っているように思われる会社）とそうでない会社に分類した。たとえば，純利益が非常に低いときに限って有価証券実現益を計上するというパターンを取っている企業をチェリー・

> ピッカーとして分類するわけである。こういった企業は，アナリストや投資家の期待利益を達成するために，純利益を上昇させているようである。彼らのサンプルには，チェリー・ピッカーが23社あった。
>
> 　そこで，Lee, Petroni and Shen (2006) はチェリー・ピッカー23社によって用いられているOCIの報告方法を検討した。すると，75%が純利益と別立て報告するという方法を用いていた。チェリー・ピッカーでない59社のうち，この方法を用いていたのはたった38%であった。
>
> 　Lee, Petroni and Shen (2006) の証拠は，チェリー・ピッカーが何かを隠したいがゆえに透明性の低い報告方法を選択していることを示している。ただし，別の解釈も可能である。つまり，実現損益は未実現損益のボラティリティに影響を受けない。そのため，経営者は，実現損益の方が企業経営に対する自分の努力についてより情報を有していると感じ，それを強調しているということなのかもしれない。

　包括利益が投資家の意思決定にとって有用であるのかどうかという問題が，包括利益の報告をきっかけに提起されている。上で述べられていたように，その他の包括利益を精査することで利益マネジメントが明らかになるのであれば，有用性を持つ可能性もある。Dhaliwal, Subramanyam and Trezevant (1999) は，この有用性問題について調べた。彼らは，アメリカ企業の大規模サンプルを用いて，包括利益と純利益のどちらの方が株式リターンとより関連しているのかを確かめた。その結果，その他の包括利益の方が純利益よりも株式リターンと強く相関しているという証拠は得られなかった。このことは，包括利益が追加的な意思決定有用性を持っていないということを示唆している。これに対して，Skinner (1999) は証券市場の効率性を前提にすれば，当たり前の結果であると指摘している。なぜなら，その他の包括利益に含まれる情報の多くが，これまでも財務諸表注記の補足情報などから入手可能であっただろうからである。

　意思決定有用性がないのであれば，SFAS 130 の目的は何になるのだろうか？ この基準は，投資家と経営者間の政治的な妥協を象徴しているように思われる。投資家は公正価値会計の意思決定有用性から便益を得ている。それに対して，純利益に未実現損益を算入しないという条件をつけた上で，経営者は公正価値会計を潔く受け入れているように思われる。

12.6.3 要約

　SFAS 115 のような基準が投資家に対して意思決定有用性を持っていることについては，ほとんど疑いようがないと思われる。たとえば，Barth, Beaver and Landsman (1996) と Barth (1994) は，銀行の貸付金と投資ポートフォリオの公正価値に対して証券市場が反応していることを実証した。さらに，証券価値について投資家の知識が高められ，益出し取引も減少するので，経営者と投資家間の情報の非対称性が低減する。この結果，証券市場の運営は改善され，社会的にも便益がもたらされるだろう。しかしながら，基準を成功させるためには，さらに条件が必要となることは明らかだろう。つまり，基準によって影響を受ける利害関係者が，お互いに妥協できるかどうかもまた重要なのである。たとえば SFAS 130 では，経営者の管理できる余地が相対的に小さく，経営努力についての情報を有さない未実現損益について，それを純利益に算入しないという形で妥協が行われている。

12.7　細則主義と原則主義

　上記の実務対理論という描写は，会計基準設定における**細則主義**(rules-based)と**原則主義**(principles-based) との違いに通じている。SFAS 115 のような細則主義の基準は，会計処理に対して詳細な規定を置こうとする。たとえば，SFAS 115 の目的は益出し取引を排除することであった。しかしながら，上で述べられていたように，ありとあらゆる状況に応じて詳細に定めた規定を置くことはむずかしい。それに対して，詳細な規定を置く代わりに一般的な原則だけを置き，監査人による専門的な判断を通じて，基準のあるべき適用を確保するという方法もある。たとえば，一般的な規定を益出し取引の排除とした場合，機会主義的な目的で益出し取引をしていると思われる経営者に対して監査人は反対をするのである。

　この点について，SEC は 2003 年の報告書「サーベインズ・オクスリー法セクション 108(d) による調査」の中で，会計基準に対して原則主義のアプローチを採用するよう FASB に推奨した。このようなアプローチが，専門的判断のための枠組みである概念フレームワークに対してより重点をおくことに注意しよう（セクション 3.8 を参照）。この SEC の調査報告書については，2002 年 FASB 自身が作成した「アメリカ基準の設定に対する原則主義アプローチ

の提案」によって大筋合意が行われている。FASB は現在，このアプローチを実施する方法を編み出そうとしている。

原則主義の会計基準はまた，セクション 1.3 で議論された重要な倫理的問題を提起している。なぜなら，会計専門家や監査人の判断がますます重要性を帯びるからである。会計専門家の組織は，会員に対して顧客の短期的な利益（たとえば，機会主義的な利益マネジメント）よりも長期的な利益（たとえば，証券市場や経営者市場の円滑な運営）を必ず優先させるように努めなければならない。もちろん，会計専門家の組織は，すでに職務規範や風紀委員会，基準設定におけるデュー・プロセスを通じて，このことに着手している。それでもなお，セクション 1.2 で述べたような最近の不正報告を考慮すると，会計業務の透明性を増すためにより一層の努力が求められる。なぜなら，判断主義のシステムにおいては，基準そのものよりも執行することの方が，決定的に重要であり，細心の注意を要するからである。

この点でいえば，基準設定機関の組織自体が倫理的な課題を抱えている。カナダでは，基準設定機関 (AcSB) と基準執行機関がともに同じ専門職団体である CICA の 1 部門となっている。これは少なくともモラル・ハザード問題を起こすような状況を作っている。なぜなら，財務会計基準に対して責任を持っている機関が職能団体を通じて，執行に責任を持つ機関と結びついているからである。それとは対照的に，FASB と IASB は，会計専門職団体と切り離されている。

12.8 基準設定のための判断条件

ここまでのところで，多くの要素が基準設定プロセスに影響を与えていることがわかった。基準は意思決定に際して有用でなければならないが，他の利害関係者—とくに経営者—が受け入れ可能なものでもなければならない。このため，基準設定機関は解答を出すのがむずかしい状況に陥ってしまうのである。それでもなお，基準設定を理解しようとするときに，留意すべきいくつかの判断条件をここで示すことにする。

12.8.1 意思決定有用性

意思決定有用性という判断条件の背景には，財務報告に対する情報パース

ペクティブと測定パースペクティブ，実証的資本市場研究がある。他の条件が同じなら，ある情報システムについて，企業の将来業績についての情報が豊富なほど，つまりノイズがより少ないほど，そのシステムによって生み出された情報に対する投資家の反応が強くなることを思い出そう。よって，証券価格が会計情報に反応しているという実証的証拠は，投資家にとって情報が有用であることを示していることになる。

このことは，新基準が成功するための必要条件が意思決定有用性にあることを示している。もちろん，基準が実際に設定されるまでは市場も反応しようがないので，事前に意思決定有用性を評価することはむずかしい。それでもなお，意思決定有用性を予測するのであれば，合理的な投資家の意思決定理論を利用することが可能である。たとえば，Bandyopadhyay (1994) は，石油・ガス会社の利益について，成功部分原価法を用いた方が全部原価法を用いたときよりも情報が豊富であると予測し，実際にその効果についての証拠を提供した。また，第6章で議論したように，財務報告に対して公正価値を導入することにより，当期業績と将来業績との関連性を強めることができれば，投資家に対する意思決定有用性は高まるだろう。

しかしながら，意思決定有用性は基準が成功するための必要条件であるかもしれないが，成功を保証するための十分条件ではない。セクション5.6で見たように，会計情報が持っている公共財的な性格のために，意思決定有用性のもっとも高い基準こそが社会にとって最適であるとは限らないのである。投資家は会計情報に対して直接，料金を支払っているわけではないので，会計情報を使いすぎるかもしれない。そのため，基準そのものは意思決定について有用であるように思えても，それによって情報を作成するコストが考慮されていなければ，社会にとって悪い結果をもたらす可能性がある。さらに，基準変更は，企業とその経営者に対して契約コストを負担させる可能性がある。その結果として，財務会計理論の基本的な問題が示唆するように，基準設定機関は意思決定有用性以外の判断条件を考慮しなければならないのである。

12.8.2 情報の非対称性の低減

セクション11.3.3で見たように，市場では経営者と投資家が情報を作り出すような力が働いている。基準設定機関は，この力を認識し，可能な限り利用しなければならない。それによって，基準の必要性を抑えることができる

からである．しかしながら，残念なことに，市場の力だけでは適切な情報量が生産されるとは限らない．セクション11.4で見たように，その理由のひとつとして挙げられるのが情報の非対称性である．したがって，Lev (1988) が示したように，基準設定機関は，新基準導入に対する判断条件として，資本市場と経営者市場における情報の非対称性の低減効果を考慮しなければならない．

会計情報の公共財としての性格は，基準設定機関が判断条件として用いている意思決定有用性を使いにくくしている．その一方で，上記で指摘されたように，この性格は，基準が情報の非対称性の低減をするのには非常に有効であることを意味している．つまり，財務会計情報は，誰かが利用すれば消えてなくなってしまうようなものではない．そのため，基準によって拡充された情報開示の便益を，すべての投資家が享受できる．たとえば，(例3.1でのビル・コーシャスのように) 拡充された情報を用いようとする，あるいは用いることができる人であれば，誰でもその便益を直接的に享受していることになる．たとえそうでない人であっても，効率的な証券市場における価格保護メカニズムをとおして間接的にその便益を享受している（セクション4.3.1）．したがって，情報の非対称性の低減は，投資家に対してより公平な投資条件を与えるという意味で，市場運営を改善するのである．これにより，市場の流動性は高まり，「レモン」現象が低減する．一般的にいえば，より機能的になった市場をとおして社会的便益が生み出されるのである．

基準設定機関は，市場価格そのものが情報の伝達媒体であることを認識しておくべきである．セクション4.4で議論したように，効率的な市場における企業の株価は，ノイズを含むものの，その企業について公に知られていることすべてを反映している．さらに，中小企業に比べて，大企業の方がより世間の目にさらされており，またアナリストやメディアによって見守られているため，公に知られていることも多い．したがって，経営者と投資家間の情報の非対称性は中小企業の方が大きいことになり，基準設定機関は少なくとも大企業と同じ程度の開示を中小企業に対して求めるべきであるということになる．この点，CICAハンドブックがすべての営利企業を適用対象としながらも，たとえば非上場企業の1株当たり利益など，中小企業の開示に対して免除事項を設けているのは興味深い（パラグラフ3500.02）．

しかし，判断条件としての情報の非対称性の低減もまた，基準を成功させ

るための必要条件ではあるが十分条件ではないことに注意しなければならない。意思決定有用性と同様に，情報の非対称性の低減にもコストがかかるからである。したがって，たとえ基準が情報の非対称性を低減しても，どれぐらいで費用対効果がなくなるのかを知ることがむずかしいのである。

12.8.3 新基準の経済的帰結

上記のように，新基準にかかるコストには，その基準を満たすことで企業や経営者にかかってくるコストがある。このコストは，新たに求められた情報を作成するために，実際に現金で支出されるようなコストを上まわるものとなる。なぜなら，財務制限条項に抵触する可能性の増大，あるいは経営者が受け取る将来ボーナスの水準やボラティリティに対する影響といった，契約の硬直性によって生み出されるコストも含まれるからである。これらのコストは，経営政策や財務政策に影響を与える可能性がある。さらに，新基準が機密情報の公開を求めるような場合，競争優位の低下によって企業の将来収益性がよくも悪くも影響を受ける可能性がある。

新基準によって，しばしば経営者の会計方針選択の自由が狭められることがある。これもまた経済的帰結の源泉となる。セクション 11.3.5 で見たように，企業は会計方針選択によってインサイダー情報をシグナルすることができる。また，セクション 10.5 で見たように，利益マネジメントをとおしてインサイダー情報を示唆することもできる。会計方針選択を制限すると，こういった形での情報生産能力が低下してしまうのは明らかである。

最後に，セクション 8.3 の Darrough and Stoughton (1990) のモデルによれば，他の条件が同じなら，産業内での競争が激しいほど開示することが望ましくなる。その結果，産業によっては会計基準に対する必要性が小さいかもしれない。

ここまでの検討から，新基準によってどのような経済的帰結が起こりうるかについて，基準設定機関はきちんと考慮しなければならないことがわかる。経済的帰結によって発生するコストは，基準の必要性に影響を与えるだけでなく，利害関係者が新基準に対してどのような態度をとるのかにも影響する。もちろん，新基準の経済的帰結は，基準設定前の議論において誇張されることがあるかもしれない。たとえば，長期投資がすべて時価評価されると，本当に銀行は長期融資をストップさせてしまうのだろうか？ おそらくそんなこ

とはないだろう。しかし，長期融資にかかる銀行のコストが増大し，その結果，借り手に対する手数料が上昇するぐらいのことはあるだろう。

12.8.4 基準設定の政治的側面

最後の判断条件は，経済的帰結から直接導かれるものである。つまり，基準設定の政治的側面である。基準設定機関は，実際，新基準を設定するにあたって，十分なコンセンサスを形成しなければならない。たとえ新基準を好ましく思っていない利害関係者であっても，最終的には支持にまわるぐらいのものでなければならない。これが Zeff (1978) のいう「絶妙なバランスをとって行動すること」である（セクション 7.2 を参照せよ）。セクション 12.3 と 12.4 から明らかなように，基準設定機関の構造とデュープロセスは，このようなコンセンサス形成を促すように設計されている。このことは，国内の会計基準だけでなく国際会計基準についてもあてはまる。

基準設定プロセスともっとも整合的なのは，規制の利益団体説のようであると結論する。技術的あるいは理論的に正確だからといって，必ずしも基準が成功するわけではない。セクション 7.3 で議論したように，ESO を費用計上していないために，純利益が過大表示され，企業間での報告利益の比較可能性が損なわれている。しかし，ESO に対して公正価値会計を提案した FASB の 1993 年公開草案は，多くの抵抗に遭い撤回を余儀なくされた。2005 年にも費用計上を提案する草案が提出されたが，同様の抵抗に直面している。デュープロセスに大きな注意を向けることは，時間の無駄のように見えるかもしれないが，コストもかかり混乱を招く撤回という事態を最小限に抑えるには重要なことであるように思われる。もっとも，このような配慮が大きすぎると，基準設定機関そのものの存在意義が問われることにはなる。

12.8.5 要約

会計基準設定機関の判断条件として，意思決定有用性の増加と情報の非対称性の低減が挙げられる。しかしながら，基準設定を成功させるためには，これらの判断条件だけでは不十分である。経営者や他の利害関係者の正当な利益についても配慮することが必要であり，それがデュープロセスに反映されている。このように財務会計理論の基本的な問題が存在するため，公共利益説よりも利益団体説の方が実際の基準設定プロセスをうまく説明しているよ

うに思われる。

12.9　結論とまとめ

　ある意味で，この本は全体をとおして基準設定へと焦点を絞ってきた。第2章で見たように，理想的状況の下では会計報告基準が必要とされない。なぜなら，そこでは企業の将来キャッシュ・フローの現在価値にもとづいて会計報告するしかないからである。実際，理想的状況の下では，そもそも財務会計が必要であるかどうかが疑問視される。

　セクション2.6の結論は，理想的状況の下では会計専門家が必要とされないということであった。幸いそのような条件は存在しておらず，結果的に財務会計はより面白いものとなっている。情報の非対称性は，この面白さの主要な源泉である。

　情報の非対称性には大きく分けて2つのタイプがあった。ひとつは逆選択である。つまり，経営者などのインサイダーは通常，外部の投資家に比べて企業の状態や将来見込みについてより詳しく知っている。そこで会計に与えられた課題は，企業の内部から外部へと情報を伝達することによって，投資家の意思決定を改善し，インサイダーが情報優位を不当に利用する能力を制限し，ひいては資本市場の運営を促進することであった。

　情報の非対称性のもうひとつのタイプは，モラル・ハザードである。つまり，かなり小さな会社でもない限り，株主や債権者は経営者の努力を観察することができない。そこで会計に与えられた課題は，経営成績を有効に示す指標を提供することであった。この指標をインセンティブ契約に用いることで，経営努力を促進したり，債権者を保護したり，経営者市場に情報を提供したりすることが可能となった。

　ここで大切なのは，両方の課題を同時に解決するような会計システムなど存在しないという点である。そのため，実際の財務報告では，それぞれの課題を適度に解決する妥協的な会計システムが用いられている。具体的には，投資家は，企業の将来業績予測をするのに適した，意思決定に役立つ情報を必要としている。一般的に将来価値予測にもっとも適しているのは現在の公正価値であるから，投資家は公正価値ベースの情報を求めることになるだろう。しかしながら，公正価値はボラティリティが高かったり，主観が混じっ

たりするため，利益が経営者の業績をうまく表さなくなってしまう。取得原価主義会計，あるいはより広く保守主義会計にはこういった問題が少ないので，効率的な契約を締結するという課題の解決に適しているといえるだろう。したがって，公正価値ベースの会計と取得原価ベースの会計は，トレードオフされなければならないのである。

　財務報告はこのように異なるニーズ—投資家の情報ニーズと効率的に契約を行うためのニーズ—を同時に満たす役割を求められている。このことが財務会計理論の基本的な問題を生み出している。投資家および投資家のために活動を行う証券委員会は，公正価値情報を含めた追加的な情報を強く求める。それに対して経営者は，以下のように受け止める場合，提案される基準に反対するだろう。たとえば，その基準によって，経営者が現在締結中の契約に対して持っている柔軟性に影響が出たり，会計方針選択をとおして市場に情報を伝える能力が抑制されたり，機会主義的な利益マネジメントによって業績不振を隠蔽する能力が損なわれたりすると受け止めるような場合である。つまり，その基準が投資家に対するフル・ディスクロージャーのためにエージェンシー・コストを増加させるというトレードオフを選択していると受け止めるとき，経営者は反対をするのである。すでに述べたように，基準設定機関はこういった相反する利害関係について妥協案を模索しなければならない。基準設定機関の構造はこういった妥協を手助けするように設計されている。

　証券市場を含めてますますグローバル化するビジネス社会において，国際会計基準の必要性は高まっていくだろう。ただし，基準設定のむずかしさもまた高まっていくと思われる。なぜなら，投資家と経営者の間の利害対立に加えて，異なる経済発展水準や異なる商慣習，異なる文化を代表する新たな利害関係者が現れるだろうからである。基準設定機関は，これらのさらなる課題に対処できるように適応していかなければならないだろう。

参考文献

Abarbanell, J. S. and B. J. Bushee (1997) "Fundamental Analysis, Future Earnings, and Stock Prices," *Journal of Accounting Research* 35(1), pp. 1–24.

Abarbanell, J. and R. Lehavy (2003) "Can Stock Recommendations Predict Earnings Management and Analysts' Earnings Forecast Errors?" *Journal of Accounting Research* 41(1), pp. 1–31.

Abarbanell, J. S., W. N. Lanen, and R. E. Verrecchia (1995) "Analysts' Forecasts as Proxies for Investor Beliefs in Empirical Research," *Journal of Accounting and Economics* 20(1), pp. 31–60.

Aboody, D. and R. Kasznik (2000) "CEO Stock Option Awards and the Timing of Corporate Voluntary Disclosures," *Journal of Accounting and Economics* 29(1), pp. 73–100.

Ackert, L. F. and B. F. Smith (1993) "Stock Price Volatility, Ordinary Dividends, and Other Cash Flows to Shareholders," *Journal of Finance* 48(4), pp. 1147–1160.

Aggarwal, R. K. and A. A. Samwick (1999) "Executive Compensation, Strategic Competition, and Relative Performance Evaluation: Theory and Evidence," *Journal of Finance* 54(6), pp. 1999–2043.

Ahmed, A. S., B. Billings, M. S. Harris, and R. M. Morton (2000) "Accounting Conservatism and Cost of Debt," *Working Paper, School of Management, Syracuse University*, March.

Akerlof, G. A. (1970) "The Market for 'Lemons': Quality Uncertainty and the Market Mechanism," *Quarterly Journal of Economics* 84(3), pp. 488–500.

Alchian, A. (1950) "Uncertainty, Evolution and Economic Theory," *Journal of Political Economy* 58(3), pp. 211–221.

American Accounting Association, Committee to Prepare a Statement of Basic Accounting Theory (1966) *A Statement of Basic Accounting Theory*: Sarasota, FL: American Accounting Association.（飯野利夫訳『アメリカ会計学会　基礎的会計理論』国元書房，1969 年）

Antle, R. and A. Smith (1986) "An Empirical Examination of the Relative Performance Evaluation of Corporate Executives," *Journal of Accounting Research* 24(1), pp. 1–39.

Arrow, K. J. (1963) *Social Choice and Individual Values*: Cowles Foundation Monograph, New York, NY: John Wiley. (長名寛明訳『社会選択と個人評価』日本経済新聞社，1977 年)

Arya, A., J. Fellingham, and J. Glover (1997) "Teams, Repeated Tasks and Implicit Incentives," *Journal of Accounting and Economics* 23(1), pp. 7–30.

Arya, A., J. Glover, and S. Sunder (1998) "Earnings Management and the Revelation Principle," *Review of Accounting Studies* 3(1–2), pp. 7–34.

Baber, W.R., S. Janakiraman, and S-H. Kang (1996) "Investment Opportunities and the Structure of Executive Compensation," *Journal of Accounting and Economics* 21(3), pp. 297–318.

Baber, W. R., S-H. Kang, and K. R. Kumar (1999) "The Explanatory Power of Earnings Levels vs. Earnings Changes in the Context of Executive Compensation," *Accounting Review* 74(4), pp. 459–472.

Baiman, S. and R. E. Verrecchia (1996) "The Relation Among Capital Markets, Financial Disclosure, Production Efficiency, and Insider Trading," *Journal of Accounting Research* 34(1), pp. 1–22.

Ball, R. and E. Bartov (1996) "How Naive Is the Stock Market's Use of Earnings Information?" *Journal of Accounting and Economics* 21(3), pp. 319–337.

Ball, R. and P. Brown (1968) "An Empirical Evaluation of Accounting Income Numbers," *Journal of Accounting Research* 6(2), pp. 159–178.

Ball, R. and S. P. Kothari (1989) "Nonstationary Expected Returns: Implications for Tests of Market Efficiency and Serial Correlation in Returns," *Journal of Financial Economics* 25(1), pp. 51–74.

Ball, R. and C. W. Smith eds. (1992) *The Economics of Accounting Policy Choice*: New York, NY: Mcgraw-Hill College.

Bandyopadhyay, S. (1994) "Market Reaction to Earnings Announcements of SE and FC Firms in the Oil and Gas Industry," *Accounting Review* 69(4), pp. 657–674.

Banker, R.D. and S. Datar (1989) "Sensitivity Precision, and Linear Aggregation of Signals for Performance Evaluation," *Journal of Accounting Research* 27(1), pp. 21–39.

Barnea, A., J. Ronen, and S. Sadan (1976) "Classificatory Smoothing of Income with Extraordinary Items," *Accounting Review* 51(1), pp. 110–122.

Barron, O., J. Pratt, and J. D. Stice (2001) "Misstatement Direction, Litigation Risk, and Planned Audit Investment," *Journal of Accounting Research* 39(3), pp. 449–462.

Barth, M. E. (1994) "Fair Value Accounting: Evidence from Investment Securities and the Market Value of Banks," *Accounting Review* 69(1), pp. 1–25.

Barth, M. E., W. H. Beaver, and W. R. Landsman (1996) "Value-Relevance of Banks' Fair Value Disclosures under SFAS 107," *Accounting Review* 71(4), pp. 513–537.

Barth, M. E., J. A. Elliott, and M. W. Finn (1999) "Market Rewards Associated with Patterns of Increasing Earnings," *Journal of Accounting Research* 37(2), pp. 387–413.

Bartov, E. and P. Mohanram (2004) "Private Information, Earnings Manipulation, and Executive Stock Option Exercise," *Accounting Review* 79(4), pp. 889–920.

Bartov, E., S. Radhakrishnan, and S. Krinsky (2000) "Investor Sophistication and Patterns in Stock Returns after Earnings Announcements," *Accounting Review* 75(1), pp. 43–63.

Bartov, E., D. Givoly, and C. Hayn (2002) "The Rewards to Meeting or Beating Earnings Expectations," *Journal of Accounting and Economics* 33(2), pp. 173–204.

Basu, S. (1997) "The Conservation Principle and the Asymmetric Timeliness of Earnings," *Journal of Accounting and Economics* 24(1), pp. 3–37.

Beaver, W. H. (1968) "The Information Content of Annual Earnings Announcements," *Journal of Accounting Research* 6(Supplement), pp. 67–92.

―――― (1973) "What Should Be the FASB's Objectives?" *The Journal of Accountancy* 136(2), pp. 49–56.

―――― (1989) *Financial Reporting: An Accounting Revolution*: Englewood Cliffs, NJ: Prentice Hall, 2nd edition. (伊藤邦雄訳『財務報告革命』白桃書房，1986年)

Beaver, W. H. and J. Demski (1979) "The Nature of Income Measurement," *Accounting Review* 54(1), pp. 38–46.

Beaver, W. H. and W. R. Landsman (1983) *The Incremental Information Content of FAS 33 Disclosures*: Stamford, CT: FASB.

Beaver, W. H., R. Clarke, and W. E. Wright (1979) "The Association Between Unsystematic Security Returns and the Magnitude of Earnings Forecast Errors," *Journal of Accounting Research* 17(2), pp. 316–340.

Begley, J. and G. A. Feltham (2002) "The Relation Between Market Values, Earnings Forecasts, and Reported Earnings," *Contemporary Accounting Research* 19(1), pp. 1–48.

Benston, G. J. (1973) "Required Disclosure and the Stock Market: An Evaluation of the Securities Exchange Act of 1934," *American Economic Review* 63(1), pp. 132–155.

Berger, P. G. and R. Hann (2003) "The Impact of SFAS 131 on Information and Monitoring," *Journal of Accounting Research* 41(2), pp. 163–223.

Bernard, V. L. (1987) "Cross-Sectional Dependence and Problems in Inference in Market-Based Accounting Research," *Journal of Accounting Research* 25(1), pp. 1–48.

―――― (1989) "Capital Markets Research in Accounting During the 1980s: A Critical Review," *Working Paper, University of Michigan*.

Bernard, V. L. and R. G. Ruland (1987) "The Incremental Information Content of Historical Cost and Current Cost Income Numbers: Time Series Analysis for 1962–1980," *Accounting Review* 62(4), pp. 707–722.

Bernard, V. L. and D. J. Skinner (1996) "What Motivates Managers' Choice of Discretionary Accruals?" *Journal of Accounting and Economics* 22(1–3), pp. 313–325.

Bernard, V. L. and J. Thomas (1989) "Post-Earnings Announcement Drift: Delayed Price Reaction or Risk Premium?" *Journal of Accounting Research* 27(Supplement), pp. 1–36.

Blazenko, G. and W. R. Scott (1986) "A Model of Standard Setting in Auditing," *Contemporary Accounting Research* 3(1), pp. 68–92.

Boland, L. A. and I. M. Gordon (1992) "Criticizing Positive Accounting Theory," *Contemporary Accounting Research* 9(1), pp. 147–170.

Botosan, C. A. and M. A. Plumlee (2001) "Stock Option Expense: The Sword of Damocles Revealed," *Accounting Horizons* 15(4), pp. 311–327.

Botosan, C.A. and M. A. Plumlee (2002) "A Re-examination of Disclosure Level and the Expected Cost of Equity Capital," *Journal of Accounting Research* 40(1), pp. 21–40.

Bowen, R. M., L. DuCharme, and D. Shores (1995) "Stakeholders' Implicit Claims and Accounting Method Choice," *Journal of Accounting and Economics* 20(3), pp. 255–295.

Brown, L. D. and J. C. Y. Han (2000) "Do Stock Prices Fully Reflect the Implications of Current Earnings for Future Earnings for ARI Firms?" *Journal of Accounting Research* 38(1), pp. 149–164.

Brown, R. G. and K. S. Johnston (1963) *Paciolo on Accounting*: New York, NY: McGraw-Hill.

Brown, S. J. and J. B. Warner (1980) "Measuring Security Price Performance," *Journal of Financial Economics* 8(3), pp. 205–258.

Brown, L. D., R. L. Hagerman, P. A. Griffin, and M. Zmijewski (1987) "Security Analyst Superiority Relative to Univariate Time-Series Models in Forecasting Quarterly Earnings," *Journal of Accounting and Economics* 9(1), pp. 61–87.

Brown, S., K. Lo, and T. Lys (1999) "Use of R^2 in Accounting Research: Measuring Changes in Value Relevance over the Last Four Decades," *Journal of Accounting and Economics* 28(2), pp. 83–115.

Burgstahler, D. and I. Dichev (1997) "Earnings Management to Avoid Earnings Decreases and Losses," *Journal of Accounting and Economics* 24(1), pp. 99–126.

Bushman, R. M. and R. J. Indjejikian (1993) "Accounting Income, Stock Price and Managerial Compensation," *Journal of Accounting and Economics* 16(1–3), pp. 3–23.

Bushman, R. M., R. J. Indjejikian, and A. Smith (1996) "CEO Compensation: The Role of Individual Performance Evaluation," *Journal of Accounting and Economics* 21(2), pp. 161–193.

Callen, J. J. and D. Segal (2004) "Do Accruals Drive Firm-Level Stock Returns? A Variance Decomposition Analysis," *Journal of Accounting Research* 42(3), pp. 527–560.

Canadian Institute of Chartered Accountants (1998) *CICA Handbook*: Toronto, ON: CICA.

Chieftain International, Inc. (2000) *2000 Annual Report*: Edmonton, AB: Chieftain International, Inc.

Christensen, J. (1981) "Communication in Agencies," *The Bell Journal of Economics* 12(2), pp. 661–674.

Christensen, P. O., J. S. Demski, and H. Frimor (2002) "Accounting Policies in Agencies with Moral Hazard and Renegotiation," *Journal of Accounting Research* 40(4), pp. 1071–1090.

Christie, A. A. and J. L. Zimmerman (1994) "Efficient and Opportunistic Choices of Accounting Procedures: Corporate Control Contests," *Accounting Review* 69(4), pp. 539–566.

Clarkson, P., A. Dontoh, G. D. Richardson, and S. Sefcik (1992) "The Voluntary Inclusion of Earnings Forecasts in IPO Prospectuses," *Contemporary Accounting Research* 8(2), pp. 601–626.

Collins, D. W. and S. P. Kothari (1989) "An Analysis of the Intertemporal and Cross-sectional Determinants of Earnings Response Coefficients," *Journal of Accounting and Economics* 11(2–3), pp. 141–181.

Courteau, L., J. L. Kao, and G. D. Richardson (2001) "Equity Valuation Employing the Ideal versus Ad Hoc Terminal Value Expressions," *Contemporary Accounting Research* 18(4), pp. 625–661.

Crawford, V. P. and J. Sobel (1982) "Strategic Information Transmission," *Econometrica* 50(6), pp. 1431–1451.

Daniel, K. and S. Titman (1999) "Market Efficiency in an Irrational World," *Financial Analyst Journal* 55(6), pp. 28–40.

Daniel, K., D. Hirshleifer, and A. Subrahmanyam (1998) "Investor Psychology and Security Market Under- and Overreactions," *Journal of Finance* 53(6), pp. 1839–1885.

Daniel, K. D., D. Hirshleifer, and A. Subrahmanyam (2001) "Overconfidence, Arbitrage, and Equilibrium Asset Pricing," *Journal of Finance* 56(3), pp. 921–965.

Darrough, M. N. (1993) "Disclosure Policy and Competition: Cournot vs. Bertrand," *Accounting Review* 68(3), pp. 534–561.

Darrough, M. N. and N. M. Stoughton (1990) "Financial Disclosure Policy in an Entry Game," *Journal of Accounting and Economics* 12(1–3), pp. 219–243.

Datar, S. M., G. A. Feltham, and J. S. Hughes (1991) "The Role of Audits and Audit Quality in Valuing New Issues," *Journal of Accounting and Economics* 14(1), pp. 3–49.

Datar, S. M., S. C. Kulp, and R. A. Lambert (2001) "Balancing Performance Measures," *Journal of Accounting Research* 39(1), pp. 75–92.

De Long, J. B., A. Shleifer, L. H. Summers, and R. J. Waldmann (1990) "Positive Feedback Investment Strategies and Destabilizing Rational Speculation," *Journal of Finance* 45(2), pp. 379–395.

DeAngelo, L. (1981) "Auditor Size and Auditor Quality," *Journal of Accounting and Economics* 3(3), pp. 183–199.

DeAngelo, H., L. DeAngelo, and D. J. Skinner (1994) "Accounting Choice in Troubled Companies," *Journal of Accounting and Economics* 17(1–2), pp. 113–143.

Dechow, P. M. (1994) "Accounting Earnings and Cash Flows as Measures of Firm Performance: The Role of Accounting Accruals," *Journal of Accounting and Economics* 18(1), pp. 3–42.

Dechow, P. M. and I. D. Dichev (2002) "The Quality of Accruals and Earnings: The Role of Accrual Estimation Errors," *Accounting Review* 77(Supplement), pp. 35–59.

Dechow, P. M., R. G. Sloan, and A. P. Sweeney (1995) "Detecting Earnings Management," *Accounting Review* 70(2), pp. 193–225.

―――― (1996) "Causes and Consequences of Earnings Manipulation: An Analysis of Firms Subject to Enforcement Actions by the SEC," *Contemporary Accounting Research* 13(1), pp. 1–36.

Dechow, P. M., A. P. Hutton, and R. G. Sloan (1999) "An Empirical Assessment of the Residual Income Valuation Model," *Journal of Accounting and Economics* 26(1), pp. 1–34.

DeFond, M. L. and J. Jiambalvo (1994) "Debt Covenant Violation and Manipulation of Accruals," *Journal of Accounting and Economics* 17(1–2), pp. 145–176.

Demski, J. S. (1972) *Information Analysis*: Reading, MA: Addison-Wesley. （吉川武男訳『情報分析の基礎理論』千倉書房, 1983 年）

―――― (1973) "The General Impossibility of Normative Accounting Standards," *Accounting Review* 48(4), pp. 718–723.

—— (1988) "Positive Accounting Theory: A Review," *Accounting, Organizations and Society* 13(6), pp. 623–629.

Demski, J. S. and D. E. M. Sappington (1987) "Delegated Expertise," *Journal of Accounting Research* 25(1), pp. 68–89.

—— (1990) "Fully Revealing Income Measurement," *Accounting Review* 65(2), pp. 363–383.

Dhaliwal, D. S., K. J. Lee, and N. L. Fargher (1991) "The Association Between Unexpected Earnings and Abnormal Security Returns in the Presence of Financial Leverage," *Contemporary Accounting Research* 8(1), pp. 20–41.

Dhaliwal, D. S., K. R. Subramanyam, and R. Trezevant (1999) "Is Comprehensive Income Superior to Net Income as a Measure of Firm Performance?" *Journal of Accounting and Economics* 26(1–3), pp. 43–67.

Diamond, D. W. and R. E. Verrecchia (1991) "Disclosure, Liquidity, and the Cost of Capital," *Journal of Finance* 46(4), pp. 1325–1359.

Dichev, I. D. and D. J. Skinner (2002) "Large-Sample Evidence on the Debt Covenant Hypothesis," *Journal of Accounting Research* 40(4), pp. 1091–1123.

Doran, B. M., D. W. Collins, and D. S. Dhaliwal (1988) "The Information of Historical Cost Earnings Relative to Supplemental Reserve-Based Accounting Data in the Extractive Petroleum Industry," *Accounting Review* 63(3), pp. 389–413.

Doyle, J. T., R. J. Lundholm, and M. T. Soliman (2003) "The Predictive Value of Expenses Excluded from Pro Forma Earnings," *Review of Accounting Studies* 8(2–3), pp. 145–174.

Durnev, A., R. Morck, B. Yeung, and P. Zarowin (2003) "Does Greater Firm-Specific Return Variation Mean More or Less Informed Stock Pricing?" *Journal of Accounting Research* 41(5), pp. 797–836.

Dyckman, T. R. and A. J. Smith (1979) "Financial Accounting and Reporting by Oil and Gas Producing Companies: A Study of Information Effects," *Journal of Accounting and Economics* 1(1), pp. 45–75.

Dye, R. A. (1985) "Disclosure of Nonproprietary Information," *Journal of Accounting Research* 23(1), pp. 123–145.

—— (1986) "Proprietary and Nonproprietary Disclosures," *Journal of Business* 59(2(part 1)), pp. 331–366.

―――― (1988) "Earnings Management in an Overlapping Generations Model," *Journal of Accounting Research* 26(2), pp. 195–235.

Dye, R. A. and S. Sunder (2001) "Why Not Allow FASB and IASB Standards to Compete in the U.S.?" *Accounting Horizons* 15(3), pp. 257–271.

Easley, D. and M. O'Hara (2004) "Information and the Cost of Capital," *Journal of Finance* 59(4), pp. 1553–1583.

Easton, P. D. and T. S. Harris (1991) "Earnings as an Explanatory Variable for Returns," *Journal of Accounting Research* 29(1), pp. 19–36.

Easton, P. D. and M. E. Zmijewski (1989) "Cross-Sectional Variation in the Stock Market Response to Accounting Earnings Announcements," *Journal of Accounting and Economics* 11(2–3), pp. 117–141.

Easton, P. D., T. S. Harris, and J. A. Ohlson (1992) "Aggregate Accounting Earnings Can Explain Most of Security Returns: The Case of Long Return Intervals," *Journal of Accounting and Economics* 15(2–3), pp. 119–142.

Eckern, S. and R. Wilson (1974) "On the Theory of the Firm in an Economy with Incomplete Markets," *The Bell Journal of Economics and Management Science* 5(1), pp. 171–180.

Elliott, J. A. and J. D. Hanna (1996) "Repeated Accounting Write-Offs and the Information Content of Earnings," *Journal of Accounting Research* 34(Supplement), pp. 135–155.

Ely, K. and G. Waymire (1999) "Accounting Standard-Setting Organizations and Earnings Relevance: Longitudinal Evidence from NYSE Common Stocks, 1927-93," *Journal of Accounting Research* 37(2), pp. 293–317.

Evans, J. H. and S. S. Sridhar (1996) "Multiple Control Systems, Accrual Accounting, and Earnings Management," *Journal of Accounting Research* 34(1), pp. 45–65.

Fama, E. F. (1970) "Efficient Capital Markets: A Review of Theory and Empirical Work," *Journal of Finance* 25(2), pp. 383–417.

―――― (1980) "Agency Problems and the Theory of the Firm," *Journal of Political Economy* 88(2), pp. 288–307.

―――― (1998) "Market Efficiency, Long-Term Returns and Behavioral Finance," *Journal of Financial Economics* 49(3), pp. 283–306.

Fama, E. F. and K. R. French (1992) "The Cross-Section of Expected Stock Returns," *Journal of Finance* 47(2), pp. 427–465.

Feltham, G. A. and J. A. Ohlson (1995) "Valuation and Clean Surplus Accounting for Operating and Financial Activities," *Contemporary Accounting Research* 11(2), pp. 689–731.

――― (1996) "Uncertainty Resolution and the Theory of Depreciation Measurement," *Journal of Accounting Research* 34(2), pp. 209–234.

Feltham, G. A. and J. Xie (1994) "Performance Measure Congruity and Diversity in Multi-Task Principal/Agent Relations," *Accounting Review* 69(3), pp. 429–453.

Financial Accounting Standards Board (1978) *Statement of Financial Accounting Concepts No. 1, Objectives of Financial Reporting by Business Enterprises*: Norwalk, CT: FASB.（平松一夫・広瀬義州共訳『FASB財務会計の諸概念（増補版）』中央経済社，2002年）

――― (1985) *Statement of Financial Accounting Standards No. 87, Employers' Accounting for Pensions*: Norwalk, CT: FASB.

――― (1991) *Statement of Financial Accounting Standards No. 107, Disclosures about Fair Value of Financial Instruments*: Norwalk, CT: FASB.

Foster, G., C. Olsen, and T. Shevlin (1984) "Earnings Releases, Anomalies, and the Behavior of Security Returns," *Accounting Review* 59(4), pp. 574–603.

Francis, J., K. Schipper, and L. Vincent (2002) "Expanded Disclosures and the Increased Usefulness of Earnings Announcements," *Accounting Review* 77(3), pp. 515–546.

Francis, J., R. LaFond, P. Olsson, and K. Schipper (2004) "Costs of Equity and Earnings Attributes," *Accounting Review* 79(4), pp. 967–1010.

Frankel, R. and C. M. C. Lee (1998) "Accounting Valuation, Market Expectation, and Cross-Sectional Stock Returns," *Journal of Accounting and Economics* 25(3), pp. 283–319.

Friedlan, J. M. (1994) "Accounting Choices of Issuers of Initial Public Offerings," *Contemporary Accounting Research* 11(1), pp. 1–31.

Friedman, M. (1953) *Essays in Positive Economics*: Chicago IL: University of Chicago Press.

Gaver, J. J. and K. M. Gaver (1998) "The Relation Between Nonrecurring Accounting Transactions and CEO Cash Compensation," *Accounting Review* 73(2), pp. 235–253.

Ghicas, D. and V. Pastena (1989) "The Acquisition Value of Oil and Gas Firms: The Role of Historical Costs, Reserve Recognition Accounting, and Analysts' Appraisals," *Contemporary Accounting Research* 6(1), pp. 125–142.

Gintschel, A. and S. Markov (2004) "The Effectiveness of Regulation FD," *Journal of Accounting and Economics* 37(3), pp. 293–314.

Gjesdal, F. (1981) "Accounting for Stewardship," *Journal of Accounting Research* 19(1), pp. 208–231.

Gonedes, N. and N. Dopuch (1974) "Capital Market Equilibrium, Information Production, and Selecting Accounting Techniques: Theoretical Framework and Review of Empirical Work," *Journal of Accounting Research* 12(Supplement), pp. 48–129.

Grossman, S. (1976) "On the Efficiency of Competitive Stock Markets Where Traders Have Diverse Information," *Journal of Finance* 31(2), pp. 573–585.

——— (1981) "The Informational Role of Warranties and Private Disclosure about Product Quality," *Journal of Law and Economics* 24(3), pp. 461–484.

Guay, W. R. (1999) "The Impact of Derivatives on Firm Risk: An Empirical Examination of New Derivative Users," *Journal of Accounting and Economics* 26(1), pp. 319–351.

Hall, B. J. and K. J. Murphy (2002) "Stock Options for Undiversified Executives," *Journal of Accounting and Economics* 33(1), pp. 3–42.

Hanna, J. D. (1999) "Never Say Never," *CA Magazine* August, pp. 35–39.

Hanna, J. D., D. B. Kennedy and G. D. Richardson (1990) *Reporting the Effects of Changing Prices: A Review of the Experience with Section 4510*: Toronto, ON: CICA.

Harris, T. S. and J. A. Ohlson (1987) "Accounting Disclosures and the Market's Valuation of Oil and Gas Properties," *Accounting Review* 62(4), pp. 651–670.

——— (1990) "Accounting Disclosures and the Market's Valuation of Oil and Gas Properties: Evaluation of Market Efficiency and Functional Fixation," *Accounting Review* 65(4), pp. 764–780.

Harsanyi, J. C. and R. Selten (1988) *A General Theory of Equilibrium Selection in Games*: Cambridge, MA: MIT Press.

Hatfield, H. R. (1927) *Accounting*: New York, NY: Appleton-Century-Crofts, Inc.

Healy, P. M. (1985) "The Effect of Bonus Schemes on Accounting Decisions," *Journal of Accounting and Economics* 7(1–3), pp. 85–107.

Healy, P. M. and K. G. Palepu (1993) "The Effect of Firms' Financial Disclosure Strategies on Stock Prices," *Accounting Horizons* 7(1), pp. 1–11.

—— (2003) "The Fall of Enron," *Journal of Economic Perspectives* 17(2), pp. 3–26.

Healy, P. M., A. P. Hutton, and K. G. Palepu (1999) "Stock Performance and Intermediation Changes Surrounding Sustained Increases in Disclosure," *Contemporary Accounting Research* 16(3), pp. 485–520.

Hemmer, T. S., S. Matsunaga, and T. Shevlin (1994) "Estimating the 'Fair Value' of Employee Stock Options with Expected Early Exercise," *Accounting Horizons* 8(4), pp. 23–42.

Hirshleifer, J. (1971) "The Private and Social Value of Information and the Reward to Inventive Activity," *American Economic Review* 61(4), pp. 561–574.

Hirshleifer, D. (2001) "Investor Psychology and Asset Pricing," *Journal of Finance* 56(4), pp. 1533–1597.

Hirshleifer, D. and S. H. Teoh (2003) "Limited Attention, Information Disclosure, and Financial Reporting," *Journal of Accounting and Economics* 36(1–3), pp. 337–386.

Holmström, B. (1979) "Moral Hazard and Observability," *The Bell Journal of Economics* 10(1), pp. 74–91.

—— (1982) "Moral Hazard in Teams," *The Bell Journal of Economics* 13(2), pp. 324–340.

Holthausen, R. W., D. F Larcker, and R. G. Sloan (1995) "Annual Bonus Schemes and the Manipulation of Earnings," *Journal of Accounting and Economics* 19(1), pp. 29–74.

Hribar, P. and D. W. Collins (2002) "Errors in Estimating Accruals: Implications for Empirical Research," *Journal of Accounting Research* 40(1), pp. 105–134.

Huddart, S. (1994) "Employee Stock Options," *Journal of Accounting and Economics* 18(2), pp. 207–231.

Huddart, S. and M. Lang (1996) "Employee Stock Option Exercises: An Empirical Analysis," *Journal of Accounting and Economics* 21(1), pp. 5–43.

Hughes, P. J. (1986) "Signalling by Direct Disclosure Under Asymmetric Information," *Journal of Accounting and Economics* 8(2), pp. 119–142.

Indjejikian, R. J. and D. Nanda (2002) "Executive Target Bonuses and What They Imply about Performance Standards," *Accounting Review* 77(4), pp. 793–819.

Jamal, K., M. Maier, and S. Sunder (2003) "Privacy in E-Commerce: Development of Reporting Standards, Disclosure, and Assurance Services in an Unregulated Market," *Journal of Accounting Research* 41(2), pp. 285–309.

Jensen, M. C. and W. H. Meckling (1976) "Theory of the Firm: Managerial Behavior, Agency Costs and Ownership Structure," *Journal of Financial Economics* 3(4), pp. 305–360.

Jensen, M. C. and K. J. Murphy (1990) "CEO Incentives: It's Not How Much You Pay, But How," *Harvard Business Review* 68(3), pp. 138–149.

Jones, J. (1991) "Earnings Management During Import Relief Investigations," *Journal of Accounting Research* 29(2), pp. 193–228.

Kahneman, D. and A. Tversky (1979) "Prospect Theory: An Analysis of Decision Under Risk," *Econometrica* 47(2), pp. 263–292.

Kaplan, R. S. (1985) "Comments on Paul Healy: Evidence on the Effect of Bonus Schemes on Accounting Procedure and Accrual Decisions," *Journal of Accounting and Economics* 7(1–3), pp. 109–113.

Kim, O. and R. E. Verrecchia (1997) "Pre-announcement and Event-period Private Information," *Journal of Accounting and Economics* 24(3), pp. 395–419.

Knetsch, J. L. (1989) "The Endowment Effect and Evidence of Nonreversible Indifference Curves," *American Economic Review* 79(5), pp. 1277–1284.

Kormendi, R. C. and R. Lipe (1987) "Earnings Innovations, Earnings Persistence, and Stock Returns," *Journal of Business* 60(3), pp. 323–345.

Kothari, S. P. (2001) "Capital Markets Research in Accounting," *Journal of Accounting and Economics* 31(1–3), pp. 105–231.

Kothari, S. P., J. Shanken, and R. Sloan (1995) "Another Look at the Cross-Section of Expected Stock Returns," *Journal of Finance* 50(1), pp. 185–224.

Kross, W. (1982) "Stock Returns and Oil and Gas Pronouncements: Replication and Extension," *Journal of Accounting Research* 20(2(part 1)), pp. 459–471.

Kurz (1997) *Endogenous Economic Fluctuations: Studies in the Theory of Rational Beliefs*: New York, NY: Springer-Verlag.

Laffont, J. J. (1989) *The Economics of Uncertainty and Information*: Cambridge, MA: MIT Press.（佐藤公敏訳『不確実性と情報の経済学』東洋経済新報社，1992 年）

Lambert, R. A. and D. F. Larcker (1987) "An Analysis of the Use of Accounting and Market Measures of Performance in Executive Compensation Contracts," *Journal of Accounting Research* 25(Supplement), pp. 85–125.

――― (1993) "Firm Performance and the Compensation of Chief Executive Officers," *Working Paper, University of Pennsylvania*.

Lambert, R. A., D. F. Larcker, and R. E. Verrecchia (1991) "Portfolio Considerations in Valuing Executive Compensation," *Journal of Accounting Research* 29(1), pp. 129–149.

Landsman, W. R. and E. L. Maydew (2002) "Has the Information Content of Quarterly Earnings Announcements Declined in the Past Three Decades?" *Journal of Accounting Research* 40(3), pp. 797–808.

Lang, M. H. and R. J. Lundholm (1996) "Corporate Disclosure Policy and Analyst Behavior," *Accounting Review* 71(4), pp. 467–492.

Lang, M. H., K. V. Lins, and D. P. Miller (2003) "ADRs, Analysts, and Accuracy: Does Cross Listing in the United States Improve a Firm's Information Environment and Increase Market Value?" *Journal of Accounting Research* 41(2), pp. 317–345.

Lee, C. M. C. (1996) "Measuring Wealth," *CA Magazine* 129(3), pp. 32–37.

――― (2001) "Market Efficiency and Accounting Research: A Discussion of 'Capital Market Research in Accounting' by S.P. Kothari.," *Journal of Accounting and Economics* 31(1–3), pp. 233–253.

Lee, C. M. C., B. Mucklow, and M. J. Ready (1993) "Spreads, Depths, and the Impact of Earnings Information: An Intraday Analysis," *Review of Financial Studies* 6(2), pp. 345–374.

Lee, Y-J, K. Petroni, and M. Shen (2006) "Cherry Picking, Disclosure Quality, and Comprehensive Income Reporting Choices: The Case of Property-Liability Insurers," *Contemporary Accounting Research* 23(3), pp. 655–692.

Leland, H. E. and D. H. Pyle (1977) "Informational Asymmetries, Financial Structure, and Financial Intermediation," *Journal of Finance* 32(2), pp. 371–387.

Lev, B. (1979) "The Impact of Accounting Regulation on the Stock Market: The Case of Oil and Gas Companies," *Accounting Review* 54(3), pp. 485–503.

—— (1988) "Toward a Theory of Equitable and Efficient Accounting Policy," *Accounting Review* 63(1), pp. 1–22.

—— (1989) "On the Usefulness of Earnings and Earnings Research: Lessons and Directions from Two Decades of Empirical Research," *Journal of Accounting Research* 27(Supplement), pp. 153–192.

Lev, B. and S. R. Thiagarajan (1993) "Fundamental Information Analysis," *Journal of Accounting Research* 31(2), pp. 190–215.

Lev, B. and P. Zarowin (1999) "The Boundaries of Financial Reporting and How to Extend Them," *Journal of Accounting Research* 37(2), pp. 353–385.

Lintner, J. (1965) "The Valuation of Risk Assets and the Selection of Risky Investments in Stock Portfolios and Capital Budgets," *Review of Economics and Statistics* 47(1), pp. 13–37.

List, J. A. (2003) "Does Market Experience Eliminate Market Anomalies?" *Quarterly Journal of Economics* 118(1), pp. 41–71.

Liu, C-C., S. G. Ryan, and J. M. Wahlen (1997) "Differential Valuation Implication of Loan Loss Provisions Across Banks and Fiscal Quarters," *Accounting Review* 72(1), pp. 133–146.

Lo, K. (2003) "Economic Consequences of Regulated Changes in Disclosure: The Case of Executive Compensation," *Journal of Accounting and Economics* 35(3), pp. 285–314.

Lys, T. (1984) "Mandated Accounting Changes and Debt Covenants: The Case of Oil and Gas Accounting," *Journal of Accounting and Economics* 6(1), pp. 39–65.

Magliolo, J. (1986) "Capital Market Analysis of Reserve Recognition Accounting," *Journal of Accounting Research* 24(Supplement), pp. 69–108.

Marquardt, C. A. (2002) "The Cost of Employee Stock Option Grants: An Empirical Analysis," *Journal of Accounting Research* 40(4), pp. 1191–1217.

Matsumoto, D. A. (2002) "Management's Incentives to Avoid Negative Earnings Surprises," *Accounting Review* 77(3), pp. 483–514.

McNichols, M. and G. P. Wilson (1988) "Evidence of Earnings Management from the Provision for Bad Debts," *Journal of Accounting Research* 26(Supplement), pp. 1–31.

Merino, B. D. and M. D. Neimark (1982) "Disclosure Regulation and Public Policy A Sociohistorical Reappraisal," *Journal of Accounting and Public Policy* 1(1), pp. 33–57.

Merton, R. C. (1987) "A Simple Model of Capital Market Equilibrium with Incomplete Information," *Journal of Finance* 42(3), pp. 483–510.

Mian, S. L. and C. W. Smith Jr. (1990) "Incentives for Unconsolidated Financial Reporting," *Journal of Accounting and Economics* 12(1–3), pp. 141–171.

Milgrom, P. R. (1981) "Good News and Bad News: Representation Theorems and Applications," *Bell Journal of Economics* 12(2), pp. 380–391.

Modigliani, F. and M. H. Miller (1958) "The Cost of Capital, Corporation Finance and the Theory of Investment," *American Economic Review* 48(3), pp. 261–197.

Myers, J. N. (1999) "Implementing Residual Income Valuation With Linear Information Dynamics," *Accounting Review* 74(1), pp. 1–28.

Myerson, R. B. (1979) "Incentive Compatibility and the Bargaining Problem," *Econometrica* 47(1), pp. 61–73.

Nash, J. F. (1951) "Non-Cooperative Games," *The Annals of Mathematics* 54(2), pp. 286–295.

Newman, P. and R. Sansing (1993) "Disclosure Policies with Multiple Users," *Journal of Accounting Research* 31(1), pp. 92–112.

O'Brien, P. C. (1988) "Analysts' Forecasts as Earnings Expectations," *Journal of Accounting and Economics* 10(1), pp. 53–83.

Odean, T. (1998) "Volume, Volatility, Price, and Profit When All Traders Are Above Average," *Journal of Finance* 53(6), pp. 1887–1934.

Ohlson, J. A. (1987) "On the Nature of Income Measurement: The Basic Results," *Contemporary Accounting Research* 4(1), pp. 1–15.

Pae, S. (2002) "Optimal Disclosure Policy in Oligopoly Markets," *Journal of Accounting Research* 40(3), pp. 901–932.

Palmrose, Z-V. and S. Scholz (2004) "The Circumstances and Legal Consequences of Non-GAAP Reporting: Evidence from Restatements," *Contemporary Accounting Research* 21(1), pp. 139–180.

Paton, W. A. and A. C. Littleton (1940) *An Introduction to Corporate Accounting Standards*: Ubana, IL: American Accounting Association.（中島省吾訳『会社会計基準序説（改訳版）』森山書店，1958年）

Pavlik, E. L., T. W. Scott, and P. Tiessen (1993) "Executive Compensation: Issues and Research," *Journal of Accounting Literature* 12, pp. 131–189.

Peltzman, S. (1976) "Toward a More General Theory of Regulation," *Journal of Law and Economics* 19(2), pp. 211–240.

Penno, M. C. (1997) "Information Qquality and Voluntary Disclosure," *Accounting Review* 72(2), pp. 275–284.

Posner, R. A. (1974) "Theories of Economic Regulation," *Bell Journal of Economics and Management Science* 5(2), pp. 335–358.

Pratt, J. W. (1964) "Risk Aversion in the Small and in the Large," *Econometrica* 32(1–2), pp. 122–136.

Raiffa, H. (1968) *Decision Analysis: Introductory Lectures on Choices Under Uncertainty*: Reading, MA: Addison-Wesley.（宮沢光一・平舘道子訳『決定分析入門―不確実性下の選択問題』東洋経済新報社，1972年）

Rajgopal, S. and T. Shelvin (2002) "Empirical Evidence on the Relation Between Stock Option Compensation and Risk Taking," *Journal of Accounting and Economics* 33(2), pp. 145–171.

Ramakrishnan, R. T. S. and J. K. Thomas (1998) "Valuation of Permanent, Transitory, and Price-Irrelevant Components of Reported Earnings," *Journal of Accounting, Auditing and Finance* 13(3), pp. 301–336.

Roll, R. (1988) "R^2," *Journal of Finance* 43(3), pp. 541–566.

Savage, L. J. (1954) *The Foundations of Statistics*: NY: Wiley.

Schipper, K. (1989) "Commentary on Earnings Management," *Accounting Horizons* 3(4), pp. 91–102.

Schrand, C. M. and B. R. Walther (2000) "Strategic Benchmarks in Earnings Announcements: The Selective Disclosure of Prior-Period Earnings Components," *Accounting Review* 75(2), pp. 151–177.

Scott, W. R. (1975) "Auditor's Loss Functions Implicit in Consumption-Investment Models," *Journal of Accounting Research* 13(3), pp. 98–117.

―――― (1977) "Group Preference Orderings for Audit and Valuation Alternatives: The Single-Peakedness Condition," *Journal of Accounting Research* 15(1), pp. 120–137.

Sengupta, P. (1998) "Corporate Ddisclosure Quality and the Cost of Debt," *Accounting Review* 73(4), pp. 459–474.

Sharpe, W. F. (1964) "Capital Asset Prices: A Theory of Market Equilibrium under Conditions of Risk," *Journal of Finance* 19(3), pp. 425–442.

Shefrin, H. and M. Statman (1985) "The Disposition to Sell Winners Too Early and Ride Losers Too Long: Theory and Evidence," *Journal of Finance* 40(3), pp. 777–790.

Shiller, R. J. (1981) "Do Stock Prices Move Too Much to be Justified by Subsequent Changes in Dividends?" *American Economic Review* 71(3), pp. 421–436.

―――― (2000) *Irrational Exuberance*: New York, NY: Broadway Books. （植草一秀・沢崎冬日訳『投機バブル根拠なき―アメリカ株式市場，暴落の必然』ダイヤモンド社，2001 年）

Skinner, D. J. (1999) "How Well Does Net Income Measure Firm Performance? A Discussion of Two Studies," *Journal of Accounting and Economics* 26(1–3), pp. 105–111.

Skinner, D. J. and R. G. Sloan (2002) "Earnings Surprises, Growth Expectations, and Stock Returns or Don't Let an Earnings Torpedo Sink Your Portfolio," *Review of Accounting Studies* 7(2–3), pp. 289–312.

Sloan, R. G. (1993) "Accounting Earnings and Top Executive Compensation," *Journal of Accounting and Economics* 16(1–3), pp. 55–100.

―――― (1996) "Do Stock Prices Fully Reflect Information in Accruals and Cash Flows About Future Earnings?" *Accounting Review* 71(3), pp. 289–315.

Smith, C. W. and J. B. Warner (1979) "On Financial Contracting: An Analysis of Bond Covenants," *Journal of Financial Economics* 7(2), pp. 117–161.

Spence, M. (1973) "Job Market Signaling," *Quarterly Journal of Economics* 87(3), pp. 355–374.

Stigler, G. J. (1971) "The Theory of Economic Regulation," *Bell Journal of Economics and Management Science* 2(1), pp. 3–21.

Stocken, P. C. and R. E. Verrecchia (2004) "Financial Reporting System Choice and Disclosure Management," *Accounting Review* 79(4), pp. 1181–1203.

Storey, R. K. and S. Storey (1998) *The Framework of Financial Accounting Concepts and Standards*: Norwalk, CT: Financial Accounting Standards Board.

Study Group on the Objectives of Financial Statements (1973) *Objectives of Financial Statements*: New York, NY: American Institute of Certified Public Accountants. (Also called the Trueblood committee report).

Subramanyam, K. R. (1996) "The Pricing of Discretionary Accruals," *Journal of Accounting and Economics* 22(1–3), pp. 249–281.

Surowiecki, J. (2004) *The Wisdom of Crowds*: New York, NY: Doubleday Division of Random House Inc. (小高尚子訳『「みんなの意見」は案外正しい』角川書店，2006 年)

Sweeney, A. P. (1994) "Debt-covenant Violations and Managers' Accounting Responses," *Journal of Accounting and Economics* 17(3), pp. 281–308.

Titman, S. and B. Trueman (1986) "Information Quality and the Valuation of New Issues," *Journal of Accounting and Economics* 8(2), pp. 159–172.

Verrecchia, R. E. (1983) "Discretionary Disclosure," *Journal of Accounting and Economics* 5(3), pp. 179–194.

Warfield, T. D. and J. J. Wild (1992) "Accounting Recognition and the Relevance of Earnings as an Explanatory Variable for Returns," *Accounting Review* 67(4), pp. 821–842.

Watts, R. L. (2003a) "Conservatism in Accounting Part I: Explanations and Implications," *Accounting Horizons* 17(3), pp. 207–221.

―――― (2003b) "Conservatism in Accounting Part II: Evidence and Research Opportunities," *Accounting Horizons* 17(4), pp. 287–301.

Watts, R. L. and J. L. Zimmerman (1986) *Positive Accounting Theory*: Englewood Cliffs, NJ: Prentice-Hall. (須田一幸訳『実証理論としての会計学』白桃書房，1991 年)

―――― (1990) "Positive Accounting Theory: A Ten Year Perspective," *Accounting Review* 65(1), pp. 131–156.

Welker, M. (1995) "Disclosure Policy, Information Asymmetry, and Liquidity in Equity Markets," *Contemporary Accounting Research* 11(2), pp. 801–827.

Wolfson, M. A. (1985) "Empirical Evidence of Incentive Problems and Their Mitigation in Oil and Gas Tax Shelter Programs," in J. W. Pratt and R. J. Zeckhauser eds.

Principals and Agents: The Structure of Business: Boston, MA: The President and Fellows of Harvard College, pp. 101–125.

Wurgler, J. (2000) "Financial Markets and the Allocation of Capital," *Journal of Financial Economics* 58(1–2), pp. 187–214.

Xie, H. (2001) "The Mispricing of Abnormal Accruals," *Accounting Review* 76(3), pp. 357–373.

Yermack, D. (1997) "Good Timing: CEO Stock Option Awards and Company News Announcements," *Journal of Finance* 52(2), pp. 449–476.

Zeff, S. A. (1978) "The Rise of Economic Consequences," *Journal of Accountancy* 46(6), pp. 56–63.

訳者あとがき

　本書は，William R. Scott 著 *Financial Accounting Theory* の抄訳である。原著第7章と章末問題を割愛したほかはすべて訳した。原著は，カナダ公認一般会計士プログラムにおける会計理論のコース・テキストとして，定評のある書籍である。カナダの多くの大学において，公認一般会計士，公認管理会計士，勅許会計士を目指す学生のための会計理論のコースで，本書が使われている。

　「会計理論」といえば，以前は，古典的な会計規範論や概念フレームワークのようなものを指すのが一般的であった。わが国では，その名残が今なお強く残っている。しかし，アメリカ会計学会の *Statement on Accounting Theory and Theory Acceptance* が指摘するとおり，1970年代以降，会計の理論的研究は情報経済学（不確実性と情報の経済学）との一体化が進んできた。現在では，事実上，ミクロ経済学の1つの領域として確立されたといってよい。

　この意味での会計の理論的研究（分析的会計研究）においては，大学院博士課程水準の経済数学，ミクロ経済学が当然の前提とされている。そのため，会計に携わる実務家が気軽に学習できる内容ではなくなってしまった。また，仮説をデータによって確かめる，計量経済学的手法をもちいた実証研究の論文も，厳密なアカデミック・トレーニングを受けた人でないとなかなか読みこなせないものとなった。過去40年間，会計研究と会計実務との距離は開く一方だったといってよい。

　しかしだからといって，会計の実務家を志す人は，会計の学術研究の成果を学ぶ必要がないのだろうか。たとえ，技術的な詳細は理解できないにしても，近年の学術成果が，会計実務にとってどのような意義を持っているのか，大雑把であっても理解しておく必要があるのではないだろうか。

　そのような疑問およびニーズに対する学者の側からの回答が本書である。本書は，公認一般会計士協会の会計理論のコース・テキストとして書かれている。そのため，必要とされる経済学，数学，統計学の知識も最小限に抑えてある。それにもかかわらず，最新の実証研究や理論研究までカバーしてい

るのは驚くべきことであろう。実務家を志す学生にとっては，最適な会計理論のテキストである。また，会計研究を志す学部上級生・大学院生や，すでに社会人となって会計に携わっている人々にとっても，格好の現代会計研究の入門書になっている。

　訳者3人と本書との出会いも，訳者らが大学院生であった時代にさかのぼる。当時，本書は，すでに定評のある教科書であった。日本にいながら，苦労して北米の学術論文を読もうとする大学院生にとっては，個々の論文が，研究全体の大きな見取図の中のどこに位置づけられるのかを理解することが重要である。おそらく，同世代の大学院生の多くが，研究の全体像を理解するために本書の原文に目を通したにちがいない。また，訳者のうちの太田は，アメリカに留学していた頃，大学院博士課程の実証研究のセミナー・コースで本書が読書課題リストに挙げられていたことを記憶している。著者が「まえがき」で指摘しているとおり，北米の大学院博士課程でも，研究の全体像を把握するためのわかりやすいガイドブックとして利用されているようである。

　本書の翻訳を3人が思い立ったのは，2005年5月のことである。当時，太田は，著者の住むカナダのオンタリオ州にあるヨーク大学の助教授として，公認一般会計士，公認管理会計士，勅許会計士を目指す学生のための会計理論のコースを，本書を使って教えていた。椎葉は，大阪大学の大学院で，分析的会計研究を講義するにあたって，本書の数章を利用していた。そして，西谷は，立命館大学の大学院講義テキスト，および学部ゼミの輪読書として本書を指定し，学生のために本書第3版を独力で翻訳していた。本書が翻訳出版に値する良書であるという点で3人の意見は一致し，原書の第4版が出るのを機に翻訳しようということになった。話がまとまってすぐに著者にメールを送ったところ，数時間後には快諾の返信をいただいた。

　翻訳にあたっては，とにかくわかりやすさを優先した。原文を文法的に正確に訳すということと，日本語として読みやすい訳文にするということのあいだにはトレードオフの関係がある。一般に，学者の翻訳が読みにくいといわれる理由は，文法的正確さを優先するあまり，読みやすさを犠牲にする傾向があるからだろう。しかし，資料価値の高い文献であればともかく，わかりやすく書かれた教科書を翻訳するとき，文法的正確さを追求するのは適切でない。そこで訳者3人は，原文の内容を正しく表現することに努め，原文の文法構造にはとらわれない方針で翻訳に臨んだつもりである。もちろん，

訳者は3人とも学者なので，学者特有の堅い訳文も残っているだろう。また，勘ちがいによる誤訳もないとは断言できない。読者の指摘を待って，機会のあるたびに修正していきたい。

　この訳書では，1章から4章までの翻訳と訳者のコメントを太田が，5章から8章までを椎葉が，9章から12章までを西谷がそれぞれ担当した。2回の合宿とこの翻訳プロジェクトのためのメーリング・リストを通じて，できるかぎり訳語を統一し，表現を調整したが，一部，文体のちがいは残っているかもしれない。なお，訳者名の記載順序は，たんなる五十音順であって，それ以上の意味はまったくない。この翻訳プロジェクトにおいて，訳者3人は完全に対等であり，それぞれの貢献度は厳密に3分の1ずつである。

　この訳書の出版にあたっては，多くのかたにお世話になった。まず，日本語訳の刊行を快諾してくれた著者 William R. Scott 博士に感謝したい。また，書籍の出版に不慣れな訳者のいろいろな要望をかなえてくださった中央経済社の小坂井和重さんに深く感謝する。氏の尽力がなかったら，おそらく，この訳書は出版されなかっただろう。

　本書のような大部の書籍の翻訳には厖大な時間がかかる。本来なら，一緒に楽しく過ごすはずだった時間を翻訳に使うことを許してくれた，訳者3人のそれぞれの家族に感謝する。この翻訳書が，今後のわが国の会計教育に一定の役割を果たすことを期待したい。

2008年4月6日

太　田　康　広 (yohta@kbs.keio.ac.jp)
椎　葉　　　淳 (shiiba@econ.osaka-u.ac.jp)
西　谷　順　平 (jumpey@ba.ritsumei.ac.jp)

索　引

A
AAA 7
AASB 475
AcSB 8, 475
AcSOC 475
AICPA 8, 465, 479
AIMR 446
APB 254
ASOBAT 7

C
CAP 254, 465
CAPM 202, 209
CBCA 475
CICA 8, 475
CICAハンドブック 302
CPSN 302
CSA 478

D
DSU 355

E
EIC 476
ERC 174, 198, 223, 231
ESO 220, 256
ETR 336

F
FAF 254, 480
FASAC 480
FASB 7, 186, 254, 267, 479

G
GAAP 8, 329, 341, 347

I
IASB 481

IASC 481
IFRS 484
IOSCO 482

M
MD&A 182
MRCC 356

N
NYSE 168

O
Ohlson 229
OSC 478

P
PAT 253, 290, 304, 312, 322, 324, 343
PCAOB 12, 302
PRA 340
PSAB 475

R
R^2 223
RPE 380
RRA 192

S
SEC 3, 481
SPE 11

T
TSR 366
TSX 478

あ
アクルーアル 57, 178, 216, 283
アクルーアルの反転 399
アメリカ会計学会 7
アメリカ公認会計士協会 8, 465, 479

530　索　引

アメリカ投資管理調査協会 446
暗黙の契約 415

い

意思決定の視野 349
意思決定の理論 67
意思決定有用性 23, 66, 230
意思決定有用性アプローチ 303, 345
異常株式リターン 224, 267
異常項目 186
異常利益 40, 227, 230
異常リターン 128
一時項目 187
一致している 322
一定 211
一般に認められた会計原則 8, 302
イベントスタディ 168
インサイダー情報 134
インセンティブ 135
インセンティブ制度 349

う

運転資本アクルーアル 178

え

営業キャッシュ・フロー 178, 216
エージェンシー・コスト .. 317, 321, 333
エージェンシー・モデル 338
エージェンシー理論
.... 293, 296, 307, 333, 347
エンロン 9, 243, 302

お

オンタリオ証券委員会 478

か

会計ガイドライン 477
会計基準監督委員会 475
会計基準審議会 8, 475
会計原則審議会 254
会計手続委員会 254, 465

会計方針 252
会計方針の選択 303, 304
開示原理 446
回収不能コスト 390
概念フレームワーク 186
外部性 460
価格の情報提供性 181
価格保護されている 119
貸付契約 294, 307
価値関連性 223
カナダ公共説明責任委員会 302
カナダ証券管理局 478
カナダ勅許会計士協会 8, 475
カナダ連邦会社法 475
カナディアン・タイヤ 234
株式割当 355
株主投資利益率 366
監査・保証業務基準審議会 475
間接アプローチ 34
間接シグナル 452
完全に情報提供的 121
感度 294, 339, 347, 350
完備 341

き

期待外利益 40
機会コスト 312
機会主義的行動 273, 286, 291
機関投資家 216
企業規模 181, 209
企業固有の要因 88
企業固有のリスク 209
基準設定 436
規制 21
期待外利益 215
期待現在価値 37, 226
期待効用 70
期待総リターン 336
期待利益 30

規範的 274
機密情報 436
逆選択 18, 19, 131, 352
客観的 36
キャップ 355, 403
業績指標 318, 333, 338, 339, 347
強度 110
協力ゲーム 296, 297
協力的 296
協力的な行動 306

く

クエスト・コミュニケーションズ・
　インターナショナル 10
グッド・ニュース 166, 169
区分的に線形 404
クリーン・サープラス理論
　............. 202, 225, 240, 242

け

経営者による分析と検討 124, 136
経営者は合理的であり 273
経営者報酬制度 349
経営者労働市場 312
経済全体に影響する要因 87
経済的帰結
　...... 252, 253, 264, 291, 341, 344, 346
経済的重要性 223
継続企業 244
継続事業による利益 187
契約 253, 293, 306
契約コスト 272, 290, 322
契約締結後情報 325
契約締結前情報 324, 325
契約の硬直性 346
契約の再交渉 342
契約の束 272
ゲームの経済理論 295
ゲーム理論 293, 295, 333, 344, 347

減価償却 228
現在価値情報 192
現在原価会計 192
顕示原理 327
原則主義 497
権利確定日 257
権利行使価格 256

こ

コア利益 187
公開会社会計監視委員会 302
公開企業会計監視審議会 12
公会計審議会 475
公開草案 254, 257, 267
公共財 190
公共利益説 472
公正価値
　....... 5, 192, 222, 228, 242, 248, 256
公正価値会計 229, 257, 340
拘束力のある合意 296
プロスペクト理論 205
行動ファイナンス 204, 220
公表後のドリフト 214
公平開示規則 413, 458
効用関数 80
効率的 110
効率的契約 272, 286, 291, 343
効率的証券市場 110, 268, 294
効率的証券市場のアノマリー 214
効率的証券市場の理論 344
合理的 23
合理的期待 123
ゴールデン・パラシュート 391
国際会計基準委員会 481
国際会計基準審議会 481
国際財務報告基準 484
国際的コンバージェンス 483
コミュニケーションの断絶 417
雇用契約 294, 307

532　索　引

コンフリクト 293

さ

サーベインズ・オクスリー法 ... 12, 302
再交渉 341
細則主義 497
裁定 33
財務会計基準諮問委員会 480
財務会計基準審議会 7, 479
財務会計財団 254, 480
財務制限条項 294, 337, 341, 346
財務制限条項仮説 276, 281
裁量的アクルーアル 283, 399
サボる 309
残余価値 240
残余利益 225

し

CICA ハンドブック 8
時価基準 222
時価簿価比率 180
シグナリング 135
シグナリング均衡 451
シグナル 451
事後状態確率 72
自己責任バイアス 203
市場全体に影響する要因 87
市場によるインセンティブ 442
市場の厚み 135, 443
市場の失敗 459
市場の流動性 443
市場の流動性が薄い 135
市場モデル 128
自信過剰の 203
システマティック・リスク 90
自然 302
事前確率 69
自然の状態 35
持続 41

持続する 175
持続性 175, 232
実現基準 254
実現利益 30
実証会計理論 253, 269
私的財 190
私的情報の探索 457
私的な価値 161
自発的ディスクロージャー 123
資本化係数 233
資本構成 175
資本コスト 242, 290
資本資産価格形成モデル 125
社会的な価値 161
弱度 110
収益認識 52
十分統計量 339
主観的確率 43
主対角確率 74, 178, 216
受託責任 66
証券監督者国際機構 482
証券市場の効率性 203
上限テスト 222, 244
証券取引委員会 3, 481
詳細情報 437
状態 35
譲渡制限付株式 392
情報 16, 77
情報システム 73, 74
情報生産 439
情報提供的 74
情報提供的である 318
情報に通じている 110
情報の非対称性
　........... 18, 193, 295, 315, 333, 346
情報パースペクティブ
　......... 23, 57, 160, 202, 230, 241, 248
ジョーンズ・モデル 285

所有と経営の分離 327
新規検討課題委員会 476
真実開示 449
人事・報酬委員会 356
信頼性
　...... 103, 222, 244, 249, 258, 341, 438
信頼できる 32
信頼できる情報 28

す
推定リスク 129, 211
ストック・オプション 256

せ
制限付株式割当 371
整合性 376
整合的 377
成功部分原価法 60, 266
政治コスト仮説 277, 282
成長機会 179
精度 294, 323, 340, 347, 350
セカンド・ベスト 322, 334
全部原価法 60, 266
戦略の組 300
洗練された投資家 216
洗練されていない投資家 216

そ
総アクルーアル 283, 407
相対的業績評価 380
測定パースペクティブ
　........ 24, 56, 202, 228, 242, 244, 248
その他の包括利益 493
損失回避 205
損失先送り効果 205

た
タイプ 451
ただ乗り 460
単一個人意思決定理論 68

短期間 163
短期的な努力 375

ち
値域が固定している 315
値域が変化する 315
チープ・トーク・ゲーム 450
チェリー・ピッカー 495
注意力の限界 203
中央当局 436
長期間 170
長期的な努力 375
直接アプローチ 34
直接開示 452

つ
追加情報 438

て
低価基準 243
定額法 228
適時性 105
テクニカル 275
デュー・プロセス 477
デリバティブ 288

と
統計的有意性 223
投資意思決定 234
同質的確率 320
投資の理論 68
特別決議 476
特別目的事業体 11
取替原価会計 254
取引コスト 218
努力回避的である 313
トロント証券取引所 478

な
内部化する 317
内部モニタリング 351

に

ナッシュ均衡 301

に

ニューヨーク証券取引所 168
認識の遅れ 57, 238, 319, 323

ね

ネットワーク外部性 486

の

ノイズ 74, 318
ノイズ・トレーダー 122, 219
のれん 188, 226

は

バイアス 318
バイアスのない会計 228
配当無関連性 31
働く 309
罰則 135
バッド・ニュース 166, 169
バブル 213
半強度 110

ひ

非機密情報 437
非協力ゲーム 296–298
非協力的 296
非経常項目 187
非裁量的アクルーアル 283
非主対角確率 74
ビッグ・バス 400, 401
ビッド・アスク・スプレッド 443
費用収益対応の原則 254
評判 350
品質低下競争 485

ふ

ファースト・ベスト 314, 333
ファンダメンタルズ 197, 241
プーリング 461

フェア・ゲーム 111
不確実性 295
不完備 341
不完備市場 63
部分的に情報提供的 123
付与日 256
プライス・テイカー 295
ブラック・ショールズ 257, 391
フル・ディスクロージャー
 .... 248, 268, 303, 305, 345
フレーミング 205
プロ・フォーマ利益 397
分権的規制 468
分類による平準化 187

へ

平均分散効用 83
ベータ 94, 174, 209

ほ

包括利益 493
報酬委員会 368
ポートフォリオ分散の原理 86
ボーナス・スキーム 403
ボーナス制度仮説 276, 281
簿価時価比率 209, 221
ボギー 355, 403
ポジティブ・フィードバック戦略 .. 213
保守主義 224, 254
保守主義会計 243, 289, 342
補足開示 262
補足情報 61
補足的な公正価値情報 75
ボラティリティ 211, 212
本源的価値 133, 219, 256

ま

埋蔵量認識会計 46
マネジメント・アプローチ 468
満期日 256

み

未認識のれん 228, 236, 242

む

無リスク資産 92

め

メッセージ 319

も

モーメンタム 204, 238
目的適合性
.... 31, 103, 222, 244, 255, 258, 341
目的適合的な情報 27
モラル・ハザード
.... 19, 131, 308, 313, 315, 333, 346

ゆ

誘因両立的 322

ら

ランダム・ウォーク 112

り

利益最小化 401
利益最大化 401
利益団体説 472
利益動学 230, 241
利益の持続性 230
利益の質 74, 178, 225
利益反応係数 174
利益分担契約 321
利益平準化 400, 401
利益マネジメント
.... 208, 319, 324, 334, 347, 398
利害関係者 67, 161, 254, 298
利子としての所得 30, 182, 227
リスク回避的 80, 312, 334
リスク中立的 82, 333
リスク分担 314
理想的状況 28, 37, 182, 255
リターン 126
利得 69
利得のノイズ 334
利得表 69
流動性トレーダー 122
留保効用 312, 334
利用者諮問委員会 480
倫理的行動 14

れ

歴史的原価基準 248
連動性 135, 211

わ

ワールドコム 11, 243, 302

【著者紹介】

ウィリアム・R・スコット (William R. Scott)

- 1931 年　アメリカ合衆国カリフォルニア州に生まれる。
- 1953 年　カールトン大学経営学部卒業。
- 1968 年　シカゴ大学経営大学院修士課程修了，MBA 取得。
- 1973 年　シカゴ大学経営大学院博士課程修了，Ph.D. 取得。
  ドラン建設，カールトン大学経営学部助教授，准教授，クィーンズ大学経営学部准教授，教授，ウォータールー大学会計学部教授，オンタリオ州勅許会計士記念教授を経て，
- 1996 年　ウォータールー大学特別名誉教授，現在に至る。

〔主要業績〕"A Bayesian Approach to Asset Valuation and Audit Size," *Journal of Accounting Research* 11(2), 1973. "Auditors Loss Functions Implicit in Consumption: Investment Models," *Journal of Accounting Research* 13(Supplement), 1975. "Group Preference Orderings for Audit and Valuation Alternatives: The Single-Peakedness Condition," *Journal of Accounting Research* 15(1), 1977. "Scoring Rules for Probabilistic Reporting," *Journal of Accounting Research* 17(1), 1979. "A Model of Standard-Setting in Auditing," (with George Blazenko) *Contemporary Accounting Research* 3(1), 1986. "Economic Effects of a Mandated Audit in A Contingent-Claims Production Economy," *Contemporary Accounting Research* 4(2), 1988. "Auditors' Legal Liability, Collusion with Management, and Investors' Loss," (with Giora Moore) *Contemporary Accounting Research* 5(2), 1989.

【訳者紹介】

太田　康広（おおた　やすひろ）

- 1968 年　岐阜県に生まれる。
- 1992 年　慶應義塾大学経済学部経済学科卒業。
- 1994 年　東京大学より修士（経済学）取得。
- 1997 年　東京大学大学院経済学研究科博士課程単位取得退学。
- 2002 年　ニューヨーク州立大学バッファロー校スクール・オブ・マネジメント博士課程修了。
- 2003 年　ニューヨーク州立大学より Ph.D. 取得。
  ヨーク大学ジョゼフ・E・アトキンソン教養・専門研究学部管理研究学科講師，助教授，慶應義塾大学大学院経営管理研究科助教授を経て，
- 2007 年　慶應義塾大学大学院経営管理研究科准教授，現在に至る。

〔主要業績〕"The Fairness Opinion Puzzle: Board Incentives, Information Asymmetry, and Bidding Strategy," (with Kenton K. Yee) *Journal of Legal Studies* 37(1), 2008. "On the Conditions under which Audit Risk Increases with Information," *European Accounting Review* 17(3), 2008. "The Role of Audit Evidence in a Strategic Audit," *Journal of Accounting and Public Policy* 28(1), 2009.

椎葉　淳（しいば　あつし）

1972 年　兵庫県に生まれる。
1995 年　大阪大学経済学部経済学科卒業。
1997 年　大阪大学大学院経済学研究科修士課程修了。
2000 年　大阪大学大学院経済学研究科博士課程単位取得退学。
2003 年　大阪大学より博士（経済学）取得。
　　　　　追手門学院大学経営学部専任講師，大阪大学大学院経済学研究科専任講師，助教授を経て，
2007 年　大阪大学大学院経済学研究科准教授，現在に至る。

〔主要業績〕「費用削減投資と指令振替価格」『管理会計学』第 11 巻第 1 号，2003 年。「販売費および一般管理費のコストビヘイビア」（共著）『管理会計学』第 14 巻第 2 号，2006 年。

西谷　順平（にしたに　じゅんぺい）

1971 年　大阪府に生まれる。
1995 年　東京大学経済学部経営学科卒業。
1997 年　東京大学大学院経済学研究科修士課程修了。
2000 年　東京大学大学院経済学研究科博士課程単位取得退学。
　　　　　青森公立大学経営経済学部専任講師，助教授，立命館大学経営学部助教授を経て，
2007 年　立命館大学経営学部准教授，現在に至る。

〔主要業績〕「歴史的原価の再検討―減損会計と除却債務会計の間で揺れる意義―」『青森公立大学経営経済学研究』第 9 巻第 1 号，2002 年。「航空会社の逆基準性的会計行動とその背景―機材関連報奨の認識問題再考―」『會計』第 166 巻第 4 号，2004 年。「会計基準設定の分析―資産負債観へのシフト，コンバージェンス問題の再検討も含めて―」『立命館経営学』第 45 巻第 6 号，2007 年。

財務会計の理論と実証

2008 年 6 月 30 日　第 1 版第 1 刷発行
2009 年 2 月 5 日　第 1 版第 2 刷発行

著　者　ウィリアム・R・スコット
訳　者　太　田　康　広
　　　　椎　葉　　　淳
　　　　西　谷　順　平
発行者　山　本　時　男
発行所　(株)中央経済社

〒 101-0051　東京都千代田区神田神保町 1-31-2
電話 03（3293）3371（編集部）
　　 03（3293）3381（営業部）
http://www.chuokeizai.co.jp/
振替口座　00100-8-8432
印刷／三美印刷（株）
製本／誠 製 本（株）

© 2008
Printed in Japan

＊頁の「欠落」や「順序違い」などがありましたらお取り替えいたしますので小社営業部までご送付ください。
　（送料小社負担）

ISBN 978-4-502-28450-2 C3034

本書の全部または一部を無断で複写複製（コピー）することは、著作権法上での例外を除き、禁じられています。

―― 翻訳書のご案内 ――

会計情報の理論
――情報内容パースペクティブ――

J.A.クリステンセン/J.S.デムスキ［著］

佐藤紘光［監訳］

J.A. Christensenと J.S. DemskiによるAccounting Theory : An Information Content Perspective の翻訳。本書は，昨今の時価会計や公正価値会計ではなく，取得原価をベースとする発生主義会計によってこそ会計本来の情報伝達機能が発揮でき，そこに他の情報源に対する会計の比較優位性が求められることを展開。

〈A5判・560頁〉

多国籍企業の会計
――グローバル財務報告と基準統合――

L.H.ラデボー/S.J.グレイ/E.L.ブラック［著］

小津稚加子［監訳］

L.H.Radebaugh, S.J.Gray, E.L.Black著International Accounting and Multinational Enterprisesを翻訳。グローバル化の潮流の中で大きく変容を遂げた会計実務を国際的な視点から整理・解説する国際会計論の好著。海外展開をする企業の財務諸表データや実例を豊富に取り入れ，個々の事例について分析する。

〈A5判・538頁〉

―― 中央経済社 ――